W0275280

Siegfried Wendt

Entwurf komplexer Schaltwerke

Springer-Verlag Berlin · Heidelberg · New York 1974

Professor Dr.-Ing. Siegfried Wendt
Institut für Informatik
der Universität Hamburg

ISBN-13: 978-3-642-47455-2 e-ISBN-13: 978-3-642-47453-8
DOI: 10.1007/978-3-642-47453-8

Mit 264 Abbildungen

Softcover reprint of the hardcover 1st edition 1974

Vorwort

Wer sich kritisch mit dem Entwurf digitaler Hardware befaßt, dem müssen folgende zwei Tatsachen auffallen:

In der Praxis wird der Entwurf heute noch vielfach als Bastelei mit Impulsschaltungen betrieben. Es handelt sich dann nicht um eine Ingenieurstätigkeit, denn es werden keine klaren Methoden angewandt, sondern eher um eine künstlerische Tätigkeit, bei der die Intuition eine wesentliche Rolle spielt. Dies kommt auch in der Dokumentation zum Ausdruck, welche nur der Reproduzierbarkeit der entworfenen Hardware dient und nicht den Nachvollzug des Entwurfs als Abfolge definierter Entwurfsschritte ermöglicht.

In der Lehre wird der Entwurf fast ausschließlich anhand von Rechnerzentraleinheiten behandelt, als befasse sich der überwiegende Teil der Entwurfsingenieure in der Praxis laufend mit derartigen Aufgaben. In Wirklichkeit jedoch sind die Entwurfsaufgaben von einer bunten Vielfalt und haben in den meisten Fällen mit Rechnerzentraleinheiten so gut wie nichts zu tun.

Seit dem Jahre 1966 habe ich mich bemüht, diesen beiden Tatsachen zu begegnen, d. h. den Entwurf digitaler Hardware zu systematisieren. Das Ergebnis dieser Bemühungen ist das vorliegende Buch. Das hier dargestellte Verfahren hat sich inzwischen bei vielen praktischen Aufgaben bewährt. Selbstverständlich spielt die Intuition bei einzelnen Entwurfsschritten immer noch eine Rolle, aber eine weniger dominante: Sie beeinflußt nur noch den Schaltungsaufwand, während sie vorher über Funktionieren oder Nichtfunktionieren des Gerätes oder Systems entschied.

Obwohl sich das Buch auf den Entwurf getakteter Systeme beschränkt, läßt sich das Verfahren so modifizieren, daß es für den Entwurf ungetakteter Systeme anwendbar wird, bei denen die einzelnen Taktschritte durch bestimmte asynchrone Schaltfolgen, sogenannte Handshake-Dialoge, ersetzt sind.

Ihre Grenzen findet die Methode dort, wo das mit gegebener Technologie äußerst Mögliche realisiert werden soll. Da wird man wohl immer auf trickreiche Sonderlösungen angewiesen sein, welche jedoch aufgrund der fortschreitenden Technologie meist eine recht begrenzte Lebensdauer haben. In diesen Grenzbereich fällt glücklicherweise nur ein geringer Bruchteil der Aufgaben aus der Entwurfspraxis.

Ich habe versucht, die Methode soweit wie möglich als Ergebnis konsequenter Überlegungen darzustellen. Deshalb baut jedes Kapitel stark auf den vorangegangenen auf. Selbst wer beispielsweise glaubt, schon alles über Flipflops zu wissen, sollte trotzdem dieses Kapitel nicht überschlagen, weil ihm sonst vermutlich manche Betrachtung weiter hinten unverständlich bleiben wird.

Die Entwurfsbeispiele im Teil B wurden so gewählt, daß sie einigermaßen typisch für den Anwendungsbereich der im Teil A entwickelten Methode sind. Sie sollen verstanden werden können, ohne daß zusätzliche Literatur studiert werden muß. Dies machte im Falle des Bildschirmgerätes eine längere Einführung notwendig, an welche jedoch keine Vollständigkeitsansprüche gestellt werden dürfen, weil sie ganz auf das entworfene Gerät zugeschnitten ist.

Es ist durchaus möglich, daß man die einzelnen Aufgabenstellungen, Algorithmen und Operationswerke in den Beispielen noch wesentlich verbessern kann. Das liegt aber nicht an Mängeln der Methode, sondern an Mängeln meiner Intuition.

Meinen früheren Kollegen aus dem Karlsruher Institut für Nachrichtenverarbeitung möchte ich dafür danken, daß sie mir stets fördernde Diskussionspartner waren und dies auch nach meinem Weggang im Jahre 1969 geblieben sind; sie haben die zu diesem Buch benötigten Schaltnetzminimierungen auf ihrem Rechner durchgeführt. Namentlich erwähnen möchte ich Herrn Prof. Dr. Erich Schmitt, mit dem ich von 1969 bis 1972 an der State University of New York in Buffalo eng zusammenarbeitete. Die vielen Diskussionen mit ihm haben zur Klärung mancher Frage beigetragen.

Dank sagen möchte ich auch den Mitarbeitern des Springer-Verlages für die solide Arbeit, die sie bei der Herausgabe dieses Buches geleistet haben.

Hamburg, im September 1973 — Siegfried Wendt

Inhaltsverzeichnis

A. Methoden für den Entwurf synchron gesteuerter Systeme

Ziel, Voraussetzungen

In diesem Teil A wird das dargestellt, was man über die Schaltalgebra und die Theorie sequentieller Maschinen hinaus noch wissen muß, um den Entwurf digitaler Systeme mittlerer Komplexität methodisch in Angriff nehmen zu können.

Dabei seien unter digitalen Systemen mittlerer Komplexität solche Systeme verstanden, deren informationsverarbeitende Funktion deutlich über der von Schaltnetzen, Zählern oder Registern liegt, also beispielsweise eine Schreib/Lesesteuerung für einen Magnetplattenspeicher oder ein Vierspezies-Tischrechner. Die obere Grenze der Komplexität ist durch die Bedingung gegeben, daß das System für den Fachmann noch überschaubar sein muß.

Die Behandlung des Entwurfs bleibt fast ausschließlich auf der logischen Ebene, weil die methodischen Sachverhalte verhältnismäßig technologieunabhängig sind. Weil man sich aber meist nur dann auf sicherem Grund fühlt, wenn man die abstrakte Theorie mit irgendwelchen konkreten Hardware-Vorstellungen verbinden kann, sei vorgeschlagen, sich die jeweiligen Systeme aus integrierten TTL-Schaltkreisen aufgebaut zu denken.

Die Schaltalgebra wird als bekannt vorausgesetzt, d. h. sie wird ohne einleitende Erklärungen angewandt. Die Theorie sequentieller Maschinen wird nicht ganz so strikt vorausgesetzt, sondern die wesentlichsten Punkte werden knapp eingeführt, so daß vermutlich das Buch auch ohne diesbezügliche Vorkenntnisse verstanden werden kann.

1. Sequentielle Maschinen — Modell und Realisierung

1.1 Einführende Modellbetrachtung

1.1.1 Automatenbeispiel

Das Modell einer sequentiellen Maschine, oder was gleichbedeutend ist, eines Automaten, ist der Ausgangspunkt der sogenannten Automatentheorie. Obwohl die Automatentheorie dieses Modell nur als rein formales Gebilde definiert, kann das Modell trotzdem anschaulich interpretiert werden. Damit das Verständnis der formalen Automatendefinition erleichtert wird, soll zuerst ein anschauliches Automatenbeispiel betrachtet werden.

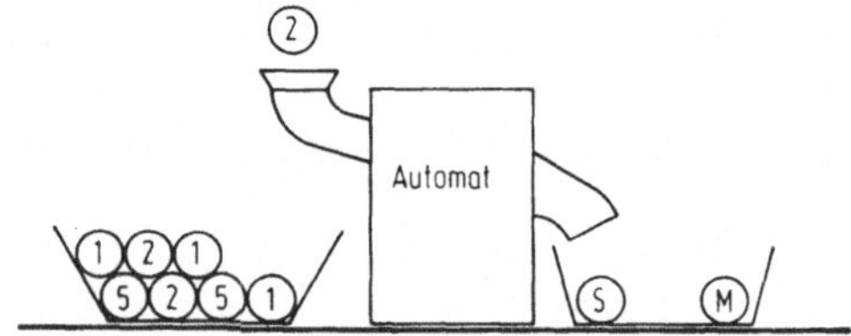

Abb. 1.1. Beispiel eines Automaten.

Der Automat in Abb. 1.1 ist ein Kasten, in den etwas hineingeworfen werden kann und aus dem etwas herausfallen kann. Zu jedem Eingabeelement, was eingeworfen wird, wirft der Automat ein Ausgabeelement aus. Die Eingabeelemente stammen aus einem endlichen Repertoire, es sei angenommen, es handle sich um Münzen der Werte 1 Mark, 2 Mark und 5 Mark. Auch die Ausgabeelemente stammen aus einem endlichen Repertoire; beispielsweise seien es Kugeln aus Schokolade oder Marzipan. Die Beschreibung des Automaten muß den funktionalen Zusammenhang angeben zwischen dem, was hineingeworfen wird und dem was herauskommt. Wenn man nun mit dem gegebenen Automaten ein Experiment macht, um diesen Zusammenhang zu finden, dann möge sich beispielsweise das Protokoll in Tabelle 1.1 ergeben. Wenn man sich die Ergebnisse genau ansieht, stellt man fest, daß kein eindeutiger Zusammenhang

Tabelle 1.1. Ein- Ausgabesequenz des Automatenbeispiels

Eingegeben:	1	2	5	2	1	5	2	1	5	2
Ausgegeben:	M	S	M	M	M	M	S	S	S	M

zwischen Eingangselement und Ausgangselement besteht; für die drei Einmarkstücke, welche eingeworfen wurden, kam zweimal eine Marzipankugel und einmal eine Schokoladenkugel heraus; ähnliches gilt für die Zweimark- und Fünfmarkstücke. Um der Sache auf den Grund zu gehen, schaut man in den Automatenkasten hinein und stellt fest, daß er sich zum Zeitpunkt jeder Eingabe in einem von drei unterschiedlichen Zuständen befinden kann, welche a, b und c genannt seien. Wenn jetzt noch einmal ein Experiment gemacht wird, wobei man nicht nur aufschreibt, was hineingeworfen wird und was herauskommt, sondern auch, welcher jeweilige Zustand vorliegt, dann erhält man das Protokoll in Tabelle 1.2. Hier sieht man eine eindeutige Abbildung von dem Paar

Tabelle 1.2. Ein-Ausgabe- und Zustandssequenz des Automatenbeispiels

Zustand vor der Eingabe :	*a*	*a*	*b*	*c*	*c*	*a*	*b*	*b*	*c*	*c*
Eingegeben :	1	2	5	2	1	5	2	1	5	2
Ausgegeben :	M	S	M	M	M	M	S	S	S	M
Zustand nach der Ausgabe :	*a*	*b*	*c*	*c*	*a*	*b*	*b*	*c*	*c*	*c*

„Zustand vor der Eingabe und Eingabeelement" auf das Paar „Ausgabeelement und Zustand nach der Ausgabe". Dieser Zusammenhang kann etwas übersichtlicher dargestellt werden, indem man die logischen Ausgangsfunktionen und den Zustandsübergangsgraphen einführt. Gl. (1.1) und (1.2) beschreiben die Abhängigkeit des Ausgabeelements von dem Zustand vor der Eingabe und dem Eingabeelement in Form logischer Ausdrücke. Beispielsweise wird nach Gl. (1.1) immer Schokolade ausgegeben, wenn man im Zustand b ein Einmarkstück oder ein Zweimarkstück einwirft.

$$S = a \cdot 2 \vee b \cdot (1 \vee 2) \vee c \cdot 5 \tag{1.1}$$

$$M = a \cdot (1 \vee 5) \vee b \cdot 5 \vee c \cdot (1 \vee 2). \tag{1.2}$$

Die Abhängigkeit des Zustands nach der Ausgabe vom Zustand vor der Eingabe und dem Eingabeelement wird durch den Übergangsgraphen in Abb. 1.2 dargestellt. Die Kreise, welche als Knoten be-

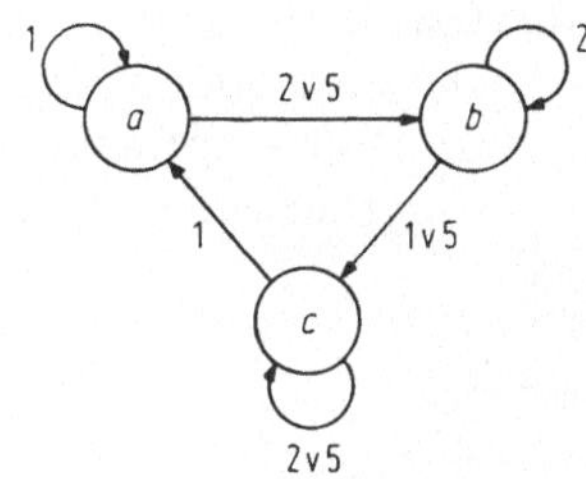

Abb. 1.2. Zustandsübergangsgraph des Automatenbeispiels.

zeichnet werden, stellen die Zustände dar; das jeweilige Zustandssymbol ist in den Knoten eingetragen. Durch die Pfeile wird die Verbindung zwischen dem jeweiligen Zustand vor der Eingabe und dem Zustand nach der Ausgabe hergestellt. Welches Eingabeelement eingeworfen werden muß, damit ein bestimmter Übergang eintritt, ist jeweils an die Pfeile geschrieben. Wenn man also beispielsweise im Zustand b ein Zweimarkstück einwirft, dann bleibt der Automat im Zustand b; er geht jedoch in den Zustand c über, wenn man im Zustand b ein Einmark- oder Fünfmarkstück einwirft.

Es ist möglich, auf die Angabe logischer Ausgabefunktionen zu verzichten und auch die Ausgabeabhängigkeit im Graphen einzutragen. Solche Darstellungen werden jedoch ihrer schlechteren Übersichtlichkeit wegen in diesem Buch nicht benutzt.

1.1.2 Formale Automatenbeschreibung

In dem betrachteten Beispiel waren alle Elemente der Beschreibung eines sogenannten *Mealy-Automaten* in anschaulicher Form enthalten, so daß die Bedeutung der nun anzugebenden formalen Definitionen ohne weiteres einzusehen ist.

Die formale Beschreibung eines Mealy-Automaten besteht aus den Definitionen dreier nichtleerer, endlicher Mengen, nämlich

$$\text{Eingabemenge} \quad \mathcal{X} = \{\boldsymbol{X}_1, \boldsymbol{X}_2, \ldots\} \tag{1.3}$$

$$\text{Ausgabemenge} \quad \mathcal{Y} = \{\boldsymbol{Y}_1, \boldsymbol{Y}_2, \ldots\} \tag{1.4}$$

$$\text{Zustandsmenge} \quad \mathcal{Z} = \{\boldsymbol{Z}_1, \boldsymbol{Z}_2, \ldots\} \tag{1.5}$$

und zweier Funktionen, nämlich

$$\text{Ausgabefunktion} \quad \boldsymbol{Y}^n = \omega\,(\boldsymbol{Z}, \boldsymbol{X})^n \tag{1.6}$$

$$\text{Übergangsfunktion} \quad \boldsymbol{Z}^{n+1} = \delta\,(\boldsymbol{Z}, \boldsymbol{X})^n \tag{1.7}$$

n ist die diskrete Automatenzeit; sie wird bei jedem Eingabevorgang um 1 erhöht.

Neben dem Mealy-Automaten gibt es noch einen anderen häufig vorkommenden Automatentyp, den sogenannten *Moore-Automaten*. Er unterscheidet sich vom Mealy-Automaten nur in der Ausgabefunktion, welche beim Moore-Automaten nicht vom Paar „Zustand vor der Eingabe und Eingabeelement", sondern nur vom Zustand nach der Ausgabe abhängt:

$$\boldsymbol{Y}^n = \omega\,(\boldsymbol{Z}, \boldsymbol{X})^n \quad \text{(Mealy)} \tag{1.8}$$

$$\boldsymbol{Y}^n = \omega\,(\boldsymbol{Z})^{n+1} \quad \text{(Moore)} \tag{1.9}$$

Die Ausgangsfunktion des Moore-Automaten fordert eine normalerweise nicht realisierbare zeitliche Abhängigkeit: Das Ausgabeelement zur Zeit n soll vom Zustand zur späteren Zeit $n+1$ abhängen. Daß diese Abhängigkeit in diesem Fall realisierbar ist, beruht darauf, daß der Zustand nach der Ausgabe ja schon zum Zeitpunkt der Eingabe durch Gl. (1.7) eindeutig definiert ist. Man braucht also nur Gl. (1.7) in Gl. (1.9) einzusetzen, dann wird die Realisierbarkeit deutlich:

$$\boldsymbol{Y}^n = \omega\,[\delta\,(\boldsymbol{Z}, \boldsymbol{X})^n]. \tag{1.10}$$

Für das Verständnis der formalen Automatenfunktionen ist es wichtig einzusehen, wie die diskrete Automatenzeit n mit der kontinuierlichen realen Zeit t zusammenhängt. Zu jedem Punkt der diskreten Zeitachse n gehören drei Intervalle auf der kontinuierlichen Zeitachse t, nämlich ein Intervall für jedes Element des Tripels $(\boldsymbol{X}, \boldsymbol{Y}, \boldsymbol{Z})^n$. Während dieser Intervalle ist das jeweils zugehörige Element im physikalischen Sinne beobachtbar, d. h. meßbar. Abb. 1.3 zeigt ein willkürliches Beispiel einer Zuordnung zwischen n und t. In diesem Beispiel ist der Zustand nach der Ausgabe schon beobachtbar, bevor die Ausgabe erfolgt.

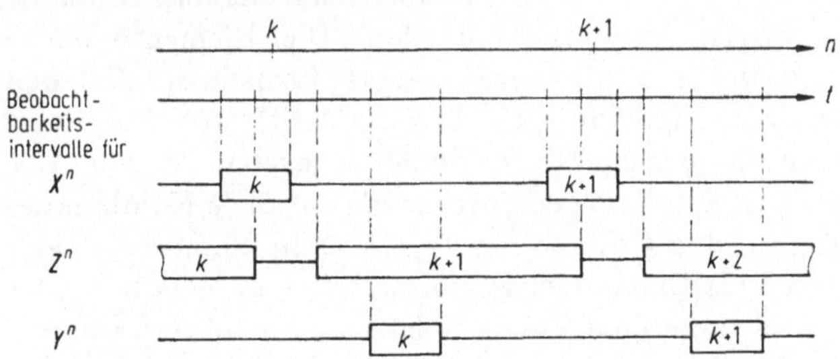

Abb. 1.3. Beispiel einer Zuordnung zwischen n und t.

Die Zuordnung zwischen n und t hängt nicht nur von der physikalischen Struktur des Automaten ab; die Beobachtungsdauer für den Eingabevorgang wird wesentlich von der Art des Eingabesystems, welches das Element $\boldsymbol{X}$ bereitstellt, mitbestimmt. Bezogen auf das Automatenbeispiel in Abb. 1.1 bedeutet diese Aussage, daß die Dauer des beobachtbaren Auswählens und Einwerfens einer Münze nicht von der Struktur des Automaten abhängt.

Es läßt sich zeigen, daß jeder Mealy-Automat in einen Moore-Automaten transformiert werden kann, wobei die Zustandsmenge erweitert werden muß. Ohne daß näher darauf eingegangen wird, sei auf die entsprechende Literatur [3, 14] verwiesen. In diesem Buch wird die Transformation nicht benötigt.

Zusätzlich zum Mealy- und Moore-Automaten hat im Bereich digitaler Systeme noch ein anderer Automatentyp wesentliche Bedeutung. Er unterscheidet sich von den schon betrachteten Automaten auch wieder nur in der Ausgabefunktion, welche für diesen Typ lautet:

$$\boldsymbol{Y}^n = \omega(\boldsymbol{Z})^n. \tag{1.11}$$

Es handelt sich offensichtlich um einen degenerierten Mealy-Automaten, degeneriert in dem Sinne, daß die Ausgabefunktion derart strukturbeschränkt ist, daß das Eingabeelement nicht mehr im Argument auftreten kann. Da dieser Automatentyp in der Automatentheorie keine so grundlegende Rolle spielt wie der Mealy- und der Moore-Automat, gibt es für ihn dort keine allgemein gebräuchliche Bezeichnung; eine charakterisierende Benennung wird aber benötigt, weil dieser Automatentyp in den folgenden Abschnitten recht häufig auftritt; deshalb sei er von nun an „*Speicherautomat*" genannt.

1.1.3 Automatenstruktur mit Schaltnetzen

Damit sind die Betrachtungen des allgemeinen Automatenmodells abgeschlossen, und es können die Probleme der elektronischen Realisierung in Angriff genommen werden. Die Elemente der endlichen Mengen $\mathscr{X}$, $\mathscr{Y}$ und $\mathscr{Z}$ werden binär codiert; für jede der drei Mengen wird ein Bündel von Signaldrähten bereitgestellt, wobei die Anzahl der Drähte durch die jeweilige Codewortlänge gegeben ist; ein Codewort für ein Element wird durch die entsprechende parallele Kombination binärer Spannungen auf den Drähten dargestellt. Nun können die beiden Funktionen ω und δ als Binärcodetransformationen aufgefaßt werden, welche natürlich durch kombinatorische Schaltnetze realisiert werden können.

Für die drei behandelten Automatentypen ergeben sich damit die Strukturen in Abb. 1.4. Man sieht dort, daß ein Problem noch gelöst werden muß, nämlich wie die diskrete Automatenzeit n realisiert werden kann, d. h. wie man technisch sinnvoll die Lücke zwischen $\boldsymbol{Z}^n$ und $\boldsymbol{Z}^{n+1}$ schließen kann. Worauf es dabei im wesentlichen ankommt, wird am einfachsten deutlich, wenn man sich vorstellt, beispielsweise die Mealy-Struktur in Abb. 1.4 solle als Demonstrationsmodell eines elektronischen Automaten betrieben werden. Dazu sei für jede Leitung der beiden Bündel $\boldsymbol{X}^n$ und $\boldsymbol{Z}^n$ ein Kippschalter vorhanden, mit dem man wahlweise die Nullspannung oder die Einsspannung an die Leitung legen kann. Es können also extern beliebige Codewörter $\boldsymbol{X}^n$ und $\boldsymbol{Z}^n$ eingestellt werden. Alle Ausgangsleitungen der Netze, also alle Leitungen in den beiden Bündeln $\boldsymbol{Y}^n$ und $\boldsymbol{Z}^{n+1}$ sollen zu Anzeigelämpchen führen, so daß man stets die gerade vorliegenden Codewörter $\boldsymbol{Y}^n$ und $\boldsymbol{Z}^{n+1}$ ablesen kann. Zur Demonstration eines Übergangs von n nach $n+1$ geht man von einer beliebigen Kippschalterkombination $(\boldsymbol{X}, \boldsymbol{Z})^n$ aus, welcher über die Verknüpfungsnetze eindeutig ein Ausgabecodewort $\boldsymbol{Y}^n$ und ein Folgezustand $\boldsymbol{Z}^{n+1}$ zugeordnet wird. Das an den Lämpchen ablesbare Codewort $\boldsymbol{Z}^{n+1}$ muß man sich nun aufschreiben; danach kann man das aufgeschriebene Codewort auf die Kippschalter für $\boldsymbol{Z}^n$ übertragen. Während man die einzelnen Kippschalter entsprechend der aufgeschriebenen Binärwerte einstellt, kann sich natürlich das angezeigte Wort $\boldsymbol{Z}^{n+1}$ mehrfach ändern; deshalb war das vorherige Aufschreiben notwendig.

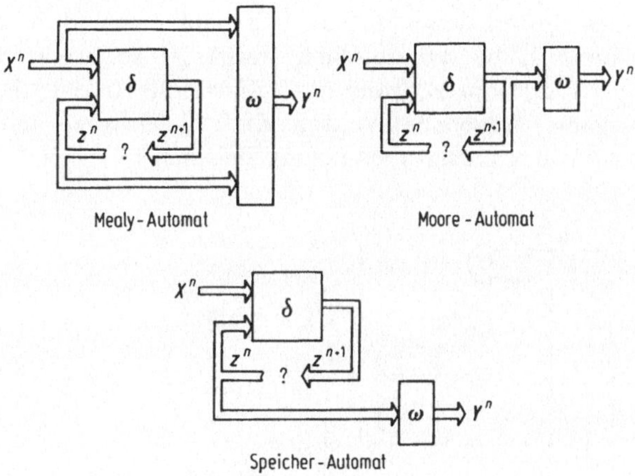

Abb. 1.4. Grundstrukturen verschiedener Automatentypen.

Nun ist also klar, was bei den Strukturen in Abb. 1.4 in die Lücke eingeschaltet werden muß: ein technisches System, welchen den Übergangsprozeß aus Ablesen, Aufschreiben und Schalten nachbildet. Die folgenden Abschnitte dienen der Einführung eines solchen Systems.

1.2 Asynchrone Rückkopplung

Obwohl in diesem Buch ausschließlich der Entwurf synchron gesteuerter Systeme behandelt werden soll, gibt es zwei Gründe, weshalb an dieser Stelle ein kurzes Kapitel über asynchrone Rückkopplung eingeschoben werden muß. Der eine Grund ist der, daß sich das gesuchte System, welches später in die Lücke der Strukturen in Abb. 1.4 eingeschaltet werden soll, als asynchroner Automat herausstellen wird. Deshalb müssen zumindest die Grundbegriffe der Technik asynchroner Automaten eingeführt werden. Der zweite Grund besteht darin, daß die synchronen Automaten nicht eingeführt werden sollen, ohne daß sie gegen die asynchronen Automaten abgegrenzt werden können.

1.2.1 Struktur und Funktion

Obwohl es offensichtlich ist, daß das direkte Zusammenlöten der Drahtbündel von $\boldsymbol{Z}^{n+1}$ und $\boldsymbol{Z}^n$ keineswegs den erwünschten Übergangsprozeß gewährleistet, soll trotzdem untersucht werden, wie sich ein System verhält, bei dem die Lücke zwischen $\boldsymbol{Z}^{n+1}$ und $\boldsymbol{Z}^n$ einfach durch Drähte überbrückt ist. In diesem Fall sind der Moore-Automat und der Speicherautomat strukturgleich, d. h. man kann sie nicht mehr unterscheiden.

Ein solches System kann nur dann in Ruhe sein, d. h. im System laufen nur dann keine dynamischen Vorgänge ab, wenn die Signalkombination $(\boldsymbol{X}, \boldsymbol{Z})^n$ am Eingang des δ-Netzes derart ist, daß der sich am Netzausgang ergebende Vektor $\boldsymbol{Z}^{n+1}$ gleich dem eingegebenen Vektor $\boldsymbol{Z}^n$ ist. Abb. 1.5 zeigt dies für ein Beispiel.

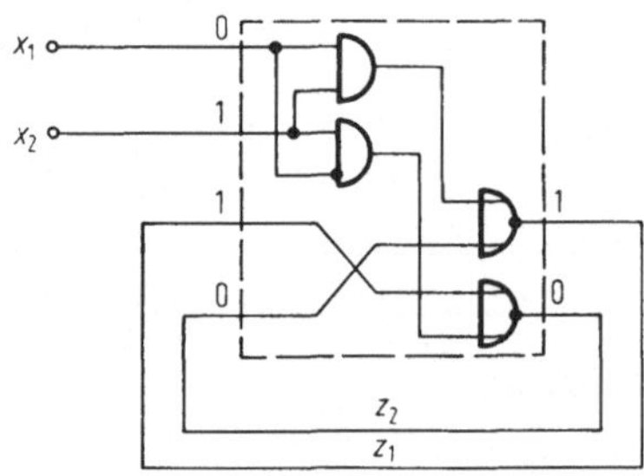

Abb. 1.5. Stabiler Zustand bei asynchroner Rückkopplung.

(Dabei ist selbstverständlich angenommen, daß die Verknüpfungsglieder Verstärkereigenschaften haben, denn die Schleifenverstärkung für jeden logischen Rückkopplungspfad muß größer als eins sein.)

Jede Situation, bei der sich das eingegebene Codewort $\boldsymbol{Z}^n$ und das resultierende Codewort $\boldsymbol{Z}^{n+1}$ unterscheiden, ist instabil; es laufen dann dynamische Vorgänge ab, welche entweder zu periodischen Schwingungen des Systems führen oder das System determiniert oder indeterminiert in einen stabilen Zustand überführen. Die dynamischen Vorgänge hängen wesentlich von den Durchlaufzeiten der Signale durch die Verknüpfungsglieder ab.

Es ist offensichtlich, daß ein Ruhezustand nur verlassen werden kann durch eine Änderung des $\boldsymbol{X}$-Vektors.

Mit dieser oberflächlichen Einsicht in die Funktion eines Schaltnetzes mit asynchroner Rückkopplung kann man das System als Automaten mit Eingabebeschränkung wie folgt interpretieren: Die Zustände des Automaten sind die Codewörter $\boldsymbol{Z}$, welche auf den Rückkopplungsdrähten auftreten können. Die Eigenschaften stabil oder instabil sind nicht notwendigerweise absolute Eigenschaften eines Zustands $\boldsymbol{Z}$, sondern können vom Eingangsvektor $\boldsymbol{X}$ mitbestimmt werden. In jedem Zustand des Automaten dürfen nur diejenigen Codewörter $\boldsymbol{X}$ eingegeben werden, für welche der Übergang in einen stabilen Zustand determiniert ist. Die Erhöhung der diskreten Automatenzeit n erfolgt auf zwei unterschiedliche Arten: n wird um eins erhöht erstens, wenn in einem stabilen Zustand eine Änderung von $\boldsymbol{X}$ erfolgt, und zweitens bei jeder Zustandsänderung. Es ist also unmöglich, im selben Zustand zweimal unmittelbar hintereinander dasselbe Codewort $\boldsymbol{X}$ einzugeben.

Es ist einzusehen, daß das Eingabesystem, welches die Vektoren $\boldsymbol{X}$ für einen solchen Automaten bereitstellt, a-priori-Information über die Ablaufzeiten im Automaten haben muß, damit es die Änderungen von $\boldsymbol{X}$ zeitlich richtig legen kann.

Die Probleme der dynamischen Vorgänge in asynchronen Automaten werden in der entsprechenden Literatur ausführlich behandelt [16]. Hier sollen lediglich die für das vorliegende Buch wesentlichen Punkte kurz dargestellt werden.

Die beim Entwurf asynchroner Automaten zu lösenden Probleme sind zweierlei Art, nämlich Race-Probleme und Hazard-Probleme.

1.2.2 Race

Das englische Wort „*race*" bezeichnet einen Wettlauf; im Zusammenhang mit asynchronen Automaten ist ein Wettlauf zwischen Binärübergängen der einzelnen Komponenten des Zustandsvektors gemeint. Solch ein Wettlauf tritt stets dann auf, wenn der Folgezustand $\boldsymbol{Z}^{n+1}$, welcher zu einem vorliegenden, durch $(\boldsymbol{X}, \boldsymbol{Z})^n$ bestimmten instabilen Zustand gehört, sich in mehr als einer Komponente von $\boldsymbol{Z}^n$ unterscheidet. Auf Grund der unterschiedlichen Laufzeiten durch die Verknüpfungsglieder und der möglicherweise unterschiedlichen Zahl von Gliedern, welche von den einzelnen Signalen durchlaufen werden müssen, kann man in einem solchen Fall nicht annehmen, daß sich alle die Komponenten von $\boldsymbol{Z}$, deren Änderung als Folge der anliegenden Kombination $(\boldsymbol{X}, \boldsymbol{Z})^n$ zu erwarten ist, genau zu einem gemeinsamen Zeitpunkt ändern. Es muß vielmehr angenommen werden, daß sich zuerst nur ein Teil der Komponenten mit Änderungserwartung ändert, d. h. daß ein Teil der Komponenten, möglicherweise nur eine, den Wettlauf gewinnt. Dadurch tritt ein Zustandsvektor $\boldsymbol{Z}$ auf, welcher sich sowohl von dem ursprünglichen Vektor $\boldsymbol{Z}^n$ als auch von dem eigentlich erwarteten Vektor $\boldsymbol{Z}^{n+1}$ unterscheidet. Daß dieser unerwünschte Zwischenzustand den geplanten Zustandübergang außer Tritt bringen kann, ist leicht einzusehen. Man unterscheidet deshalb zwischen einem „critical race" und einem „noncritical race". Ein unkritischer Race liegt vor, wenn der am Ende des betrachteten dynamischen Vorgangs letztlich erreichte stabile Zustand nicht davon abhängt, wer den Wettlauf gewinnt. Ein asynchroner Automat muß also so entworfen werden, daß kein kritischer Race auftritt. Zur Erreichung dieses Ziels stehen verschiedene Entwurfsprinzipien zur Verfügung, welche im folgenden jeweils an einem Beispiel kurz demonstriert werden.

1.2.3 Entwurf race-freier Automaten

Alle Entwurfsprinzipien gehen von der Einsicht aus, daß es zwangsläufig keine Races geben kann, wenn sich $\boldsymbol{Z}^n$ und $\boldsymbol{Z}^{n+1}$ nur in einer Komponente unterscheiden. Wenn die Aufgabenstellung zum Entwurf des Automaten in Form eines Übergangsgraphen und logischer Ausgabefunktionen gegeben ist, dann kann man den Graphen daraufhin überprüfen, ob für ihn eine sogenannte einschrittige Zustandscodierung existiert, d. h. ob man jedem Zustandsknoten ein Codewort derart zuordnen kann, daß sich jeder Knoten von seinen unmittelbaren Nachbarn, mit denen er durch eine Kante verbunden ist, in genau einer Binärstelle unterscheidet. Abb. 1.6 zeigt einen Graphen, für den dieser Sachverhalt

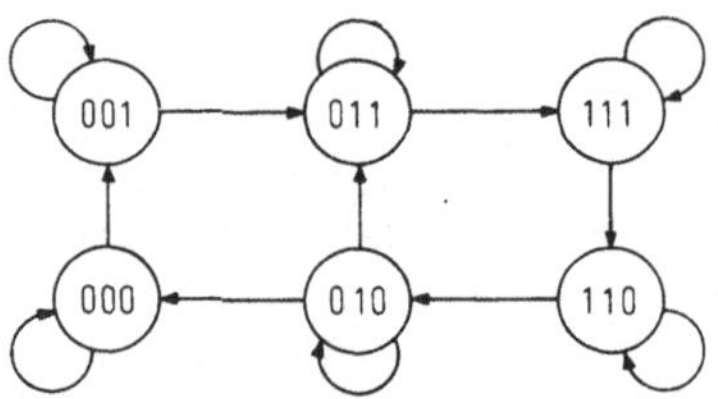

Abb. 1.6. Beispiel eines Graphen mit einschrittiger Zustandscodierung.

zutrifft. Es braucht hier nicht darauf eingegangen zu werden, auf welche Weise man einen gegebenen Graphen auf diesen Sachverhalt hin überprüft und gegebenenfalls einen Code findet, weil nämlich alle praktisch interessierenden asynchronen Graphen so einfach sind, daß man zu ihrer Behandlung keine allgemeine formale Theorie benötigt.

Die Methode der einschrittigen Zustandscodierung kann man natürlich nur anwenden, wenn man bei der Wahl des Zustandscodes freie Hand hat. Die Codes für die Eingabeelemente und die Ausgabeelemente eines Automaten sind normalerweise nicht frei wählbar, sondern werden durch die Umgebung bestimmt, in welcher der Automat betrieben werden soll; dagegen ist der Zustandscode normalerweise durch die Aufgabenstellung noch nicht vorgegeben, sondern kann beim Entwurf frei gewählt werden.

Es kommt nun natürlich recht häufig vor, daß für den in der Aufgabenstellung gegebenen Graphen keine einschrittige Zustandscodierung existiert. In diesem Fall muß man versuchen, den Graphen durch zulässige Veränderungen in einen Graphen umzuwandeln, für den es eine einschrittige Zustandscodierung gibt. Zulässig sind alle diejenigen Veränderungen, welche das Ein/Ausgangsverhalten des Automaten nicht logisch, sondern höchstens zeitlich verändern.

Die einfachste Veränderung ist die direkte Elimination von Races durch Übergangsumlenkung. Abb. 1.7a zeigt einen Graphen, für den auf Grund des Vorhandenseins eines Zustandsdreiecks keine einschrittige Zustandscodierung existieren kann.

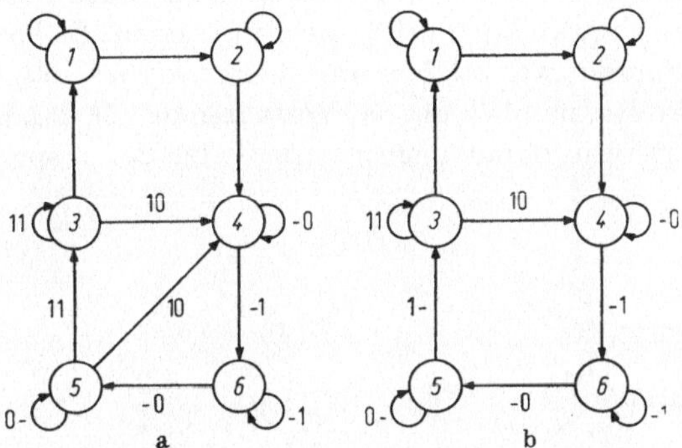

Abb. 1.7. Beispiel einer Übergangsumlenkung.

(Das Symbol — bei einer Eingangsvariablen bedeutet, daß in diesem Fall der Wert der Variablen keine Rolle spielt.) Im Graphen in Abb. 1.7b ist der Übergang vom Zustand 5 zum Zustand 4 über den Zustand 3 umgelenkt worden. Die Möglichkeit einer solchen Übergangsumlenkung hängt natürlich stark von den vorgegebenen Eingangsbedingungen ab.

Abb. 1.8a zeigt einen Graphen, welcher demjenigen in Abb. 1.7a sehr ähnlich sieht. Aber nun ist keine Übergangsumlenkung zur Elimi-

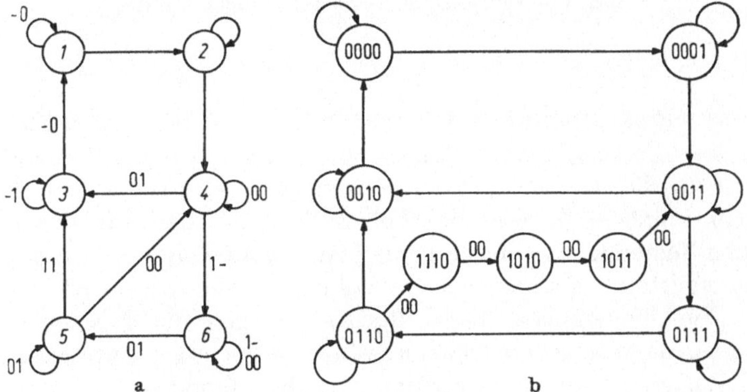

Abb. 1.8. Beispiel für die Einführung zusätzlicher Durchlaufzustände.

nation des Zustandsdreiecks mehr möglich, weil für die beiden Zustände 3 und 6, die als Ecken einer möglichen Umlenkung in Betracht kommen, die Eingangskombination 00 Übergänge bewirkt, welche für eine Umlenkung zum Zustand 4 unbrauchbar sind. Deshalb muß hier der Graph auf andere Weise umgewandelt werden. Abb. 1.8b zeigt, wie das unerwünschte Zustandsdreieck durch Einführung zusätzlicher Durchlaufzustände in ein Sechseck umgewandelt werden kann, wodurch ein Graph entsteht, für den eine einschrittige Zustandscodierung existiert.

Das Problem des Graphen in Abb. 1.8a hätte auch durch eine völlig andere Art der Umwandlung gelöst werden können. Es handelt sich um das letzte Verfahren, welches hier angedeutet werden soll, und auch um das komplizierteste, nämlich um das Verfahren der Zustandsaufspaltung. Abb. 1.9a zeigt, was damit gemeint ist. Jeder der ursprünglich 6 Zu-

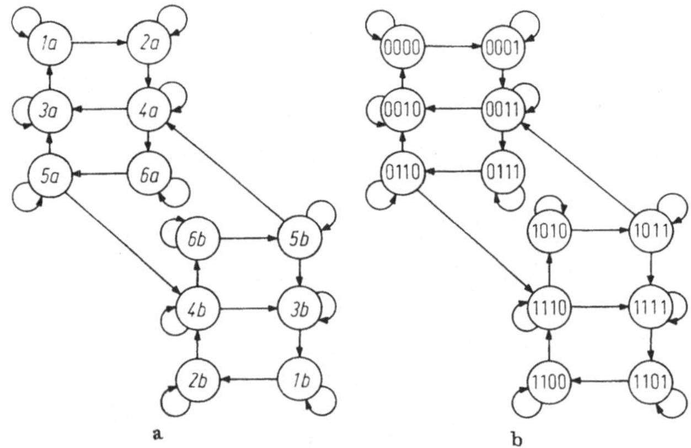

Abb. 1.9. Beispiel für die Zustandsaufspaltung.

stände ist aufgespalten worden in einen a-Zustand und einen b-Zustand. Damit das Ein/Ausgabeverhalten nicht verändert wird, muß diese Aufspaltung für die Ausgabefunktion ω irrelevant sein; sie ist nur für die Übergangsfunktion δ relevant. Abb. 1.9b zeigt, daß für die aufgespaltenen Zustände eine einschrittige Codierung möglich ist.

Eine vollständige allgemeine Darstellung des Verfahrens ist in [7] zu finden. Für die Zwecke dieses Buches genügen die gegebenen Andeutungen, da, wie schon früher erwähnt, asynchrone Automaten mit großen Zustandszahlen und unsymmetrischen Graphen in der Praxis doch nicht vorkommen.

1.2.4 Hazard

Neben den Races sind es noch die Hazards, welche den Entwurf asynchroner Automaten erschweren. Das englische Wort „hazard" bezeichnet ein Wagnis; im Zusammenhang mit logischen Schaltungen und Automaten versteht man unter Hazard die Möglichkeit eines Übergangseinbruchs eines Binärsignals. Falls man sich beim Entwurf asynchroner Systeme um die Hazards nicht kümmert, geht man das Wagnis ein, daß das System dann möglicherweise nicht richtig funktioniert. Es genügt also nicht, nur die Races zu eliminieren.

Man unterscheidet zweierlei Grundtypen von Hazards, nämlich die kombinatorischen Hazards und die sogenannten „essential hazards". Der letztere Begriff ist zwar nichtssagend, aber in der entsprechenden Literatur seit langem eingeführt; trotzdem soll er im folgenden durch den inhaltsreicheren Begriff Rückkopplungshazard ersetzt werden.

Die Ursache für die Hazards ist die gleiche wie bei den Races, nämlich verschieden lange Signalwege im Schaltnetz. Der Unterschied besteht in der Auswahl der betrachteten Signalwege: Bei den Races gehen sie zu mehreren Ausgangsleitungen; sie müssen dabei nicht zwangsläufig alle bei derselben Eingangsleitung beginnen; bei den Hazards dagegen beginnen die zu betrachtenden Signalwege alle bei derselben Eingangsleitung und enden alle bei derselben Ausgangsleitung. Beim kombinatorischen Hazard verlaufen die Signalwege alle ausschließlich innerhalb des Netzes (Abb. 1.10a); beim Rückkopplungshazard führt einer der Wege über eine Rückkopplungsleitung, und die Ausgangsleitung, wo sich die Wege treffen, muß auch eine Rückkopplungsleitung sein (Abb. 1.10b).

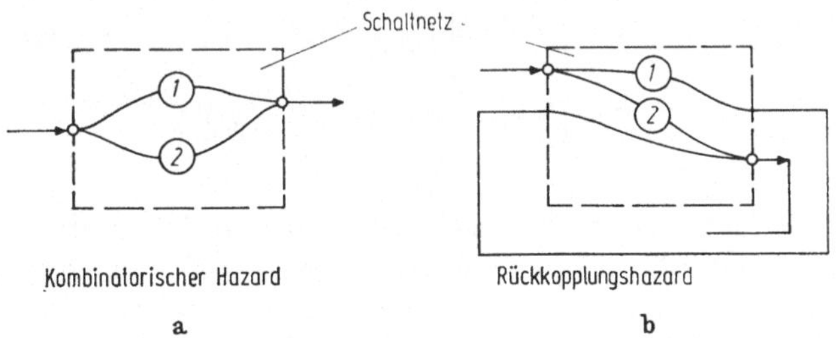

Abb. 1.10. Verlauf der Signalwege bei Hazards.

Was man unter einem *Übergangseinbruch* zu verstehen hat und wie man das Wagnis im kombinatorischen Fall eliminieren kann, sei an einem einfachen Beispiel gezeigt. Von der Eingangsleitung für die

Variable x_2 in Abb. 1.11 führen zwei Signalwege zum Ausgang y, wobei der Weg, welcher den Inverter enthält, als der längere angenommen sei.

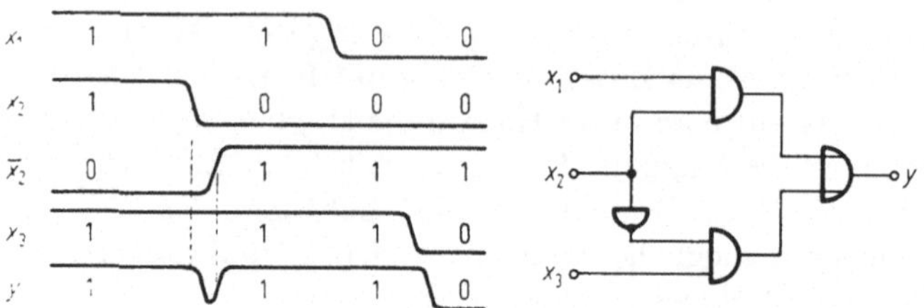

Abb. 1.11. Beispiel eines kombinatorischen Hazards.

Wenn nun der Eingangsvektor (x_1, x_2, x_3) von (1, 1, 1) nach (1, 0, 1) geändert wird, sollte das nach der logischen Funktion

$$y = x_1 \cdot x_2 \vee \bar{x}_2 \cdot x_3 \tag{1.12}$$

keine Wirkung auf den Wert 1 des Ausgangssignals y haben. Wegen der unterschiedlichen Signalweglängen nimmt jedoch y kurzzeitig den Wert 0 an. Es ist in diesem Fall höchst einfach, den Hazard zu eliminieren, indem man die logische Funktion durch einen redundanten Term erweitert:

$$y = x_1 \cdot x_2 \vee \bar{x}_2 \cdot x_3 \vee x_1 \cdot x_3 . \tag{1.13}$$

Abb. 1.12 zeigt das erweiterte Schaltnetz, in welchem nun kein Übergangseinbruch bei y mehr auftreten kann.

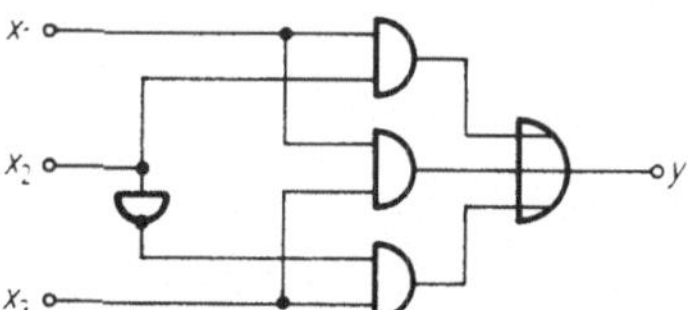

Abb. 1.12. Beispiel zur Hazardelimination.

Kombinatorische Hazards lassen sich grundsätzlich durch logisch redundante Schaltnetzerweiterung eliminieren. Auf einen Beweis dieser Behauptung und auf die Darstellung der allgemeinen Verfahren wird hier verzichtet, weil diese im Zusammenhang dieses Buches nicht weiter gebraucht werden.

Rückkopplungshazards können grundsätzlich nicht eliminiert werden, weder durch geschickte Zustandscodierung noch durch ausgeklügelte Schaltnetzstrukturen, weil ihre Existenz nämlich schon durch die in der Aufgabenstellung geforderten Zustandsübergänge festgelegt wird. Ein Rückkopplungshazard existiert dann und nur dann, wenn es mindestens eine Eingangskomponente x_i und einen stabilen Zustand $(\boldsymbol{X}_j, \boldsymbol{Z}_k)$ gibt derart, daß man durch Wertänderung von x_i in einen stabilen Zustand $(\boldsymbol{X}_j', \boldsymbol{Z}_l)$ gelangt, welchen man durch weitere zweimalige Änderung von x_i wieder verläßt. Ein Beispiel soll diese formale Aussage verständlicher machen. Der zu dem Graphen in Abb. 1.13 gehörende Eingangsvektor $\boldsymbol{X}$

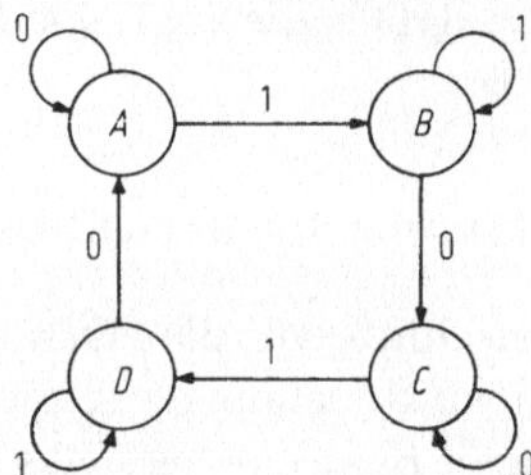

Abb. 1.13. Beispiel eines Graphen mit Rückkopplungshazards.

hat nur eine Komponente, also x. Wenn man vom stabilen Zustand (1, B) ausgeht und x einmal, nämlich nach 0, ändert, gelangt man in den stabilen Zustand (0, C). Wenn man nun x noch zweimal ändert, nämlich zuerst nach 1 und dann wieder zurück nach 0, dann kommt man über den Zustand D in den stabilen Zustand (0, A), d. h. man hat den stabilen Zustand (0, C) wieder verlassen. Deshalb existiert in diesem Fall ein Rückkopplungshazard.

Obwohl Rückkopplungshazards nicht eliminierbar sind, kann man dennoch asynchrone Automaten bauen, die trotz ihrer Rückkopplungshazards verhältnismäßig funktionssicher arbeiten. Man weiß nämlich, daß sich ein Rückkopplungshazard nicht auswirken kann, wenn der Signalweg über den Rückkopplungspfad länger ist als der direkte Signalweg im Schaltnetz (s. Abb. 1.10b). Man braucht also nur den Rückkopplungspfad künstlich zu verlängern, um das Wagnis zu reduzieren.

Die Rückkopplungshazards sind für den Rest dieses Buches so uninteressant, daß an dieser Stelle auf jede weitere Diskussion verzichtet werden soll. Wer Genaueres erfahren möchte, findet fast alles über asynchrone Automaten in [16].

1.3 Synchrone Rückkopplung

Der Abschnitt über asynchrone Rückkopplung beschränkte sich fast nur auf die Einführung einiger wesentlicher Begriffe und brachte keine allgemeinen Entwurfsmethoden. Der Hauptzweck des Abschnitts war, die Schwierigkeiten des Entwurfs asynchroner Automaten aufzuzeigen, nicht, sie zu lösen. Es sollte klargemacht werden, daß die asynchrone Rückkopplung für wirklich komplexe Systeme überhaupt nicht in Frage kommt. Für komplexe Systeme ist nur eine Struktur brauchbar, bei der man bei der Zustandscodierung keine Rücksicht auf Races zu nehmen braucht, sondern den Code nach ganz anderen Gesichtspunkten wählen kann, nämlich Interpretierbarkeit (z. B. Dualzahlen) oder Anpassung an die Umwelt (z. B. Fernschreibcode) o. ä.; außerdem darf es bei der gesuchten Struktur kein Hazardproblem mehr geben, d. h. für ein Schaltnetz soll lediglich die logische Funktion wesentlich sein und nicht die Netzstruktur.

1.3.1 Einführung des D-Flipflops

Im Anschluß an die Einführung der Automatengrundstrukturen (Abb. 1.4) wurde schon gesagt, was zur unproblematischen und technisch zuverlässigen Realisierung eines Automaten zu den Netzen ω und δ noch hinzukommen muß, nämlich ein technisches System, welches einen Binärwert messen, speichern und durchschalten kann. Der Begriff „Speichern" besagt, daß das System verschiedene Zustände haben muß, d. h. daß es selbst auch ein Automat sein muß. Aus der Tatsache, daß dieses System einerseits zur Realisierung synchroner Automaten gebraucht wird und andererseits selbst ein Automat ist, folgt, daß dieses System selbst kein synchroner Automat sein kann. Deshalb muß nun versucht werden, dieses System als asynchronen Automaten zu entwerfen. Das System sei von nun an Flipflop genannt. Eine Komponente des Flipflopeingangsvektors ist sicher die zu messende und zu speichernde Variable z^{n+1}; aber dies kann nicht die einzige Eingangskomponente sein, denn das Flipflop muß auch Information darüber erhalten, zu welchem Zeitpunkt ein Meß-, Speicher- und Durchschaltevorgang gestartet werden soll. Diese Information wird durch die Flanken, d. h. Binärübergänge des sogenannten *Taktsignals* mitgeteilt.

Indem man in den Strukturen in Abb. 1.4 für jede Komponente von $\boldsymbol{Z}$ ein Flipflop in die Lücke im Rückkopplungspfad einschaltet, erhält man die Grundstruktur des synchronen Automaten in Abb. 1.14. Im synchronen Automaten kommen also zwei Arten von Rückkopplungsschleifen vor: die Schleife für die synchrone Rückkopplung, in der die Flipflops sitzen, und je eine Schleife für die asynchrone Rückkopplung innerhalb jedes Flipflops.

Dadurch, daß in Abb. 1.14 im Gegensatz zu Abb. 1.4 die Schaltnetze für ω und δ in einem Block vereinigt dargestellt sind, gilt die Struktur in Abb. 1.14 für alle Automatentypen der Abb. 1.4.

Die Gesamtheit der im Rückkopplungspfad sitzenden, gemeinsam getakteten Flipflops wird im folgenden als *Register* bezeichnet. Zur Unterscheidung vom Zweiregisterautomaten, welcher später kurz erwähnt werden wird, wird der Automat in Abb. 1.14 als *Einregisterautomat* bezeichnet.

Es gibt nun natürlich verschiedene Möglichkeiten, wie man die Startinformation für die gewünschten Vorgänge auf die positive (Übergang von 0 nach 1) und die negative (Übergang von 1 nach 0) Flanke des Taktsignals aufteilt. Es ist gar nicht möglich, die Vorgänge Messen und Speichern getrennt zu starten, weil ein vom Speichervorgang getrennter

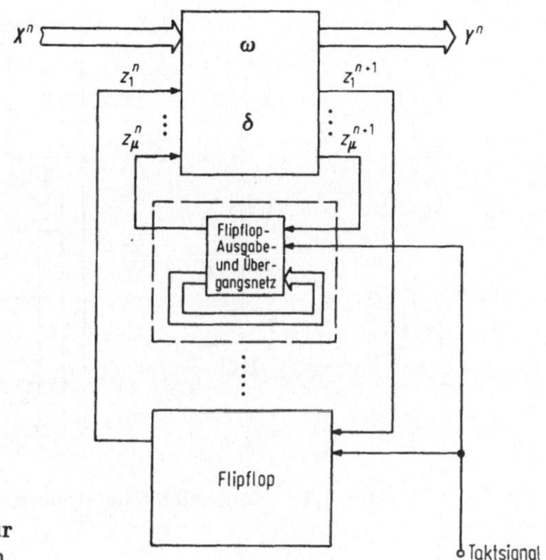

Abb. 1.14. Grundstruktur des synchronen Automaten.

Meßvorgang technisch gar nicht existiert; dagegen kann der Durchschaltevorgang durchaus für sich allein betrachtet werden. Es gibt also vier verschiedene Aufteilungen der Startinformation, nämlich zwei sogenannte *Einflankensteuerungen,* wobei Speichern und Durchschalten von der gleichen Flanke gestartet werden, der positiven oder der negativen, und zwei sogenannte *Zweiflankensteuerungen,* wobei Speichern und Durchschalten getrennt gestartet werden. Als positive Zweiflankensteuerung sei dabei willkürlich diejenige definiert, bei welcher der Speichervorgang von der positiven Flanke gestartet wird.

Bei der Aufstellung der Übergangsgraphen und der Ausgabefunktionen des Flipflops muß selbstverständlich auf die grundlegende Forderung geachtet werden, daß der Meß- und Speichervorgang beendet sein muß, bevor der Durchschaltevorgang beginnen darf.

Das Flipflop ist ein Moore- oder Speicherautomat, d. h. sein Ausgangssignal hängt nur vom Zustand ab, denn es ist ja laut Aufgabenstellung der durchgeschaltete, zuletzt gespeicherte Binärwert. Für Moore- und Speicherautomaten kann das Ausgabesymbol in den jeweiligen Zustandsknoten des Übergangsgraphen eingetragen werden. so daß sich in diesem Fall die Angabe von Ausgabefunktionen erübrigt.

Als Variablennamen für das Taktsignal sei c (*clock*) verwendet. Damit das Flipflop als unabhängiges System gesehen werden kann und nicht stets nur als System im Rückkopplungspfad synchroner Automaten, sei die zu speichernde Eingangsvariable nicht z^{n+1}, sondern D (delayed transfer) genannt, und die Ausgangsvariable nicht z^n, sondern Q.

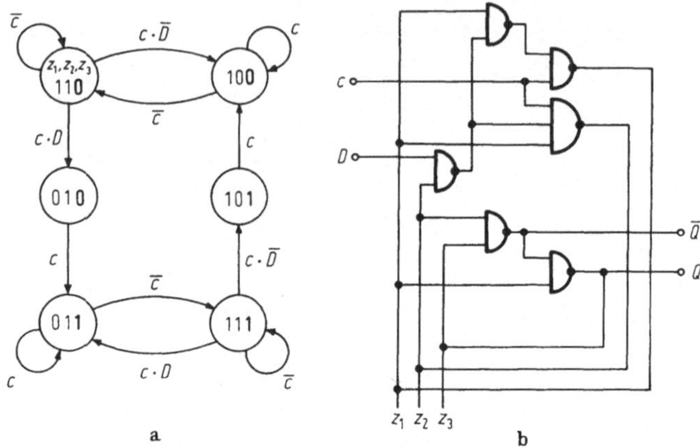

Abb. 1.15. Vorderflankengesteuertes D-Flipflop.

Abb. 1.15a zeigt den Übergangsgraphen für ein positiv einflankengesteuertes (= vorderflankengesteuertes) Flipflop. Eine einschrittige Zustandscodierung ist eingetragen. Da das Ausgangssignal Q gleich der Komponente z_3 des Zustandscodes ist, wurde die Ausgangsfunktion des Flipflops im Graphen einfach dadurch dargestellt, daß bei der Eintragung des Zustandscodes in die Knoten jeweils die Komponente z_3 fettgedruckt wurde. Abb. 1.15b zeigt die zugehörige Realisierung mit NAND-Verknüpfungsgliedern. Was den Ausgang $\bar{Q}$ anbetrifft, so ist selbstverständlich, daß während der dynamischen Vorgänge in der Struktur auf den beiden Leitungen für Q und $\bar{Q}$ kurzzeitig das gleiche Binärsignal auftreten kann.

Abb. 1.16 zeigt einen Graphen für ein positiv zweiflankengesteuertes Flipflop. Eine einschrittige Zustandscodierung ist eingetragen. Die Zustandszahl in diesem Graphen ist minimal, d. h. es gibt kein zweiflankengesteuertes Flipflop mit einer geringeren Zustandszahl. Das bedeutet aber nicht, daß sich in diesem Fall notwendigerweise der minimale Schaltnetzaufwand ergibt. Sehr oft läßt sich durch geschicktes Hinzufügen zusätzlicher Durchlaufzustände der Schaltnetzaufwand verringern. Das Hinzufügen von Durchlaufzuständen wurde als Mittel zur Elimination von Races eingeführt, aber auch dort, wo es gar keine Races zu eliminieren gibt, können sich diese Zustände als zweckmäßig erweisen.

Es gibt kein Verfahren, einen Graphen im Hinblick auf minimalen Schaltnetzaufwand zu entwickeln, d. h. man ist auf intuitives Probieren angewiesen. Da die Flipflops elementare Bausteine digitaler Systeme sind, mag in diesem Fall eine intensive Suche nach dem minimalen Schaltnetz gerechtfertigt sein. Für die Zwecke des vorliegenden Buches jedoch genügt der grundsätzliche Funktionsgraph in Abb. 1.16.

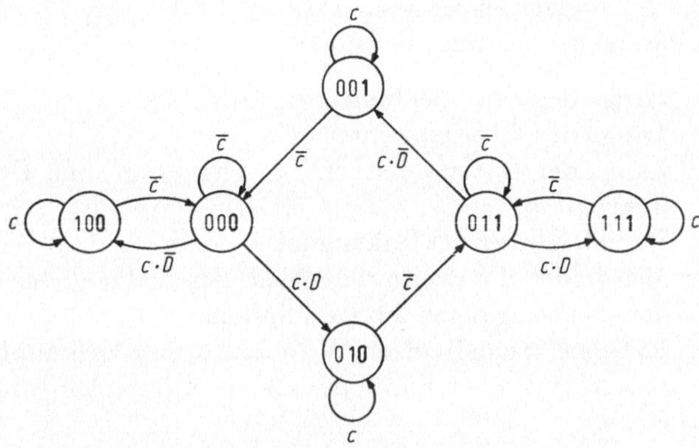

Abb. 1.16. Graph eines positiv zweiflankengesteuerten Flipflops.

1.3.2 Synchrone Rückkopplungsbedingungen

Die für die synchrone Rückkopplung wesentlichen Eigenschaften eines Flipflops werden durch zwei Zeitintervalle erfaßt, und zwar durch ihre Länge und ihre Lage relativ zu den Flanken des Taktsignals [9]. Das eine Intervall sei Entscheidungsintervall genannt; es gibt die Zeit an, während der das Eingangssignal „gemessen" wird, d. h. während der es für die durch das Taktsignal ausgelöste Zustandsänderung im Flipflop relevant ist und deshalb konstant anliegen sollte. Das andere Intervall sei Übergangsintervall genannt; es gibt die Zeit an, während der sich eine Zustandsänderung im Flipflop als Binärübergang des Ausgangssignals bemerkbar machen kann.

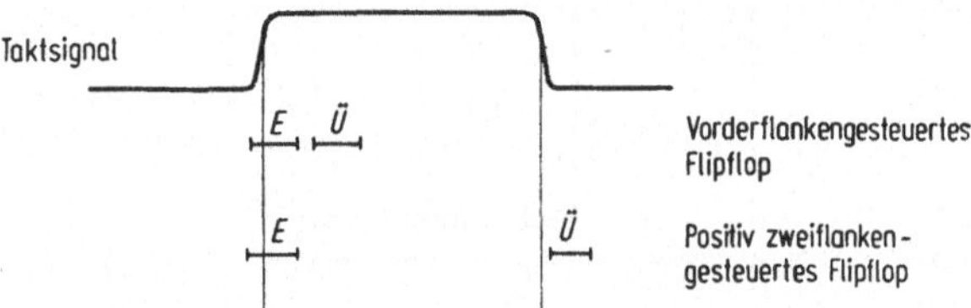

Abb. 1.17. Lage von Entscheidungs- und Übergangsintervall für zwei Flipfloptypen.

Abb. 1.17 zeigt die Lage des Entscheidungsintervalls E und des Übergangsintervalls $Ü$ für die beiden mit den Abb. 1.15 und 1.16 eingeführten Flipflops.

Die Intervallwerte der Flipflops, die Parameter des Taktsignals und die extremen Signallaufzeiten durch das δ-Verknüpfungsnetz (s. Abb. 1.4) eines synchronen Automaten müssen bestimmte Bedingungen erfüllen, damit die getaktete Rückkopplung in der gewünschten Weise funktioniert. Zur quantitativen Erfassung dieser Bedingungen seien die betrachteten Parameter wie folgt benannt:

τ_E	Länge des Entscheidungsintervalls
$\tau_Ü$	Länge des Übergangsintervalls
t_{krit}	Länge der Lücke zwischen Entscheidungs- und Übergangsintervall
T	Periodendauer des Taktsignals
τ_C	Maximaler Laufzeitunterschied des Taktsignals zwischen den Takteingängen zweier Flipflops
$\tau_{\delta min}$, $\tau_{\delta max}$	Extreme Signallaufzeiten durch das δ-Verknüpfungsnetz von irgendeinem Flipflopausgang zu irgendeinem Flipflopeingang.

Der Parameter τ_C ist nicht vernachlässigbar; es wäre unrealistisch anzunehmen, daß die Flanken des Taktsignals bei allen Flipflops im Rückkopplungspfad genau im selben Zeitpunkt eintreffen.

Das Flipflop, bei dem der Taktimpuls am frühesten eintrifft, sei mit i gekennzeichnet, dasjenige, bei dem der Taktimpuls am spätesten eintrifft, mit j. Abb. 1.18 zeigt die Lage der Entscheidungs- und Über-

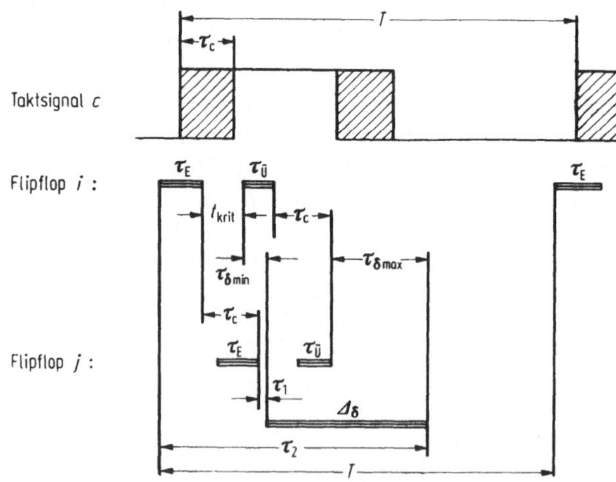

Abb. 1 18. Zur Ableitung der synchronen Rückkopplungsbedingungen.

gangsintervalle für diese beiden Flipflops; dabei wurden willkürlich vorderflankengesteuerte Flipflops angenommen. Mit Δ_δ sei das Intervall bezeichnet, während dessen sich der Ausgangsvektor des δ-Netzes auf Grund einer Änderung des Registerausgangsvektors (s. Abb. 1.14) ändern kann. Die frühest mögliche Änderung am Ausgang des δ-Netzes ergibt sich dann, wenn eine Änderung am Ausgang des Flipflops i zu Beginn des zugehörigen Übergangsintervalls erfolgt und nach der minimalen Durchlaufzeit $\tau_{\delta\min}$ am Ausgang des δ-Netzes eine Änderung bewirkt; damit erhält man den Anfangspunkt des Intervalles Δ_δ in Abb. 1.18. Die spätest mögliche Änderung am Ausgang des δ-Netzes ergibt sich dann, wenn eine Änderung am Ausgang des Flipflops j am Ende des zugehörigen Übergangsintervalles erfolgt und nach der maximalen Durchlaufzeit $\tau_{\delta\max}$ am Ausgang des δ-Netzes eine Änderung bewirkt; damit erhält man den Endpunkt des Intervalles Δ_δ in Abb. 1.18. Die Länge von Δ_δ ergibt sich aus Abb. 1.18 zu

$$\Delta_\delta = \tau_{\ddot{\mathrm{U}}} - \tau_{\delta\min} + \tau_{\mathrm{C}} + \tau_{\delta\max}\,. \tag{1.14}$$

Aus der Forderung, daß kein Entscheidungsintervall innerhalb des Intervalls Δ_δ liegen darf, erhält man die synchronen Rückkopplungsbedingungen in Form zweier Ungleichungen. Durch die erste Ungleichung wird gefordert, daß Δ_δ erst beginnen darf, nachdem das späteste Entscheidungsintervall beendet ist.

$$\tau_1 = t_{\mathrm{krit}} + \tau_{\delta\min} - \tau_{\mathrm{C}} > 0\,. \tag{1.15}$$

Die zweite Ungleichung fordert, daß Δ_δ beendet sein muß, bevor das früheste nächste Entscheidungsintervall beginnen darf.

$$\tau_2 = \tau_{\mathrm{E}} + t_{\mathrm{krit}} + \tau_{\ddot{\mathrm{U}}} + \tau_{\mathrm{C}} + \tau_{\delta\max} < T\,. \tag{1.16}$$

Man sieht sofort, daß die zweite Bedingung unkritisch ist, da man sie jederzeit durch entsprechende Wahl der Taktperiodendauer T erfüllen kann. Der Gedanke, die erste Bedingung in ähnlicher Weise einfach dadurch zu erfüllen, daß man die minimale Signallaufzeit $\tau_{\delta\min}$ durch das δ-Netz entsprechend groß macht, ist technisch wenig sinnvoll, denn dies würde einen beträchtlichen Mehraufwand an Bauelementen erfordern. Man muß also $\tau_{\delta\min}$ und τ_{C} als fest vorgegeben voraussetzen, wodurch die Intervallücke t_{krit} zum kritischen Wert wird.

Im Falle des einflankengesteuerten Flipflops ist t_{krit} eine reine Flipflopeigenschaft, welche durch die logische Struktur und die Schaltnetztechnologie bestimmt wird; im Falle des zweiflankengesteuerten Flipflops dagegen kann t_{krit} durch entsprechende Wahl der Taktimpulsbreite beliebig groß gemacht werden. Überall dort, wo man mit verhältnismäßig großen Laufzeitunterschieden τ_C des Taktsignals rechnen muß, also bei allen größeren Systemen, sind zweiflankengesteuerte Flipflops erforderlich. Nur kleine Systeme lassen sich mit einflankengesteuerten Flipflops funktionssicher realisieren.

Zur Größenordnungsvorstellung sei ein Zahlenbeispiel für ein kleines System mit einflankengesteuerten Flipflops in mittelschneller TTL-Technologie angegeben:

$$\tau_E = 10 \text{ ns} \qquad \tau_{\delta\min} = 0$$

$$\tau_Ü = 8 \text{ ns} \qquad \tau_{\delta\max} = 40 \text{ ns}$$

$$t_{\text{krit}} = 12 \text{ ns}$$

1. Bedingung: $12 \text{ ns} > \tau_C$

2. Bedingung: $70 \text{ ns} + \tau_C < T$

1.3.3 Geschichtliche Flipflopentwicklung

Obwohl in den voranstehenden Abschnitten die Flipflopentwicklung als logisch konsequenter Prozeß innerhalb der Entwicklung synchroner Automaten dargestellt wurde, ging die geschichtliche Flipflopentwicklung einen anderen Weg. Das Flipflop wurde nämlich als Binärspeicherzelle entwickelt ohne Hinblick auf seine Verwendung im Rückkopplungspfad synchroner Automaten.

Damit die verschiedenen existierenden Flipfloptypen richtig verstanden und eingeordnet werden können, soll im folgenden die geschichtliche Flipflopentwicklung grob skizziert werden.

Als elementare Binärspeicherzelle wurde schon sehr früh die bistabile rückgekoppelte Serienschaltung zweier Inverter verwendet (Abb. 1.19a). Eingänge, durch welche der Binärzustand des Systems eingestellt werden konnte, wurden entweder durch UND-Glieder oder ODER-Glieder vor

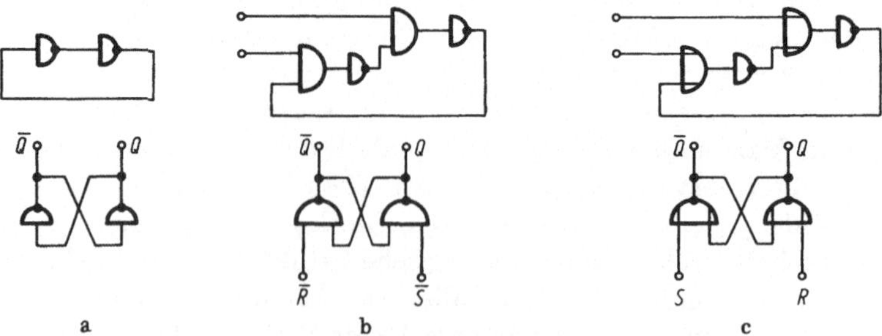

Abb. 1.19. Entwicklung der elementaren Flipflopzelle.

den Invertereingängen realisiert, wodurch sich das NAND-Flipflop und das NOR-Flipflop ergaben (Abb. 1.19b und c).

Der Benennung der beiden Eingangsvariablen liegt zugrunde, daß das Einstellen einer „1“ am Ausgang Q als „Setzen“ und das Einstellen einer „0“ am Ausgang Q als „Rücksetzen“ definiert wurde. Die Eingangsvariable, deren Wert „1“ das Setzen bewirkt, wird S genannt; die Eingangsvariable, deren Wert „1“ das Rücksetzen bewirkt, wird R genannt. Damit muß eine Eingangsvariable, deren Wert „0“ das Setzen bewirkt, zwangsläufig $\bar{S}$ heißen.

Wenn sowohl R als auch S den Wert „1“ haben, dann nimmt das System einen dritten, d. h. von den beiden Binärspeicherzuständen unterschiedenen Zustand ein.

Diese RS-Flipflops kommen natürlich für den Rückkopplungspfad synchroner Automaten nicht in Frage, weil sie gar keinen Takteingang haben. Ein recht primitiver Takteingang entsteht dadurch, daß man die Variablen R und S mit dem Taktsignal c UND- verknüpft (Abb. 1.20a). Dadurch entsteht ein sogenanntes *taktpegelgesteuertes Flipflop*; die den Zustand des Flipflops bestimmenden Variablen R und S sind relevant, solange das Taktsignal oben ist, d. h. den Wert „1“ hat. Die Länge des Entscheidungsintervalls hängt also in diesem Fall von der Breite des Taktimpulses ab, wie es Abb. 1.21 zeigt. (Die Definition des Übergangsintervalls setzt voraus, daß die Eingangsvariablen während des Entscheidungsintervalls ihren Wert nicht ändern.)

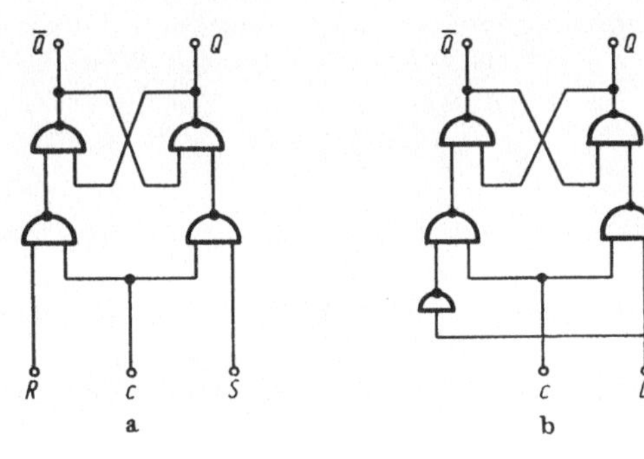

Abb. 1.20. Taktpegelgesteuerte Flipflops.

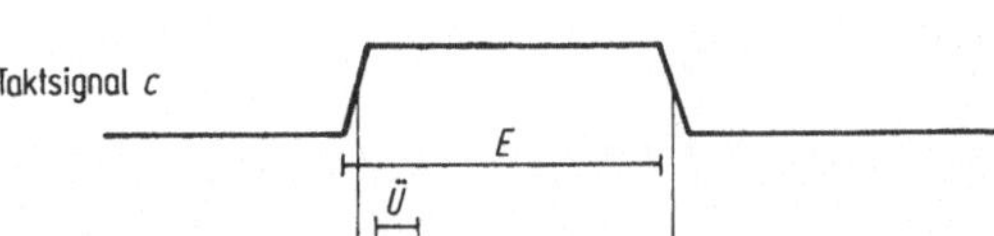

Abb. 1.21. Entscheidungs- und Übergangsintervall für taktpegelgesteuerte Flipflops.

Die Intervallücke t_{krit} ist in diesem Fall negativ, was bedeutet, daß taktpegelgesteuerte Flipflops nur bei unrealistisch großem $\tau_{\delta\min}$ die Ungleichung (1.15) erfüllen können, d. h. sie kommen im Realfall für den Rückkopplungspfad synchroner Automaten nicht in Frage.

Vom taktpegelgesteuerten RS-Flipflop in Abb. 1.20a ist es kein weiter Schritt zum taktpegelgesteuerten D-Flipflop in Abb. 1.20b. Dadurch, daß man

$$S = c \cdot D \tag{1.17}$$

und

$$R = c \cdot \overline{D} \tag{1.18}$$

macht, eliminiert man die Möglichkeit, daß R und S gleichzeitig „1" sein können. Für das taktpegelgesteuerte D-Flipflop ist die englische Bezeichnung „latch" (Schnappschloß) üblich.

Die ersten einflankengesteuerten Flipflops wurden nicht als asynchrone Automaten aus einem vorgegebenen Graphen entwickelt, wie es beispielsweise in Abb. 1.15 gezeigt ist, sondern sie entstanden als Modifikationen der taktpegelgesteuerten Flipflops. Eine positive, von der Länge des Taktimpulses unabhängige Intervallücke t_{krit} wurde dadurch erreicht, daß man erstens aus dem Taktsignal durch Differentiation einen Kurzimpuls ableitete und zweitens die Signale R und S durch Integration verzögerte. Sowohl die Differentiation als auch die Integration erfolgte durch RC-Glieder in der RCTL-Technologie [12].

Damit man große Laufzeitunterschiede τ_c des Taktsignals tolerieren kann, muß man nicht unbedingt zweiflankengesteuerte Flipflops verwenden. Man kann denselben Effekt nämlich auch mit einer Kettenschaltung zweier taktpegelgesteuerter Flipflops erreichen, deren Taktsignale gegeneinander phasenverschoben sind (s. Abb. 1.22). Die Inter-

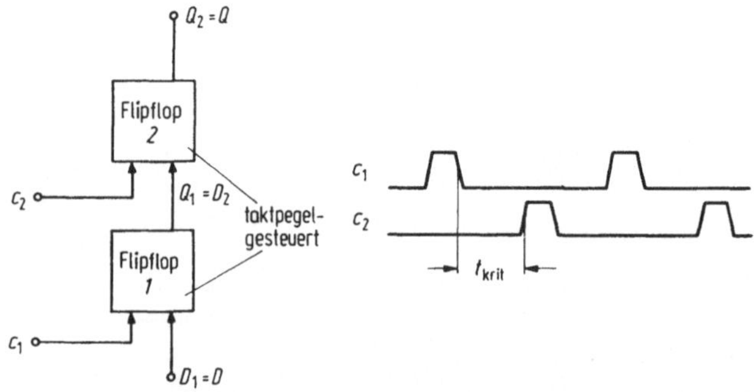

Abb. 1.22. Zweiphasen-Master-Slave-Flipflop.

vallücke t_{krit} wird in diesem Fall durch den Abstand zwischen der Rückflanke des Taktes c_1 und der Vorderflanke des Taktes c_2 festgelegt. Aus Aufwandsgründen war es lange Zeit gerechtfertigt, das zweiphasengetaktete Flipfloppaar dem zweiflankengesteuerten Flipflop vorzuziehen.

Weil das zweite Flipflop in Abb. 1.22 lediglich kopiert, was im ersten Flipflop enthalten ist, hat man das erste Flipflop den „*master*" (Herr) und das zweite Flipflop den „*slave*" (Sklave) genannt.

Wenn man den Aufwand eines Zweiphasentaktgenerators vermeiden will und das Taktsignal c_2 einfach innerhalb des Flipflops durch Inversion aus dem Taktsignal c_1 erzeugt, dann hat man natürlich die Möglichkeit verloren, den Wert von t_{krit} durch frei wählbare Taktparameter zu steuern. Zwar kann in diesem Fall t_{krit} immer noch durch die Neigung der Taktflanken gesteuert werden [15]; da aber die Wahl der Taktflankenneigungen praktisch wesentlich stärker eingeschränkt ist als die Wahl der Taktperiode, der Impulsdauer und der Phasenverschiebung, kann die Steuerung von t_{krit} durch die Neigung der Taktflanken den geforderten Zweck nicht erfüllen. Diese Flipflops, bei denen c_2 durch Inversion aus c_1 erzeugt wird, sind also in keiner Weise für den synchronen Rückkopplungspfad besser geeignet als die einflankengesteuerten Flipflops. Die Tatsache, daß man diese Flipflops Master-Slave-Flipflops nennt, sagt also überhaupt nichts aus über ihre Brauchbarkeit für die synchrone Rückkopplung, sondern besagt lediglich, daß die Flipflops durch Zusammenschaltung zweier Flipflops entstanden sind. Da man inzwischen jedoch auch echt zweiflankengesteuerte Flipflops als Master-Slave-Flipflops bezeichnet, obwohl sie gar nicht eindeutig in zwei Flipflops zerlegt werden können, ist eine klare Definition des Begriffes Master-Slave-Flipflop unmöglich geworden. In diesem Buch wird der Begriff nur für tatsächliche Doppelflipflops verwendet.

1.3.4 Verallgemeinerter Flipflopbegriff

Da neben dem D-Flipflop inzwischen das RS-Flipflop eingeführt wurde und sich später noch Flipflops mit anderen Eingangsvariablen ergeben werden, seien die Eingangsvariablen eines Flipflops außer dem Taktsignal mit dem Vektor $\boldsymbol{V}$ erfaßt. $\boldsymbol{V}$ hat also im Falle des D-Flipflops nur eine Komponente, im Falle des RS-Flipflops dagegen zwei.

Für jedes Flipflop lassen sich das Entscheidungs- und das Übergangsintervall angeben. Während des Entscheidungsintervalls wird der Vektor $\boldsymbol{V}$ als konstant anliegend vorausgesetzt; im Übergangsintervall ändert sich das Flipflopausgangssignal Q, falls der während des Entscheidungsintervalls vorliegende Vektor $\boldsymbol{V}$ dies verlangt. Wenn man das Flipflopausgangssignal unmittelbar vor dem Übergangsintervall mit Q^n und unmittelbar nach dem Übergangsintervall mit Q^{n+1} bezeichnet und den Eingangsvektor im zugehörigen Entscheidungsintervall mit $\boldsymbol{V}^n$, dann ergeben sich für das D- und das RS-Flipflop die Tabellen 1.3 und 1.4.

Tabelle 1.3. Übergangsfunktion des D-Flipflops

V^n	Q^{n+1}
D^n	
0	0
1	1

Tabelle 1.4. Übergangsfunktion des RS-Flipflops

V^n		Q^{n+1}
R^n	S^n	
0	0	Q^n
0	1	1
1	0	0
1	1	nicht definiert

Die Information in diesen Tabellen läßt sich auch in Form logischer Funktionen schreiben:

$$Q^{n+1} = D^n \qquad \text{ohne Nebenbedingung,} \tag{1.19}$$

$$Q^{n+1} = Q^n \cdot \bar{R}^n \vee S^n \tag{1.20}$$

mit der Nebenbedingung

$$R^n \cdot S^n = 0. \tag{1.21}$$

Allgemein stellt sich eine Flipflopübergangsfunktion mit dem formalen Vektor $\boldsymbol{V}$ wie folgt dar:

$$Q^{n+1} = Q^n \cdot \alpha(\boldsymbol{V}^n) \vee \beta(\boldsymbol{V}^n) \vee \bar{Q}^n \cdot \gamma(\boldsymbol{V}^n), \tag{1.22}$$

möglicherweise mit der Nebenbedingung

$$\nu(\boldsymbol{V}^n) = 0. \tag{1.23}$$

Es ist wichtig zu beachten, daß eine Übergangsfunktion unabhängig von der Taktungsart des Flipflops vorgegeben werden darf. Mit den Abb. 1.15, 1.16 und 1.20 wurde beispielsweise die Übergangsfunktion des D-Flipflops in drei verschiedenen Taktungsarten realisiert. Im Gegensatz zur Übergangsfunktion stellt der Übergangsgraph eine vollständige Beschreibung des Flipflopverhaltens dar.

Die Teilfunktion γ, die in den Übergangsfunktionen des D- und des RS-Flipflops nicht vorkam, tritt beim T- und beim JK-Flipflops auf:

$$Q^{n+1} = Q^n \cdot \overline{T}^n \vee \overline{Q}^n \cdot T^n \qquad \text{ohne Nebenbedingung,} \tag{1.24}$$

$$Q^{n+1} = Q^n \cdot \overline{K}^n \cdot \overline{J}^n \vee \overline{K}^n \cdot J^n \vee \overline{Q}^n \cdot K^n \cdot J^n \quad \text{ohne Nebenbedingung.} \tag{1.25}$$

Das JK-Flipflop kann als RS-Flipflop aufgefaßt werden, für welches die Nebenbedingung eliminiert wurde; die Variable J entspricht dem S, die Variable K dem R. Aus dem JK-Flipflop erhält man ein T-Flipflop, indem man die beiden Signalleitungen für J und K miteinander verbindet und das gemeinsame Signal T nennt.

Man könnte nun natürlich noch viele andere Flipflops definieren durch entsprechende Wahl der Teilfunktionen α, β und γ; aber dazu besteht kein zwingender Grund, da mit den bisher eingeführten Flipfloptypen sämtliche Aufgaben zufriedenstellend gelöst werden können, bei denen Flipflops als Bausteine gebraucht werden.

Die konsequente Behandlung der synchronen Rückkopplung ergab sowieso nur das D-Flipflop, so daß grundsätzlich kein anderes Flipflop erforderlich ist. Der einzige Grund, weswegen die Verwendung von Flipflops mit einem anderen Eingangsvektor $\boldsymbol{V}$ zweckmäßig sein kann, ist die mögliche Aufwandsersparnis im δ-Verknüpfungsnetz des synchronen Automaten. Es ist also jeweils zu prüfen, mit welchem Flipfloptyp die Realisierung eines gewünschten Automaten am billigsten wird.

1.3.5 Auflösung der Übergangsfunktion

Beim Entwurf synchroner Automaten tritt fast immer das Problem auf, daß ein bestimmter Übergang von Q^n nach Q^{n+1} gewünscht wird und man den dazu erforderlichen Eingangsvektor $\boldsymbol{V}^n$ bestimmen muß. Das bedeutet, daß man die Übergangsfunktion

$$Q^{n+1} = \lambda(Q, \boldsymbol{V})^n \tag{1.26}$$

auflösen muß nach dem Eingangsvektor

$$\boldsymbol{V}^n = \mu(Q^n, Q^{n+1}). \tag{1.27}$$

Weil diese Auflösung meist keinen eindeutigen logischen Ausdruck ergibt und weil man beim Entwurf sowieso besser mit Tabellen als mit logischen Ausdrücken arbeitet, schreibt man die Auflösung am besten in Tabellenform (s. Tabelle 1.5). Wenn bei einer Variablen in Tabelle 1.5 kein Binärwert, sondern ein Stern eingetragen ist, dann bedeutet dies, daß der betreffende Zustandsübergang des Flipflops vom Wert dieser Variablen unabhängig ist.

Tabelle 1.5. Ansteuerfunktionen verschiedener Flipfloptypen

Q^n	Q^{n+1}	D^n	R^n	S^n	T^n	K^n	J^n
0	0	0	*	0	0	*	0
0	1	1	0	1	1	*	1
1	0	0	1	0	1	1	*
1	1	1	0	*	0	0	*

1.3.6 Flipflopsymbole

Da ziemlich viele Flipfloptypen eingeführt wurden, welche sich sowohl hinsichtlich der Art der Taktsteuerung als auch des Eingangsvektors V unterscheiden, ist es notwendig, bei der Wahl der Flipflopsymbole darauf zu achten, daß diese unterschiedlichen Kennzeichen einfach und anschaulich zum Ausdruck gebracht werden.

Das einfachste Symbol (Abb. 1.23a) gehört zum direkt gesteuerten RS-Flipflop (Abb. 1.19c). Wenn die Eingangsvariablen R und S invertiert angeliefert werden müssen, wird das durch Inversionspunkte dargestellt (Abb. 1.23b). Jegliche Taktsteuerung wird durch einen Taktsteuerstreifen auf der Eingangsseite dargestellt, welcher die Taktsignalleitung mit dem jeweiligen Steuersymbol und die Komponenten des je-

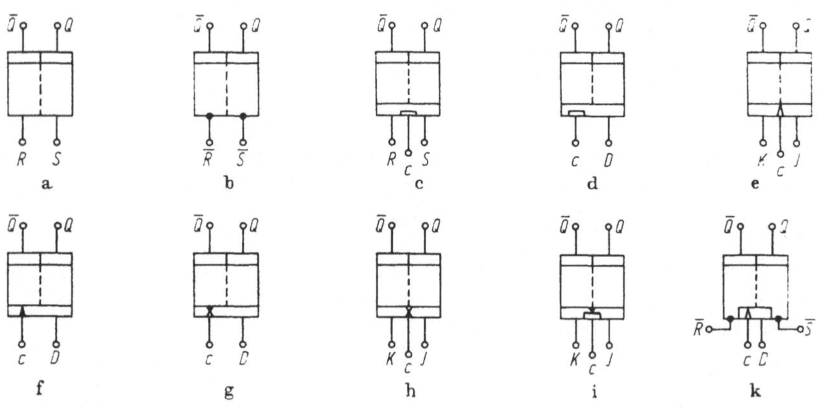

a, b Direkt gesteuerte Flipflops
c, d Taktpegelgesteuerte Flipflops
e Vorderflankengesteuertes Flipflop
f Rückflankengesteuertes Flipflop
g Positiv zweiflankengesteuertes Flipflop
h Negativ zweiflankengesteuertes Flipflop
i Master-Slave-Flipflop mit taktpegelgesteuertem Master
k Flipflop mit taktgesteuerten und direkten Eingängen

Abb. 1.23. Flipflopsymbole.

weiligen Vektors $\boldsymbol{V}$ überdeckt (Abb. 1.23c bis k). In dem Fall, wo neben den Komponenten des Vektors $\boldsymbol{V}$ noch direkt steuernde Eingänge vorhanden sind, was recht häufig auftritt, reicht der Taktsteuerstreifen natürlich nicht mehr über die ganze Breite des Flipflopsymbols (Abb. 1.23k).

Integrierte Flipflopbausteine sind oft derart gestaltet, daß die Komponenten des Vektors $\boldsymbol{V}$ nicht extern zugänglich sind, sondern intern durch logische Verknüpfung anderer externer Eingangssignale gebildet werden. Es ist nicht zweckmäßig, die betreffende Verknüpfung mit Hilfe des Flipflopsymbols ausdrücken zu wollen; besser ist es, die Verknüpfungsglieder vom Flipflopsymbol getrennt als vorgeschaltete Elemente darzustellen (Abb. 1.24).

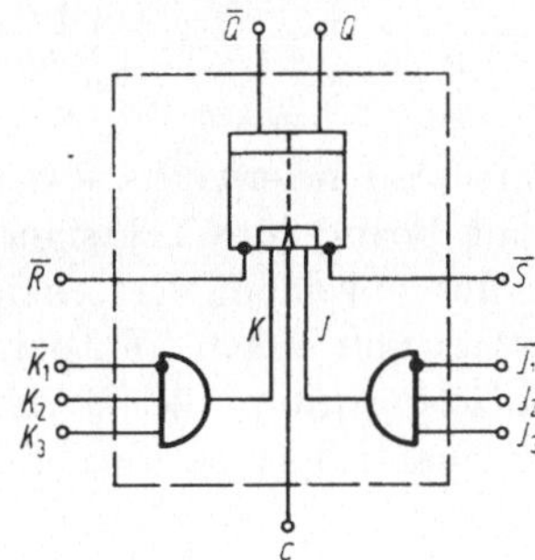

Abb. 1.24. Integrierter Flipflopbaustein mit Eingangsverknüpfungsgliedern.

Die hier verwendeten Flipflopsymbole sind zwar nicht genormt, sind aber in dieser oder leicht abgewandelter Form verhältnismäßig weit verbreitet.

1.3.7 Taktausblendung

Das Taktsignal wurde als reiner Zeitgeber eingeführt, dessen logische Verknüpfung mit den Automatensignalen nur innerhalb der Flipflopnetze stattfindet (Abb. 1.14). Aus Gründen der Aufwandsersparnis ist jedoch oft eine sogenannte Taktausblendung wünschenswert, bei welcher

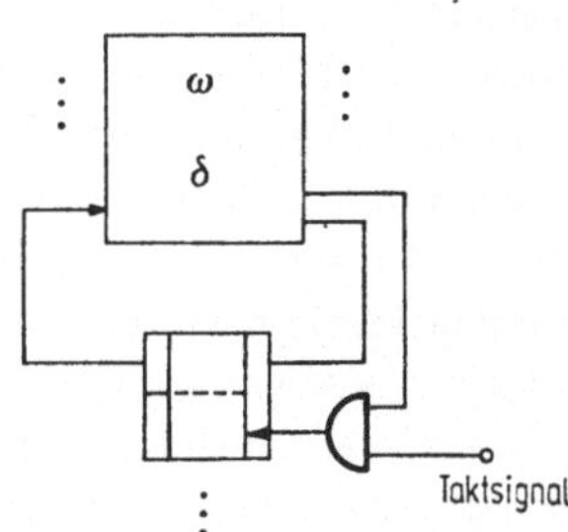

Abb. 1.25. Taktausblendung.

das Taktsignal, bevor es auf den Flipflopeingang gelangt, mit einem Automatensignal logisch verknüpft wird, wie es Abb. 1.25 zeigt. Damit man die Konsequenzen einer solchen Ausblendung besser einsehen kann, betrachtet man das Verknüpfungsglied, dessen einer Eingang das Taktsignal ist, als Teil eines erweiterten Flipflops und fragt nach Entscheidungs- und Übergangsintervall dieses neuen Flipflops. Abb. 1.26 zeigt

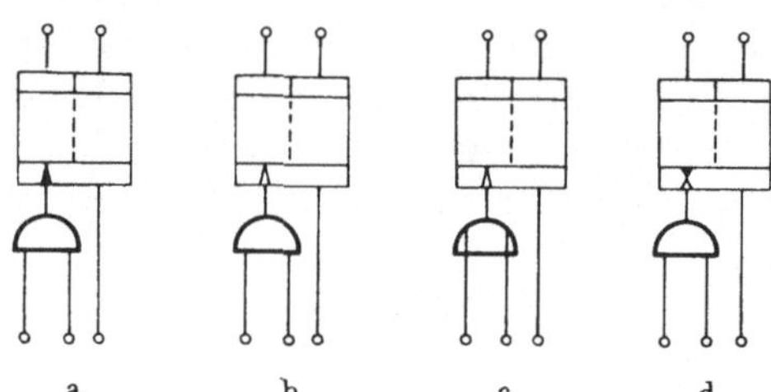

Abb. 1.26. Verschiedene Flipflops mit Taktausblendung.

vier verschiedene erweiterte D-Flipflops; die Lage der zugehörigen Intervalle mit Bezug zum Taktsignal zeigt die Abb. 1.27. Man sieht, daß die Länge der jeweiligen Entscheidungsintervalle E' der erweiterten Flipflops stets von einem Taktparameter abhängt, während die Länge der Entscheidungsintervalle E der in Abb. 1.26 zusammengestellten ursprünglichen Flipflops von den Taktparametern unabhängig ist. Nur drei

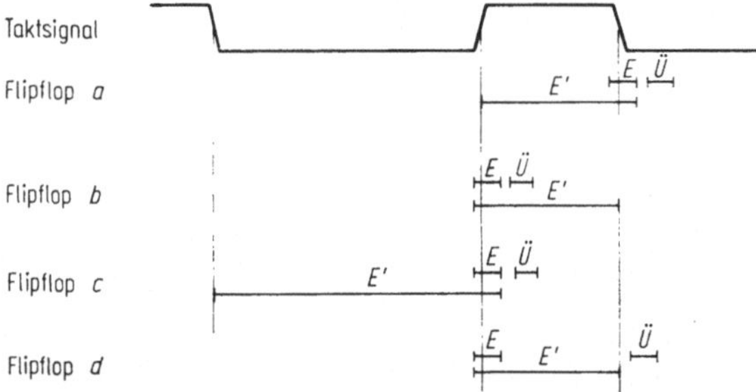

Abb. 1.27. Entscheidungs- und Übergangsintervalle der Flipflops in Abb. 1.26.

der vier erweiterten Flipflops können im Rückkopplungspfad eines synchronen Automaten verwendet werden, nämlich nur in den Fällen a, c und d sind das Entscheidungsintervall E' und das Übergangsintervall $Ü$ voneinander getrennt. In allen drei Fällen ist die Verwendung auf kleine Systeme beschränkt, da die Intervallücke t_{krit} in keinem Fall durch einen Taktparameter steuerbar ist und somit keine großen Taktlaufzeitunterschiede τ_c toleriert werden können.

Ein durch ein Taktausblendungsglied erweitertes Flipflop hat eine Eingangskomponente mehr im Eingangsvektor $\boldsymbol{V}$ als das ursprüngliche

Flipflop. Durch diese zusätzliche Komponente wird garantiert, daß in der Übergangsfunktion des erweiterten Flipflops die Teilfunktion α [s. Gl. (1.22)] enthalten ist. Das bedeutet nur im Falle des D-Flipflops eine echte Funktionserweiterung, da bei den anderen betrachteten Flipflops, also den RS-, JK- und T-Flipflops, die Teilfunktion α schon ohne Taktausblendung vorhanden ist.

Die mögliche Aufwandsersparnis, welche als Grund für die Einführung der Taktausblendung genannt wurde, beruht nicht allein auf der Erweiterung der Übergangsfunktion durch den Funktionsteil α, d. h. die Taktausblendung kommt nicht nur für D-Flipflops in Betracht; eine Aufwandsersparnis im δ-Netz (s. Abb. 1.4) kann sich mit Hilfe der Taktausblendung vor allem dadurch ergeben, daß der Funktionsteil α für mehrere Flipflops gemeinsam realisiert werden kann, wie es Abb. 1.28

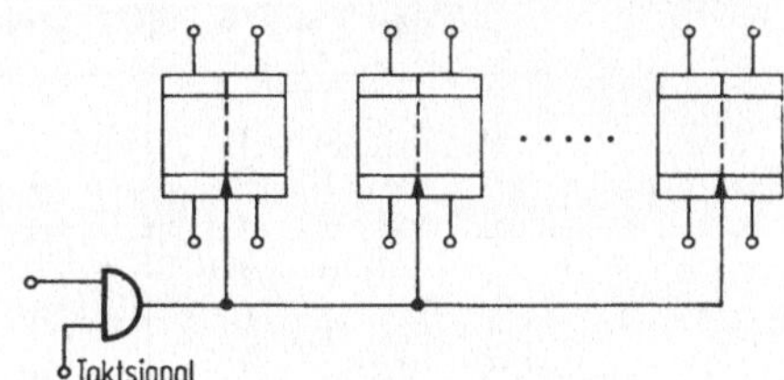

Abb. 1.28. Gemeinsame Taktausblendung.

zeigt. Die Tatsache, daß die Taktausblendschaltung i. a. für viele Flipflops gemeinsam ist, rechtfertigt die Überlegung, daß die durch die Taktausblendung erzielte Aufwandsersparnis nicht unbedingt ganz verlorengeht, wenn man als gemeinsame Ausblendschaltung anstelle der einfachen Schaltglieder in den Abb. 1.26 und 1.28 eine etwas komplexere Ausblendschaltung vorsieht. Der Wunsch nach einer solchen komplexeren Ausblendschaltung besteht vor allem im Zusammenhang mit dem zweiflankengesteuerten Flipflop in Abb. 1.26d, bei welchem die Ausblendung mit einem einfachen UND-Glied die ursprünglich gegebene Steuerbarkeit der Intervallücke t_{krit} (s. Abb. 1.18) durch die Taktimpulsbreite (s.

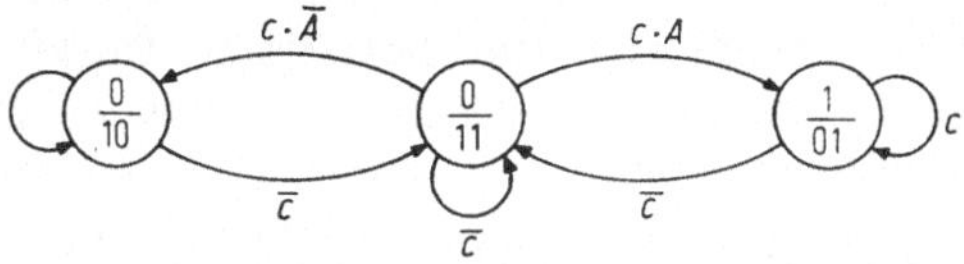

Abb. 1.29. Graph der zu entwerfenden Taktausblendschaltung.

Abb. 1.27) eliminierte. Es soll deshalb nun eine Ausblendschaltung entworfen werden, bei welcher das Entscheidungsintervall für die Ausblendvariable von der Taktimpulsbreite unabhängig ist und durch die positive Taktflanke bestimmt wird. Die Aufgabenstellung für dieses Entwurfsproblem gibt man am besten in Form eines Graphen an, wie ihn Abb. 1.29 zeigt.

In die Zustandsknoten ist neben dem Ausgabesignal auch schon eine einschrittige Zustandscodierung zur racefreien Realisierung eingetragen. Dieser Zustandscode wurde aus mehreren Möglichkeiten ausgewählt, weil ein Vergleich zeigte, daß sich damit der kleinste erforderliche Schaltungsaufwand ergibt. Die Codierungen, bei denen wie im Falle der Flipflopgraphen in Abb. 1.15 und 1.16 die Ausgangsvariable gleich einer Zustandsvariablen gemacht wurde, waren nicht ganz so günstig.

Aus dem Graphen kann abgeleitet werden, daß der zu entwerfende Automat keine Rückkopplungshazards (s. Abschn. 1.2.4) hat. Die im Graphen enthaltene Information läßt sich in eine Funktionstabelle übertragen, wie es Tabelle 1.6 zeigt.

Tabelle 1.6. Funktionstabelle zum Graphen in Abb. 1.29

c	A	z_2^n	z_1^n	z_2^{n+1}	z_1^{n+1}	a
0	—	0	1	1	1	*
0	—	1	0	1	1	0
0	—	1	1	1	1	0
1	—	0	1	0	1	1
1	—	1	0	1	0	0
1	0	1	1	1	0	0
1	1	1	1	0	1	*

In dieser Tabelle tritt eine Symbolkombination auf, die vor allem in den Funktionstabellen der späteren Entwurfsbeispiele noch häufig vorkommen wird. Ein Strich anstelle eines Binärwertes bei einer Schaltnetzeingangsvariablen bedeutet, daß das geforderte Schaltnetzausgangswort geliefert werden muß unabhängig vom Wert der Eingangsvariablen. Ein Stern anstelle eines Binärwertes bei einer Ausgangsvariablen bedeutet, daß von der Aufgabenstellung her keine Forderung bezüglich dieser Stelle besteht; bei der Schaltnetzminimierung wird dieser Stelle dann der Binärwert zugewiesen, welcher den kleinsten Schaltungsaufwand erfordert. In der englischen Literatur wird dieser Stern meist als "don't care" Situation bezeichnet. In der Tabelle 1.6 wurde der Stern für das Ausgangssignal a bei den beiden Übergängen von und zum Zustand (01) gesetzt.

Aus der Tabelle lassen sich die folgenden minimierten logischen Funktionen ableiten:

$$z_2^{n+1} = (z_2 \cdot \bar{z}_1 \vee z_2 \cdot \bar{A} \vee \bar{c})^n = \left(z_2 \cdot \overline{(z_1 \cdot A)} \vee \bar{c}\right)^n, \tag{1.28}$$

$$z_1^{n+1} = (\bar{z}^2 \vee \bar{c} \vee z_1 \cdot A)^n = \overline{\left(z_2 \cdot c \cdot \overline{(z_1 \cdot A)}\right)}^n, \tag{1.29}$$

$$a = \bar{z}_2. \tag{1.30}$$

Abb. 1.30 zeigt die Realisierung dieser Funktionen ausschließlich mit NAND-Gliedern und Invertern.

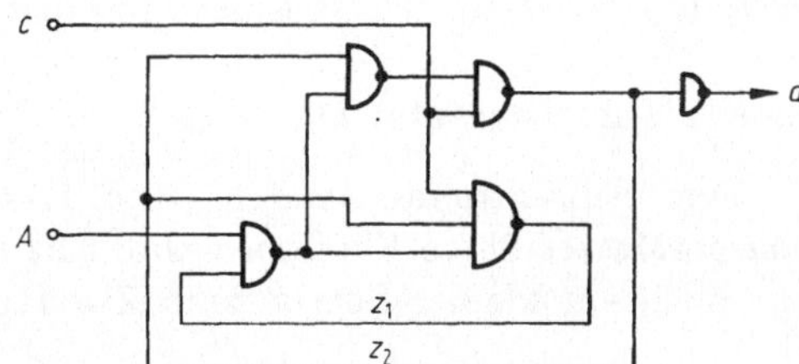

Abb. 1.30. Realisierung der Taktausblendschaltung zu Abb. 1.29.

Daß bei der Erweiterung eines zweiflankengesteuerten Flipflops durch eine solche Taktausblendschaltung die Steuerbarkeit der Intervallücke t_{krit} nicht verlorengeht, ist in Abb. 1.31 noch einmal zum Ausdruck gebracht.

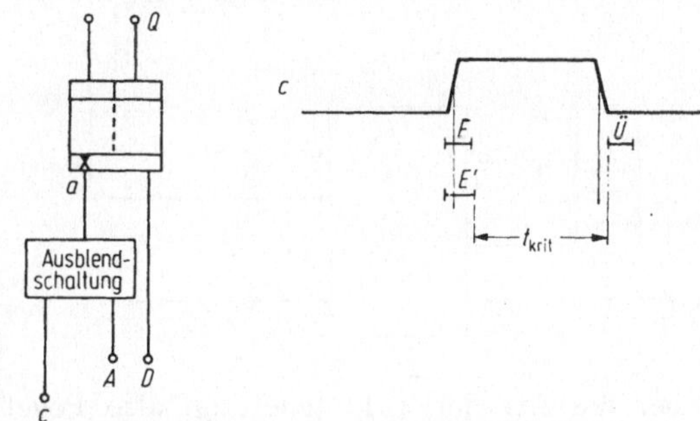

Abb. 1.31. Zur Funktion der Ausblendschaltung aus Abb. 1.30.

Es gibt noch eine völlig andere Möglichkeit, die Taktausblendung einzuführen, ohne die Steuerbarkeit der Intervallücke t_{krit} zu verlieren, nämlich durch die Verwendung zweier Taktsignale unterschiedlicher Phase. Solche Taktsignale wurden im Zusammenhang mit dem Zweiphasen-Master-Slave-Flipflop in Abb. 1.22 eingeführt. Abb. 1.32

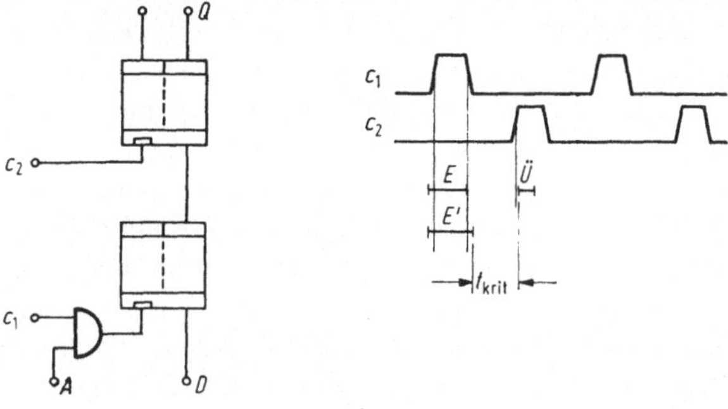

Abb. 1.32. Zweiphasen-Master-Slave-Flipflop mit Taktausblendung.

zeigt ein solches Master-Slave-Flipflop mit Taktausblendung. Es ist ohne weiteres einzusehen, daß in diesem Fall die Steuerbarkeit der Intervalllücke t_{krit} durch die Taktausblendung nicht beeinträchtigt wird.

1.3.8 Zweiregisterautomat

Vom Einregisterautomaten (Abb. 1.14), dessen Register aus Zweiphasen-Master-Slave-Flipflops (Abb. 1.22 und 1.32) aufgebaut ist, ist es nur noch ein kleiner Schritt zum Zweiregisterautomaten in Abb. 1.33.

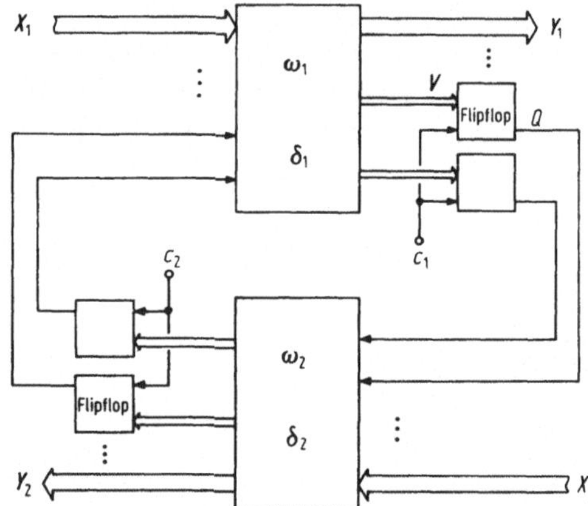

Abb. 1.33. Zweiregisterautomat (Taktsignale wie in Abb. 1.32.)

Über die Art der Taktsteuerung, also Pegel-, Einflanken- oder Zweiflankensteuerung, der Flipflops in dieser Struktur ist bewußt nicht ausgesagt, d. h. sie kann beliebig gewählt werden, ohne daß die Automateneigenschaften der Struktur davon betroffen werden.

Jedoch ist einzusehen, daß aus Aufwandsgründen Zweiregisterautomaten zweckmäßigerweise stets mit pegelgesteuerten Flipflops aufgebaut werden (s. Abb. 1.20).

Die Beschreibung des Verhaltens eines Zweiregisterautomaten wird durch die Tatsache stark erschwert, daß für die Eingabeteilvektoren $\boldsymbol{X}_1$ und $\boldsymbol{X}_2$ unterschiedliche Entscheidungsintervalle und für die Ausgabeteilvektoren $\boldsymbol{Y}_1$ und $\boldsymbol{Y}_2$ unterschiedliche Übergangsintervalle gelten. Diese Verkomplizierung nimmt man natürlich nur in Kauf, wenn man dafür etwas gewinnt. Das einzige, was man möglicherweise gewinnen kann, ist eine Aufwandsersparnis. Ob und auf welche Weise sich eine solche Aufwandsersparnis ergibt, ist nicht ohne eingehende Untersuchung zu erkennen. Ohne daß die zugehörige Untersuchung hier dargestellt wird, sei einfach festgestellt, daß es keine zwingenden Gründe mehr gibt, den komplizierteren Zweiregisterautomaten dem einfachen Einregisterautomaten vorzuziehen.

1.3.9 Beobachtbarkeitsintervalle beim Einregisterautomaten

In Abb. 1.3 wurde eine willkürliche Zuordnung zwischen der diskreten Automatenzeit n und der kontinuierlichen Zeit t angegeben. Nachdem nun der den folgenden Kapiteln des Buches zugrunde liegende Automatentyp feststeht, nämlich der allgemeine Einregisterautomat, soll nun die der Abb. 1.3 entsprechende Zuordnung für diesen Automatentyp dargestellt werden.

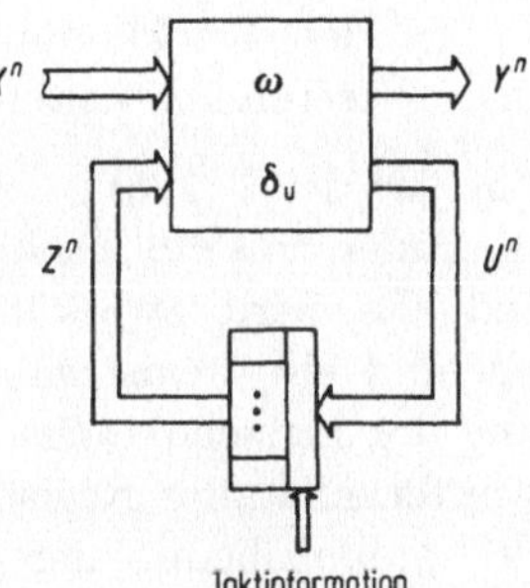

Abb. 1.34. Modell des allgemeinen Einregisterautomaten.

Abb. 1.34 zeigt das Modell des Einregisterautomaten; der Unterschied zur Abb. 1.14 besteht darin, daß dort die Zuführung der Taktinformation auf eine Leitung beschränkt war, während nun auch Zweiphasen-Master-Slave-Flipflops nach Abb. 1.22 als Registerflipflops zugelassen sind. Außerdem werden nicht mehr nur D-Flipflops betrachtet, sondern der Ansteuervektor $\boldsymbol{V}$ der Flipflops darf beliebig sein. Auch Taktausblendung ist inbegriffen. Die Ansteuervektoren $\boldsymbol{V}$ aller Registerflipflops einschließlich der möglicherweise vorhandenen Taktausblendsteuersignale sind im Registeransteuervektor $\boldsymbol{U}$ zusammengefaßt. Da δ als die Zustandsübergangsfunktion eingeführt worden war, ist nun im Schaltnetz nicht mehr unbedingt δ realisiert, sondern die allgemeinere Registeransteuerfunktion δ_u. Es gilt

$$\boldsymbol{U}^n = \delta_u(\boldsymbol{Z}, \boldsymbol{X})^n, \tag{1.31}$$

$$\delta_u \doteq \delta \qquad \text{für} \qquad \boldsymbol{U}^n = \boldsymbol{Z}^{n+1}. \tag{1.32}$$

Für die nun darzustellende Zuordnung zwischen der diskreten Automatenzeit n und den Beobachtbarkeitsintervallen für die vier Codewörter $\boldsymbol{X}^n$, $\boldsymbol{Y}^n$, $\boldsymbol{U}^n$ und $\boldsymbol{Z}^n$ auf den so benannten Signalleitungsbündeln muß man acht Durchlaufzeiten durch das (ω, δ_u)-Schaltnetz definieren:

$\tau_{\omega x \min}$, $\tau_{\omega x \max}$ Minimale Zeit bzw. maximale Zeit, die vergeht von einer Änderung bei $\boldsymbol{X}$ bis zu der dadurch bewirkten Änderung bei $\boldsymbol{Y}$;

$\tau_{\omega z\min}$, $\tau_{\omega z\max}$ Minimale Zeit bzw. maximale Zeit, die vergeht von einer Änderung bei $\boldsymbol{Z}$ bis zu der dadurch bewirkten Änderung bei $\boldsymbol{Y}$;

$\tau_{\delta x\min}$, $\tau_{\delta x\max}$ Minimale Zeit bzw. maximale Zeit, die vergeht von einer Änderung bei $\boldsymbol{X}$ bis zu der dadurch bewirkten Änderung bei $\boldsymbol{U}$;

$\tau_{\delta z\min}$, $\tau_{\delta z\max}$ Minimale Zeit bzw. maximale Zeit, die vergeht von einer Änderung bei $\boldsymbol{Z}$ bis zu der dadurch bewirkten Änderung bei $\boldsymbol{U}$. Diese letzten beiden Zeiten entsprechen den in den Rückkopplungsbedingungen (1.15) und (1.16) auftretenden Zeiten $\tau_{\delta\min}$ und $\tau_{\delta\max}$.

Über die Art der Taktung des Registers braucht nichts vorausgesetzt zu werden, außer daß die Rückkopplungsbedingungen (1.15) und (1.16) erfüllt sind. Es wird zweckmäßigerweise ein Registerentscheidungsintervall E und ein Registerübergangsintervall $\ddot{U}$ definiert; E ist die Vereinigung der Entscheidungsintervalle und $\ddot{U}$ ist die Vereinigung der Übergangsintervalle aller Registerflipflops; in E und $\ddot{U}$ ist somit der in den Rückkopplungsbedingungen enthaltene maximale Laufzeitunterschied τ_c zwischen den Taktflanken an den einzelnen Flipflopeingängen mit erfaßt. Der Vektor $\boldsymbol{U}$ darf sich während des Entscheidungsintervalles E nicht ändern, und jegliche Änderung bei $\boldsymbol{Z}$ kann nur im Übergangsintervall $\ddot{U}$ liegen.

Ausgehend von einer periodischen Folge der Intervalle E und $\ddot{U}$ kann man durch Einsetzen der oben definierten Durchlaufzeiten durch das (ω, δ_u)-Netz die Beobachtbarkeitsintervalle in Abb. 1.35 gewinnen. Die

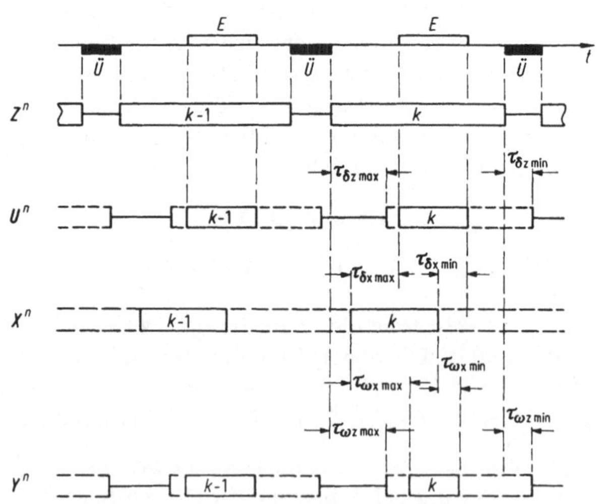

Abb. 1.35. Beobachtbarkeitsintervalle beim Einregisterautomaten.

Ableitung gilt dabei für einen Mealy-Automaten. Der Zustand $\boldsymbol{Z}$ ist außerhalb der Übergangsintervalle $\dot{U}$ beobachtbar, was direkt aus der Definition von $\dot{U}$ folgt. Der Ansteuervektor $\boldsymbol{U}$ muß mindestens während des Entscheidungsintervalles E beobachtbar sein, was direkt aus der Definition von E folgt. Aus diesem minimalen Beobachtbarkeitsintervall für $\boldsymbol{U}$ und den Zeiten $\tau_{\delta x}$ gewinnt man das minimale Beobachtbarkeitsintervall für $\boldsymbol{X}$; in diesem Intervall muß $\boldsymbol{X}$ konstant anliegen, damit $\boldsymbol{U}$ während E konstant ist. Aus dem minimalen Beobachtbarkeitsintervall für $\boldsymbol{X}$ und den Zeiten $\tau_{\omega x}$ gewinnt man das minimale Beobachtbarkeitsintervall für $\boldsymbol{Y}$. Da der Vektor $\boldsymbol{X}$ extern angeboten wird, ist normalerweise das Beobachtbarkeitsintervall für $\boldsymbol{X}$ länger als das minimale Intervall; das minimale Intervall muß lediglich im tatsächlichen Beobachtbarkeitsintervall enthalten sein. Wenn $\boldsymbol{X}$ länger als unbedingt nötig konstant angeboten wird, verlängern sich die Beobachtbarkeitsintervalle für $\boldsymbol{U}$ und $\boldsymbol{Y}$ entsprechend; wegen der festliegenden Übergangsintervalle für $\boldsymbol{Z}$ können jedoch die Beobachtbarkeitsintervalle für $\boldsymbol{U}$ und $\boldsymbol{Y}$ durch längeres Anbieten von $\boldsymbol{X}$ nur bis zu bestimmten Grenzen verlängert werden, welche sich aus dem Beobachtbarkeitsintervall für $\boldsymbol{Z}$ und den Zeiten $\tau_{\delta z}$ bzw. $\tau_{\omega z}$ ergeben.

Im Zusammenhang mit der Zuordnung zwischen der diskreten Automatenzeit n und den Beobachtbarkeitsintervallen soll noch kurz eine Verständnisschwierigkeit ausgeräumt werden, welche die Zeitkennzeichnung von Vektoren in Strukturmodellen betrifft. Das Problem soll an einem Beispiel aufgezeigt werden. Abb. 1.36 zeigt eine Struktur, welche

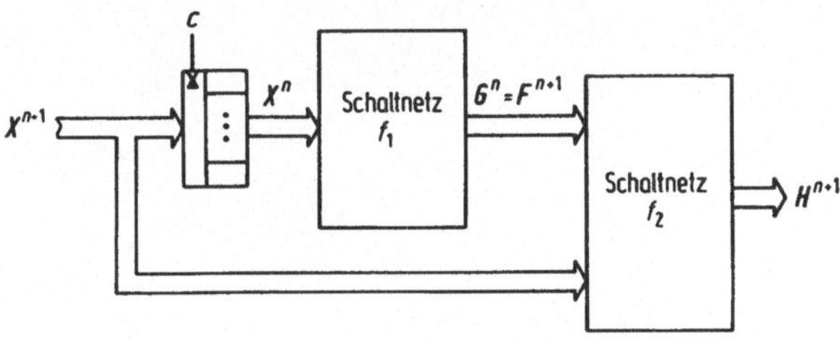

Abb. 1.36. Zur Zeitkennzeichnung von Vektoren in Strukturmodellen.

durch willkürliche Zusammenschaltung eines Registers und zweier Verknüpfungsnetze entstand; die Struktur hat keine diskutierbare Bedeutung. Die Signalleitungsbündel in dieser Struktur sind mit Vektoren mit Zeitangabe bezeichnet. Unabhängig von der Zeitangabe bedeutet die Bezeichnung eines Signalleitungsbündels mit einem Vektor, beispielsweise mit $\boldsymbol{G}$, daß auf diesem Leitungsbündel codierte Elemente einer bestimmten endlichen Menge auftreten, also beispielsweise der Menge $\mathcal{G} = \{\boldsymbol{G}_1, \boldsymbol{G}_2, \boldsymbol{G}_3, \ldots\}$. Wenn ein Leitungsbündel mit unterschiedlichen

Vektornamen bezeichnet ist, beispielsweise mit $\boldsymbol{G}$ und mit $\boldsymbol{F}$, dann bedeutet dies, daß die beiden Mengen, aus denen die Vektoren stammen, also beispielsweise $\mathcal{G}$ und $\mathcal{F}$, gleich sind.

Der Interpretation der Zeitkennzeichnung liegt folgende Überlegung zugrunde: Jedes Strukturmodell mit diskreter Zeitangabe dient der Realisierung eines sequentiellen Prozesses, welcher als Erzeugung einer Folge von Codewortsätzen aufgefaßt werden kann. Die Codewortsätze in der Folge werden mit dem laufenden Index n numeriert. Ein Codewortsatz besteht aus je einem Codewort aus sämtlichen im Strukturmodell auftretenden unterschiedlich bezeichneten Mengen. Im betrachteten Beispiel ist der Codewortsatz mit dem Index n also $(\boldsymbol{X}, \boldsymbol{G}, \boldsymbol{F}, \boldsymbol{H})^n$. Die Realisierung des Prozesses, d. h. die Gewinnung der Folge von Codewortsätzen, erfordert nun aber nicht, daß dem Strukturmodell zur diskreten Automatenzeit n gerade alle Codewörter des mit n numerierten Codewortsatzes entnommen werden können; die Folge der Codewortsätze ist ja auch dann definiert, wenn die dem Strukturmodell zur diskreten Automatenzeit n entnehmbaren Codewörter zu verschiedenen Codewortsätzen der Folge gehören. Da zu jedem Signalleitungsbündel in einem Strukturmodell ein der diskreten Automatenzeit n zugeordnetes Beobachtbarkeitsintervall existiert, ist eindeutig festgelegt, was es heißt, dem Strukturmodell zur Zeit n ein bestimmtes Codewort zu entnehmen. Dem Strukturmodell in Abb. 1.36 kann man zur diskreten Automatenzeit n Codewörter für zwei verschiedene Codewortsätze entnehmen, nämlich sowohl für den Codewortsatz mit dem Index n als auch für denjenigen mit dem Index $n+1$.

2. Grundzerlegung komplexer Schaltwerke

Auf Grund der großen Zustandszahl, welche oft weit über der Milliardengrenze liegt, ist es sinnlos, ein digitales System mit verhältnismäßig komplexer informationsverarbeitender Funktion als eine einzige sequentielle Maschine im Sinne des Kapitels 1 modellieren zu wollen. Vielmehr muß ein solches System, welches von nun an „*komplexes Schaltwerk*" genannt wird, als Zusammenschaltung mehrerer sequentieller Maschinen aufgefaßt werden, damit eine sinnvolle Modellierung möglich wird. Es wird deshalb im folgenden untersucht, wie ein komplexes Schaltwerk am zweckmäßigsten in Teilsysteme, sogenannte Blöcke, zerlegt werden kann [18].

2.1 Aufgabenstellung für den Entwurf eines komplexen Schaltwerks

Bei der Suche nach der Blockzerlegung eines komplexen Schaltwerks muß man von der Aufgabenstellung ausgehen, welche als Ausgangspunkt des Entwurfs vorgegeben wird. Zwar stellt die Erarbeitung einer zweckmäßigen Aufgabenstellung meist schon einen wesentlichen Teil der Entwicklung eines digitalen Systems dar, aber da die Kriterien, welche dabei beachtet werden müssen, sich einer systematischen Betrachtung weitgehend entziehen, müssen die Überlegungen, welche auf einen methodischen Systementwurf hinzielen, zwangsläufig die Vorgabe der Aufgabenstellung voraussetzen.

Die Aufgabenstellung beschreibt den Eingangsvektor $\boldsymbol{P}$ und den Ausgangsvektor $\boldsymbol{Q}$ mit den binären Komponenten p_i bzw. q_j, wobei jeder Eingangsleitung ein p_i und jeder Ausgangsleitung ein q_j entspricht. Außerdem muß die Aufgabenstellung die gewünschte zeitlich logische Abhängigkeit der Ausgangssignale von den Eingangssignalen angeben. Die Beschreibung der Vektoren $\boldsymbol{P}$ und $\boldsymbol{Q}$ ist unproblematisch; schwierig dagegen erscheint die geforderte Funktionsbeschreibung. Man muß jedoch bedenken, daß das zu entwerfende komplexe Schaltwerk ja eine sinnvolle und anschaulich beschreibbare informationsverarbeitende Funktion ausführen soll; deshalb braucht die Abhängigkeit zwischen $\boldsymbol{P}$ und $\boldsymbol{Q}$ nicht formal abstrakt beschrieben zu werden, sondern kann unter Verwendung anschaulicher Begriffe der Informationsverarbeitung dargestellt werden. Eine übersichtliche und leicht verständliche Funktionsbeschreibung ist ein wesentliches Kennzeichen einer guten Aufgabenstellung, d. h., eine unübersichtliche und aufwendige Funktionsbeschreibung berechtigt zu der Annahme, daß bei der Entwicklung dieser Aufgabenstellung einige unzweckmäßige Entscheidungen getroffen wurden. Es hat wenig Zweck, weitere allgemeine Aussagen über die Aufgaben stellung zu machen; vielmehr soll durch ein Beispiel das bisher Gesagte veranschaulicht werden.

Es wird die Aufgabenstellung zum Entwurf der arithmetisch-logischen Verarbeitungseinheit eines kleinen Computers betrachtet. Abb. 2.1 zeigt die Einheit als Block mit dem Eingangsvektor $\boldsymbol{P}$ und dem

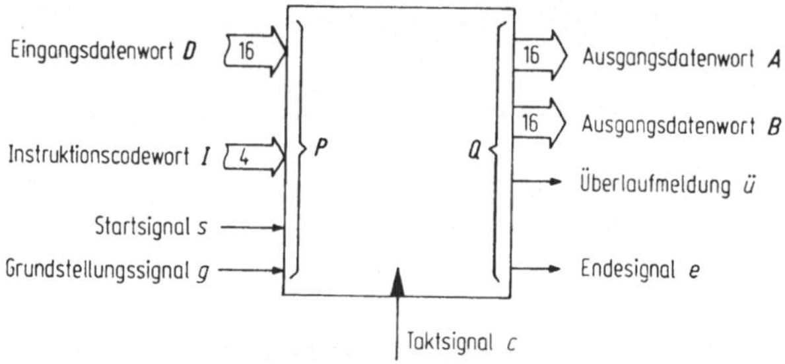

Abb. 2.1. Eingangs- und Ausgangsvektoren einer arithmetisch-logischen Verarbeitungseinheit.

Ausgangsvektor $\boldsymbol{Q}$. Diese beiden Vektoren sind in unabhängig voneinander interpretierbare Teilvektoren aufgeteilt; dabei seien auch einzelne Komponenten als Teilvektoren bezeichnet. Die Teilvektoren und ihre jeweilige Interpretation sind:

das sechzehnstellige Eingangsdatenwort $\boldsymbol{D} = (d_1, d_2, \ldots, d_{16})$, welches in Abhängigkeit von der durchzuführenden Verarbeitung entweder als eine nicht weiter interpretierbare Binärkombination oder als eine vorzeichenbehaftete ganze Dualzahl mit dem Wert

$$\text{Integer}\,(\boldsymbol{D}) = (1 - 2 \cdot d_1) \cdot \sum_{i=0}^{14} d_{16-i} \cdot 2^i \tag{2.1}$$

angesehen wird;

das vierstellige Instruktionscodewort $\boldsymbol{I}$, dessen Interpretation tabellarisch gegeben werden muß (s. Tabelle 2.1);

das Startsignal s, welches durch den Binärwert „1“ während des später noch zu definierenden Entscheidungsintervalls einen durch den Instruktionscode spezifizierten Verarbeitungsvorgang auslöst;

das Grundstellungssignal g, welches die Einheit unabhängig von ihrem derzeitigem Zustand in einen definierten Grundzustand überführt;

die Ausgangsdatenwörter $\boldsymbol{A}$ und $\boldsymbol{B}$, deren Interpretation mit der des Eingangsdatenwortes $\boldsymbol{D}$ übereinstimmt;

Tabelle 2.1. Interpretation des Instruktionscodewortes

Instruktionscodewort $\boldsymbol{I}$				Durchzuführende Operation
i_1	i_2	i_3	i_4	
0	0	0	0	Speichere $\boldsymbol{D}$ in $\boldsymbol{A}$
0	0	0	1	Vertausche $\boldsymbol{A}$ mit $\boldsymbol{B}$
0	0	1	0	Schiebe $\boldsymbol{A}$ um eine Stelle nach rechts im Kreis
0	0	1	1	Schiebe $(\boldsymbol{B}, \boldsymbol{A})$ um eine Stelle nach rechts im Kreis
0	1	0	0	Schiebe $\boldsymbol{A}$ um eine Stelle nach rechts; ziehe „0" nach
0	1	0	1	Schiebe $(\boldsymbol{B}, \boldsymbol{A})$ um eine Stelle nach rechts; ziehe „0" nach
0	1	1	0	Schiebe $\boldsymbol{A}$ um eine Stelle nach links; ziehe „0" nach
0	1	1	1	Schiebe $(\boldsymbol{B}, \boldsymbol{A})$ um eine Stelle nach links; ziehe „0" nach
1	0	0	0	Bitweise UND-Verknüpfung von $\boldsymbol{D}$ mit $\boldsymbol{A}$; Ergebnis in $\boldsymbol{A}$
1	0	0	1	Bitweise ODER-Verknüpfung von $\boldsymbol{D}$ mit $\boldsymbol{A}$; Ergebnis in $\boldsymbol{A}$
1	0	1	0	Bitweise Antivalenz-Verknüpfung von $\boldsymbol{D}$ mit $\boldsymbol{A}$; Ergebnis in $\boldsymbol{A}$
1	0	1	1	Bitweise Inversion von $\boldsymbol{A}$
1	1	0	0	Addiere $\boldsymbol{D}$ zu $\boldsymbol{A}$; Ergebnis in $\boldsymbol{A}$
1	1	0	1	Subtrahiere $\boldsymbol{D}$ von $\boldsymbol{A}$; Ergebnis in $\boldsymbol{A}$
1	1	1	0	Multipliziere $\boldsymbol{D}$ mit $\boldsymbol{A}$; Ergebnis in $\boldsymbol{A}$ und $\boldsymbol{B}$ mit höherwertigem Abschnitt in $\boldsymbol{B}$; Vorzeichen in $\boldsymbol{A}$ und in $\boldsymbol{B}$
1	1	1	1	Dividiere $\boldsymbol{A}$ durch $\boldsymbol{D}$; ganzzahliger Quotient in $\boldsymbol{A}$, Rest in $\boldsymbol{B}$

die Überlaufmeldung $ü$, welche durch den Binärwert „1" zur Zeit der Endemeldung e einen arithmetischen Ergebnisüberlauf meldet, wobei am zugehörigen Instruktionscodewort zu ersehen ist, ob es sich um einen Additions- oder Divisionsüberlauf handelt;

das Endesignal e, welches durch den Binärwert „1" die letzte Taktperiode eines Verarbeitungsvorgangs kennzeichnet.

Das Taktsignal ist zwar keine Komponente von $\boldsymbol{P}$ oder $\boldsymbol{Q}$, es muß aber natürlich trotzdem als Signalleitung in Erscheinung treten. Da es sich bei der Verarbeitungseinheit um ein kleineres System handelt, ist nicht unbedingt eine Zweiflanken- oder Zweiphasentaktsteuerung erforderlich; es ist auch mit einer Einflankensteuerung, beispielsweise mit der in Abb. 2.1 symbolisch angedeuteten Rückflankensteuerung, eine zuverlässige Realisierung möglich.

Da die Einheit Verarbeitungsvorgänge durchführen kann, welche länger als eine Taktperiode dauern, werden die Entscheidungsintervalle für die Eingangssignale $\boldsymbol{D}$, $\boldsymbol{I}$ und s nicht ausschließlich durch das Taktsignal festgelegt, sondern hängen noch von der Dauer des jeweiligen Verarbeitungsvorgangs ab. Nur das Entscheidungsintervall für das

Grundstellungssignal ist von den Verarbeitungsvorgängen unabhängig. Abb. 2.2 zeigt die Lage der Entscheidungsintervalle für die Eingangssignale $\boldsymbol{D}$, $\boldsymbol{I}$ und s und die Gültigkeitsbereiche der Ausgangssignale $\boldsymbol{A}$, $\boldsymbol{B}$ und $ü$ mit Bezug zu den zeitlichen Grenzen des Verarbeitungsvorgangs,

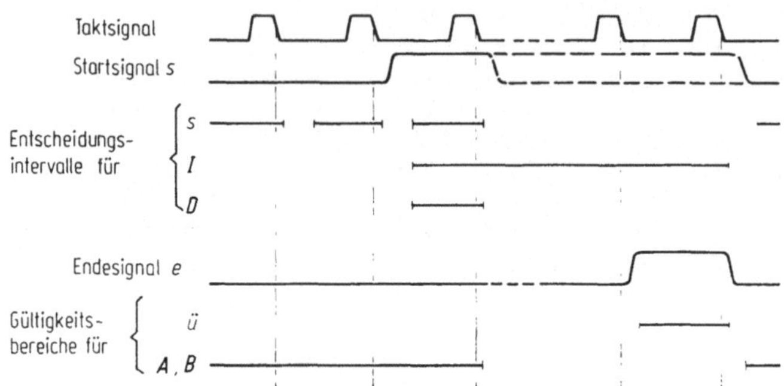

Abb. 2.2. Ein- und Ausgangssignalintervalle für die arithmetisch-logische Verarbeitungseinheit in Abb. 2.1.

welche durch die Signale s und e definiert sind. Es ist dabei durchaus zulässig, daß das Endesignal während des Entscheidungsintervalls des Startsignals erscheint, nämlich wenn der Verarbeitungsvorgang nur eine Taktperiode benötigt.

Die Lage der Entscheidungsintervalle in Abb. 2.2 zeigt offensichtlich. daß dem Eingabesystem, welches die Signale $\boldsymbol{D}$, $\boldsymbol{I}$ und s bereitstellt, die Taktinformation zugänglich sein muß. Da das Problem der Eingabesynchronisation jedoch nicht unmittelbar zur betrachteten Aufgabenstellung gehört, wird die eingehende Betrachtung der diesbezüglichen Fragen erst in einem späteren Kapitel dargestellt.

Die bis hierher gegebene Beschreibung der arithmetisch-logischen Verarbeitungseinheit kann als *Schnittstellenbeschreibung* gekennzeichnet werden. Sie enthält alle Information, die ein Anwender der Einheit benötigt, also jemand, der die Einheit als gegebenen Block betrachtet und diesen Block als Baustein für ein größeres System verwendet; für ihn ist der innere Aufbau des Blockes irrelevant. Im Zusammenhang des vorliegenden Abschnitts ist jedoch zu fragen, ob die Schnittstellenbeschreibung als Aufgabenstellung für einen methodischen Entwurf genügt oder nicht. Die folgenden Überlegungen werden zeigen, daß die Schnittstellenbeschreibung als Ausgangspunkt für einen methodischen Entwurf oft nicht genügt, sondern noch durch die sogenannte *Algorithmenbeschreibung* ergänzt werden muß. Hierzu muß bemerkt werden, daß für den Entwurfsingenieur die Aufgabenstellung durchaus recht häufig nur in einer Schnittstellenbeschreibung besteht; das bedeutet dann eben, daß der Entwurfsingenieur auch die verhältnismäßig unmethodische Entwicklung der Algorithmenbeschreibung durchführen muß. Für das vorliegende Buch gilt, daß die Schnittstellenbeschreibung grundsätzlich als gegeben vorausgesetzt wird, daß jedoch jeweils andeutungsweise gezeigt wird, welche Überlegungen die Entwicklung der zugehörigen Algorithmenbeschreibung bestimmen.

Die Algorithmenbeschreibung muß die gewünschten Verarbeitungsvorgänge als Sequenzen mathematisch logischer Einzelschritte darstellen. Daß die Zerlegung eines Verarbeitungsvorgangs in Einzelschritte kein rein methodischer Prozeß sein kann, ist durch Betrachtung eines Beispiels ohne weiteres einzusehen: Die Multiplikation zweier Dualzahlen läßt sich grundsätzlich in einem einzigen Schritt mit Hilfe eines entsprechenden Schaltnetzes durchführen; sie kann aber auch in eine Folge bedingter Additionsschritte zerlegt werden; darüber hinaus gibt es sogar noch andere sequentielle Multiplikationsalgorithmen, welche nicht auf Mehrfachaddition beruhen. Die Multiplikation in einem Schritt wird man sicher nur dann in Betracht ziehen können, wenn mit der Aufgabenstellung die Forderung nach höchster Geschwindigkeit ohne Rücksicht auf die Hardwarekosten verbunden ist. Die andere mögliche Forderung nach einer extremen Geschwindigkeits-Preisrelation, nämlich geringste Hardwarekosten ohne Rücksicht auf die Geschwindigkeit, würde zwangsläufig zur Auswahl eines sequentiellen Algorithmus führen.

Wenn es nur die beiden genannten extremen Geschwindigkeits-Preisrelationen gäbe, wäre die Algorithmenauswahl noch verhältnismäßig methodisch durchführbar. In der Praxis werden jedoch diese extremen Forderungen höchst selten gestellt; vielmehr wird oft eine untere Grenze für die Geschwindigkeit und eine obere Grenze für den Preis vorgegeben, wodurch meistens die Algorithmenauswahl nicht eindeutig bestimmt ist, d. h. es gibt dann meistens mehrere Algorithmen, welche diese Grenzen einhalten. Es kann allerdings auch vorkommen, daß die Grenzforderungen unerfüllbar sind, d. h., daß unter Berücksichtigung der gerade gültigen Preise für digitale Bauelemente gar kein Algorithmus innerhalb der gegebenen Grenzen existiert.

Da die Geschwindigkeits-Preisforderungen normalerweise die Algorithmenauswahl nicht eindeutig bestimmen, spielen fast immer noch eine Vielzahl anderer Auswahlkriterien mit, die oft gar nicht quantitativ erfaßbar sind, wie zum Beispiel Diagnosefreundlichkeit oder bewußte Abgrenzung gegenüber Systemen der Konkurrenz.

Aus diesen Gründen kann die Entwicklung der Algorithmenbeschreibung nicht als Teil eines methodischen Entwurfs betrachtet werden, sondern gehört zur unmethodisch entwickelten Aufgabenstellung. Zwar genügt die Vorgabe einer Schnittstellenbeschreibung zur Aufstellung einer Liste möglicher Algorithmen; auch können diese Algorithmen dann hinsichtlich ihrer spezifischen Vor- und Nachteile miteinander verglichen werden; die Auswahl eines Algorithmus jedoch erfordert zusätzliche Information als Teil der Aufgabenstellung.

Die hier betrachteten Algorithmen sind Programme, d. h. Sequenzen von bedingt oder unbedingt auszuführenden Anweisungen. Genau wie ein Computerprogramm kann demzufolge ein solcher Algorithmus sowohl als Liste als auch als Ablaufdiagramm dargestellt werden. Ablaufdiagramme haben den Vorteil, daß sie Strukturen, beispielsweise Schleifen oder Entscheidungsbäume, direkt sichtbar machen; deshalb werden sie im folgenden der Listendarstellung vorgezogen.

Als Beispiel eines in Form eines Ablaufdiagramms dargestellten Algorithmus sei die schon erwähnte Realisierung der Multiplikation als Mehrfachaddition betrachtet. Das Ablaufdiagramm in Abb. 2.3 gibt eine

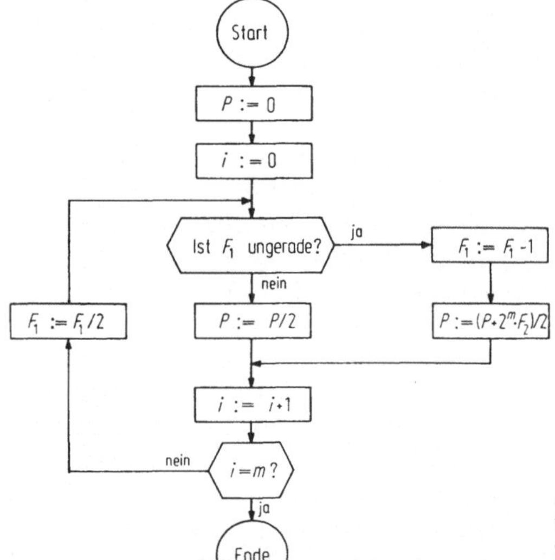

Abb. 2.3. Algorithmus zur betragsmäßigen Dualzahlenmultiplikation durch Mehrfachaddition.

Sequenz von Schritten an, welche das Produkt P aus den beiden m-stelligen Dualzahlenfaktoren F_1 und F_2 liefert. Vorzeichen blieben in diesem Beispiel unberücksichtigt. Das Ablaufdiagramm enthält ausschließlich mathematisch-logische Operatoren, welche auf variable oder konstante Operanden angewendet werden; es enthält keine Vorentscheidung über die technische Realisierung, d. h. das Ablaufdiagramm kann gleichermaßen als Ausgangspunkt eines ALGOL-Programms wie als Teil der Aufgabenstellung zum Entwurf eines Multiplikationswerks dienen.

2.2 Operationswerk

Von der Algorithmenbeschreibung ausgehend ist es nicht mehr allzu schwierig, zu einer Blockzerlegung des zu entwerfenden komplexen Schaltwerks zu gelangen. Sämtliche Variable des Algorithmus müssen als blockverbindende Leitungsbündel bei der Zerlegung in Erscheinung treten, auch wenn sie sich durch Substitution eliminieren lassen wie w im folgenden Beispiel:

$$w: = g + h \tag{2.2}$$

$$v: = w/2 \tag{2.3}$$

$$v: = (g + h)/2 \tag{2.4}$$

Für jede Variable, welche sich nicht durch Substitution eliminieren läßt, muß ein Block zur Speicherung eines Binärvektors, also eine lineare Anordnung gleichartiger Flipflops, vorgesehen werden. Diese Blöcke werden üblicherweise Register genannt. Der Begriff Register wurde schon bei der Betrachtung allgemeiner Automatenstrukturen eingeführt als Bezeichnung für die Gesamtheit aller im Rückkopplungspfad sitzenden, gemeinsam getakteten Flipflops. Das hier neu eingeführte Variablen- oder *Operandenregister* ist ein Abschnitt des früher eingeführten Automatenregisters. Wenn im folgenden der Begriff Register ohne zusätzliche Kennzeichnung auftritt, dann ist aus dem jeweiligen Zusammenhang zu entnehmen, um welche Art von Register es sich handelt — meistens um Operandenregister.

Jedem Operator des Algorithmus entspricht entweder ein Schaltnetz oder ein Schaltwerk. Die Addition $(P + 2^m \cdot F_2)$ im Beispiel des Multiplikationsalgorithmus (Abb. 2.3) kann entweder durch ein Schaltnetz oder durch ein Serienaddierwerk realisiert werden. Die Entscheidung darüber muß durch die Aufgabenstellung vorweggenommen sein, indem als Teil der Algorithmenbeschreibung die Art der *Operatorblöcke* festgelegt wird. Bei einfachen Operatoren wird man natürlich die Realisierung durch ein komplexes Schaltwerk gar nicht in Erwägung ziehen. Die Operatoren ,,Division durch 2" und ,,Multiplikation mit 2^m" in Abb. 2.3 lassen sich durch einfache Stellenverschiebungsnetze realisieren, eine Stelle nach rechts bzw. m Stellen nach links, wenn die Dualstelle mit der gerinsten Wertigkeit rechts steht.

Wenn für die Wertzuweisung einer Registervariablen an unterschiedlichen Stellen des Algorithmus unterschiedliche Operatoren zuständig sind, dann muß ein *Quellenauswahlnetz* vorgesehen werden. Abb. 2.4a zeigt das für die Variable P aus Abb. 2.3. Daß die Variable selbst auch als eine der vier Quellen auftritt, ist deswegen erforderlich, weil es sonst unmöglich wäre, den Wert von P über mehr als eine Taktperiode hinweg zu speichern. Es ist dabei angenommen, daß das Register aus D-Flipflops besteht. Wenn man dagegen Flipflops verwendet, deren Übergangsfunktion die Teilfunktion α enthält, s. Gl. (1.22), kann die direkte Rückführung der Registervariablen entfallen (Abb. 2.4b). In diesem Fall muß

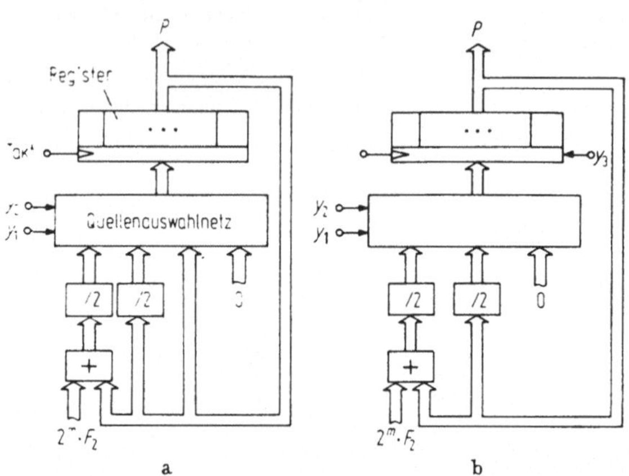

Abb. 2.4. Beispiel zur Einführung der Quellenauswahlnetze.

natürlich ein Steuerbit (y_3) für die Auswahl der Teilfunktion α im Register bereitgestellt werden. Falls die durch die Aufgabenstellung gegebenen Bedingungen eine Taktausblendung zulassen, kann in diesem Fall durch gemeinsame Taktausblendung (s. Abb. 1.38) eine Aufwandsersparnis erzielt werden.

In einem Fall, wo ein Operator mehrfach auftritt wie der Operator „Division durch 2" in Abb. 2.4, kann eine Mehrfachausnutzung des Operators durch Kaskadierung des Auswahlnetzes erreicht werden (Abb. 2.5). Im vorliegenden Beispiel würde sich dies allerdings nicht rentieren, da der eingesparte Operator von vornherein nichts kostet, weil er nur Drähte und keine Verknüpfungsglieder enthält. Im Normalfall muß man stets prüfen, ob der eingesparte Operatoraufwand den Mehraufwand im Auswahlnetz übertrifft oder nicht.

Durch das Beispiel zur Einführung der Quellenauswahlnetze in Abb. 2.4 ergaben sich zwangsläufig die sogenannten Steuersignale y_ν, welche die Komponenten des Steuervektors $\boldsymbol{Y}$ bilden. Dieser Vektor legt für jedes taktbedingte Entscheidungsintervall des Registers die Quelle der zu speichernden Information fest. Es wird sich später zeigen, daß oft auch Komponenten von $\boldsymbol{Y}$ für andere Zwecke gebraucht werden; vorläufig ist dies jedoch noch unwesentlich. Wesentlich ist hier nur die

Tatsache, daß der Vektor Y bereitgestellt werden muß, wobei bisher noch nicht gesagt wurde, wer für diese Bereitstellung zuständig ist.

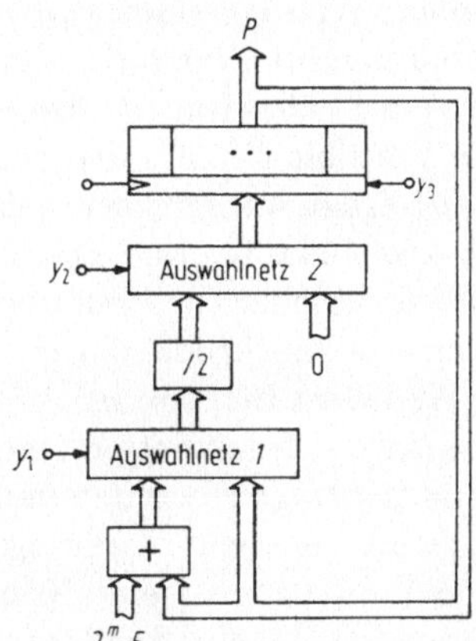

Abb. 2.5. Kaskadierung von Auswahlnetzen.

Es wurde gezeigt, daß aus einem Algorithmus eine Menge von Blöcken abgeleitet werden kann, welche in Operandenblöcke, Operatorblöcke und Quellenauswahlnetze eingeteilt werden können. Diese Blöcke werden im folgenden *Operationsblöcke* genannt, und das System, welches sich durch Zusammenschaltung dieser Blöcke entsprechend dem zugrundeliegenden Algorithmus ergibt, heißt *Operationswerk.*

Bisher wurde von den Verzweigungsabfragen eines Algorithmus überhaupt noch nicht gesprochen. Das bedeutet aber nicht, daß diese Abfragen keinen Einfluß auf den Aufbau des Operationswerks haben können; es bedeutet lediglich, daß das nachträgliche Berücksichtigen dieser Abfragen keine grundlegende Strukturänderung des bisherigen Operationswerks bewirken kann, sondern nur zu einer Erweiterung des Operationswerks durch zusätzliche Operationsblöcke führen kann.

Obwohl im Beispiel in Abb. 2.3 die beiden vorkommenden Abfragen jeweils nur zwei Ausgänge haben, sind grundsätzlich auch Abfragen mit mehr als zwei Ausgängen möglich. In den Beispielen späterer Kapitel werden solche Abfragen vorkommen. Jeder Ausgang einer Abfrage ist dadurch gekennzeichnet, daß eine bestimmte logische Aussage wahr ist. Da die zur Feststellung des Wahrheitswertes aller dieser Aussagen notwendige Information stets in Form irgendwelcher Variablenwerte im Operationswerk zu finden ist, ist eine Erweiterung des Operationswerks auf Grund der Verzweigungsabfragen nicht grundsätzlich erforderlich. Lediglich die Tatsache, daß die in den Abfragen gebrauchte Information oft sehr redundant codiert ist, läßt es zweckmäßig erscheinen, das Operationswerk durch entsprechende Codewandler zu erweitern.

Wenn man das Beispiel in Abb. 2.3 in dieser Hinsicht überprüft, stellt man fest, daß die eine Abfrage die notwendige Information schon minimal, nämlich mit einem Bit codiert zugeführt bekommt, während die andere Abfrage einen sehr redundanten Code entschlüsseln muß. Zur Feststellung, ob F_1 gerade oder ungerade ist, genügt es, die letzte Dualstelle von F_1 abzufragen, also ein Bit; dagegen müssen zur Feststellung, ob die Variable i schon den vorgegebenen Wert m erreicht hat, mehrere Bits abgefragt werden, beispielsweise 4 bit für $m = 15$. In diesem Fall ist es zweckmäßig, das Operationswerk durch einen Codewandler zu erweitern, welcher die Codewörter i in ein Bit umcodiert; dieser „Codewandler" ist natürlich ein einziges UND-Glied, welches eine Eins am Ausgang liefert für $i = m$.

Sämtliche Information, welche das Operationswerk für die Verzweigungsabfragen bereitstellt, und zwar in der zweckmäßigsten Codierung, wird in dem Verzweigungsvektor $\boldsymbol{X}$ zusammengefaßt. Dieser Vektor $\boldsymbol{X}$ erhält i. a. seine Komponenten nicht nur von den Ausgängen der Operationsblöcke, sondern teilweise auch aus dem externen Eingabevektor $\boldsymbol{P}$ des komplexen Schaltwerks. Im Beispiel in Abb. 2.1 bilden das Startsignal s und das Instruktionscodewort $\boldsymbol{I}$ einen Teil des Verzweigungsvektors $\boldsymbol{X}$. Dieses Beispiel zeigt außerdem noch, daß der Ausgabevektor $\boldsymbol{Q}$ des komplexen Schaltwerks Komponenten enthalten kann, welche sich nicht als Ausgangssignale von Operationsblöcken ergeben; so ist es beispielsweise unmöglich, das Endesignal e als Ausgangssignal eines Operationsblocks zu gewinnen. Diese bisher noch nicht bereitgestellten Signale werden als Komponenten dem Vektor $\boldsymbol{Y}$ zugeschlagen.

Die Blockzerlegung des komplexen Schaltwerks ist damit fast vollständig; es fehlt nur noch das System, welches den Vektor $\boldsymbol{Y}$ bereitstellt, wozu ihm sicher der Vektor $\boldsymbol{X}$ zugeführt werden muß.

2.3 Gesamtstruktur mit Steuerwerk

Das System, welches den Steuervektor $\boldsymbol{Y}$ bereitstellt, wird Steuerwerk genannt. Damit ergibt sich die Gesamtstruktur in Abb. 2.6. Der Takt-

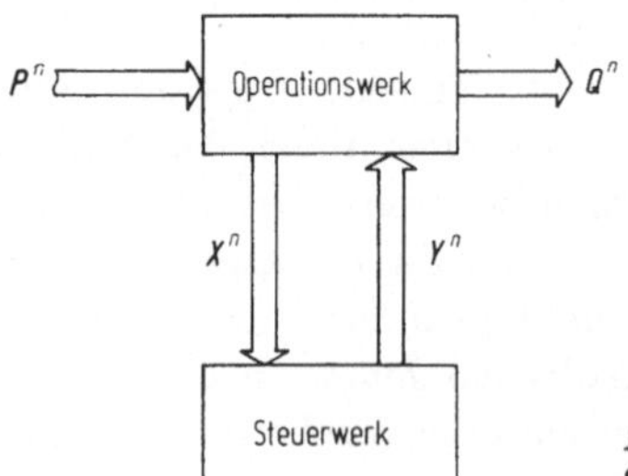

Abb. 2.6. Grundzerlegung des komplexen Schaltwerks.

generator ist zwar nicht eingezeichnet, es gilt jedoch selbstverständlich, daß sowohl das Operationswerk als auch das Steuerwerk getaktet sind, und zwar zwangsläufig mit derselben Frequenz, jedoch nicht zwangsläufig gleichphasig.

In diesem Buch werden grundsätzlich nur Systeme behandelt, bei denen sowohl das Operationswerk als auch das Steuerwerk — als getrennte Automaten betrachtet — Einregisterautomaten sind.

Die Bedingung, daß sowohl das Operationswerk als auch das Steuerwerk Einregisterautomaten sind, ist nicht bei allen auf dem Markt befindlichen Systemen erfüllt. Jedoch zeigt eine Analyse solcher Systeme, daß man ohne Erhöhung des Aufwandes und ohne Verlust an Verarbeitungsgeschwindigkeit die Bedingung hätte erfüllen können. Deshalb darf diese Bedingung nicht als Einschränkung gesehen werden, sondern als zweckmäßige Voraussetzung für einen methodischen Entwurf, welche noch den Vorteil hat, den Entwurfsprozeß und die Dokumentation zu vereinfachen.

Wenn die Bedingung eingehalten wird, gibt es trotzdem noch zwei verschiedene Möglichkeiten für die Taktung des Gesamtsystems; entweder sind das Operationswerk und das Steuerwerk gleichphasig getaktet oder gegenphasig. Welcher Fall vorliegt, ist aus der Lage der Registerentscheidungs- und -übergangsintervalle der beiden Werke zu ersehen. *Gleichphasige Taktung* liegt vor, wenn die Vereinigung der beiden Entscheidungsintervalle sich mit keinem Übergangsintervall überschneidet. *Gegenphasige Taktung* liegt vor, wenn die Vereinigung von Entscheidungs- und Übergangsintervall des Operationswerks sich mit keinem Intervall des Steuerwerks überschneidet. Abb. 2.7 veranschaulicht die beiden Fälle.

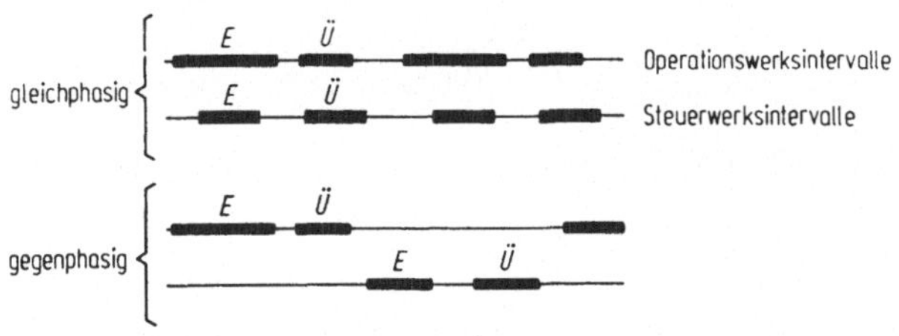

Abb. 2.7. Zur Definition von gleichphasiger und gegenphasiger Taktung.

Ein eingehender Vergleich der beiden Taktungsarten, welcher jedoch hier nicht dargestellt werden soll, zeigt, daß die gleichphasige Taktung der gegenphasigen Taktung vorzuziehen ist. Deshalb wird in diesem Buch ausschließlich die gleichphasige Taktung angewandt.

Während über den Aufbau des Operationswerks nun schon verhältnismäßig viel gesagt wurde, ist vom Steuerwerk bislang noch gar nichts bekannt außer, daß es ein Einregisterautomat mit dem Eingangsvektor $\boldsymbol{X}$ und dem Ausgangsvektor $\boldsymbol{Y}$ ist. Bevor jedoch der Entwurf des Steuerwerks eingehend behandelt wird, sollen zuerst noch die wesentlichsten Operationsblöcke etwas näher betrachtet werden.

3. Operationsblöcke

Im vorausgegangenen Kapitel wurden die Operationsblöcke eingeteilt in Operandenblöcke, Operatorblöcke, Quellenauswahlnetze und Verzweigungscodewandler. Davon sind die letzten beiden zweifellos die einfachsten Blöcke, über die es nicht viel zu sagen gibt. Auch die Operandenblöcke sind unproblematisch, solange man nur reine Register betrachtet. Es ist jedoch zweckmäßig, bestimmte häufig vorkommende Kombinationen eines Operandenblocks mit meist mehreren Operatorblöcken als geschlossene neue Blöcke zu betrachten. Solche Blöcke sind einfache, leicht zu beschreibende Automaten; sie werden ihrer Bedeutung entsprechend diskutiert. Es handelt sich dabei vorwiegend um Zählerstrukturen. Bezüglich der Operatorblöcke wurde schon früher gesagt, daß es entweder Schaltnetze oder Schaltwerke sind. Es wurde jedoch nicht darauf eingegangen, welcher Art diese Schaltwerke sein können. Entweder handelt es sich um komplexe Schaltwerke, welche also dadurch gekennzeichnet sind, daß sie selbst wieder in ein Operationswerk und ein Steuerwerk zerlegt werden können, oder aber es handelt sich um sogenannte inhomogene Blöcke, welche nicht ausschließlich aus Flipflops und logischen Verknüpfungsgliedern aufgebaut sind; inhomogene Blöcke sind fast immer entweder Speicherblöcke, beispielsweise ein Magnettrommelspeicher, oder Ein/Ausgabeblöcke, beispielsweise eine Fernschreibmaschine.

3.1 Homogene Blöcke

In diesem Abschnitt werden Operationsblöcke diskutiert, welche ausschließlich aus Flipflops und logischen Verknüpfungsgliedern aufgebaut sind.

3.1.1 Quellenauswahlnetze

Abb. 3.1 zeigt das Blocksymbol für ein Quellenauswahlnetz mit drei externen Quellen und einer Nullwortquelle; die triviale Realisierung mit UND- und ODER-Gliedern ist ebenfalls angegeben. Tabelle 3.1 beschreibt die Steuerfunktion der beiden Steuerkomponenten y_1 und y_2. Die ODER-Glieder lassen sich durch einfachere Inverter ersetzen, indem man die ODER-Verknüpfung als sogenanntes „*wired OR*“ ausführt. Eigentlich ist der Begriff „wired OR“ irreführend, denn was tatsächlich gemacht wird, zeigt die Abb. 3.2: Das ursprüngliche UND/ODER-

Schaltnetz kann durch ein strukturgleiches NAND-Schaltnetz ersetzt werden, bei dem die NAND-Verknüpfung in der zweiten Stufe durch eine UND-Verknüpfung mit anschließender Inversion realisiert wird. Die UND-Verknüpfung kann ohne Verknüpfungsglied dadurch realisiert

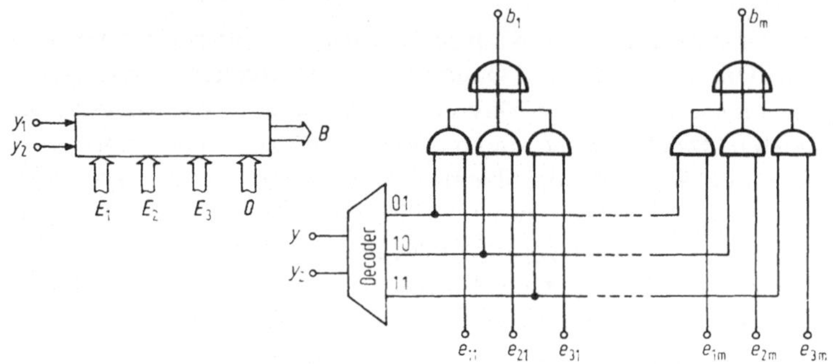

Abb. 3.1. Quellenauswahlnetz.

Tabelle 3.1. Steuerfunktion zu Abb. 3.1

y_1	y_2	$\boldsymbol{B}$
0	0	$\boldsymbol{O}$
0	1	$\boldsymbol{E}_1$
1	0	$\boldsymbol{E}_2$
1	1	$\boldsymbol{E}_3$

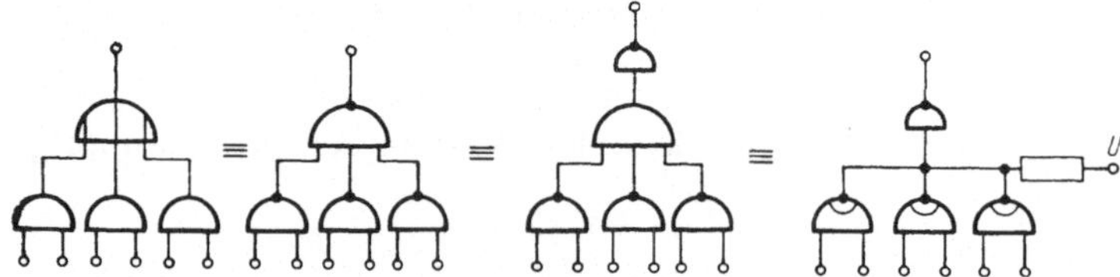

Abb. 3.2. Prinzip des Wired-OR.

werden, daß man als NAND-Glieder der ersten Stufe solche mit offenem Kollektorausgang wählt; diese offenen Kollektorausgänge werden miteinander verbunden und über einen gemeinsamen Widerstand an die Versorgungsspannung gelegt (s. Abb. 3.3). Ein leitender Transistor genügt, der Sammelleitung die Spannung für die binäre Null aufzuprägen; kurz ausgedrückt heißt das: Null dominiert. Das Symbol für das NAND-Glied mit offenem Kollektor ist nicht genormt.

Wenn die auszuwählende Quelleninformation invertiert zur Verfügung steht, beispielsweise als Flipflopausgänge, dann kann auch noch der Ausgangsinverter eingespart werden. Allerdings ist bei der Entscheidung darüber, in welcher Weise eine Quellenauswahlschaltung ausgeführt werden soll, nicht so sehr das Einsparen von Verknüpfungs-

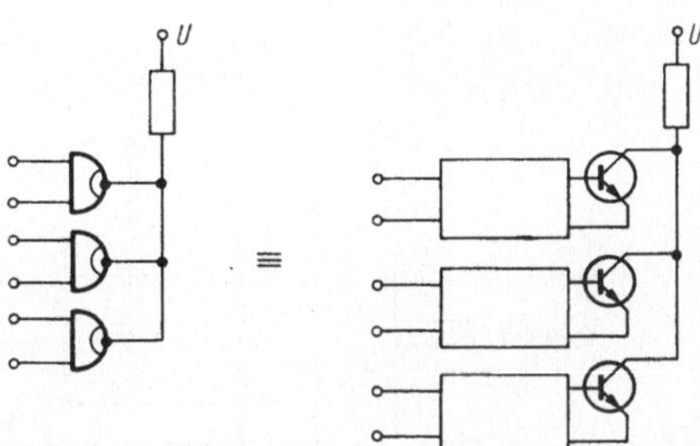

Abb. 3.3. Verschaltung offener Kollektorausgänge.

gliedern wesentlich, sondern die zweckmäßigste Aufteilung der vielen Anschlußpunkte auf die einzelnen Baueinheiten. Auf Grund des ungünstigen Verhältnisses zwischen Verknüpfungsgliederzahl und Zahl der Anschlußpunkte sind Quellenauswahlnetze äußerst integrationsunfreundlich.

Mit Abb. 3.2 wurde gezeigt, daß der Begriff wired-OR eigentlich irreführend ist, da doch die Zusammenschaltung der Ausgänge der ersten Stufe keine ODER-Funktion, sondern eine UND-Funktion realisiert. Selbstverständlich wird im dualen System, wo die Zuweisung der Binärwerte zu den Spannungen umgekehrt ist, durch die Wired-OR-Technik tatsächlich eine ODER-Funktion realisiert; aber da die am weitesten verbreitete Binärzuweisung derart ist, daß der binären Null eine Spannung von ungefähr 0 Volt und der binären Eins eine positive Spannung entspricht, findet man fast ausschließlich die Situation nach Abb. 3.2.

Der Ausgang einer Quellenauswahlschaltung, welcher eine Art Datensammelweg darstellt, wird häufig mit dem englischen Wort „*bus*“ bezeichnet.

3.1.2 Halbleiterspeicher mit Ein-Ausgangssammelweg

Im Zusammenhang mit der im letzten Abschnitt dargestellten Wired-OR-Technik werden zweckmäßigerweise bestimmte Halbleiterspeicher diskutiert, deren Funktion ohne Einsicht in die Wired-OR-Technik nicht verstanden werden kann. Abb. 3.4 zeigt ein Prinzipschaltbild solcher Speicher, welches nur die grundsätzliche Funktion, nicht aber den tatsächlichen inneren Aufbau der integrierten Speicher beschreibt. Die Speicherzellen sind taktpegelgesteuerte Flipflops, deren Taktsignal gleich dem externen Steuersignal W ist, falls die Zelle adressiert wird. Solange W für eine adressierte Zelle Null ist, liegt die in der Zelle gespeicherte Information Q in Wired-OR-Form auf der Ein/Ausgangssammelleitung E.

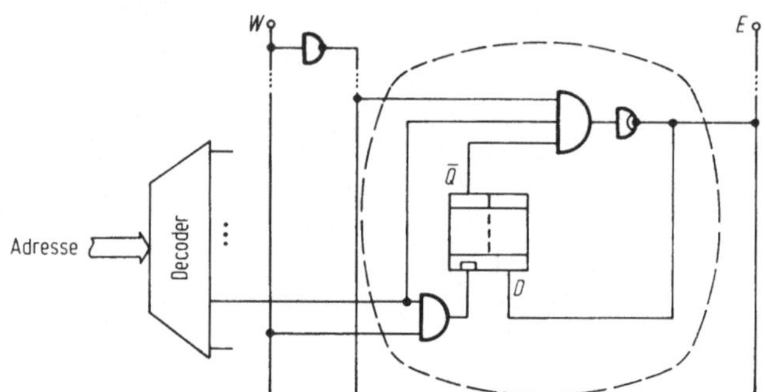

Abb. 3.4. Prinzipschaltbild eines Halbleiterspeichers mit Ein/Ausgangssammelweg.

Im Fall der Abb. 3.4 muß die Datensamelleitung E extern über einen Widerstand an die Versorgungsspannung gelegt werden.

Ein wesentlicher Unterschied zwischen der in Abb. 3.4 gezeigten Struktur und dem tatsächlichen Aufbau solcher integrierter Halbleiterspeicher besteht in der Adreßdecodierung, welche meistens nicht in einem konzentrierten Decoder, sondern jeweils in den einzelnen Speicherzellen selbst durchgeführt wird, beispielsweise durch TTL-Multiemittertechnik.

3.1.3 Operatornetze

Die wohl wesentlichste Klassifikation von Operatornetzen ist die Einteilung in solche mit wortlängenunabhängiger und solche mit wortlängenabhängiger Durchlaufzeit. Die letzteren werden oft als *iterative Netze* bezeichnet; deshalb sollen hier die ersteren einfach nichtiterative Netze genannt werden. Im Zusammenhang mit iterativen Netzen spielt theoretisch ihre Dimension noch eine Rolle; da aber praktisch nur die eindimensionalen iterativen Netze eine wesentliche Bedeutung haben, wird hier auf mehrdimensionale iterative Netze überhaupt nicht eingegangen. Abb. 3.5 zeigt die allgemeine Struktur eines eindimensionalen iterativen Netzes. Es besteht aus einer systematischen Zusammenschaltung gleichartiger Netzzellen. Jede Zelle i erhält einen Teilvektor $\tilde{\boldsymbol{X}}_i$ des Gesamteingangsvektors $\boldsymbol{X}$ und liefert einen Teilvektor $\tilde{\boldsymbol{Y}}_i$ des Gesamtausgangsvektors $\boldsymbol{Y}$. Der Teilvektor $\tilde{\boldsymbol{Y}}_i$ hat in der Praxis meistens nur eine Komponente. Jede Netzzelle i ist mit ihren Nachbarzellen verbunden durch die beiden Vektoren $\boldsymbol{W}_{i-1}$ und $\boldsymbol{W}_i$. Durch die beiden Randzellen mit den Nummern 1 und m, welche jeweils nur einen Nachbar haben, ergeben sich die beiden Vektoren $\boldsymbol{W}_0$ und $\boldsymbol{W}_m$ als zusätzliche externe Ein- bzw. Ausgänge des Gesamtnetzes.

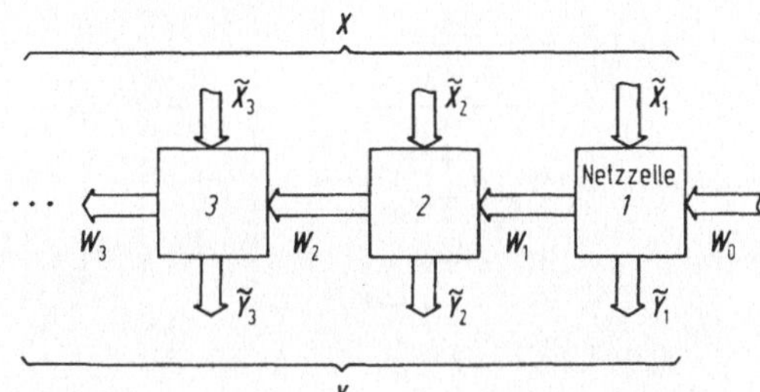

Abb. 3.5. Iteratives Schaltnetz.

Das bekannteste iterative Schaltnetz ist das Addiernetz, welches in Abb. 3.6 dargestellt ist und durch die iterativen Funktionen (3.1) und (3.2) beschrieben wird.

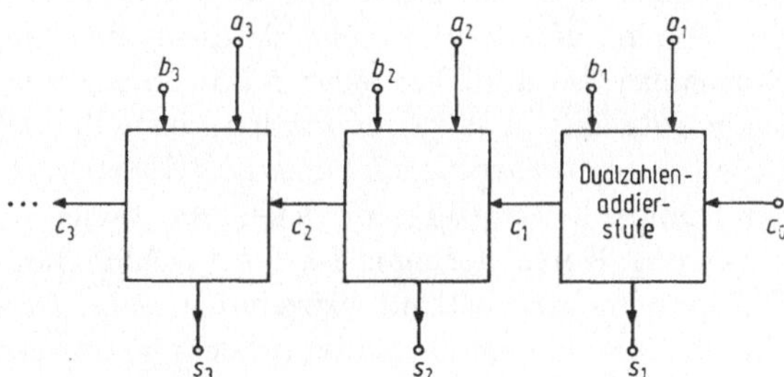

Abb. 3.6. Addiernetz.

$$s_i = a_i \not\equiv b_i \not\equiv c_{i-1}, \tag{3.1}$$

$$c_i = a_i \cdot b_i \vee b_i \cdot c_{i-1} \vee c_{i-1} \cdot a_i. \tag{3.2}$$

Damit man aber sieht, daß die iterative Netzstruktur durchaus auch noch für andere Netze in Betracht kommt, wird noch das Netz für die Erkennung führender Nullen als Beispiel angeführt. Bei der Normalisierung von Gleitkommazahlen oder bei der beschleunigten Dualzahlenmultiplikation möchte man wissen, wo in einem Binärcodewort von einem — beispielsweise vom linken — Rand her gesehen die erste Eins steht. Diese extrem stehende Eins wird durch das Schaltnetz in Abb. 3.7 markiert. Die Markierungsinformation in $\boldsymbol{Y}$ muß unter Umständen für die weitere Verarbeitung noch umcodiert werden, aber das geschieht dann durch ein nichtiteratives Schaltnetz.

Die Zeit vom Anlegen des Eingangsvektors $\boldsymbol{X}$ bis zur Verfügbarkeit des Ausgangsvektors $\boldsymbol{Y}$ ist bei iterativen Schaltnetzen nicht konstant, sondern hängt stark vom Eingabevektor $\boldsymbol{X}$ ab. Beispielsweise benötigt die Dualzahlenaddition der beiden Summanden 85 = (01010101) und

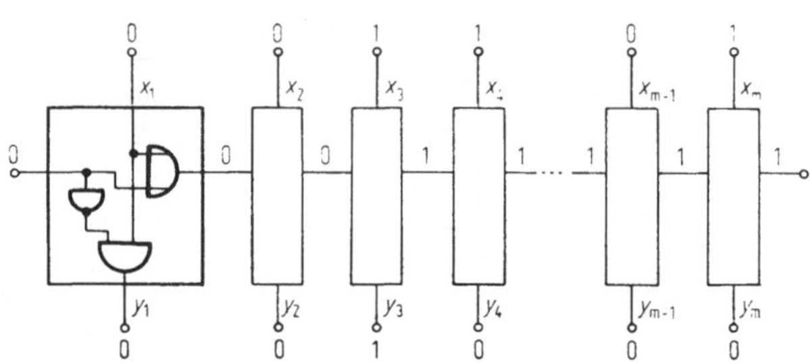

Abb. 3.7. Markierungsnetz für linksstehende Eins.

170 = (10101010) nur die Durchlaufzeit einer einzigen Addierstufe, während bei der Addition von 255 = (11111111) und 1 = (00000001) die Durchlaufzeit von acht Addierstufen abgewartet werden muß. Normalerweise muß bei jeder Addition die durch den ungünstigen Fall festgelegte Zeit abgewartet werden; deshalb wurden unter der englischen Bezeichnung „carry look ahead" (Übertragsvorausschau) Schaltnetze zur Dualzahlenaddition entwickelt, bei denen die Zahl der Blöcke in der iterativen Kette geringer ist als in Abb. 3.6; natürlich müssen diese Blöcke dementsprechend aufwendiger sein. Da es sich dabei jedoch um ein für die allgemeine Entwurfstechnik unwesentliches Spezialproblem handelt, wird hier nicht weiter darauf eingegangen.

Nachdem nun der Begriff des iterativen Schaltnetzes abgehandelt wurde, ist auch der Begriff des nichtiterativen Netzes geklärt. Da die Klasse der nichtiterativen Schaltnetze bei weitem größer ist als diejenige der iterativen Netze, gibt es hier kein so typisches und allgemein bekanntes Beispiel, wie es im andern Fall der Addierer darstellt. Es ist jedoch nicht schwer, ein einigermaßen charakteristisches Beispiel zu finden; es soll das Schaltnetz betrachtet werden, welches zwei Binärvektoren komponentenweise auf jede beliebige Art verknüpfen kann. Es gibt 16 logische Funktionen mit zwei Variablen; darin sind auch die Fälle der Konstanten und der Einvariablenfunktionen mit enthalten. Zur Auswahl einer dieser 16 Funktionen wird eine Steuerinformation von vier Bit benötigt. Abb. 3.8 zeigt die Zellenstruktur dieses Schaltnetzes und den Aufbau einer Zelle. Tabelle 3.2 zeigt, wie die Funktionen zweier Variablen mit den Steuercodewörtern zusammenhängen.

Das Netz in Abb. 3.8 zeigt die wesentliche Eigenschaft eines nichtiterativen Schaltnetzes, daß zwar die einzelnen Zellen über gemeinsame Eingangssignalleitungen zusammenhängen können, aber sonst logisch voneinander unabhängig sein müssen. Neben dieser Art zellenstruk-

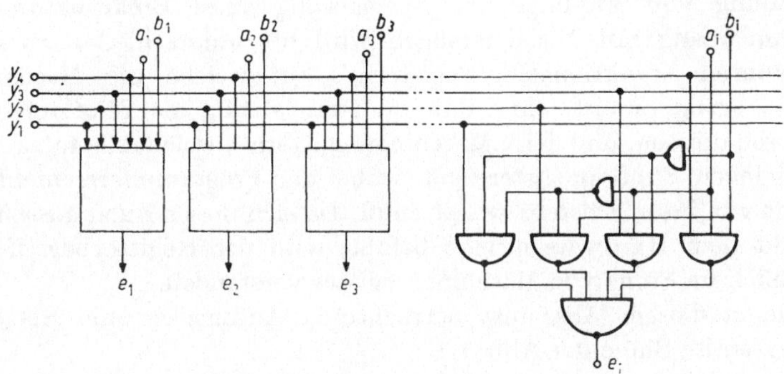

Abb. 3.8. Steuerbares Netz zur komponentweisen Verknüpfung zweier Vektoren.

Tabelle 3.2. Steuerung des Netzes in Abb. 3.8

y_1	y_2	y_3	y_4	Ausgewählte Funktionen für e_i
0	0	0	0	0
0	0	0	1	$a_i \cdot b_i$
0	0	1	0	$a_i \cdot \bar{b}_i$
0	0	1	1	a_i
0	1	0	0	$\bar{a}_i \cdot b_i$
0	1	0	1	b_i
0	1	1	0	$a_i \not\equiv b_i$
0	1	1	1	$a_i \vee b_i$
1	0	0	0	$\bar{a}_i \cdot \bar{b}_i$
1	0	0	1	$a_i \equiv b_i$
1	0	1	0	$\bar{b}_i$
1	0	1	1	$a_i \vee \bar{b}_i$
1	1	0	0	$\bar{a}_i$
1	1	0	1	$\bar{a}_i \vee b_i$
1	1	1	0	$\bar{a}_i \vee \bar{b}_i$
1	1	1	1	1

turierter Netze sind natürlich beliebig viele Operatornetze ohne allgemein darstellbare Struktur denkbar, über die es verständlicherweise nichts Grundsätzliches zu sagen gibt. Solche Operatornetze findet man beim Entwurf von Operationswerken meistens ohne Schwierigkeiten.

3.1.4 Einfache Registerautomaten

In diesem Abschnitt werden diejenigen Kombinationen aus Operatornetzen und Operandenspeichern behandelt, welche üblicherweise als Register bezeichnet werden. Das Register wurde eingeführt als lineare Anordnung von Flipflops zur Speicherung eines Binärvektors. Im Zusammenhang mit Rechenanlagen wird oft unterschieden zwischen sogenannten „funktionalen Registern", auf welche die Maschinensprache bezug nimmt, ohne daß sie zwangsläufig als Flipflopregister existieren müssen, und den „Maschinenregistern", welche die tatsächlich vorhandenen Flipflopregister sind, wobei der Programmierer nicht unbedingt von ihrer Existenz wissen muß. Da sich dieses Buch ausschließlich mit dem Hardwareentwurf befaßt, wird der Registerbegriff ausschließlich im Sinne von Maschinenregister verstanden.

Alle in diesem Abschnitt betrachteten Automaten sind Speicherautomaten im Sinne der Abb. 1.4.

Das einfachste Register ist das reine Speicherregister, welches nur mit einem Bit steuerbar ist: Entweder soll der Takt den derzeitigen Registerzustand nicht ändern, oder er soll die Speicherung des am Registereingang liegenden Vektors bewirken. Abb. 3.9a zeigt das nicht-

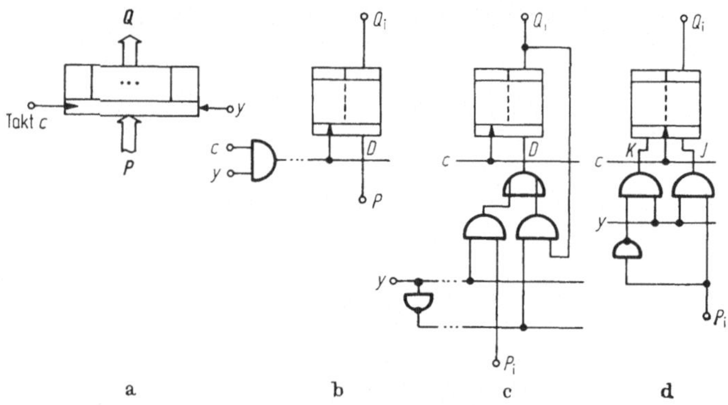

Abb. 3.9. Speicherregister.

genormte Symbol für einfache Speicherautomaten; drei mögliche Realisierungen einer Flipflopstufe dieses Registers sind in Abb. 3.9b, c und d dargestellt. Man sieht, daß die Taktausblendung die billigste Realisierung ermöglicht. Die beiden anderen Lösungen, mit D-Flipflops oder JK-Flipflops ohne Taktausblendung, unterscheiden sich hinsichtlich des Aufwandes kaum voneinander.

Oft wird von einem Register die Eigenschaft gefordert, daß der Takt den Registerinhalt bei Vorliegen einer bestimmten Steuerkombination Null setzen kann. Wie die Registerzellen in Abb. 3.9b, c und d erweitert werden können, damit ein solches Nullsetzen möglich wird, zeigt Abb. 3.10. Die unterschiedlichen Realisierungen bedingen die unterschiedlichen Steuercodes, welche entsprechend in Tabelle 3.3 dargestellt sind.

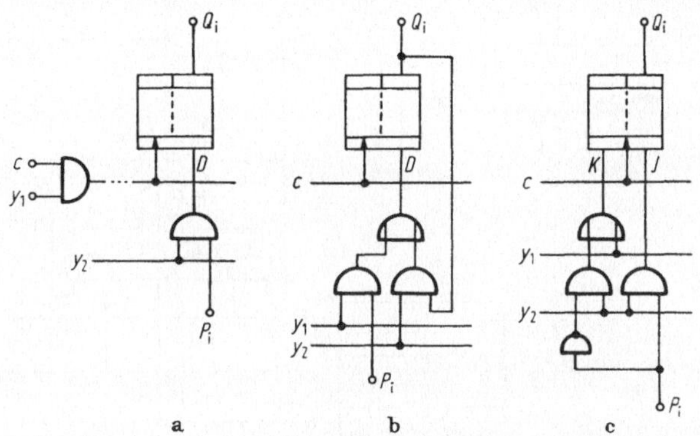

Abb. 3.10. Speicherregisterzellen mit Nullsetzungsmöglichkeit.

Tabelle 3.3. Steuerfunktionen zu Abb. 3.10

y_1	y_2	Q_i^{n+1}
0	–	Q_i^n
1	0	0
1	1	P_i^n

a

y_1	y_2	Q_i^{n+1}
0	0	0
0	1	Q_i^n
1	0	P_i^n
1	1	nicht erwünscht

b

y_1	y_2	Q_i^{n+1}
0	0	Q_i^n
0	1	P_i^n
1	0	0
1	1	nicht erwünscht

c

Die letzte Operation, welche hier als gesteuerte Registerfunktion betrachtet werden soll, ist das Verschieben des Registerinhalts um eine Binärstelle nach rechts oder nach links. Abb. 3.11 zeigt ein Register, welches entsprechend der Steuerfunktion in Tabelle 3.4 außer den drei Steuerfällen der Abb. 3.10, also keine Änderung, Nullsetzen und Speicherung des Eingangsvektors, noch die zusätzlichen beiden Fälle Linksschieben und Rechtsschieben realisiert. Es ist hier nur noch die systematischste Realisierung mit D-Flipflops ohne Taktausblendung dargestellt. Es erübrigt sich fast zu erwähnen, daß in diesem Fall die UND/ODER-Kombination, welche das D-Signal für das Flipflop liefert, in Wired-OR-Technik ausgeführt werden kann.

Neben den taktgesteuerten Registerfunktionen ist es manchmal notwendig oder zweckmäßig, taktunabhängige Registereingänge zu haben. Es werden die beiden wesentlichsten Fälle betrachtet, in denen taktunabhängige Flipflopeingänge verwendet werden, nämlich die Speicherung von Impulsvektoren und die manuelle Tasteneingabe.

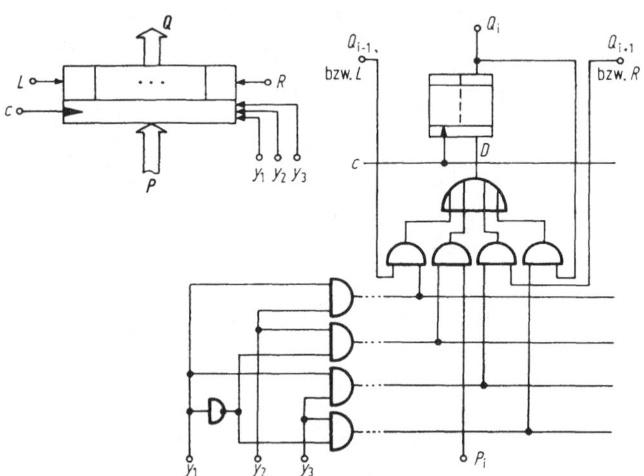

Abb. 3.11. Register mit fünf gesteuerten Funktionen.

Tabelle 3.4. Steuerfunktion zu Abb. 3.11

y_1	y_2	y_3	Q_i^{n+1}
–	0	0	0
0	0	1	Q_i^n
0	1	0	P_i^n
1	0	1	Q_{i-1}^n
1	1	0	Q_{i-1}^n
–	1	1	unzulässig

Ein Impulsvektor ist die Darstellung eines Codeworts auf einem Drahtbündel in der Form, daß eine Eins auf einer Leitung durch das Auftreten eines Impulses innerhalb eines bestimmten Zeitintervalls dargestellt wird. Es muß also das Auftreten bzw. Nichtauftreten von Impulsen erkannt werden; dabei dürfen die Impulse auf den verschiedenen Leitungen zu verschiedenen Zeiten während des vorbestimmten Zeitintervalls auftreten (s. Abb. 3.12), so daß kein definierter Abtastzeitpunkt existieren muß.

Eine einfache Speicherung solcher Impulsvektoren geschieht dadurch, daß man die Signalleitungen mit den direkten Setzeingängen von Flipflops verbindet, welche durch einen gemeinsamen Rücksetzimpuls vor Beginn des vorbestimmten Impulsvektorintervalls alle auf Null gesetzt werden. Abb. 3.13 zeigt ein solches Impulsvektorregister.

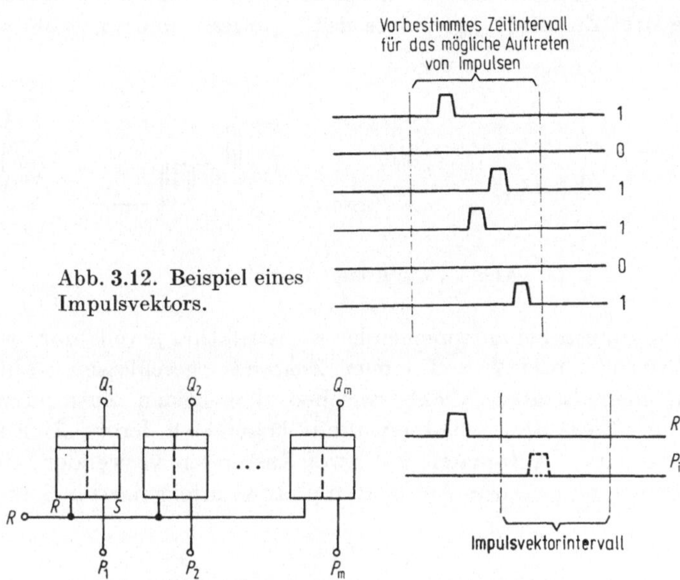

Abb. 3.12. Beispiel eines Impulsvektors.

Abb. 3.13. Impulsvektorregister.

Ein Fall, wo beispielsweise ein solches Register gebraucht wird, ist das Auslesen eines Kernspeicherwortes. Gleichzeitig mit dem Starten des Leseprozesses wird der Rücksetzimpuls auf das Register gegeben. Jeder Kern, der eine Eins gespeichert enthält, erzeugt auf Grund seiner Ummagnetisierung einen Spannungsimpuls, welcher verstärkt eine Eins des Impulsvektors darstellt.

Wie schon gesagt, ist der zweite Fall, wo die Verwendung taktunabhängiger Flipflopeingänge zweckmäßig ist, die manuelle Tasteneingabe. Das Problem liegt hier in der *Prellung* mechanischer Kontakte; unter Prellung versteht man die Erscheinung, daß bei einem mechanischen Kontakt der Übergang vom Zustand „offen" zum Zustand „geschlossen" oder umgekehrt i. a. nicht als einmaliger Binärübergang realisiert werden kann, sondern daß sich während des Übergangsintervalles die beiden Zustände mehrfach abwechseln können. Es ist leicht einzusehen, daß ein Binärsignal keinen Prellübergang haben darf, wenn es als Startsignal für einen dynamischen Vorgang verwendet werden soll.

Da man aber sehr oft Startsignale durch manuelle Tasteneingabe erzeugen will, muß man eine Möglichkeit finden, mechanische Prellübergänge in einmalige Binärübergänge umzuwandeln. Das ist dadurch möglich, daß ein mechanischer Prellübergang nicht notwendigerweise ein binärer Prellübergang sein muß, sondern als ternärer Prellübergang ausgebildet werden kann. Der mechanische Umschaltekontakt in Abb. 3.14 hat die drei Zustände „geschlossen 1“, „offen“ und „geschlossen 2“,

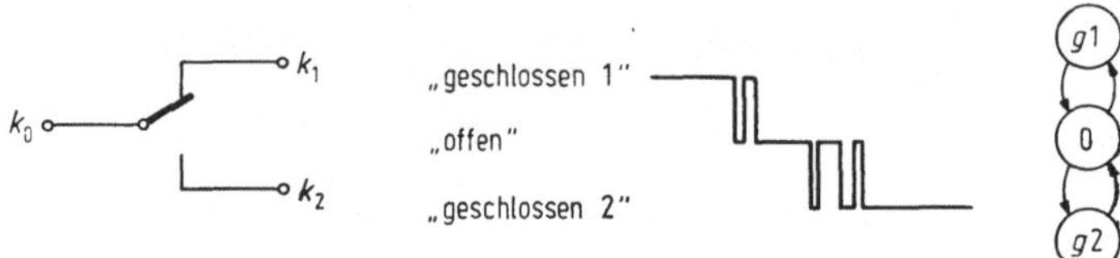

Abb. 3.14. Ternärer Prellübergang.

wobei Prellungen bei entsprechender Konstruktion jeweils nur zwischen dem Zustand „offen“ und einem Zustand „geschlossen“ auftreten können, niemals aber direkt zwischen den beiden Zuständen „geschlossen“. Diese drei Schalterzustände lassen sich derart als Eingabemenge für einen Automaten mit zwei Zuständen verwenden, daß die Zustandsübergänge dieses Automaten prellfrei erfolgen. Abb. 3.15a zeigt

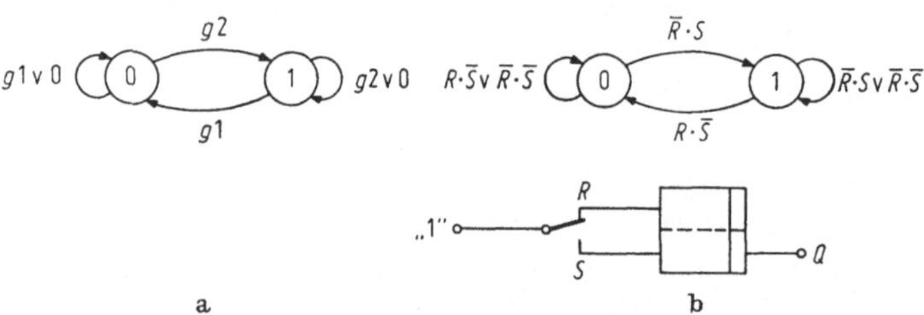

Abb. 3.15. Automat zur Umwandlung eines ternären Prellübergangs in einen prellfreien Binärübergang.

den Übergangsgraphen, welcher das Gewünschte leistet; Abb. 3.15b zeigt, daß ein Flipflop mit direkten RS-Eingängen den Graphen realisiert. Es ist dabei wesentlich, daß der Schalterzustand „offen“ die Flipflopeingangskombination $(R, S) = (0, 0)$ darstellt. Ein solches Flipflop für die manuelle Tasteneingabe von Startinformation wird oft als Tastflipflop bezeichnet.

Es ist selbstverständlich, daß die Eingänge eines Registers „gemischt“ sein dürfen, d. h. daß Flipflops verwendet werden können, welche sowohl taktgesteuerte als auch taktunabhängige Eingänge beziehen. Es muß dann allerdings durch den Operationsablauf dafür gesorgt sein, daß sich die beiden Registereingabeprozesse nicht gegenseitig stören können. Beispielsweise darf ein Impulsvektorregister (Abb. 3.13) auch noch taktgesteuerte Funktionen haben, solange die Lage des Impulsvektorintervalls mit dem Taktsignal derart korreliert ist, daß während des Speicherprozesses für den Impulsvektor kein Taktimpuls auftreten kann.

3.1.5 Zählerautomaten

Diejenigen Kombinationen aus Operatornetzen und Operandenspeichern, welche üblicherweise als Zähler bezeichnet werden, zeichnen sich dadurch aus, daß ihr Übergangsgraph eine bestimmte Struktur hat, welche anschaulich als „Kettenstruktur" bezeichnet werden könnte. Abb. 3.16 zeigt den Übergangsgraphen des einfachsten möglichen

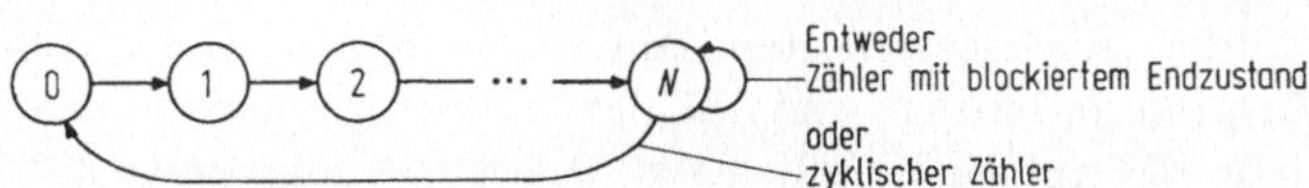

Abb. 3.16. Übergangsgraph des ungesteuerten Zählers.

Zählers; es handelt sich um den ungesteuerten Zähler, dessen Eingabevektor X keine Komponenten hat — das Taktsignal zählt ja nicht als Eingangskomponente. In diesem Fall werden also einfach die Taktperioden gezählt. Da der Zähler keine unbegrenzte Kapazität hat, wird irgendwann der maximal mögliche Zählerstand N erreicht; für den Zustandsübergang, welcher durch den nächsten Taktimpuls ausgelöst werden soll, gibt es zwei sinnvolle Möglichkeiten: Entweder wird der Endzustand nicht mehr verlassen, oder der Zähler geht in den Nullzustand zurück.

Da der völlig ungesteuerte Zähler nicht jederzeit definiert in den Nullzustand gebracht werden kann, fragt man natürlich zu Recht, ob es für solch einen Zähler überhaupt eine sinnvolle Anwendungsmöglichkeit gibt. Für den Zähler mit blockiertem Endzustand gibt es sie tatsächlich nicht, jedoch wird der ungesteuerte zyklische Zähler oft als zyklische Zeitreferenz gebraucht. Als Beispiel sei der Adreßreferenzzähler für einen Laufzeitspeicher genannt; während bei den magnetomotorischen zyklischen Speichern Platte oder Trommel eine Adreßreferenzmarke auf dem Speichermedium fixiert ist, gibt es beim Laufzeitspeicher keine Referenzmarke; als Adreßreferenz dient in diesem Fall der zyklisch wiederkehrende Nullzustand des ungesteuerten Zählers, wobei die absolute Zeitlage dieser Referenz, welche sich beim Einschalten der Spannungsversorgung zufällig ergibt, völlig irrelevant ist.

Vom ganz ungesteuerten Zähler gelangt man am einfachsten dadurch zu einem Zähler mit Nullstellung, daß man zum Setzen des gewünschten Nullzustands direkte, d. h. taktunabhängige RS-Flipflopeingänge verwendet. Solche Zähler können jedoch nur dort eingesetzt werden, wo durch den Operationsablauf dafür gesorgt ist, daß sich das taktunabhängige Nullstellen und das taktgesteuerte Zählen nicht gegenseitig stören können. Dies ist beispielsweise dann gegeben, wenn die Nullstellung erfolgt, bevor die Taktimpulsquelle auf den Takteingang des Zählers durchgeschaltet wird; als Beispiel für diesen Fall sei das Zählen von Impulsen pro Zeiteinheit genannt, wie es beispielsweise bei der Strahlungsmessung vorkommt.

Der Zähler mit taktunabhängiger Nullstellung darf eigentlich auch noch nicht als gesteuerter Zähler angesehen werden, denn die Steuerung bezieht man zweckmäßigerweise ausschließlich auf den durch das Taktsignal ausgelösten Zustandsübergang. Die drei wesentlichen Übergänge, welche fast bei jedem gesteuerten Zähler vorkommen, sind ,,Nullsetzen", ,,keine Zustandsänderung" und ,,Zählen". Daneben gibt es noch den Fall des Zählers, der auf einen beliebigen, extern vorgegebenen Zählerstand gesetzt werden kann; man könnte in diesem Fall von einem Zählerregister sprechen. Der allgemeine Übergang ,,Zählen" wird oft noch durch die Steuerung genauer spezifiziert durch die Auswahl der Zählungsrichtung, ,,vorwärts" oder ,,rückwärts", durch die Auswahl einer Zählerkapazität oder einer Zählerschrittweite aus vorgegebenen Mengen.

Die bis hierher gemachten Aussagen beziehen sich auf die Zählerübergangsstruktur, welche sich als Übergangsgraph darstellen läßt. Die Zustandscodierung hat mit dem bisher Gesagten nichts zu tun; das bedeutet beispielsweise, daß die Zustände in Abb. 3.16 nicht notwendigerweise mit den zu den eingetragenen Zahlenwerten gehörenden Dualzahlen codiert werden müssen. Es ist also sinnvoll, die Zähler entsprechend ihrer Zustandscodierung in zwei Klassen einzuteilen, nämlich in Zähler mit Dualzahlencode und Zähler mit beliebigen anderen Codes. Dualzähler kommen viel häufiger vor als Zähler mit anderen Codes, weil das Zählen dann als arithmetische Operation aufgefaßt werden kann, für welche der Dualzahlencode den minimalen Aufwand bedingt. Vor allem, wenn verschiedene Zählerschrittweiten zu betrachten sind, ist der Dualzähler die einzig sinnvolle Lösung. Je größer die Menge der durch die Steuerung auszuwählenden Schrittweiten ist, desto wahrscheinlicher ist es, daß die Verwendung eines Addiernetzes die optimale Zählerrealisierung darstellt. Im folgenden werden die wesentlichsten derjenigen Fälle betrachtet, bei denen die Verwendung eines Addiernetzes nicht optimal ist.

Der billigste Dualzähler ist der sogenannte asynchrone oder Serienzähler in Abb. 3.17. Der Zähler wird deshalb asynchron genannt, weil die Takteingänge der Flipflops nicht alle vom selben Taktsignal versorgt werden. Die iterative Taktstruktur des asynchronen Dualzählers bringt es mit sich, daß zwischen den Übergangsintervallen des Flipflops am Anfang der Kette (Wertigkeit 2^0) und des Flipflops am Ende der Kette ein um so größeres Zeitintervall liegt, je mehr Flipflopstufen der Zähler hat. Wenn man also jedesmal den Zählerstand auswerten will, bevor der

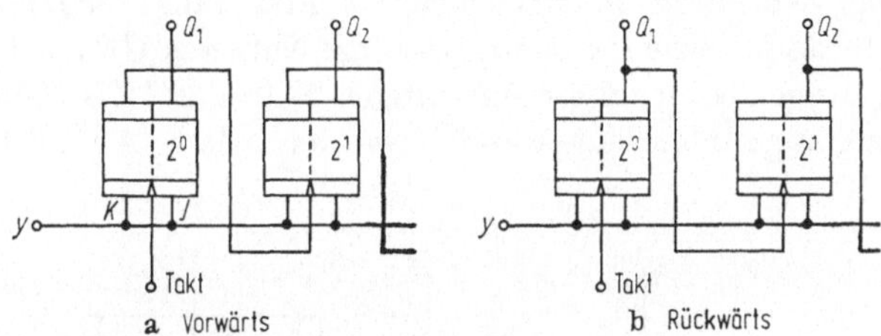

Abb. 3.17. Asynchrone Dualzähler.

nächste Zählvorgang gestartet wird, dann kann man längere asynchrone Dualzähler nur verhältnismäßig niederfrequent betreiben. In dem Fall jedoch, wo der Zählerstand nur interessiert, nachdem die Taktsignalquelle abgeschaltet wurde, beispielsweise bei der Zählung von Impulsen pro Zeiteinheit, wird die obere zulässige Taktfrequenz ausschließlich durch die Grenzfrequenz eines einzigen Flipflops bestimmt. Es kommt also auf den Anwendungsfall an, ob der asynchrone Dualzähler als langsam oder als schnell bezeichnet werden kann.

Während die Auswahl eines der beiden Vorgänge „keine Zustandsänderung" oder „Zählen" durch die Steuervariable y nach Abb. 3.17 äußerst einfach realisiert werden kann, würde die Einführung einer taktgesteuerten Nullstellung einen großen Aufwand erfordern, da das externe Taktsignal ja nur das Flipflop niedrigster Wertigkeit versorgt. Deshalb bleiben asynchrone Dualzähler mit taktgesteuerter Nullstellung zweckmäßigerweise außer Betracht.

Die gleiche Struktureigenschaft des Dualzahlencodes, welche die einfache iterative Struktur des asnychronen Zählers in Abb. 3.17 ergab, liegt auch der iterativen Struktur des synchronen Dualzählers in Abb. 3.18 zugrunde. Dadurch, daß hier alle Flipflops vom selben Takt-

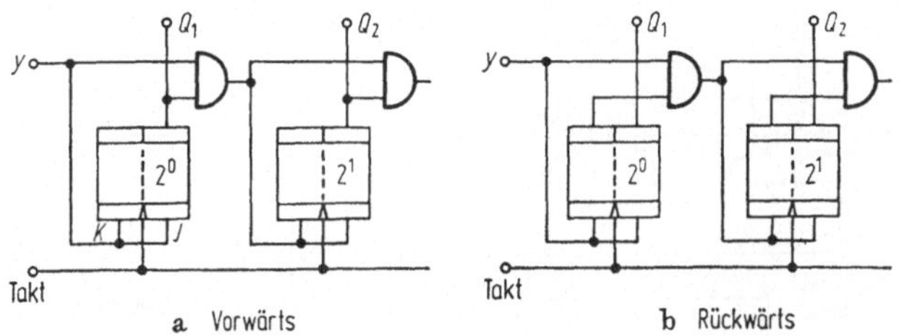

Abb. 3.18. Synchrone Dualzähler mit iterativem Netz.

signal versorgt werden, sind die Übergangsintervalle der einzelnen Flipflops nicht wie im Fall des asynchronen Zählers gegeneinander verschoben. Die Grenzfrequenz für längere synchrone Dualzähler nach Abb. 3.18 wird durch die Signaldurchlaufzeit durch das iterative Schaltnetz für die JK-Eingänge der Flipflops bestimmt. Es ist offensichtlich, wie man das Schaltnetz umstrukturieren muß, falls noch höhere Frequenzen gefordert werden: Das mehrstufige Netz aus UND-Gliedern mit je zwei Eingängen kann in ein einstufiges Netz aus UND-Gliedern mit höheren Eingangszahlen umgewandelt werden, wie es Abb. 3.19 zeigt.

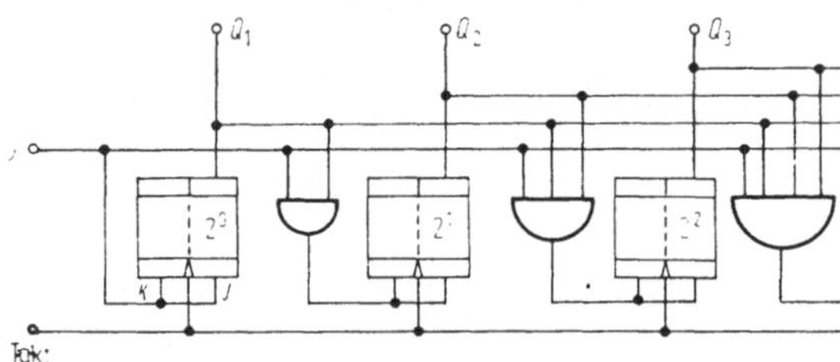

Abb. 3.19. Synchroner Dualzähler vorwärts mit einstufigem Netz.

Beim synchronen Dualzähler nach Abb. 3.18 oder 3.19 ist die taktgesteuerte Nullstellung einfach durch ODER-Glieder vor den JK-Eingängen der Flipflops zu realisieren. In ähnlicher Weise kann das Setzen der Flipflops auf „1" erreicht werden, nämlich durch ODER-Glieder vor den J-Eingängen. Die Speicherung der Einskomponenten eines Eingangsvektors $\boldsymbol{P}$ in den Zählerflipflops entspricht nur dann dem Setzen des Zählers auf einen extern vorgegebenen Wert, wenn der Zähler unmittelbar vor dem Speichervorgang auf Null stand. Abb. 3.20 zeigt einen Zähler mit derartiger Steuerung. Die Steuerfunktion der beiden Steuervariablen zeigt Tabelle 3.5. Wenn man fordert, daß der Zähler auf einen extern

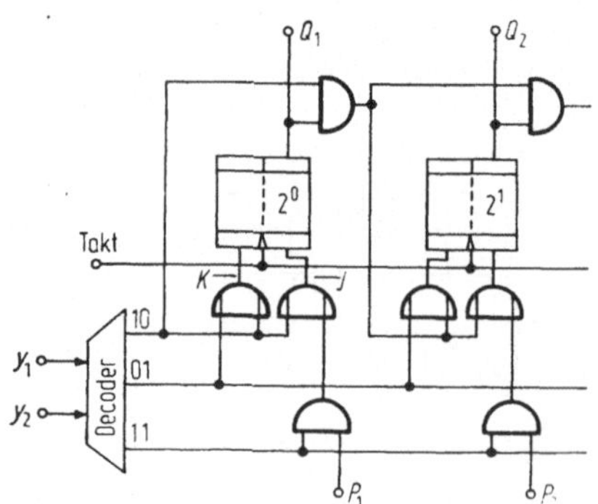

Abb. 3.20. Gesteuerter Dualzähler.

vorgegebenen Wert gesetzt werden kann, ohne daß der Zählerstand unmittelbar vor dem Speichervorgang Null sein muß, dann muß pro K-Eingang noch ein UND-Glied mit Eingangsinversion (= NOR-Glied) und ein ODER-Eingang mehr vorhanden sein. Hier zeigt es sich, daß

Tabelle 3.5. Steuerfunktion zu Abb. 3.20

y_1 y_2	Takt bewirkt
0 0	keine Zustandsänderung
0 1	Nullsetzen
1 0	Zählen
1 1	Übernahme der Einsen des Eingangswortes

JK-Flipflops zwar aufwandsgünstig sind für die reine Dualzählerfunktion, daß aber für die Speicherung extern vorgegebener Information D-Flipflops günstiger sind.

Bei den bisher betrachteten Dualzählern war die Zählerschrittweite stets Eins. Es soll nun gezeigt werden, wie man systematisch einen Dualzähler aufbauen kann, der mit einer Schrittweite größer als Eins zählt. Die der Methode zugrundeliegenden Überlegungen sollen kurz dargestellt werden. Abb. 3.21 zeigt eine Binärstelle eines Dualzählers als D-Flipflop mit einem Addiernetz; dieses Addiernetz kann vereinfacht werden, wenn man das zu der Zählerstufe mit der Wertigkeit 2^k gehörende Schrittweitenbit kennt; Abb. 3.21 zeigt neben der vollständigen Stufe die beiden vereinfachten Fälle. Die vereinfachten Stufen sind in Abb. 3.22 noch einmal dargestellt, wobei das Antivalenz- bzw. Äquivalenzglied unter Einbeziehung der Verknüpfung für C_{k+1} durch einfachere Schaltglieder realisiert ist.

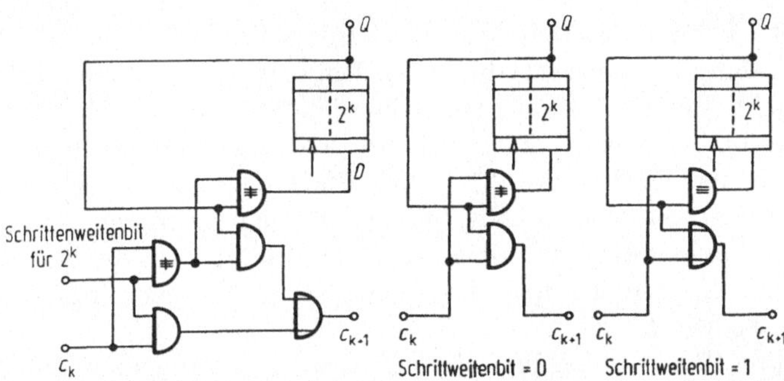

Abb. 3.21. D-Flipflop-Zählerstufen zur Synthese von Dualzählern mit beliebiger Schrittweite.

Weil zwischen einem D-Flipflop und einem T-Flipflop die Beziehung

$$D^n = (T \not\equiv Q)^n \qquad (3.3)$$

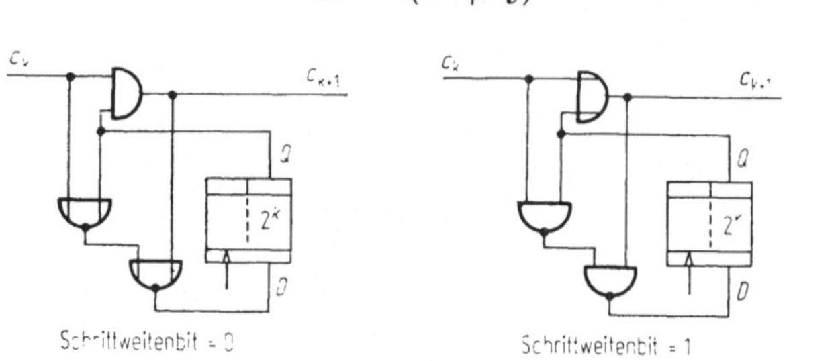

Abb. 3.22. D-Flipflop-Zählerstufen.

besteht (s. Tabelle 1.5) und weil die D-Signale in Abb. 3.21 aus Antivalenz- bzw. Äquivalenzgliedern kommen, ist eine Aufwandsersparnis zu erwarten, wenn man die Zählerstufen an Stelle mit D-Flipflops mit T-Flipflops realisiert. Abb. 3.23 zeigt die entsprechenden vereinfachten Stufen. Es handelt sich genau um die Stufen, aus denen die Zähler in Abb. 3.18 aufgebaut sind: Beim dortigen Vorwärtszähler ist bei allen

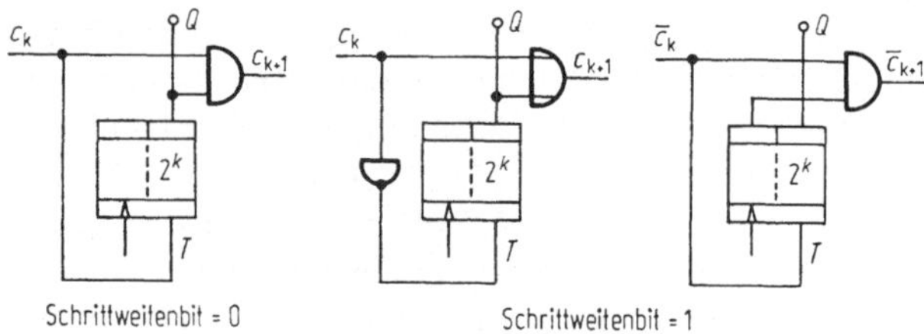

Abb. 3.23. T-Flipflop-Stufen zur Synthese von Dualzählern mit beliebiger Schrittweite.

Stufen das Schrittweitenbit Null; die Zählerschrittweite Eins ergibt sich dadurch, daß die Steuervariable y den Eingangsübertrag zur Stufe 2^0 zu Eins macht. Beim Rückwärtszähler in Abb. 3.18 ist bei allen Stufen das Schrittweitenbit Eins, d. h. man kann den Zähler als einen Vorwärtszähler mit der Schrittweite $(2^m - 1)$ auffassen, wobei m die Stufenzahl des Zählers ist; dadurch, daß die Steuervariable y gleich dem invertierten Eingangsübertrag der Stufe 2^0 ist, wird im Falle $y = 0$ die Schrittweite formal auf 2^m erhöht, was das Beibehalten des derzeitigen Zählerzustands bedeutet.

Mit den Zählerstufen in Abb. 3.22 bzw. 3.23 kann man nun Zähler mit beliebiger Schrittweite aufbauen. Als Beispiel ist ein sechsstufiger Zähler mit der Schrittweite 25 dargestellt.

Abb. 3.24a zeigt den Zähler, wie er sich unmittelbar durch Zusammenfügen der entsprechenden Stufen aus Abb. 3.23 ergibt; Abb. 3.24b zeigt, auf welche Weise die Steuervariable y eingeführt werden kann.

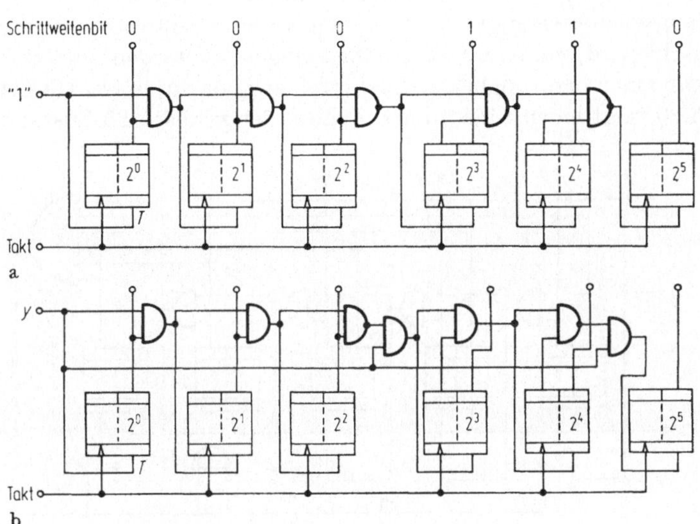

Abb. 3.24. Dualzähler mit Schrittweite 25.

Da Zähler mit gesteuerter Schrittweitenauswahl zu seltene Spezialfälle darstellen, wird hier auf eine Darstellung verzichtet.

Die bisher betrachteten Zähler waren alle zyklisch mit 2^m Zuständen, wobei m die Stufenzahl des Zählers ist. Es sollen nun Zähler betrachtet werden, die entweder nicht zyklisch sind, d. h. die einen blockierten Endzustand (s. Abb. 3.16) haben, oder deren Zustandszahl keine Zweierpotenz ist. Beide Zählertypen können aus den bisher betrachteten Zählern dadurch gewonnen werden, daß man den regulären Zählerübergang an einer einzigen Stelle im Übergangsgraphen durch einen anderen Übergang ersetzt, welcher das gewünschte Zählerverhalten garantiert. Abb. 3.25 zeigt zwei Beispiele für eine derartige Änderung eines zyklischen Zählergraphen mit 2^2 Zuständen in einen zyklischen Zählergraphen mit drei Zuständen und einen Zählergraphen mit blockiertem drittem Zustand.

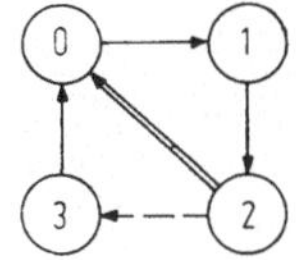

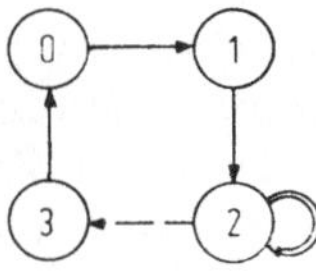

Abb. 3.25. Übergangsänderungen in einem zyklischen vollständigen Zählergraphen.

Eine Übergangsänderung ist einfach dadurch zu realisieren, daß man für jede Zählerstufe getrennt feststellt, ob und wie sich die gewünschten Flipflopeingangssignale von den ursprünglichen unterscheiden, und daß man dann die gewünschten Signale durch Einfügen einfacher Verknüpfungsglieder erzeugt: Wo ursprünglich eine Null war und eine Eins gewünscht wird, muß ein ODER-Glied eingesetzt werden, und eine Null an Stelle einer ursprünglichen Eins erreicht man durch ein UND-Glied. Abb, 3.26 zeigt einen fünfstufigen Zähler, der zyklisch 25 Zustände hat

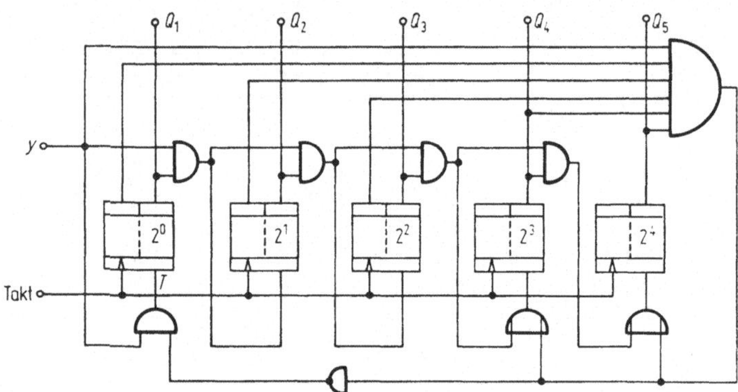

Abb. 3.26. Zyklischer Dualzähler mit 25 Zuständen.

und der durch Übergangsänderung aus einem zyklischen Zähler mit 32 Zuständen gewonnen wurde. Der ursprüngliche Übergang ging von der Zählerstellung 24 = (00011) nach 25 = (10011) und der zugehörige Vektor der Flipflopeingänge $\boldsymbol{T}$ war (10000); gewünscht wird der Übergang von 24 nach null, wozu der Flipflopeingangsvektor (00011) benötigt wird. Der ursprüngliche und der gewünschte Flipflopeingangsvektor unterscheiden sich also in drei Komponenten: Eine Eins muß durch eine UND-Schaltung unterdrückt werden, und zwei Einsen müssen durch ODER-Glieder eingebracht werden.

Genau wie die Zähler mit gesteuerter Schrittweitenauswahl stellen auch die Zähler mit gesteuerter Kapazitätsauswahl zu seltene Sonderfälle dar, als daß eine Behandlung an dieser Stelle gerechtfertigt wäre.

Damit ist die Übersicht über die Dualzählerstrukturen abgeschlossen. Es sollen nun noch einige Zähler behandelt werden, deren Zustandscode nicht der Dualzahlencode ist. Zwar lassen sich Zähler mit beliebigen Zustandscodierungen entwerfen, beispielsweise Dezimalzähler im 2-aus-5-Code oder im Fernschreibcode, aber wenn der Code keine systematische Struktur hat, kann auch die Zählerrealisierung keine systematische Struktur aufweisen. Solche unsystematischen Zählerstrukturen interessieren hier natürlich nicht. Als einzige systematische Zähler, welche nicht im Dualzahlencode zählen, sollen hier die Zähler mit sogenannten einschrittigen Codes behandelt werden. Der Begriff des einschrittigen Codes wurde bereits im Abschnitt 1.2 bei der Betrachtung des Entwurfs racefreier asynchroner Automaten eingeführt; es handelt sich um eine Zustandscodierung, bei der sich die Codewörter für zwei benachbarte Zustände jeweils nur in einer Binärstelle unterscheiden. Der Grund, weswegen man manchmal Zähler mit einschrittigen Codes haben will, hat natürlich nichts mit Races zu tun, denn im Bereich synchroner Automaten interessieren die Races nicht; der Grund liegt vielmehr in der manchmal vorliegenden Forderung, den Zählerzustand ohne Übergangsfehler decodieren zu können. Worin das Problem liegt, sei an einem Beispiel erläutert: Ein Dualzähler gehe vom Zustand 7 = (1110) in den Zustand 8 = (0001) über. Obwohl alle Flipflops das gleiche Taktsignal erhalten, können die Übergänge der einzelnen Flipflopausgangssignale geringfügig zeitlich gegeneinander verschoben sein; das bedeutet, daß während der kurzen Zeit des Zählerübergangs vom Zustand 7 nach 8 maximal noch drei andere Zustände am Zählerausgang erscheinen können, welche aus der Menge der Zählerzustände von 0 bis 15 stammen können. Eine an den Zählerausgang angeschlossene UND-Schaltung zur Erkennung des Zählerzustands 4 = (0010) wird also möglicherweise einen kurzen Einsimpuls liefern, welcher dann nicht toleriert werden kann, wenn das Signal „Zustand 4" als Startsignal zur Auslösung eines asynchronen Vorgangs verwendet werden soll. Bei einem Zähler mit einschrittigem Code tritt das Problem nicht auf, denn wenn sich bei jedem Zählerübergang jeweils nur eine Binärstelle ändert, gibt es keine unerwünschten Zwischenzustände.

Genau wie im Fall des Dualzählers gibt es auch für Zähler mit einschrittigem Code asynchrone Lösungen, welche günstiger hinsichtlich des Aufwandes, aber ungünstiger hinsichtlich des Zeitverhaltens sind als synchrone Zähler. In Abb. 3.27 ist der asynchrone Zähler mit ein-

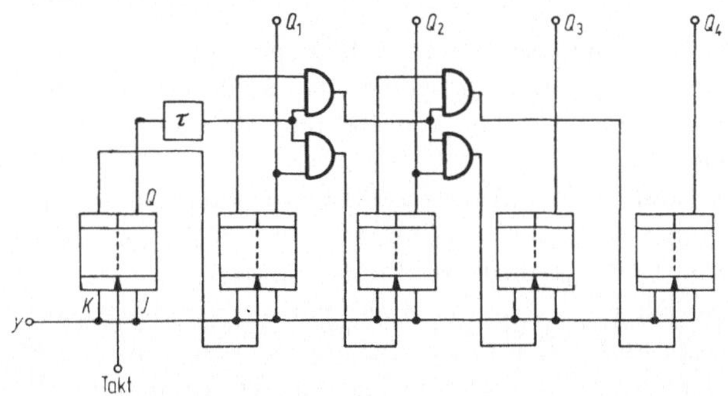

Abb. 3.27. Asynchroner einschrittiger Zähler nach Cohn/Even.

schrittigem Code nach Cohn/Even [4] dargestellt. Auf die Überlegungen, welche der Synthese dieses Zählers zugrunde liegen, soll hier nicht eingegangen werden. Das eingezeichnete Verzögerungsglied kann entfallen, wenn die UND-Glieder träge genug sind und keine kritischen Kurzimpulse entstehen lassen. Da der Zähler nur vier Ausgangskomponenten, aber fünf Binärspeicher hat, hängt die Ausgangsfolge noch von der Ausgangsstellung des Treiberflipflops ab. Tabelle 3.6 enthält die Ausgangsfolgen, welche zu den beiden möglichen Ausgangsstellungen des Treiberflipflops gehören. Die Folgen stellen sogenannte Gray-Codefolgen dar, deren Richtung durch die Ausgangsstellung des Treiberflipflops bestimmt wird.

Tabelle 3.6. Zählerfolgen des Zählers in Abb. 3.27

	Treiberstufe	Q_1	Q_2	Q_3	Q_4	Treiberstufe	Q_1	Q_2	Q_0	Q_4
	0	0	0	0	0	1	0	0	0	0
	1	1	0	0	0	0	0	0	0	1
	0	1	1	0	0	1	1	0	0	1
	1	0	1	0	0	0	1	1	0	1
	0	0	1	1	0	1	0	1	0	1
	1	1	1	1	0	0	0	1	1	1
	0	1	0	1	0	1	1	1	1	1
Zählerfolge ↓	1	0	0	1	0	0	1	0	1	1
	0	0	0	1	1	1	0	0	1	1
	1	1	0	1	1	0	0	0	1	0
	0	1	1	1	1	1	1	0	1	0
	1	0	1	1	1	0	1	1	1	0
	0	0	1	0	1	1	0	1	1	0
	1	1	1	0	1	0	0	1	0	0
	0	1	0	0	1	1	1	1	0	0
	1	0	0	0	1	0	1	0	0	0
		Gray-Code vorwärts					Gray-Code rückwärts			

Selbstverständlich kann der Zähler in Abb. 3.27 durch iteratives Aneinanderreihen der gleichartigen Stufen im Mittenbereich auf beliebige Stufenzahl erweitert werden; die Randstufen bleiben dabei so wie im Bild gezeigt.

Während der Aufwandsunterschied zwischen dem asynchronen und dem synchronen Dualzähler (Abb. 3.17 und 3.18) nicht allzugroß war, ergibt sich im Fall einschrittiger Zähler, daß die synchrone Realisierung einen wesentlich größeren Aufwand erfordert als die asynchrone Realisierung. Auch hier soll auf die Darstellung der einzelnen Schritte der Zählersynthese verzichtet werden und nur das Endergebnis in Abb. 3.28 gezeigt werden.

Der *Gray-Code* ist der am häufigsten verwendete einschrittige Zählercode. Vor allem im Bereich kleiner Zustandszahlen ist es jedoch manchmal hinsichtlich des Aufwandes günstiger, einen anderen einschrittigen Code zu verwenden, der mit m Binärstellen $2m$ Zustände codieren kann

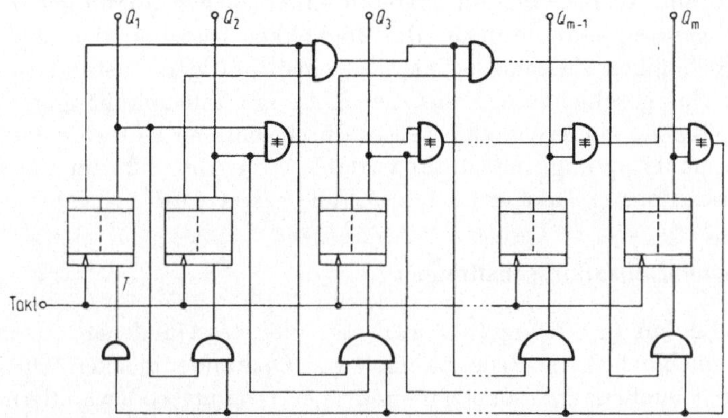

Abb. 3.28. Synchroner Gray-Code-Zähler.

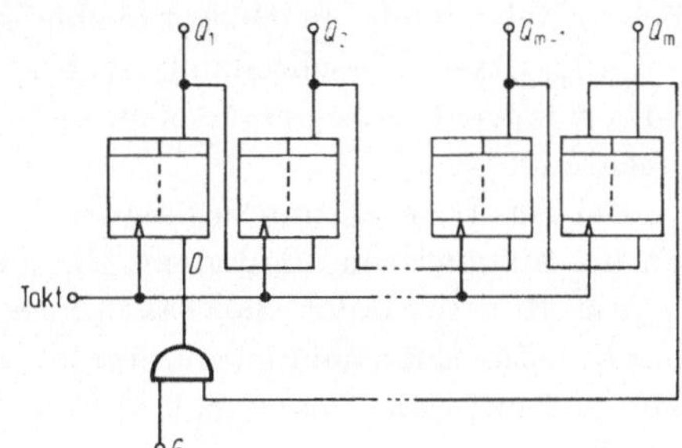

Abb. 3.29. Zähler mit einschrittigem „Schiebe"-Code.

(s. Tabelle 3.7). Abb. 3.29 zeigt die zugehörige einfache Zählerrealisierung, welche in diesem Fall ein rückgekoppeltes Schieberegister ist. Dieser

Tabelle 3.7. Zählerfolge des Zählers in Abb. 3.29

	Q_1	Q_2	$\cdots$	Q_{m-1}	Q_m
	0	0	$\cdots$	0	0
	1	0	$\cdots$	0	0
	1	1	$\cdots$	0	0
Zählerfolge ↓	1	1	$\cdots$	1	0
	1	1	$\cdots$	1	1
	0	1	$\cdots$	1	1
	0	0	$\cdots$	1	1
	0	0	$\cdots$	0	1

Zähler hat einen manchmal nicht tolerierbaren Nachteil: Es gibt m-stellige Codewörter, welche nicht zur gewünschten Zählerfolge gehören und von denen aus keine Übergangssequenz automatisch zu einem gültigen Zählerzustand führt. Da der Zähler natürlich beim Einschalten der Spannungsversorgung durchaus in einen solchen ungültigen Zählerzustand geraten kann, muß also die Möglichkeit bestehen, den Zähler aus jedem beliebigen Zustand definiert in einen gültigen Zustand zu überführen. Das geschieht am sichersten nicht mit taktunabhängigen Flipflopeingängen, sondern taktgesteuert durch logische Unterbrechung der Schieberückkopplung, indem die Variable G in Abb. 3.29 für die Dauer von mindestens m Taktperioden auf Null gesetzt wird.

3.1.6 Synchronisationsschaltungen

Zu Beginn des Kapitels 3 war von vier verschiedenen Arten von Operationsblöcken die Rede, nämlich von Operandenblöcken, Operatorblöcken, Quellenauswahlnetzen und Verzweigungscodewandlern. Die Notwendigkeit dieser vier Blocktypen ergab sich aus Überlegungen, welche von der Algorithmenbeschreibung ausgingen. Es muß nun an dieser Stelle noch ein Operationsblock eingeführt werden, welcher mit der Algorithmenbeschreibung nichts zu tun hat: die Notwendigkeit eines solchen Blockes ergibt sich vielmehr schon aus der Schnittstellenbeschreibung.

Bei der Betrachtung des Beispiels in Abb. 2.1 und 2.2 wurde schon darauf hingewiesen, daß dem Eingabesystem, welches den Eingabevektor $\boldsymbol{P}$ bereitstellt, die Taktinformation zugänglich sein muß, weil nämlich die Entscheidungsintervalle für die Komponenten von $\boldsymbol{P}$ nach Abb. 2.2 mit dem Taktsignal zusammenhängen. Es wäre jedoch viel zu einschränkend, würde man nun die Forderung erheben, daß das Eingabesystem ein mit dem Takt des „Empfangssystems“ (Abb. 2.1) getakteter Automat sein muß. Wenn diese Forderung nämlich unbedingt erfüllt sein müßte, dann wäre es unmöglich, die Funktion des Verarbeitungssystems manuell auszutesten, da die Arbeitsweise des menschlichen Prüfers zwangsläufig ungetaktet ist. Es besteht also das Problem, ein sogenanntes „Synchronisationssystem“ zu finden, welches zwischen das ungetaktete oder unkorreliert getaktete Eingabesystem und das Empfangssystem geschaltet werden kann, mit der Eigenschaft, daß sich die Ausgangssignale des Synchronisationssystems während der Entscheidungsintervalle des Empfangssystems nicht ändern (s. Abb. 3.30a). Wenn man sich auf der Suche nach einem solchen Synchronisationssystem die Entscheidungsintervalle in Abb. 2.2 ansieht, stellt man fest, daß der Beginn der Entscheidungsintervalle für $\boldsymbol{I}$ und $\boldsymbol{D}$ vom Startsignal abhängt. Wenn man also vom Eingabesystem fordert, daß es die

Eingabeteilvektoren $\boldsymbol{I}$ und $\boldsymbol{D}$ bereitstellt, bevor es das Startsignal zu Eins macht, und diese Teilvektoren mindestens solange anliegen läßt, bis das Endesignal wieder abfällt, dann erfüllen $\boldsymbol{D}$ und $\boldsymbol{I}$ die Entscheidungsbedingungen nach Abb. 2.2, ohne daß irgendein Synchronisations-

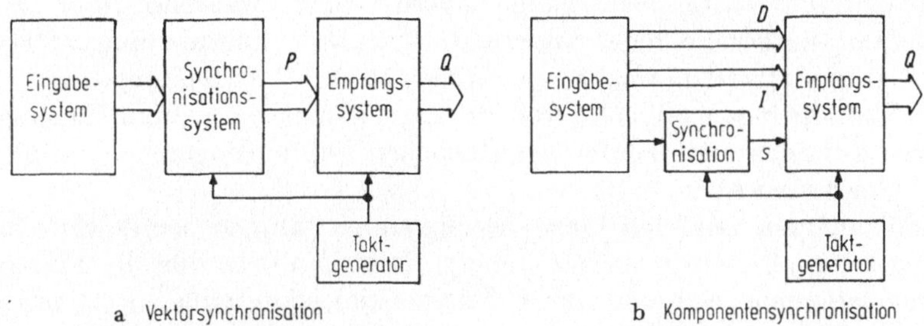

Abb. 3.30. Zur Einführung des Synchronisationssystems.

schaltungsaufwand erforderlich ist. Abb. 3.30b zeigt, wie sich in diesem Fall das Synchronisationssystem reduzieren läßt. Es gilt nicht nur in diesem Beispiel, sondern ganz allgemein, daß bei der Zusammenschaltung ungleich getakteter Systeme immer nur einzelne prozeßauslösende Signale durch Synchronisationsschaltungen geschickt werden müssen.

Synchronisationsschaltungen müssen Signaländerungen während vorgegebener Entscheidungsintervalle verhindern. An Hand der Abb. 3.31 sei erklärt, weshalb man keine Signaländerungen während eines Ent-

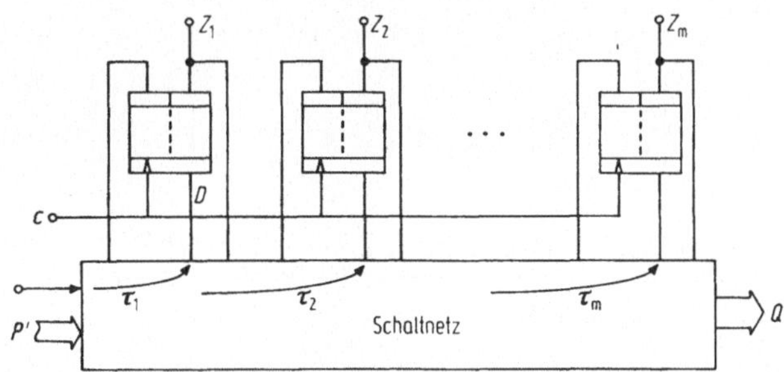

Abb. 3.31. Zur Notwendigkeit der Synchronisation.

scheidungsintervalls zulassen kann. Es sei angenommen, der Automat befinde sich in einem Wartezustand, der dadurch gekennzeichnet ist, daß der Takt unabhängig vom Eingabeteilvektor $\boldsymbol{P}'$ keine Änderung des Zustandes $\boldsymbol{Z}$ bewirkt, solange das prozeßauslösende Signal s null ist. Wenn das Signal s während seines Entscheidungsintervalls konstant eins ist, bewirkt der Takt einen Übergang vom Wartezustand in den ersten Prozeßzustand. Dieser erste Prozeßzustand kann sich in mehreren Binärstellen vom Wartezustand unterscheiden. Das Entscheidungsintervall für das Signal s ergibt sich aus der Forderung, daß sich die Eingangssignale sämtlicher Flipflops, welche ihren Zustand bei dem betrachteten Zustandsübergang ändern sollen, während ihrer Entscheidungsintervalle nicht ändern dürfen. Das Entscheidungsintervall für das Signal s ist normalerweise länger als die Entscheidungsintervalle der Flipflopeingangssignale, weil die Signallaufzeiten τ_v vom Eingang s durch das Schaltnetz zu den verschiedenen Flipflopeingängen i. a. nicht alle gleich sind (Abb. 3.31).

Wenn man nun den Wert des Signals s während seines Entscheidungsintervalls von 0 nach 1 ändert, dann kann das für die Flipflopeingangssignale während ihrer Entscheidungsintervalle dreierlei bedeuten: Diejenigen Flipflops, welche zeitlich am nächsten beim Eingang s liegen, können eine während ihres Entscheidungsintervalls konstante Ansteuerung zur Zustandsänderung erhalten; diejenigen Flipflops, welche zeitlich am weitesten vom Eingang s entfernt sind, können eine während ihres Entscheidungsintervalls konstante Ansteuerung zur Beibehaltung des alten Zustandes erhalten; und schließlich kann sich bei manchen Flipflops während ihrer Entscheidungsintervalle die Ansteuerung ändern. Was die Flipflops im letzteren Falle tun, ist indeterminiert, d. h. man kann nicht voraussagen, ob sie ihren Zustand ändern oder beibehalten werden. Es handelt sich ja um asynchrone Automaten, deren Eingabebeschränkungen nicht eingehalten wurden, welche besagen, daß in jedem Zustand nur diejenigen Codewörter eingegeben

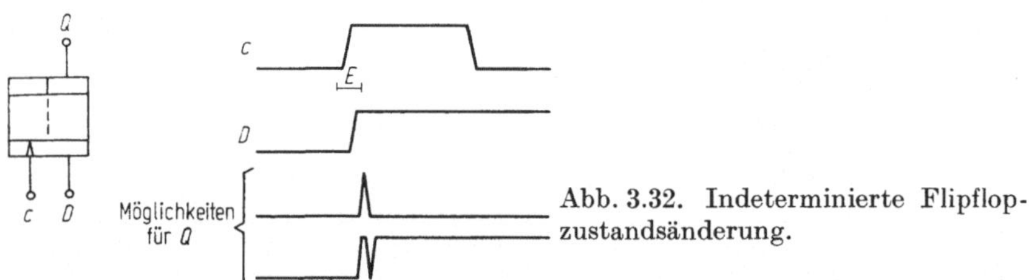

Abb. 3.32. Indeterminierte Flipflopzustandsänderung.

werden dürfen, für welche der Übergang in einen stabilen Zustand determiniert ist. Zwar sind die Flipflops normalerweise nicht so komplex aufgebaut, daß in diesem Fall eine echte Oszillation auftreten könnte, aber ein kurzes Einschwingen in einen stabilen Zustand kann durchaus vorkommen (s. Abb. 3.32).

Es ist nun leicht einzusehen, daß keine besondere Synchronisationsschaltung für das Signal s (Abb. 3.31) erforderlich ist, falls sich der Wartezustand und der erste Prozeßzustand nur in einer Binärstelle unterscheiden; denn selbst wenn sich s während seines Entscheidungsintervalls ändert, bleibt entweder der Wartezustand erhalten, d. h. s wurde nicht als Eins erkannt, oder es erfolgt der Übergang zum ersten Prozeßzustand, d. h. s wurde als Eins erkannt. Falls sich jedoch der Wartezustand und der erste Prozeßzustand in mehr als einer Binärstelle unterscheiden, dann kann eine Änderung von s während seines Entscheidungsintervalls bewirken, daß das System in einen Zustand übergeht, der weder der Wartezustand noch der erste Prozeßzustand ist, wodurch sich ein unerwünschtes Automatenverhalten ergibt.

Nach diesen Überlegungen ist es höchst einfach, das Problem der Synchronisation prozeßauslösender Signale zu lösen: Man schaltet vor den Automaten, dessen Wartezustand und erster Prozeßzustand sich in mehr als einer Binärstelle unterscheiden, einen anderen Automaten, dessen Wartezustand und erster Prozeßzustand sich nur in einer Binärstelle unterscheiden. Dieser vorgeschaltete Automat braucht außer dem Wartezustand und dem ersten Prozeßzustand überhaupt keine weiteren Zustände zu haben, da er ja außer der getakteten „Erkennung" des prozeßauslösenden Signals keine Funktion hat. Deshalb ist dieser vorgeschaltete Automat ein einfaches D-Flipflop (s. Abb. 3.33).

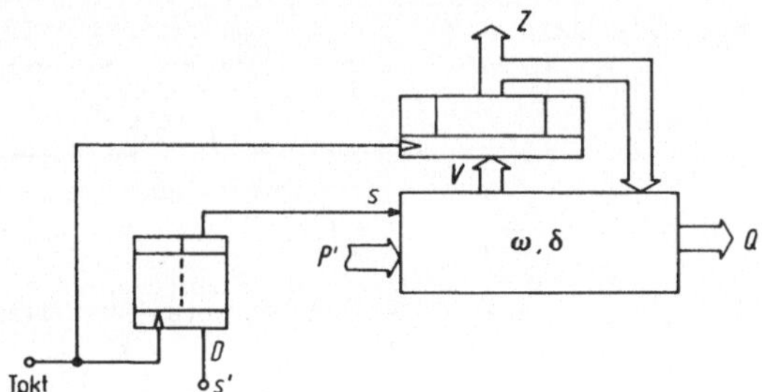

Abb. 3.33. Synchronisation eines prozeßauslösenden Signals.

3.2 Inhomogene Operationsblöcke

In diesem Abschnitt werden einige verhältnismäßig willkürlich ausgewählte Operationsblöcke dargestellt, welche außer Flipflops und logischen Verknüpfungsgliedern noch andere Elemente enthalten. Obwohl die Menge solcher inhomogener Operationsblöcke fast unbegrenzt ist, genügt die Darstellung weniger Blöcke, um die Breite der Möglichkeiten für die Schnittstellenbeschreibung solcher Blöcke aufzuzeigen.

3.2.1 Zeitintervallbestimmende Elemente

Zeitintervallbestimmende Elemente liefern Binärsignale, deren Flankenabstände durch Elementenparameter bestimmt werden. Beim *Oszillator* liegen sowohl der Abstand zwischen einer positiven und der nächstfolgenden negativen Flanke als auch der Abstand zwischen einer negativen und der nächstfolgenden positiven Flanke als Elementenkonstanten fest. Abb. 3.34 zeigt ein nicht genormtes Symbol für einen ungesteuerten Oszillator und das zugehörige Ausgangssignal. Jeder normale Taktgenerator ist ein derartiger Oszillator.

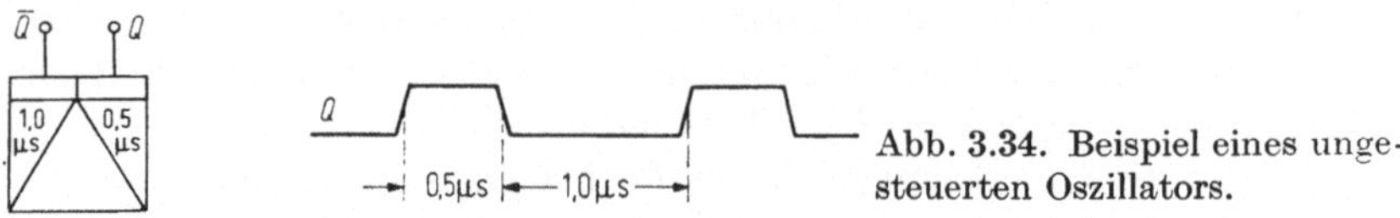

Abb. 3.34. Beispiel eines ungesteuerten Oszillators.

Manchmal benötigt man jedoch einen gesteuerten Oszillator, bei dem durch ein binäres Eingangssignal entschieden wird, ob er schwingen soll oder nicht. In diesem Fall sind nicht nur die beiden Flankenabstände des oszillierenden Ausgangssignals von Interesse, sondern auch die Abstände zwischen den Ausgangsflanken und den Flanken des Steuersignals. Abb. 3.35 zeigt ein Beispiel eines solchen gesteuerten Oszillators.

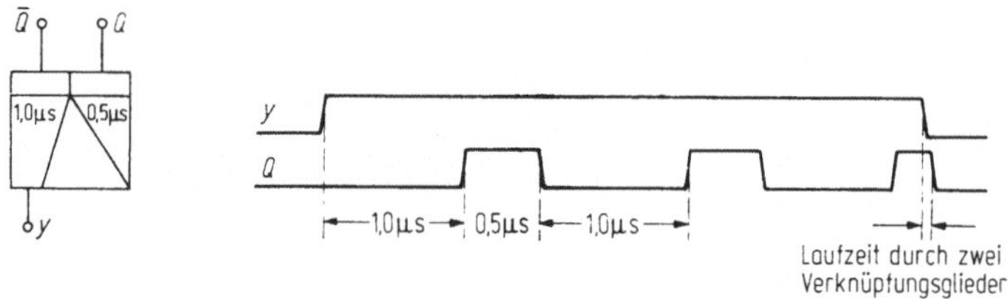

Abb. 3.35. Beispiel eines gesteuerten Oszillators.

Auf die Probleme der Synthese von Oszillatoren soll hier nicht eingegangen werden.

Bei der monostabilen Kippschaltung, dem sogenannten *Monoflop*, wird nur der Abstand zwischen einer positiven und der nächstfolgenden negativen Flanke des Ausgangssignals durch Elementenparameter bestimmt. Das Auftreten einer positiven Flanke des Ausgangssignals wird durch eine Flanke des Eingangssignals ausgelöst. Als wesentliche Spezifikation eines Monoflops interessiert noch, was geschieht, wenn eine normalerweise auslösende Eingangsflanke innerhalb des Intervalls auftritt, während dessen das Ausgangssignal eins ist. Zwei unterschiedliche Spezifikationen sind sinnvoll: Entweder wird die betreffende Eingangsflanke ignoriert, d. h. sie bleibt ohne Wirkung auf das Ausgangssignal, oder die negative Flanke des Ausgangssignals verschiebt sich so, als wäre der Ausgangsimpuls tatsächlich durch die letzte auslösende Eingangsflanke gestartet worden (s. Abb. 3.36).

Monoflops werden hauptsächlich zur definierten Signalverzögerung oder zur Impulsformung verwendet.

Auf den inneren Aufbau von Monoflops soll hier nicht eingegangen werden.

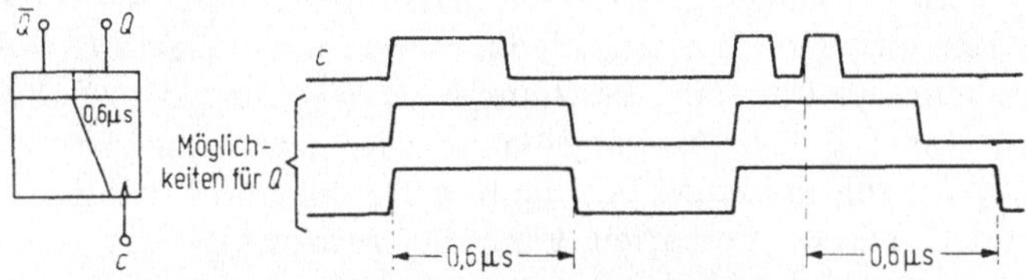

Abb. 3.36. Beispiel eines Monoflops.

3.2.2 Blöcke mit analogen Ein- oder Ausgangssignalen

Bei der sogenannten *Analog-Digitalwandlung*, abgekürzt A/D, welche bei der Eingabe in ein digitales System vorkommen kann, benötigt man Blöcke, welche zu analogen, d. h. in vorgegebenen Grenzen kontinuierlichen Eingangssignalen digitale Ausgangssignale liefern können.

Das wesentlichste A/D-Element ist der Vergleicher, welcher die binäre Aussage liefern kann, welche von zwei gegebenen analogen Eingangsspannungen die größere ist (s. Abb. 3.37). Es ist zu beachten, daß der Vergleicher nicht genau dort umschaltet, wo die beiden Eingangs-

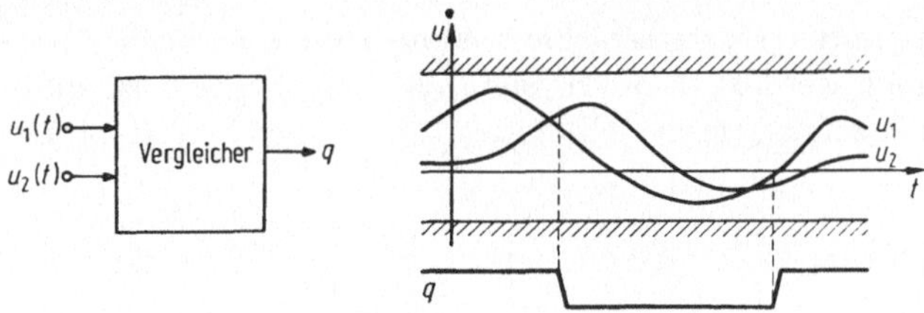

Abb. 3.37. Funktion eines Vergleichers.

spannungen gleich sind, sondern daß erst dann umgeschaltet wird, wenn die bisher größere Spannung um einen bestimmten Betrag unter die bisher kleinere Spannung gesunken ist. Dieser Betrag kann zwar sehr klein, aber nicht zu null gemacht werden. Gute Vergleicher bestehen meistens aus einem Differenzverstärker mit nachgeschalteter Kippstufe. Auf Einzelheiten des Aufbaus kann hier verzichtet werden.

Das zweite wesentliche A/D-Element, ist die Schwellkippschaltung. Ihr Verhalten entspricht dem eines Vergleichers, bei dem die eine Eingangsspannung auf einen konstanten Wert festgelegt wird, den sogenannten Schwellwert. Zwar kann eine Schwellkippschaltung tatsächlich auf diese Weise aufgebaut werden, aber es gibt aufwandsgünstigere Realisierungen, beispielsweise den sogenannten Schmitt-Trigger. Diesbezüglich sei auf die entsprechende Literatur verwiesen [8]. Entsprechend dem Vergleicherverhalten liegen die Kippunkte der Schwellkippschaltung nicht dort, wo die Eingangsspannung genau gleich dem Schwellwert ist, sondern eine positive Ausgangsflanke wird erst ausgelöst, wenn die Eingangsspannung um einen bestimmten Betrag über dem Schwellwert liegt, und eine negative Ausgangsflanke wird erst ausgelöst, wenn die Eingangsspannung um einen bestimmten Betrag unter den Schwellwert gesunken ist. Dieses Verhalten kann als rechteckige Hysteresekurve dargestellt werden (s. Abb. 3.38).

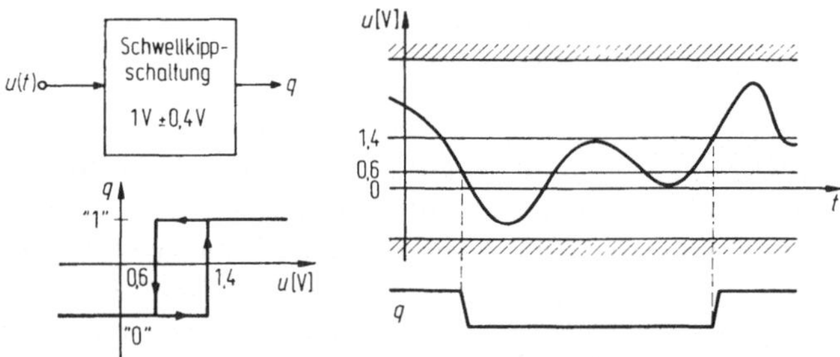

Abb. 3.38. Funktion einer Schwellkippschaltung.

Die Breite der Hystereseschleife kann zwar sehr klein, aber nicht zu null gemacht werden. Ein Anwendungsbeispiel in einem späteren Abschnitt wird zeigen, daß es Fälle gibt, wo eine größere Hysterese durch-

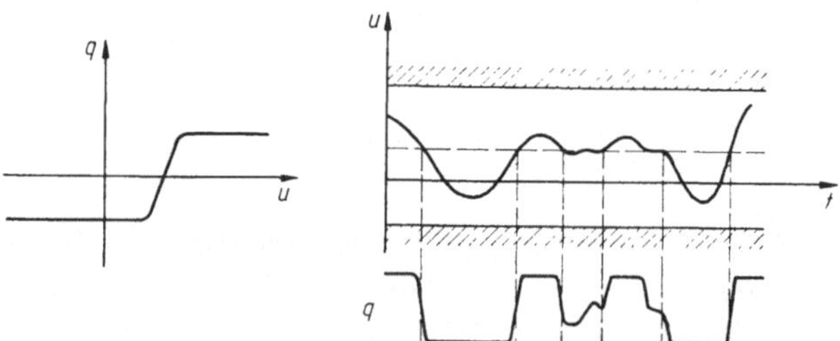

Abb. 3.39. Funktion eines übersteuerten Linearverstärkers.

aus erwünscht ist. Wenn man jedoch die Hysterese extrem klein machen will, gerät man zwangsläufig an die Grenze, wo die Schwellkippschaltung in einen Linearverstärker mit Übersteuerung übergeht. Wie Abb. 3.39 zeigt, gibt es in diesem Fall einen, wenn auch sehr schmalen Bereich, in welchem die Ausgangsspannung einigermaßen linear von der Eingangsspannung abhängt, was bei einer echten Kippschaltung nie vorkommen kann. Solche übersteuerte Linearverstärker können nur dann als hysteresefreie Schwellschaltungen verwendet werden, wenn garantiert ist, daß die Eingangsspannung stets mit steiler Flanke über oder unter die Schwelle tritt und nie im Bereich des Schwellwertes verweilt.

Bei der sogenannten *Digital-Analogwandlung*, abgekürzt D/A, welche bei der Ausgabe aus einem digitalen System vorkommen kann, benötigt man Blöcke, welche zu digitalen Eingangssignalen analoge Ausgangssignale liefern können.

Jeder D/A-Wandler kann grundsätzlich als Funktionsgenerator angesehen werden, wie ihn Abb. 3.40 zeigt. Der Generator hat ein Repertoire verschiedener Ausgangsfunktionen $u(t)$, die alle jeweils durch ein be-

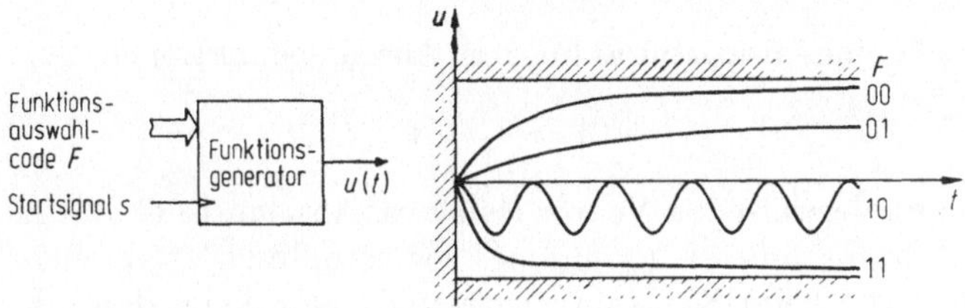

Abb. 3.40. Beispiel eines Funktionsgenerators.

sonderes Codewort codiert sind. Die digitalen Eingangssignale sind also das Funktionsauswahlcodewort $\boldsymbol{F}$ und das Startsignal s, welches durch eine Flanke den Nullpunkt der Zeitachse für $u(t)$ bestimmt, d. h. welches das „Loslaufen" der durch $\boldsymbol{F}$ ausgewählten zeitlich veränderlichen Ausgangsspannung auslöst.

Von der Vielzahl der möglichen Funktionsrepertoires werden hier nur die zwei Fälle betrachtet, welche bei der Ausgabe aus digitalen Systemen am häufigsten vorkommen. Es handelt sich um die beiden Fälle, wo die Ausgangsspannung entweder eine durch $\boldsymbol{F}$ codierte Konstante oder eine lineare Funktion ist. Im Falle des Konstantenrepertoires kann das Startsignal entfallen, weil eine Konstante keinen Zeitreferenzpunkt benötigt. Die Funktionsauswahlcodewörter $\boldsymbol{F}$, welche zu den einzelnen Konstanten des Repertoires gehören, werden meistens als Dualzahlen aufgefaßt, aus denen sich die jeweils zugehörige Ausgangsspannung nach der folgenden Beziehung ergibt:

$$u = \left(a + \sum_{i=1}^{m} f_i \cdot 2^{i-1}\right) \cdot u_0. \tag{3.4}$$

Der dimensionslose Parameter a und der Schrittspannungsparameter u_0 sind dabei nicht steuerbare, zum Funktionsgenerator gehörende Größen. Die einfachste Struktur für die Realisierung eines solchen Dualzahlen-D/A-Wandlers zeigt Abb. 3.41: Die Ausgangssignale mehrerer binärer Schalter ergeben summiert die gewünschte Ausgangsspannung.

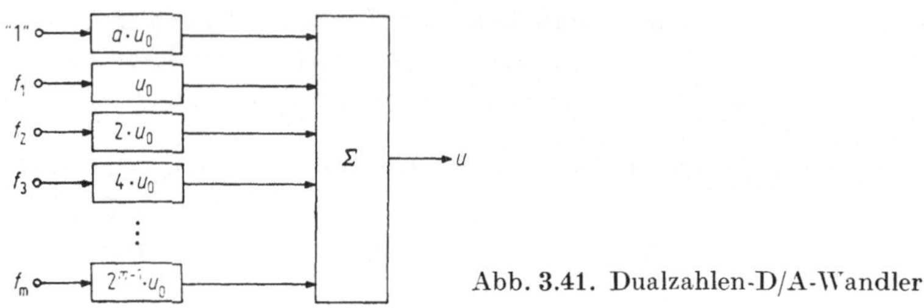

Abb. 3.41. Dualzahlen-D/A-Wandler.

Im Falle eines Repertoires linearer Ausgangsfunktionen

$$u(t) = u_0 + \dot{u}_0 \cdot t \tag{3.5}$$

zerfällt normalerweise der Vektor $\boldsymbol{F}$ in zwei Abschnitte $\boldsymbol{G}$ und $\boldsymbol{H}$, welche die Funktionsparameter u_0 und $\dot{u}_0$ codieren, und zwar meistens als Dualzahlen wie beim Konstantenrepertoire. Man kann dann den Generator für die linearen Ausgangsfunktionen aus zwei Dualzahlen-D/A-Wandlern, einem Integrationselement, wie es aus der Analogrechen-

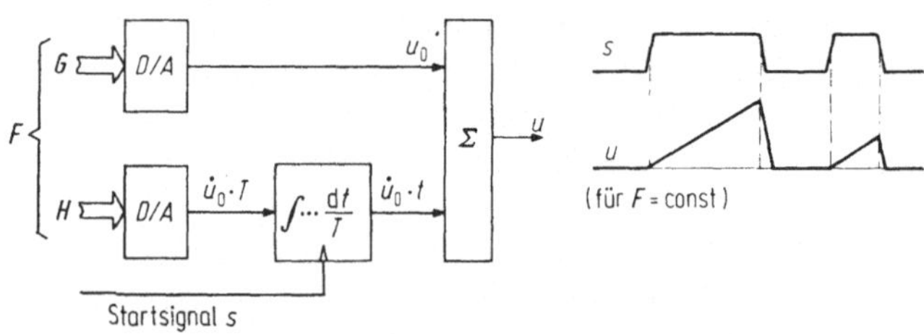

Abb. 3.42. Erzeugung von Sägezahnspannungen.

technik bekannt ist (ohne Inversion) und einem Summierer aufbauen, wie es die Abb. 3.42 zeigt. Die Steilheit des Abfalls der Ausgangsspannung u auf den Wert u_0, welcher jeweils durch die Rückflanke des Startsignals ausgelöst wird, ist nicht steuerbar, sondern ist eine feste Eigenschaft des Integrationselements.

Selbstverständlich gibt es für die Realisierung von D/A-Wandlern eine Fülle von Möglichkeiten, wobei allgemein gilt, daß ein um so größerer Aufwand erforderlich ist, je geringer die zulässigen Toleranzen sind. Details über die Synthese von D/A-Wandlern müssen in der entsprechenden Literatur nachgeschlagen werden.

In einem späteren Kapitel, welches den Entwurf eines Bildschirmausgabegerätes behandelt, wird auf die D/A-Wandlung noch einmal kurz eingegangen.

3.2.3 Speicherblöcke

Neben den Halbleiterspeicherblöcken, von welchen schon im Abschnitt über homogene Operationsblöcke die Rede war, gibt es natürlich noch eine große Zahl „inhomogener "Speicher, bei denen also die Speicherzellen keine Flipflops sind. Die Fähigkeit des Flipflops zur Binärspeicherung beruht auf der nichtlinearen Rückkopplung; es lassen sich aber noch viele andere nichtlineare physikalische Effekte zur Binärspeicherung ausnutzen. Der weitaus am häufigsten ausgenutzte Effekt ist die magnetische Hysterese; deshalb ist es keine wesentliche Einschränkung, wenn die Betrachtungen an dieser Stelle auf magnetische Speicherblöcke beschränkt bleiben.

Man kann zwischen *magnetostatischen* und *magnetomotorischen Speichern* unterscheiden, wobei die ersteren durch mechanische Ruhe und die letzteren durch mechanische Bewegung gekennzeichnet sind. In beiden Fällen muß an bestimmtem Ort ein zeitlich veränderliches Magnetfeld erzeugt werden; im magnetostatischen Fall wird dies erreicht, indem man einen zeitlich veränderlichen Strom an dem Ort fließen läßt; im magnetomotorischen Fall erreicht man es dadurch, daß man einen Körper mit körperfestem Magnetfeld an dem Ort vorbeibewegt.

Der typischste Vertreter der magnetostatischen Speicher ist der Kernspeicher. Auf die Physik des Speicherkernes und seine Ansteuerung braucht hier nicht eingegangen zu werden. Obwohl der Kernspeicher allmählich vom Halbleiterspeicher verdrängt wird, ist es immer noch sinnvoll, die Schnittstellenbeschreibung eines Kernspeicherblockes und seine innere Systemstruktur kurz anzugeben.

Wenn man einen inhomogenen Operationsblock beim Aufbau eines komplexen Schaltwerks verwenden will, genügt zwar grundsätzlich die Schnittstellenbeschreibung des Blockes, jedoch ist es stets zweckmäßig, auch ein wenig über die innere Systemstruktur des Blockes Bescheid zu wissen, weil man dadurch Einsicht in die Notwendigkeit mancher „seltsamen" Schnittstellenspezifikationen gewinnt.

Abb. 3.43 zeigt die Schnittstellenbeschreibung eines Kernspeicherblockes mit einer Kapazität von 4096 Wörtern zu je 32 bit.

Die 12stellige Adresse muß sowohl im Original als auch als Komplement bereitgestellt werden. Das Eingabewort $\boldsymbol{D}$ wird nur gebraucht, falls das Schreibsteuersignal W während seines Entscheidungsintervalls auf Eins steht. Das Ausgabewort $\boldsymbol{M}$ stammt von den Ausgängen eines Registers, in welchem ein Impulsvektor gespeichert wird; deshalb gibt es für $\boldsymbol{M}$ zwei Übergangsintervalle, eines, während dessen alle Flipflops des Registers auf Null gesetzt werden, und ein zweites, während dessen die Impulse des zu speichernden Impulsvektors eintreffen. Der Startimpuls muß mindestens 100 ns lang sein; eine positive Startflanke darf frühestens nach 1 μs wiederholt werden.

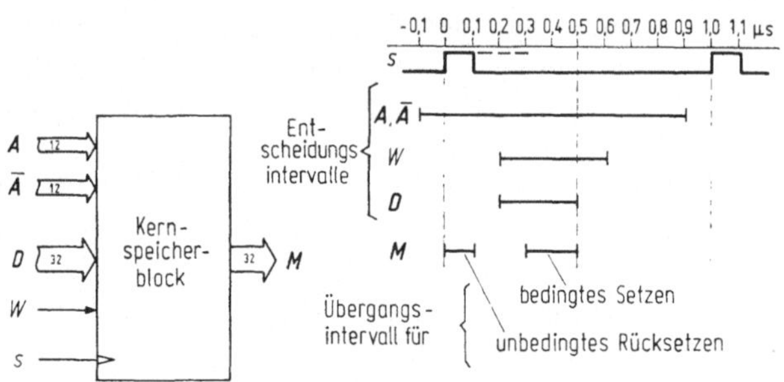

Abb. 3.43. Schnittstellenbeschreibung eines Kernspeicherblockes.

Abb. 3.44 zeigt die innere Systemstruktur des Kernspeicherblockes. Das Startsignal s veranlaßt den Steuersequenzgenerator, der aus einer Reihe von Monoflops besteht, eine feste Serie von Impulsen abzugeben. Die drei Ansteuerblöcke für die Koordinaten X, Y und Z werden zur Abgabe von Stromimpulsen veranlaßt, durch welche die Kerne des adressierten Wortes in den Nullzustand gezwungen werden. Die Induktions-

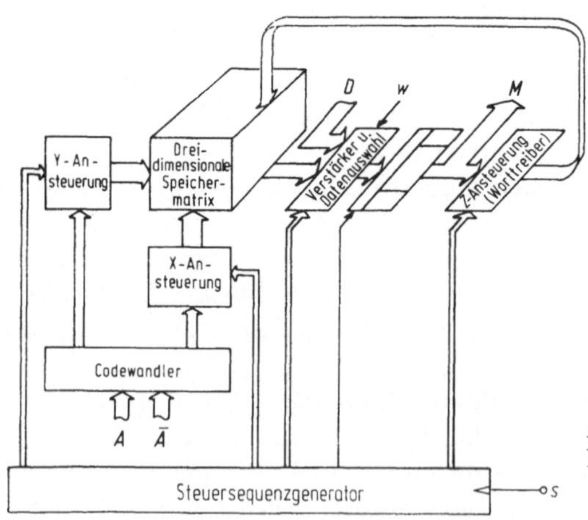

Abb. 3.44. Systemstruktur des Kernspeicherblockes.

impulse derjenigen Kerne, welche dabei von Eins nach Null ummagnetisiert werden, gelangen auf die Verstärker- und Datenauswahlschaltung. Im Falle des Lesens, d. h. wenn W gleich Null ist, werden die Induktionsimpulse auf die Setzeingänge der zuvor rückgesetzten Registerflipflops durchgeschaltet. Nun werden die Ansteuerblöcke für X, Y und Z veranlaßt, solche Stromimpulse abzugeben, daß das in $\boldsymbol{M}$ gespeicherte Wort in die adressierten Kerne geschrieben wird; deshalb dauert das Entscheidungsintervall für die Adresse am längsten. Falls die Schreibsteuerung W während ihres Entscheidungsintervalls Eins ist, gelangen nicht die verstärkten Induktionsimpulse der Kerne auf das Register, sondern die Einskomponenten des Eingabewortes $\boldsymbol{D}$ werden als Impulse durchgeschaltet.

Die am weitesten verbreiteten magnetomotorischen Speicher sind Trommelspeicher, Plattenspeicher und Bandspeicher. Trommel- und Plattenspeicher bilden dabei eine gewisse Untergruppe, nämlich als sogenannte Rotationsspeicher oder zyklische Speicher. Sie haben dabei große Strukturähnlichkeit mit zyklischen Laufzeitspeichern. Trotz der bestehenden Strukturunterschiede zwischen den einzelnen magnetomotorischen Speichern gibt es doch so viele Gemeinsamkeiten, daß es genügt, hier nur die Schnittstelle und die innere Struktur eines einzigen Speichers dieser Gruppe zu betrachten. Im folgenden wird ein Trommelspeicherblock beschrieben.

Abb. 3.45 zeigt die Eingangs- und Ausgangssignale des Trommelspeicherblockes. Zur Adressierung einer der 128 Datenspuren werden 7 bit benötigt, welche sowohl im Original als auch als Komplement

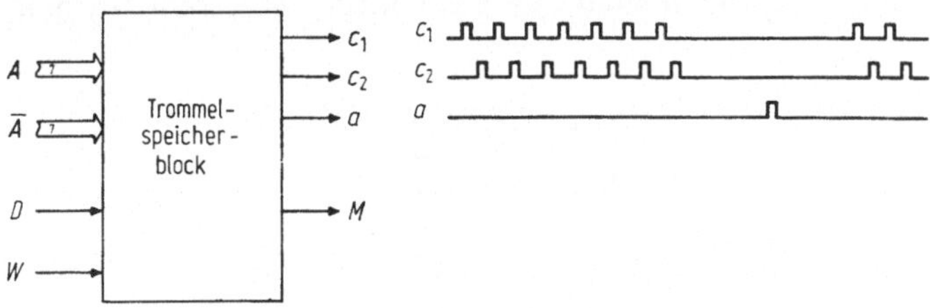

Abb. 3.45. Ein- und Ausgangssignale eines Trommelspeicherblocks.

bereitgestellt werden müssen. Der Block liefert zwei Taktsignale c_1 und c_2, welche pro Trommelumlauf jeweils 6400 Impulse haben. Das Signal c_2 ist gegenüber dem Signal c_1 um eine halbe Periodendauer verzögert. Einmal pro Trommelumlauf tritt eine Taktlücke auf, wo der Impulsabstand bei c_1 bzw. c_2 deutlich größer ist als die normale Periodendauer. In dieser Taktlücke liegt der Spurenreferenzimpuls a.

Die beiden Taktsignale c_1 und c_2 legen die Entscheidungsintervalle für die Eingabesignale D und W und die Übergangsintervalle für das Ausgabesignal M fest (s. Abb. 3.46). Das Signal D ist nur relevant, falls das Schreibsteuersignal W in seinem Entscheidungsintervall Eins ist. Ein zwischen den beiden c_1-Impulsen j und $j+1$ geschriebener Binär-

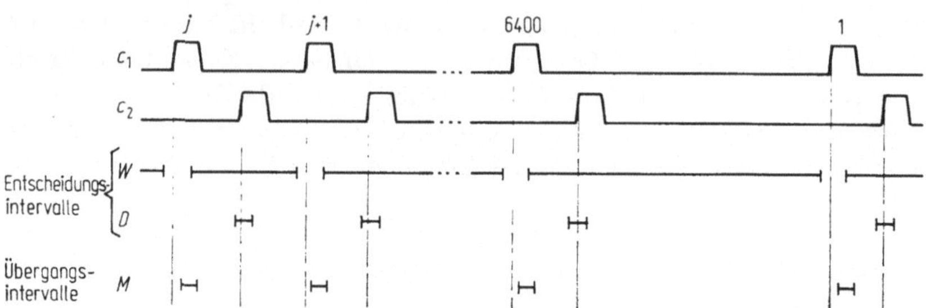

Abb. 3.46. Entscheidungs- und Übergangsintervalle beim Trommelspeicherblock.

wert D, bei dem also das zugehörige Signal W Eins war, erscheint als Wert des Signals M nach jeder Trommelumdrehung zwischen den beiden c_1-Impulsen $j+1$ und $j+2$. Die Zahl der auf einer Spur gespeicherten Einsen muß gerade sein.

Beim Schreiben müssen die Adreßvektoren $\boldsymbol{A}$ und $\bar{\boldsymbol{A}}$ schon eine Taktperiode lang anliegen, bevor W zu Eins gemacht wird; beim Lesen müssen diese Vektoren schon zwei Taktperioden lang anliegen, bevor das erste gelesene Bit bei M verfügbar wird.

Die Spezifikationen der Trommelblockschnittstelle, welche bis jetzt ohne jeden Bezug zur inneren Systemstruktur dargestellt wurden, lassen

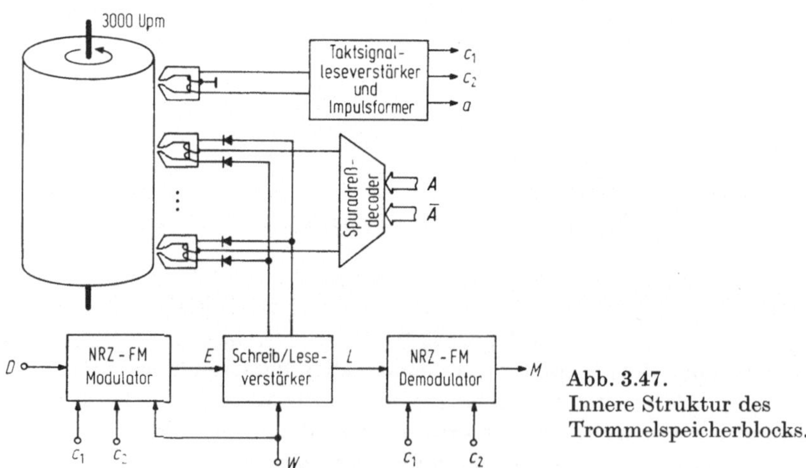

Abb. 3.47. Innere Struktur des Trommelspeicherblocks.

sich sofort viel leichter einsehen, wenn man Kenntnis über die innere Systemstruktur hat, welche in Abb. 3.47 gezeigt ist. Die Tatsache, daß die drei Signale c_1, c_2 und a aus einer einzigen Spur abgeleitet werden, ist zwar für das Verständnis der Schnittstellenspezifikationen unwesentlich, aber dennoch erwähnenswert, denn häufig wird für die Spurenreferenz a eine zweite Spur verwendet. Zur Ableitung des Impulses a aus dem Signal c_1 benötigt man eine Schaltung, welche die Taktlücke (s. Abb. 3.45) erkennen kann. Eine offensichtliche Lösung ist die Verwendung eines Monoflops nach Abb. 3.36, bei welchem jeder c_1-Impuls die negative Ausgangsflanke weiter verzögert, so daß sie nur in der Taktlücke auftreten kann. Diese negative Flanke kann dann zum Anstoßen eines den Impuls a liefernden Monoflops verwendet werden.

Wesentlich für die Einsicht in die Schnittstellenspezifikationen ist das Verständnis des "Non-Return-to-Zero-Frequenzmodulation"-Schreibverfahrens, abgekürzt NRZ-FM. In Abb. 3.48 ist der Schreib/Leseverstärker in einen Schreibteil und einen Leseteil zerlegt, wobei der hier

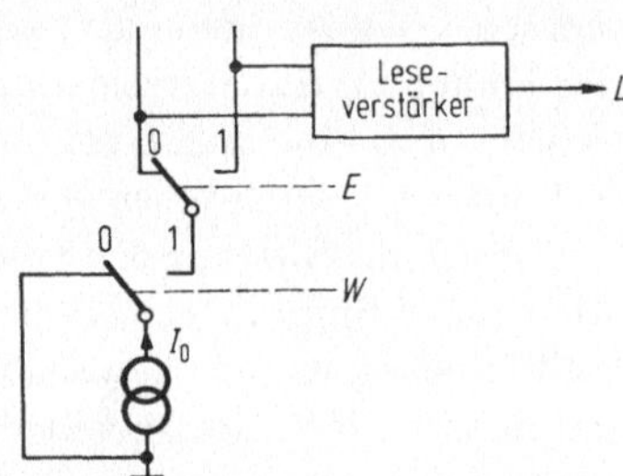

Abb. 3.48. Funktionsmodell des Trommelschreibverstärkers.

interessierende Schreibteil als Funktionsmodell dargestellt ist. Solange das Steuersignal W Null ist, fließt in den beiden Leitungen zu den Schreib/Leseköpfen kein Strom. Wenn W Eins ist, dann fließt in einer der beiden Leitungen der eingeprägte Strom I_0 zu den Köpfen hin, wobei das Binärsignal E die Leitung auswählt. Der Strom fließt über die Mittenanzapfung des adressierten Kopfes über den Spuradreßdecoder (Abb. 3.47) nach Masse. Das Signal E bestimmt also während des Schreibens die Richtung des Magnetfeldes im Kopf und damit auch auf der Spur.

Die beiden das Schreibverfahren kennzeichnenden Begriffe "Non-return-to-Zero" und „Frequenzmodulation" beziehen sich auf das Magnetfeld auf der Spur und damit auch direkt auf das Signal E. "Non-return-to-Zero" bedeutet, daß der Verlauf des Magnetflusses während der ganzen Bitzeit, d. h. während der ganzen Taktperiode, informationsbedingt ist und nicht während eines Teils der Bitzeit informationsunabhängig auf „magnetisch Null" geht. Frequenzmodulation heißt, daß die Information im Abstand der Flanken des Magnetflußverlaufs enthalten ist; willkürlich seien das niederfrequente Signal der Eins und das hochfrequente Signal der Null zugeordnet. Abb. 3.49 zeigt einen Magnetflußverlauf Φ mit der zugehörigen Binärfolge. Da der Magnetflußverlauf entlang der Trommelspur keinen Anfang und kein Ende

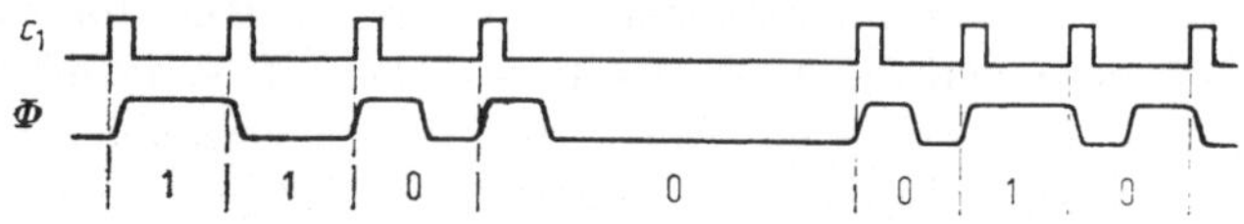

Abb. 3.49. Magnetflußverlauf bei NRZ-FM.

hat, folgt für das NRZ-FM-Verfahren nach Abb. 3.49, daß die Anzahl der Einsen pro Spur gerade sein muß, und zwar ergibt sich diese Folgerung aus einer einfachen Überlegung: Die Anzahl der positiven Flanken des zyklischen Magnetflußverlaufs muß gleich der Anzahl der negativen Flanken sein; das ist bei einer geraden Zahl von Einsen garantiert; die Zahl der Nullen ist dabei irrelevant, denn jede Null bringt zwei Flanken, eine positive und eine negative.

Die Forderung nach einer geraden Anzahl von Einsen pro Spur verbietet es, einzelne Bits auf die Spur zu schreiben. Vielmehr wird die Information einer Spur in eine bestimmte Anzahl Wörter gleicher Länge unterteilt, und es werden jeweils nur ganze Wörter geschrieben. Wenn man garantiert, daß die Anzahl der Einsen pro Wort stets gerade ist, dann hat man auch die ursprüngliche Forderung erfüllt. Dadurch erreicht man gleichzeitig eine Prüfbarkeit des gelesenen Wortes, denn wenn dessen Anzahl von Einsen nicht gerade ist, weiß man, daß beim Schreiben oder Lesen dieses Wortes ein Fehler aufgetreten ist. Es handelt sich um die sogenannte *Parity-Prüfung*.

Zu einem Wort, dessen Anzahl von Einsen gerade ist, gehört ein Magnetflußverlauf, bei dem die Flußrichtung am Wortende entgegengesetzt zur Flußrichtung am Wortanfang ist. Damit nun zwischen zwei Wörtern jeweils eine Flanke des Magnetflußverlaufs auftritt, wie es das NRZ-FM-Verfahren fordert, muß garantiert werden, daß die Flußrichtung am Wortanfang für alle Wörter gleich ist. Dies kann durch entsprechenden Aufbau des NRZ-FM-Modulators, welcher das Signal D in das Signal E umwandelt, erreicht werden (s. Abb. 3.47).

Abb. 3.50 zeigt einen Verlauf sämtlicher für das Schreiben und Lesen wesentlichen Signale. Es ist nun leicht einzusehen, weshalb das Entscheidungsintervall für D (s. Abb. 3.46) jeweils in der Mitte zwischen zwei c_1-Impulsen liegt und warum das Ausgangssignal M um eine Bitbreite gegenüber dem Eingangssignal D verzögert ist.

Wie früh die Adreßvektoren $\boldsymbol{A}$ und $\bar{\boldsymbol{A}}$ angelegt werden müssen, damit geschrieben oder gelesen werden kann, wird durch die dynamischen Eigenschaften des Systems aus Decoder, Magnetköpfen und Schreib/Leseverstärker bestimmt. Wie lange die bei einer Adreßänderung, d. h. bei

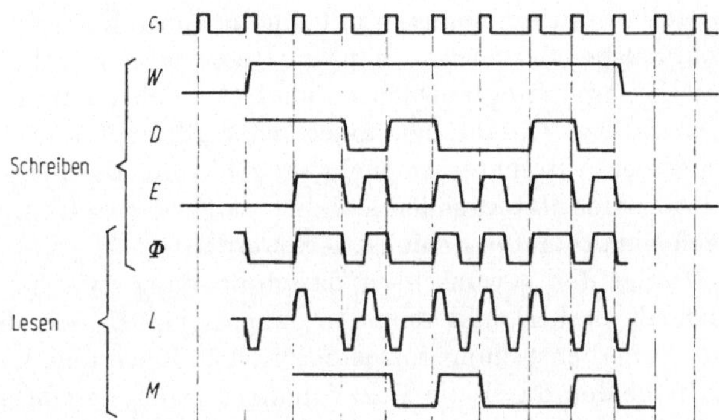

Abb. 3.50. Signale beim Schreiben und Lesen im Trommelspeicherblock.

einer Umschaltung von einem Kopf auf einen anderen auftretenden Einschwingvorgänge dauern, kann nur durch eine hier nicht interessierende Analyse festgestellt werden.

Mit dieser Einsicht in die Systemstruktur ist die Betrachtung des Trommelspeicherblockes eigentlich abgeschlossen. Jedoch ist es sinnvoll, an Hand der Abb. 3.47 folgende Überlegung anzustellen: Angenommen, der inhomogene Operationsblock Trommelspeicher bestehe nur aus der Trommel, den Köpfen, der Taktsignalschaltung und dem Schreib/Leseverstärker, dann bilden der Spuradreßdecoder, der Modulator und der Demodulator eigenständige Operationsblöcke. Dabei ist der Demodulator selbst wieder ein inhomogener Block, weil er sich auf Grund des dreiwertigen Signals L nicht ausschließlich aus Flipflops und logischen Verknüpfungsgliedern aufbauen läßt. Der Modulator und der Spuradreßdecoder sind dagegen homogene Blöcke, wobei der Spuradreßdecoder als einfaches Schaltnetz nicht weiter betrachtet zu werden braucht. Der Demodulator kann ohne weiteres in einen inhomogenen und einen homogenen Teil zerlegt werden, wie es Abb. 3.51 zeigt: Aus dem Signal L

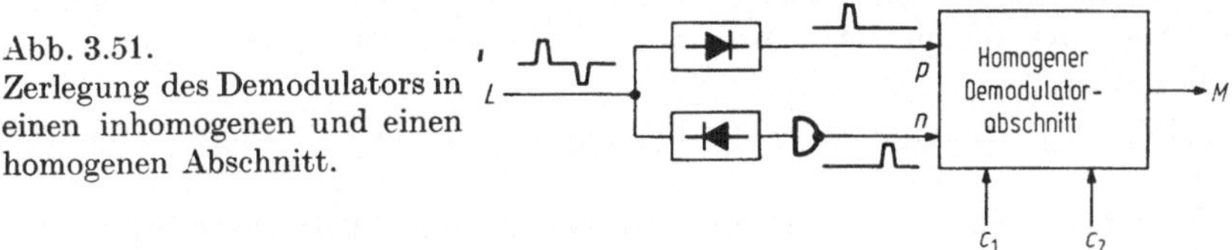

Abb. 3.51.
Zerlegung des Demodulators in einen inhomogenen und einen homogenen Abschnitt.

werden durch Gleichrichtung und Inversion zwei Binärsignale gewonnen, welche die Eingangssignale des homogenen Demodulatorabschnitts darstellen.

Der Grund, weshalb hier auf den Aufbau des Modulators und des Demodulators etwas näher eingegangen wird, liegt darin, daß gezeigt werden soll, daß im Zusammenhang mit inhomogenen Operationsblöcken — hier: Trommelspeicherblock — häufig homogene Teilblöcke auftreten, welche spezielle Anpassungsautomaten sind, die sich nicht in die Kategorien des Abschnitts 3.1 einteilen lassen. Eine allgemeine systematische Behandlung dieser Automaten ist nicht möglich; am Beispiel des Modulators und des Demodulators sollen lediglich einige der vielfältigen Eigenschaften solcher Automaten demonstriert werden.

Abb. 3.50 zeigt den gewünschten Zusammenhang zwischen den Eingangssignalen W und D und dem Ausgangssignal E des Modulators. Damit diese Aufgabenstellung formelmäßig erfaßt werden kann, ist es notwendig, die beiden durch die Taktsignale c_1 und c_2 bestimmten Taktphasenintervalle symbolisch zu trennen. Jedes einer positiven Flanke

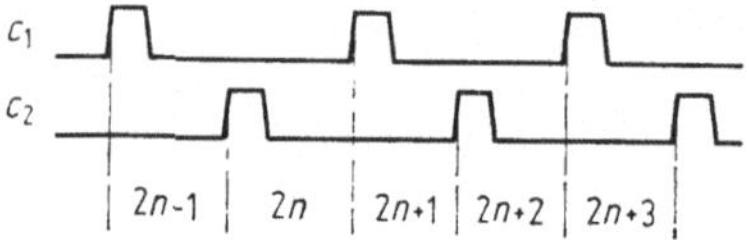

Abb. 3.52. Intervallzählung im Zweiphasentaktsystem.

von c_1 folgende Phasenintervall sei mit einem ungeraden Automatenzeitindex bezeichnet und jedes einer positiven Flanke von c_2 folgende Phasenintervall mit einem geraden Index, wie es Abb. 3.52 zeigt. Damit lautet die Aufgabenstellung für den Modulator wie folgt:

$$E^{2n} = [W \cdot (D \cdot E \vee \overline{D} \cdot \overline{E})]^{2n-1} = [W \cdot (D \equiv E)]^{2n-1}, \tag{3.6}$$

$$E^{2n+1} = [W \cdot \overline{E}]^{2n}. \tag{3.7}$$

Für die Realisierung solcher Automaten mit mehrphasiger Aufgabenstellung gibt es drei Möglichkeiten, eine ganz systematische, eine weniger systematische und eine völlig unsystematische. Daß es zweckmäßig ist, außer der ganz systematischen Lösung noch andere Lösungen in Betracht zu ziehen, liegt daran, daß mit einer Abnahme der Systematik des Entwurfs oft eine Abnahme des benötigten Schaltungsaufwands verbunden ist.

Bei der ganz systematischen Lösung wird die mehrphasige Aufgabenstellung in eine einphasige umgewandelt. Dazu muß ein Taktzustandsvektor $\boldsymbol{C}$ eingeführt werden, welcher die einzelnen Taktphasenintervalle codiert. Damit ergibt sich die allgemeine Struktur in Abb. 3.53. Im Falle einer Zweiphasenaufgabenstellung hat der Vektor $\boldsymbol{C}$ nur eine Komponente; die ungeraden Intervalle in Abb. 3.52 seien beispielsweise mit

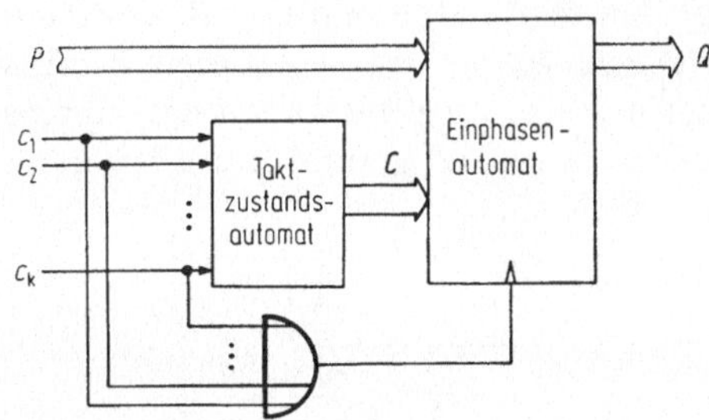

Abb. 3.53. Aufbau eines Mehrphasenautomaten als Einphasenautomat.

Null und die geraden mit Eins codiert. Dann lautet die einphasige Aufgabenstellung für den Modulator:

$$E^{n+1} = \{W \cdot [\overline{C} \cdot (D \equiv E) \vee C \cdot \overline{E}]\}^n. \quad (3.8)$$

Die zugehörige Schaltung ist in Abb. 3.54 dargestellt. Man muß dabei darauf achten, daß die Signallaufzeit durch das Taktzustandsflipflop und das anschließende Verknüpfungsnetz zu den JK-Eingängen des Einphasenflipflops genügend länger ist als die Durchlaufzeit der Taktsignale durch das ODER-Glied.

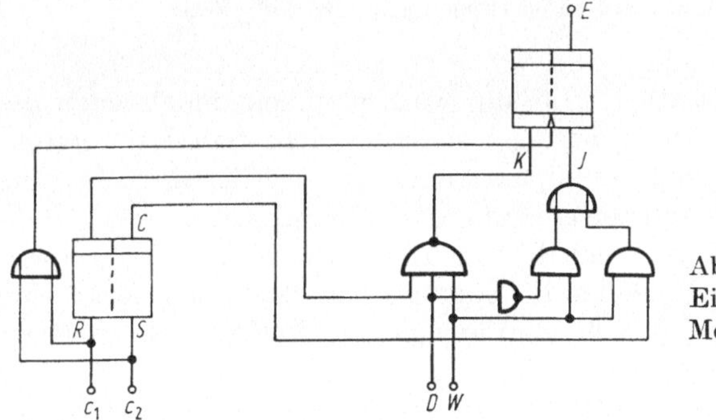

Abb. 3.54. Einphasenrealisierung des Modulators.

Für die weniger systematische Lösung gibt es keine so allgemeingültige Struktur mehr wie die in Abb. 3.53. Diese Lösungsmöglichkeit besteht nur bei solchen Aufgabenstellungen, bei denen die Übergangsgleichungen für jede Phase jeweils nur ein Zustandsbit enthalten, wie beispielsweise das Bit E im Falle des Modulators. Für jede Phase wird ein Flipflop vorgesehen, welches vom jeweiligen Phasentakt getaktet wird. Die logische Ansteuerung dieser Flipflops ergibt sich aus der Überlegung, daß jeder Änderung von E eine Zustandsänderung des zugehörigen Phasenflipflops entsprechen muß. Die Zustandsänderung des Phasenflipflops wird auf E übertragen, indem E als Modulo-2-Summe der Ausgänge sämtlicher Phasenflipflops gewonnen wird. Abb. 3.55a zeigt den Modulator in dieser Realisierung; Abb. 3.55b zeigt, daß unter Berücksichtigung des besonderen Einflusses der Variablen W bei Beibehaltung des Zustandsänderungsprinzips eine Schaltung mit leicht geringerem Aufwand gefunden werden kann.

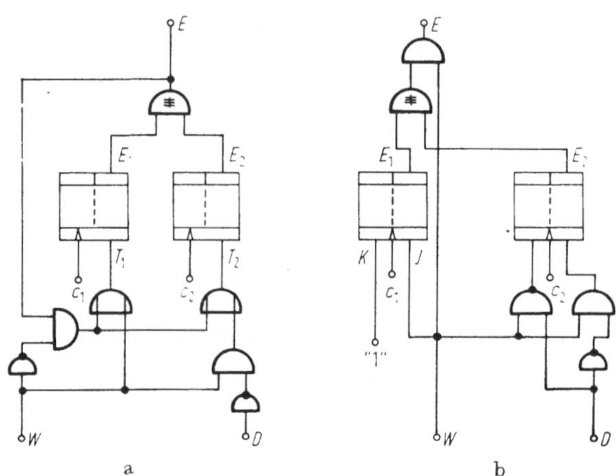

Abb. 3.55. Modulatorrealisierungen mit Phasenflipflops.

Die völlig unsystematische Lösung wird gefunden, indem man die Aufgabenstellung in Einzelforderungen zerlegt, welche man durch zweckmäßige Beschaltung von Flipflopeingängen zu realisieren sucht. Die Einzelforderungen der Aufgabenstellung sind: E muß Null werden, nachdem W Null geworden ist. Wenn W Eins ist, bewirkt c_1 stets eine Änderung des Wertes von E. Wenn W Eins ist, bewirkt c_2 nur dann eine Änderung von E, wenn D Null ist. Für eine zweckmäßige Beschaltung von Flipflopeingängen bedeutet dies: Das Signal W muß das Flipflop umsteuern können zwischen Rücksetzen und Kippen; als einfachste Lösung ergibt sich $K = 1$ und $J = W$. Das Taktsignal c_1 muß immer auf den Flipfloptakteingang gelangen; das Signal c_2 darf dann nicht auf den Eingang gelangen, wenn W und D Eins sind. Abb. 3.56 zeigt die Schaltung. Da das Übergangsintervall von W kurz hinter der Vorderflanke von c_1 liegt, muß durch ein Verzögerungsglied dafür gesorgt werden, daß sich das Signal bei J nicht während desjenigen Entscheidungsintervalls ändern kann, welches durch das durch die ODER-Schaltung gelaufene Signal c_1 festgelegt wird.

Damit die Aufgabenstellung für den Demodulatorautomaten in ähnlicher Weise formelmäßig erfaßt werden kann wie diejenige für den Modulator, müssen die Eingangsimpulse p und n (s. Abb. 3.51) erst in ein Zustandssignal umgewandelt werden. Wenn man bedenkt, daß das dreiwertige Signal L durch Differentiation des Flußverlaufs entstand (s.

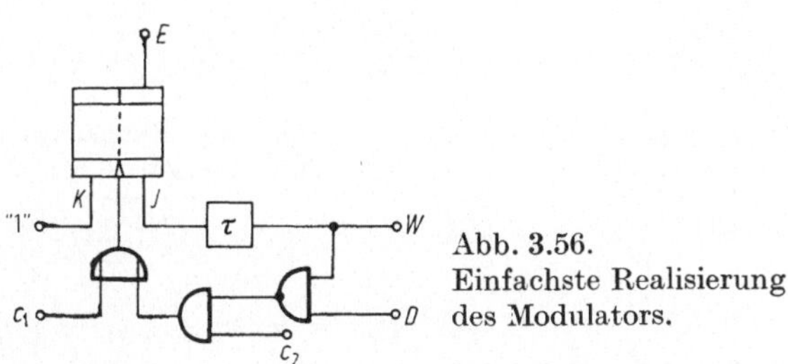

Abb. 3.56.
Einfachste Realisierung des Modulators.

Abb. 3.50), dann liegt es nahe zu versuchen, aus den aus L abgeleiteten Impulsen den Flußverlauf zu rekonstruieren. Das läßt sich ganz einfach machen, indem man die Impulse p auf den direkten Setzeingang und die Impulse n auf den Rücksetzeingang eines Flipflops gibt. Das Flipflopausgangssignal sei F genannt; es entspricht dem Signal Φ in Abb. 3.50, jedoch ist es demgegenüber etwas verzögert. Nun lautet die Aufgabenstellung für den Demodulator:

$$M^{2n} = M^{2n-1}, \tag{3.9}$$

$$M^{2n+1} = (F^{2n} \equiv F^{2n-1}). \tag{3.10}$$

Die zweite Gleichung beschreibt eine Übergangsfunktion, bei der der Wert der Ausgangsvariablen M vom Wert der Eingangsvariablen F zu zwei verschiedenen zurückliegenden Zeiten abhängt. Zum Schaltungsentwurf ist es jedoch notwendig, daß in jeder vorgegebenen Übergangsfunktion alle Variablen auf der rechten Seite denselben Zeitindex haben. Übergangsfunktionen, welche diese Forderung nicht erfüllen, können durch Einführung von Variablen zur Zwischenspeicherung in Funktionen umgeformt werden, welche der Bedingung genügen. Im vorliegenden Fall wird die Variable G eingeführt:

$$M^{2n} = M^{2n-1}, \tag{3.11}$$

$$G^{2n} = F^{2n-1}, \tag{3.12}$$

$$M^{2n+1} = (F \equiv G)^{2n}. \tag{3.13}$$

Da in dieser Aufgabenstellung ein Phasenunterschied zwischen den Zustandsvariablen M und G zu erkennen ist, liegt die Realisierung mit Phasenflipflops auf der Hand (Abb. 3.57).

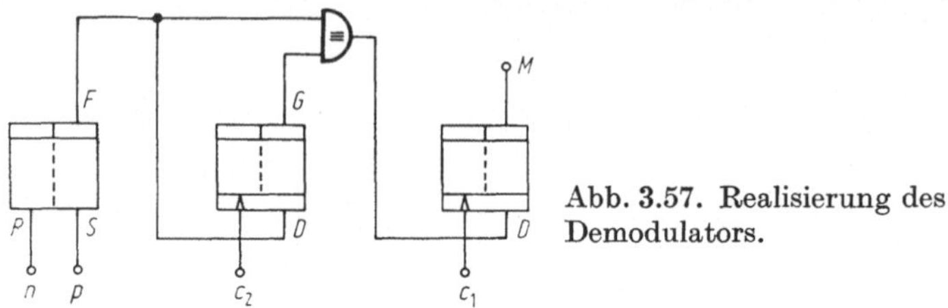

Abb. 3.57. Realisierung des Demodulators.

3.2.4 Ein/Ausgabeblöcke

Ein/Ausgabeblöcke sind zwangsläufig inhomogen, da sie die Schnittstelle zwischen dem digitalen System und dem menschlichen Benutzer darstellen. Die Elemente, welche die Ein/Ausgabeblöcke inhomogen machen, welche also über Flipflops und logische Verknüpfungsglieder hinaus Bestandteile dieser Blöcke sind, gehören entweder in die Gruppe der A/D- und D/A-Wandler oder in die Gruppe elektromechanischer Elemente. Die erste Gruppe tritt vorwiegend in Bildschirmeinausgabegeräten auf, die letztere bei der Tastatureingabe, bei der Schreibmaschinen- oder Druckerausgabe und bei der Ein/Ausgabe gelochter Datenträger. Da die A/D- und D/A-Wandler schon diskutiert wurden, braucht in diesem Abschnitt nur noch etwas über Ein/Ausgabeblöcke der zweiten Gruppe gesagt zu werden. Auch hier soll nur ein Beispiel stellvertretend für die ganze Gruppe vorgestellt werden, nämlich die Fernschreibmaschine, welche zwei Eingabe- und zwei Ausgabefunktionen in sich vereinigt: Schreiben auf Papier, Stanzen auf Lochstreifen, manuelle Eingabe über Tasten und Lesen eines Lochstreifens.

Die Fernschreibmaschine wurde bekanntermaßen nicht als Ein/Ausgabeblock für Digitalsysteme entwickelt, sondern als Teilnehmerstation für Kommunikationsnetze. Dabei ergab sich die Forderung nach einer Schnittstelle mit möglichst geringer Zahl von Verbindungsadern; das absolute Minimum wurde verwirklicht, nämlich zwei. Abb. 3.58 zeigt die über eine zentrale Vermittlungsstelle führende zweiadrige Verbindung zwischen zwei gleich aufgebauten Fernschreibmaschinen. Für die Verbindungsschleife gibt es zwei mögliche Zustände: Entweder es fließt ein Strom (Ruhezustand, s. Abb. 3.58), oder es fließt kein Strom. Der Zustand „kein Strom“ kann nur herbeigeführt werden, indem bei einer Maschine der Sendekontakt geöffnet wird. Da der Empfangsteil vom

Sendeteil unabhängig ist, empfangen beide Maschinen, was jeweils von einer Maschine gesendet wird.

Da eine Fernschreibmaschine jede Information bitweise seriell empfängt, muß eine bestimmte Synchronisationsübereinkunft zwischen Sender und Empfänger bestehen, die es dem Empfänger ermöglicht, mehrere gleichartige Informationsbits, beispielsweise eine Serie von drei

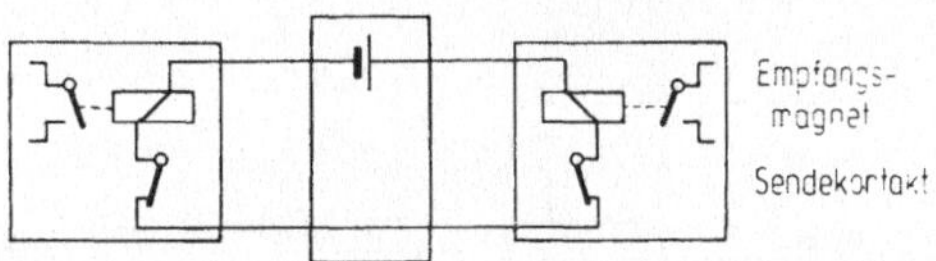

Abb. 3.58. Verbindung zweier Fernschreibmaschinen.

Einsen, als solche zu erkennen, obwohl zwischen den einzelnen Bits keine Zustandsänderungen auf der Verbindungsschleife auftreten. Die erste Forderung, die hierfür erfüllt sein muß, verlangt, daß dem Empfänger der zeitliche Bitabstand bekannt sein muß. Als zweites muß gefordert werden, daß der Sender dem Empfänger zu Beginn jeder Übertragung einer Bitfolge einen Zeitbezugspunkt mitteilt. Schließlich muß der Empfänger das Ende einer Übertragung erkennen können; dieses wird am einfachsten dadurch erreicht, daß stets Bitfolgen konstanter Länge übertragen werden.

Für den Fernschreibverkehr wurde folgende Übereinkunft getroffen: Der zeitliche Bitabstand beträgt 20 ms. Es werden jeweils Bitfolgen der Länge 5 übertragen. Da im Ruhezustand in der Verbindungsschleife Strom fließt, kann die Übermittlung eines Zeitbezugspunktes zu Beginn jeder Übertragung einer Bitfolge nur durch den Zustand „kein Strom" erfolgen. Der Zustand „kein Strom" wird 20 ms lang aufrechterhalten, bevor das erste Bit der Folge gesendet wird. Damit geringfügige Abweichungen zwischen den Zeitgebern im Sender und Empfänger sich nicht aufsummieren können, wird am Ende jeder Übertragung einer Bitfolge ein mindestens 30 ms dauernder Ruhezustand „Strom" garantiert. Abb. 3.59 zeigt den Stromverlauf in der Verbindungsschleife, welcher zu den ersten fünf Bit auf dem gezeigten Lochstreifen gehört.

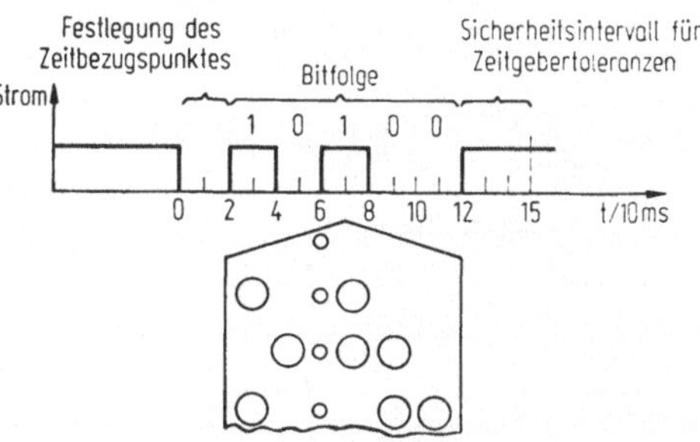

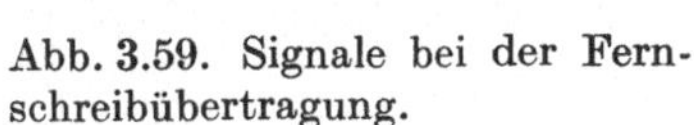
Abb. 3.59. Signale bei der Fernschreibübertragung.

Wenn die Fernschreibmaschine nicht mit einer zweiten gleichartigen Maschine verbunden ist, sondern als Ein/Ausgabeblock eines Digitalsystems verwendet wird, dann bedeutet dies, daß die zweite Maschine durch einen speziellen inhomogenen Operationsblock ersetzt wurde, welcher zum Digitalsystem gehört. Dieser inhomogene Block kann in einen homogenen Fernschreibmaschinensteuerblock (FSM) und drei einfache inhomogene Untersysteme zerlegt werden, wie es Abb. 3.60 zeigt.

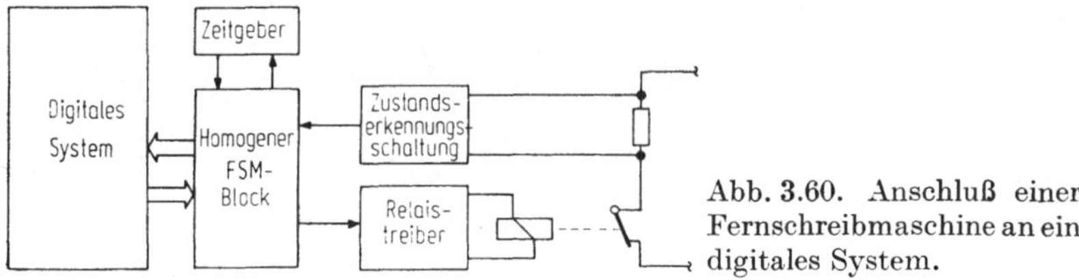

Abb. 3.60. Anschluß einer Fernschreibmaschine an ein digitales System.

Der Sendekontakt in der Verbindungsschleife wird durch ein vom homogenen FSM-Block angesteuertes Relais betätigt. Der Zustand „Strom" oder „kein Strom" der Verbindungsschleife wird nicht mehr durch einen Empfangsmagneten festgestellt, sondern mit Hilfe des Spannungsabfalls über einem kleinen Widerstand. Der Zeitgeber ist ein gesteuerter Oszillator im Sinne der Abb. 3.35, dessen Anlaufen und Stehenbleiben vom Zustand der Verbindungsschleife und von internen Zuständen des FSM-Blockes abhängen. Der innere Aufbau des FSM-Blockes interessiert in diesem Zusammenhang nicht.

In einem früheren Abschnitt wurde schon auf das Problem der Prellung mechanischer Kontakte eingegangen (Abb. 3.14); dieses Problem muß bei der Synthese der Zustandserkennungsschaltung berücksichtigt werden. Die Stromunterbrechung in der Schleife geschieht durch

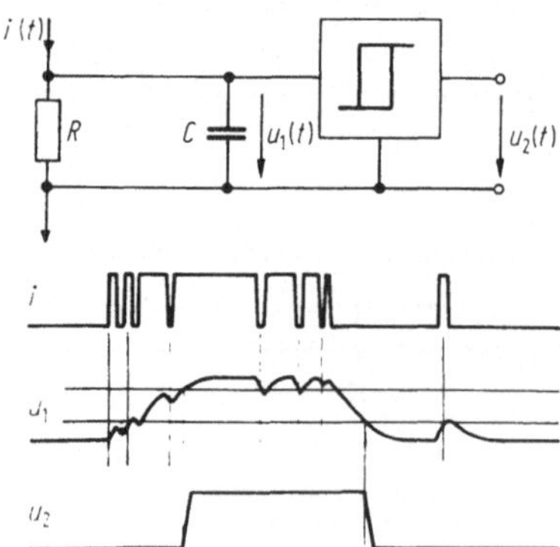

Abb. 3.61. Vierpol zur Elimination von Prellungen und Störimpulsen.

Öffnen eines mechanischen Sendekontaktes, bei dem mit Prellungen gerechnet werden muß; außerdem kann der Kontakt durch mechanische Stöße oder Vibrationen kurzzeitig geöffnet werden. Die Zustandserkennungsschaltung sollte in der Lage sein, Prellungen und kurze Störimpulse zu eliminieren. Abb. 3.61 zeigt, wie man durch ein integrierendes RC-Glied und eine anschließende Schwellkippschaltung (Abb. 3.38) den Eingangsimpuls von Prellungen und Störimpulsen „säubern“ kann. Im Falle der Fernschreibmaschine, wo eine Bitzeit 20 ms beträgt, wird man zweckmäßigerweise eine Integrationszeitkonstante von ungefähr 3 bis 5 ms wählen.

4. Synthese des Steuerwerks

Nachdem im Kapitel 3 eine Übersicht über die Vielfalt der Blöcke gegeben wurde, aus denen ein Operationswerk zusammengesetzt werden kann, soll nun endlich der Aufbau des Steuerwerks behandelt werden, welches in Abb. 2.6 als unanschaulicher Automatenblock eingeführt wurde.

Das Operationswerk, d. h. die Operationsblöcke und ihre Zusammenschaltung, ergaben sich aus dem Algorithmus, den das zu entwerfende komplexe Schaltwerk durchführen soll. Mit den Operationsblöcken ergaben sich der Eingangsvektor $\boldsymbol{X}$ und der Ausgangsvektor $\boldsymbol{Y}$ des Steuerwerks. Der gewünschte Automatenzusammenhang zwischen $\boldsymbol{X}$ und $\boldsymbol{Y}$ muß zwangsläufig in der Algorithmenbeschreibung enthalten sein. Als zweckmäßige Algorithmenbeschreibung wurde das Ablaufdiagramm erkannt; dieses enthält mathematisch logische Operatoren, welche auf variable oder konstante Operanden angewendet werden. Es wurde darauf hingewiesen, daß ein Ablaufdiagramm (s. Beispiel in Abb. 2.3) normalerweise keine Vorentscheidung über die technische Realisierung enthält. Wenn man jedoch zu dem Ablaufdiagramm ein Operationswerk entwirft, dann hat man selbstverständlich eine Entscheidung über die technische Realisierung gefällt; dies hat Konsequenzen für die Interpretation des Ablaufdiagramms.

4.1 Synchrones Ablaufdiagramm

4.1.1 Operationsablauf

Der Algorithmus soll als getakteter Automatenablauf realisiert werden. Also muß das Ablaufdiagramm eine Taktschrittfolge darstellen, wobei ein *Taktschritt* alle Vorgänge umfaßt, die zu einer Taktperiode gehören. Am einfachsten ist es, jeden Anweisungskasten des Ablaufdiagramms als Taktschritt zu interpretieren. Dabei ist jedoch zu bedenken, daß Anweisungen in getrennten Kästen möglicherweise voneinander unabhängig sind, d. h. daß die später stehende Anweisung ausgeführt werden kann, ohne daß das Ergebnis der früher stehenden Anweisung vorliegt; deshalb gibt es zu einem Algorithmus meist mehrere mögliche Ablaufdiagramme, welche sich hinsichtlich der zur Durchführung des Algorithmus notwendigen Anzahl von Taktschritten stark unterscheiden können. Dies sei mit einem Beispiel gezeigt.

In Abb. 2.3 wurde ein Ablaufdiagramm zum Algorithmus der betragsmäßigen Dualzahlenmultiplikation durch Mehrfachaddition angegeben. Derselbe Algorithmus wird auch durch das Ablaufdiagramm in Abb. 4.1 beschrieben. Die Anzahl der zur Multiplikation zweier m-stelliger Dualzahlen F_1 und F_2 notwendigen Taktschritte ist im einen Fall wesentlich größer als im anderen. Im Falle der Abb. 2.3 hängt die Anzahl vom Faktor F_1 ab und beträgt minimal $(3m + 1)$ und maximal $(4m + 1)$.

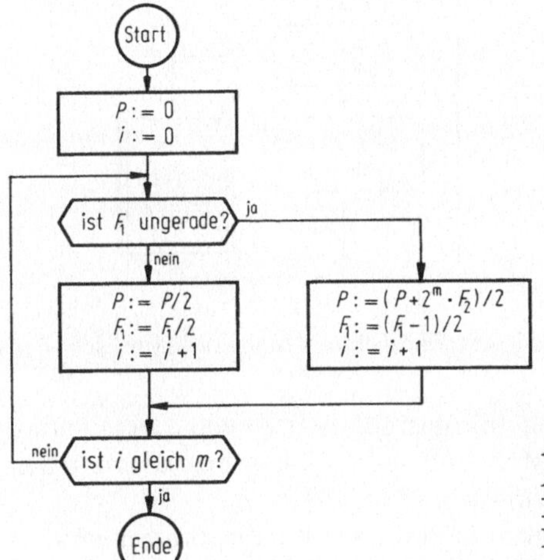

Abb. 4.1.
Ablaufdiagramm zur betragsmäßigen Dualzahlenmultiplikation durch Mehrfachaddition.

Im Falle der Abb. 4.1 ist die Anzahl datenunabhängig und beträgt $(m + 1)$. Die starke Reduktion der Anzahl der Taktschritte wurde dadurch erreicht, daß alle voneinander unabhängigen Anweisungen jeweils in einem Taktschritt vereint wurden. Dazu war teilweise die Wiederholung von Anweisungen in unterschiedlichen Kästen notwendig, beispielsweise $i := i + 1$.

Nun muß natürlich auch nach der Realisierung von Start und Ende gefragt werden. Start ist das Auslösen des Vorgangs durch ein Binärsignal; Ende ist die Rückkehr des Automaten in den Wartezustand, der bestand, bevor das Startsignal gegeben wurde. Ablaufdiagramme für getaktete Systeme sind also i. a. geschlossen, d. h. sie haben keinen Anfang und kein Ende, sondern bestehen aus einem System von Schleifen. Dazu gehören noch folgende Überlegungen:

Der Zustand einer elektronisch realisierten sequentiellen Maschine ist i. a. unmittelbar nach dem Einschalten der Stromversorgung nicht definiert. Um auf einfache Weise einen Pseudoanfangszustand zu erhalten, verwendet man gewöhnlich ein sogenanntes Grundstellungssignal, welches den Automaten unabhängig vom derzeitigen Zustand in einen definierten Wartezustand zwingt.

Der laufende Taktgenerator definiert eine quasi unendliche Folge von Taktschritten, so daß es unmöglich ist, einen „letzten“ Taktschritt zu finden.

Abb. 4.2 zeigt, wie in ein ursprünglich mit Anfang und Ende gegebenes Ablaufdiagramm die beiden Signale Grundstellung und Start eingebracht werden. Dadurch, daß die Grundstellungsabfrage aus dem

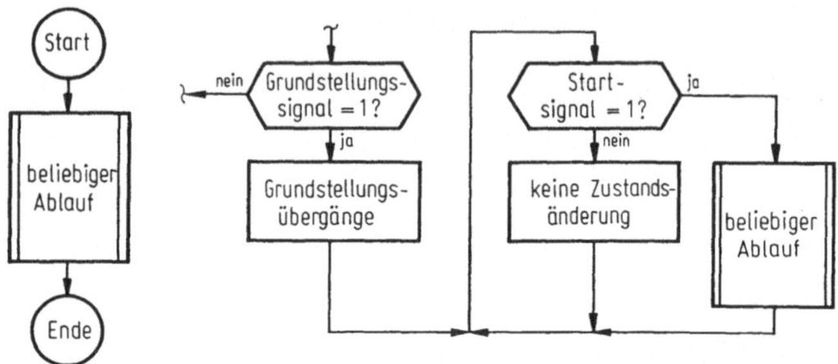

Abb. 4.2. Elimination von Anfang und Ende eines Ablaufdiagramms.

Zusammenhang herausgeschnitten dargestellt wird, soll angedeutet werden, daß diese Frage vor Ausführung jedes Taktschrittes an jeder Stelle des Ablaufs gestellt werden muß.

Bisher wurde jeder Anweisungskasten des Ablaufdiagramms als Taktschritt interpretiert. Nun wird jedoch gezeigt, daß damit nicht alle technisch sinnvollen Fälle erfaßt werden können. Abb. 4.3 zeigt einen Ausschnitt aus einem Ablaufdiagramm; es handelt sich um einen Ausschnitt

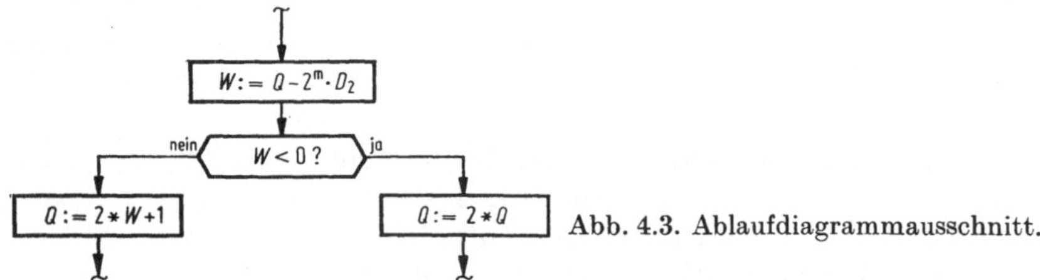

Abb. 4.3. Ablaufdiagrammausschnitt.

aus dem Algorithmus zur betragsmäßigen Dualzahlendivision durch Mehrfachsubtraktion, was aber an dieser Stelle nicht weiter interessiert. Wichtig ist, daß die Variable W keine Registervariable ist, d. h. daß das Codewort W zwar auf einem Drahtbündel im Operationswerk auftritt, aber nicht in Flipflops gespeichert wird. Deshalb kann die Wertzuweisung für W auch kein vollständiger Taktschritt sein; erst mit einer Wertzuweisung für die Registervariable Q nach der Abfrage wird der vor der Abfrage begonnene Taktschritt abgeschlossen. Diese Möglichkeit, einen

Taktschritt in Aktivitäten vor und nach einer Abfrage aufzuteilen, macht es notwendig, von der Gleichsetzung eines Anweisungskastens mit einem Taktschritt abzugehen und statt dessen unterschiedliche Symbole für die Anweisungskästen einzuführen. In den sogenannten *statischen Zuweisungen* erfolgen Wertzuweisungen für Nichtregistervariable; in den so-

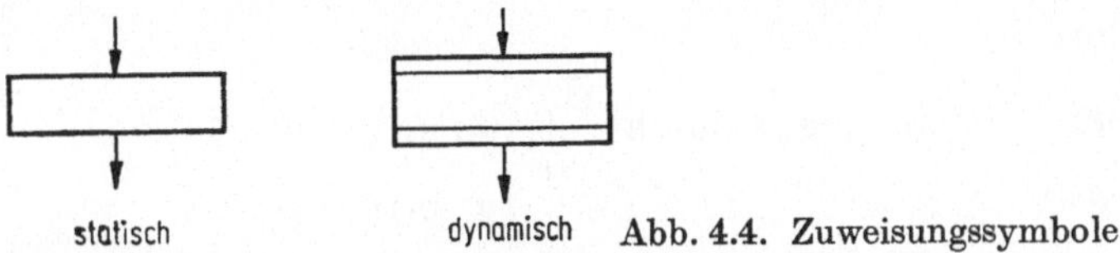

Abb. 4.4. Zuweisungssymbole.

genannten *dynamischen Zuweisungen* erfolgen Wertzuweisungen für Registervariable. Ein Taktschritt muß stets durch eine dynamische Zuweisung abgeschlossen werden. Abb. 4.4 zeigt die Symbole für die beiden Zuweisungsarten.

4.1.2 Steuerablauf

In der bisherigen Betrachtung war das Ablaufdiagramm ausschließlich als Mittel zur Darstellung eines Operationsablaufs aufgefaßt worden, d. h., die Variablen in den Zuweisungen und Abfragen gehörten alle zum Operationswerk. Die Vektoren $\boldsymbol{X}$ und $\boldsymbol{Y}$, welche das Operationswerk mit dem Steuerwerk verbinden (s. Abb. 2.6), kamen im Ablaufdiagramm bislang gar nicht vor. Für den Entwurf des Steuerwerks ist jedoch ein Ablaufdiagramm erforderlich, in welchem nur noch die Vektoren $\boldsymbol{X}$ und $\boldsymbol{Y}$ vorkommen. Ein solches Ablaufdiagramm kann aus dem Operationsablauf leicht gewonnen werden.

Die Abfragen von Operationsvariablen werden ersetzt durch entsprechende Abfragen der Komponenten von $\boldsymbol{X}$.
Beispiele:

$i = 24?$	wird ersetzt durch	$x_2 = 1?$
$W < 0?$	,, ,, ,,	$x_6 = 0?$
$\boldsymbol{I} = \text{ADD}?$	,, ,, ,,	$x_3 \cdot x_4 \cdot \bar{x}_5 \cdot \bar{x}_6 = 1?$

Statische Wertzuweisungen für Operationsvariable werden ersetzt durch statische Zuweisungen für diejenigen Komponenten von $\boldsymbol{Y}$, welche die entsprechende Operationszuweisung steuern.
Beispiele:

$W: = Q - 2^m * D_2$	wird ersetzt durch	$(y_2, y_3, y_4): = (1, 1, 0)$,
$W: = Q$	,, ,, ,,	$(y_2, y_3, y_4): = (0, 0, 0)$,
$e: = 1$	,, ,, ,,	$y_7: = 1$.

Dynamische Wertzuweisungen für Operationsvariable müssen auch ersetzt werden durch Zuweisungen für Komponenten von $\boldsymbol{Y}$; diese Zuweisungen müssen aber statisch sein, da es sich nicht um das Setzen eines Registerinhaltes handelt, sondern um das Festlegen eines Codewortes auf den Steuerleitungen zur Zeit des Operationsentscheidungsintervalls (s. Abb. 2.7).
Beispiele:

$P := P/2$ wird ersetzt durch $(y_1, y_2) := (0, 1)$,

$\boldsymbol{i} := i + 1$ „ „ „ $(y_6, y_7) := (1, 0)$.

Q um eine Stelle nach rechts schieben,

wird ersetzt durch $(y_5, y_9, y_{10}) := (0, 1, 0)$.

Während es im Operationsablaufdiagramm vorkommen kann, daß ein Taktschritt durch ein einziges Zuweisungssymbol, nämlich ein dynamisches, darzustellen ist, kann dies im Steuerablaufdiagramm nicht mehr vorkommen, denn jede dynamische Operationszuweisung muß ja ersetzt werden durch eine statische Steuerzuweisung, gefolgt von einer dynamischen Steuerzuweisung.

Da alle Komponenten von $\boldsymbol{Y}$ ihre Werte schon in den statischen Zuweisungen erhalten, scheint das dynamische Zuweisungssymbol im Steuerablauf nur noch zur Markierung des Taktschrittendes gebraucht zu werden, aber nicht mehr für irgendwelche Wertzuweisungen. Da das Steuerwerk jedoch nicht als Einzelautomat ohne Bezug zur späteren Beschaltung, d. h. zur Außenwelt entworfen wird, sondern im Hinblick auf die Zusammenschaltung mit dem Operationswerk, können Übergangsbeschränkungen für den Steuerwerkseingabevektor $\boldsymbol{X}$ auftreten, welche in die dynamischen Steuerzuweisungen einzutragen sind. Dies soll an einem einfachen Beispiel erläutert werden:

Mit x_2 werde der Stand eines Zählers abgefragt, der als Operationsblock zum Operationswerk gehört; x_2 sei nur dann „1", wenn der Zählerstand 24 beträgt. Der Zähler werde nun in einem bestimmten Taktschritt auf Null gesetzt durch entsprechende Ansteuerung über $\boldsymbol{Y}$. Dies bedeutet eine Übergangsbeschränkung für $\boldsymbol{X}$, denn nach Ausführung der entsprechenden dynamischen Zuweisung ist x_2 mit Sicherheit „0".

Es gibt drei verschiedene mögliche Typen von Übergangsbeschränkungen für $\boldsymbol{X}$:

$$\varrho(\boldsymbol{X}) := \begin{cases} \text{„1"} & \text{Typ 1,} \\ \varrho(\boldsymbol{X}) & \text{Typ 2,} \\ \overline{\varrho(\boldsymbol{X})} & \text{Typ 3.} \end{cases}$$

Die formale binäre Funktion ϱ gibt dabei irgendeine logische Eigenschaft von $\boldsymbol{X}$ an, d. h. ϱ beschreibt irgendeinen logischen Ausdruck, dessen Variable die Komponenten von $\boldsymbol{X}$ sind. Die drei Typen von Übergangsbeschränkungen sind wie folgt zu interpretieren:

Typ 1: Eine bestimmte logische Eigenschaft von $\boldsymbol{X}$ wird definiert gesetzt.
Typ 2: Eine bestimmte logische Eigenschaft von $\boldsymbol{X}$ bleibt unverändert.
Typ 3: Eine bestimmte logische Eigenschaft von $\boldsymbol{X}$ wird invertiert.

In der Praxis treten die Typen 1 und 2 häufiger auf als der Typ 3.

Beispiele:

$$\bar{x}_2 := 1 \quad \text{(Typ 1)}$$

$$(x_4 \not\equiv x_5) := (x_4 \not\equiv x_5) \quad \text{(Typ 2)}$$

$$x_7 := \bar{x}_7 \quad \text{(Typ 3).}$$

Abb. 4.5 zeigt ein Beispiel eines Steuerablaufdiagramms. Ein solches Diagramm ist natürlich nicht interpretierbar, d. h. der zugehörige Verarbeitungsalgorithmus kann daraus ohne Kenntnis des Operationswerkes oder des Operationsablaufdiagramms nicht abgeleitet werden. Für den

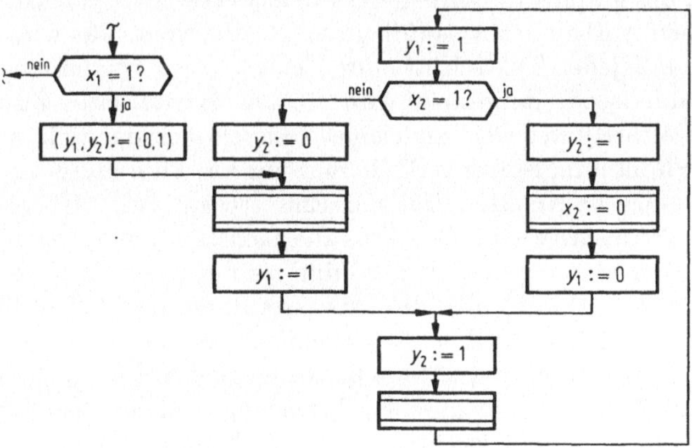

Abb. 4.5. Beispiel eines Steuerablaufs.

Entwurf des Steuerwerks genügt jedoch der nicht interpretierbare Steuerablauf. Aus der Art, wie die Abfrage der Variablen x_1 dargestellt ist, kann geschlossen werden, daß es sich hierbei um das Grundstellungssignal handelt.

In den folgenden Abschnitten wird nun dargestellt, wie man, ausgehend vom Steuerablaufdiagramm, die Schaltung des Steuerautomaten methodisch finden kann.

4.2 Steuerschrittmethode

Es sei gleich vorweg gesagt, daß die Steuerschrittmethode keine große praktische Bedeutung hat. Sie wird hier aus zweierlei Gründen dargestellt: Erstens handelt es sich um den ersten Ansatz zu einem methodischen Steuerwerksentwurf, welcher noch in der Zeit aufkam, als Steuerwerke noch nicht als Automaten modelliert wurden; damals wurden Steuerwerke üblicherweise durch intuitives Zusammenschalten von Flipflops und Verknüpfungsgliedern „entworfen", was auch in der weit verbreiteten Bezeichnung "random logic" für derartige Steuerwerke zum Ausdruck kommt. Zweitens eignet sich die Steuerschrittmethode wegen ihrer extremen Anschaulichkeit didaktisch sehr gut als Vorstufe zur Einführung des abstrakteren Steuerautomatenentwurfs.

Der Ablauf eines Verarbeitungsalgorithmus ist ein Prozeß; dem zeitlichen Ablauf des Prozesses entspricht ein bestimmter Durchlauf durch das Ablaufdiagramm, d. h. jeder Zeitpunkt des Prozesses ist im Ablaufdiagramm lokalisierbar. Wo sich der Prozeß gerade befindet, muß jeweils im Steuerwerk festgehalten sein, d. h. es muß eine eindeutige Abbildung bestehen von den Steuerwerkszuständen auf die Taktschritte im Ablaufdiagramm. Bei der Steuerschrittmethode geht diese Abbildung sogar so weit, daß der graphische Aufbau des Steuerwerksschaltbildes direkt dem graphischen Aufbau des Ablaufdiagramms entspricht. Das wird dadurch erreicht, daß jeder Taktschritt durch eine einzige bestimmte Eins im Steuerzustandscode dargestellt wird. Jedem dynamischen Zuweisungssymbol, welches jeweils das Ende eines Taktschrittes darstellt, entspricht also ein Flipflop im Steuerwerk; immer nur ein Flipflop im Steuerwerk kann zu einer bestimmten Zeit auf Eins stehen; beim Übergang zum nächsten Taktschritt wird diese Eins ans nächste Flipflop weitergegeben. Das Wandern der Eins durch die Flipflops des Steuerwerks entspricht also genau dem Durchlaufen des Prozesses durch das Ablaufdiagramm.

Das Weitergeben der Eins ist am einfachsten zu realisieren bei Verwendung von D-Flipflops (s. Abb. 4.6); die möglichen Übergangsbeschränkungen für $\boldsymbol{X}$ in den dynamischen Zuweisungen bleiben bei der Steuerschrittmethode unberücksichtigt. Den Verbindungslinien im Ablaufdiagramm entsprechen Signalleitungen im Steuerwerk. Einer Zusammenführung von Verbindungslinien entspricht eine ODER-Verknüpfung der entsprechenden Signale. Bei einer Binärabfrage muß eine Signalleitung auf zwei verzweigt werden, was durch eine einfache Weichenschaltung geschieht. Die statischen Zuweisungen für die Komponenten von $\boldsymbol{Y}$ werden dadurch realisiert, daß für jede Komponente y_j ein ODER-Glied vorgesehen wird, dessen Eingänge von überall dort herkommen, wo y_j Eins sein soll. Mit diesen Entsprechungen erhält man für das Ablaufdiagramm in Abb. 4.5 das Steuerwerk in Abb. 4.7. Die Tatsache, daß die Variable x_1 zu Beginn jedes Taktschrittes abgefragt werden muß, erfordert eine Abfragenschaltung hinter jedem Flipflopausgang. Diese Abfrageschaltung braucht keine vollständige Weichenschaltung zu sein, wie sie in Abb. 4.6 angegeben ist, weil der Taktschritt im Falle $x_1 = 1$ unabhängig vom derzeitigen Prozeßzustand sein soll.

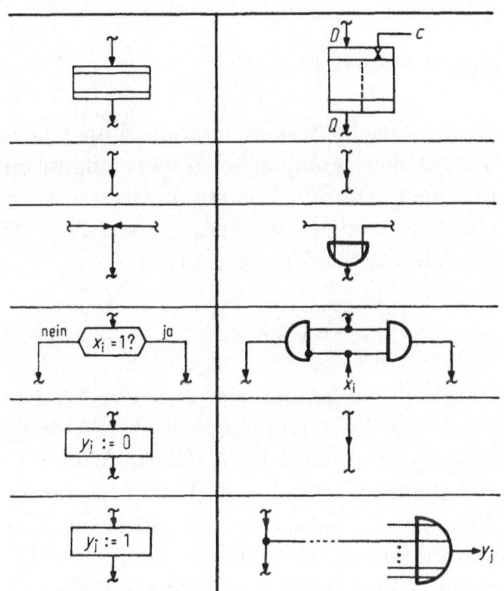

Abb. 4.6. Entsprechungen zwischen Ablaufdiagramm und Steuerwerksschaltbild bei der Steuerschrittmethode.

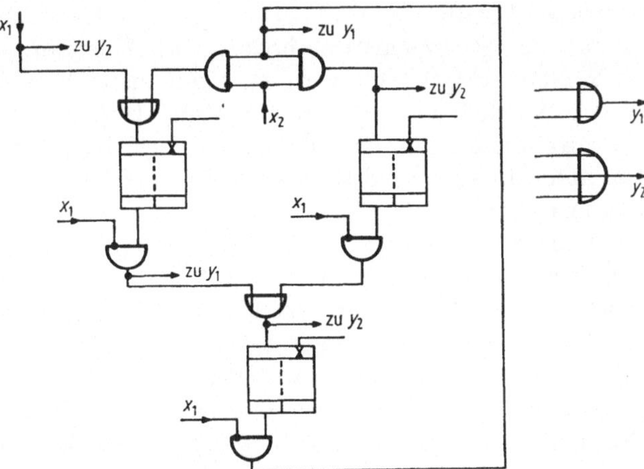

Abb. 4.7. Steuerschritt-Steuerwerk zum Ablaufdiagramm in Abb. 4.5.

Die Steuerschrittmethode eignet sich zur Realisierung von Ablaufdiagrammen mit wenigen dynamischen Zuweisungen. Aber auch umfangreiche Abläufe wurden schon mit dieser Methode realisiert; allerdings wurden dabei keine Flipflops zur Speicherung der durchlaufenden Eins verwendet, sondern Ringkerne [2]. Solche Lösungen sind jedoch nur noch historisch interessant.

4.3 Allgemeiner Steuerautomat

Bei der Steuerschrittmethode wurden die Steuerzustände $\boldsymbol{Z}$ im 1-aus-N-Code codiert, wobei N die Anzahl der dynamischen Zuweisungen im Ablaufdiagramm ist. Dieselben Steuerzustände können natürlich auch mit kürzeren, k-stelligen Codewörtern codiert werden, wobei $N \leq 2^k$ sein muß. Das minimale k ergibt sich aus der Ungleichung

$$\log_2 N \leq k_{\min} < 1 + \log_2 N. \tag{4.1}$$

Bis hierher wurde als feste Tatsache angenommen, daß der Steuerautomat stets genau so viele Zustände haben müsse, wie das Ablaufdiagramm dynamische Zuweisungen hat, nämlich N. Diese Annahme trifft nicht zu; es ist sehr oft möglich, ein gegebenes Ablaufdiagramm durch ein Steuerwerk mit weniger als N Zuständen zu realisieren. Um die minimal notwendige Zustandszahl zu finden, geht man von der Automatentafel des Steuerautomaten mit N Zuständen aus und wendet darauf ein Minimierungsverfahren an. Auf Minimierungsverfahren für Automaten kann hier nicht eingegangen werden; es wird auf die zuständige Literatur verwiesen [7, 10].

Im Gegensatz zur Steuerschrittmethode, wo die Übergangsbeschränkungen für $\boldsymbol{X}$ nicht ausgewertet wurden, kann man diese Beschränkungen bei der Aufstellung der Automatentafel berücksichtigen. Die Übergangsbeschränkungen für $\boldsymbol{X}$ können nämlich bewirken, daß in einem bestimmten Steuerzustand $\boldsymbol{Z}_i$ gewisse Eingangskombinationen $\boldsymbol{X}_j$ nicht vorkommen können. Für die Paare $(\boldsymbol{Z}_i, \boldsymbol{X}_j)$ ist dann also der Steuerautomat nicht spezifiziert, d. h. für diese Paare wird kein Folgezustand und kein Ausgangsvektor in die Automatentafel eingetragen. Solche Leerstellen in der Automatentafel haben einen großen Einfluß auf die Möglichkeit der Zustandsminimierung.

Bevor man eine Automatentafel aufstellen kann, muß man Steuerzustandssymbole ins Ablaufdiagramm eintragen. Die Steuerzustände werden dabei einfach von Eins an durchnumeriert. Der Steuerzustand i ist jeweils der Zustand, in welchem sich das Steuerwerk nach der zugeordneten dynamischen Zuweisung befindet. Abb. 4.8 zeigt die Zuordnung der Steuerzustände 1, 2 und 3 zu den drei dynamischen Zuweisungen des Ablaufdiagramms aus Abb. 4.5. Damit erhält man die Automatentafel in Tabelle 4.1.

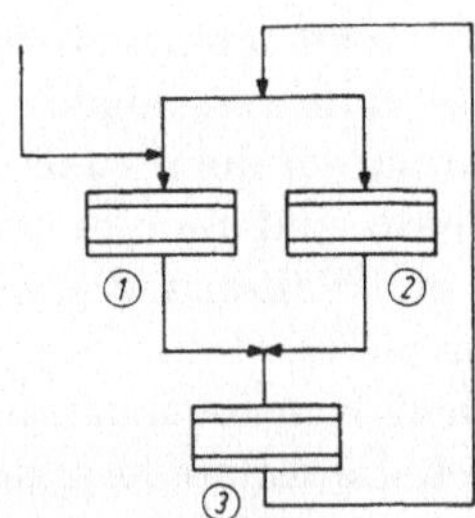

Abb. 4.8. Zustandseintragung in den Steuerablauf aus Abb. 4.5.

Tabelle 4.1. Automatentafel des Steuerautomaten zum Ablauf in Abb. 4.5

Z^n	$(x_1, x_2)^n$							
	00		01		10		11	
①	③	11	③	11	①	01	①	01
②	③	01			①	01	①	01
③	①	10	②	11	①	01	①	01
sonst.					①	01	①	01
			Z^{n+1}	$(y_1, y_2)^n$				

Bei dieser Automatentafel fällt zweierlei auf: Erstens ist außer den drei Zeilen für die im Ablaufdiagramm eingetragenen Steuerzustände noch eine Zeile für sonstige Zustände vorhanden; zweitens ist für die Kombination $(\boldsymbol{Z}, x_1, x_2)^n = (2, 11)$ keine Leerstelle vorhanden, obwohl doch nach der Aussage des Ablaufdiagramms im Zustand 2 die Variable x_2 immer Null ist. Diese Besonderheiten hängen mit der speziellen Aufgabe der Grundstellungsvariablen x_1 zusammen. Wenn das Signal x_1 Eins ist, sollen der Folgezustand und der Ausgabevektor unabhängig vom derzeitigen Systemzustand definiert sein. Nach dem Einschalten der Stromversorgung und vor dem Anlegen des Grundstellungssignals können Systemzustände auftreten, welche nicht im Ablaufdiagramm erfaßt sind. Beispielsweise müssen die drei regulären Steuerzustände mit mindestens zwei Bit codiert werden, so daß zwangsläufig noch mindestens ein irregulärer Zustand existiert. Auch kann durchaus der Steuerzustand 2 gleichzeitig mit einer Eins bei x_2 auftreten.

Es wurde in Tabelle 4.1 schon angedeutet, daß man den durch die Grundstellung bedingten Teil der Automatentafel eigentlich weglassen kann, d. h., man kann sich auf den Teil beschränken, welcher den regulären Steuerablauf beschreibt. Das ist deswegen zulässig, weil die Spalten und Zeilen im Grundstellungsteil alle gleich sind, so daß die Zustandsminimierung ausschließlich durch den Ablaufteil bestimmt wird. Im gegebenen Beispiel läßt sich die Zustandszahl nicht mehr reduzieren, da die drei Ausgangsvektoren in der ersten Spalte alle verschieden sind.

Selbstverständlich sind die Ablaufdiagramme in der Praxis nicht so einfach wie das im Beispiel betrachtete; deshalb sind auch in der Praxis die Automatentafeln wesentlich unhandlicher. Während die Zustandszahl meist noch in überschaubaren Grenzen bleibt, d. h. unter dreißig, liegt die Zahl der möglichen unterschiedlichen Eingangskombinationen oft so hoch, d. h. über fünfhundert, daß schon die Aufstellung der Automatentafel ohne Verwendung einer Rechenanlage nicht durchführbar ist, die Anwendung eines Minimierungsverfahrens natürlich erst recht nicht. Hier sieht man den Vorteil des Ablaufdiagramms gegenüber der Automatentafel: Ein Ablaufdiagramm mit dreißig dynamischen Zuweisungen und neun Komponenten im Vektor $\boldsymbol{X}$ ist normalerweise noch gut überschaubar, während die zugehörige Automatentafel mit 30 Zeilen und $2^9 = 512$ Spalten keineswegs mehr überschaubar ist. Es stellt sich deshalb die Frage, ob man nicht unter Umgehung einer Automatentafel zu einem solchen Ablaufdiagramm dennoch ein Steuerwerk entwerfen kann, ohne daß sich dabei ein unzumutbar hoher Schaltungsaufwand ergibt.

Bei der Untersuchung dieser Frage muß man bedenken, daß sich der Schaltungsaufwand des Steuerwerks aus drei Anteilen zusammensetzt, nämlich den Flipflops für die Zustandsspeicherung, dem Übergangsschaltnetz für δ und dem Ausgangsschaltnetz für ω. Wenn man die Zahl der Zustände reduziert, reduziert man nicht notwendigerweise die Zahl der Flipflops; wenn man beispielsweise die Zustandszahl von 26 auf 21 reduziert, ändert sich dadurch die Zahl der nötigen Flipflops, nämlich 5, nicht. Erst wenn die Zustandszahl die nächst niedrigere Zweierpotenz erreicht oder unterschreitet, beispielsweise bei einer Reduktion von 21 auf 15, spart man ein Flipflop ein. Es kann aber nun durchaus sein, daß das Einsparen eines Flipflops eine derartige Erhöhung des Schaltungsaufwandes im Übergangsnetz mit sich bringt, daß im Endeffekt gar nichts eingespart wurde.

An dieser Stelle muß auf den Einfluß der Zustandscodierung auf den Schaltungsaufwand eingegangen werden. Da im Steuerablaufdiagramm, welches die einzige verbindliche Spezifikation des Steuerwerks darstellt, nichts über den Zustandscode ausgesagt ist, können die Zustände beliebig codiert werden. Es ist selbstverständlich, daß die Zustandscodierung einen Einfluß auf den Schaltungsaufwand im Übergangs- und Ausgangsnetz hat. Es wurden etliche Algorithmen aufgestellt, nach denen die Zustandscodierung im Hinblick auf minimalen Schaltungsaufwand in den beiden Netzen ω und δ durchgeführt werden kann [5, 10]. Diese Algorithmen erfordern natürlich die Vorgabe einer Automatentafel, deren Vermeidung gerade untersucht werden soll. Damit man auf die Algorithmen zur Zustandscodierung guten Gewissens verzichten kann, muß man nachweisen, daß die damit erzielten Einsparungen vernachlässigbar gering sind; das bedeutet, daß man nachweisen muß, daß der Schaltungsaufwand bei völlig beliebig gewähltem Zustandscode nicht wesentlich höher ist als bei algorithmisch gesuchtem Zustandscode oder daß man, wenn doch einmal der Schaltungsaufwand stark von der Codierung abhängt, einen günstigen Code auf einfachere Weise finden kann als durch komplizierte Algorithmen.

Das Argument der beiden Funktionen ω und δ ist jeweils $(\boldsymbol{X}, \boldsymbol{Z})$. Wenn die Zahl der Komponenten von $\boldsymbol{X}$ wesentlich größer ist als die Zahl der Komponenten von $\boldsymbol{Z}$, was in der Praxis der Fall ist, dann kann man nicht erwarten, daß die Wahl des Codes für $\boldsymbol{Z}$ einen großen Einfluß auf den Schaltungsaufwand in den Netzen hat. Diese Aussage muß zwar durch die Feststellung etwas abgeschwächt werden, daß für ein gegebenes $\boldsymbol{Z}_i$ höchst selten der gesamte Vektor $\boldsymbol{X}$ relevant ist, sondern meist nur wenige Komponenten von $\boldsymbol{X}$, aber dadurch, daß die Auswahl dieser Komponenten stark vom Zustand abhängt, verliert die obige Aussage nur wenig von ihrem Gewicht. Im Falle der Funktion δ kommt es allerdings häufig vor, daß für mehrere Zustände der Vektor $\boldsymbol{X}$ völlig irrelevant ist; man erkennt diesen Fall im Ablaufdiagramm am Auftreten unverzweigter Taktschrittfolgen. Daß in diesem Fall der Einfluß des Zustandscodes auf den Schaltungsaufwand im δ-Netz größer ist als sonst, ist einzusehen. Man braucht aber in diesem Fall keinen komplizierten Algorithmus zur Bestimmung einer günstigen Codierung; man kann ja den Steuerautomaten in diesen Bereichen als Dualzähler auffassen, was für den Aufwand im δ-Netz sehr günstig ist. Hinsichtlich des ω-Netzes kommt noch eine andere Überlegung hinzu.

In der Praxis hat der Vektor $\boldsymbol{Y}$ selten unter zehn, häufig über zwanzig Komponenten, welche voneinander ziemlich unabhängig sind. Je mehr unabhängige Komponenten der Vektor $\boldsymbol{Y}$ hat, desto kleiner ist die Wahrscheinlichkeit, daß der Aufwand im ω-Netz durch den Zustandscode beeinflußt wird, denn die Vorteile, die ein Code bezüglich einiger Komponenten von $\boldsymbol{Y}$ haben kann, werden i. a. durch Nachteile bezüglich einiger anderer Komponenten von $\boldsymbol{Y}$ unwirksam gemacht. Man kann jedoch Fälle konstruieren, wo $\boldsymbol{Y}$ über zwanzig Komponenten hat und trotzdem extreme Aufwandsunterschiede zwischen zwei unterschiedlichen Codierungen bestehen.

Wenn man auf die Algorithmen zur Zustandscodierung verzichtet, geht man also nur ein in den meisten Fällen vernachlässigbares

Risiko ein, daß man einen Schaltungsaufwand treibt, der beträchtlich vom möglichen Minimum abweicht. Eine sehr wichtige Tatsache muß hier noch betont werden: Die bestehenden Algorithmen zur Zustandscodierung arbeiten nur mit minimaler Codewortlänge, d. h. daß nur Codes mit der zur Codierung der gegebenen Zustandsmenge minimal notwendigen Binärstellenzahl betrachtet werden. Sehr oft erreicht man jedoch das absolute Minimum des gesamten Schaltungsaufwandes nur bei redundanter Codierung, bei der die Codewörter länger als unbedingt nötig sind. Weiter oben wurde schon darauf hingewiesen, daß das absolute Minimum des gesamten Schaltungsaufwandes auch nicht bei der minimalen Zustandszahl zu liegen braucht. Das bedeutet, daß der minimale Schaltungsaufwand nicht unbedingt gefunden wird, wenn man erst die Zustandszahl minimiert, daraus die minimale Codewortlänge ableitet und dann den hinsichtlich ω und δ günstigsten Code sucht. Vielmehr bräuchte man einen bislang nicht bekannten Algorithmus, welcher ausgehend vom Ablaufdiagramm die optimale codierte Zustandsmenge liefert.

Zum Thema Minimierung seien noch kurz einige Punkte angeführt, welche oft nicht genügend beachtet werden. Die Kosten des Schaltungsaufwandes werden nicht allein durch die Zahl der Flipflops und der Verknüpfungsglieder bestimmt, sondern es gehen darin stets noch eine Reihe anderer Schaltungsparameter ein, welche zahlenmäßig nicht so einfach erfaßbar sind und welche deshalb in den Minimierungsalgorithmen nur schlecht oder gar nicht berücksichtigt werden. Es handelt sich dabei um stark technologiebedingte Parameter; es ist offensichtlich, daß bei Verwendung einer RCTL-Technologie mit konzentrierten Schaltelementen ganz andere Parameter in die Schaltungskosten eingehen als bei der Large Scale Integration in TTL- oder MOS-Technologie. Darüber hinaus ist die Minimierung des Schaltungsaufwandes eigentlich gar nicht das letzte angestrebte Ziel; dies ist vielmehr Minimierung der Gesamtkosten. Nun setzen sich aber die Gesamtkosten nicht ausschließlich aus reinen Herstellungskosten für die Schaltung zusammen; gerade im Bereich komplexer digitaler Systeme ist der Anteil personeller Unkosten an den Gesamtkosten wesentlich größer als der Anteil der Hardwarekosten. Dieser größere Anteil enthält die Kosten des Entwurfs, der Testphase, der Dokumentation und der Ausbildung all derer, die mit dem System vertraut sein müssen. Eine auf den ersten Blick erfreuliche Einsparung bei den Hardwarekosten kann leicht den hundertfachen Mehraufwand auf der anderen Seite zur Folge haben. Deshalb wird im folgenden die Minimierung des Schaltungsaufwands nicht als höchstes erstrebenswertes Ziel behandelt; die Methodik des Entwurfs und die damit gekoppelte einfache und leicht verständliche Dokumentierbarkeit der Systeme wird weit höher bewertet.

Wenn man ausgehend von einem Ablaufdiagramm unter Umgehung einer Automatentafel ein Steuerwerk entwerfen will, muß man nicht auf jegliche Zustandsreduktion verzichten. Es gibt nämlich zwei einfache Arten der Zustandsverschmelzung, welche man auch ohne Automatentafel direkt im Ablaufdiagramm durchführen kann. Es handelt sich um die beiden einfachsten Möglichkeiten der Zustandsverschmelzung, welche man auch in der Automatentafel sofort erkennt und dort ohne komplizierten Algorithmus durchführen kann. Zwei Zeilen einer Automatentafel können zu einer Zeile verschmolzen werden, wenn sie entweder

Tabelle 4.2. Beispiel zur einfachen Zeilenverschmelzung

$\boldsymbol{Z}$	$\boldsymbol{X}$			
	00	01	10	11
1	2, $\boldsymbol{Y}_1$	2, $\boldsymbol{Y}_1$	1, $\boldsymbol{Y}_2$	3, $\boldsymbol{Y}_3$
2	1, $\boldsymbol{Y}_2$	4, $\boldsymbol{Y}_3$		5, $\boldsymbol{Y}_4$
3	4, $\boldsymbol{Y}_2$	5, $\boldsymbol{Y}_1$		
4			5, $\boldsymbol{Y}_4$	3, $\boldsymbol{Y}_4$
5	2, $\boldsymbol{Y}_1$	2, $\boldsymbol{Y}_1$	1, $\boldsymbol{Y}_2$	3, $\boldsymbol{Y}_3$

$\boldsymbol{Z}$	$\boldsymbol{X}$			
	00	01	10	11
1	3, $\boldsymbol{Y}_1$	3, $\boldsymbol{Y}_1$	1, $\boldsymbol{Y}_2$	2, $\boldsymbol{Y}_3$
2	2, $\boldsymbol{Y}_2$	1, $\boldsymbol{Y}_1$	1, $\boldsymbol{Y}_4$	2, $\boldsymbol{Y}_4$
3	1, $\boldsymbol{Y}_2$	2, $\boldsymbol{Y}_3$		1, $\boldsymbol{Y}_4$

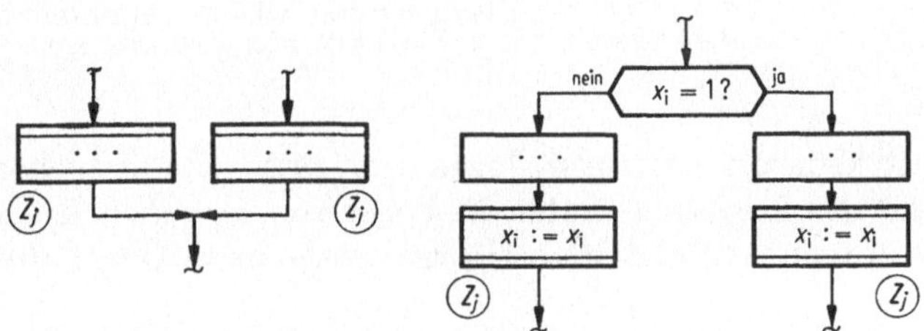

Abb. 4.9. Zustandsminimierung im Ablaufdiagramm.

völlig gleich sind oder wenn dort, wo sie sich unterscheiden, eine der beiden Zeilen unspezifiziert ist, d. h. eine Leerstelle hat. Tabelle 4.2 zeigt ein Beispiel einer Automatentafel, bei der die beiden Arten der Zeilenverschmelzung möglich sind. Abb. 4.9 zeigt, wie sich diese beiden Fälle im Ablaufdiagramm äußern: Im einen Fall führen zwei dynamische Zuweisungen unmittelbar zum selben Diagrammpunkt, im anderen Fall ist auf Grund von Übergangsbeschränkungen für $\boldsymbol{X}$ eine Abfrageinformation auch hinter den nachfolgenden dynamischen Zuweisungen noch verfügbar. Meist führt die Zustandsreduktion durch diese beiden Arten der Zustandsverschmelzung schon sehr nahe an das Minimum der Zustandszahl, oft wird dieses Minimum dabei sogar erreicht. Manchmal kann man auch Möglichkeiten zur Zustandsreduktion am Diagramm erkennen, welche über die beiden genannten Fälle der Zustandsverschmelzung hinausgehen. Diese Möglichkeiten sind jedoch nicht so allgemein formulierbar, sondern müßten an Hand von Beispielen diskutiert werden. Darauf soll jedoch verzichtet werden, da das Nichterkennen einer solchen Reduktionsmöglichkeit meist zu gar keiner oder zu einer nur unwesentlichen Erhöhung des Schaltungsaufwandes führt. Alle Zustandsreduktionen am Ablaufdiagramm beruhen auf der Überlegung, daß die Zustandsmenge $\mathscr{Z}$ lediglich zu dem Zweck eingeführt werden muß, damit jeder Punkt des Ablaufdiagramms durch ein bestimmtes Argument $(\boldsymbol{Z}, \boldsymbol{X})$ eindeutig definiert ist.

Die einzelnen Schritte des vollständigen Entwurfs eines Steuerautomaten ausgehend vom Ablaufdiagramm sollen nun an einem Beispiel demonstriert werden. Gegeben ist der Steuerablauf in Abb. 4.5. Als erstes müssen die Steuerzustände eingetragen werden (s. Abb. 4.8). Die Zahl der Steuerzustände ist hier gleich der Zahl der dynamischen Zuweisungen,

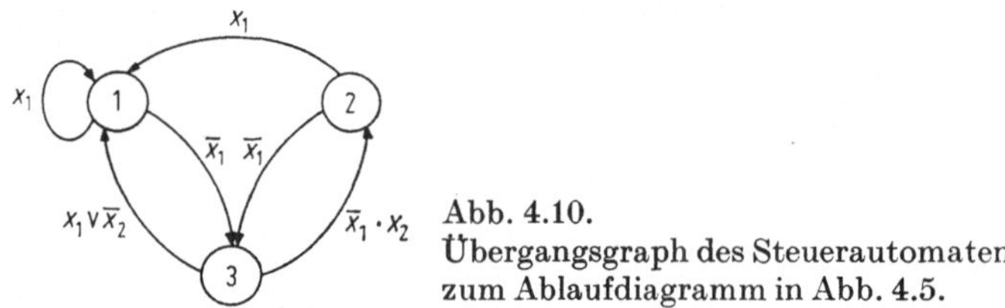

Abb. 4.10.
Übergangsgraph des Steuerautomaten zum Ablaufdiagramm in Abb. 4.5.

d. h. es ist keinerlei Zustandsreduktion möglich. Nun ist schon die Beschreibung des Steuerautomaten in Form von logischen Ausgabefunktionen (4.2) und (4.3) und eines Übergangsgraphen (Abb. 4.10) möglich.

$$y_1 = \bar{x}_1 \cdot (① \vee ③), \tag{4.2}$$

$$y_2 = x_1 \vee ① \vee ② \vee ③ \cdot x_2. \tag{4.3}$$

Als nächstes müssen die Steuerzustände codiert werden. Der Übergangsgraph ist hier nicht in einer Weise strukturiert, daß man daraus Hinweise für eine zweckmäßige Zustandscodierung entnehmen könnte. Aus den Ausgabefunktionen kann man ersehen, daß es für den Schaltungsaufwand günstig ist, wenn man die Ausdrücke (① ∨ ②) und (① ∨ ③) jeweils durch ein Bit des Zustandscodes erfaßt, wie es durch den Code in Tabelle 4.3 geschieht.

Nach erfolgter Zustandscodierung ist das Ausgabeschaltnetz bis auf mögliche Schaltnetzminimierung bei Vorgabe der Verknüpfungsgliedertypen bestimmt. Das Übergangsschaltnetz hängt noch von der Wahl der Flipflops hinsichtlich ihres Eingangsvektors $\boldsymbol{V}$ ab [s. Gl. (1.22)]. Die

Erfahrung zeigt, daß der Schaltungsaufwand im Übergangsnetz i. a. von der Flipflopwahl nur wenig abhängt. Im vorliegenden Fall werden willkürlich D-Flipflops gewählt. Damit ist die Funktionstabelle für δ und ω in Tabelle 4.4 eindeutig festgelegt. Da das betrachtete Beispiel so einfach ist, d. h., da hier die Komponentenzahlen von $\boldsymbol{X}$, $\boldsymbol{Y}$ und $\boldsymbol{Z}$ so

Tabelle 4.3. Zustandscodierung für den Automaten in Abb. 4.10

Zustands-symbol	Code	
	z_2	z_1
1	1	1
2	0	1
3	1	0

Tabelle 4.4. Funktionstabelle für δ und ω des Steuerautomaten in Abb. 4.10

	$(z_2$	z_1	x_2	$x_1)^n$	$(z_2$	$z_1)^{n+1}$	$(D_2$	D_1	y_2	$y_1)^n$
a	—	—	—	1	1	1	1	1	1	0
b	1	1	—	0	1	0	1	0	1	1
c	0	1	—	0	1	0	1	0	1	0
d	1	0	0	0	1	1	1	1	0	1
e	1	0	1	0	0	1	0	1	1	1

klein sind, kann die Minimierung der vier Schaltfunktionen für D_1, D_2, y_1 und y_2 sehr schnell von Hand durchgeführt werden, beispielsweise mit Hilfe von Karnaugh-Veitch-Diagrammen, wie es in Abb. 4.11 gezeigt ist. Damit sich das Eintragen der Funktionswerte in die vier Diagramme vereinfacht, wurde zuerst ein Diagramm gezeichnet, in welchem die den fünf Zeilen der Funktionstabelle entsprechenden Felder markiert sind.

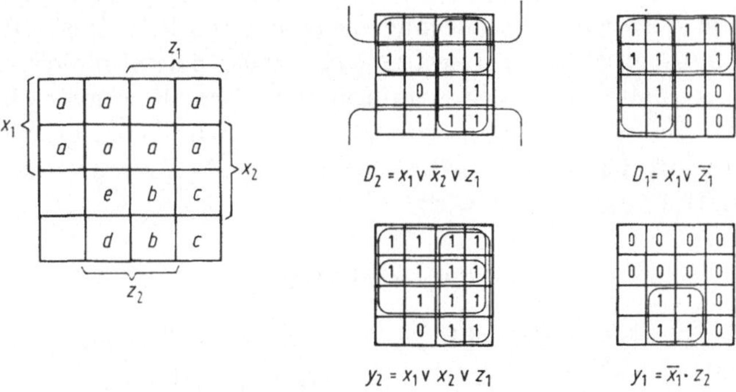

Abb. 4.11. Karnaugh-Veitch-Minimierung der Funktionen in Tabelle 4.4.

Abb. 4.12 zeigt die Schaltung des Steuerautomaten. Beim Vergleich dieser Schaltung mit der aus der Steuerschrittmethode gewonnenen in Abb. 4.7 stellt man fest, daß der Schaltungsaufwand beim allgemeinen Automatensteuerwerk beträchtlich geringer ist als beim Steuerschrittwerk. Diese Aussage gilt natürlich nur für das betrachtete Beispiel; man kann sich durchaus Steuerabläufe denken, bei denen das Steuerschrittwerk die Lösung mit minimalem Aufwand darstellt; solche Fälle sind jedoch selten.

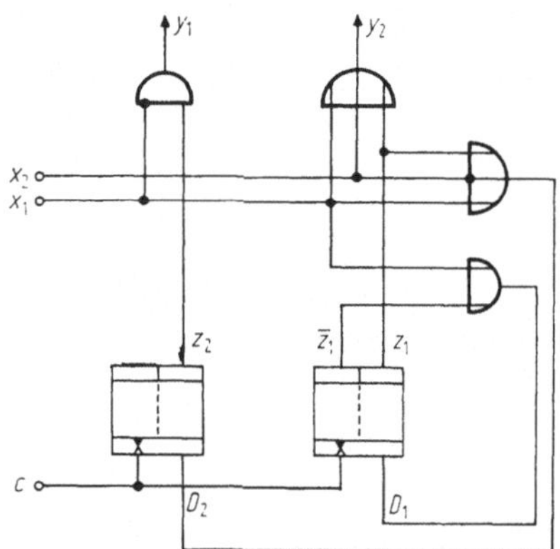

Abb. 4.12. Steuerwerk zum Ablaufdiagramm in Abb. 4.5.

Im betrachteten Beispiel konnten die Schaltfunktionen in Tabelle 4.4 noch leicht von Hand minimiert werden. Im praktischen Fall liegt jedoch die Zahl der Argumentvariablen, d. h. die Summe der Komponentenzahlen von $\boldsymbol{X}$ und $\boldsymbol{Z}$, i. a. über zehn, so daß eine Schaltnetzminimierung ohne Verwendung einer Rechenanlage nicht mehr durchgeführt werden kann. Während bezüglich der Zustandsminimierung und der Zustandscodierung gesagt werden konnte, daß durch die Anwendung programmierter Algorithmen meist keine großen Einsparungen beim Schaltungsaufwand erzielt werden, ist die Aufwandsersparnis auf Grund einer algorithmischen Schaltnetzminimierung meist beträchtlich. Deshalb ist der Verzicht auf ein Rechnerprogramm zur Schaltnetzminimierung beim Entwurf eines allgemeinen Steuerautomaten normalerweise recht nachteilig. Ein solches Programm wird natürlich nicht benötigt, wenn das Steuerwerk mit der Steuerschrittmethode oder als Mikroprogrammwerk (s. Abschnitt 4.5) entworfen wird.

4.4 Steuerrückkopplung

Bei der Diskussion der Abb. 2.6, in welcher die Zusammenschaltung von Operationswerk und Steuerwerk dargestellt ist, blieb eine wesentliche Frage völlig außer Betracht, nämlich die Frage nach der Stabilität im Steuerrückkopplungskreis Operationswerk-$\boldsymbol{X}$-Steuerwerk-$\boldsymbol{Y}$. Nachdem nun neben dem Einblick in die Operationswerksstruktur auch ein ausreichender Einblick in die Steuerwerksstruktur gewonnen wurde, muß diese Stabilitätsfrage geklärt werden.

Im Steuerablauf werden den Komponenten des Vektors $\boldsymbol{Y}$ in Abhängigkeit von den Komponenten des Vektors $\boldsymbol{X}$ Werte zugewiesen, d. h. es ist selbstverständlich, daß $\boldsymbol{Y}^n$ von $\boldsymbol{X}^n$ abhängen darf, weshalb auch das Steuerwerk als Mealy-Automat mit dem Zustandsvektor $\boldsymbol{Z}_s$ und der Ausgabefunktion

$$\boldsymbol{Y}^n = \omega_s(\boldsymbol{Z}_s, \boldsymbol{X})^n \tag{4.4}$$

entworfen wird.

Es ist nicht ganz so selbstverständlich, aber grundsätzlich zulässig, daß über das Operationswerk eine Abhängigkeit zwischen $\boldsymbol{X}^n$ und $\boldsymbol{Y}^n$ besteht, d. h. daß für das Operationswerk eine Mealy-Ausgabefunktion der Form

$$\boldsymbol{X}^n = \omega'_{op}(\boldsymbol{Z}_{op}, \boldsymbol{P}, \boldsymbol{Y})^n \tag{4.5}$$

gilt. Darin ist $\boldsymbol{Z}_{op}$ der Zustandsvektor im Operationswerk. Da $\boldsymbol{X}$ nicht der gesamte Ausgangsvektor des Operationswerkes ist, muß ω'_{op} von ω_{op} unterschieden werden.

Als Beispiel für eine solche Abhängigkeit sei folgender Fall genannt: x_i sei der Überlauf am Ausgang eines Addiernetzes; dieser Überlauf hängt natürlich von den am Addiernetz anliegenden Summanden ab; aus welchen Registern diese Summanden stammen, wird durch einige Komponenten von $\boldsymbol{Y}$ bestimmt, welche die entsprechenden Quellenauswahlschaltungen steuern.

Wenn man zwei allgemeine Mealy-Automaten in der Konfiguration der Abb. 2.6 zusammenschaltet, ergeben sich Probleme der asynchronen Rückkopplung, wie sie im Abschnitt 1.1 beschrieben wurden. Die Existenz dieser Probleme kann man formal dadurch zeigen, daß man die Mealy-Ausgabefunktion des einen Automaten in diejenige des anderen Automaten einsetzt. Gl. (4.5) in Gl. (4.4) eingesetzt ergibt

$$\boldsymbol{Y}^n = \omega_s\,[\boldsymbol{Z}_s, \omega'_{op}(\boldsymbol{Z}_{op}, \boldsymbol{P}, \boldsymbol{Y})]^n, \tag{4.6}$$

was durch Definition einer formalen Funktion Φ umgeschrieben werden kann zu

$$\boldsymbol{Y}^n = \Phi(\boldsymbol{Z}_{op}, \boldsymbol{Z}_s, \boldsymbol{P}, \boldsymbol{Y})^n. \tag{4.7}$$

In Gl. (4.7) hängt $\boldsymbol{Y}^n$ formal von sich selbst ab, wodurch das Problem der asynchronen Rückkopplung offenbar wird.

Im betrachteten Fall sind die Probleme der asynchronen Rückkopplung glücklicherweise nicht so kritisch wie im Abschnitt 1.1, weil es sich hier ja nicht um die Zusammenschaltung zweier völlig beliebiger Mealy-Automaten handelt. Vielmehr wird ja das Steuerwerk als Ergänzung zum Operationswerk ausgehend von einem widerspruchsfrei vorgegebenen Operationsalgorithmus bzw. Steuerablauf entworfen. Diese Widerspruchsfreiheit bedeutet, daß die formale Abhängigkeit in Gl. (4.7) derart beschränkt ist, daß eine Komponente y_j nie von sich selbst abhängen kann.

Ein kleines Beispiel soll dies veranschaulichen: Im Ablaufdiagramm in Abb. 4.5 wird die Variable x_2 abgefragt, und vom Ergebnis dieser Abfrage hängt die Wertzuweisung zu y_2 ab. Da y_1 schon einen Wert zugewiesen bekommt, bevor x_2 abgefragt wird, darf x_2 im Operationswerk von y_1 abhängen. Wenn x_2 von y_1 abhängt und y_2 von x_2, dann hängt also y_2 auch von y_1 ab, wie es Gl. (4.7) zuläßt. Es ist ohne weiteres einzusehen, daß man keinen Steuerablauf angeben kann, bei dem beispielsweise y_2 von sich selbst abhängt, es sei denn, man weist y_2 innerhalb eines Taktschrittes zwei unterschiedliche Werte zu, was natürlich widersprüchlich wäre.

Die Tatsache, daß die formale Abhängigkeit in Gl. (4.7) derart beschränkt ist, daß eine Komponente y_j nie von sich selbst abhängen kann, bedeutet, daß im betrachteten System gar keine logische Rückkopplungsschleife existieren kann; es muß also möglich sein, das System so aufzubauen, daß man keinen Weg finden kann, der von der Signalleitung für ein beliebiges y_j ausgehend zurück zum Ausgangspunkt führt und nur über logische Verknüpfungsglieder, nicht aber über Flipflops läuft. Da keine logische Rückkopplungsschleife existiert, muß es also stets möglich sein, den Vektor $\boldsymbol{Y}$ aus dem Argument in Gl. (4.7) zu eliminieren, d. h. man muß aus Gl. (4.7) stets den rückkopplungsfreien Ausdruck (4.8) gewinnen können:

$$\boldsymbol{Y}^n = \Omega\,(\boldsymbol{Z}_{\text{op}}, \boldsymbol{Z}_{\text{s}}, \boldsymbol{P})^n. \tag{4.8}$$

An dem schon eingeführten Beispiel (Abb. 4.5) sei die Gewinnung der Funktion (4.8) aus der Funktion (4.7) demonstriert. Die Mealy-Ausgabefunktion ist für das Operationswerk

(entsprechend Gl. (4.5)) $$x_2^n = f_1\,(\boldsymbol{Z}_{\text{op}}, y_1)^n, \tag{4.9}$$

und für das Steuerwerk $$y_1^n = f_2(\boldsymbol{Z}_{\text{s}})^n \tag{4.10}$$

(entsprechend Gl. (4.4)) $$y_2^n = f_3\,(\boldsymbol{Z}_{\text{s}}, x_2)^n. \tag{4.11}$$

Daraus erhält man die Entsprechung zu Gl. (4.6) bzw. Gl. (4.7):

$$y_1^n = f_2(\boldsymbol{Z}_{\text{s}})^n, \tag{4.12}$$

$$y_2^n = f_3\,[\boldsymbol{Z}_{\text{s}}, f_1\,(\boldsymbol{Z}_{\text{op}}, y_1)]^n = f_4\,(\boldsymbol{Z}_{\text{op}}, \boldsymbol{Z}_{\text{s}}, y_1)^n. \tag{4.13}$$

Durch Einsetzen von f_2 in f_4 erhält man daraus die Entsprechung zu Gl. (4.8):

$$y_1{}^n = f_2(\boldsymbol{Z}_s)^n, \tag{4.14}$$

$$y_2{}^n = f_4\,[\boldsymbol{Z}_{op}, \boldsymbol{Z}_s, f_2(\boldsymbol{Z}_s)]^n = f_5\,(\boldsymbol{Z}_{op}, \boldsymbol{Z}_s)^n. \tag{4.15}$$

Es wäre voreilig, würde man nun aus der Tatsache, daß die Nichtexistenz logischer Rückkopplungsschleifen nachgewiesen wurde, den Schluß ziehen, bei der Zusammenschaltung von Operationswerk und Steuerwerk gebe es überhaupt keine Probleme asynchroner Rückkopplung. Daß es solche Probleme trotzdem noch geben kann, kommt daher, daß eine logische Unabhängigkeit nicht unbedingt eine strukturelle Unabhängigkeit bedeuten muß. Beispielsweise ist in dem Ausdruck

$$v = a \cdot b \vee a \cdot \bar{b} \tag{4.16}$$

die Variable v logisch unabhängig von b, aber wenn man den logischen Ausdruck ohne vorherige Minimierung als Schaltnetz realisiert, wie es Abb. 4.13a zeigt, dann ist v auf Grund der Signalverzögerung durch den

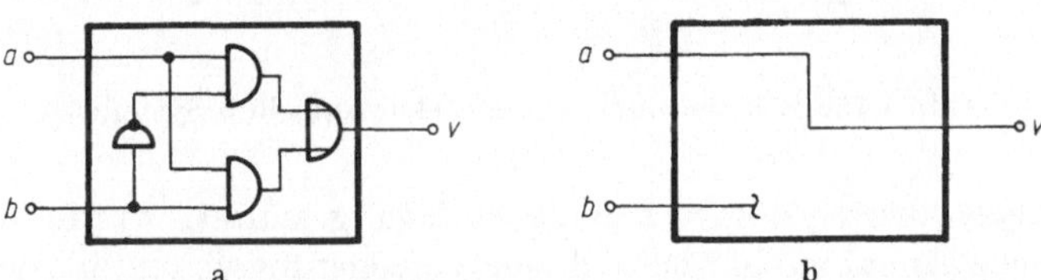

Abb. 4.13. Zum Unterschied zwischen logischer und struktureller Unabhängigkeit.

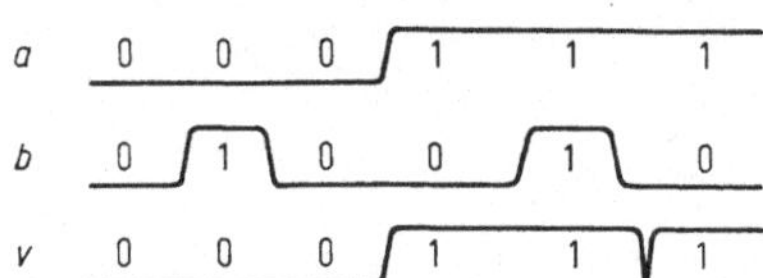

Abb. 4.14. Zur dynamischen Abhängigkeit in Abb. 4.13.

b-Inverter von b strukturell abhängig. Natürlich kann eine solche strukturelle Abhängigkeit nie eine statische, sondern nur eine dynamische Signalabhängigkeit sein, d. h., ein Binärübergang bei b kann einen Störimpuls bei v bewirken, wie es Abb. 4.14 zeigt. Bei einem Vergleich mit Abb. 1.11 stellt man fest, daß es sich hier um einen eliminierbaren kombinatorischen Hazard handelt. Durch die Minimierung des logischen Ausdrucks vor der Realisierung (s. Abb. 4.13b) wird die strukturelle Abhängigkeit und damit auch der Hazard beseitigt.

Es muß nun untersucht werden, ob die strukturelle Abhängigkeit zwischen Variablen, die logisch voneinander unabhängig sind, zu Störungen im Verhalten pseudorückgekoppelter Systeme führen kann, wobei als pseudorückgekoppelt solche Systeme bezeichnet seien, in denen eine Abhängigkeit nach Gl. (4.7) besteht, in der ein Vektor formal von sich selbst abhängt, ohne daß jedoch echte logische Rückkopplungsschleifen existieren. Daß solche Störungen auftreten können, soll nicht durch eine formale Ableitung, sondern mit Hilfe eines einfachen Beispiels gezeigt werden.

In Abb. 4.15 ist ein pseudorückgekoppeltes System dargestellt; es handelt sich um das Schaltnetz aus Abb. 4.13, bei dem der Ausgang v über einen Inverter auf den Eingang b zurückgekoppelt ist. Damit sich

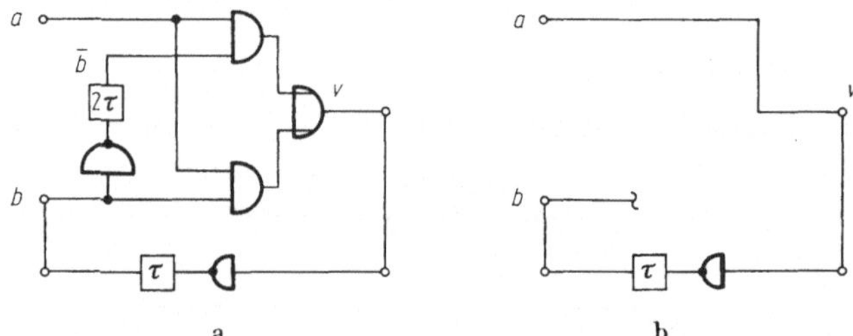

Abb. 4.15. Beispiel eines pseudorückgekoppelten Systems.

die Analyse des Systemverhaltens einfach gestaltet, wurde folgende willkürliche Annahme hinsichtlich der Verzögerungszeiten der einzelnen Schaltglieder gemacht: Die Verzögerungszeiten der UND- und ODER-Glieder seien vernachlässigbar gegenüber denjenigen der Inverter; diese

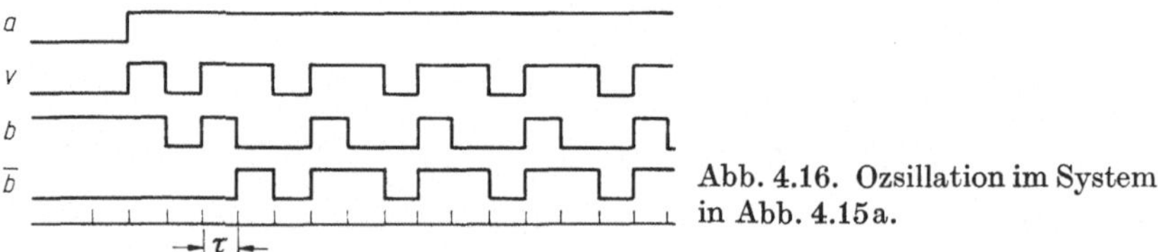

Abb. 4.16. Ozsillation im System in Abb. 4.15a.

seien wie eingetragen τ bzw. 2τ. Unter dieser Annahme wird durch einen Binärübergang bei a von Null nach Eins eine Oszillation im System gestartet, wie es in Abb. 4.16 dargestellt ist. Diese Oszillation kann natürlich nicht auftreten, wenn die strukturelle Abhängigkeit nicht existiert (Abb. 4.15b).

Da eine strukturelle Abhängigkeit nie eine statische, sondern stets nur eine dynamische Signalabhängigkeit sein kann, muß sich eine

Störung im Verhalten eines pseudorückgekoppelten Systems immer als Oszillation äußern; es kann nicht vorkommen, daß das System einen unerwünschten stabilen Zustand einnimmt; wenn also überhaupt ein stabiler Zustand erreicht wird, was natürlich bei günstigen Relationen der Verzögerungszeiten in den Schaltnetzen durchaus möglich ist, dann kann dies nur der erwünschte sein.

Nachdem nun erkannt wurde, daß strukturelle Abhängigkeiten zwischen Variablen, die logisch voneinander unabhängig sind, zu Oszillationen in pseudorückgekoppelten Systemen führen können, und nachdem auch schon gezeigt wurde, daß die Zusammenschaltung von Operationswerk und Steuerwerk ein pseudorückgekoppeltes System darstellt, muß nun als nächstes geprüft werden, ob in diesem System strukturelle Abhängigkeiten vorhanden sind, welche zu Störungen führen können.

Zuerst überlegt man, ob im Operationswerk strukturelle Abhängigkeiten vorkommen können, ob also eine Komponente x_i, welche nach Gl. (4.5) von einer bestimmten Komponente y_j logisch unabhängig ist, von y_j strukturell abhängen kann. Die Komponenten y_j wurden eingeführt als Steuervariable für Operationsblöcke, hauptsächlich zur

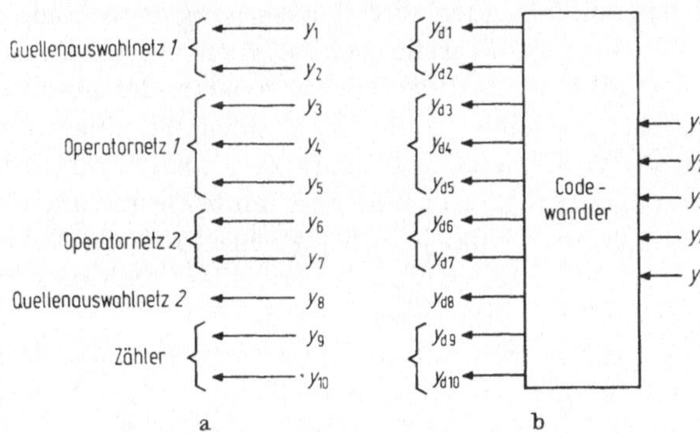

Abb. 4.17. Unterschied zwischen direkter und codierter Steuerung.

Steuerung von Quellenauswahlnetzen, Operatornetzen sowie Register- und Zählerautomaten. Der Vektor $\boldsymbol{Y}$ ist in diesem Fall aufgeteilt in mehrere Teilvektoren, von denen jeder zu einem bestimmten Operationsblock gehört, wie es Abb. 4.17a zeigt. Auf Grund dieser technischen Unterteilung des Signalleitungsbündels $\boldsymbol{Y}$ in die entsprechenden Teilbündel kann es keine unerwünschten strukturellen Abhängigkeiten geben, es sei denn, diese treten in den einzelnen Operationsblöcken auf. Letzteres wird man jedoch beim Entwurf der Operationsblöcke sowieso immer vermeiden.

Die Interpretation der einzelnen Komponenten y_j als Steuervariable für bestimmte Operationsblöcke stellt nicht die einzig mögliche Interpretation für $\boldsymbol{Y}$ dar, wie aus Abb. 4.17b hervorgeht. Normalerweise kommen in einem vorgegebenen Steuerablauf nicht alle möglichen unterschiedlichen Ansteuerkombinationen der Operationsblöcke vor, so daß man die auftretenden Ansteuerkombinationen meist mit weniger Binärstellen codieren kann, als die Zahl der Steuersignalleitungen aller Operationsblöcke angibt. Wenn also der vom Steuerwerk ausgegebene Vektor $\boldsymbol{Y}$ möglichst kurz sein soll, was im Falle der Mikroprogrammtechnik (s. Abschnitt 4.5) manchmal erwünscht ist, dann ist im Operationswerk ein Codewandler erforderlich, welcher aus dem Vektor $\boldsymbol{Y}$ den Ansteuervektor $\boldsymbol{Y}_\mathrm{d}$ für die Operationsblöcke erzeugt, wie es Abb. 4.17b zeigt. Wenn ein solcher Codewandler vorhanden ist, tritt i. a. keine logische Unabhängigkeit zwischen einem x_i und einem y_j mehr auf, obwohl durchaus x_i von mehreren $y_{\mathrm{d}k}$ unabhängig sein kann. Falls jedoch trotzdem einmal ein x_i von einem y_j logisch unabhängig ist, was bedeutet, daß diejenigen $y_{\mathrm{d}k}$, von denen x_i logisch unabhängig ist, ihrerseits logisch unabhängig von y_j sein müssen, dann wird man den Codewandler immer so aufbauen, daß auch die strukturelle Unabhängigkeit zwischen y_j und den betreffenden $y_{\mathrm{d}k}$ und damit auch dem x_i gegeben ist.

Es kann also im folgenden davon ausgegangen werden, daß es im Operationswerk keine strukturelle Abhängigkeit zwischen zwei Komponenten x_i und y_j gibt, wenn diese logisch voneinander unabhängig sind. Es besteht natürlich immer noch die Möglichkeit einer dynamischen Abhängigkeit auf Grund von Nebensprechen. Den Einfluß des Nebensprechens kann man nicht durch eine bestimmte Gestaltung der Systemstruktur beseitigen, man kann jedoch jegliches kritische Nebensprechen durch entsprechende Leitungsführung vermeiden. Daß dies getan wird, kann selbstverständlich vorausgesetzt werden.

Nun muß geprüft werden, ob im Steuerwerk strukturelle Abhängigkeiten auftreten können, ob also eine Komponente y_j, welche nach Gl. (4.4) von einer bestimmten Komponente x_i logisch unabhängig ist, von x_i strukturell abhängen kann. Wenn das Steuerwerk mit der Steuerschrittmethode nach Abschnitt 4.2 oder als allgemeiner Steuerautomat nach Abschnitt 4.3 aufgebaut wird, treten als Eingangsvariable zum Schaltnetz für y_j außer den Zustandsvariablen nur diejenigen Komponenten von $\boldsymbol{X}$ auf, von denen y_j logisch abhängt, denn das Schaltnetz für y_j wird selbstverständlich in nichtredundanter Form realisiert. In diesem Fall gibt es also keine unerwünschten strukturellen Abhängigkeiten.

Bei den bisherigen Betrachtungen ist ein Fall außer acht gelassen worden, der zwar in der Praxis nicht vorkommt, jedoch theoretisch nicht ausgeschlossen ist. Es handelt sich um den Fall eines Steuerablaufs, bei dem die Abhängigkeit zwischen einem x_i und einem y_j an zwei verschiedenen Stellen des Ablaufs unterschiedlich gerichtet ist; d. h. an einer Stelle hängt x_i von y_j ab und an der anderen Stelle hängt y_j von x_i ab. Ein solcher Steuerablauf ist durchaus widerspruchsfrei, da die Richtung der Abhängigkeit vom Steuerzustand abhängt und somit keine Abhängigkeit in beiden Richtungen gleichzeitig gefordert wird. Damit in diesem Fall keine störende strukturelle Abhängigkeit auftritt, müssen das Gl. (4.4) realisierende Schaltnetz für y_j hazardfrei in bezug auf x_i und das Gl. (4.5) realisierende Schaltnetz für x_i hazardfrei in bezug auf y_j aufgebaut werden.

Somit hat sich also der Steuerrückkopplungskreis in den bis hierher betrachteten Formen als stabil erwiesen. Es bleibt nur noch eine Form des Steuerrückkopplungskreises zu untersuchen, nämlich diejenige, bei der das Steuerwerk als Mikroprogrammwerk ausgeführt ist. Die Stabilitätsbetrachtung für diesen Fall erfolgt im Anschluß an die Darstellung der allgemeinen Mikroprogrammwerksstruktur im nächsten Kapitel.

4.5 Mikroprogrammwerk

Als Wilkes [20] 1951 den Begriff Mikroprogrammierung einführte, verstand er darunter eine Realisierungsform des Steuerwerks, bei der die Funktionen ω und δ durch geordnet gespeicherte Information, d. h. durch das sogenannte Mikroprogramm im Mikroprogrammspeicher festgelegt werden. Diese Bedeutung liegt den folgenden Betrachtungen zugrunde; jedoch sei darauf hingewiesen, daß der Begriff Mikroprogrammierung inzwischen noch andere Deutungen erfahren hat, welche von der Realisierungsform des Steuerwerks losgelöst sind.

Üblicherweise wird das Mikroprogrammwerk als Teil einer Rechenanlage betrachtet, d. h. es wird bei Strukturbeschreibungen von Mikroprogrammwerken üblicherweise Bezug genommen auf eine ganz bestimmte Operationswerksstruktur, nämlich die Struktur einer mikroprogrammierten Rechenanlage [6]. Dieser Bezug ist verständlich, und zwar sowohl aus der geschichtlichen Entwicklung heraus als auch aus der Tatsache, daß Mikroprogrammwerke wirklich fast ausschließlich zur Steuerung makroprogrammierter Rechenanlagen verwendet werden. Es besteht jedoch keinerlei Notwendigkeit für einen solchen Bezug; vielmehr lassen sich in einer Beschreibung von Mikroprogrammwerksstrukturen ohne Bezug zu einer bestimmten Operationswerksstruktur die allgemeingültigen Prinzipien viel besser darstellen. Außerdem fällt dann das Verständnis eines Mikroprogrammwerks, welches nicht in einer makroprogrammierten Rechenanlage, sondern beispielsweise in einem einfachen Vierspezies-Tischrechner sitzt, wesentlich leichter.

Die Hardware eines Mikroprogrammwerks stellt nicht die Realisierung eines einzigen bestimmten Steuerwerks dar, sondern einer Menge von Steuerwerken, wobei die Auswahl eines Elements aus dieser Menge durch Einspeichern eines bestimmten Bitmusters in den Mikroprogrammspeicher erfolgt.

4.5.1 Grundkonzept

Die Struktur des allgemeinsten programmierbaren Mealy-Automaten ist höchst einfach: Aus dem Argument $(\boldsymbol{Z}, \boldsymbol{X})^n$ wird kombinatorisch, d. h. durch Schaltnetze, eine Adresse $\boldsymbol{A}^n$ bestimmt, unter der das Wort

$$\boldsymbol{M}^n = (\boldsymbol{Y}^n, \boldsymbol{Z}^{n+1}) \tag{4.17}$$

aus dem Mikroprogrammspeicher ausgelesen wird. Abb. 4.18 veranschaulicht dieses Konzept [19]. Die markierte Ausgangsleitung des $\boldsymbol{Z}$-Decoders schneidet aus dem Speicherquader eine Ebene aus; aus

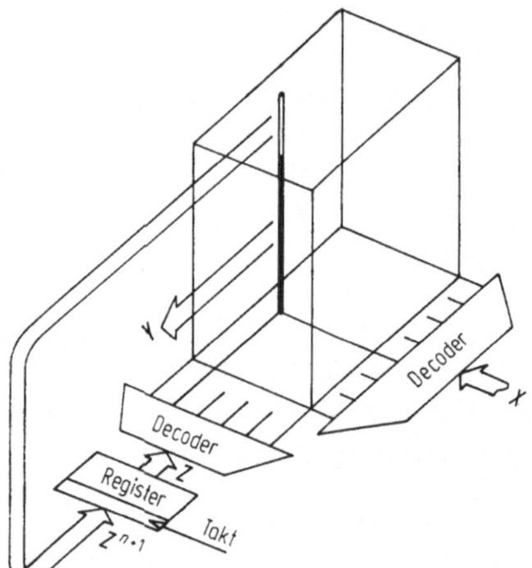

Abb. 4.18. Grundkonzept der Mikroprogrammwerksstruktur.

dieser Ebene schneidet die markierte Ausgangsleitung des $\boldsymbol{X}$-Decoders eine Vertikale aus, welche das Wort $\boldsymbol{M}$ darstellt. Diese Vertikale ist in zwei Abschnitte unterteilt, nämlich $\boldsymbol{Y}$ und $\boldsymbol{Z}^{n+1}$.

4.5.2 Speichertypen

Wenn mit dem Mikroprogrammwerk ein starres Steuerwerk realisiert werden soll, bei dem die Funktionen ω und δ zeitlich unveränderlich sind, kann als Mikroprogrammspeicher ein Lesespeicher (Read Only Memory

= ROM) verwendet werden, bei dem als Teil der Fertigung ein bestimmtes Bitmuster eingeschrieben wird, welches später nur noch gelesen und nicht mehr überschrieben werden kann. In den Anfängen der Mikroprogrammtechnik wurden als Lesespeicher Diodenmatrizen verwendet. Ein Lesespeicher kann also auch ein Schaltnetz sein mit den Eingängen $\boldsymbol{X}$ und $\boldsymbol{Z}$ und dem Ausgang $\boldsymbol{M}$. Daß hier ein Schaltnetz als Speicher bezeichnet wird, ist zwar ungewöhnlich, aber in diesem Zusammenhang gerechtfertigt: Die gespeicherte Information liegt in der logischen Struktur des Netzes und ist somit von den Eingangssignalen unabhängig. Es ist dabei lediglich entscheidend, daß die gespeicherten Vektoren $\boldsymbol{M}$ bitweise in der Netzstruktur lokalisierbar sein müssen, damit die Bezeichnung Mikroprogrammspeicher sinnvoll bleibt.

Man kann die Mikroprogrammspeicher in zweierlei Typen einteilen, in statisch lesbare und dynamisch lesbare Speicher, welche im Hinblick auf die Stabilität im Steuerrückkopplungskreis getrennt betrachtet werden müssen. Ein statisch lesbarer Speicher verhält sich wie ein Schaltnetz: Solange die Adresse $\boldsymbol{A}$ konstant anliegt, steht das adressierte Wort an den Ausgangsleitungen zur Verfügung; jede Adreßänderung wirkt sich mit technologiebedingter Verzögerung auf den Ausgang aus (Abb. 4.19a). Beim dynamisch lesbaren Speicher dagegen genügt das

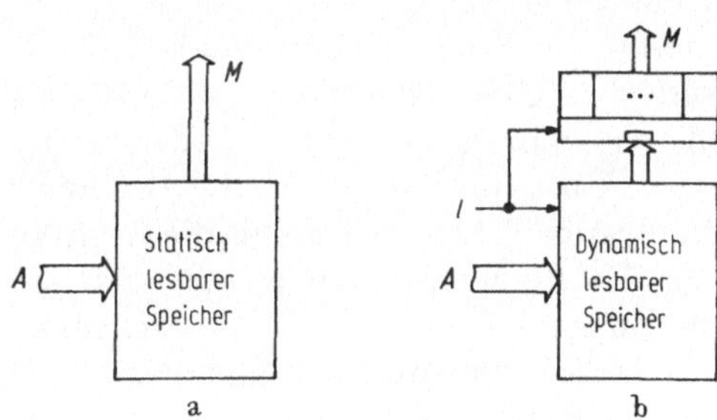

Abb. 4.19. Die beiden Mikroprogrammspeichertypen.

Anliegen einer Adresse nicht zum Auftreten eines Ausgangswortes; es muß vielmehr noch ein Lesestartsignal l in Form eines Impulses gegeben werden. Daraufhin tritt das gelesene Wort als Impulsvektor (s. Abb. 3.12) an den Ausgangsleitungen auf; es muß in einem Register aufgefangen werden (s. Abb. 4.19b), welches zuvor durch den Lesestartimpuls l gelöscht wurde. Als dynamisch lesbare Speicher sind kapazitive oder induktive Speicher zu nennen, während statisch lesbare Speicher in Halbleitertechnologie realisiert sind.

Ein Mikroprogrammwerk mit statisch lesbarem Speicher ist ein Mealy-Automat mit der allgemeinen Struktur des synchronen Automaten in Abb. 1.14. Ein Mikroprogrammwerk mit dynamisch lesbarem

Speicher dagegen ist zwar auch ein Mealy-Automat, kann aber nicht mehr nach Abb. 1.14 modelliert werden. Es gilt hier vielmehr das Modell des Mealy-Automaten mit gepufferter Ausgabe in Abb. 4.20.

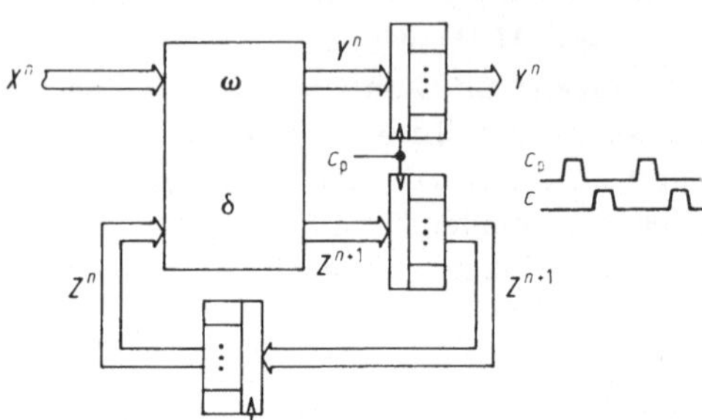

Abb. 4.20. Mealy-Automat mit gepufferter Ausgabe.

Die Tatsache, daß in der Struktur in Abb. 4.20 zwei Taktsignale vorkommen, nämlich neben dem Zustandstakt c noch der Puffertakt c_p, darf nicht zu der Annahme verleiten, es handle sich um einen Zweiregisterautomaten, wie er im Zusammenhang mit Abb. 1.33 diskutiert und verworfen wurde. Das System in Abb. 4.20 ist ein Einregisterautomat, was bedeutet, daß es pro Taktperiode für die Komponenten des Vektors $\boldsymbol{X}$ ein gemeinsames Entscheidungsintervall gibt, währenddessen sie für die Zustandsänderung relevant sind, und daß es pro Taktperiode für die Komponenten des Vektors $\boldsymbol{Z}$ ein Übergangsintervall gibt, während dessen sie sich ändern können. Die Art der Taktsteuerung für die Register im Modell in Abb. 4.20 wurde als Taktflankensteuerung und nicht als Taktpegelsteuerung gewählt, weil dadurch die Abhängigkeitsverhältnisse beim dynamisch lesbaren Speicher besser zum Ausdruck kommen.

Mit einem Steuerwerk, welches die Struktur der Abb. 4.20 hat, kann man keine Steuerabläufe realisieren, bei denen ein x_i^n von einem y_j^n abhängt, wie es beispielsweise im Ablaufdiagramm in Abb. 4.5 vorkommt, wo x_2^n von y_1^n abhängen darf. Diese Unmöglichkeit ist ohne weiteres einzusehen, da $\boldsymbol{Y}^n$ erst ausgegeben wird, wenn $\boldsymbol{X}^n$ schon gar nicht mehr relevant ist. Für das Mikroprogrammwerk mit dynamisch lesbarem Speicher heißt dies, daß die Adresse und damit alle relevanten Komponenten von $\boldsymbol{X}$ vollkommen bestimmt sein müssen, bevor das Lesestartsignal gegeben wird. In diesem Fall muß also die Struktur des Operationswerks derart beschränkt werden, daß an Stelle der allgemeinen Mealy-Ausgabefunktion (4.5) die beschränkte Mealy-Ausgabefunktion

$$\boldsymbol{X}^n = \omega'_{\text{op}} (\boldsymbol{Z}_{\text{op}}, \boldsymbol{P})^n \tag{4.18}$$

gilt. Daher kann es hier im Steuerkreis keine Pseudorückkopplung entsprechend Gl. (4.7) mehr geben, wodurch die Stabilitätsfrage für diesen Fall gelöst ist. Bevor die Stabilitätsfrage für den Fall des statisch lesbaren Speichers behandelt werden kann, muß zuerst noch etwas mehr Einsicht in die Mikroprogrammwerksstruktur gewonnen werden.

4.5.3 Komponentenauswahl

Der allgemeinste programmierbare Mealy-Automat erfordert zwar die Struktur in Abb. 4.18, aber diese Struktur ist in der Praxis aus Aufwandsgründen nicht realisierbar, denn die erforderliche Speicherkapazität läge weit jenseits aller technisch sinnvollen Grenzen. Es sei der Fall einer mittleren Rechenanlage betrachtet, wo für die Komponentenzahlen von $\boldsymbol{X}$, $\boldsymbol{Y}$ und $\boldsymbol{Z}$ folgende realistische Werte angenommen werden können: 20, 60, 8. Damit ergibt sich die Speicherkapazität des Quaders in Abb. 4.18 zu $2^{20} * 2^{8} * (60 + 8) \gtrsim 2^{34} \gtrsim 16 * 10^{9}$ bit. Man sieht, daß sich diese große Speicherkapazität hauptsächlich auf Grund der verhältnismäßig großen Komponentenzahl von $\boldsymbol{X}$ ergibt.

Der Versuch, die Mikroprogrammwerksstruktur derart zu modifizieren, daß die erforderliche Speicherkapazität auf eine technisch sinnvolle Größe reduziert wird, muß also bei der Komponentenzahl von $\boldsymbol{X}$ ansetzen. Zwar kann die Zahl der Komponenten von $\boldsymbol{X}$ nicht reduziert werden, wenn der zu realisierende Steuerautomat nicht verändert werden soll, aber man kann die Tatsache ausnutzen, daß in der Praxis nie alle Komponenten von $\boldsymbol{X}$ gleichzeitig relevant sind, sondern stets wesentlich weniger. Die Auswahl der jeweils relevanten Komponenten von $\boldsymbol{X}$ hängt

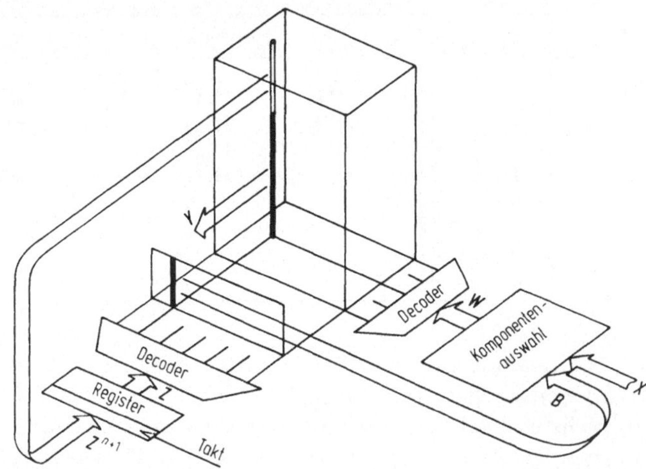

Abb. 4.21. Mikroprogrammwerk mit Komponentenauswahl.

vom vorliegenden Zustand $\boldsymbol{Z}$ ab. Damit diese Auswahl programmierbar bleibt, muß man einen Speicher für die Auswahlinformation $\boldsymbol{B}$ („branch information") vorsehen, welcher nur mit $\boldsymbol{Z}$ adressiert wird. Das Codewort $\boldsymbol{B}$ bestimmt jeweils eindeutig eine bestimmte Untermenge aus der Menge aller Komponenten von $\boldsymbol{X}$. Man erhält somit die Struktur in Abb. 4.21. Die markierte Ausgangsleitung des $\boldsymbol{Z}$-Decoders schneidet außer einer Ebene im Speicherquader noch die Vertikale $\boldsymbol{B}$ aus der $\boldsymbol{B}$-Speicherebene aus. Das ausgelesene Codewort $\boldsymbol{B}$ legt fest, welche Komponenten von $\boldsymbol{X}$ als Komponenten von $\boldsymbol{W}$ aus der Komponentenauswahlschaltung herauskommen sollen. Die markierte Ausgangsleitung des $\boldsymbol{W}$-Decoders schneidet aus der durch $\boldsymbol{Z}$ festgelegten Ebene im Speicherquader die Vertikale $\boldsymbol{M}$ aus, welche wieder aus den beiden Abschnitten $\boldsymbol{Y}$ und $\boldsymbol{Z}^{n+1}$ besteht.

Die Zahl der durch $\boldsymbol{B}$ aus $\boldsymbol{X}$ ausgewählten Komponenten muß nicht immer gleich sein. Die Komponenten von $\boldsymbol{W}$, denen keine Komponente von $\boldsymbol{X}$ zugeordnet wird, werden durch die Komponentenauswahlschaltung auf Null gesetzt. Das bedeutet, daß nicht notwendigerweise alle möglichen Kombinationen des Arguments ($\boldsymbol{Z}$, $\boldsymbol{W}$) vorkommen müssen; es trifft also nicht jede Ausgangsleitung des $\boldsymbol{W}$-Decoders notwendigerweise in jeder $\boldsymbol{Z}$-Ebene des Speicherquaders auf ein Wort $\boldsymbol{M}$. Tabelle 4.5

Tabelle 4.5. Beispiel eines Zusammenhangs zwischen $\boldsymbol{B}$, $\boldsymbol{X}$ und $\boldsymbol{W}$ in Abb. 4.21

			$\boldsymbol{Z}_1, \boldsymbol{B}_1$	$\boldsymbol{Z}_2, \boldsymbol{B}_2$	$\boldsymbol{Z}_3, \boldsymbol{B}_3$	$\boldsymbol{Z}_4, \boldsymbol{B}_4$	$\boldsymbol{Z}_5, \boldsymbol{B}_5$
W_3			x_9	0	0	0	0
	W_2		x_5	0	x_6	0	x_7
		W_1	x_4	x_1	x_2	0	x_5
0	0	0	$\boldsymbol{M}_0$	$\boldsymbol{M}_8$	$\boldsymbol{M}_{10}$	$\boldsymbol{M}_{14}$	$\boldsymbol{M}_{15}$
0	0	1	$\boldsymbol{M}_1$	$\boldsymbol{M}_9$	$\boldsymbol{M}_{11}$		$\boldsymbol{M}_{16}$
0	1	0	$\boldsymbol{M}_2$		$\boldsymbol{M}_{12}$		$\boldsymbol{M}_{17}$
0	1	1	$\boldsymbol{M}_3$		$\boldsymbol{M}_{13}$		$\boldsymbol{M}_{18}$
1	0	0	$\boldsymbol{M}_4$				
1	0	1	$\boldsymbol{M}_5$				
1	1	0	$\boldsymbol{M}_6$				
1	1	1	$\boldsymbol{M}_7$				

zeigt diesen Sachverhalt an einem Beispiel. Es wurde angenommen, daß $\boldsymbol{W}$ drei Komponenten hat. Der Zusammenhang zwischen den fünf verschiedenen, nicht explizit als Codewörter angegebenen Vektoren $\boldsymbol{B}_i$ und den entsprechenden Zuordnungen zwischen $\boldsymbol{X}$ und $\boldsymbol{W}$ wurde rein willkürlich festgelegt. Auch die Indices für $\boldsymbol{Z}_j$ und $\boldsymbol{M}_k$ haben keine zu diskutierende Bedeutung. Die nicht mit einem M_k besetzten Stellen der Tabelle 4.5 bedeuten nicht besetzte Vertikalen im Speicherquader. Nun muß natürlich gefragt werden, wie sich dieses Nichtbesetzen technisch äußert. Es wäre unvorteilhaft, wenn diese Vertikalen technisch als Speicherplätze ausgeführt werden müßten und nur die eingeschriebenen Wörter redundant wären.

4.5.4 Adreßbildung

Man findet eine technisch zufriedenstellende Lösung, indem man von der Vorstellung des Speichers als Quader und damit von der zweidimensionalen Koinzidenzadressierung durch $\boldsymbol{Z}$ und $\boldsymbol{W}$ abgeht. Wenn man sich einen Speicher als Ebene vorstellt, aus der die markierte Ausgangsleitung eines Adreßdecoders das zu lesende Wort ausschneidet, dann erhält man an Stelle der Struktur in Abb. 4.21 die Struktur in Abb. 4.22. Gegenüber der Quaderstruktur erkennt man zwei wesentliche

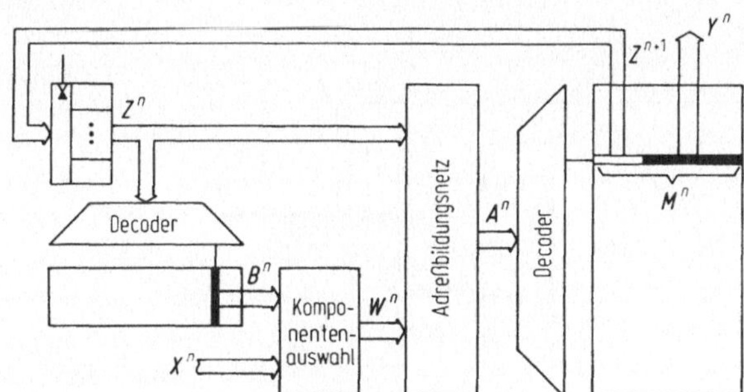

Abb. 4.22. Mikroprogrammwerksstruktur mit Komponentenauswahl und Adreßbildungsnetz.

Unterschiede: erstens tritt nun ein Adreßbildungsnetz auf, und zweitens trägt der Decoder für die Adressierung des $\boldsymbol{B}$-Speichers hier nicht mehr zur Adressierung des $\boldsymbol{M}$-Speichers bei. Es muß nun geklärt werden, wie das Adreßbildungsnetz am zweckmäßigsten aufgebaut wird.

Wenn man versucht, das Beispiel aus Tabelle 4.5 mit der Struktur in Abb. 4.22 zu realisieren, erkennt man bald folgende einfache Lösung: Als Adressen $\boldsymbol{A}$ für die Wörter $\boldsymbol{M}_k$ wählt man jeweils den Index k; dann stehen die 19 Wörter $\boldsymbol{M}_0$ bis $\boldsymbol{M}_{18}$ in den aufeinanderfolgenden Speicherzellen 0 bis 18. Damit ist das oben angesprochene Problem der nicht besetzten Vertikalen gelöst. Bei der Suche nach einem einfachen Schema, die Adressen 0 bis 18 jeweils aus $\boldsymbol{Z}$ und $\boldsymbol{W}$ zu gewinnen, ist es naheliegend, die Codewörter $\boldsymbol{W}$ als Dualzahlen aufzufassen mit dem jeweiligen Betrag

$$|\boldsymbol{W}| = w_3 \cdot 2^2 + w_2 \cdot 2^1 + w_1 \cdot 2^0. \tag{4.19}$$

Innerhalb jeder Zustandsspalte der Tabelle 4.5 ergeben sich die Indizes der Speicherwörter $\boldsymbol{M}_k$ durch Addition des Betrages $\boldsymbol{W}$ zu einem zur jeweiligen Spalte gehörenden Grundwert. Dieser Grundwert ist also durch den jeweiligen Zustand $\boldsymbol{Z}_j$ eindeutig bestimmt; zu den Zuständen $\boldsymbol{Z}_1$ bis $\boldsymbol{Z}_5$ gehören die Grundwerte 0, 8, 10, 14 und 15, also jeweils die Indizes der Wörter $\boldsymbol{M}_k$ in der ersten Zeile. Nach dieser Überlegung ist die Schlußfolgerung fast zwingend, daß es am zweckmäßigsten ist, als Adreßbildungsnetz in Abb. 4.22 ein Addiernetz vorzusehen und die Zustände jeweils so zu codieren, daß die Dualzahlenbeträge $|\boldsymbol{Z}|$ der Codewörter $\boldsymbol{Z}$ gleich den jeweils zugehörigen Grundwerten sind.

Wenn man diese Lösung wählt, hat man die Zustände $\boldsymbol{Z}$ zwangsläufig redundant codiert, d. h. daß die Codewörter $\boldsymbol{Z}$ mehr Binärstellen haben, als es auf Grund der Anzahl unterschiedlicher Zustände notwendig wäre. Im Beispiel in Tabelle 4.5 könnten die fünf Zustände mit drei Bit

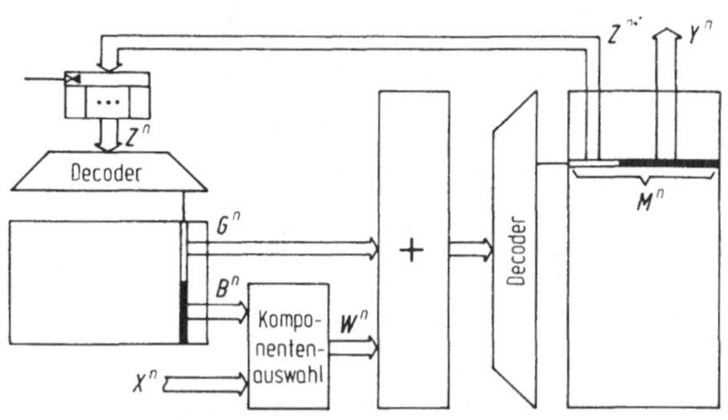

Abb. 4.23. Mikroprogrammwerk mit Grundwertspeicher.

codiert werden, aber da der höchste Grundwert 15 beträgt, muß man für die genannte Lösung die Zustände mit vier Bit codieren. Diese redundante Codierung bringt natürlich eine Erhöhung der nötigen Kapazität des $\boldsymbol{M}$-Speichers mit sich. Man kann diese Kapazitätserhöhung umgehen, d. h. man kann die Zustände $\boldsymbol{Z}$ mit minimaler Codewortlänge codieren und dennoch die Addiernetzlösung beibehalten, indem man nicht mehr $\boldsymbol{Z}$ direkt als Summand zum Addiernetz führt, sondern das zu $\boldsymbol{Z}$ gehörige Grundwertcodewort $\boldsymbol{G}$ jeweils aus einem dem $\boldsymbol{B}$-Speicher angefügten Speicher ausliest, wie es Abb. 4.23 zeigt. Es ist jedoch nicht ohne genauere Analyse zu erkennen, ob der nun nötige $\boldsymbol{G}$-Speicher die Ersparnis beim $\boldsymbol{M}$-Speicher nicht wieder ausgleicht oder gar überkompensiert. Diese Analyse soll nun kurz durchgeführt werden.

Anzahl der Zustände $\boldsymbol{Z}$ bzw. Anzahl der Wörter im $\boldsymbol{B}$- bzw. $\boldsymbol{G}$-Speicher:	2^m
Mittlere Anzahl der Verzweigungsäste pro Zustand:	2^r
Anzahl der Wörter im $\boldsymbol{M}$-Speicher:	$2^m \cdot 2^r$
Codewortlänge für $\boldsymbol{G}$ bzw. Wortlänge des redundanten Codes für $\boldsymbol{Z}$:	$m + r$
Kapazitätsdifferenz des $\boldsymbol{M}$-Speichers zwischen minimaler und redundanter Codierung von $\boldsymbol{Z}$:	$r \cdot 2^{(m+r)}$
Kapazität des $\boldsymbol{G}$-Speichers:	$(m + r) \cdot 2^m$

Es interessiert nun das Verhältnis

$$\frac{\text{Kapazität des } \boldsymbol{G}\text{-Speichers}}{\text{Kapazitätsdifferenz des } \boldsymbol{M}\text{-Speichers}} = \frac{(m + r) \cdot 2^m}{r \cdot 2^{m+r}} = \frac{m + r}{r \cdot 2^r}. \qquad (4.20)$$

Wenn dieses Verhältnis nicht kleiner als Eins ist, rentiert sich die Einführung des $\boldsymbol{G}$-Speichers nicht. Es muß also die Ungleichung

$$m < (2^r - 1) \cdot r \qquad (4.21)$$

erfüllt sein, damit die Struktur in Abb. 4.23 aufwandsgünstiger ist als diejenige in Abb. 4.22. Eine Zahlenbetrachtung ist in Tabelle 4.6 angegeben.

Tabelle 4.6. Zahlenbeispiele zu Gl. (4.21)

Wenn r gleich	1	2	3
ist, muß m kleiner als	1	6	21

sein, damit man durch die Einführung des $\boldsymbol{G}$-Speichers eine Aufwandsersparnis erzielt.

In der Tabelle wurden für r nur ganzzahlige Werte eingesetzt, weil die gegebene Ableitung der Kapazitätsrelation nur für diesen Fall genau gilt. Das bedeutet aber nicht, daß r ganzzahlig sein muß. Beim Beispiel in Tabelle 4.5 ist r durchaus nicht ganzzahlig, sondern

$$\log_2 [(8 + 2 + 4 + 1 + 4)/5] \approx 1{,}94.$$

In der Praxis zeigt sich, daß r stets kleiner ist als zwei; wenn es zwei wäre, würde das bedeuten, daß der Steuerablauf nach jeder dynamischen Zuweisung im Mittel in vier verschiedene Richtungen verzweigt wird. So stark verzweigte Steuerabläufe kommen in der Praxis nicht vor. Da in der Praxis gleichzeitig m für komplexe Steuerabläufe, also in den Fällen, in welchen das Mikroprogrammwerk als Steuerwerksrealisierung überhaupt erst in Betracht kommt, nie kleiner, sondern meistens größer ist als sechs, kommt für die Praxis die Struktur mit $\boldsymbol{G}$-Speicher nicht in Frage.

Dagegen ist eine Strukturvereinfachung oft zweckmäßig, bei der man auch auf den getrennten $\boldsymbol{B}$-Speicher verzichtet und an Stelle der Zuordnung von $\boldsymbol{B}^n$ zu $\boldsymbol{Z}^n$, wie sie in Abb. 4.22 geschieht, schon eine Zu-

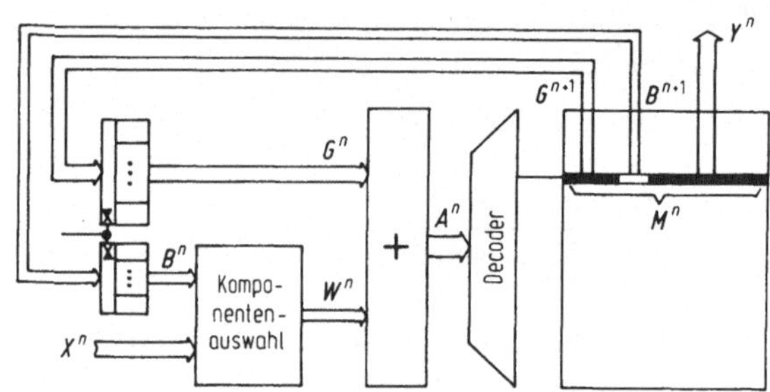

Abb. 4.24. Mikroprogrammwerk mit konzentriertem Speicher.

ordnung im $\boldsymbol{M}$-Speicher durchführt, indem man dem Zustand $\boldsymbol{Z}^{n+1}$ die Auswahlinformation $\boldsymbol{B}^{n+1}$ zuordnet. Abb. 4.24 zeigt die entsprechende Struktur; darin ist die erforderliche Speicherkapazität zwar etwas größer als bei der Struktur in Abb. 4.22, jedoch hat man nun nur noch einen Speicherblock, was gewisse schaltungstechnische Vorteile bringt.

Bei näherer Betrachtung zeigt sich, daß das eingeführte Verfahren zur Realisierung von Verzweigungen im Mikroprogrammablauf noch einige Mängel hat, die nun dargestellt und durch entsprechende Modifikation der Mikroprogrammwerksstruktur beseitigt werden sollen.

Es wurde bisher angenommen, daß durch $\boldsymbol{B}$ aus dem Vektor $\boldsymbol{X}$ eine bestimmte Anzahl, beispielsweise k, relevante Komponenten ausgewählt werden, mit denen der Steuerablauf in 2^k verschiedene Richtungen verzweigt wird. Nun ist es aber unrealistisch anzunehmen, die Zahl der jeweiligen Verzweigungsrichtungen in praktischen Steuerabläufen sei immer eine Zweierpotenz; vielmehr wird sehr oft bei einer Abfrage von k Variablen nach weniger als 2^k Richtungen verzweigt; Abb. 4.25 zeigt einen Fall, wo fünf Variable abgefragt werden und nur nach fünf verschiedenen Richtungen verzweigt wird. Wollte man diesen Fall mit einer der Strukturen aus den Abb. 4.22 bis 4.24 realisieren, müßte man im $\boldsymbol{M}$-Speicher für jede mögliche Wertekombination der fünf Verzweigungsvariablen ein Wort vorsehen, also $2^5 = 32$ Wörter. Das würde eine sehr schlechte Speicherausnutzung bedeuten, da ja von den 32 Wörtern nur fünf voneinander verschieden sind: das Wort mit $\boldsymbol{Y}_1$ wäre 16mal gespeichert, das Wort mit $\boldsymbol{Y}_2$ viermal, das mit $\boldsymbol{Y}_3$ sechsmal und das mit $\boldsymbol{Y}_4$

sowie das mit Y_5 je dreimal. Deshalb wird eine Struktur gesucht, bei der man jedes dieser fünf verschiedenen Wörter nur einmal zu speichern braucht.

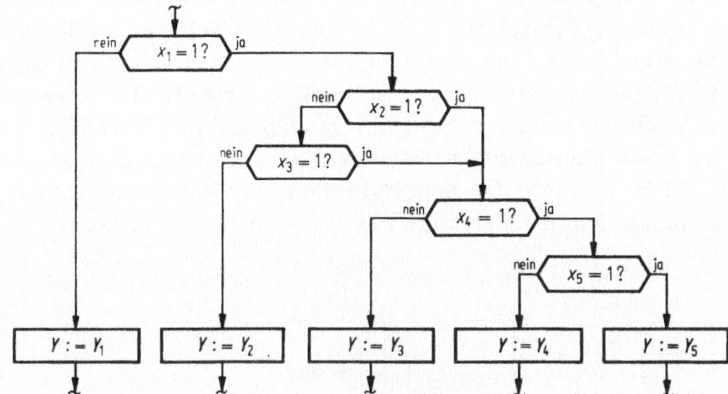

Abb. 4.25. Beispiel einer Steuerablaufverzweigung.

In welchem Teil sich die gesuchte Struktur von den Strukturen in Abb. 4.22 bis 4.24 unterscheiden muß, ist an Hand der betrachteten Verzweigung in fünf Richtungen leicht abzuleiten. Während der fünfstellige Verzweigungsvektor $(x_1, x_2, x_3, x_4, x_5)$ als Dualzahl interpretiert die Werte 0 bis 31 annehmen kann, soll der zugeordnete Vektor $\boldsymbol{W}$ nur die

Tabelle 4.7. Codierung der Verzweigungsrichtungen in Abb. 4.25

x_1	x_2	x_3	x_4	x_5	w_3	w_2	w_1
0	–	–	–	–	0	0	0
1	0	0	–	–	0	0	1
1	1	–	0	–	0	1	0
1	0	1	0	–	0	1	0
1	1	–	1	0	0	1	1
1	0	1	1	0	0	1	1
1	1	–	1	1	1	0	0
1	0	1	1	1	1	0	0

Werte von 0 bis 4 annehmen können. Denn dann wird durch $\boldsymbol{W}$ über das Addiernetz eines von fünf aufeinanderfolgenden Wörtern ausgewählt. Tabelle 4.7 zeigt die zu realisierende Zuordnung zwischen $\boldsymbol{X}$ und $\boldsymbol{W}$. An Stelle des Blockes zur bloßen Komponentenauswahl in den Abb. 4.22 bis 4.24 muß also die Hintereinanderschaltung eines Komponentenauswahlblockes und eines Codewandlerblockes treten.

Da das Mikroprogrammwerk als möglichst flexibel programmierbarer Automat eingeführt wurde, wird nun sinnvollerweise gefordert, daß auch die Verzweigungscodewandlung programmierbar sein soll, d. h. daß sie mit einem Lesespeicher realisiert werden soll. Als Adresse für diesen Speicher genügt der durch **B** aus **X** ausgewählte Teilvektor alleine nicht, denn die gewünschte Codewandlung hängt ja davon ab, welche Verzweigung im Steuerablauf gerade betrachtet wird. In die Adresse muß also auch noch der Steuerzustand in irgendeiner Form eingehen. Da der Vektor **B** schon eindeutig dem Steuerzustand **Z** zugeordnet ist, liegt es nahe, in **B** nun auch die benötigte Codewandlerauswahlinformation unterzubringen. Dann erhält man die Struktur in Abb. 4.26.

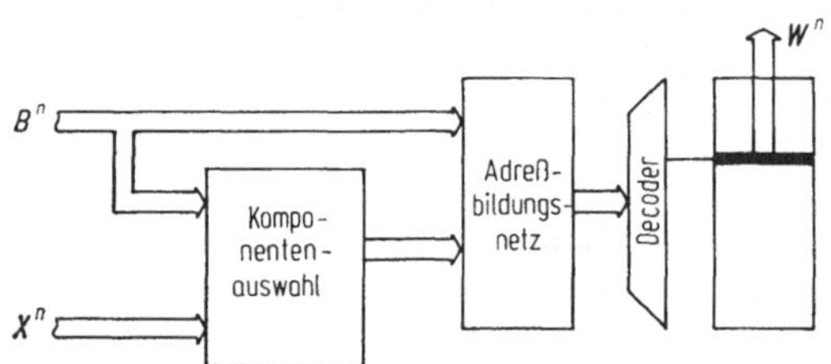

Abb. 4.26. Verwendung eines Lesespeichers zur Codierung der Verzweigungsrichtung.

In dieser Struktur ist die Frage der Adreßbildung noch offen. Es liegt nahe zu versuchen, auch hier ein Addiernetz einzusetzen. Wenn man jedoch bei der Entscheidung über die Adreßbildung die Strukturierung des Komponentenauswahlnetzes mit berücksichtigt, dann stellt man fest, daß man die Adresse einfach durch Zusammensetzen zweier Teil-

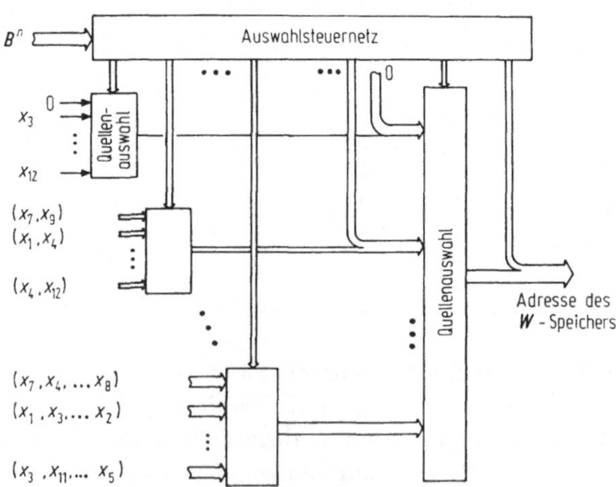

Abb. 4.27. Struktur des Komponentenauswahl- und Adreßbildungsnetzes in Abb. 4.26.

vektoren bilden kann. Dies wird mit Abb. 4.27 veranschaulicht. Die Komponentenauswahl geschieht über Quellenauswahlnetze, wobei jeweils eine Quellenauswahlschaltung zuständig ist für eine bestimmte Anzahl auszuwählender Komponenten von $\boldsymbol{X}$; d. h. es gibt eine Quellenauswahlschaltung für Einzelkomponenten, eine andere für Komponentenpaare, usw. Den Eingängen der Quellenauswahlschaltungen in Abb. 4.27 wurden zur Verdeutlichung willkürliche Teilvektoren von $\boldsymbol{X}$ zugeordnet. Es ist wichtig zu beachten, daß eine Komponente von $\boldsymbol{X}$ selbstverständlich in mehreren Teilvektoren vorkommen darf. Die Bildung der Teilvektoren wird durch den zu realisierenden Steuerablauf bestimmt. Die Ansteuerung der einzelnen Quellenauswahlschaltungen erfolgt durch Teilvektoren von $\boldsymbol{B}$, die formal dem Auswahlsteuernetz entnommen werden. Diese Teilvektoren dürfen gemeinsame Komponenten haben. Die Ausgänge der einzelnen Quellenauswahlschaltungen müssen zu Signalbündeln gleicher Leitungszahl ergänzt werden. Dabei wird nur im Fall der Einzelvariablen immer mit einem Konstantenvektor erweitert; die anderen Erweiterungsvektoren hängen i. a. von $\boldsymbol{B}$ ab. Die Erweiterungsvektoren sowie der Ansteuervektor der Ausgangsquellenauswahlschaltung sind nicht notwendigerweise Teilvektoren von $\boldsymbol{B}$, sondern können im Auswahlsteuernetz durch logische Verknüpfung aus $\boldsymbol{B}$ gebildet werden.

Die Adreßbildung durch Zusammensetzen von Teilvektoren ist letztlich ein Sonderfall einer Addition, denn das Zusammensetzen der beiden Vektoren (a_1, a_2, a_3) und (b_1, b_2, b_3, b_4) kann ja als Addition der beiden Dualzahlen $(a_1, a_2, a_3, 0, 0, 0, 0)$ und $(0, 0, 0, 0, b_1, b_2, b_3, b_4)$ interpretiert werden. Diese einfache Adreßbildung konnte hier gewählt werden, weil für jede Kombination des ausgewählten Teilvektors von $\boldsymbol{X}$ ein Wort im $\boldsymbol{W}$-Speicher vorgesehen wird. Bei der Adreßbildung für den $\boldsymbol{M}$-Speicher kann auf das Addiernetz nicht verzichtet werden, da die Zahl der Verzweigungsrichtungen nicht immer eine Zweierpotenz ist. Zur Realisierung der Tabelle 4.5 hätte man kein Addiernetz vor dem $\boldsymbol{M}$-Speicher gebraucht, sondern hätte die Adreßbildung durch Vektorzusammensetzung realisieren können.

Die bis hier entwickelte Mikroprogrammwerksstruktur erlaubt eine aufwandsgünstige Realisierung der meisten Steuerabläufe. Es soll nun jedoch noch kurz gezeigt werden, daß das Verfahren zur Realisierung von Verzweigungen immer noch einen Mangel hat. Tabelle 4.8 zeigt das Mikroprogramm des Steuerablaufs in Abb. 4.28, wie es sich schematisch aus den bisherigen Überlegungen ergibt. Zu jedem Zustand ist pro Verzweigungsrichtung ein Wort $\boldsymbol{M}$ gespeichert; die Gesamtlänge des Mikroprogrammwortes beträgt neun Wörter. Da jedoch der Steuerablauf in Abb. 4.28 nur sechs Taktschritte enthält, können von den neun Wörtern im $\boldsymbol{M}$-Speicher nur sechs unterschiedlich sein. Das optimale Mikroprogramm dürfte eigentlich nur genausoviele Wörter lang sein, wie der Steuerablauf Taktschritte enthält. Dies ist jedoch mit dem gegebenen Verzweigungsverfahren nicht realisierbar. Jedoch läßt sich durch einfaches Umcodieren der sechs Steuerzustände das Mikroprogramm aus Tabelle 4.8 auf sieben Wörter verkürzen, wie es Tabelle 4.9 zeigt. Beim

Tabelle 4.8. Mikroprogramm des Ablaufs in Abb. 4.28

Zustand $\boldsymbol{Z}^n$	Verzweigung $(\boldsymbol{B}, \boldsymbol{X})^n$	Adresse $\boldsymbol{A}^n$	$\boldsymbol{Y}^n$	Nächster Zustand $\boldsymbol{Z}^{n+1}$
① Code: 1	$x_1 = 0$	1	Y_2	②
	$x_1 \cdot \bar{x}_2 = 1$	2	Y_3	③
	$x_1 \cdot x_2 = 1$	3	Y_4	④
②; 4		4	Y_5	⑤
③; 5	$x_3 = 0$	5	Y_5	⑤
	$x_3 = 1$	6	Y_6	⑤
④; 7	$x_3 = 0$	7	Y_4	④
	$x_3 = 1$	8	Y_6	⑤
⑤; 9	Y_1	9	Y_1	①

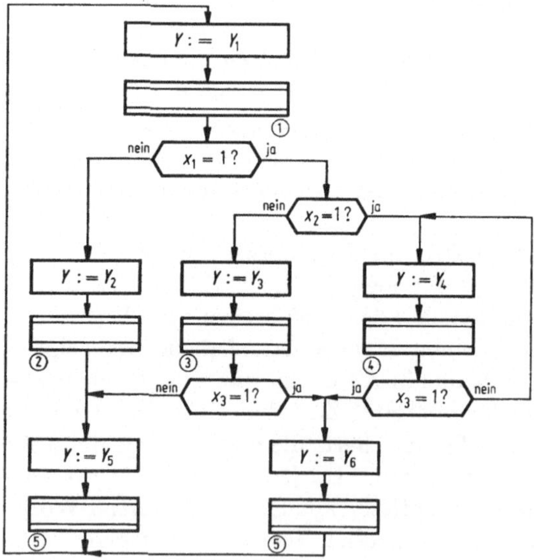

Abb. 4.28. Beispiel eines Steuerablaufs.

Übergang von Tabelle 4.8 nach 4.9 ist man von der zweidimensionalen Adreßbildung, welche auch der Tabelle 4.5 noch zugrunde lag, abgegangen; denn während in Tabelle 4.8 die adreßbestimmende Information $(\boldsymbol{Z}, \boldsymbol{B}, \boldsymbol{X})^n$ noch zweispaltig dargestellt werden konnte, kann in Tabelle 4.9 keine solche Aufteilung mehr erfolgen.

Tabelle 4.9. Verkürztes Mikroprogramm aus Tabelle 4.8

Logischer Ausdruck aus $(\boldsymbol{Z}, \boldsymbol{B}, \boldsymbol{X})^n$	Adresse $\boldsymbol{X}^n$	$\boldsymbol{Y}^n$	Nächster Zustand $\boldsymbol{Z}^{n+1}$
① $\cdot \bar{x}_1$	1	Y_2	②; 5
① $\cdot x_1 \cdot \bar{x}^2$	2	Y_3	③; 5
① $\cdot x_1 \cdot x_2 \vee$ ④ $\cdot \bar{x}_3$	3	Y_4	④; 3
④ $\cdot x_3$	4	Y_6	⑤; 7
② $\vee$ ③ $\vee \bar{x}_3$	5	Y_5	⑤
③ $\cdot x_3$	6	Y_6	⑤
⑤	7	Y_1	①; 1

Der Tabelle 4.9 ist zu entnehmen, daß der Zustand 2 und der Zustand 3 beide mit dem gleichen Dualzahlenwert 5 codiert wurden. Das bedeutet, daß es sich eigentlich gar nicht mehr um eine Zustandscodierung handelt, sondern nur noch um eine Grundwertzuweisung. Während in Tabelle 4.8 die Abbildung von den Zuständen auf die Grundwerte noch umkehrbar eindeutig war, ist sie nun nur noch in einer Richtung eindeutig. Zum Grundwert $\boldsymbol{G}^n$ muß noch jeweils die Verzweigungsinformation $\boldsymbol{B}^n$ dazu betrachtet werden, damit man eindeutig auf den Zustand schließen kann. Ein tatsächlicher Zustandscode tritt im Mikroprogramm in Tabelle 4.9 nicht mehr auf.

Der Grund, weshalb man mit dem gegebenen Verzweigungsverfahren im Mikroprogramm manchmal mehr Wörter braucht, als der Steuerablauf Taktschritte hat, besteht in der Tatsache, daß für jeden Zustand die Verzweigungsrichtungen mit $\boldsymbol{W}$ von 0 an durchnumeriert werden. Wenn man in Abhängigkeit vom Zustand bzw. von $\boldsymbol{B}$ die Verzweigungsrichtungen mit $\boldsymbol{W}$ beliebig codieren könnte, dann könnte man jeden Steuerablauf mit dem optimalen Mikroprogramm realisieren. Denn jede Adresse $\boldsymbol{A}$ wird von jedem Grundwert $\boldsymbol{G}$ aus erreichbar, wenn man nur das richtige $\boldsymbol{W}$ zu $\boldsymbol{G}$ unter Weglassung des Additionsüberlaufs addiert.[1] Eine wesentliche Strukturänderung ist dazu nicht erforderlich, denn bei entsprechender Auslegung des $\boldsymbol{W}$-Speichers in Abb. 4.26 kann man natürlich die Verzweigungsrichtungen beliebig codieren. Lediglich der

[1] Der Vorschlag, auf diese Weise zu optimalen Mikroprogrammen zu kommen, stammt von E. Schmitt, SUNY, Buffalo, USA.

Erweiterungsvektor für Einzelkomponenten im Komponentenauswahlnetz in Abb. 4.27 darf dann kein Konstantenvektor mehr sein, sondern muß auch aus $\boldsymbol{B}$ gewonnen werden.

In der Praxis kommt man dem optimalen Mikroprogramm ziemlich nahe, auch wenn man die Verzweigungsrichtungen jeweils nur von Null an durchnumeriert; d. h., der zur Erreichung des minimalen $\boldsymbol{M}$-Speicheraufwandes notwendige zusätzliche $\boldsymbol{W}$-Speicheraufwand rentiert sich oft nicht. Nur im Falle sehr stark verzweigter Steuerabläufe bringt die freie Codierung der Verzweigungsrichtungen deutliche Vorteile.

Die Wortlänge von $\boldsymbol{B}$ und auch die Länge der Adresse des $\boldsymbol{W}$-Speichers hängen von der Zahl der unterschiedlichen auszuwählenden Teilvektoren von $\boldsymbol{X}$ ab (s. Abb. 4.27). In der Praxis kommt man mit vier bis sechs Stellen für $\boldsymbol{B}$ aus; die Adressenlänge für den $\boldsymbol{W}$-Speicher ergibt sich im Bereich von sechs bis acht Stellen.

4.5.5 Unterprogramme

Eigentlich gehört die Betrachtung der Unterprogrammtechnik noch zum Problemkreis der Adreßbildung; jedoch müssen einige Besonderheiten gegenüber dem allgemeinen Verzweigungsverfahren im vorigen Abschnitt hervorgehoben werden.

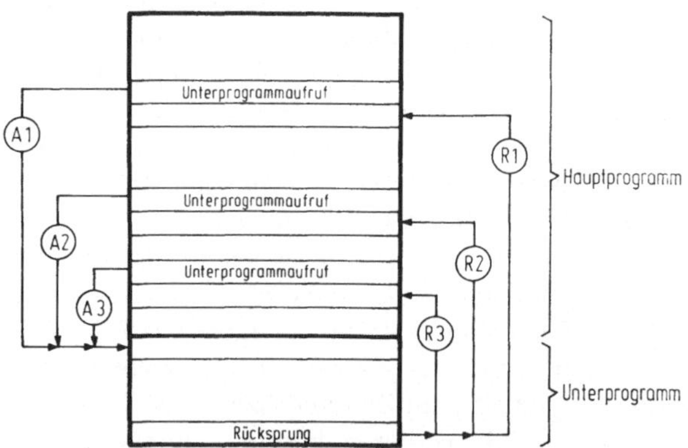

Abb. 4.29. Prinzip der Unterprogrammtechnik.

Abb. 4.29 zeigt, worauf es bei der Unterprogrammtechnik ankommt: Der als Unterprogramm bezeichnete Programmabschnitt wird an verschiedenen Stellen eines Steuerablaufs benötigt, soll jedoch nur einmal im Speicher vorhanden sein. In Abb. 4.29 wird das Unterprogramm dreimal benötigt. Wenn das Unterprogramm über einen Weg Ai aufgerufen wurde, dann soll am Ende des Unterprogrammablaufs der Rücksprung über den Weg Ri erfolgen. Es ist natürlich zulässig, daß innerhalb eines Unterprogramms selbst wieder Unterprogrammaufrufe erfolgen. In der Makroprogrammierung wird sogar manchmal gefordert, daß ein Unterprogramm schon wieder aufgerufen werden kann, bevor der zum letzten Aufruf gehörende Rücksprung erfolgte. Diese Forderung besteht jedoch bei der Mikroprogrammierung nicht.

Beim Aufruf eines Unterprogramms muß also festgehalten werden, wohin der Rücksprung erfolgen soll. Bei der Makroprogrammierung, wo in den Programmspeicher geschrieben werden kann, gibt es zwei Möglichkeiten für die Rücksprungrealisierung; bei dem einen Verfahren wird die Rückkehrinformation jeweils in den Unterprogrammspeicherbereich geschrieben, während das andere Verfahren einen getrennten Speicher für die Rückkehrinformation verwendet. Da der Mikroprogrammspeicher nur ein Lesespeicher ist, kann also hier nur das zweite Verfahren angewandt werden. Die Rückkehrinformation wird dabei gestapelt. Man kann sich das leicht veranschaulichen: Jedesmal, wenn ein Unterprogramm aufgerufen wird, wird die zugehörige Rückkehrinformation auf ein Blatt Papier geschrieben und oben auf einem Stapel abgelegt. Jedesmal, wenn ein Rücksprung erfolgen muß, wird das oberste Blatt vom Stapel genommen und die Rückkehrinformation ausgewertet. Es ist einzusehen, daß auf diese Weise stets der letzte noch nicht erledigte Aufruf die nächste Rückkehr bestimmt.

Je nach der benötigten maximalen Stapelhöhe wird der Stapelspeicher nur aus Registern oder aus einem statisch lesbaren Speicherblock mit einem vorwärts und rückwärts zählenden Adreßregister und

Tabelle 4.10. Steuerung des Stapelspeichers in Abb. 4.30

y_k	y_{k+1}	Operation im Stapelspeicher
0	0	Keine Zustandsänderung
0	1	Stapeln des Eingangswortes
1	0	Oberstes Wort aus dem Stapel nehmen
1	1	Nur bei internem Adreßregister: Adreßregister nullsetzen

einem Register für das oberste Stapelwort aufgebaut. Unabhängig vom inneren Aufbau sind zur Steuerung des Stapelspeichers zwei Steuersignale erforderlich, deren Funktion in Tabelle 4.10 dargestellt ist. Die gewählte Codierung der vier Steuersituationen ist natürlich nicht zwingend. Eine Ansteuerkombination, welche eine Grundstellung erzwingt, ist nur bei vorhandenem Adreßregister notwendig; ein Grundstellungsvorgang, bei dem alle Speicherwörter gelöscht werden, wird nicht benötigt, da immer nur diejenigen Wörter ausgewertet werden, welche auch tatsächlich im regulären Steuerablauf gespeichert wurden.

Als Rückkehrinformation, die beim Aufruf eines Unterprogramms in den Stapel eingebracht werden muß, kann die Adresse des aufrufenden Mikroprogrammwortes genommen werden. Damit sich die Rückkehradresse ergibt, muß die im Stapel gespeicherte Zahl noch um eins erhöht werden; dies läßt sich einfach dadurch erreichen, daß man in dem Wort des Unterprogramms, von welchem aus der Rücksprung erfolgen soll, den Grundwert $\boldsymbol{G}$ des Folgezustands zu Eins macht.

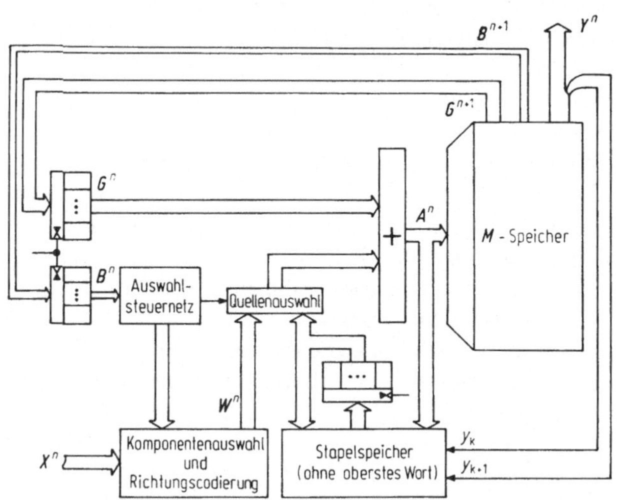

Abb. 4.30. Mikroprogrammwerk mit Stapelspeicher für Rückkehrinformation.

Abb. 4.30 zeigt die Struktur des Mikroprogrammwerks mit Berücksichtigung der Unterprogrammtechnik. Während die beiden Steuersignale für den Stapelspeicher dem Vektor $\boldsymbol{Y}$ entnommen werden, handelt es sich bei dem Steuersignal für die Quellenauswahlschaltung hinter dem Stapelspeicher um Verzweigungsinformation, welche aus dem Vektor $\boldsymbol{B}$ abgeleitet werden muß. Dieses Signal ist normalerweise keine Komponente von $\boldsymbol{B}$, sondern wird über ein Schaltnetz aus $\boldsymbol{B}$ gewonnen.

Dadurch, daß das oberste Stapelwort einem Register entnommen wird, besteht in der Schleife, welche den $\boldsymbol{M}$-Speicher und den Stapelspeicher enthält, keine Pseudorückkopplung. Daß eine Pseudorückkopplung im Mikroprogrammwerk auch gar nicht zulässig ist, ergibt sich im nächsten Abschnitt.

4.5.6 Stabilität im Steuerkreis bei statisch lesbarem Speicher

Bei der Verwendung eines statisch lesbaren Mikroprogrammspeichers stellt die Zusammenschaltung von Operationswerk und Steuerwerk nach Abb. 2.6 ein pseudorückgekoppeltes System nach Gl. (4.7) dar. Da schon nachgewiesen wurde, daß im Operationswerk keine unerwünschten strukturellen Abhängigkeiten zwischen zwei Komponenten x_i und y_j auftreten, hängt also die Frage der Stabilität im Steuerkreis nach Abschnitt 4.4 nur davon ab, ob im Mikroprogrammwerk störende strukturelle Abhängigkeiten bestehen.

Es wird die in Abb. 4.24 dargestellte Struktur untersucht. Das Aufzeigen struktureller Abhängigkeiten in diesem Mikroprogrammwerk soll nicht durch eine formale Ableitung erfolgen, sondern durch ein einfaches Beispiel. Tabelle 4.11 zeigt eine Mikroprogrammtabelle in derselben Form, wie sie mit Tabelle 4.8 eingeführt wurde. Die Tabelle 4.11 sagt aus, daß die beiden angegebenen Wörter $\boldsymbol{M}$ unter den Adressen 31 und 32

Tabelle 4.11. Beispiel zur strukturellen Abhängigkeit im Mikroprogrammwerk

Zustand $\boldsymbol{Z}^n$	Verzweigung $(\boldsymbol{B}, \boldsymbol{X})^n$	Adresse $\boldsymbol{A}^n$	Steuervektor $(y_1 \quad y_2)^n$	Nächster Zustand $\boldsymbol{Z}^{n+1}$
⋮				
Z_k	$x_i = 0$	31	1 0	$\boldsymbol{Z}_m$
	$x_i = 1$	32	1 1	$\boldsymbol{Z}_{m+1}$
⋮				

im Mikroprogrammspeicher gespeichert sind. Die Steuervariable y_1 ist im Zustand $\boldsymbol{Z}_k$ logisch unabhängig von x_i, doch kann gezeigt werden, daß eine strukturelle Abhängigkeit besteht. Wenn sich x_i in irgendeiner Richtung ändert, müssen sich bei der Adresse $\boldsymbol{A}$ sechs Bit ändern, da sich die beiden zu $\boldsymbol{Z}_k$ gehörenden Adressen $31 \triangleq 011111$ und $32 \triangleq 100000$ in sechs Stellen unterscheiden. Bei diesem Übergang von einer Adresse zur anderen werden zwangsläufig kurzzeitig Adressen $\boldsymbol{A}$ auftreten, die nicht zu $\boldsymbol{Z}_k$ gehören. Es können also kurzzeitig Wörter $\boldsymbol{M}$ ausgelesen werden, in denen y_1 Null ist.

Es darf nun jedoch nicht angenommen werden, diese strukturelle Abhängigkeit liege im Addiernetz, d. h. es ist zwecklos, nach einem Adreßbildungsnetz zu suchen, welches die strukturelle Abhängigkeit eliminiert. Denn die strukturelle Abhängigkeit kommt von dem System Decoder–Speicher, welches das Kernstück der Mikroprogrammwerksstruktur ist. Das ist leicht einzusehen, wenn man bedenkt, daß unabhängig von der Art des Adreßbildungsnetzes jeder Änderung bei x_i eine Änderung des Decoderausgangswortes in zwei Stellen entspricht, denn der Code am Decoderausgang ist ein 1-aus-N-Code, und bei einem solchen Code unterscheiden sich zwei Codewörter stets in zwei Stellen. Beim Übergang von einem 1-aus-N-Codewort zu einem anderen muß damit gerechnet werden, daß kurzzeitig das Nullwort auftritt. Deshalb muß damit gerechnet werden, daß bei einer Änderung bei x_i kurzzeitig gar kein Wort $\boldsymbol{M}$ im Speicher adressiert wird, was bedeutet, daß die Komponenten von $\boldsymbol{M}$ kurzzeitig je nach Technologie alle Null oder alle Eins werden können. Dieser Hazard ist in einem Mikroprogrammwerk nicht eliminierbar.

Da es also im Mikroprogrammwerk mit statisch lesbarem Speicher nicht eliminierbare strukturelle Abhängigkeiten gibt, welche in einem pseudorückgekoppelten System (s. Gl. (4.7)) zu Oszillationen führen können, kann die Pseudorückkopplung im Steuerkreis für diesen Fall nicht zugelassen werden. Die Pseudorückkopplung wird dadurch unterbunden, daß die Struktur des Operationswerks nach Gl. (4.18) beschränkt wird. Die Notwendigkeit der Beschränkung des Operationswerks nach Gl. (4.18) ergab sich also sowohl für den Fall des dynamisch als auch des statisch lesbaren Mikroprogrammspeichers, jedoch für die beiden Fälle aus zwei völlig verschiedenen Gründen.

4.5.7 Steuerkreis ohne Pseudorückkopplung

Es soll im folgenden untersucht werden, was die Aufhebung der Pseudorückkopplung für das Gesamtsystem, bestehend aus Operationswerk und Steuerwerk bedeutet.

Wenn die Struktur des Operationswerks derart beschränkt ist, daß Gl. (4.18) an Stelle von Gl. (4.5) gilt, dann bedeutet dies, daß man nur noch eine Untermenge aus der Menge aller möglichen Operationsabläufe realisieren kann. Man hat nämlich alle diejenigen Operationsabläufe ausgeschlossen, bei denen in einem Taktschritt ein x_i von einem y_j abhängt. Als Beispiel eines ausgeschlossenen Algorithmus sei der Fall in Abb. 4.3 angegeben; die dortige Abfrage, ob $W < 0$ sei, kann durch den Ausgangsübertrag des Addiernetzes entschieden werden; die Steuersignale für die dem Addiernetz vorgeschalteten Quellenauswahlnetze entscheiden, aus welchen Registern die Operanden für die Addition stammen; somit hängt der Übertrag, also eine Komponente von $\boldsymbol{X}$, von bestimmten Komponenten von $\boldsymbol{Y}$ ab.

Ein Steuerablauf, der für ein nach Gl. (4.18) strukturbeschränktes Operationswerk gilt, zeichnet sich also dadurch aus, daß innerhalb der einzelnen Taktschritte, d. h. zwischen zwei Taktschrittendesymbolen, eine Abfrage der Komponenten von $\boldsymbol{X}$ stets vor der Wertzuweisung zum

Vektor $\boldsymbol{Y}$ erfolgen muß. Dadurch kann es zwangsläufig pro Taktschritt nur eine einzige statische Zuweisung geben, in welcher alle in diesem Taktschritt relevanten Komponenten von $\boldsymbol{Y}$ ihre Werte zugewiesen bekommen. Dies ist das wesentliche Merkmal eines Steuerablaufs für einen Steuerkreis ohne Pseudorückkopplung.

Als sich aus den Besonderheiten der Mikroprogrammwerksstruktur die Forderung nach Aufhebung der Pseudorückkopplung im Steuerkreis ergab, wurde die Strukturbeschränkung des Operationswerks als selbstverständliche Lösung eingeführt. Es muß nun an dieser Stelle ergänzt werden, daß auch eine Beschränkung des Steuerwerks hätte gewählt werden können. Die Pseudorückkopplung im Steuerkreis kann nämlich auch aufgehoben werden, indem man die Struktur des Steuerwerks derart beschränkt, daß an Stelle der allgemeinen Mealy-Ausgabefunktion (4.4) die Speicherausgabefunktion

$$\boldsymbol{Y}^n = \omega_s(\boldsymbol{Z}_s)^n \tag{4.22}$$

gilt. Auch diese Beschränkung bedeutet, daß man nur noch eine Untermenge aus der Menge aller möglichen Operationsabläufe realisieren kann. Man hat nämlich hier alle diejenigen Operationsabläufe ausgeschlossen, bei denen in einem Taktschritt ein y_j von einem x_i abhängt.

Ein Steuerablauf, der für ein nach Gl. (4.22) strukturbeschränktes Steuerwerk gilt, zeichnet sich also dadurch aus, daß innerhalb der einzelnen Taktschritte, d. h. zwischen zwei Taktschrittendesymbolen, eine Abfrage der Komponenten von $\boldsymbol{X}$ jeweils nur nach der Wertzuweisung zum Vektor $\boldsymbol{Y}$ erfolgen darf. Auch in diesem Fall ist also das Fehlen einer Pseudorückkopplung daran zu erkennen, daß es pro Taktschritt nur eine einzige statische Zuweisung gibt, in welcher alle in diesem Taktschritt relevanten Komponenten von $\boldsymbol{Y}$ ihre Werte zugewiesen bekommen.

Die charakteristischen Eigenschaften der verschiedenen Steuerkreisstrukturen werden im folgenden dadurch herausgearbeitet, daß von einem Steuerkreis mit Pseudorückkopplung ausgegangen wird, welcher in einen Steuerkreis ohne Pseudorückkopplung transformiert wird, und zwar schrittweise zuerst in einen Steuerkreis mit strukturbeschränktem Operationswerk und danach mit strukturbeschränktem Steuerwerk. Bei einem tatsächlichen Entwurf geht man natürlich nicht auf diese Weise vor, sondern da entscheidet man sich zu Beginn für eine bestimmte Steuerkreisstruktur, nach welcher man sich dann beim Entwurf des Operationswerks und bei der Aufstellung des Steuerablaufs richtet. Die im folgenden dargestellten Transformationsschritte treten also im Entwurfsprozeß in der Praxis nicht auf; ihre Darstellung an dieser Stelle hat lediglich den Zweck, bestimmte Unterschiede zwischen den verschiedenen Steuerkreisstrukturen auf leicht faßbare Weise aufzuzeigen.

Es wird von einem Steuerkreis ausgegangen, in welchem weder das Operationswerk noch das Steuerwerk strukturbeschränkt sind. Mit einem solchen Steuerkreis kann der Steuerablauf in Abb. 4.31 realisiert werden.

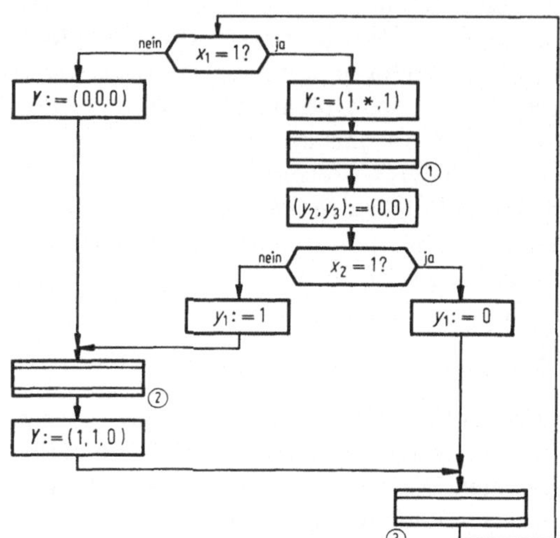

Abb. 4.31. Beispiel eines Steuerablaufs.

Der Vektor $\boldsymbol{X}$, welcher vom unbeschränkten Operationswerk ausgegeben wird, kann in zwei Teilvektoren $\boldsymbol{X}_a$ und $\boldsymbol{X}_u$ zerlegt werden; die Indizes a und u stehen für abhängig und unabhängig. Die Komponenten von $\boldsymbol{X}_a{}^n$ sind nach Gl. (4.5) von $\boldsymbol{Y}^n$ abhängig, während die Komponenten von $\boldsymbol{X}_u{}^n$ von $\boldsymbol{Y}^n$ unabhängig sind; für letztere gilt also Gl. (4.18).

Im Beispiel in Abb. 4.31 treten die beiden Teilvektoren $\boldsymbol{X}_a$ und $\boldsymbol{X}_u$ mit je einer Komponente auf. Die Komponente x_1 gehört zu $\boldsymbol{X}_u$, da sie vor den Zuweisungen zu $\boldsymbol{Y}$ abgefragt wird und somit nicht von $\boldsymbol{Y}$ abhängen kann. Die Komponente x_2 gehört zu $\boldsymbol{X}_a$, da sie erst abgefragt wird, nachdem y_2 und y_3 ihre Werte zugewiesen bekamen, was bedeutet, daß x_2 von y_2 und y_3 abhängen darf.

Es ist höchst einfach, aus einem Operationswerk ohne Strukturbeschränkung, welches also einen Vektor $\boldsymbol{X}_a$ liefert, ein Operationswerk mit Strukturbeschränkung zu machen, für welches Gl. (4.18) gilt; man braucht lediglich $\boldsymbol{X}_a$ um eine Taktperiode verzögert auszugeben, d. h. man braucht nur an Stelle des Vektors $\boldsymbol{X}_a$ einen Vektor $\boldsymbol{X}_{av}$ auszugeben, wobei zwischen den beiden Vektoren die einfache Verzögerungsbeziehung

$$\boldsymbol{X}_{av}^n = \boldsymbol{X}_a{}^{n-1} \tag{4.23}$$

besteht. Der Index v steht für verzögert.

In Abb. 4.32 ist ein Operationswerk gezeigt, welches auf diese Weise strukturbeschränkt wurde.

Es muß davor gewarnt werden, das Operationswerk in Abb. 4.32 mit einem Mealy-Automaten mit gepufferter Ausgabe (s. Abb. 4.20) zu verwechseln. Weil diese Verwechslung sehr nahe liegt und weil das Verständnis der Unterschiede zwischen den einzelnen Automatentypen an dieser Stelle äußerst wichtig ist, soll kurz versucht werden, die Unterschiede klarer herauszustellen.

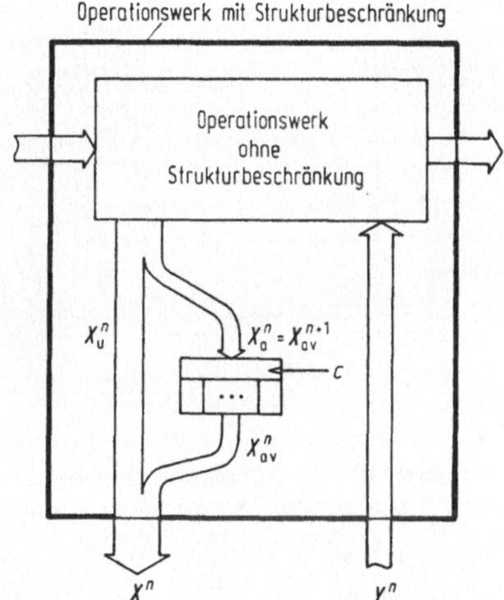

Abb. 4.32. Strukturbeschränkung eines Operationswerks.

Das Modell des Mealy-Automaten mit gepufferter Ausgabe in Abb. 4.20 ergab sich aus der Betrachtung dynamisch lesbarer Mikroprogrammspeicher, wo es ganz selbstverständlich war, daß das aus dem Speicher gelesene Wort $\boldsymbol{M}^n$ aus den beiden Abschnitten $\boldsymbol{Y}^n$ und $\boldsymbol{Z}^{n+1}$ besteht. Deshalb sind die Automatengleichungen für das Modell in Abb. 4.20 ganz normale Mealy-Automatenfunktionen nach Gl. (1.6) und (1.7).

Wenn man jedoch die Struktur in Abb. 4.20 ohne Bezug zum dynamisch lesbaren Mikroprogrammspeicher sieht, dann ist die Zuweisung der Takte und Zeiten nicht mehr zwingend vorgegeben, d. h. man kann dann auch nach anderen sinnvollen Zuweisungen suchen. Die einzig mögliche wesentlich andere Zuweisung ergibt das Modell in Abb. 4.33. Die Automatengleichungen für dieses neue Modell sind:

$$\boldsymbol{Y}^{n+1} = \gamma\,(\boldsymbol{Z}, \boldsymbol{X})^n, \tag{4.24}$$

$$\boldsymbol{Z}^{n+1} = \varepsilon\,(\boldsymbol{Z}, \boldsymbol{X})^n. \tag{4.25}$$

Diese können in die Automatengleichungen eines Speicherautomaten transformiert werden, indem man einen neuen Zustandsvektor

$$\boldsymbol{S}^n = (\boldsymbol{Z}, \boldsymbol{Y})^n \tag{4.26}$$

definiert. Dann kann man nämlich schreiben:

$$\boldsymbol{Y}^n = \omega(\boldsymbol{S})^n, \tag{4.27}$$

$$\boldsymbol{S}^{n+1} = \delta\,(\boldsymbol{S}, \boldsymbol{X})^n. \tag{4.28}$$

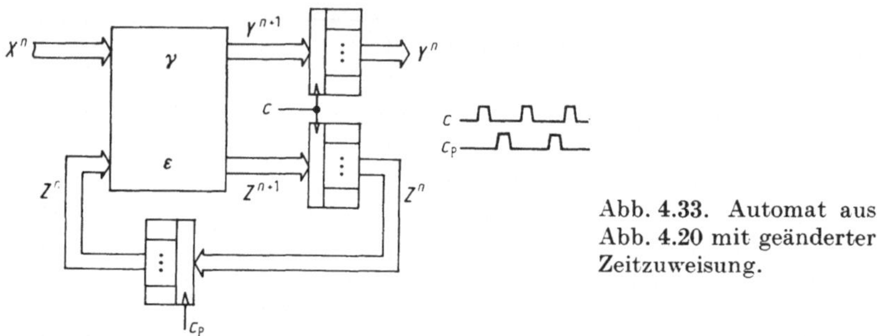

Abb. 4.33. Automat aus Abb. 4.20 mit geänderter Zeitzuweisung.

Obwohl die Struktur der beiden Modelle in Abb. 4.20 und Abb. 4.33 völlig gleich ist, handelt es sich im einen Fall um einen Mealy-, im anderen Fall um einen Speicherautomaten. Daß es sich bei dem Operationswerk in Abb. 4.32 hinsichtlich des Ausgabevektors $\boldsymbol{X}_{av}$ um einen Speicherautomaten und nicht um einen Mealy-Automaten mit gepufferter Ausgabe handelt, ist also aus der Struktur allein nicht ersichtlich, sondern man muß auch noch die Zeitzuweisung zur Entscheidung heranziehen.

Als nächstes muß nun geklärt werden, welchen Einfluß die Strukturbeschränkung nach Abb. 4.32 auf den Steuerablauf hat. Die folgende Beschreibung dieses Einflusses muß zwangsläufig etwas schwerfällig ausfallen, weil, wie gezeigt werden wird, die durchzuführenden Änderungen des Steuerablaufs im Detail vom inneren Aufbau des Operationswerks abhängen, welcher in dieser allgemeingültigen Darstellung außer acht bleiben muß. Nur im später folgenden Beispiel werden einige Annahmen über die spezielle Struktur des Operationswerkes gemacht werden.

Es ist selbstverständlich, daß ein Steuerablauf, der für das ursprüngliche Operationswerk ohne Strukturbeschränkung aufgestellt wurde, für das Operationswerk mit Strukturbeschränkung nicht mehr gültig sein kann. Der wesentliche Unterschied zwischen dem ursprünglichen und dem neuen Steuerablauf besteht darin, daß der neue Steuerablauf mehr Taktschritte enthält, denn dort, wo im ursprünglichen Steuerablauf Information aus $\boldsymbol{X}_a$ abgefragt wurde, muß im neuen Steuerablauf die entsprechende Information aus $\boldsymbol{X}_{av}$ abgefragt werden, und nach Gl. (4.23) bedeutet dies, daß man einen Taktschritt zur Bereitstellung dieser Information einschieben muß. In diesem eingeschobenen Taktschritt, an dessen Ende die abzufragende Information in das Ausgaberegister (s. Abb. 4.32) übernommen wird, kann man nur Zustandsänderungen in denjenigen Operationsblöcken zulassen, deren Steuerung von der abzufragenden Information unabhängig ist. Man muß also in diesem Taktschritt die Werte für die Komponenten des Vektors $\boldsymbol{Y}$ so festlegen, daß der Zustand derjenigen Operationsblöcke, deren Steuerung von der Abfrage abhängt, am Taktschrittende nicht verändert wird. Falls in dem ursprünglichen Operationswerk ohne Strukturbeschränkung diese Steuerungsmöglichkeit nicht besteht, muß das Werk dahingehend verändert werden. Das Einschieben von Taktschritten in den ursprünglichen Steuerablauf bedeutet einen Verlust an Verarbeitungsgeschwindigkeit; dieser Nachteil ist unumgänglich, wenn im Steuerkreis keine Pseudorückkopplung zugelassen ist.

Die obigen Aussagen sollen nun durch ein einfaches Beispiel veranschaulicht werden, und zwar wird der Steuerablauf in Abb. 4.31 betrachtet. Die in diesem Steuerablauf gegebene Information genügt nicht für die Aufstellung des Steuerablaufs für das strukturbeschränkte Operationswerk; vielmehr muß noch etwas über die Steuerfunktion von $\boldsymbol{Y}$ im Operationswerk bekannt sein. Es sei folgendes angenommen: Die Möglichkeit, über $\boldsymbol{Y}$ bestimmte Operationsblöcke so anzusteuern, daß sie ihren Zustand nicht ändern, besteht nicht. Deshalb wird das ursprüngliche Operationswerk derart verändert, daß es durch einen neuen Vektor $\boldsymbol{Y}$ mit vier Komponenten steuerbar wird. Die ersten drei Komponenten von $\boldsymbol{Y}$ sind gleich denen in Abb. 4.31, die vierte Komponente y_4 entscheidet, ob die durch die ersten drei Komponenten definierte Zustandsänderung im Operationswerk stattfinden soll ($y_4 = 1$) oder nicht ($y_4 = 0$). Aus dem Ablaufdiagramm (Abb. 4.31) ist ersichtlich, daß $\boldsymbol{X}_u$ aus der Komponente x_1 und $\boldsymbol{X}_a$ aus der Komponente x_2 besteht. Im neuen Ablaufdiagramm kann also zwar noch x_1, aber nicht mehr x_2 abgefragt werden; stattdessen wird dort das um einen Taktschritt verzögerte x_2 abgefragt, welches x_{2v} genannt wird. Das neue Ablaufdiagramm ist in Abb. 4.34 dargestellt. Man erkennt daran das schon früher abgeleitete Merkmal für Steuerabläufe ohne Pseudorückkopplung: Für jeden Taktschritt gibt es nur eine einzige statische Zuweisung, in welcher alle in diesem Taktschritt relevanten Komponenten von $\boldsymbol{Y}$ ihre Werte zugewiesen bekommen.

Nun ist der erste Teil der schrittweisen Steuerkreistransformation abgeschlossen; der Steuerkreis mit Pseudorückkopplung wurde in einen solchen ohne Pseudorückkopplung transformiert, indem das Operationswerk strukturbeschränkt wurde. Abb. 4.35 zeigt den Steuerkreis in dieser Form; es handelt sich um die Zusammenschaltung eines strukturbeschränkten Operationswerks nach Abb. 4.32 mit einem Mikroprogrammwerk nach Abb. 4.24. Nun wird nun dieser Steuerkreis schrittweise weitertransformiert, bis sich ein Steuerkreis mit strukturbeschränktem Steuerwerk ergibt.

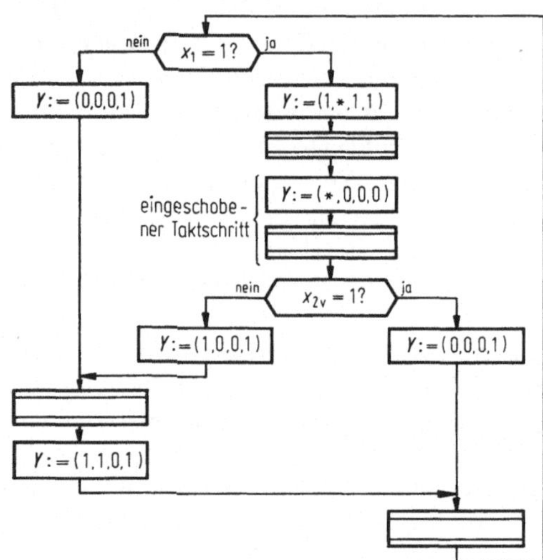

Abb. 4.34. Steuerablauf aus Abb. 4.31 mit eliminierter Pseudorückkopplung.

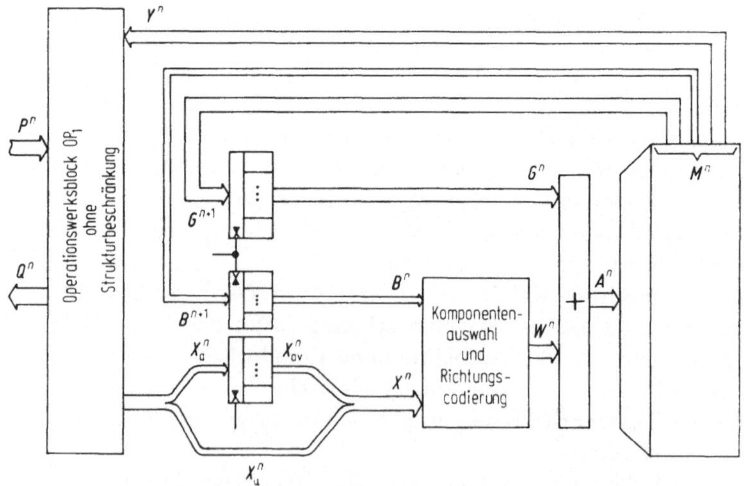

Abb. 4.35. Vollständiger bisher entwickelter Steuerkreis.

Als erstes wird gezeigt, daß es möglich ist, die Aufteilung des Vektors $\boldsymbol{X}$ in die zwei Teilvektoren $\boldsymbol{X}_u$ und $\boldsymbol{X}_{av}$ zu eliminieren, indem man auch in den Pfad von $\boldsymbol{X}_u$ ein Register einfügt. Am Eingang des Registers, welches am Ausgang den Vektor $\boldsymbol{X}_u^n$ liefern soll, muß der Vektor $\boldsymbol{X}_u^{n+1}$ liegen. In den Pfad von $\boldsymbol{X}_u$ kann also nur dann ein Register eingefügt werden, wenn man dem Operationswerk zur Zeit n den Vektor $\boldsymbol{X}_u^{n+1}$ entnehmen kann. Wie $\boldsymbol{X}_u^{n+1}$ im Operationswerk gebildet werden müßte, ergibt sich aus Gl. (4.18):

$$\boldsymbol{X}_u^{n+1} = \omega'_{op}\,(\boldsymbol{Z}_{op}, \boldsymbol{P})^{n+1}. \tag{4.29}$$

Wenn man darin $\boldsymbol{Z}_{op}^{n+1}$ durch die Übergangsfunktion δ_{op} ausdrückt, erhält man

$$\boldsymbol{X}_u^{n+1} = \omega'_{op}\,[\delta_{op}\,(\boldsymbol{Z}_{op}, \boldsymbol{P}, \boldsymbol{Y})^n, \boldsymbol{P}^{n+1}]. \tag{4.30}$$

Diese Funktion ist mit der Struktur in Abb. 4.35 nicht realisierbar, weil dort der Vektor $\boldsymbol{P}^{n+1}$ zur Zeit n noch nicht zur Verfügung steht. Wenn $\boldsymbol{X}_u^n$ nicht von $\boldsymbol{P}^n$ abhängen würde, was meist für einen Großteil, jedoch nicht für alle der Komponenten von $\boldsymbol{X}_u$ zutrifft, wenn also an Stelle von Gl. (4.29) die Gleichung

$$\boldsymbol{X}_u^{n+1} = \omega'_{op}(\boldsymbol{Z}_{op})^{n+1} \tag{4.31}$$

gelten würde, dann könnte man $\boldsymbol{X}^{n+1}$ zur Zeit n wie folgt gewinnen:

$$\boldsymbol{X}_u^{n+1} = \omega'_{op}\,[\delta_{op}(\boldsymbol{Z}_{op}, \boldsymbol{P}, \boldsymbol{Y})]^n. \tag{4.32}$$

Was das bedeutet, kann leicht veranschaulicht werden: Mit x_{ui} werde der Stand eines Zählers im Operationswerk abgefragt; x_{ui} sei nur dann Eins, wenn der Zähler auf 24 steht. Wenn man wissen will, ob der Zähler zur Zeit $(n+1)$ auf 24 steht, kann man das zur Zeit n schon aus dem Zählerstand und der Ansteuerkombination erkennen; wenn beispielsweise der Zähler zur Zeit n auf 23 steht und so angesteuert wird, daß er bei Taktschrittende um Eins weiterzählt, dann kann man logisch schließen, daß er zur Zeit $(n+1)$ auf 24 stehen wird.

Damit man auch diejenigen Komponenten von $\boldsymbol{X}_u$, für welche nicht der einfache Fall von Gl. (4.32), sondern Gl. (4.30) gilt, zur Zeit $n+1$ gewinnen kann, muß der Vektor $\boldsymbol{P}$ zur Zeit $n+1$ zur Verfügung gestellt werden. Da $\boldsymbol{P}$ von außen angeliefert wird, gibt es nur eine einzige Möglichkeit, $\boldsymbol{P}^{n+1}$ verfügbar zu machen: Man muß einfach das Signalleitungsbündel, auf dem $\boldsymbol{P}$ angeliefert wird und welches bisher stets mit $\boldsymbol{P}^n$ bezeichnet wurde, nun mit $\boldsymbol{P}^{n+1}$ bezeichnen. Obwohl diese Umbenennung sehr formal ist, hat sie doch praktische Auswirkungen, indem sie die „Reaktionszeit“ des Gesamtsystems um eine Taktperiode verlängert. Denn das Eingabesystem, welches den Vektor $\boldsymbol{P}$ liefert und damit bestimmte Prozeßabläufe auslöst, muß nun jeweils eine Taktperiode länger warten, bis eine durch den ausgelösten Prozeß zu bestimmende Antwort bei $\boldsymbol{Q}$ verfügbar wird. Da jedoch i. a. die ausgelösten Prozesse sehr viele Taktschritte umfassen, fällt die Verlängerung um einen Taktschritt meist gar nicht ins Gewicht. Als Beispiel sei das Drücken einer Starttaste erwähnt, wodurch lange Programmabläufe ausgelöst werden; in diesem Fall fällt es gar nicht auf, wenn die Rechenanlage eine Taktperiode verstreichen läßt, bevor sie auf das gegebene Startsignal reagiert.

Nachdem nun also geklärt ist, wie der Vektor $\boldsymbol{X}_u^{n+1}$ gewonnen werden kann, kann man den Steuerkreis in Abb. 4.35 in den Steuerkreis in Abb. 4.36 transformieren. Der Unterschied zwischen den beiden Operationswerksblöcken OP_1 und OP_2 besteht in der Zeitverschiebung des ausgegebenen Vektors $\boldsymbol{X}_u$.

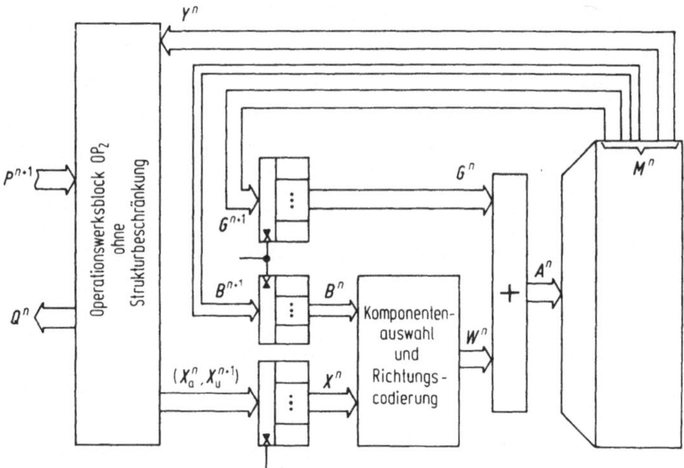

Abb. 4.36. Steuerkreis mit konzentriertem $\boldsymbol{X}$-Register.

Im Steuerkreis in Abb. 4.36 kommen alle Eingangssignale zu dem Verzweigungs- und Adreßbildungsnetz vor dem $\boldsymbol{M}$-Speicher aus Registern. Es ist offensichtlich, daß die Funktion des Systems nicht verändert wird, wenn man die Register vom Eingang des Schaltnetzes zu dessen Ausgang verlegt, wie es Abb. 4.37 zeigt. Diese Verlegung des Registers bringt eine Aufwandsersparnis, da die Zahl der binären Eingangssignale des Verzweigungs- und Adreßbildungsnetzes wesentlich größer ist als die Zahl der Ausgangssignale.

Durch den letzten Schritt der Steuerkreistransformation wurde die durch $\boldsymbol{X}^n$ und $\boldsymbol{Y}^n$ definierte Schnittstelle zwischen Operationswerk und Steuerwerk aufgelöst. Da jedoch die beiden Steuerkreise in Abb. 4.36

und 4.37 die gleichen Steuerabläufe realisieren, muß natürlich auch im Steuerkreis in Abb. 4.37 das Operationswerk strukturbeschränkt sein, d. h. X^n hängt auch in der Struktur in Abb. 4.37 nicht von Y^n ab. Offensichtlich werden hier Aussagen über ein Operationswerk gemacht, welches als Schaltwerksblock gar nicht existiert. Auf dieses Problem muß noch etwas näher eingegangen werden.

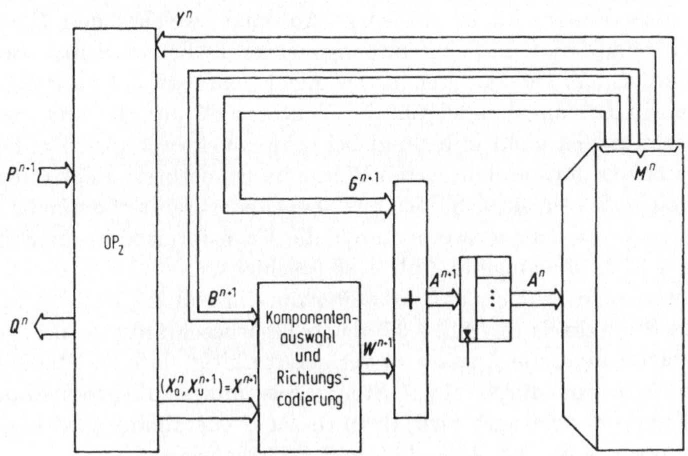

Abb. 4.37. Steuerkreis mit Adreßregister.

Im Kapitel 2 wurde die Zerlegung eines komplexen Schaltwerks in ein Operationswerk und ein Steuerwerk als zweckmäßiges Konzept zur Erleichterung des Entwurfs eingeführt. Das Operationswerk ergab sich als Zusammenschaltung von Operationsblöcken mit leicht verständlicher Funktion verhältnismäßig unmittelbar aus dem zu realisierenden Verarbeitungsalgorithmus. Nach dem Entwurf des Operationswerks ergab sich der Steuerablauf, eine besondere Form der Algorithmenbeschreibung, bei der die Abhängigkeit zwischen den beiden Schnittstellenvektoren, dem Verzweigungsvektor und dem Steuervektor, dargestellt wurde. Dieser Steuerablauf bildete den Ausgangspunkt des Steuerwerksentwurfs. Bei der Einführung dieses Konzepts war von einer Strukturbeschränkung eines der beiden Werke noch nicht die Rede.

Im Falle der Mikroprogrammierung besteht der Steuerwerksentwurf nur noch aus dem Einschreiben von Codewörtern in den Mikroprogrammspeicher. Deshalb muß nun der Steuerablauf so dargestellt werden, daß es leicht ist, daraus die in den Mikroprogrammspeicher einzuschreibende Information abzuleiten. Wenn es möglich ist, aus einem Steuerablauf auf einfache Weise die Mikroprogrammspeicherinformation abzuleiten, dann gibt es keinen Grund, diese Steuerablaufdarstellung zu verwerfen, auch wenn die dem Ablauf zugrunde liegende Schnittstelle $(\boldsymbol{X}, \boldsymbol{Y})^n$ im Steuerkreis nicht existiert. Eine formale Definition des Operationswerks und des Steuerwerks ist in diesem Fall nicht einmal unbedingt notwendig; damit es jedoch weiterhin sinnvoll bleibt, von strukturbeschränktem Operationswerk oder Steuerwerk zu reden, ist folgende formale Definition zweckmäßig: Das Operationswerk ist derjenige Automat, welcher den Eingangsvektor $\boldsymbol{Y}^n$ empfängt und den Ausgangsvektor $\boldsymbol{X}^n$ liefert; das Steuerwerk ist derjenige Automat, welcher den Eingangsvektor $\boldsymbol{X}^n$ empfängt und den Ausgangsvektor $\boldsymbol{Y}^n$ liefert. Selbst wenn die Schnittstelle $(\boldsymbol{X}, \boldsymbol{Y})^n$ im Steuerkreis nicht existiert, so existiert doch stets je ein Leitungsbündel für die Vektoren $\boldsymbol{X}$ und $\boldsymbol{Y}$; nur die Zeitkennzeichnung ist nicht unbedingt bei beiden Vektoren gleich n. Obwohl also die beiden formal definierten Werke im Steuerkreis nicht unbedingt existieren, so lassen sie sich doch aus dem Steuerkreis auf einfache Weise ableiten, wie es beispielsweise durch die Transformation der Struktur in Abb. 4.37 in diejenige in Abb. 4.36 geschieht.

Nun ist also geklärt, daß es weiterhin sinnvoll ist, das Operationswerk im Steuerkreis in Abb. 4.37 als strukturbeschränkt zu bezeichnen. Damit bleibt auch die Aussage unverändert gültig, daß der Steuerablauf in Abb. 4.34 nur durch einen Steuerkreis mit strukturbeschränktem Operationswerk realisiert wird, denn dieser Steuerablauf wird von allen drei Strukturen in Abb. 4.35, 4.36 und 4.37 realisiert.

Durch bloße Umbenennung des $\boldsymbol{X}$-Leitungsbündels in Abb. 4.37 von $\boldsymbol{X}^{n+1}$ nach $\boldsymbol{X}^n$ entsteht ein Steuerkreis mit strukturbeschränktem Steuerwerk. Denn dann kann das Steuerwerk als Speicherautomat mit dem Zustandsvektor $\boldsymbol{A}$ interpretiert werden, für den folgende Automatengleichungen gelten:

$$\boldsymbol{Y}^n = \omega_s(\boldsymbol{A})^n, \tag{4.33}$$

$$\boldsymbol{A}^{n+1} = \delta_s(\boldsymbol{A}, \boldsymbol{X})^n. \tag{4.34}$$

Mit diesem Steuerkreis kann der Steuerablauf aus Abb. 4.34 nicht mehr realisiert werden. Es ist jedoch selbstverständlich, daß sich durch die bloße Umbenennung ohne irgendwelche Strukturänderung die Funktion des Gesamtsystems nicht ändern kann. Es muß also ein Steuerablauf für den Steuerkreis nach der Umbenennung existieren, mit dem die gleiche Funktion des Gesamtsystems beschrieben wird, die auch durch das Ablaufdiagramm in Abb. 4.34 für den Steuerkreis vor der Umbenennung beschrieben wurde. Dieses Ablaufdiagramm ist in Abb. 4.38 dargestellt. Die diesem Ablaufdiagramm zugrunde liegende Schnittstelle $(\boldsymbol{X}, \boldsymbol{Y})^n$ tritt im Steuerkreis in Abb. 4.37 nach der Umbenennung tatsächlich auf. Die Umbenennung ist also zweckmäßig, weil dadurch wieder eine anschauliche Zerlegung des Steuerkreises in ein Operationswerk und ein Steuerwerk erreicht wird.

Ein Vergleich der beiden Ablaufdiagramme in Abb. 4.34 und 4.38 zeigt, daß lediglich die Aufeinanderfolge von statischen und dynamischen Zuweisungssymbolen vertauscht ist: In Abb. 4.34 folgt auf jede Wertzuweisung zu $\boldsymbol{Y}$ ein Taktschrittendesymbol, in Abb. 4.38 geht jeder Wertzuweisung zu $\boldsymbol{Y}$ ein Taktschrittendesymbol voran. Da in den Takt-

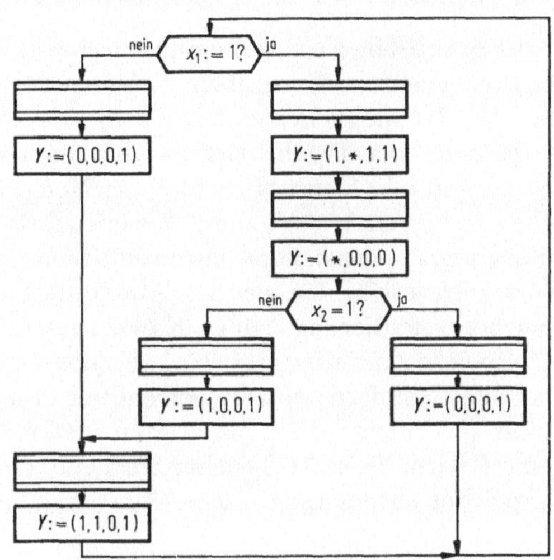

Abb. 4.38. Steuerablauf aus Abb. 4.34 für strukturbeschränktes Steuerwerk.

schrittendesymbolen keine Zuweisungen stehen, weil Übergangsbeschränkungen bei $\boldsymbol{X}$ für die Mikroprogrammierung irrelevant sind, kann man die Taktschrittendesymbole weglassen. Da bei der Aufstellung eines Steuerablaufs die Steuerkreisstruktur ja schon festliegt, ist die Lage der Taktschrittgrenzen im Ablaufdiagramm eindeutig definiert und braucht nicht eingetragen zu werden. Dann erhält man für den Steuerkreis in Abb. 4.37 für beide möglichen Benennungen des $\boldsymbol{X}$-Leitungsbündels das gleiche Ablaufdiagramm, was recht zweckmäßig ist.

Nun muß noch die Frage behandelt werden, ob eine der beiden Steuerkreisstrukturen aus Abb. 4.35 und 4.37 der anderen vorzuziehen ist. Der Unterschied hinsichtlich des Schaltungsaufwandes ist sehr gering. In Abb. 4.35 ist die Zahl der sichtbaren Registerstellen etwas größer als in Abb. 4.37; dafür kann im Operationswerksblock OP_2 in Abb. 4.37 ein leichter Mehraufwand gegenüber OP_1 erforderlich sein, der mit der Gewinnung von $\boldsymbol{X}_u^{n+1}$ zusammenhängt. In zwei Punkten ist der Steuerkreis in Abb. 4.37 etwas weniger vorteilhaft als derjenige in Abb. 4.35: Erstens bringt die Verwendung des Eingangsvektors $\boldsymbol{P}^{n+1}$ einen schon erwähnten geringen Geschwindigkeitsverlust, und zweitens ist der Operationswerksblock OP_2, in dem der Vektor $\boldsymbol{X}_u^{n+1}$ gewonnen wird, etwas weniger leicht verständlich zu dokumentieren als der Block OP_1.

Diese Vorteile wiegen jedoch nicht so schwer, daß sie unbedingt die Wahl entscheiden. Der Steuerkreis in Abb. 4.37 ist wegen der zentralen Lage des Adreßregisters etwas einfacher gegliedert als der Steuerkreis in Abb. 4.35 und wird deshalb häufig vorgezogen.

4.5.8 Reduktion des Steuerwortspeicheraufwands

In praktischen mikroprogrammierten Systemen liegt die Wortlänge des Steuervektors $\boldsymbol{Y}$ ungefähr zwischen 20 und 100. Das bedeutet, daß die Zahl der möglichen unterschiedlichen Vektoren $\boldsymbol{Y}$ sehr groß ist. Es ist jedoch eine Erfahrungstatsache, daß im Mikroprogrammspeicher i. a. nur ein sehr kleiner Bruchteil der Menge aller möglichen unterschiedlichen Vektoren $\boldsymbol{Y}$ vorkommt. Zwar sind die meisten der Wörter $\boldsymbol{M}$ des Mikroprogrammspeichers unterschiedlich, aber es gibt oft mehrere Wörter $\boldsymbol{M}$, welche den gleichen Abschnitt $\boldsymbol{Y}$ enthalten. Deshalb ist durch Speicherkaskadierung eine Kapazitätsreduktion zu erwarten. Bei der Speicherkaskadierung wird $\boldsymbol{Y}$ nicht direkt dem $\boldsymbol{M}$-Speicher entnommen, sondern einem getrennten $\boldsymbol{Y}$-Speicher, dessen Kapazität durch die Menge aller benötigten unterschiedlichen Vektoren $\boldsymbol{Y}$ bestimmt wird. Dem $\boldsymbol{M}$-Speicher wird nur noch die Adresse $\boldsymbol{A}_\mathrm{Y}$ für den $\boldsymbol{Y}$-Speicher entnommen, wie es die Abb. 4.39 zeigt.

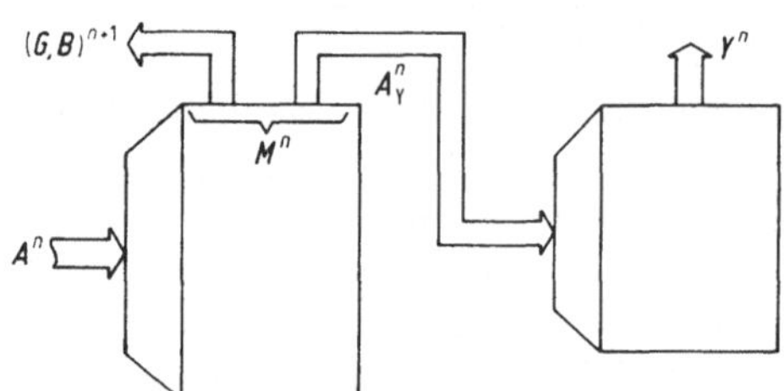

Abb. 4.39. Speicherkaskadierung für den Steuervektor.

Für die quantitative Erfassung der Kapazitätsersparnis seien die Wortlängen wie folgt benannt:

k Wortlänge von $\boldsymbol{A}$,

l Wortlänge von $\boldsymbol{A}_\mathrm{Y}$,

m Wortlänge von $\boldsymbol{Y}$.

Zur Speicherung von $\boldsymbol{Y}$ im $\boldsymbol{M}$-Speicher wird die Kapazität

$$C_{\mathrm{MY}} = m \cdot 2^k \tag{4.35}$$

benötigt. Wenn für $\boldsymbol{Y}$ ein getrennter Speicher vorgesehen wird, ist neben der Kapazität

$$C_\mathrm{Y} = m \cdot 2^l \tag{4.36}$$

des $\boldsymbol{Y}$-Speichers noch die Kapazität

$$C_{\mathrm{MA}} = l \cdot 2^k \tag{4.37}$$

im $\boldsymbol{M}$-Speicher erforderlich. Der Kapazitätsunterschied ergibt sich zu

$$\Delta C = C_{\mathrm{MY}} - (C_{\mathrm{Y}} + C_{\mathrm{MA}}) = (m - l) \cdot 2^k - m \cdot 2^l . \tag{4.38}$$

Damit durch die Speicherkaskadierung eine Kapazitätsersparnis eintritt, muß ΔC positiv sein, d. h. es muß gelten

$$(m - l) \cdot 2^k > m \cdot 2^l \tag{4.39}$$

oder

$$(m - l) \cdot 2^{k-l} > m . \tag{4.40}$$

In der Praxis ist diese Bedingung meist erfüllt, denn dort gilt i. a.

$$m > 2 \cdot l \tag{4.41}$$

und

$$(k - l) \geq 1 , \tag{4.42}$$

woraus

$$(m - l) > \frac{m}{2} \tag{4.43}$$

und

$$2^{k-l} \geq 2 \tag{4.44}$$

folgen. Das Produkt der beiden Ungleichungen (4.43) und (4.44) ergibt die Bedingung (4.40).

Ein realistisches Zahlenbeispiel sei dazu angegeben:

$k = 12$, d. h. $2^{12} = 4096$ Wörter im $\boldsymbol{M}$-Speicher,

$l = 10$, d. h. $2^{10} = 1024$ unterschiedliche Vektoren $\boldsymbol{Y}$,

$m = 40$, Wortlänge von $\boldsymbol{Y}$.

Die Bedingung (4.40) ist erfüllt:

$$30 \cdot 2^2 > 40 ,$$

d. h. die Speicherkaskadierung bringt eine Kapazitätsersparnis.

Da die Kaskadierung von Speichern eine längere Taktperiode bedingt, was einen unzumutbaren Verlust an Verarbeitungsgeschwindigkeit bedeuten kann, wird oft auf die mögliche Kapazitätsersparnis zugunsten einer höheren Verarbeitungsgeschwindigkeit verzichtet.

Im Zusammenhang mit Abb. 4.17 wurde schon darauf hingewiesen, daß die aus dem $\boldsymbol{Y}$-Speicher des Mikroprogrammwerks gelesenen Steuersignale nicht unbedingt direkt den einzelnen Operationsblöcken zugeordnet sein müssen, sondern daß man vielmehr die aus dem Speicher gelesenen Codewörter erst in ein Codewandlernetz schicken kann, welches dann die längeren Steuerwörter ausgibt. Solange dieses Codewandlernetz keine systematische Struktur hat, rechnet man es zweckmäßigerweise zum Operationswerk. Es besteht jedoch oft die Möglichkeit einer systematischen Codewandlung, welche im Mikroprogrammwerk realisiert werden kann. Dieses Verfahren soll im folgenden kurz dargestellt werden.

Die Betrachtung geht von einem Steuervektor aus, mit dem abschnittsweise die einzelnen Operationsblöcke angesteuert werden. Für die Art der Ansteuerung eines Operationsblockes werden nun die beiden Fälle der aktiven und der passiven Ansteuerung definiert. *Passive Ansteuerung* liegt vor, wenn in dem betrachteten Taktschritt keine ansteuerungsabhängigen Ausgangssignale des Blockes ausgewertet werden und wenn am Taktschrittende keine Zustandsänderung im Block stattfindet. Da man bei der Codierung der Ansteuersituationen des Blockes freie Wahl hat, läßt sich immer erreichen, daß die passive Ansteuerung durch ein Nullwort geschieht. Als *aktive Ansteuerung* werden alle anderen Ansteuersituationen bezeichnet.

Wenn nun ein Operationswerk zwei Blöcke enthält, die im Steuerablauf nie gleichzeitig, d. h. nie im selben Taktschritt beide aktiv angesteuert werden müssen, dann kann man in dem zu speichernden Steuer-

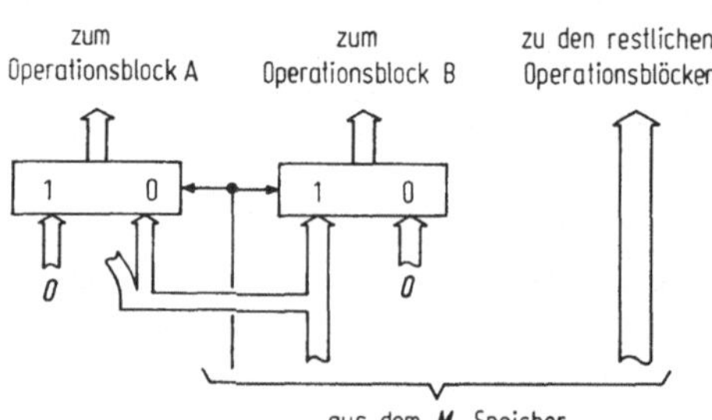

Abb. 4.40. Erstes Beispiel einer Mehrfachausnutzung von Steuersignalen.

wort den kürzeren der beiden Steuerabschnitte für die zwei Blöcke einsparen. Man braucht nämlich dann für die aktive Ansteuerung der beiden Blöcke nur einen Abschnitt im gespeicherten Steuerwort vorzusehen; die Zuordnung des jeweils gespeicherten Abschnitts zu einem der beiden Operationsblöcke muß mit einer weiteren Binärstelle codiert und gespeichert werden. Abb. 4.40 zeigt, daß die Zuordnung über Quellenauswahlnetze geschieht, die mit dem Zuordnungssignal gesteuert werden.

Dieses Verfahren läßt sich noch verallgemeinern. Es ist einzusehen, daß man das gespeicherte Steuerwort nur so lang zu machen braucht, daß man ihm die maximale Zahl der im Steuerablauf gleichzeitig benötigten aktiven Steuersignale entnehmen kann. Abb. 4.41 veranschaulicht diese Aussage anhand eines einfachen Beispiels: Von drei Operationsblöcken werden höchstens zwei gleichzeitig aktiv angesteuert. Die Ansteuervektoren sind der Einfachheit wegen gleich lang gemacht.

Dieses Verfahren kann häufig angewandt werden, denn es kommen nur ganz selten Steuerabläufe vor, welche die Möglichkeit zur gleichzeitigen aktiven Ansteuerung sämtlicher Operationsblöcke erfordern.

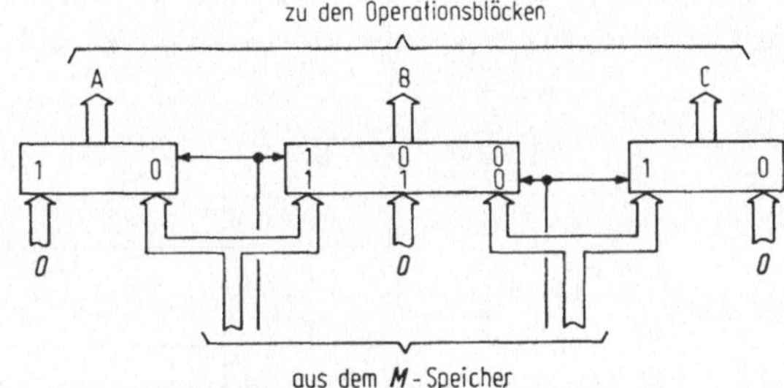

Abb. 4.41. Zweites Beispiel einer Mehrfachausnutzung von Steuersignalen.

4.5.9 Mikroprogrammwerke mit Operationstaktausblendung

Allen bisher betrachteten Mikroprogrammwerken war gemeinsam, daß pro Taktperiode ein Steuervektor Y ausgegeben wurde; dabei war es selbstverständlich, daß das Mikroprogrammwerk und das Operationswerk mit dem gleichen Takt getaktet wurden. Es soll nun von diesem Konzept abgegangen werden, indem dem Mikroprogrammwerk freigestellt wird, zur Bereitstellung eines Steuervektors Y mehr als eine Taktperiode zu benötigen. In diesem Fall kann der Takt c_{op} für das Operationswerk nicht mehr identisch sein mit dem Takt c_s für das Steuerwerk; vielmehr darf zu jedem ausgegebenen Steuervektor Y nur ein Operationstaktimpuls ausgegeben werden. Dies geschieht durch eine Taktausblendschaltung, wie es Abb. 4.42 zeigt. Als Taktausblendschal-

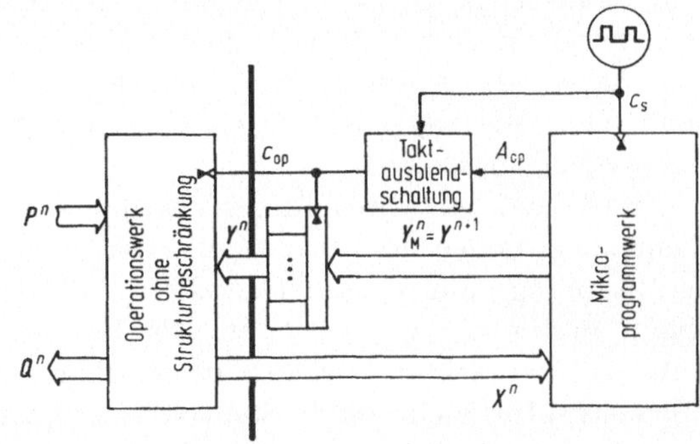

Abb. 4.42. Steuerkreis mit Operationstaktausblendung.

tung wird der asynchrone Automat in Abb. 1.30 verwendet. Der ausgeblendete Operationstaktimpuls sorgt auch für die Übernahme des Vektors $\boldsymbol{Y}_{\mathrm{M}}$ in das Ausgaberegister für $\boldsymbol{Y}$, welches deshalb benötigt wird, weil der Vektor $\boldsymbol{Y}$ dem Operationswerk jeweils zwischen zwei aufeinanderfolgenden Operationstaktimpulsen konstant zur Verfügung stehen muß; der Vektor $\boldsymbol{Y}_{\mathrm{M}}$ ist ja jeweils nur für eine Periode des Steuertaktes c_{s} beobachtbar, wie Abb. 4.43 zeigt. Dadurch, daß in dieser Abbildung das Beobachtbarkeitsintervall für $\boldsymbol{X}$ jeweils etwas später beginnt als das Beobachtbarkeitsintervall für $\boldsymbol{Y}$, wurde zum Ausdruck gebracht, daß $\boldsymbol{X}^n$ im Operationswerk kombinatorisch von $\boldsymbol{Y}^n$ abhängen darf.

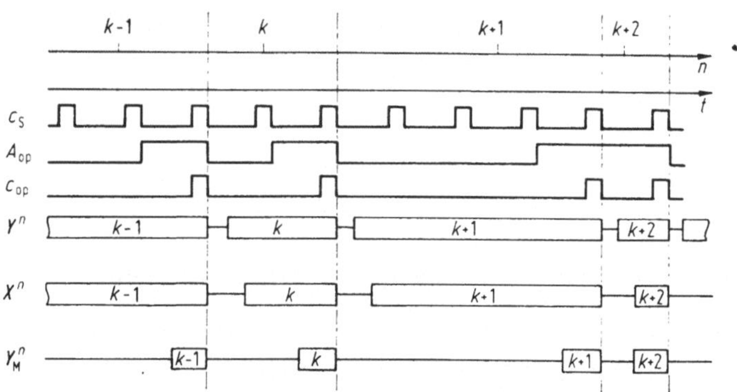

Abb. 4.43. Beobachtbarkeitsintervalle für den Steuerkreis in Abb. 4.42 in Abhängigkeit vom Ausblendsignal A_{op}.

Da in Abb. 4.42 das Ausgaberegister für $\boldsymbol{Y}$ zum Steuerwerk gerechnet wurde, ist das Steuerwerk ein Speicherautomat. Im Zusammenhang mit Abb. 4.37 wurde schon einmal ein Mikroprogrammwerk behandelt, welches ein Speicherautomat war. Damals war die Menge der Steuerwerkszustände gleich der Menge $\mathscr{A}$ aller unterschiedlichen Mikroprogrammspeicheradressen. Die Menge der Steuerwerkszustände für das Steuerwerk in Abb. 4.46 soll auch mit $\mathscr{A}$ bezeichnet werden, so daß man formal die Automatengleichungen (4.33) und (4.34) übernehmen kann. Eine anschauliche Interpretation der Menge $\mathscr{A}$ läßt sich jedoch erst später geben.

Der Grund, eine Steuerkreisstruktur nach Abb. 4.42 in Betracht zu ziehen, liegt in der Möglichkeit, auf diese Weise eine Kapazitätsersparnis im Mikroprogrammspeicher zu erzielen, falls der zu realisierende Steuerablauf nur wenig verzweigt ist. Als Beispiel sei der Steuerablauf in Abb. 4.44 betrachtet, welcher im Hinblick auf Realisierbarkeit mit einem strukturbeschränkten Steuerwerk aufgebaut wurde. Das Signal x_1

kann als Startsignal betrachtet werden, welches eine aus 24 Taktschritten bestehende unverzweigte Steuerfolge auslöst; innerhalb dieser unverzweigten Steuerfolge stellt die Zustandsfolge eine reine Zählerfolge dar. Es liegt nahe zu versuchen, diese Systematik der Zustandsübergangsfunktion δ_s auszunutzen, um die Speicherung von $\boldsymbol{A}^{n+1}$ im $\boldsymbol{M}$-Speicher überflüssig zu machen. Nur an den Stellen im Ablauf, wo die reine Zählerfolge unterbrochen wird, im Beispiel also bei den beiden Übergängen von 1 nach 1 und von 25 nach 1, soll noch $\boldsymbol{A}^{n+1}$ dem $\boldsymbol{M}$-Speicher entnommen werden.

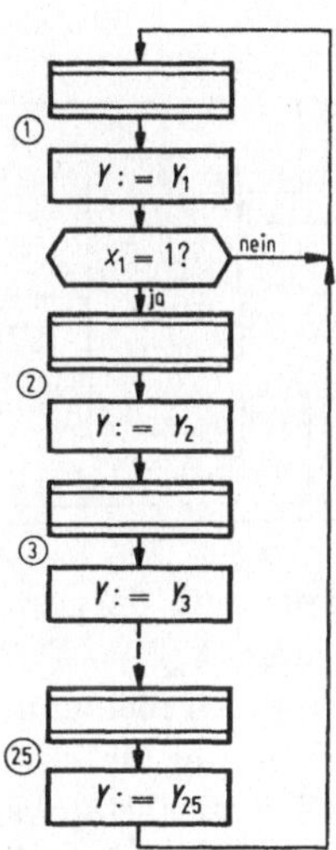

Abb. 4.44.
Beispiel eines wenig verzweigten Steuerablaufs.

Daß dem $\boldsymbol{M}$-Speicher manchmal der Vektor $\boldsymbol{A}^{n+1}$ entnommen werden soll und manchmal nicht, läßt sich nur derart realisieren, daß man in jedem $\boldsymbol{M}$-Wort eine Interpretationsmarkierung anbringt, welche bestimmt, wie die restlichen Komponenten des $\boldsymbol{M}$-Wortes zu interpretieren sind. Die Interpretationsmarkierung $\boldsymbol{I}$ gibt an, ob das $\boldsymbol{M}$-Wort einen Steuervektor $\boldsymbol{Y}$ enthält oder nicht. Wenn $\boldsymbol{Y}$ enthalten ist, enthält $\boldsymbol{M}$ keinen Abschnitt $\boldsymbol{A}^{n+1}$. Wie in diesem Fall $\boldsymbol{A}^{n+1}$ zu gewinnen ist, kann entweder starr festgelegt werden, nämlich durch Zählung aus $\boldsymbol{A}^{n}$, oder kann noch von $\boldsymbol{I}$ abhängig gemacht werden. Wie eine solche Abhängigkeit von $\boldsymbol{I}$ zweckmäßigerweise gewählt wird, wird aus dem nachfolgend dargestellten Beispiel ersichtlich.

Wenn das Wort $\boldsymbol{M}$ keinen Steuervektor $\boldsymbol{Y}$ enthält, dann kann es nur Information über die Zustandsübergangsfunktion δ_s enthalten. In diesem Fall können mehrere durch $\boldsymbol{X}$ auszuwählende mögliche nächste Zustände $\boldsymbol{A}^{n+1}$ in $\boldsymbol{M}$ enthalten sein; außerdem wird $\boldsymbol{M}$ in diesem Fall eine Auswahlinformation $\boldsymbol{B}$ enthalten.

Nach diesen Überlegungen ist nun die zweckmäßigste Interpretation der Steuerzustandsmenge $\mathscr{A}$ offensichtlich: $\mathscr{A}$ ist die Menge aller derjenigen Mikroprogrammspeicheradressen, unter denen ein Wort $\boldsymbol{M}$ mit einem Steuervektor $\boldsymbol{Y}$ zu finden ist. Da Gl. (4.33) bereits die Zeitzuordnung zwischen $\boldsymbol{A}$ und $\boldsymbol{Y}$ festlegt, ist auch schon das Beobachtbarkeitsintervall für $\boldsymbol{A}^n$ bestimmt: Abb. 4.45 zeigt das Steuerwerk aus

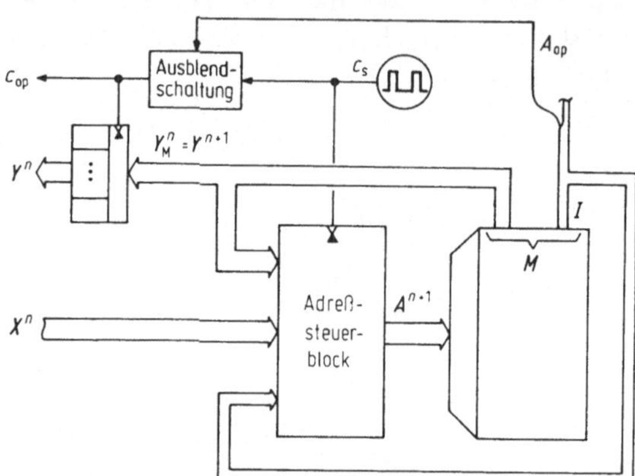

Abb. 4.45. Mikroprogrammwerk aus Abb. 4.42.

Abb. 4.42 mit getrennt dargestelltem Mikroprogrammspeicher; damit am Speicherausgang $\boldsymbol{Y}_M{}^n = \boldsymbol{Y}^{n+1}$ liegt, wie in Abb. 4.42 gefordert, muß nach Gl. (4.33) am Adreßeingang $\boldsymbol{A}^{n+1}$ liegen. Ein Signalleitungsbündel mit der Kennzeichnung $\boldsymbol{A}^n$ kann möglicherweise im Adreßsteuerblock vorkommen, muß aber nicht. Wenn man die sich später als realistisch erweisende Annahme macht, daß kein Signalleitungsbündel mit der

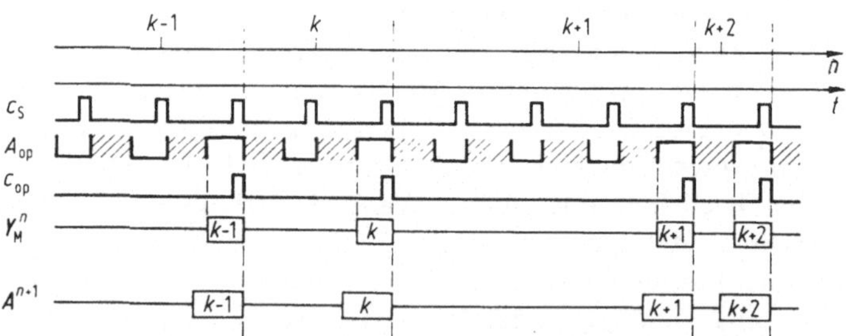

Abb. 4.46. Beobachtbarkeitsintervalle für das Mikroprogrammwerk in Abb. 4.45 in Abhängigkeit vom Ausblendsignal A_{op}.

Kennzeichnung $\boldsymbol{A}^n$ existiert, dann muß die Zustandsbeobachtung beim Leitungsbündel $\boldsymbol{A}^{n+1}$ erfolgen. Die Beobachtbarkeitsintervalle für $\boldsymbol{A}^{n+1}$ müssen die Beobachtbarkeitsintervalle für $\boldsymbol{Y}_M{}^n$ überdecken, da $\boldsymbol{A}^{n+1}$ die Adresse von $\boldsymbol{Y}_M{}^n$ ist. Abb. 4.46 zeigt diesen Sachverhalt. In diesem Bild wurde der Verlauf von A_{op} anders dargestellt als in Abb. 4.43; inzwischen wurde nämlich erkannt, daß A_{op} als Komponente von $\boldsymbol{I}$ direkt dem Wort $\boldsymbol{M}$ entnommen wird (s. Abb. 4.45), so daß die mit Sicherheit festliegenden Einheitsintervalle von A_{op} identisch sein müssen mit den Beobachtbarkeitsintervallen von $\boldsymbol{Y}_M{}^n$. Die mit Sicherheit festliegenden Nullintervalle von A_{op} müssen relativ zum Takt c_s natürlich genau wie die Einsintervalle liegen (s. Abb. 4.46).

Die Tatsache, daß die Vektoren $\boldsymbol{M}$ und $\boldsymbol{I}$ in Abb. 4.45 keine Zeitkennzeichnung haben, bringt zum Ausdruck, daß für diese Vektoren für eine diskrete Zeit n, welche mehrere Taktperioden von c_s umfaßt, nacheinander mehrere unterschiedliche relevante Zuweisungen gelten dürfen.

Es wird nun ein Beispiel einer möglichen Strukturierung des Adreßsteuerblocks in Abb. 4.45 betrachtet. Da der Adreßsteuerblock mit c_s getaktet ist, kann die Automatenbeschreibung des Blockes nicht mit der zum Takt c_{op} gehörenden diskreten Automatenzeit n erfolgen, es muß vielmehr die zum Takt c_s gehörende diskrete Automatenzeit m verwendet werden. Abb. 4.47 zeigt die entsprechende Kennzeichnung der

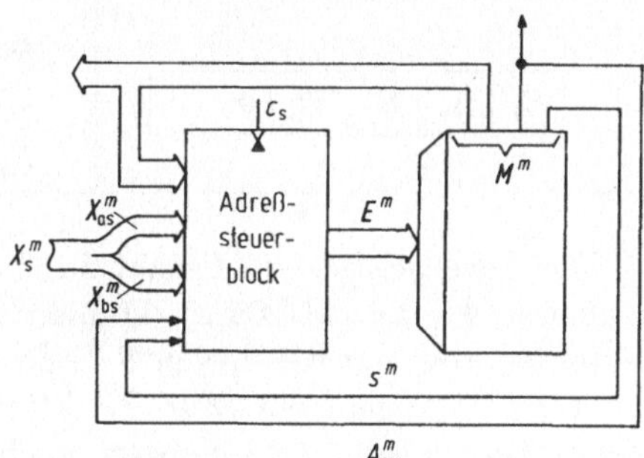

Abb. 4.47. Signalbezeichnungen zur Beschreibung des Adreßsteuerblocks.

Signalleitungsbündel. Das vom Operationswerk kommende Leitungsbündel wurde gegenüber der Abb. 4.45 von $\boldsymbol{X}^n$ nach $\boldsymbol{X}_s{}^m$ umbenannt. Dadurch soll einerseits zum Ausdruck gebracht werden, daß die Menge der auf diesem Leitungsbündel beobachtbaren unterschiedlichen Vektoren in Abb. 4.45 und Abb. 4.47 gleich ist, nämlich $\mathscr{X}$, denn nach Abb. 4.43 ist $\boldsymbol{X}$ in jeder Taktperiode von c_s beobachtbar; andererseits aber wurde durch den Index s, welcher von c_s auf $\boldsymbol{X}_s$ übertragen wurde, die Möglichkeit geschaffen, einen in Abb. 4.47 beobachteten $\boldsymbol{X}$-Vektor mit einem in Abb. 4.45 beobachteten $\boldsymbol{X}$-Vektor in Beziehung zu setzen, wie es beispielsweise in Gl. (4.64) geschehen wird. Was die Aufteilung des Vektors $\boldsymbol{X}_s$ in die beiden Teilvektoren $\boldsymbol{X}_{as}$ und $\boldsymbol{X}_{bs}$ zu bedeuten hat, wird bei der späteren Funktionsbeschreibung des Adreßsteuerblocks verständlich werden. Das Adreßleitungsbündel in Abb. 4.47 wurde gegenüber dem in Abb. 4.45 von $\boldsymbol{A}^{n+1}$ nach $\boldsymbol{E}^m$ umbenannt. Dadurch soll zum Ausdruck gebracht werden, daß die Mengen der auf diesem Leitungsbündel beobachtbaren unterschiedlichen Vektoren in Abb. 4.45 und Abb. 4.47 nicht gleich sind, denn $\mathscr{E}$ ist die Menge aller möglichen Mikroprogrammspeicheradressen, während $\mathscr{A}$ nur diejenigen Adressen umfaßt, unter denen ein Steuervektor $\boldsymbol{Y}$ gespeichert ist. Das kommt auch in Abb. 4.46 zum Ausdruck, wo es nicht in jeder Periode von c_s ein Beobachtbarkeitsintervall für ein $\boldsymbol{A}$ gibt.

Tabelle 4.12. Funktion des Adreßsteuerblocks in Abb. 4.47

Unter der Adresse $\lvert\boldsymbol{E}\rvert^m$ gelesenes Wort $\boldsymbol{M}^m$	Adresse $\lvert\boldsymbol{E}\rvert^{m+1}$, unter der das nächste Wort $\boldsymbol{M}^{m+1}$ gelesen wird
A_{op} S	
$\boldsymbol{Y}$ | 1 0	$\lvert\boldsymbol{E}\rvert^m + 1$
$\boldsymbol{Y}$ | 1 1	$\lvert\boldsymbol{X}_{as}\rvert^{m+1}$
$\boldsymbol{E}_1$ | $\boldsymbol{E}_2$ | $\boldsymbol{E}_3$ | $\boldsymbol{B}$ | 0 0	$\lvert\boldsymbol{E}\rvert^m + 1$ für $\beta(\boldsymbol{X}_{bs}^m, \boldsymbol{B}) = (0, 0)$ $\lvert\boldsymbol{E}_1\rvert$ für $\beta(\boldsymbol{X}_{bs}^m, \boldsymbol{B}) = (0, 1)$ $\lvert\boldsymbol{E}_2\rvert$ für $\beta(\boldsymbol{X}_{bs}^m, \boldsymbol{B}) = (1, 0)$ $\lvert\boldsymbol{E}_3\rvert$ für $\beta(\boldsymbol{X}_{bs}^m, \boldsymbol{B}) = (1, 1)$

Die Interpretationsinformation $\boldsymbol{I}$ besteht aus den beiden Komponenten A_{op} und S. Damit können vier Codewörter gebildet werden; es werden aber nur die drei in Tabelle 4.12 dargestellten Kombinationen für $\boldsymbol{I}$ in $\boldsymbol{M}$ zugelassen. Zur Funktionsbeschreibung des Adreßsteuerblockes in Tabelle 4.12 müssen noch einige ergänzende Erklärungen gegeben werden. Mit dem Betrag eines Vektors, beispielsweise $\lvert\boldsymbol{E}\rvert$, ist der Wert bei Dualzahleninterpretation gemeint. Die Vektoren ohne Zeitkennzeichnung, beispielsweise $\boldsymbol{Y}$, $\boldsymbol{E}_2$ oder $\boldsymbol{B}$, sind als Symbole für bestimmte Codewörter aufzufassen, welche nicht durch ihr Auftreten zu einer bestimmten Zeit m, sondern durch ihr Vorhandensein an bestimmter Stelle im Mikroprogrammspeicher definiert sind. Die Funktion β beschreibt ein Schaltnetz mit den Eingängen $\boldsymbol{X}_{bs}$ und $\boldsymbol{B}$ und dem Ausgang $\boldsymbol{W}$, wobei $\boldsymbol{W}$ zwei Komponenten hat:

$$\boldsymbol{W} = (w_1, w_2) = \beta(\boldsymbol{X}_{bs}, \boldsymbol{B}). \tag{4.45}$$

Bevor aus der Tabelle 4.12 die innere Struktur des Adreßsteuerblocks abgeleitet wird, soll zuerst noch gezeigt werden, daß ein Mikroprogrammwerk mit einem solchen Adreßsteuerblock bezüglich des Operationstaktes c_{op} tatsächlich eine Übergangsfunktion δ_s nach Gl. (4.34) realisiert. Es wird ausgegangen von der Beziehung

$$\boldsymbol{E}^m = \boldsymbol{A}^{n+1}, \tag{4.46}$$

welche unter der Bedingung

$$A_{\text{op}}^m = f_1(\boldsymbol{E})^m = 1 \tag{4.47}$$

gilt. Darin wird mit f_1 ebenso wie mit allen folgenden f_i eine eindeutige funktionale Abhängigkeit benannt. Nach Tabelle 4.12 gilt dann

$$\boldsymbol{E}^{m+1} = \begin{cases} f_2(\boldsymbol{E})^m & \text{für} \quad S^m = 0, \\ f_3(\boldsymbol{X}_{\text{as}})^{m+1} & \text{für} \quad S^m = 1. \end{cases} \tag{4.48}$$

Mit

$$S^m = f_4(\boldsymbol{E})^m \tag{4.49}$$

wird daraus

$$\boldsymbol{E}^{m+1} = f_5(\boldsymbol{E}^m, \boldsymbol{X}_{\text{as}}^{m+1}). \tag{4.50}$$

Wenn man darin neben Gl. (4.46) noch die nach Abb. 4.43 geltende Beziehung

$$\boldsymbol{X}_{\text{as}}^{m+1} = \boldsymbol{X}_{\text{a}}^{n+1} \tag{4.51}$$

einsetzt, erhält man

$$\boldsymbol{E}^{m+1} = f_5(\boldsymbol{A}, \boldsymbol{X}_{\text{a}})^{n+1}. \tag{4.52}$$

Es müssen nun zwei getrennte Fälle behandelt werden, nämlich

$$A_{\text{op}}^{m+1} = f_1(\boldsymbol{E})^{m+1} = 1 \tag{4.53}$$

und

$$A_{\text{op}}^{m+1} = f_1(\boldsymbol{E})^{m+1} = 0. \tag{4.54}$$

Wenn Gl. (4.53) zutrifft, dann gilt die Zuordnung

$$\boldsymbol{A}^{n+2} = \boldsymbol{E}^{m+1}. \tag{4.55}$$

Damit wird aus Gl. (4.52)

$$\boldsymbol{A}^{n+2} = f_5(\boldsymbol{A}, \boldsymbol{X}_{\text{a}})^{n+1}. \tag{4.56}$$

Diese Beziehung läßt sich auch gleichwertig schreiben als

$$\boldsymbol{A}^{n+2} = \delta_s(\boldsymbol{A}, \boldsymbol{X})^{n+1}, \tag{4.57}$$

womit für den Fall von Gl. (4.53) der Beweis der Realisierung von Gl. (4.34) erbracht ist.

Für den Fall, daß nicht Gl. (4.53), sondern Gl. (4.54) zutrifft, d. h. daß A_{op}^{m+1} nicht Eins, sondern Null ist, ist $\boldsymbol{E}^{m+1}$ kein Element der Menge $\mathscr{A}$. In diesem Fall muß

$$\boldsymbol{A}^{n+2} = \boldsymbol{E}^{m+j} \quad \text{mit} \quad j > 1 \tag{4.58}$$

sein, wobei j gleich der minimalen ganzen Zahl größer Eins ist, für welche

$$A_{\mathrm{op}}^{m+j} = 1 \tag{4.59}$$

gilt. Anschaulich interpretiert ist j gleich der Zahl der Taktperioden von c_{s}, welche zu der diskreten Zeit $(n+1)$ gehören.

Für

$$A_{\mathrm{op}}^{m+j-1} = 0 \tag{4.60}$$

ist aus Tabelle 4.12 die Abhängigkeit

$$\boldsymbol{E}^{m+j} = f_6(\boldsymbol{E}, \boldsymbol{M}, \boldsymbol{X}_{\mathrm{bs}})^{m+j-1} \tag{4.61}$$

abzuleiten. Wegen

$$\boldsymbol{M}^{m+j-1} = f_7(\boldsymbol{E})^{m+j-1} \tag{4.62}$$

läßt sich Gl. (4.61) vereinfachen zu

$$\boldsymbol{E}^{m+j} = f_8(\boldsymbol{E}, \boldsymbol{X}_{\mathrm{bs}})^{m+j-1}. \tag{4.63}$$

Da $\boldsymbol{X}$ nach Abb. 4.43 in allen zur Zeit $n+1$ gehörenden Taktperioden gleich ist, d. h. da

$$\boldsymbol{X}^{n+1} = \boldsymbol{X}_{\mathrm{s}}{}^{m+1} = \boldsymbol{X}_{\mathrm{s}}{}^{m+2} = \cdots = \boldsymbol{X}_{\mathrm{s}}{}^{m+j} \tag{4.64}$$

gilt, kann Gl. (4.63) auch geschrieben werden als

$$\boldsymbol{E}^{m+j} = f_8(\boldsymbol{E}^{m+j-1}, \boldsymbol{X}_{\mathrm{b}}{}^{n+1}). \tag{4.65}$$

Auf genau gleiche Weise erhält man

$$\boldsymbol{E}^{m+j-1} = f_8(\boldsymbol{E}^{m+j-2}, \boldsymbol{X}_{\mathrm{b}}{}^{n+1}), \tag{4.66}$$

$$\vdots$$

$$\boldsymbol{E}^{m+2} = f_8(\boldsymbol{E}^{m+1}, \boldsymbol{X}_{\mathrm{b}}{}^{n+1}). \tag{4.67}$$

Durch Einsetzen von Gl. (4.52) in Gl. (4.67) erhält man

$$\boldsymbol{E}^{m+2} = f_9(\boldsymbol{A}, \boldsymbol{X})^{n+1}. \tag{4.68}$$

Dies kann nun in die Gleichung für $\boldsymbol{E}^{m+3}$ eingesetzt werden usw., bis man schließlich erhält:

$$\boldsymbol{E}^{m+j} = f_{7+j}(\boldsymbol{A}, \boldsymbol{X})^{n+1}, \tag{4.69}$$

was unter Verwendung von Gl. (4.58) umgeschrieben werden kann zu

$$\boldsymbol{A}^{n+2} = \delta_{\mathrm{s}}(\boldsymbol{A}, \boldsymbol{X})^{n+1}. \tag{4.70}$$

Damit ist der Beweis vollständig.

Die innere Struktur des Adreßsteuerblocks in Abb. 4.48 ist aus der Funktionsbeschreibung in Tabelle 4.12 ohne Schwierigkeit abzuleiten. Als Schaltnetz für die Funktion β wurde ein Quellenauswahlnetz für Komponentenpaare von $\boldsymbol{X}_b$ gewählt. Daß einer der von $\boldsymbol{B}$ auszuwählenden Vektoren unabhängig von $\boldsymbol{X}_b$ die Kombination (0, 1) erhielt, ermöglicht es, unbedingte, d. h. von $\boldsymbol{X}$ unabhängige Sprünge im Mikroprogramm mit $\boldsymbol{B}$ und $\boldsymbol{E}_1$ zu codieren.

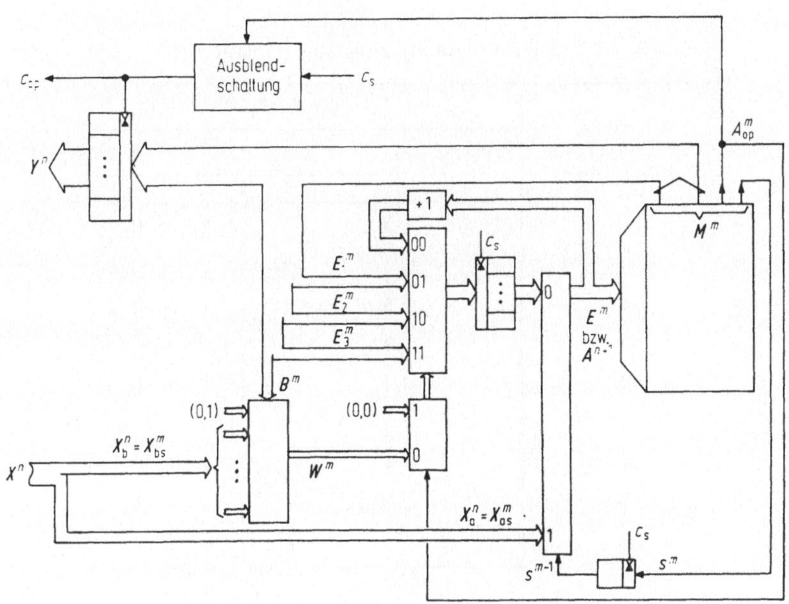

Abb. 4.48. Realisierung der Tabelle 4.12.

Die Notwendigkeit des Flipflops zur Speicherung von S folgt unmittelbar aus der Tabelle 4.12, wo gefordert wird, daß $\boldsymbol{E}^{m+1}$ gleich $\boldsymbol{X}^{m+1}_{as}$ sein soll, wenn S^m gleich Eins ist. Das ist gleichbedeutend mit der Forderung, daß $\boldsymbol{E}^m$ gleich $\boldsymbol{X}^m_{as}$ sein soll, wenn S^{m-1} gleich Eins ist.

Die in den Quellenauswahlschaltungen eingetragenen Binärkombinationen sind die Ansteuerkombinationen, welche jeweils die zugehörige Quelle auswählen.

Am Beispiel des einfachen Steuerablaufs in Abb. 4.44 soll nun kurz gezeigt werden, wie problemlos das Umsetzen eines gegebenen Steuerablaufs in ein Mikroprogramm für die Struktur in Abb. 4.48 ist. Tabelle 4.13 zeigt das zu Abb. 4.44 gehörende Mikroprogramm. Für die beiden Verzweigungswörter in den Adressen 1 und 26 gilt folgende Interpretation:

$$\beta(\boldsymbol{X}_b, \boldsymbol{B}_1) = (1, x_1), \tag{4.71}$$

$$\beta(\boldsymbol{X}_b, \boldsymbol{B}_{26}) = (0, 1). \tag{4.72}$$

Wenn x_1 gleich Null ist, wird also nach dem Wort in Adresse 1 das Wort in Adresse 0 gelesen; wenn jedoch x_1 Eins ist, dann wird als nächstes das Wort in Adresse 2 gelesen. Nach dem Wort in Adresse 26 wird stets das Wort in Adresse 0 gelesen.

Tabelle 4.13. Mikroprogramm zum Steuerablauf in Abb. 4.44

Adresse $\boldsymbol{E}$	Wort $\boldsymbol{M}$		
		A_{op}	S
0	$\boldsymbol{Y}_1$	1	0
1	* 0 2 $\boldsymbol{B}_1$	0	0
2	$\boldsymbol{Y}_2$	1	0
3	$\boldsymbol{Y}_3$	1	0
4	$\boldsymbol{Y}_4$	1	0
⋮	⋮		
24	$\boldsymbol{Y}_{24}$	1	0
25	$\boldsymbol{Y}_{25}$	1	0
26	0 * * $\boldsymbol{B}_{26}$	0	0

Es ist offensichtlich, daß man durch entsprechende Gestaltung der Interpretationsinformation noch eine Vielzahl anderer Mikroprogrammwerke mit Operationstaktausblendung gewinnen kann. Da die Kriterien für eine optimale Gestaltung der Struktur des Adreßsteuerblocks jedoch stets mit der speziellen Aufgabenstellung und der Struktur des zu steuernden Operationswerks zusammenhängen, können hier keine weiteren allgemeingültigen Aussagen gemacht werden. Das gegebene Beispiel ist so allgemein, daß viele anderen Werke als Modifikationen der gegebenen Struktur modellierbar sind.

Es sei nur kurz erwähnt, daß alle Mikroprogrammwerke mit adreßabhängiger Zugriffszeit zum Mikroprogrammspeicher als Werke mit Operationstaktausblendung zu betrachten sind. So ist es beispielsweise durchaus möglich, einen Trommelspeicher als Mikroprogrammspeicher zu verwenden. Da jedoch derartige Lösungen nur noch historische Bedeutung haben, braucht hier nicht näher darauf eingegangen zu werden.

4.5.10 Mikroprogrammsteuerung von Operationswerkszyklen

In den bisher betrachteten Mikroprogrammwerken war es selbstverständlich, daß zu einem vom Mikroprogrammwerk bereitgestellten Vektor $\boldsymbol{Y}$ auch genau ein Impuls des Operationstaktes c_{op} gehörte. Zu diesem einen Operationstaktimpuls gehörten entweder ein oder mehrere Steuertaktimpulse. Es bleibt nun noch der Fall zu diskutieren, daß zu einem Steuertaktimpuls mehrere Operationstaktimpulse gehören, d. h. daß nicht für jeden Operationstaktimpuls ein neuer Steuervektor $\boldsymbol{Y}$ bereitgestellt wird, sondern daß $\boldsymbol{Y}$ zu einem sogenannten Operationswerkszyklus mit einer konstanten Zahl von Takten gehört. Die einzelnen Taktperioden innerhalb eines Zyklus werden oft als Phasen bezeichnet.

Zum Verständnis dieses Konzepts genügt die Interpretation des Mikroprogrammwerks als programmierbarer Steuerautomat nicht mehr, denn die Steuerung der Operationsvorgänge in den einzelnen Phasen kann damit ja nicht mehr erklärt werden. Zur verständlichen Erklärung wäre eine völlig neue, von Abb. 2.6 abweichende Modellierung des Gesamtsystems erforderlich, auf die jedoch hier verzichtet werden soll. Denn es handelt sich nicht um ein technologieunabhängig zu rechtfertigendes Strukturkonzept, sondern um eine Notlösung; festverdrahtete Steuerung und Mikroprogrammierung werden gemischt, damit die durch die Operationswerkstechnologie bestimmte minimale Operationstaktperiodenlänge ausgenutzt werden kann, obwohl die Zugriffszeit zum Mikroprogrammspeicher wesentlich länger ist. Dieses komplizierte und uneinheitliche Konzept verliert zunehmend an Bedeutung, da die Zugriffszeiten integrierter Halbleiterspeicher und die Signaldurchlaufzeiten im Operationswerk immer weniger voneinander abweichen.

B. Entwurfsbeispiele

5. Anschlußblock für eine Fernschreibmaschine

Im Abschnitt 3.2.4 wurde schon dargestellt, wie eine Fernschreibmaschine arbeitet; außerdem wurde schon in Abb. 3.60 gezeigt, welche Blöcke zum Anschluß einer Fernschreibmaschine an ein digitales System benötigt werden. Der Entwurf zweier dieser Blöcke erfordert keine besonderen Erläuterungen: Der Relais-Treiber ist ein einfacher Verstärker, und das Prinzip der Zustandserkennungsschaltung ist schon in Abb. 3.61 angegeben. Es bleiben der Zeitgeber und der homogene FSM-Block zu entwerfen.

5.1 Zeitgeber

Der Zeitgeber muß von einem vorgebbaren Zeitbezugspunkt an Impulse im zeitlichen Abstand der seriell übertragenen Bits liefern, d. h. der Zeitgeber muß ein gesteuerter Oszillator (s. Abschnitt 3.2.1) mit einer Periodendauer von 20 ms sein (s. Abschnitt 3.2.4). Es bleiben noch die

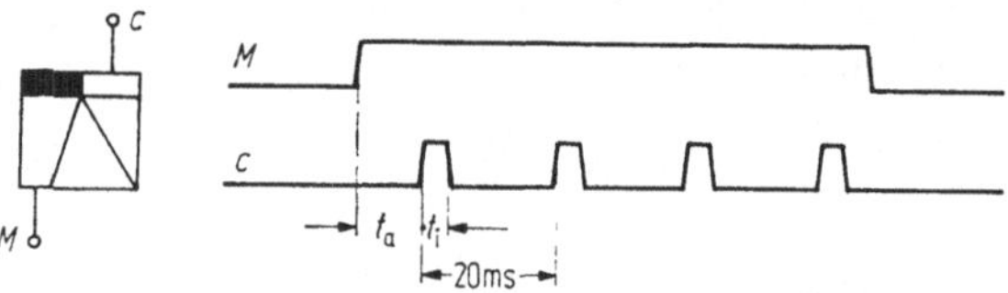

Abb. 5.1. Zur Funktion des Zeitgebers.

Anlaufzeit t_a und die Impulsdauer t_i festzulegen. Diese Zeiten müssen so festgelegt werden, daß bei Empfang einer Bitfolge (s. Abb. 3.59) in der Mitte jedes Bitintervalls eine Taktflanke liegt, denn die Taktflanken legen die Entscheidungsintervalle fest, während derer das ankommende Signal abgefragt wird. Die optimale Lage für diese Entscheidungsintervalle ist die Mitte der jeweiligen Bitintervalle. Da die positive Flanke von M in Abb. 5.1 bei Empfang einer Bitfolge gleichzusetzen ist mit dem Punkt $t = 0$ in Abb. 3.59, muß also in Abhängigkeit von der Wahl der abzutastenden Flanke von c gelten:

Bei Abtastung durch die Vorderflanke:

$$t_a = 10 \text{ ms}. \tag{5.1}$$

Bei Abtastung durch die Rückflanke:

$$t_a + t_i = 10 \text{ ms}. \tag{5.2}$$

Damit man sich für einen der beiden Fälle entscheiden kann, benötigt man noch zusätzliche Kriterien. Zuerst muß gefragt werden, ob die Entscheidung einen Einfluß auf den Schaltungsaufwand im gesteuerten Oszillator hat. Ohne daß hier auf Einzelheiten eingegangen zu werden braucht, sei festgestellt, daß man gesteuerte Oszillatoren dieser Art zweckmäßigerweise nach dem Stromschalterprinzip [8] aufbaut. Der Schaltungsaufwand ist am kleinsten, wenn die Anlaufzeit gleich der Lücke zwischen zwei Impulsen gemacht wird, wenn also gilt

$$t_a = 20 \text{ ms} - t_i, \tag{5.3}$$

d. h.

$$t_a + t_i = 20 \text{ ms}. \tag{5.4}$$

Da sich Gl. (5.2) und Gl. (5.4) widersprechen, erlaubt also der einfachste Oszillator nur die Abtastung mit der Vorderflanke (Abb. 5.2a). Abb. 5.2b zeigt jedoch, daß der Schaltungsmehraufwand im Oszillator für Abtastung mit der Rückflanke nur in einem UND-Glied besteht. Die Komplexität des Oszillators stellt also kein wesentliches Kriterium für die Wahl der abtastenden Flanke dar.

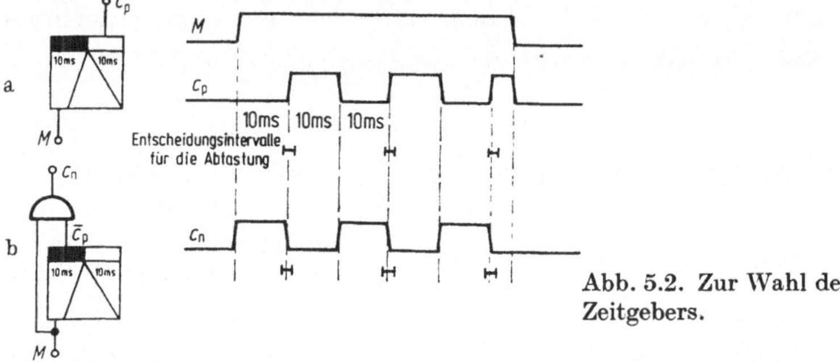

Abb. 5.2. Zur Wahl des Zeitgebers.

Es gilt selbstverständlich die Forderung, daß M so angeliefert werden muß, daß der Oszillator keine angeschnittenen Impulse abgibt wie beispielsweise in Abb. 5.2a. Das bedeutet, daß sich die Rückflanke von M als Folge einer Rückflanke von c_p bzw. c_n ergeben muß. Da die Rückflanke von M Folge einer Zustandsänderung im FSM-Block sein wird, muß geschlossen werden, daß die Übergangsintervalle der zuständigen Flipflops im FSM-Block durch die Taktrückflanke bestimmt werden. Wenn also nicht noch ein Grund gegen die Rückflankenabtastung gefunden wird, dann wird man sich für diese entscheiden, denn dann können alle Flipflops im FSM-Block rückflankengesteuert sein. Da es sich beim FSM-Block um ein kleines System handelt, ist die Verwendung einflankengesteuerter Flipflops hinsichtlich der Rückkopplungsbedingungen (Abschnitt 1.3.2) unkritisch, und da einflankengesteuerte Flipflops etwas aufwandsgünstiger sind als zweiflankengesteuerte, wird man natürlich nach Möglichkeiten eines Aufbaus mit einflankengesteuerten Flipflops suchen. Ein Grund, die Rückflankenabtastung zu verwerfen, ist in Abb. 5.3 veranschaulicht: Da jeder Prozeß, d. h. das Empfangen

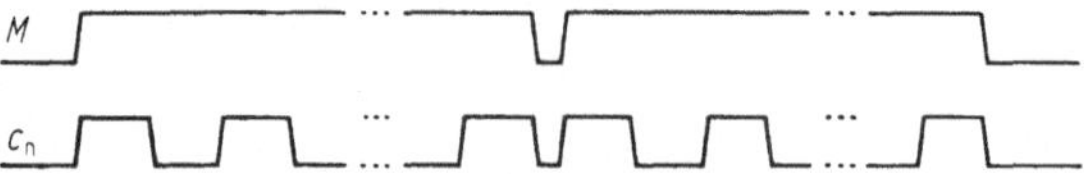

Abb.5.3. Kritische Steuersituation für den Zeitgeber aus Abb. 5.2b.

oder das Senden eines 5-Bit-Fernschreibzeichens, mit einer positiven Flanke von c_n beginnt und mit einer negativen Flanke von c_n endet, lassen sich zwei Prozesse nicht beliebig nahe aneinander anschließen, ohne daß Vorkehrungen zur Vermeidung einer kritischen Steuersituation für den Oszillator getroffen werden. Daß eine kritische Steuersituation entsteht, wenn die Lücke in M immer kürzer gemacht wird, ist aus der Tatsache ersichtlich, daß einer Lücke der Weite Null bei M nicht ein doppelt breiter Impuls von c_n entsprechen kann. Deshalb ist der Zeitgeber aus Abb. 5.2a zu wählen, bei welchem eine solche kritische Steuersituation nicht entstehen kann (s. Abb. 5.4).

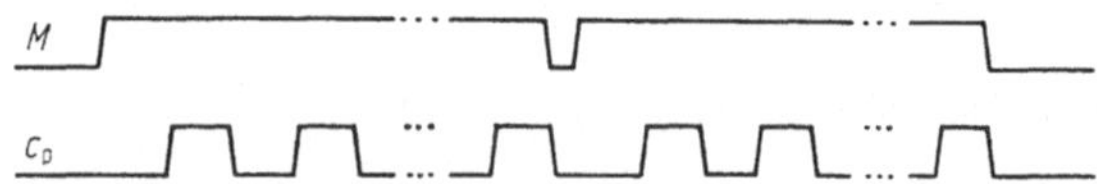

Abb. 5.4. Unkritische Steuersituation für den Zeitgeber aus Abb. 5.2a.

Die Verwendung dieses Zeitgebers fordert, daß die Entscheidungsintervalle derjenigen Flipflops im FSM-Block, welche für die Abtastung des Empfangssignals (s. Abb. 3.59) zuständig sind, durch die Taktvorderflanke festgelegt werden, und daß die Übergangsintervalle derjenigen Flipflops, welche für die Abschaltung des Oszillators zuständig sind, durch die Taktrückflanke festgelegt werden. Wollte man alle Flipflops im FSM-Block gleichmachen, dann müßte man also zweiflankengesteuerte Flipflops verwenden; da jedoch der Entwurf mit einflankengesteuerten Flipflops durchgeführt werden soll, müssen sowohl vorderflanken- als auch rückflankengesteuerte Flipflops im FSM-Block vorkommen.

5.2 Schnittstellenbeschreibung des FSM-Blocks

Abb. 5.5 zeigt den FSM-Block mit allen Signalein- und -ausgangsleitungen. Die Zeitbeziehungen zwischen den einzelnen Signalen ist in Abb. 5.6 dargestellt. Beim Signal I_s ist zu beachten, daß durch eine Eins auf dieser Leitung das Relais in Abb. 3.60 stromlos gemacht wird, so daß der Ruhekontakt in der Verbindungsschleife einen Stromfluß ermöglicht. Es ist selbstverständlich, daß während des gesamten Empfangsprozesses I_s auf Eins stehen muß. Es wird angenommen, daß das Digitalsystem keinen Sendeauftrag gibt, d. h. keine positive Flanke von A

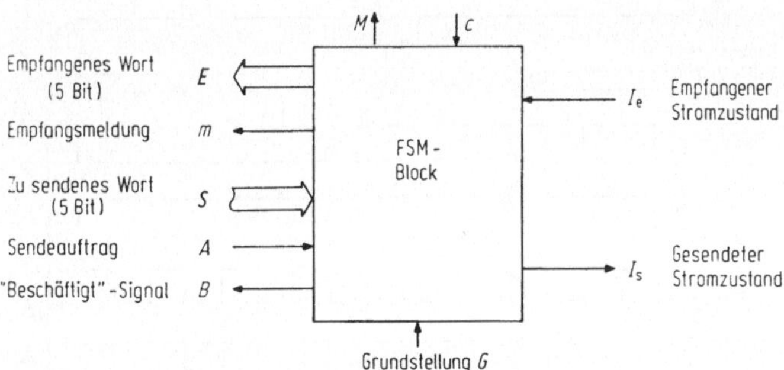

Abb. 5.5. Schnittstelle des FSM-Blocks.

bringt, solange das Signal B auf Eins steht. Falls jedoch A kurz vor der einen Empfangsprozeß einleitenden negativen Flanke von I_e zu Eins gemacht wurde, d. h. falls eine Taste der Fernschreibmaschine gedrückt wird, unmittelbar nachdem der FSM-Block einen Sendeauftrag erhielt, dann soll der FSM-Block den Sendeauftrag trotzdem ausführen, obwohl das dann normalerweise nicht zum Ausdrucken des gesendeten Zeichens führt.

Ein Empfangsprozeß dauert 140 ms (s. Abb. 5.6); dadurch wird der richtige Empfang auch dann gewährleistet, wenn die Fernschreibmaschine auf Grund eines fünfprozentigen Synchronisationsfehlers mehrere Empfangsprozesse hintereinander nicht im Abstand von 150 ms, sondern von 142,5 ms auslöst. Ein Sendeprozeß dauert 160 ms (s. Abb. 5.6); dadurch wird gewährleistet, daß die Fernschreibmaschine mehrere hintereinander ausgesandte Zeichen auch bei einem fünfprozentigen Synchronisationsfehler im FSM-Block noch richtig empfangen kann, d. h. wenn die Sendeprozesse im Abstand von 152 ms ausgelöst werden. Deshalb ist es unzulässig, die Dauer des Sendeprozesses auf 140 ms zu verkürzen, was nach Abb. 5.6 möglich erscheint.

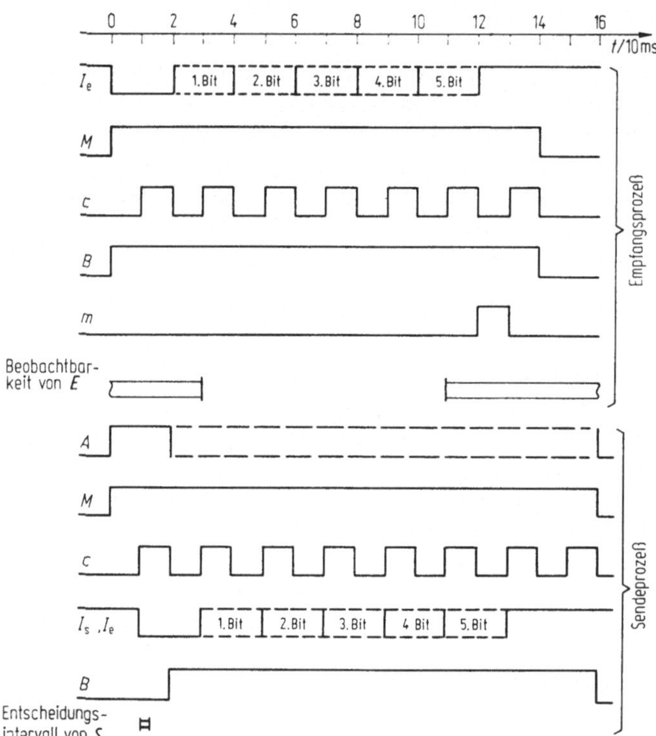

Abb. 5.6. Zeitbeziehungen zwischen den Schnittstellensignalen des FSM-Blocks.

Das Anschließen mehrerer Sendeprozesse hintereinander geschieht einfach dadurch, daß das Signal A entsprechend lange auf Eins stehengelassen wird. Das jeweils neue Zeichen $\boldsymbol{S}$ wird dabei unmittelbar nach der Rückflanke von B angeliefert, denn das Entscheidungsintervall für $\boldsymbol{S}$ liegt ja 10 ms nach der Erteilung des Sendeauftrags. Die positive Flanke von B teilt mit, daß der Sendeauftrag akzeptiert wurde, d. h. daß sowohl A als auch $\boldsymbol{S}$ irrelevant geworden sind.

Die Tatsache, daß eine negative Flanke von I_s erst 10 ms nach der positiven Flanke von A gesendet wird, erlaubt es, einen Sendeprozeß unmittelbar an einen Empfangsprozeß anzuschließen, denn dann werden die am Ende des Empfangsprozesses fehlenden 10 ms durch den Beginn des Sendeprozesses geliefert.

5.3 Operationswerk

Da die wesentliche Aufgabe des FSM-Blocks in einer Serien-Parallel- bzw. Parallel-Serienwandlung eines 5-Bit-Wortes besteht, ergibt sich als selbstverständlicher Operationsblock ein gesteuertes Schieberegister aus fünf Flipflops, dessen Funktion in Tabelle 5.1 beschrieben ist. Der Aufbau derartiger Register wurde in Abschnitt 3.1.4 behandelt. Es ist offensichtlich, daß der Ausgang dieses Registers gleich dem Schnittstellenvektor $\boldsymbol{E}$ (Abb. 5.5) und der Paralleleingang gleich dem Schnittstellenvektor $\boldsymbol{S}$ sein müssen. Außerdem muß der Serieneingang gleich der Schnittstellenvariablen I_e sein.

Tabelle 5.1. Steuerung des Datenregisters

y_2^n	y_1^n	$\boldsymbol{E}^{n+1}$
0	0	$\boldsymbol{E}^n$
0	1	$\boldsymbol{S}^n$
1	0	$\boldsymbol{E}^n$ nach rechts geschoben um eine Stelle mit Serieneingang $\boldsymbol{I}_e$
1	1	unzulässig

Auf Grund der Betrachtungen in Abschnitt 5.1, welche sich auch in Abb. 5.6 niedergeschlagen haben, muß das Register taktvorderflankengesteuert sein. Da in Abschnitt 2.3 entschieden wurde, Operationswerk und Steuerwerk stets gleichphasig zu takten (s. Abb. 2.7), müssen also auch die Flipflops im Steuerwerk vorderflankengesteuert sein. In Abschnitt 5.1 wurde jedoch festgestellt, daß im FSM-Block sowohl vorder- als auch rückflankengesteuerte Flipflops vorkommen müssen. Diese Schwierigkeit wird dadurch gelöst, daß zwar rückflankengesteuerte Flipflops als Operationsblöcke eingeführt werden, diese jedoch nicht als Zustandsflipflops interpretiert werden, sondern als einfache Verzögerungsglieder, deren Verzögerungszeit τ gleich der Taktimpulsbreite ist. Eine solche Interpretation ist nur deshalb möglich, weil man weiß, daß die Eingangsvariablen zu diesen Flipflops aus einem vorderflankengesteuerten Werk kommen (s. Abb. 5.7). Auf Grund dieser Interpretation ist es zulässig, Operationswerk und Steuerwerk als gleichphasig zu betrachten, solange sichergestellt ist, daß die Ausgangssignale der Verzögerungsglieder nicht ins vorderflankengesteuerte Werk zurückgeführt werden, sondern nur zur Gewinnung von Ausgangssignalen des Gesamtsystems verwendet werden. Sonst müßte nämlich das Operationswerk als Zweiregisterautomat im Sinne des Abschnitts 1.3.8 betrachtet werden, welcher dort verworfen wurde.

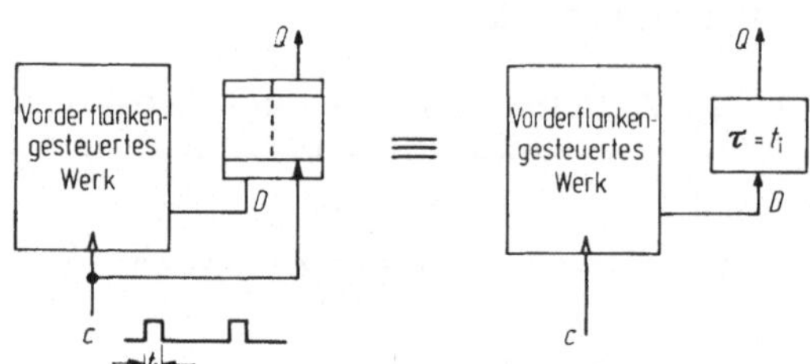

Abb. 5.7. Interpretation der unterschiedlichen Taktung im Operationswerk.

Aus Abb. 5.6 ist ersichtlich, daß ein oder mehrere rückflankengesteuerte Flipflops zur Gewinnung der Signale M, B und m gebraucht werden, und zwar für alle Rückflanken von M und B, für die Vorderflanke von m und die Vorderflanke von B im Falle des Sendeprozesses. Man findet, daß ein einziges rückflankengesteuertes Flipflop zur Ge-

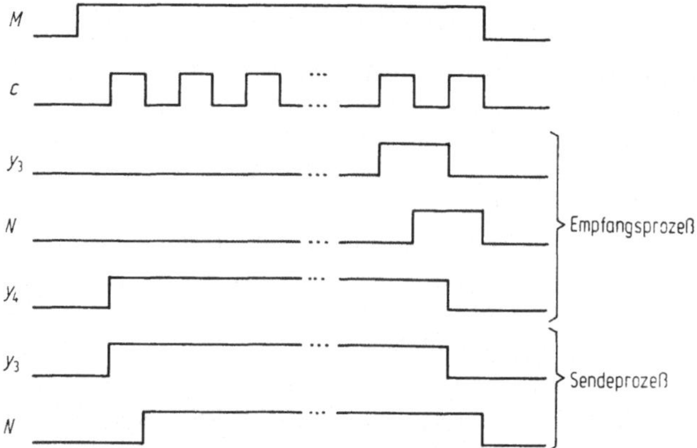

Abb. 5.8. Signale in Zusammenhang mit dem rückflankengesteuerten Flipflop.

winnung aller drei Signale genügt, wenn man das vom vorderflankengesteuerten Steuerwerk zu liefernde Eingangssignal y_3 so legt, wie es Abb. 5.8 zeigt. Der Ausgang des Flipflops wurde N genannt. Das ebenfalls in Abb. 5.8 eingetragene Signal y_4, welches nur während des Empfangsprozesses Eins wird, wird für die Gewinnung von M, B und m während des Empfangsprozesses benötigt, wie gleich gezeigt werden wird.

Da das Signal N nicht in das Steuerwerk geführt werden darf, müssen die Schaltnetze zur Gewinnung von M, B und m zwangsläufig

Operationsblöcke sein. Aus den Abb. 5.6 und 5.8 sind folgende Beziehungen abzuleiten:

$$M = \overbrace{(\bar{I}_e \vee y_4 \vee N)}^{\text{Empfangsprozeß}} \vee \overbrace{(A \vee N)}^{\text{Sendeprozeß}}, \tag{5.5}$$

$$B = (\bar{A} \cdot \bar{I}_e \vee y_4 \vee N) \vee N, \tag{5.6}$$

$$m = y_4 \cdot N. \tag{5.7}$$

In der Funktion für B tritt der Ausdruck $\bar{A} \cdot \bar{I}_e$ auf, wo scheinbar der Ausdruck $\bar{I}_e$ genügen würde. Daß der Ausdruck $\bar{I}_e$ tatsächlich nicht genügt, liegt daran, daß während des Sendeprozesses I_s und I_e gleich sind (s. Abb. 5.6), was aus Abb. 3.60 leicht einzusehen ist. Damit nun B beim Sendeprozeß nicht schon zur Zeit der negativen Flanke von I_s Eins wird, muß das Einswerden von B im Empfangsprozeß durch $\bar{I}_e$ mit der Bedingung $\bar{A}$ versehen werden.

Damit der gesteuerte Oszillator in der gewünschten Weise arbeitet, muß gefordert werden, daß das Signal M frei von Störimpulsen ist. Damit die Kommunikation mit dem Digitalsystem zuverlässig funktioniert, müssen die Signale B und m frei von Störimpulsen sein. In einer ODER-Funktion [s. Gl. (5.5) und (5.6)] können störende Nullimpulse auftreten, wenn sich die Einsintervalle der ODER-verknüpften Ausdrücke nicht überlappen. Aus Abb. 5.6 und 5.8 ist zu ersehen, daß sich die Einsintervalle sämtlicher in Gl. (5.5) und (5.6) ODER-verknüpften Signale außer A und N um jeweils mindestens 10 ms überlappen. Damit M beim Sendeprozeß auf Grund des Übergangs der funktionsbestimmenden Eins von A nach N keinen Signaleinbruch erfährt, wird der kritische Übergang in $(A \vee N)$ durch das Signal y_3 überbrückt. Im Ausdruck $(A \vee y_3 \vee N)$ besteht auch jeweils eine Überlappung um mindestens 10 ms.

Da also für ausreichende Überlappung gesorgt ist, können Störimpulse bei M und B nur noch von Störimpulsen bei den ODER-verknüpften Signalen herrühren. Da A und I_e als störimpulsfrei vorausgesetzt werden, bleiben nur noch die Signale y_3, y_4 und N zu untersuchen. N ist das Ausgangssignal eines unkritisch angesteuerten Flipflops, d. h. eines Flipflops, bei dem sich während des Entscheidungsintervalls die Ansteuerkombination nicht ändert; deshalb können bei N keine Störimpulse auftreten. Die Signale y_3 und y_4 werden vom Steuerwerk geliefert, d. h. sie werden logisch aus den Steuerwerkszuständen abgeleitet. In Abhängigkeit von der Zustandscodierung können sich Funktionen für y_3 und y_4 ergeben, bei denen bei bestimmten Zustandsübergängen Störimpulse auftreten können. Wenn also gefordert werden muß, daß y_3

und y_4 störimpulsfrei sein sollen, dann wird dadurch die Freiheit der Wahl der Zustandscodierung für das Steuerwerk eingeschränkt. Aus Abb. 5.8 kann abgeleitet werden, daß für y_3 keine Störimpulsfreiheit gefordert werden muß: Die Lage der Zustandsübergänge im Steuerwerk und damit die Lage möglicher Störimpulse bei y_3 ist durch die Vorderflanken von c festgelegt. Abb. 5.8 zeigt nun, daß sämtliche möglichen Störstellen bei y_3 vom Einsintervall des Signals N überbrückt werden. Die Wahl der Zustandscodierung für das Steuerwerk wird also nur durch die Forderung eingeschränkt, daß y_4 störimpulsfrei sein muß; die möglichen Störstellen von y_4 werden nämlich nicht durch N überbrückt (s. Abb. 5.8).

Wenn sowohl N als auch y_4 störimpulsfrei sind, ist selbstverständlich auch m nach Gl. (5.7) störimpulsfrei.

Eine Eins beim Grundstellungssignal G soll das Steuerwerk in den Wartezustand bringen, welcher besagt, daß weder ein Empfangs- noch ein Sendeprozeß läuft. In diesem Wartezustand muß nach Abb. 5.8 das Flipflop N auf Null stellen, d. h. G muß dieses Flipflop auf Null setzen. Das Register $\boldsymbol{E}$ dagegen braucht nicht mit G beschaltet zu werden, da sein Zustand stets nur nach einer Empfangsmeldung m vom Digitalsystem abgefragt wird.

Da der FSM-Block von einem gesteuerten Oszillator getaktet wird, muß die Erzwingung der Grundstellung durch G taktunabhängig sein; es ist nämlich nicht auszuschließen, daß der FSM-Block beim Einschalten der Spannungsversorgung in einen Zustand gerät, welcher nicht der Wartezustand ist und in welchem trotzdem das Signal M Null ist und deshalb den Oszillator nicht schwingen läßt. Aus diesem Zustand ließe sich der FSM-Block bei taktabhängiger Grundstellung nicht mehr herausbringen. Taktunabhängige Grundstellung geschieht über direkte Flipflop-eingänge R und S. Am Ende des Abschnitts 3.1.4 wurde schon darauf hingewiesen, daß beim Betrieb von Flipflops mit gemischten Eingängen, d. h. mit taktabhängigen und taktunabhängigen Eingängen, gewährleistet sein muß, daß während der Ansteuerung über die direkten Eingänge keine Taktimpulse auftreten. Im gegebenen Fall ist es höchst einfach, das Auftreten von Taktimpulsen während des Einsintervalls von G zu verhindern, indem man während des Einsintervalls von G das Signal M zu Null macht.

Zur Vereinfachung der endgültigen Funktion für M kann man noch die Beziehung

$$\bar{I}_e \vee A = \bar{A} \cdot \bar{I}_e \vee A \tag{5.8}$$

heranziehen. Damit ergibt sich

$$B = \bar{A} \cdot \bar{I}_e \vee y_4 \vee N, \tag{5.9}$$

$$M = \bar{G} \cdot (B \vee A \vee y_3). \tag{5.10}$$

Der Operationsblock, welcher der Gewinnung von I_s dient, ist ein Schaltnetz, welches drei verschiedene, vom Steuerwerk auswählbare Funktionen realisieren muß: Entweder wird der Ausgang E_5 des am weitesten rechts stehenden Flipflops des Registers $\boldsymbol{E}$ (s. Tabelle 5.1) nach I_s durchgeschaltet, oder I_s wird vom Steuerwerk zu Eins oder Null gemacht. Tabelle 5.2 beschreibt diesen Operationsblock; daraus kann

Tabelle 5.2. Steuerung des Senderelais

y_6	y_5	I_s
0	–	0
1	0	E_5
1	1	1

Gl. (5.11) abgeleitet werden. Störimpulsfreiheit des Signals I_s und damit der Signale y_5 und y_6 braucht nicht gefordert zu werden, da das von I_s angesteuerte Relais so träge ist, daß es auf kurze Impulse im Nanosekundenbereich gar nicht reagiert.

$$I_s = y_6 \cdot (E_5 \vee y_5). \tag{5.11}$$

Abb. 5.9 zeigt die Zusammenschaltung aller abgeleiteten Operationsblöcke zum Operationswerk mit der Schnittstelle zum Steuerwerk. Es wurde willkürlich entschieden, alle Flipflops vorderflankengesteuert mit

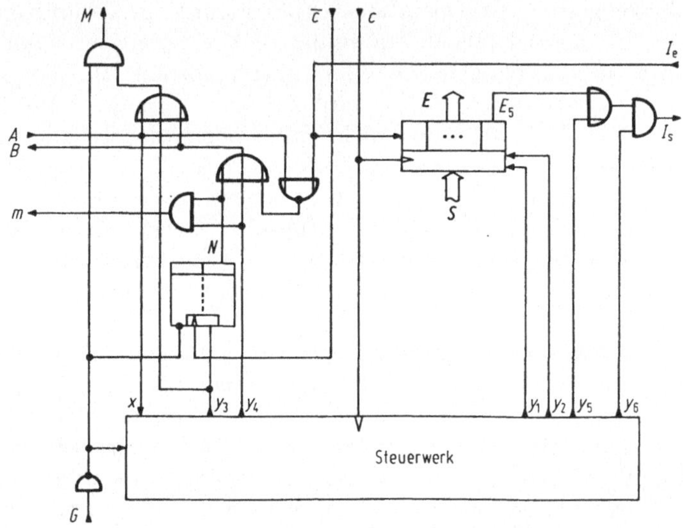

Abb. 5.9. Operationswerk des FSM-Blocks.

invertierten Direkteingängen zu wählen; deshalb muß das Flipflop für N mit dem invertierten Taktsignal $\bar{c}$ getaktet werden. Ein Inverter ist dafür nicht erforderlich, da $\bar{c}$ schon als ein Ausgangssignal des gesteuerten Oszillators zur Verfügung steht.

Es scheint, daß hier die dargestellte Vorgehensweise beim Operationswerksentwurf im Widerspruch steht zu den Aussagen im Abschnitt 2.2, wo ausgeführt wurde, daß das Operationswerk aus einer Algorithmenbeschreibung — beispielsweise in Form eines Ablaufdiagramms — abgeleitet wird. Im Abschnitt 2.1 wurde jedoch schon gesagt, daß eine Schnittstellenbeschreibung nicht immer durch eine Algorithmenbeschreibung ergänzt werden muß, sondern manchmal schon alleine für einen methodischen Entwurf ausreicht. Dies ist beim gegebenen Entwurf der Fall, wo aus der Schnittstellenbeschreibung in Abb. 5.6 die erforderlichen Operationsblöcke und ihre Zusammenschaltung nahezu zwingend abgeleitet werden konnten.

5.4 Steuerablaufdiagramm

Da das Operationswerk in Abb. 5.9 unmittelbar aus der Schnittstellenbeschreibung in Abb. 5.6 abgeleitet werden konnte, muß auch die Struktur des zugehörigen Steuerablaufdiagramms unmittelbar aus Abb. 5.6 folgen. Lediglich für die Festlegung der Zuweisungen zu $\boldsymbol{Y}$ ist noch die Information in Abb. 5.8 und in den Tabellen 5.1 und 5.2 erforderlich. Der Steuerablauf ist in Abb. 5.10 dargestellt; für die taktvorderflankengesteuerten Operationsvorgänge wurde im Ablaufdiagramm nicht nur die unanschauliche Zuweisung zu $\boldsymbol{Y}$ eingetragen, sondern jeweils auch die anschauliche Operationsinterpretation. Da die Grundstellung taktunabhängig erfolgt, wird sie im Diagramm durch einen einfachen Pfeil dargestellt und nicht mit einer Grundstellungsabfrage wie in Abb. 4.2.

Jeweils am Ende der dynamischen Zuweisungen sind die Steuerzustände eingetragen, für jede dynamische Zuweisung ein eigener Zustand. Die wenig verzweigte Struktur des Diagramms erlaubt keine Reduktion der Zustandszahl, d. h. das Steuerwerk muß 14 Zustände haben.

An dieser Stelle kann folgende Frage behandelt werden: Würde man die Struktur des Operationswerks und des Steuerablaufdiagramms auch noch in der dargestellten Weise wählen, wenn pro Empfangs- bzw. Sendeprozeß nicht nur fünf, sondern beispielsweise 50 Bits seriell übertragen werden müßten? Würde man also das neue Operationswerk aus dem in Abb. 5.9 dargestellten Operationswerk einfach dadurch gewinnen, daß man das Register für $\boldsymbol{E}$ nicht fünf, sondern 50 Stellen lang macht, und würde man das neue Ablaufdiagramm aus dem in Abb. 5.10 dargestellten Diagramm einfach dadurch gewinnen, daß man sowohl im Empfangs- als auch im Sendeprozeß jeweils 45 Taktschritte einschiebt? Die Zahl der Steuerzustände würde dadurch auf 104 anwachsen; dies würde zwar im

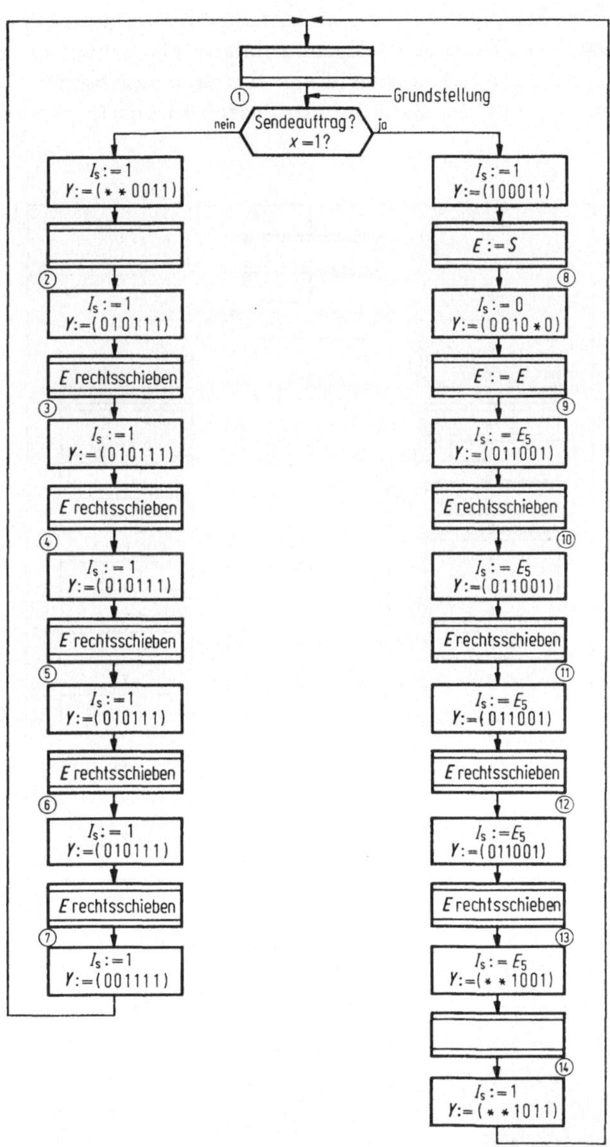

Abb. 5.10. Steuerablaufdiagramm für das System in Abb. 5.9.

gegebenen Fall keine Erschwerung des Steuerwerksentwurfs bedeuten, aber die Dokumentation würde dadurch etwas unhandlicher. Deshalb ist es zweckmäßiger, in diesem Fall die Zählung der übertragenen Bits nicht im Steuerwerk, sondern im Operationswerk vorzunehmen. Dazu muß ein gesteuerter Zähler $\boldsymbol{L}$ als Operationsblock eingeführt werden. Der Empfangs- und der Sendeprozeß werden dann im Ablaufdiagramm nicht mehr als unverzweigte Taktschrittfolgen, sondern als Schleifen dargestellt, wie es Abb. 5.11 zeigt. Die Anzahl vier der Steuerzustände ist in diesem Fall unabhängig von der Zahl der pro Prozeß zu übertragenden Bits.

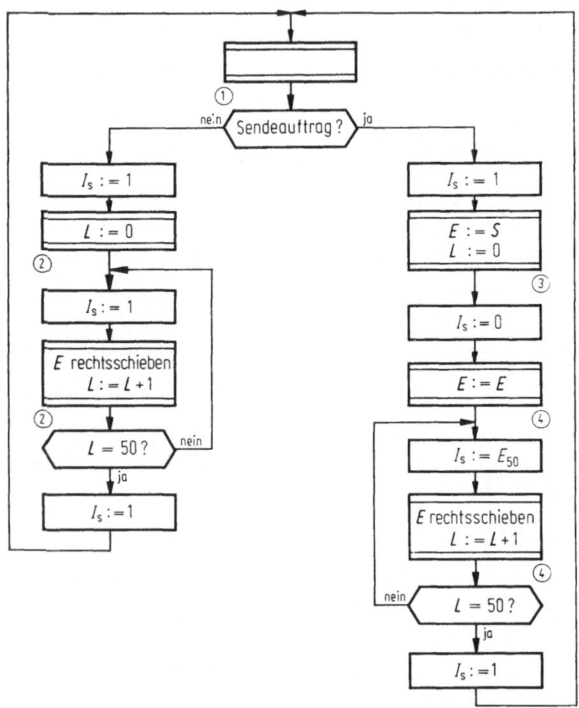

Abb. 5.11. Steuerablauf mit Zählerabfrage.

Während der Steuerablauf mit Zählerabfrage in Abb. 5.11 im Falle von 50 zu übertragenden Bits unbedingt vorzuziehen ist, gibt es im Falle von fünf zu übertragenden Bits keine Gründe, eine der beiden diskutierten Lösungen vorzuziehen. Es wird willkürlich das Operationswerk ohne Zähler mit dem Steuerablauf in Abb. 5.10 gewählt.

5.5 Steuerwerk

Da eine Reduktion der Zahl der Steuerzustände nicht möglich ist, besteht hier der erste Schritt des Steuerwerksentwurfs in der Wahl eines Binärcodes für die Zustände. Die Freiheit der Wahl ist dadurch eingeschränkt, daß das Signal y_4 störimpulsfrei sein muß. Die Störimpulsfreiheit von y_4 läßt sich am einfachsten dadurch erzielen, daß man y_4 mit einer Binärstelle des Zustandscodes gleichsetzt, denn dann wird y_4 unmittelbar als Ausgang eines unkritisch angesteuerten Flipflops geliefert, wie es auch schon im Falle des Signals N diskutiert wurde.

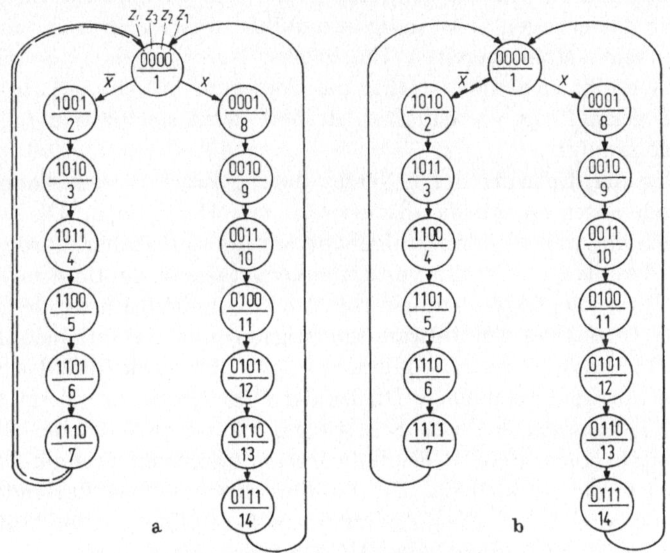

Abb. 5.12. Zustandscodierungen.

Das Ablaufdiagramm in Abb. 5.10 besteht aus zwei unverzweigten Folgen von sieben bzw. acht Taktschritten. Im Zusammenhang mit der Betrachtung der Zustandscodierung in Abschnitt 4.3 wurde gesagt, daß der Einfluß der Zustandscodierung auf den Schaltungsaufwand im δ-Netz verhältnismäßig groß ist, wenn unverzweigte Taktschrittfolgen gesteuert werden müssen, und daß man dem minimalen Schaltungsaufwand nahekommt, indem man die Zustandsfolge durch eine Dualzahlenfolge codiert. Abb. 5.12 zeigt zwei mögliche Zustandscodierungen; die Zustände des Empfangsprozesses unterscheiden sich von den Zuständen des Sendeprozesses in der Binärstelle

$$Z_4 = y_4. \qquad (5.12)$$

Die drei restlichen Binärstellen (Z_3, Z_2, Z_1) wurden nach Möglichkeit so festgelegt, daß die Zustandsfolge einer dreistelligen Dualzahlenfolge entspricht. Da der Sendeprozeß eine Schleife aus acht Zuständen darstellt, kann darin jeder Zustandsübergang ein normaler dreistelliger Dualzahlenübergang sein. Der Empfangsprozeß bildet eine Schleife aus sieben Zuständen, deshalb muß mindestens ein Zustandsübergang auftreten, welcher kein dreistelliger Dualzahlenübergang ist. Die beiden Codierungen in Abb. 5.12a und 5.12b unterscheiden sich nur in der Lage dieses besonderen Zustandsübergangs; in Abb. 5.12a liegt dieser Übergang zwischen den Zuständen 7 und 1, in Abb. 5.12b zwischen 1 und 2. Welche der beiden Codierungen den kleineren Schaltungsaufwand bringt, kann nur dadurch entschieden werden, daß man den Steuerwerksentwurf für beide Codierungen vollständig durchführt, was bei einem so einfachen System keine Mühe bereitet. Ein großer Unterschied im Schaltungsaufwand ergibt sich dabei nicht; die Codierung in Abb. 5.12b erweist sich als geringfügig vorteilhafter, deshalb wird sie für den folgenden Entwurf gewählt.

Bevor der Entwurf des δ-Netzes durchgeführt werden kann, muß entschieden werden, ob das Steuerwerk mit D-Flipflops, JK-Flipflops oder noch anderen Flipflops aufgebaut werden soll. Bisher wurde ja nur entschieden, daß es sich um vorderflankengetaktete Flipflops mit invertierten Direkteingängen handeln soll. Im Abschnitt 3.1.5 wurde gezeigt, daß sich Dualzähler am aufwandsgünstigsten mit T-Flipflops aufbauen lassen. Da nun die Zustandscodierung so gewählt wurde, daß der Steuerautomat nur wenig von einem Dualzähler abweicht, ist also beim Aufbau mit T-Flipflops der kleinste Schaltungsaufwand zu erwarten. Da das JK-Flipflop neben dem D-Flipflop der am weitesten verbreitete Flipfloptyp ist und da sich das JK-Flipflop durch bloßes Verbinden des J-Eingangs und des K-Eingangs zu einem T-Flipflop machen läßt, wird entschieden, das Steuerwerk aus JK-Flipflops aufzubauen.

Nach der Wahl der Zustandscodierung und des Flipfloptyps kann nun aus dem Steuerablauf in Abb. 5.10 die Funktionstabelle 5.3 des Steuerwerks abgeleitet werden. Die Bezeichnungen δ_u und $\boldsymbol{U}$ sind dabei im Sinne der Abb. 1.34 zu interpretieren. Tabelle 5.3 beschreibt 14 logische Funktionen, nämlich für die acht Komponenten von $\boldsymbol{U}$ und die sechs Komponenten von $\boldsymbol{Y}$. Da diese Funktionen fünf binäre Argumentvariable haben, nämlich die Komponente x und die vier Komponenten des Zustandscodewortes $\boldsymbol{Z}$, ist eine Minimierung noch leicht ohne Rechenanlage durchzuführen. Während man die Funktionen für $\boldsymbol{Y}$ am einfachsten mit Karnaugh-Veitch-Diagrammen minimiert, gibt es für die Funktionen von $\boldsymbol{U}$ eine andere einfache Methode zur Minimierung. Da man weiß, daß der Steuerautomat einem Dualzähler sehr ähnlich ist, geht man von den Ansteuerfunktionen eines reinen Dualzählers aus und modifiziert diese dann so, daß sich das geforderte Übergangsverhalten ergibt. Zu einem dreistufigen Dualzähler gehören nach Abschnitt 3.1.5 die Ansteuerfunktionen

$$T_{1D} = 1, \tag{5.13}$$

$$T_{2D} = Z_1, \tag{5.14}$$

$$T_{3D} = Z_1 \cdot Z_2. \tag{5.15}$$

(Der Index D steht für Dualzähler.)

Tabelle 5.3. Funktion des Steuerwerks

Logischer Ausdruck zur Lokalisierung im Steuerablauf	Eingangsvariable der Netze ω und δ_u		$\boldsymbol{Z}^{n+1}$		Ausgangsvariable der Netze	
					δ_u	ω
	$\boldsymbol{Z}^n$	$\boldsymbol{X}^n$	Symbol	codiert	$\boldsymbol{U}^n$	$\boldsymbol{Y}^n$
	$Z_4\,Z_3\,Z_2\,Z_1$	x		$Z_4\,Z_3\,Z_2\,Z_1$	$K_4\,J_4\,K_3\,J_3\,K_2\,J_2\,K_1\,J_1$	$y_1\,y_2\,y_3\,y_4\,y_5\,y_6$
$1 \cdot \bar{x}$	0 0 0 0	0	2	1 0 1 0	* 1 * 0 * 1 * 0	* * 0 0 1 1
2	1 0 1 0	–	3	1 0 1 1	0 * * 0 0 * * 1	0 1 0 1 1 1
3	1 0 1 1	–	4	1 1 0 0	0 * * 1 1 * 1 *	0 1 0 1 1 1
4	1 1 0 0	–	5	1 1 0 1	0 * 0 * * 0 * 1	0 1 0 1 1 1
5	1 1 0 1	–	6	1 1 1 0	0 * 0 * * 1 1 *	0 1 0 1 1 1
6	1 1 1 0	–	7	1 1 1 1	0 * 0 * 0 * * 1	0 1 0 1 1 1
7	1 1 1 1	–	1	0 0 0 0	1 * 1 * 1 * 1 *	0 0 1 1 1 1
$1 \cdot x$	0 0 0 0	1	8	0 0 0 1	* 0 * 0 * 0 * 1	1 0 0 0 1 1
8	0 0 0 1	–	9	0 0 1 0	* 0 * 0 * 1 1 *	0 0 1 0 * 0
9	0 0 1 0	–	10	0 0 1 1	* 0 * 0 0 * * 1	0 1 1 0 0 1
10	0 0 1 1	–	11	0 1 0 0	* 0 * 1 1 * 1 *	0 1 1 0 0 1
11	0 1 0 0	–	12	0 1 0 1	* 0 0 * * 0 * 1	0 1 1 0 0 1
12	0 1 0 1	–	13	0 1 1 0	* 0 0 * * 1 1 *	0 1 1 0 0 1
13	0 1 1 0	–	14	0 1 1 1	* 0 0 * 0 * * 1	* * 1 0 0 1
14	0 1 1 1	–	1	0 0 0 0	* 0 1 * 1 * 1 *	* * 1 0 1 1

Die Zustandscodierung wurde so gewählt, daß der Steuerautomat nur einen einzigen Zustandsübergang hat, welcher bezüglich des Teilvektors (Z_3, Z_2, Z_1) von einem reinen Dualzählerübergang abweicht, und zwar in der Situation $\bar{Z}_4 \cdot \bar{Z}_3 \cdot \bar{Z}_2 \cdot \bar{Z}_1 \cdot \bar{x}$. Diese Situation kann vereinfacht mit $\bar{Z}_3 \cdot \bar{Z}_2 \cdot \bar{Z}_1 \cdot \bar{x}$ beschrieben werden, da es keinen Zustand mit der Codierung 1000 gibt. Die Modifikation von Gl. (5.13), (5.14) und (5.15) geschieht nun so, daß man in der betrachteten Situation entsprechend dem Graphen in Abb. 5.12b eine Zustandsänderung des

Flipflops Z_1 verhindert und eine Zustandsänderung des Flipflops Z_2 erzwingt:

$$T_{1S} = T_{1D} \cdot \overline{\bar{x} \cdot \bar{Z}_1 \cdot \bar{Z}_2 \cdot \bar{Z}_3} = \overline{\bar{x} \cdot \bar{Z}_1 \cdot \bar{Z}_2 \cdot \bar{Z}_3}, \tag{5.16}$$

$$T_{2S} = T_{1D} \vee \bar{x} \cdot \bar{Z}_1 \cdot \bar{Z}_2 \cdot \bar{Z}_3 = Z_1 \vee \bar{x} \cdot \bar{Z}_1 \cdot \bar{Z}_2 \cdot \bar{Z}_3, \tag{5.17}$$

$$T_{3S} = T_{1D} = Z_1 \cdot Z_2. \tag{5.18}$$

(Der Index S steht für Steuerautomat.)

Da die Diagramm-Minimierung der restlichen Funktionen völlig unproblematisch ist, wird hier nur das Ergebnis angegeben:

$$K_4 = Z_1 \cdot Z_2 \cdot Z_3, \tag{5.19}$$

$$J_4 = \bar{x} \cdot \bar{Z}_1 \cdot \bar{Z}_2 \cdot \bar{Z}_3, \tag{5.20}$$

$$y_1 = \bar{Z}_1 \cdot \bar{Z}_2 \cdot \bar{Z}_3, \tag{5.21}$$

$$y_2 = Z_3 \cdot \bar{Z}_1 \vee Z_3 \cdot \bar{Z}_2 \vee \bar{Z}_3 \cdot Z_2 = Z_3 \cdot (\bar{Z}_1 \vee \bar{Z}_2) \vee \bar{Z}_3 \cdot Z_2, \tag{5.22}$$

$$\begin{aligned} y_3 &= \bar{Z}_4 \cdot Z_1 \vee \bar{Z}_4 \cdot Z_2 \vee \bar{Z}_4 \cdot Z_3 \vee Z_1 \cdot Z_2 \cdot Z_3 \\ &= \bar{Z}_4 \cdot (Z_1 \vee Z_2 \vee Z_3) \vee Z_1 \cdot Z_2 \cdot Z_3, \end{aligned} \tag{5.23}$$

$$y_5 = Z_4 \vee Z_1 \cdot Z_2 \cdot Z_3 \vee \bar{Z}_1 \cdot \bar{Z}_2 \cdot \bar{Z}_3, \tag{5.24}$$

$$y_6 = \bar{Z}_1 \vee Z_2 \vee Z_3. \tag{5.25}$$

Unter Berücksichtigung der Beziehungen

$$\bar{Z}_1 \vee \bar{Z}_2 = \overline{Z_1 \cdot Z_2}, \tag{5.26}$$

$$Z_1 \vee Z_2 \vee Z_3 = \overline{\bar{Z}_1 \cdot \bar{Z}_2 \cdot \bar{Z}_3}, \tag{5.27}$$

$$\bar{x} \cdot \bar{Z}_1 \cdot \bar{Z}_2 \cdot \bar{Z}_3 = \overline{x \vee \overline{\bar{Z}_1 \cdot \bar{Z}_2 \cdot \bar{Z}_3}}, \tag{5.28}$$

erhält man die Schaltung des Steuerwerks in Abb. 5.13.

Selbstverständlich wird man sich bei der Wahl der Verknüpfungsglieder auf eine bestimmte Schaltkreisfamilie beschränken; das bedeutet, daß man nun noch das Schaltnetz in Abb. 5.13 unter Beibehaltung seiner logischen Funktion so umstrukturieren muß, daß nur noch Schaltglieder der vorgegebenen Familie, beispielsweise nur noch NAND-Glieder, vorkommen. Auf eine solche Umstrukturierung wird jedoch hier verzichtet, weil dabei keinerlei kritische Probleme auftreten.

Es soll nun noch kurz gezeigt werden, daß die gewählte Zustandscodierung unzulässig gewesen wäre, wenn Störimpulsfreiheit nicht nur für y_4, sondern auch für y_3 gefordert worden wäre. Auf Grund der gewählten Zustandscodierung ergab sich für y_3 die Funktion (5.23);

darin kann beim Übergang vom Zustand 10 (s. Abb. 5.12) zum Zustand 11 ein Störimpuls auftreten. Wenn nämlich das Flipflop für Z_3 etwas langsamer von 0 nach 1 kippt als die Flipflops für Z_1 und Z_2 von 1 nach 0 kippen, dann tritt beim Übergang vom Zustandscodewort 0011 zum Zustandscodewort 0100 kurzzeitig das Codewort 0000 auf. In diesem Fall bleibt das Signal y_3 beim Zustandsübergang nicht konstant Eins, sondern erhält einen kurzen Störimpuls nach Null.

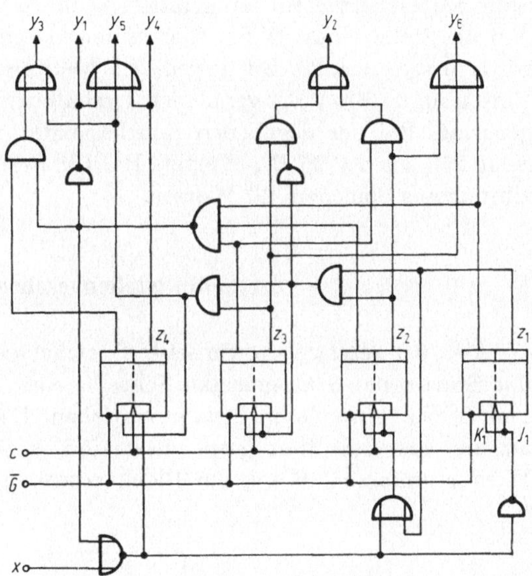

Abb. 5.13. Steuerwerk des FSM-Blocks in Abb. 5.9.

6. Schreib/Lesesteuerung für einen Trommelspeicher

Unter Verwendung des im Abschnitt 3.2.3 beschriebenen Trommelspeicherblocks soll ein Speichersystem entworfen werden, bei dem die einzuschreibende Information als 24 bit langes Codewort parallel angeliefert wird und die ausgelesene Information ebenfalls als 24 bit langes Codewort parallel ausgegeben wird. Auf Grund des inneren Aufbaus des Trommelspeicherblocks besteht die Forderung, daß die Zahl der pro Spur gespeicherten Einsen gerade sein muß. Dies wird dadurch erreicht, daß an Stelle eines 24-Bit-Wortes jeweils ein 25-Bit-Wort geschrieben wird, wobei das 25. Bit jeweils so bestimmt wird, daß die Zahl der Einsen im 25-Bit-Wort gerade ist. Deshalb wird dieses 25. Bit Paritätsbit genannt. Bei der gegebenen Spurkapazität von 6400 Bit enthält eine Spur 256 solcher 25-Bit-Wörter. Bei 128 Spuren beträgt also die Kapazität dieses Speichers 2^{15} Wörter.

6.1 Schnittstellenbeschreibung

Abb. 6.1 zeigt die gewünschte Speicherschnittstelle. In einem durch das Startsignal S ausgelösten Schreib- oder Leseprozeß wird ein Block von $\boldsymbol{L}$ Wörtern gelesen bzw. geschrieben. Da alle Wörter eines Blockes auf der gleichen Spur gespeichert sind, kann ein Block maximal 256 Wörter umfassen. Wenn ein Block von mehreren Wörtern geschrieben

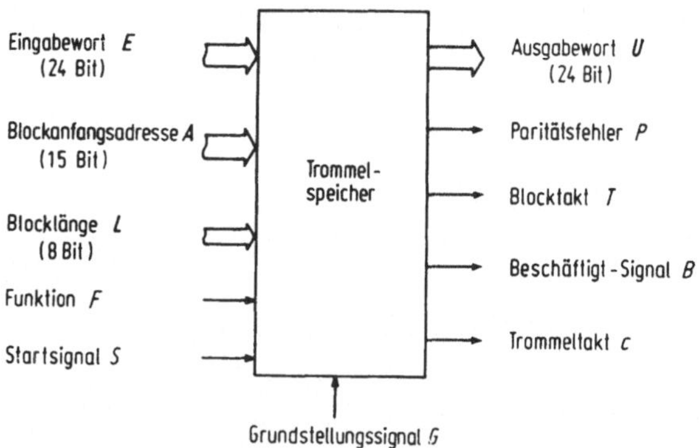

Abb. 6.1. Schnittstelle des Trommelspeichers.

werden soll, muß das die Eingabedaten liefernde System jeweils mitgeteilt bekommen, wann das nächste Eingabewort E bereitgestellt werden muß; dies geschieht mit dem Blocktakt T. Das Signal T dient auch dazu, während des Lesens eines Blockes von mehreren Wörtern dem die Ausgabedaten abnehmenden System mitzuteilen, wann ein Ausgabewort U zur Abnahme bereitsteht.

Wenn ein 25-Bit-Wort gelesen wird, bei welchem die Zahl der Einsen ungerade ist, dann wird dies mit dem Paritätsfehlersignal P nach außen gemeldet; außerdem wird der Leseprozeß abgebrochen. Es wird auch kein Start eines Lese- oder Schreibprozesses mehr akzeptiert, solange das Speichersystem nicht wieder durch das Signal G in die Grundstellung gebracht wurde.

Das Funktionssignal F legt fest, ob durch ein gegebenes Startsignal ein Lese- oder ein Schreibprozeß ausgelöst werden soll. Tabelle 6.1 zeigt die Interpretation von F.

Tabelle 6.1. Bedeutung des Funktionssignals F

F	Durch Start ausgelöster Vorgang
0	Leseprozeß
1	Schreibprozeß

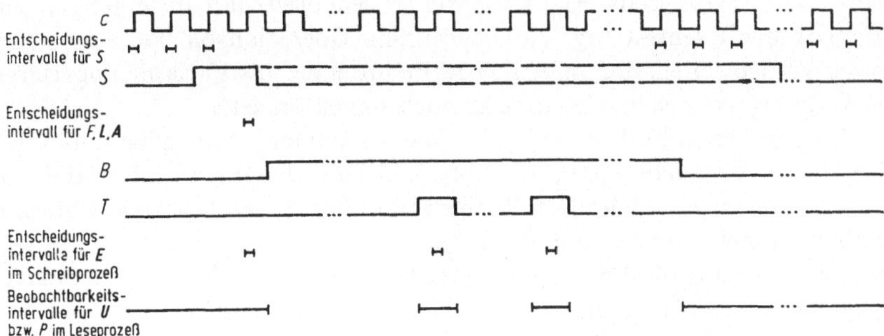

Abb. 6.2. Zeitbeziehungen zwischen den Schnittstellenvariablen des Trommelspeichers.

Die Entscheidungs- bzw. Beobachtbarkeitsintervalle der einzelnen Schnittstellenvariablen ist in Abb. 6.2 dargestellt; die Blocklänge L wurde dabei willkürlich mit drei angenommen. Alle Entscheidungsintervalle liegen im Bereich der Vorderflanken des Taktsignals c, während Beginn und Ende der Beobachtbarkeitsintervalle ebenso wie die Übergänge der Signale B und T durch die Rückflanken von c festgelegt werden. Nachdem durch eine Eins des Startsignals S ein Schreib- oder Leseprozeß ausgelöst wurde, kann ein neuer Prozeß erst dann gestartet werden, wenn das Signal S in mindestens einem Entscheidungsintervall am Ende des ersten Prozesses Null war. Man kann also beispielsweise einen Prozeß manuell durch eine Taste starten; das Tastensignal darf auch nach Beendigung des Prozesses beliebig lange Eins bleiben, ohne daß dadurch ein neuer Prozeß ausgelöst wird.

Der Abstand von einer Taktperiode zwischen dem Entscheidungsintervall für S und dem Entscheidungsintervall für F, $\boldsymbol{L}$, $\boldsymbol{A}$ und $\boldsymbol{E}$ berücksichtigt die Notwendigkeit, daß das prozeßauslösende Signal S synchronisiert werden muß.

Die Zahl der Taktperioden zwischen der Vorderflanke von B und dem ersten Impuls von T ist nicht definiert; dagegen betragen die Abstände zwischen zwei aufeinanderfolgenden T-Impulsen und der Abstand zwischen dem letzten T-Impuls und der Rückflanke von B stets eine Wortzeit von 25 Taktperioden.

6.2 Algorithmenbeschreibung

Im Abschnitt 2.1 wurde dargelegt, daß ein methodischer Entwurf die Vorgabe einer Algorithmenbeschreibung erfordert, welche die gewünschten Verarbeitungsvorgänge als Sequenzen mathematisch logischer Einzelschritte darstellt. Es ist wichtig zu beachten, daß aus einer solchen Algorithmenbeschreibung die benötigten Operationsblöcke erst abgeleitet werden sollen, daß man also darin durchaus mit Variablen operieren darf, deren technische Gewinnung noch ungeklärt ist.

Im gegebenen Fall ist schon ein Operationsblock vorgegeben, nämlich der Trommelspeicherblock in Abb. 3.45 mit den Signalintervallen in Abb. 3.46. An der Schnittstellenbeschreibung dieses Operationsblockes muß man sich selbstverständlich bei der Aufstellung der Algorithmenbeschreibung für die Prozesse in Abb. 6.2 orientieren. Es ist leicht einzusehen, daß die Zählvariable j in Abb. 3.46, mit welcher die einzelnen Bitintervalle auf der Trommel numeriert sind, für die Algorithmenbeschreibung sehr wesentlich ist. Während j in Abb. 3.46 die einzelnen Impulse c_1 numeriert, wird j im folgenden als Kennzeichnung des gesamten Intervalls vom c_1-Impuls j bis zum c_1-Impuls $j+1$ betrachtet. Die Lage der 25-Bit-Wörter auf einer Spur wird zweckmäßigerweise so festgelegt, daß die Nummer j des ersten Bitintervalls jedes Wortes jeweils ein Vielfaches von 25 ist. Wenn man die Wörter auf einer Spur mit $\boldsymbol{N}$ numeriert, wobei $\boldsymbol{N}$ von 0 bis 255 zählt, und wenn man die einzelnen Bitintervalle innerhalb jedes Wortes mit $\boldsymbol{K}$ numeriert, wobei $\boldsymbol{K}$ von 0 bis 24 zählt, dann ergibt sich die absolute Nummer j eines Bitintervalls zu

$$j = (\boldsymbol{N} \cdot 25 + \boldsymbol{K})_{\mathrm{mod}\,6400} \tag{6.1}$$

mit

$$\boldsymbol{K} = (j)_{\mathrm{mod}\,25}\,. \tag{6.2}$$

Die Variablen $\boldsymbol{N}$ und $\boldsymbol{K}$ eignen sich für die Aufstellung der Algorithmenbeschreibung besser als j, denn $\boldsymbol{N}$ stellt die Sektoradresse dar, und $\boldsymbol{K}$ bestimmt die Lage der Bitintervalle relativ zu den Wortgrenzen.

Die gesuchte Algorithmenbeschreibung muß neben der Lokalisierung der Wörter auf der Spur auch noch die Gewinnung bzw. Überprüfung des Paritätsbit beschreiben. Ein sehr einfacher Algorithmus zur Feststellung, ob die Zahl der Einsen in einem gegebenen Binärvektor

$$\boldsymbol{E} = (e_1, e_2, \ldots, e_m) \tag{6.3}$$

gerade oder ungerade ist, besteht in einer fortlaufenden Modulo-2-Addition:

$$p_0 = 0, \tag{6.4}$$

$$p_i = (p_{i-1} + e_i)_{\mathrm{mod}\,2} \quad \text{für} \quad i = 1, 2, \ldots, m \tag{6.5}$$

$$p_m = \begin{cases} 0 & \text{bei gerader Zahl Einsen in } \boldsymbol{E}. \\ 1 & \text{bei ungerader Zahl Einsen in } \boldsymbol{E} \end{cases} \tag{6.6}$$

Nun kann die Algorithmenbeschreibung in Form eines Ablaufdiagramms aufgestellt werden. Es wird die Form des synchronen Ablaufdiagramms (s. Abschnitt 4.1) gewählt; alle in den Abfragen vorkommenden Signale sind deshalb als synchronisiert zu betrachten. Da nach Abb. 6.2 für die Variablen $\boldsymbol{L}$ und $\boldsymbol{A}$ nur ein kurzes Entscheidungsintervall zu Beginn eines Prozesses gelten soll, mußten im Ablaufdiagramm in Abb. 6.3 die internen Variablen $\boldsymbol{l}$, $\boldsymbol{a}_s$ und $\boldsymbol{a}_w$ eingeführt werden, welche zu Beginn eines Prozesses die extern vorgegebenen Werte zugewiesen erhalten. Die Adresse $\boldsymbol{A}$ wurde dabei in die Spuradresse $\boldsymbol{A}_s$ und die Sektor- oder Wortadresse $\boldsymbol{A}_w$ aufgeteilt; $\boldsymbol{A}_s$ wählt den Kopf und damit die Spur aus (s. Abb. 3.47), während $\boldsymbol{A}_w$ festlegt, welches der 256 Wörter auf der Spur das erste Wort des Blockes sein soll. Die Wortlänge von $\boldsymbol{A}_s$ ist also sieben Bit, die von $\boldsymbol{A}_w$ acht Bit.

Beim Ablauf des Leseprozesses wurde die in Abschnitt 3.2.3 erwähnte Demodulationsverzögerung im Trommelspeicherblock (Abb. 3.50) berücksichtigt, auf Grund derer ein Bit, welches sich im Intervall j unter dem Kopf befindet, erst im Intervall $(j + 1)$ am Ausgang M (Abb. 3.45) verfügbar ist.

Die Forderung, daß die Spuradresse a_s eine Taktperiode lang anliegen muß, bevor der adressierte Kopf funktionsbereit ist, wurde ebenfalls berücksichtigt.

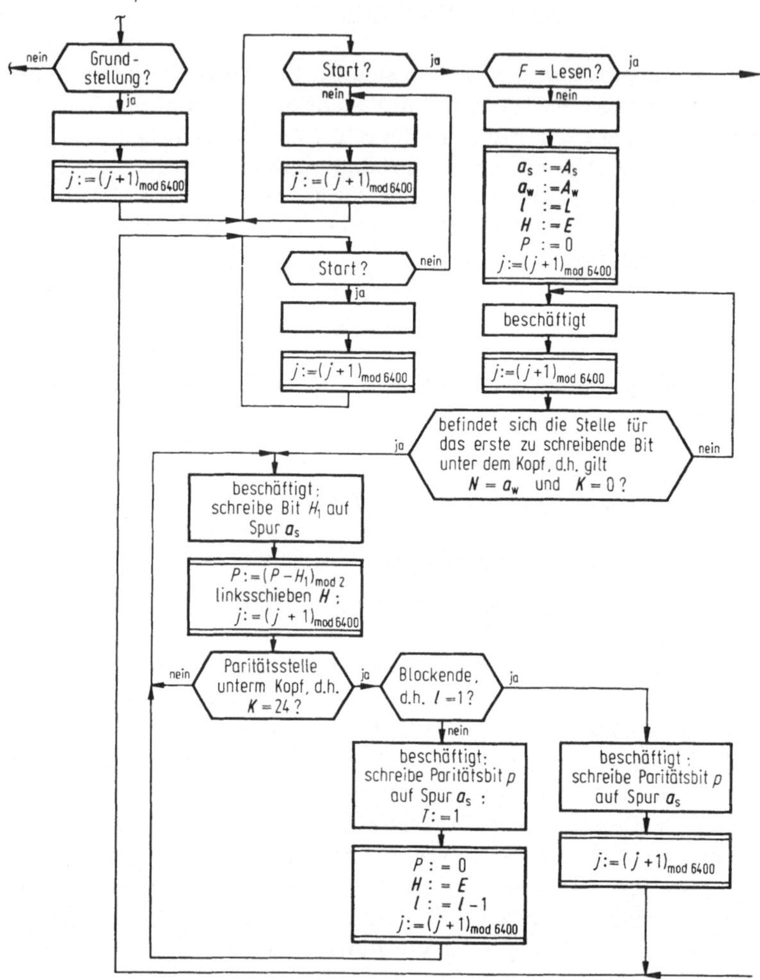

Abb. 6.3. Operationsablaufdiagramm für den Trommelspeicher.

Die Schleife mit der Paritätsfehlermeldung hat keinen Ausgang; das bedeutet, daß sie nur über die Grundstellungsabfrage verlassen werden kann. Diese Grundstellungsabfrage wurde in Abb. 6.3 als eine Frage eingeführt, welche vor Ausführung jedes Taktschrittes an jeder Stelle des Ablaufs gestellt werden muß.

Durch die Startabfrage am Ende jedes Prozesses wird die Forderung erfüllt, daß ein neuer Prozeß erst ausgelöst werden kann, wenn das Startsignal am Ende des vorausgegangenen Prozesses mindestens einen Taktschritt lang auf Null stand.

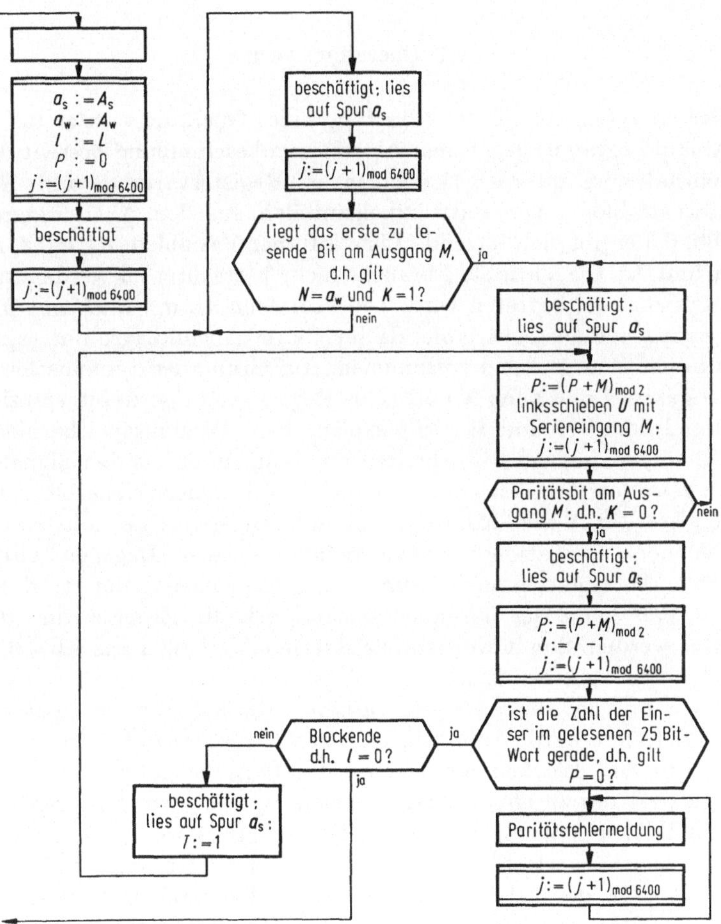

Im Ablaufdiagramm werden zwar die Variablen $\boldsymbol{N}$ und $\boldsymbol{K}$ abgefragt, als ob es sich um extern vorgegebene Variable handle, denn das Ablaufdiagramm enthält keine expliziten Wertzuweisungen zu $\boldsymbol{N}$ und $\boldsymbol{K}$; da jedoch $\boldsymbol{N}$ und $\boldsymbol{K}$ über Gl. (6.1) und (6.2) mit j zusammenhängen und j in jeder dynamischen Zuweisung einen neuen Wert zugewiesen bekommt, enthält das Ablaufdiagramm implizit auch Wertzuweisungen zu $\boldsymbol{N}$ und $\boldsymbol{K}$, wodurch diese als interne Variable definiert sind.

Auch die Leseausgangsvariable $\boldsymbol{M}$ ist eine interne Variable, obwohl sie explizit keine Werte zugewiesen bekommt; die Wertzuweisung ist in der Anweisung „Lies auf Spur $\boldsymbol{a}_s$" enthalten.

6.3 Operationswerk

Der erste Schritt bei der Ableitung eines Operationswerks aus einer als Ablaufdiagramm gegebenen Algorithmenbeschreibung besteht darin, die enthaltenen internen Variablen in Registervariable und Nichtregistervariable (s. Abschnitt 2.2) einzuteilen. Aus dem Ablaufdiagramm in Abb. 6.3 ergibt sich folgende Liste interner Variablen: $\boldsymbol{a}_s$, $\boldsymbol{a}_w$, $\boldsymbol{l}$, $\boldsymbol{H}$, p, $\boldsymbol{N}$, $\boldsymbol{K}$ und $\boldsymbol{M}$. Die Variable j braucht nicht betrachtet zu werden, da sie durch $\boldsymbol{N}$ und $\boldsymbol{K}$ vertreten wird. Die Variablen $\boldsymbol{a}_s$, $\boldsymbol{a}_w$, $\boldsymbol{l}$, $\boldsymbol{H}$ und p sind offensichtlich Registervariable, da für sie im Ablaufdiagramm explizite dynamische Zuweisungen vorkommen. Auf Grund der dynamischen Zuweisungen zu j sind auch $\boldsymbol{N}$ und $\boldsymbol{K}$ als Registervariable zu interpretieren. Da j und damit $\boldsymbol{N}$ und $\boldsymbol{K}$ nicht explizit vom Trommelspeicherblock in Abb. 3.45 geliefert werden, sondern nur sequentiell aus den Signalen c_1 und a gewonnen werden können, kann der Trommelspeicherblock nicht als Register für $\boldsymbol{N}$ und $\boldsymbol{K}$ interpretiert werden, sondern es müssen für $\boldsymbol{N}$ und $\boldsymbol{K}$ noch Operationsblöcke eingeführt werden. Dagegen wird die Variable $\boldsymbol{M}$ schon explizit vom Trommelspeicher geliefert, d. h. in diesem Fall kann der Trommelspeicherblock als Register für $\boldsymbol{M}$ betrachtet werden. Somit wurden alle internen Variablen aus Abb. 6.3 als Registervariable klassifiziert.

Bevor nun für diese Registervariablen die zugehörigen Operationsblöcke definiert werden können, muß zuerst die Art der Taktsteuerung für die in den Blöcken enthaltenen Flipflops festgelegt werden. Die Komplexität des zu entwerfenden Speichersystems ist so begrenzt, daß zur Einhaltung der Rückkopplungsbedingung (1.15) nicht unbedingt zweiflankengesteuerte Flipflops erforderlich sind, d. h. daß die Laufzeitunterschiede τ_c des Taktsignals ohne großen technischen Aufwand klein genug gehalten werden können, so daß die Funktionssicherheit des Systems auch bei Verwendung einflankengesteuerter Flipflops garantiert werden kann. Im vorliegenden Fall gibt es jedoch noch zusätzliche Kriterien, welche die Wahl der Taktungsart beeinflussen.

Ein Registerblock ist schon vorgegeben, nämlich der Trommelspeicherblock. Die Entscheidungs- und Übergangsintervalle für diesen Block zeigt Abb. 3.46; ihre Lage relativ zu den beiden Taktsignalen kann grob so gekennzeichnet werden: Die Übergangsintervalle liegen bei der

Vorderflanke von c_1, die Entscheidungsintervalle bei der Vorderflanke von c_2. Dabei kommt natürlich nicht zum Ausdruck, daß das Entscheidungsintervall für W durch c_1 begrenzt wird, das Entscheidungsintervall für D jedoch nicht. Wenn man nun zu den beiden Taktsignalen c_1 und c_2 ein neues Taktsignal c definiert, dessen Vorderflanken mit den Vorderflanken von c_2 und dessen Rückflanken mit den Vorderflanken von c_1 zusammenfallen, wie es Abb. 6.4 zeigt, dann kann man den Trommelspeicherblock als zweiflankengetaktet betrachten. Die Entscheidungsintervalle liegen bei den Vorderflanken von c und die Übergangsintervalle bei den Rückflanken, wie es ebenfalls in Abb. 6.4 dargestellt ist. Abb. 6.4 zeigt außerdem noch, wie das Signal c aus den beiden Signalen c_1 und c_2 mit einem direkt gesteuerten RS-Flipflop gewonnen werden kann.

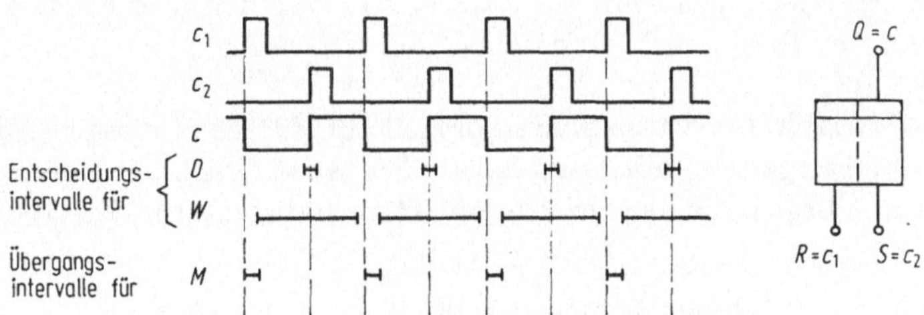

Abb. 6.4. Ableitung des Trommeltaktes c.

Da es also nicht notwendig ist, die Taktung des Trommelspeicherblockes mit den beiden Signalen c_1 und c_2 zu beschreiben, sondern da man den gleichen Sachverhalt auch mit dem einen Signal c beschreiben kann, liegt es nahe, c als den Trommeltakt zu definieren, welcher als Schnittstellensignal schon in Abb. 6.1 und Abb. 6.2 vorkam. Die Taktungsart der noch zu bestimmenden Operationsblöcke wird zweckmäßigerweise so gewählt wie diejenige des Trommelspeicherblockes, also zweiflankengesteuert. Dies erleichert auch die Realisierung der Forderungen aus Abb. 6.2, wonach die Entscheidungsintervalle für die externen Eingangssignale bei der Vorderflanke von c und die Flanken der Ausgabesignale B und T bei der Rückflanke von c liegen sollen. Es ist jedoch zu beachten, daß die Forderungen in Abb. 6.2 die Verwendung zweiflankengesteuerter Flipflops nicht erzwingen; vielmehr könnte man durchaus alle an der Automatenrückkopplung beteiligten Flipflops vorderflankengesteuert wählen und für die Signale B und T rückflankengesteuerte Verzögerungsflipflops im Sinne der Abb. 5.7 vorsehen.

Nachdem nun die Taktungsart festliegt, können die Operationsblöcke für die Registervariablen definiert werden. Für die beiden

Variablen $\boldsymbol{a}_s$ und $\boldsymbol{a}_w$ werden zwei reine Speicherregister benötigt, die jeweils mit einer gemeinsamen Steuervariablen y_1 entsprechend der Tabelle 6.2 steuerbar sind. Die Gemeinsamkeit der Steuerung ergibt sich aus der Gleichzeitigkeit der entsprechenden Zuweisungen im Ablaufdiagramm in Abb. 6.3.

Tabelle 6.2. Steuerung der Adreßregister

y_1^n	$\boldsymbol{a}_s^{n+1}$	$\boldsymbol{a}_w^{n+1}$
0	$\boldsymbol{a}_s^n$	$\boldsymbol{a}_w^n$
1	$\boldsymbol{A}_s^n$	$\boldsymbol{A}_w^n$

Für die Variable $\boldsymbol{l}$ muß ein Zählregister mit den drei Steuerkombinationen in Tabelle 6.3 vorgesehen werden, welche unmittelbar aus Abb. 6.3 folgen.

Die Variable $\boldsymbol{H}$ tritt im Schreibprozeß auf; für sie muß nach Abb. 6.3 ein Schieberegister mit paralleler Eingabemöglichkeit vorgesehen werden. Es liegt nahe, gleichzeitig mit $\boldsymbol{H}$ auch die externe Variable $\boldsymbol{U}$ zu

Tabelle 6.3. Steuerung des Blocklängenzählers

y^n_3	y^n_2	$\boldsymbol{l}^{n+1}$
0	0	$\boldsymbol{l}^n$
0	1	$\boldsymbol{L}^n$
1	0	$\boldsymbol{l}^n - 1$

betrachten, welche nur im Leseprozeß auftritt und für die nach Abb. 6.3 auch ein Schieberegister benötigt wird. Die Abb. 6.2 sagt nichts darüber aus, ob ein gelesenes Wort $\boldsymbol{U}$ auf Grund eines Schreibprozesses verloren gehen darf oder nicht. An dieser Stelle wird nun willkürlich entschieden, daß ein Schreibprozeß die zuletzt gelesene Information $\boldsymbol{U}$ zerstören darf. Damit wird erreicht, daß für $\boldsymbol{H}$ und $\boldsymbol{U}$ dasselbe Register verwendet werden kann, dessen Funktion in Tabelle 6.4 nun natürlich alle Ansteuerkombinationen der beiden ursprünglichen Register enthalten muß.

Für die Variable p wird ein einzelnes Flipflop benötigt mit den Ansteuerkombinationen in Tabelle 6.5. Während die Realisierung der Operationsblöcke für die Variablen $\boldsymbol{a}_s$, $\boldsymbol{a}_w$, $\boldsymbol{l}$ und $\boldsymbol{H}$ mit den Funktionen in den Tabellen 6.2, 6.3 und 6.4 hier nicht diskutiert zu werden braucht, weil nämlich der Aufbau solcher Blöcke schon in den Abschnitten 3.1.4

und 3.1.5 über Register- und Zählerautomaten eingehend behandelt wurde, soll auf die Realisierung des Operationsblockes für p hier kurz eingegangen werden. Die strukturell einfachste Realisierung erhält man,

Tabelle 6.4. Steuerung des Datenregisters

y_5^n	y_4^n	$\boldsymbol{H}^{n+1}$ bzw. $\boldsymbol{U}^{n+1}$
0	0	$\boldsymbol{H}^n$ bzw. $\boldsymbol{U}^n$
0	1	$\boldsymbol{E}^n$
1	0	$\boldsymbol{H}^n$ bzw. $\boldsymbol{U}^n$ um eine Stelle nach links geschoben mit Serieneingang M

Tabelle 6.5. Steuerung des Paritätsautomaten

y_7^n	y_6^n	p^{n+1}
0	0	0
0	1	p^n
1	0	$(p^n + H_1^n)_{\mathrm{mod}2}$
1	1	$(p^n + M^n)_{\mathrm{mod}2}$

indem man alle in der Spalte p^{n+1} der Tabelle 6.5 stehenden logischen Ausdrücke als Modulo-2-Additionen formuliert, d. h. indem man wie folgt substituiert:

$$0 = (p^n + p^n)_{\mathrm{mod}\,2}, \tag{6.7}$$

$$p^n = (p^n + 0)_{\mathrm{mod}\,2}. \tag{6.8}$$

Wenn man den Operationsblock für p mit einem D-Flipflop aufbaut, erhält man die Schaltung in Abb. 6.5a. Dort ist durch Einrahmung angedeutet, daß die Zusammenschaltung eines D-Flipflops mit einem Antivalenzglied, d. h. einem Modulo-2-Addierglied, ein T-Flipflop darstellt (s. Tabelle 1.5). Deshalb vereinfacht sich die Schaltung bei Verwendung eines JK-Flipflops, wie Abb. 6.5b zeigt.

An dieser Stelle sei darauf hingewiesen, daß der Begriff Schaltungsvereinfachung stets die Festlegung einer Schaltelementemenge voraussetzt. Wenn man beim Übergang von Abb. 6.5a nach Abb. 6.5b von Schaltungsvereinfachung spricht, hat man damit das Flipflop als nicht weiter zerlegbares Schaltelement vorausgesetzt, beispielsweise als vorgegebenen integrierten Baustein. Wenn man dagegen nur noch einzelne logische Verknüpfungsglieder als nicht weiter zerlegbare Schaltelemente zulassen will, dann stellt der Übergang von Abb. 6.5a nach Abb. 6.5b keine Schaltungsvereinfachung, sondern nur noch eine Darstellungsvereinfachung dar. Dann muß man nämlich die Flipflops als asynchron rückgekoppelte Schaltnetze (s. beispielsweise Abb. 1.15) betrachten, und in diesem Fall ist die Zahl der Verknüpfungsglieder im JK-Flipflop genau so groß wie in der Zusammenschaltung des D-Flipflops mit dem Antivalenzglied.

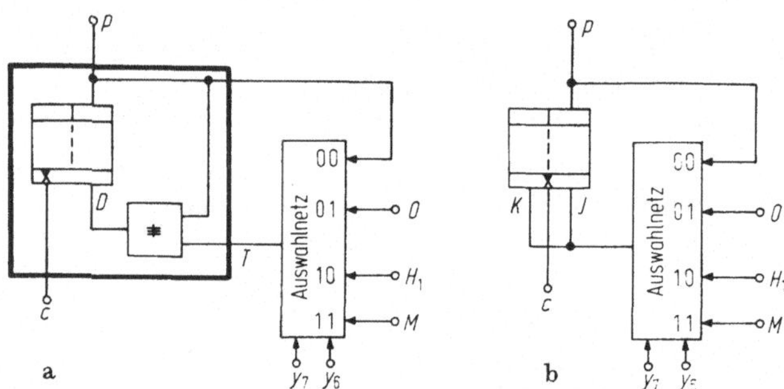

Abb. 6.5. Realisierung des Operationsblocks für die Variable p.

Da es realistisch ist, das Auswahlnetz in Abb. 6.5 als vorgegebenen Baustein zu betrachten, kann die Schaltung in Abb. 6.5b als einfachste Realisierung des Operationsblockes für p angesehen werden.

Die Tatsache, daß die Variable j in jeder dynamischen Zuweisung des Ablaufdiagramms in Abb. 6.3 um Eins erhöht wird, bedeutet, daß diese Erhöhung ungesteuert erfolgt. Auf Grund des Zusammenhanges zwischen j und $\boldsymbol{N}$ und $\boldsymbol{K}$ nach Gl. (6.1) und (6.2) folgt, daß auch die Zustandsübergänge in den Operationsblöcken für $\boldsymbol{N}$ und $\boldsymbol{K}$ ungesteuert erfolgen müssen, d. h. daß es für diese Blöcke keine Steuersignale y_i gibt. Nach Gl. (6.2) muß der Operationsblock für $\boldsymbol{K}$ ein Zähler mit 25 Zuständen sein, wie man ihn aus dem Zähler in Abb. 3.26 erhält, wenn man das dortige Steuersignal y konstant auf Eins legt. Der Operationsblock für $\boldsymbol{N}$ muß ein Zähler sein, der zyklisch von 0 bis 255 zählt. Da dieser Zähler nicht bei jedem Taktschritt seinen Zustand ändern darf [s. Gl. (6.1)], sondern nur dann, wenn $\boldsymbol{K}$ gleichzeitig in den Zustand 0 übergeht, muß der Zähler für $\boldsymbol{N}$ die Information zugeführt bekommen, wann $\boldsymbol{K}$ auf 24 steht. Somit ist der Zähler für $\boldsymbol{N}$ als Einzelblock betrachtet zwar ein gesteuerter Zähler, aber da das Steuersignal von einem anderen Operationsblock geliefert wird, ist der $\boldsymbol{N}$-Block aus der Sicht des Steuerwerks ein ungesteuerter Block.

Da j mit dem Spurenreferenzimpuls a derart synchronisiert sein muß (s. Abb. 3.45 und 3.46), daß j auf $(6400)_{\mathrm{mod}\,6400} = 0$ steht, wenn der Impuls a auftritt, müssen auch $\boldsymbol{N}$ und $\boldsymbol{K}$ mit a synchronisiert werden. Wenn man die naheliegende Lösung wählt, das Signal a auf direkte Rücksetzeingänge der Zähler $\boldsymbol{N}$ und $\boldsymbol{K}$ zu schalten, muß man bedenken, daß das Taktsignal c auf Eins steht, wenn der Impuls a kommt (s. Abb. 6.6). Damit die direkte Rücksetzung durch a in der gewünschten

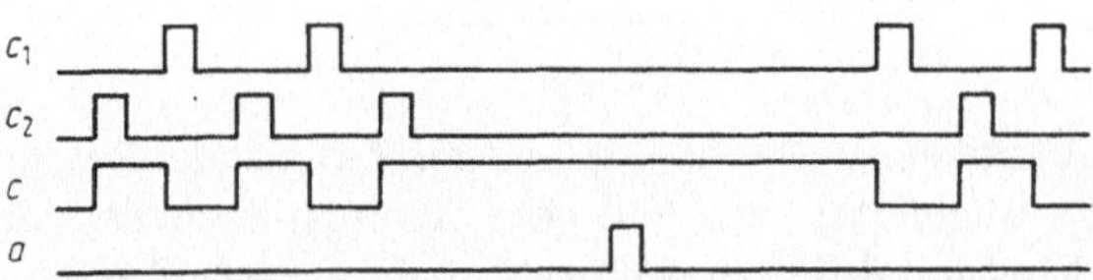

Abb. 6.6. Lage des Spurenreferenzimpulses a bezüglich des Taktes c.

Weise funktioniert, wenn die Zählerflipflops mit dem Takt c zweiflankengesteuert werden, müssen bestimmte Bedingungen bezüglich des inneren Aufbaus der Flipflops erfüllt sein, welche bei gängigen Flipflopstrukturen oft nicht erfüllt sind. Damit an die Flipflops für $\boldsymbol{N}$ und $\boldsymbol{K}$ keine ungewöhnlichen Forderungen gestellt werden müssen, muß man irgendwie erreichen, daß der direkte Rücksetzimpuls in eine Taktlücke fällt. Die einfachste Lösung besteht darin, die Blöcke für $\boldsymbol{N}$ und $\boldsymbol{K}$ nicht zweiflankengesteuert mit dem Takt c, sondern vorderflankengesteuert mit c_1 zu takten. Die Lage der Entscheidungs- und Übergangsintervalle ist dann so, als wären die Blöcke mit c rückflankengetaktet, die Übergangsintervalle liegen also ungefähr dort, wo sie auch bei Zweiflankentaktung mit c liegen würden. Durch die Verwendung einflankengetakteter Flipflops in den Blöcken für $\boldsymbol{N}$ und $\boldsymbol{K}$ wird die Bedeutung der Zweiflankensteuerung für die Rückkopplungsbedingungen im übrigen Werk nicht aufgehoben, denn die $\boldsymbol{N}$- und $\boldsymbol{K}$-Zähler bilden mit dem übrigen Werk keinen Rückkopplungskreis, da sie von dort keine Steuersignale empfangen.

Neben den Operationsblöcken für die Registervariablen enthält ein Operationswerk i. a. noch getrennte Operatornetze, Quellenauswahlschaltungen und Verzweigungscodewandler (s. Abschnitt 2.2). Im vorliegenden Fall gibt es keine getrennten Operatornetze, da schon alle im Ablaufdiagramm in Abb. 6.3 vorkommenden Operatoren bei der Definition der Operationsblöcke für die Registervariablen berücksichtigt wurden. Im Zusammenhang mit dem Schreibvorgang ist eine Quellenauswahlschaltung erforderlich, weil wahlweise die Stelle H_1 des Registers $\boldsymbol{H}$ oder der Ausgang p des Paritätsflipflops auf den Eingang D des Trommelspeicherblockes durchgeschaltet werden muß. Tabelle 6.6 zeigt die Steuerfunktion für dieses Auswahlnetz.

Tabelle 6.6. Auswahl der Schreibquelle

y_8	D
0	H_1
1	p

Aus den Verzweigungsabfragen in Abb. 6.3 können die erforderlichen Abfragenetze abgeleitet werden. Ein Koinzidenznetz wird benötigt, welches ein Einssignal liefert, wenn $\boldsymbol{N}$ gleich $\boldsymbol{a}_w$ ist. Ein Abfragenetz für den Zähler $\boldsymbol{K}$ muß auf drei Ausgangsleitungen die Information liefern, wann $\boldsymbol{K}$ auf 0, 1 oder 24 steht. Ein Abfragenetz für den Zähler $\boldsymbol{L}$ muß auf zwei Ausgangsleitungen die Information liefern, wann $\boldsymbol{L}$ auf 0 oder 1 steht.

Im Zusammenhang mit Abb. 6.2 wurde schon gesagt, daß das Startsignal als prozeßauslösendes Signal synchronisiert werden muß; das dazu erforderliche Synchronisationsflipflop (s. Abschnitt 3.1.6) wird als Operationsblock betrachtet. Neben S werden im Ablauf in Abb. 6.3 noch zwei andere Signale abgefragt, welche extern asynchron angeliefert werden, nämlich G und F. Die Tatsache, daß das Signal F nicht synchronisiert zu werden braucht, ist leicht einzusehen, wenn man bedenkt, daß das System, welches die Eingabesignale liefert, das prozeßauslösende Signal S erst zu Eins macht, nachdem es das Signal F auf den gewünschten Wert gebracht hat. Die Tatsache, daß auch das Grundstellungssignal G nicht synchronisiert zu werden braucht, ist weniger leicht einzusehen. Wenn die Vorderflanke von G nicht synchronisiert ist, kann es vorkommen, daß der erste von G beeinflußte Zustandsübergang nicht dorthin führt, wo er nach Abb. 6.3 hinführen soll; das stört aber nicht, da man sicher weiß, daß der gewünschte Grundstellungszustand bestimmt erreicht wird, wenn G im darauffolgenden Entscheidungsintervall noch eindeutig auf Eins steht. Nach Abb. 6.3 kann der Grundstellungszustand nur verlassen werden, wenn das Startsignal Eins ist. Wenn man also vereinbart, daß das Startsignal in der Umgebung der Rückflanke des Grundstellungssignals stets auf Null gehalten wird, dann braucht auch die Rückflanke von G nicht synchronisiert zu werden, denn dann ist G für das Verharren des Systems im Grundstellungszustand irrelevant.

Damit sind alle aus dem Ablaufdiagramm in Abb. 6.3 ableitbaren Operationsblöcke behandelt. Damit ist die Menge der Operationsblöcke jedoch noch nicht unbedingt vollständig. Es kann sein, daß für manche Signale Störimpulsfreiheit gefordert werden muß; dann muß man feststellen, ob man die störimpulsfreien Signale vom Steuerwerk fordern kann, indem man die Freiheit der Zustandscodierung einschränkt, oder ob man zur Elimination von Störimpulsen zusätzliche Operationsblöcke einführen muß. Im gegebenen Fall muß von keinem der bisher abgeleiteten Steuersignale y_1 bis y_8 Störimpulsfreiheit gefordert werden, da die Entscheidungsintervalle für diese Signale alle bei der positiven Flanke von c liegen, während die möglichen Störimpulse im Bereich der Zustandsübergangsintervalle, also bei der negativen Flanke von c auftreten. Außer den Signalen y_1 bis y_8 muß das Steuerwerk jedoch noch vier weitere Signale liefern, nämlich W, B, T und P, welche formal mit y_9, y_{10}, y_{11} und y_{12} bezeichnet seien. Das Signal W braucht nicht störimpulsfrei zu sein, wenn vorausgesetzt wird, daß die Breite der Störimpulse im Nanosekundenbereich liegt und damit wesentlich kleiner ist als die vorwiegend durch die Kopfinduktivität bestimmte Anstiegszeit des Schreibstromes. An dieser Stelle sei kurz die Periodendauer des Trommeltaktes c abgeleitet. Wenn angenommen wird, daß sich die Trommel mit 3000 Umdrehungen pro Minute dreht, ergibt sich die Periodendauer T_c des Taktes c zu

$$T_c = \frac{\text{min}}{3000} \cdot \frac{60\,\text{sec}}{\text{min}} \cdot \frac{1}{6400} \approx 3{,}13\,\mu\text{sec}. \tag{6.9}$$

Wenn man die Anstiegszeit des Schreibstroms in sinnvollem Verhältnis zu T_c mit 250 nsec annimmt, dann sind Störimpulse bei W bis zu einer Breite von 25 nsec durchaus tolerierbar.

Die Signale B, T und P werden nach außen geliefert, und es ist nicht bekannt, in welcher Weise sie dort ausgewertet werden. Deshalb wird zweckmäßigerweise der schlimmste Fall angenommen, daß nämlich die Art der Auswertung die Störimpulsfreiheit dieser Signale fordert. Störimpulsfreiheit von Signalen, welche vom Steuerwerk zu liefern sind, ist am einfachsten dann zu erreichen, wenn jedem der Signale eine bestimmte Binärstelle des Steuerzustandscodes zugeordnet werden kann. Die Flipflops des Steuerwerks, welche den Steuerzustand speichern, sind nämlich unkritisch angesteuert, d. h. während der Entscheidungsintervalle ändert sich die Ansteuerkombination nicht, so daß die Flipflopausgangssignale störimpulsfrei sind.

An Hand des Operationsablaufs in Abb. 6.3 muß nun also geprüft werden, ob die Signale B, T und P nur vom Steuerzustand abhängen, denn nur dann können sie mit bestimmten Binärstellen des Steuerzustandscodes gleichgesetzt werden. Man findet leicht, daß eine solche ausschließliche Abhängigkeit vom Steuerzustand nicht gegeben ist: In demjenigen Steuerzustand, welcher jeweils erreicht wird, nachdem das Paritätsbit gelesen wurde, hängt das Auftreten einer Eins bei B, T und P noch vom Ergebnis der beiden Abfragen der Parität und des Blockendes ab (s. Abb. 6.3). Die Tatsache jedoch, daß sowohl die Paritätsabfrage als auch die Blockendeabfrage Abfragen des Operationszustandes sind, nämlich der in Operationsflipflops gespeicherten Informationen p und $\boldsymbol{l}$, erlaubt es, diese Abfragen einen Taktschritt früher durchzuführen, wie es Abb. 6.7 zeigt. Damit wird erreicht, daß die Signale B, T und P im Leseprozeß nur noch vom Steuerzustand abhängen. Die Zeitdauer des Leseprozesses wurde durch dieses Vorziehen der Abfragen nicht verändert. Dies ist ein Beispiel einer Steuerkreistransformation, wie sie im Zusammenhang mit Gl. (4.31) und (4.32) diskutiert wurde.

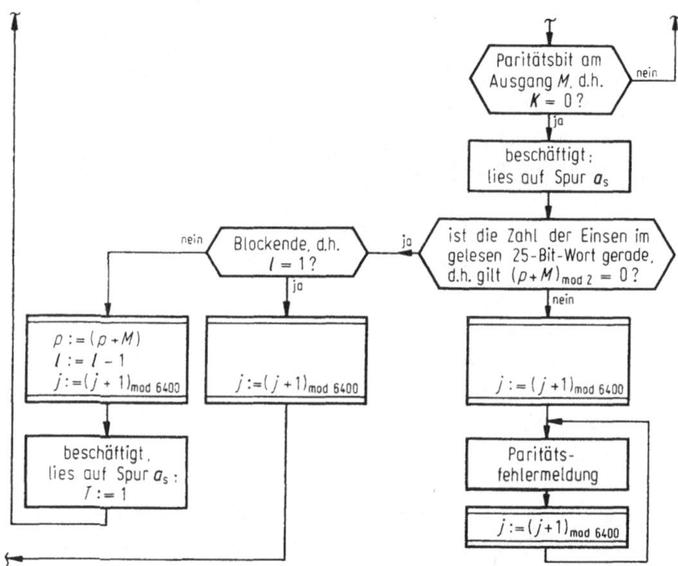

Abb. 6.7. Modifizierter Leseprozeß zum Ablauf in Abb. 6.3.

Das Signal P tritt im Schreibprozeß nicht auf; das Signal B hängt nur vom Steuerzustand ab. Lediglich das Signal T ist abfrageabhängig, nämlich von den Abfragen der Operationszustandsinformationen $\boldsymbol{K}$ und $\boldsymbol{l}$. Auch hier lassen sich die Abfragen wieder um einen Taktschritt vorverlegen, damit die ausschließliche Steuerzustandsabhängigkeit für T erreicht wird. Abb. 6.8 zeigt den derart modifizierten Teil des Schreibprozeßablaufes.

Es hat sich nun also ergeben, daß die Störimpulsfreiheit der Signale B, T und P durch entsprechende Codierung der Steuerzustände erzielt werden kann und daß keine besonderen Operationsblöcke zur Stör-

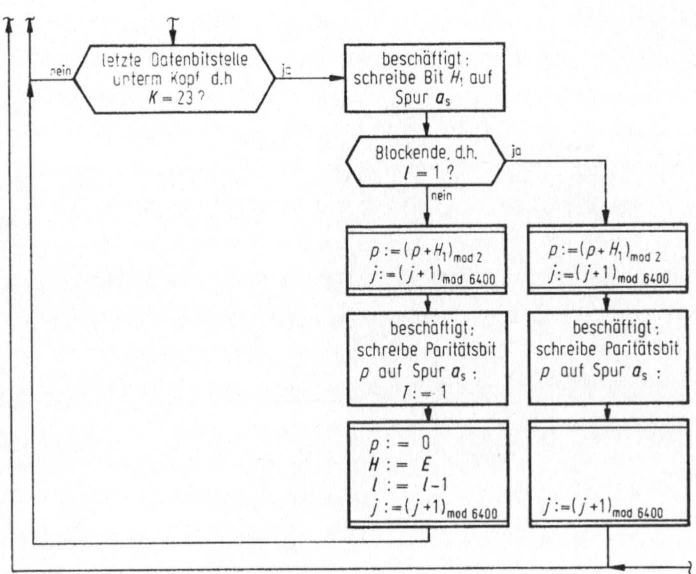

Abb. 6.8. Modifizierter Schreibprozeß zum Ablauf in Abb. 6.3.

impulselimination benötigt werden. Lediglich die Abfragenetze im Operationswerk werden durch die Modifikation des Operationsablaufs geringfügig betroffen: Die Abfrage des Zählers $\boldsymbol{l}$ auf den Stand 0 entfällt, und der Zähler $\boldsymbol{K}$ muß zusätzlich auf den Stand 23 abgefragt werden. Obwohl die Abfrage des Zählers $\boldsymbol{K}$ auf den Stand 24 im Ablaufdiagramm entfallen ist, muß sie trotzdem noch im Operationswerk vorhanden sein, da nämlich mit diesem Abfragesignal die Weiterschaltung des Zählers $\boldsymbol{N}$ gesteuert wird, was im Ablaufdiagramm nicht zum Ausdruck kommt. Zudem tritt dieses Abfragenetz für $\boldsymbol{K} = 24$ schon bei der bloßen Realisierung des Zählers $\boldsymbol{K}$ nach Abb. 3.26 auf, da es sich hier um einen Zähler handelt, bei dem beim Zählerstand 24 die reine Dualzahlenfolge unterbrochen werden muß.

Damit sind die Überlegungen zum Entwurf des Operationswerks abgeschlossen. Abb. 6.9 zeigt die Zusammenschaltung der Operationsblöcke, wie sie aus den angestellten Betrachtungen folgt. Obwohl bei der Diskussion des Paritätsautomaten in Abb. 6.5 der Struktur in Abb. 6.5b der Vorzug gegeben wurde, tritt in Abb. 6.9 der Block nach Abb. 6.5a auf. Der Grund dafür liegt in der nachträglich festgestellten Notwendigkeit, nicht den Flipflopausgang p abzufragen, sondern den Flipflopeingang $(p+M)_{\text{mod } 2}$, wie es Abb. 6.7 zeigt.

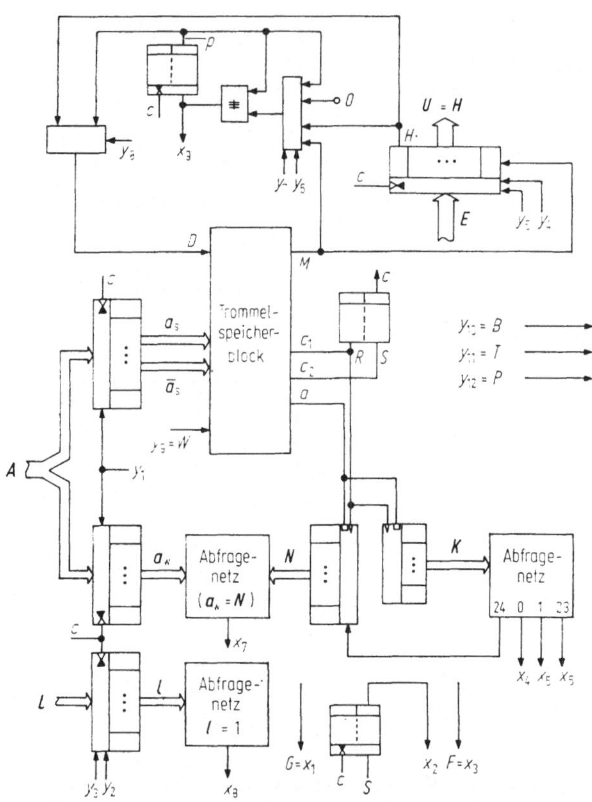

Abb. 6.9. Operationswerk der Trommelspeicher-Schreib/Lesesteuerung.

6.4 Steuerwerk

Das Operationsablaufdiagramm, wie es sich aus Abb. 6.3 mit den Modifikationen in Abb. 6.7 und 6.8 ergibt, kann nun sofort in das Steuerablaufdiagramm in Abb. 6.10 transformiert werden. Zur einfacheren Übersicht wird die Bedeutung der Komponenten von $\boldsymbol{X}$ und $\boldsymbol{Y}$ in der Tabelle 6.7 zusammengefaßt dargestellt.

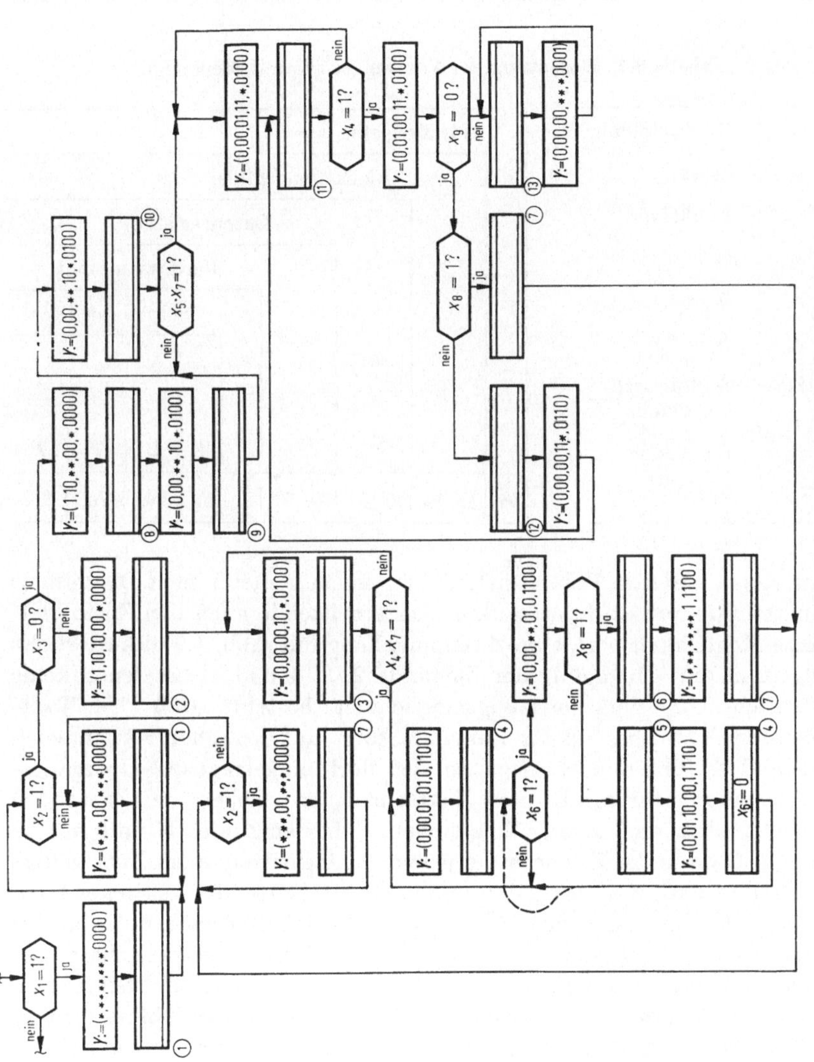

Abb. 6.10. Steuerablaufdiagramm zum Operationswerk in Abb. 6.9.

Nun muß die Eintragung der Steuerzustände in das Ablaufdiagramm erläutert werden. Das Diagramm enthält 17 Taktschrittendesymbole, so daß man 17 Steuerzustände erhalten würde, falls keine Zustandsreduktion möglich wäre. Die Eintragung beginnt beim Grundstellungstaktschritt mit dem Zustand 1. Da das Grundstellungstaktschrittende

Tabelle 6.7. Bedeutung der Verzweigungs- und Steuersignale

x_1	Grundstellung
x_2	Start
x_3	Funktion
x_4	$\boldsymbol{K} = 0$
x_5	$\boldsymbol{K} = 1$
x_6	$\boldsymbol{K} = 23$
x_7	Sektoradreß-koinzidenz
x_8	Blockende
x_9	Parität

Adreßregister	Blocklängenzähler	Datenregister	Paritätsautomat	Schreibquelle	W	B	T	P
y_1	y_2 y_3	y_4 y_5	y_6 y_7	y_8	y_9	y_{10}	y_{11}	y_{12}

mit einem anderen Taktschrittende zu einem gemeinsamen Diagrammpunkt führt, erhält dieses andere Taktschrittende auch den Zustand 1. Diese Möglichkeit wurde im Zusammenhang mit Abb. 4.9 diskutiert. Es folgt nun die Eintragung der Zustände 2, 3, 4 und 5, bei denen keine offensichtliche Verschmelzungsmöglichkeit besteht. Daß das Taktschrittende, welches auf den Zustand 5 folgt, auf den schon vorhandenen Zustand 4 führen darf, liegt an der dort eingetragenen Übergangsbeschränkung für x_6: In dem Taktschritt, in welchem der Zustand 5 erreicht wird, muß x_6 auf Eins stehen, d. h. der Zähler $\boldsymbol{K}$ muß auf 23 stehen. Da nun der Zähler $\boldsymbol{K}$ bei jedem Taktschrittende um Eins weitergeschaltet wird, weiß man, daß in dem Taktschrittende, welches auf den Zustand 5 folgt, der Zähler $\boldsymbol{K}$ von 24 auf 0 geschaltet wird, d. h. daß bei diesem Taktschrittende x_6 bereits Null ist und Null bleibt. Deshalb darf man den Steuerablauf auch entsprechend dem gestrichelten Pfeil führen, denn man kommt ja garantiert am Nein-Ausgang der Abfrage für x_6 heraus. Der gestrichelte Pfeil bringt die beiden mit dem Zustand 4 versehenen Taktschrittenden zu einem gemeinsamen Diagrammpunkt, so daß die Zustandsgleichheit gerechtfertigt ist.

Die Tatsache, daß außer der einen Übergangsbeschränkung für x_6 im gesamten Ablaufdiagramm keine andere Übergangsbeschränkung mehr eingetragen ist, bedeutet nicht, daß es keine anderen Übergangsbeschränkungen mehr gibt. Um das Diagramm nicht mit unnötiger Information zu füllen, wurde nur diejenige Übergangsbeschränkung eingetragen, welche für eine Zustandsreduktion ausgenutzt wurde. Beispielsweise besteht in den beiden Taktschrittenden, welche im Schreibprozeß auf die Abfrage von x_8 folgen, eine Übergangsbeschränkung für x_8; aus der zugehörigen Ansteuerkombination „00" für den Blocklängenzähler folgt, daß sich x_8 bei diesen Taktschrittenden nicht ändern kann. Würde man diese Übergangsbeschränkungen berücksichtigen, dann könnten die beiden bei diesen Taktschrittenden erreichten Steuerzustände gleich sein, wie es im Zusammenhang mit Abb. 4.9 erläutert wurde. Daß tatsächlich nicht beide Zustände gleich, nämlich 5, gemacht werden konnten, sondern der Zustand 6 eingeführt werden mußte, liegt an der Forderung, daß das Signal T ausschließlich vom Steuerzustand abhängen soll. Der Wert von T ist in den Zuständen 5 und 6 nicht gleich, weshalb diese beiden Zustände nicht verschmolzen werden dürfen.

Der Zustand 7 wird bei drei Taktschrittenden erreicht, die alle zu einem gemeinsamen Diagrammpunkt führen. Bei der Eintragung der Zustände 8 bis 13 ergeben sich keine offensichtlichen Reduktionsmöglichkeiten mehr. Daß bei der gegebenen Eintragung der Steuerzustände die Signale B, T und P nur vom Steuerzustand abhängen, kann leicht nachgeprüft werden:

$$B = 2 \vee 3 \vee 4 \vee 5 \vee 6 \vee 8 \vee 9 \vee 10 \vee 11 \vee 12, \tag{6.10}$$

$$T = 5 \vee 12, \tag{6.11}$$

$$P = 13. \tag{6.12}$$

Die Codierung der Steuerzustände erfolgt zweckmäßigerweise im Übergangsgraphen, damit man möglicherweise auftretende unverzweigte Taktschrittfolgen oder Symmetrien erkennt und bei der Codewahl berücksichtigen kann.

Im gegebenen Fall hat man bei der Codewahl keine völlige Freiheit mehr, da schon früher entschieden wurde, daß den Signalen B, T und P je eine Binärstelle des Steuerzustandscodes entsprechen soll. Diese Codestellen können aus dem Ablaufdiagramm in Abb. 6.10 unmittelbar in den Graphen in Abb. 6.11 als die Zustandsbits Z_3, Z_2 und Z_1 übertragen werden. Nun sieht man, daß acht Zustände mit der Kombination $(Z_3, Z_2, Z_1) = 100$ auftreten. Damit man diese acht Zustände unterschiedlich codieren kann, benötigt man weitere drei Zustandsbits, so daß sich die Codewortlänge sechs ergibt. Bei der Wahl der zweiten Hälfte (Z_6, Z_5, Z_4) des Steuercodes hat man völlige Freiheit. Wegen der teilweise gegebenen Symmetrie des Graphen scheint es zweckmäßig, symmetrisch zur Mittelachse liegende Zustände nur durch eine Binärstelle zu unterscheiden; es wurde dafür Z_6 gewählt. Damit lassen sich die Zustände des Schreibprozesses mit $Z_3 \cdot Z_6$ und diejenigen des Leseprozesses mit $Z_3 \cdot \overline{Z}_6$ kennzeichnen. Die Eintragung der restlichen Binärstellen des Zustandscodes in Abb. 6.11 erfolgte willkürlich, da keine weiteren offen-

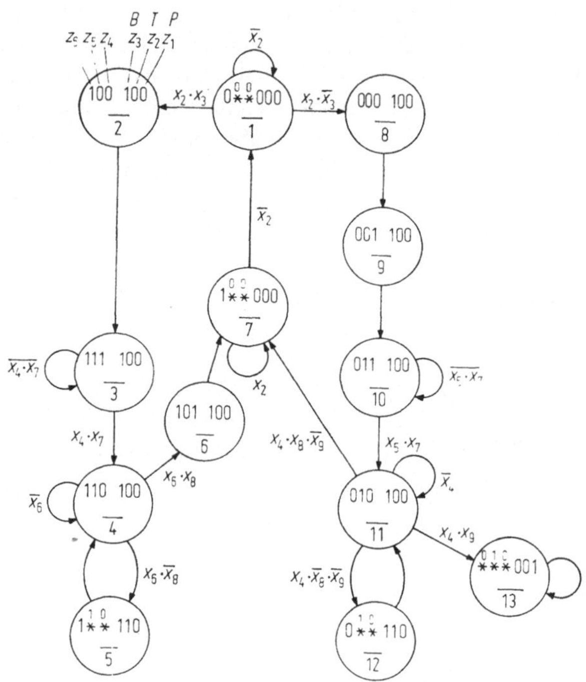

Abb. 6.11. Übergangsgraph zum Steuerablauf in Abb. 6.10.

sichtlichen Struktureigenschaften des Graphen vorhanden sind, welche eine starke Abhängigkeit des Schaltungsaufwandes von der Zustandscodierung bedingen würden. Insbesondere sind keine längeren unverzweigten Taktschrittfolgen vorhanden.

Die Tatsache, daß die 13 Zustände nicht mit der minimalen Codewortlänge vier, sondern mit der Länge sechs codiert wurden, brachte es mit sich, daß einige der Zustände schon definiert codiert werden konnten, ohne daß alle sechs Binärstellen festgelegt zu werden brauchten. Beispielsweise ist der Zustand 13 allein schon dadurch von allen anderen Zuständen unterschieden, daß P auf Eins steht; deshalb brauchten in diesem Fall die Binärstellen Z_4, Z_5 und Z_6 nicht jetzt schon auf bestimmte Werte festgelegt zu werden, sondern könnten bei der Bestimmung der Steuerwerksschaltnetze so gewählt werden, daß sich der minimale Schaltungsaufwand ergibt. Da es sich jedoch hierbei um eine Minimierungsaufgabe handelt, die nicht mit den bekannten Verfahren zur Schaltnetzminimierung gelöst werden kann, wird auf diese Möglichkeit einer ohnehin unbedeutenden Aufwandsreduktion verzichtet. Die offenen Binärstellen werden willkürlich so festgelegt, wie es Abb. 6.11 zeigt.

Die Grundstellungsübergänge, welche jeden Zustand zum Zustand 1 überführen, wurden im Graphen in Abb. 6.11 weggelassen, weil sie unnötigerweise die Übersicht erschweren würden.

Damit die Funktionstabelle für das Steuerwerk aufgestellt werden kann, muß nur noch der Flipfloptyp für das Steuerzustandsregister gewählt werden. Die Art der Taktsteuerung liegt schon fest, nämlich Zweiflankensteuerung. Man hat nun noch die Wahl der Übergangsfunktion, welche durch die Ansteuervariablen wie D oder J und K festgelegt wird. Da der Übergangsgraph keine Zählerfolgen enthält, für welche die Realisierung mit JK-Flipflops aufwandsgünstig wäre, wird der einfachste Flipfloptyp, nämlich das D-Flipflop gewählt. Nun kann aus dem Ablaufdiagramm in Abb. 6.10 und der Zustandscodierung in Abb. 6.11 die Funktionstabelle 6.8 des Steuerwerks abgeleitet werden. In diese Tabelle wurden die drei Komponenten y_{10}, y_{11} und y_{12} nicht aufgenommen, weil man ihre Abhängigkeit von den Eingangsvariablen schon früher festgelegt hat:

$$B = y_{10} = Z_3, \tag{6.13}$$

$$T = y_{11} = Z_2, \tag{6.14}$$

$$P = y_{12} = Z_1, \tag{6.15}$$

Die Zahl der Eingangsvariablen beträgt 15 und ist damit viel zu hoch, als daß eine Schaltnetzminimierung ohne Verwendung einer programmierten Rechenanlage in Frage käme. Zwar sieht man an den logischen Ausdrücken in der linken Spalte der Tabelle 6.8, daß der Aufwand auch bei einer Schaltnetzrealisierung ohne vorherige Minimierung nicht jenseits bewältigbarer Grenzen liegt, aber eine Minimierung bringt doch eine beträchtliche Aufwandsersparnis. Das Ergebnis der Minimierung der 15 Funktionen in Tabelle 6.8 mit Hilfe einer programmierten Rechenanlage [1] soll hier nicht in Form logischer Ausdrücke, sondern als Blockschaltbild des Verknüpfungsnetzes (Abb. 6.12) dargestellt werden, weil sich daran der erforderliche Aufwand an Verknüpfungsgliedern besser erkennen läßt. Als Randbedingung für die Minimierung wurde vorgegeben, daß nur NAND-Glieder mit 2, 3, 4 und 8 Eingängen sowie Inverter zur Schaltnetzrealisierung verwendet werden sollen. Abb. 6.12 setzt Abb. 6.13 voraus, wo sämtliche Eingangsvariable

Tabelle 6.8. Funktionstabelle des Steuerwerks

Log. Ausdruck zur Lokalisierung im Steuerablauf	Eingangsvariable															Z^{n+1}	Ausgangsvariable															
	Z^n						X^n										$D^n = Z^{n+1}$						Y^n									
	Z_6	Z_5	Z_4	Z_3	Z_2	Z_1	x_1	x_2	x_3	x_4	x_5	x_6	x_7	x_8	x_9		Z_6 D_6	Z_5 D_5	Z_4 D_4	Z_3 D_3	Z_2 D_2	Z_1 D_1	y_1	y_2	y_3	y_4	y_5	y_6	y_7	y_8	y_9	
x_1	–	–	–	–	–	–	1	–	–	–	–	–	–	–	–	1	0	0	0	0	0	0	*	*	*	*	*	*	*	*	0	
$\bar{x}_1 \cdot (1) \cdot \bar{x}_2$	0	0	0	0	0	0	0	0	–	–	–	–	–	–	–	1	0	0	0	0	0	0	*	*	*	0	0	*	*	*	0	
$\bar{x}_1 \cdot (7) \cdot \bar{x}_2$	1	0	0	0	0	0	0	0	–	–	–	–	–	–	–	1	0	0	0	0	0	0	*	*	*	0	0	*	*	*	0	
$\bar{x}_1 \cdot (1) \cdot x_2 \cdot x_3$	0	0	0	0	0	0	0	1	1	–	–	–	–	–	–	2	1	0	0	1	0	0	1	1	0	1	0	0	0	*	0	Schreibprozeß
$\bar{x}_1 \cdot (2)$	1	0	0	1	0	0	0	–	–	–	–	–	–	–	–	3	1	1	1	1	0	0	0	0	0	0	0	1	0	*	0	
$\bar{x}_1 \cdot (3) \cdot \bar{x}_4$	1	1	1	1	0	0	0	–	–	0	–	–	–	–	–	3	1	1	1	1	0	0	0	0	0	0	0	1	0	*	0	
$\bar{x}_1 \cdot (3) \cdot \bar{x}_7$	1	1	1	1	0	0	0	–	–	–	–	–	0	–	–	3	1	1	1	1	0	0	0	0	0	0	0	1	0	*	0	
$\bar{x}_1 \cdot (3) \cdot x_4 \cdot x_7$	1	1	1	1	0	0	0	–	–	1	–	–	1	–	–	4	1	1	0	1	0	0	0	0	0	0	1	0	1	0	1	
$\bar{x}_1 \cdot (4) \cdot \bar{x}_6$	1	1	0	1	0	0	0	–	–	–	–	0	–	–	–	4	1	1	0	1	0	0	0	0	0	0	1	0	1	0	1	
$\bar{x}_1 \cdot (4) \cdot x_6 \cdot \bar{x}_8$	1	1	0	1	0	0	0	–	–	–	–	1	–	0	–	5	1	1	0	1	1	0	0	0	0	*	*	0	1	0	1	
$\bar{x}_1 \cdot (4) \cdot x_6 \cdot x_8$	1	1	0	1	0	0	0	–	–	–	–	1	–	1	–	6	1	0	1	1	0	0	0	0	0	*	*	0	1	0	1	
$\bar{x}_1 \cdot (5)$	1	1	0	1	1	0	0	–	–	–	–	–	–	–	–	4	1	1	0	1	0	0	0	0	1	1	0	0	0	1	1	
$\bar{x}_1 \cdot (6)$	1	0	1	1	0	0	0	–	–	–	–	–	–	–	–	7	1	0	0	0	0	0	*	*	*	*	*	*	*	1	1	
$\bar{x}_1 \cdot (1) \cdot x_2 \cdot \bar{x}_3$	0	0	0	0	0	0	0	1	0	–	–	–	–	–	–	8	0	0	0	1	0	0	1	1	0	*	*	0	0	*	0	Leseprozeß
$\bar{x}_1 \cdot (8)$	0	0	0	1	0	0	0	–	–	–	–	–	–	–	–	9	0	0	1	1	0	0	0	0	0	*	*	1	0	*	0	
$\bar{x}_1 \cdot (9)$	0	0	1	1	0	0	0	–	–	–	–	–	–	–	–	10	0	1	1	1	0	0	0	0	0	*	*	1	0	*	0	
$\bar{x}_1 \cdot (10) \cdot \bar{x}_5$	0	1	1	1	0	0	0	–	–	–	0	–	–	–	–	10	0	1	1	1	0	0	0	0	0	*	*	1	0	*	0	
$\bar{x}_1 \cdot (10) \cdot \bar{x}_7$	0	1	1	1	0	0	0	–	–	–	–	–	0	–	–	10	0	1	1	1	0	0	0	0	0	*	*	1	0	*	0	
$\bar{x}_1 \cdot (10) \cdot x_5 \cdot x_7$	0	1	1	1	0	0	0	–	–	–	1	–	1	–	–	11	0	1	0	1	0	0	0	0	0	0	1	1	1	*	0	
$\bar{x}_1 \cdot (11) \cdot \bar{x}_4$	0	1	0	1	0	0	0	–	–	0	–	–	–	–	–	11	0	1	0	1	0	0	0	0	0	0	1	1	1	*	0	
$\bar{x}_1 \cdot (11) \cdot x_4 \cdot x_9$	0	1	0	1	0	0	0	–	–	1	–	–	–	–	1	13	0	1	0	0	0	1	0	0	1	0	0	1	1	*	0	
$\bar{x}_1 \cdot (11) \cdot x_4 \cdot \bar{x}_9 \cdot x_8$	0	1	0	1	0	0	0	–	–	1	–	–	–	1	0	7	1	0	0	0	0	0	0	0	1	0	0	1	1	*	0	
$\bar{x}_1 \cdot (11) \cdot x_4 \cdot \bar{x}_9 \cdot \bar{x}_8$	0	1	0	1	0	0	0	–	–	1	–	–	–	0	0	12	0	1	0	1	1	0	0	0	1	0	0	1	1	*	0	
$\bar{x}_1 \cdot (12)$	0	1	0	1	1	0	0	–	–	–	–	–	–	–	–	11	0	1	0	1	0	0	0	0	0	0	0	1	1	*	0	
$\bar{x}_1 \cdot (13)$	0	1	0	0	0	1	0	–	–	–	–	–	–	–	–	13	0	1	0	0	0	1	0	0	0	0	0	*	*	*	0	

für das Schaltnetz in Abb. 6.12 bereitgestellt werden, falls benötigt sowohl original als auch invertiert. Dies erfordert bei den Zustandsvariablen Z_1 bis Z_6 sowie bei dem synchronisierten Startsignal x_2 keine zusätzlichen Inverter, da diese Signale unmittelbar als Flipflopausgänge vorliegen; für die restlichen Signale außer x_3 und x_5 müssen Inverter vorhanden sein.

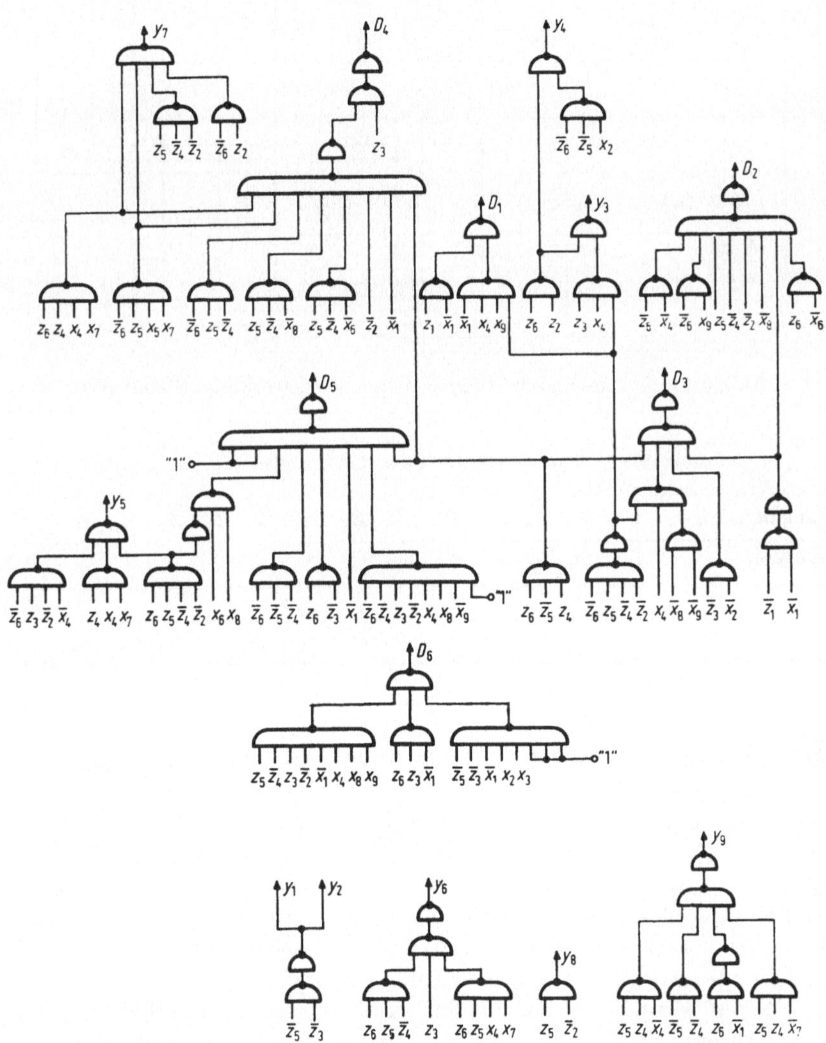

Abb. 6.12. Ausgabe- und Übergangsnetz des Steuerwerks.

Damit gegebenenfalls durch Einschalten von Treiberstufen dafür gesorgt werden kann, daß die Eingangssignale zum Netz in Abb. 6.12 auch leistungsstark genug sind, alle angeschlossenen Verknüpfungsglieder zu versorgen, wird die Belastung der Eingangssignale, d. h. die

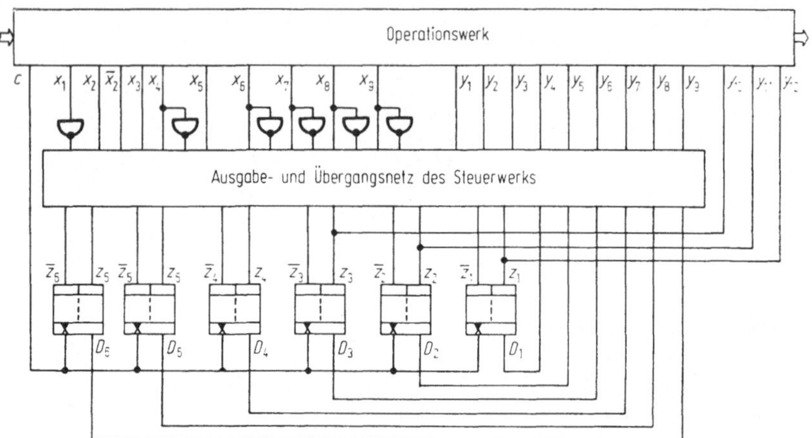

Abb. 6.13. Zusammenschaltung von Operationswerk und Steuerwerk.

Tabelle 6.9. Eingangsbelastung für das Schaltnetz in Abb. 6.13

Eingangssignal	Z_6	$\bar{Z}_6$	Z_5	$\bar{Z}_5$	Z_4	$\bar{Z}_4$	Z_3	$\bar{Z}_3$	Z_2	$\bar{Z}_2$	Z_1	$\bar{Z}_1$
Belastung	10	10	14	6	5	12	7	4	2	9	1	1

$\bar{x}_1$	x_2	$\bar{x}_2$	x_3	x_4	$\bar{x}_4$	x_5	x_6	$\bar{x}_6$	x_7	$\bar{x}_7$	x_8	$\bar{x}_8$	x_9	$\bar{x}_9$
9	2	1	1	8	3	1	1	2	4	1	3	3	3	2

Zahl der mit dem jeweiligen Signal beschalteten Verknüpfungsgliedereingänge, in Tabelle 6.9 zusammengestellt. Darin sind einige Belastungen noch nicht endgültig: Die Flipflopausgänge Z_1, Z_2 und Z_3 werden nicht nur im Steuerwerk belastet, sondern auch noch außerhalb des Gesamtsystems, da sie entsprechend den Gleichungen (6.13), (6.14) und (6.15) als Schnittstellensignale nach außen geführt werden. Aus Abb. 6.9 geht hervor, daß auch x_9 nicht nur im Steuerwerk belastet wird, sondern noch im Operationswerk durch einen Flipflopeingang.

Ob auf Grund der Tabelle 6.9 Treiberstufen erforderlich werden, beispielsweise für Z_5, hängt von der Technologie der verwendeten Bausteine ab und soll hier nicht behandelt werden.

7. Entwurf eines Bildschirmein/ausgabegerätes

Gleich zu Beginn sei festgestellt, daß die Gleichgewichtigkeit von Ein- und Ausgabe, welche der Begriff Bildschirmein/ausgabe zum Ausdruck bringt, tatsächlich nicht gegeben ist, sondern daß die Bildschirmausgabe wesentlich gewichtiger ist als die Bildschirmeingabe. Dies gilt nicht nur für das im folgenden dargestellte Entwurfsbeispiel, sondern ganz allgemein. Bildschirmausgabe ist eigenständig, d. h. es ist möglich, Bildschirmgeräte als reine Ausgabegeräte zu verwenden, wie es beispielsweise bei der Ausgabe von Flugplantabellen auf Flughäfen geschieht. Bildschirmeingabe dagegen ist nicht eigenständig, sondern es handelt sich stets um irgendwelche verhältnismäßig einfache Rückkopplungsmechanismen unter Einbeziehung der Bildschirmausgabe.

Bildschirmausgabe kann hier als Codewandlung ohne Informationsverlust angesehen werden: Die in einem Speicher eines Digitalsystems in Form eines Bitmusters, d. h. normalerweise als Liste binärer Speicherwörter, enthaltene Information wird entsprechend einem festgelegten Interpretationsschema in graphische Information umgewandelt. Es ist dem Betrachter des Bildschirms also möglich, bei Kenntnis des Interpretationsschemas aus der graphischen Information die im Speicher binär codierte Information zu rekonstruieren.

Bildschirmeingabe kann nicht so einfach definiert werden. Nur im Falle der Bildabtastung, beispielsweise bei der Abtastung von Blasenkammeraufnahmen, handelt es sich um eine einfache Codewandlung. In allen anderen Fällen ist unter Bildschirmeingabe das Erzeugen von binär codierter Speicherinformation mittels eines sequentiellen Prozesses unter Einbeziehung der Bildschirmausgabe zu verstehen. Der Eingabeprozeß ist aus der Speicherinformation meist nicht mehr eindeutig zu rekonstruieren. Diese allgemeinen Aussagen werden bei der Betrachtung einiger Eingabeverfahren im Abschnitt 7.2 verdeutlicht.

Im Gegensatz zu den vorangegangenen Entwurfsbeispielen, Fernschreibmaschine und Trommelspeicher, wo gleich zu Beginn die Aufgabenstellung für den durchzuführenden Entwurf formuliert wurde, ist es hier zweckmäßig, vor der Formulierung der Aufgabenstellung zuerst noch einen allgemeinen Überblick über die verschiedenen Verfahren der Bildschirmein/ausgabe zu geben, damit die später bei der Aufgabenstellung ausgewählten Verfahren leichter eingeordnet werden können. Die Betrachtung bleibt dabei auf Bildschirmgeräte mit Kathodenstrahlröhre beschränkt.

Selbstverständlich kann in den folgenden Abschnitten nur eine kurze Einführung gegeben werden; ins Detail gehende Darstellungen findet man in der speziellen Literatur über Bildschirmgeräte [11, 13].

7.1 Übersicht über verschiedene Verfahren der Bildschirmausgabe

7.1.1 Speicherung der Bildinformation

Damit man auf einer normalen Kathodenstrahlröhre den Eindruck eines stehenden Bildes erhält, muß der Elektronenstrahl das Bild periodisch zeichnen; die maximal zulässige Periodendauer, bei der das Bild gerade noch nicht zu flimmern anfängt, hängt von der Nachleuchtdauer des Schirmes ab. Ein flimmerfreies Bild erhält man mit Sicherheit, wenn der Strahl das Bild mindestens 25mal pro Sekunde zeichnet.

Jedesmal, wenn der Strahl das Bild zeichnet, muß die auszugebende Information zur Strahlsteuerung aus einem Speicher gelesen werden. Weil wiederholt dasselbe Bild gezeichnet wird, spricht man von einem Wiederholspeicher. Dieser Wiederholspeicher kann Teil des Ausgabegerätes sein. In diesem Fall braucht die von einem Digitalsystem auszugebende Information nur einmal zum Bildschirmgerät übertragen zu werden, wo sie in den Wiederholspeicher geschrieben wird. Wenn das Bildschirmgerät keinen Wiederholspeicher hat, muß der Speicher im Digitalsystem als Wiederholspeicher dienen, wodurch der Übertragungskanal zwischen dem Digitalsystem und dem Ausgabegerät stärker belastet wird.

Auf die Bildwiederholung könnte verzichtet werden, wenn der Bildschirm eine quasi unendlich lange Nachleuchtdauer hätte. Dann könnte aber überhaupt nie ein einmal gezeichnetes Bild gelöscht werden. Deshalb ist ein mit einem Bit steuerbarer Bildschirm wünschenswert, der je nach dem Binärwert des Steuersignals entweder eine quasi unendlich lange, d. h. mindestens 15 Minuten lange oder eine sehr kurze Nachleuchtdauer hat. Dann kann man nämlich ein Bild einmal schreiben und quasi beliebig lange halten; man kann jedoch auch das Bild zu jedem beliebigen Zeitpunkt löschen, indem man den Schirm für einen Augenblick auf kurze Nachleuchtdauer schaltet. Auf den Aufbau dieser sogenannten Speicherröhren braucht hier nicht eingegangen zu werden, da für das Verständnis der damit aufgebauten Bildschirmgeräte die gegebene Modellvorstellung genügt.

Es gibt verschiedene Gründe, weshalb nicht alle Bildschirmgeräte mit Speicherröhren aufgebaut werden. Erstens kann man Speicherröhren nicht mit derselben Auflösung herstellen wie gewöhnliche Bildröhren, d. h. mit gewöhnlichen Bildröhren lassen sich schärfere Bilder bzw. dünnere Linien zeichnen als mit Speicherröhren. Außerdem dauert das

Löschen und Neuschreiben eines Bildes auf einer Speicherröhre doch so lange, daß sich Bewegungsabläufe damit nicht befriedigend darstellen lassen. Man weiß vom Film, daß man für einen flimmerfreien Bewegungsablauf mindestens 16 Bilder pro Sekunde ablaufen lassen muß; auf einer Speicherröhre läßt sich aber pro Sekunde meist nur ein Bild ausgeben. Ein letzter schwerwiegender Grund, weshalb die Mehrzahl der Bildschirmgeräte mit gewöhnlichen Bildröhren ausgestattet sind, ist dadurch gegeben, daß die meisten Eingabeverfahren auf der Bildwiederholung beruhen (s. Abschnitt 7.2).

7.1.2 Strahlführung

Bildschirmgeräte mit Kathodenstrahlröhren können in zwei Klassen eingeteilt werden, nämlich je nachdem ob der Weg des Elektronenstrahls über den Bildschirm die Bildstruktur berücksichtigt oder nicht. Der typische Fall, wo die Bildstruktur bei der Strahlführung unberücksichtigt bleibt, ist die zeilenweise Ablenkung nach dem Fernsehprinzip. In diesem Fall muß die gesamte Bildinformation in der Strahlhelligkeitssteuerung liegen. Abb. 7.1 zeigt zwei Schirmbilder mit dem Buchstaben A in einer Raute; in Abb. 7.1a ergibt sich der Strahlweg aus der Bildstruktur, in Abb. 7.1b nicht. Man sieht, daß auch dort, wo der Strahlweg die Bildstruktur berücksichtigt, noch eine Helligkeitssteuerung nötig ist.

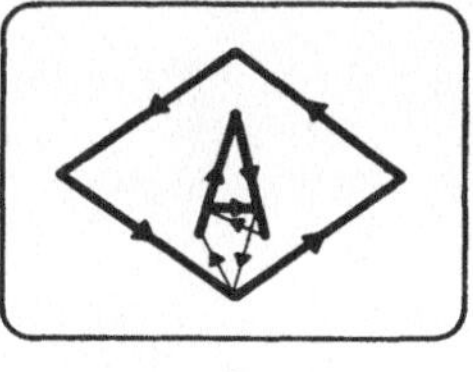
a

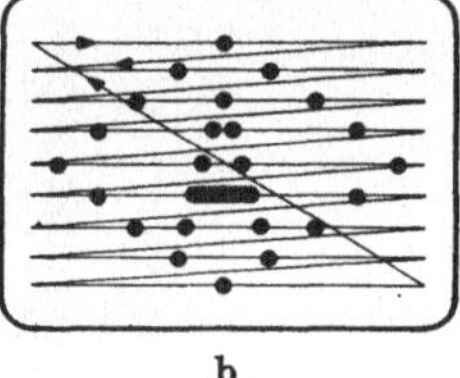
b

Abb. 7.1. Möglichkeiten der Strahlführung.

Abb. 7.1 veranschaulicht den wesentlichen Vorteil, der sich ergibt, wenn man bei der Strahlführung die Bildstruktur berücksichtigt: In Abb. 7.1a wird dem Strahl zuerst die Steuerinformation (Weg und Helligkeit) für den Buchstaben A und danach für die Raute zugeführt, wogegen in Abb. 7.1b die Strahlhelligkeitssteuerung für die beiden Bildelemente verzahnt ist. Die Strahlsteuersignale ergeben sich aus der sequentiell dem Speicher entnommenen Bildinformation; diese stellt also im einen Fall eine Codierung der interpretierbaren Bildelemente dar, im anderen Fall nicht. Es ist leicht einzusehen, daß eine Manipulation der Bildinformation, beispielsweise durch Herausnehmen, Einfügen oder Verschieben eines Bildelementes, genau dann einfach durchzuführen ist, wenn die Bildinformation eine Codierung der Bildelemente darstellt. Im anderen Fall erfordert jede Bildmanipulation einen beträchtlichen Umcodierungsaufwand. Deshalb werden Bildschirmgeräte, bei denen die Strahlführung die Bildstruktur nicht berücksichtigt, i. a. nur dort verwendet, wo entweder nie oder nur sehr selten eine Bildmanipulation durchgeführt werden muß.

Da Fernsehapparate sehr preisgünstig verfügbar sind, ist es oft gerechtfertigt, den bei diesem Ausgabeverfahren erforderlichen Codierungsaufwand in Kauf zu nehmen, vor allem, wenn viele Fernsehgeräte parallel das gleiche Bild ausgeben sollen, wie es beispielsweise bei der Ausgabe von Flugplantabellen auf Flughäfen geschieht.

Der erforderliche Aufwand zur Realisierung einer unkomplizierten und wirkungsvollen Eingabe ist bei Geräten nach dem Fernsehprinzip größer als bei Geräten, deren Strahlführung die Bildstruktur berücksichtigt.

Im folgenden wird die Möglichkeit der Verwendung von Fernsehgeräten nicht mehr weiter diskutiert.

Bezüglich der Strahlführung gibt es noch eine weitere Möglichkeit, die Bildschirmausgabegeräte in zwei Klassen einzuteilen, nämlich in Punktausgabegeräte und Linienausgabegeräte. Im ersten Fall werden die Schirmbilder aus vom Strahl markierten Punkten aufgebaut, im zweiten Fall aus Linien, welche der Strahl zeichnet. Die bei der Punktausgabe durch Punktfolgen approximierten Linien sind bei genügender Punktdichte nicht wesentlich schlechter als tatsächlich gezeichnete Linien, d. h. derartige Linien können nur bei ungewöhnlich genauem Hinsehen als Punktfolgen erkannt werden, wenn der Punktdurchmesser etwas größer als der Punktabstand ist. Abb. 7.2 zeigt die Ziffer 1 in einem 7×9-Punktraster.

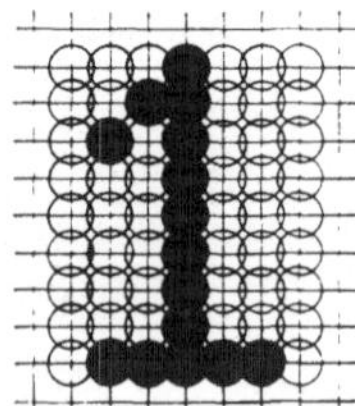

Abb. 7.2. Beispiel einer Punktausgabe.

Der Aufwand im Analogteil ist bei Punktausgabegeräten etwas geringer als bei Linienausgabegeräten. Für das später dargestellte Entwurfsbeispiel wurde ein Linienausgabegerät gewählt, weil dabei etwas mehr Einsicht in die möglichen Systemstrukturen vermittelt wird. Die Punktausgabe wird daher im folgenden nicht mehr weiter behandelt.

7.1.3 Ausgabe von Schriftzeichenmatrizen

Wenn die Bildinformation ausschließlich aus Schriftzeichen besteht, wobei das unsichtbare Leerzeichen auch als Schriftzeichen anzusehen ist, dann stellt das Schirmbild eine Schriftzeichenmatrix dar mit m Zeilen zu je n Schriftzeichen. Zu jedem Schriftzeichen gehört ein Paar ganzzahliger Koordinaten (x, y); auf dem Schirmbild zeigen die x-Achse nach rechts und die y-Achse nach unten; das Schriftzeichen in der oberen linken Ecke des Schirmbildes hat die Koordinaten (0, 0), wie es am Beispiel in Abb. 7.3 zu sehen ist.

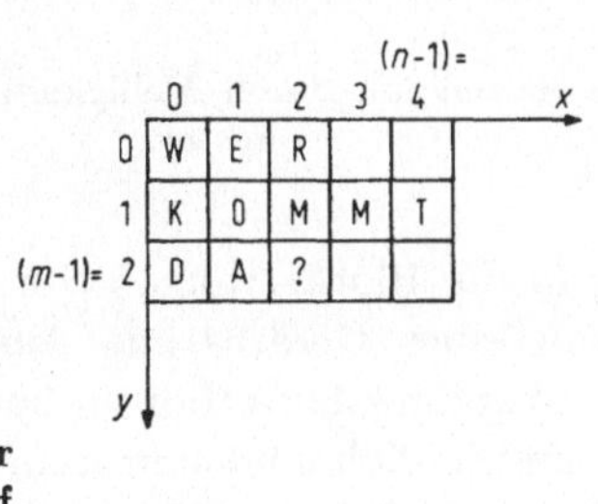

Abb. 7.3. Beispiel einer Schriftzeichenmatrix auf dem Bildschirm und im Speicher.

Im Speicher findet sich die Bildinformation in diesem Fall als lineare Anordnung von $m \cdot n$ Codewörtern. Die Reihenfolge der Codewörter wird dabei zweckmäßigerweise durch reihenweises Lesen des Schirmbildes bestimmt. Wenn das zum Schriftzeichen mit den Koordinaten (0, 0) gehörige Codewort im Speicherplatz mit der Adresse 0 zu finden ist, dann steht das Codewort, welches zum Schriftzeichen mit den Koordinaten (x, y) gehört, auf dem Speicherplatz mit der Adresse

$$a(x, y) = y \cdot n + x. \tag{7.1}$$

Am Beispiel in Abb. 7.3 kann diese Beziehung nachgeprüft werden.

Da der Elektronenstrahl nacheinander auf alle Matrixpositionen in der Reihenfolge der Speicheradressen geführt wird, erfolgt also die Strahlführung hinsichtlich der Matrixpositionen ungesteuert, d. h. von der Bildinformation unabhängig. Die Bildstruktur, nämlich die Matrixstruktur, ist dennoch bei der Strahlführung berücksichtigt.

Es gibt nun noch die Alternative, die Strahlführung auf jeder Matrixposition von der Bildinformation abhängig zu machen oder nicht. Das bedeutet, daß man die einzelnen Schriftzeichen entweder durch gesteuerte Strahlführung und Helligkeitssteuerung oder durch ausschließliche Helligkeitssteuerung aus einem für alle Schriftzeichen gleichen Grundmuster erzeugen kann. Abb. 7.4 zeigt ein häufig verwendetes Grundmuster, aus dem durch Helligkeitssteuerung die zehn Dezimalziffern und einige andere Schriftzeichen gewonnen werden können. Die ungesteuerte Strahlführung nach einem Grundmuster ist nur dann sinnvoll, wenn das Repertoire der auszugebenden Schriftzeichen verhältnismäßig beschränkt ist, denn nur dann ist das Grundmuster genügend einfach.

Abb. 7.4. Schriftzeichenerzeugung durch Helligkeitssteuerung aus einem Grundmuster.

Zur Einführung in die Blockstruktur von Bildschirmausgabegeräten soll hier der Aufbau eines Gerätes zur Ausgabe von Schriftzeichenmatrizen nach dem Grundmusterverfahren betrachtet werden, da solche Geräte sehr leicht verständlich sind und man von hier aus durch Modifikation der Struktur auf einfache Weise zu den komplexeren Geräten gelangt.

Im folgenden wird der Einfachheit wegen ausschließlich mit Strahlablenkspannungen gearbeitet. Trotzdem gelten die dargestellten Strukturen im Prinzip natürlich auch für magnetische Ablenkung. Es muß außerdem erwähnt werden, daß Astigmatismus und sonstige Nichtlinearitäten bei der Strahlablenkung, welche durch Korrekturmagnete oder durch entsprechende Verzerrung der Ablenkspannung kompensiert werden können, hier außer Betracht bleiben.

Aus dem Grundmuster in Abb. 7.4 lassen sich unmittelbar die Ablenkspannungen in Abb. 7.5 ableiten. Der mittlere linke Punkt des Grundmusters wurde willkürlich als Bezugspunkt gewählt, indem für ihn beide

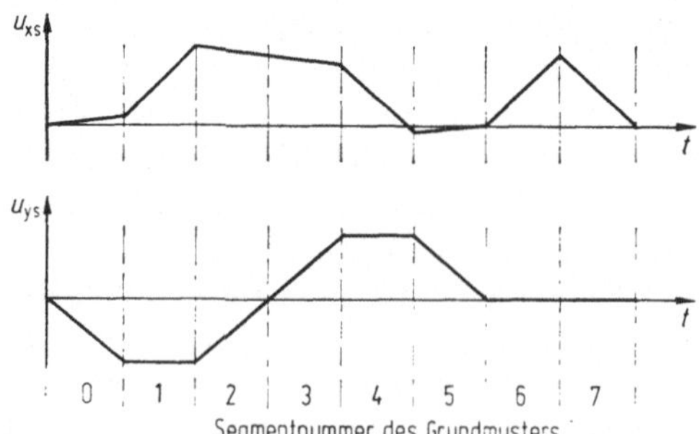

Abb. 7.5. xy-Ablenkspannungen zur Erzeugung des Grundmusters aus Abb. 7.4.

Ablenkspannungen zu Null gemacht wurden. Weil die y-Achse entsprechend Abb. 7.3 nach unten zeigt, muß die y-Ablenkspannung u_{ys} für den oberen Grundmusterteil im Negativen verlaufen.

Bevor erläutert wird, wie man diese Spannungsverläufe erzeugen kann, soll zuerst noch dargestellt werden, welche Ablenkspannungen benötigt werden, damit der Strahl nacheinander die Matrixpositionen durchläuft. Durch die Ablenkspannungen in Abb. 7.6, für welche die Matrixdimensionen aus Abb. 7.3 angenommen wurden, wird der Strahl nacheinander zu einem Bezugspunkt der einzelnen Matrixpositionen geführt. Bei jedem Bezugspunkt verweilt der Strahl für die Zeitdauer von

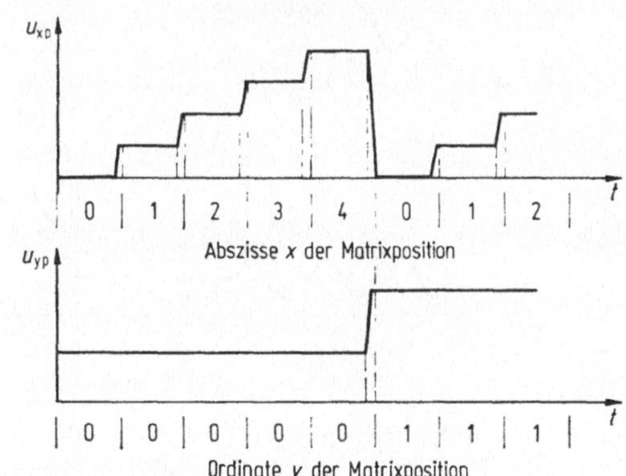

Abb. 7.6. xy-Ablenkspannungen zum Durchlaufen der Matrixpositionen in Abb. 7.3.

sieben Segmentintervallen (s. Abb. 7.5); eine Segmentintervallzeit steht dem Strahl zur Verfügung, von einem Bezugspunkt zum nächsten zu gelangen, jedoch darf der Übergang auch schneller erfolgen.

Es ist nun offensichtlich, daß man den Spannungen in Abb. 7.6 nur die Spannungen aus Abb. 7.5 periodisch zu überlagern braucht, damit an jeder Matrixposition das Grundmuster geschrieben wird. Abb. 7.7 zeigt die sich ergebenden Ablenkspannungen u_x und u_y.

Nun soll diskutiert werden, wie solche Ablenkspannungen zu erzeugen sind. Es handelt sich um ein Problem der Digital/Analogwandlung, wozu im Abschnitt 3.2.2 schon eine allgemeine Einführung gegeben wurde. Es ist offensichtlich, daß das gesuchte System zur Erzeugung der Ablenkspannungen in Abb. 7.7 bzw. in Abb. 7.5 und 7.6 aus ähnlichen Blöcken aufgebaut sein muß, wie sie in Abb. 3.42 zu finden sind. Die Erzeugung der Ablenkspannungen für das Grundmuster in Abb. 7.5 erfordert Integratoren, an deren Eingang jeweils der zum vorliegenden Segment gehörige Spannungsanstieg bzw. -abfall für die Dauer des Segmentintervalls konstant anliegen muß. Abb. 7.8 zeigt das Blockschaltbild des Grundmustergenerators; die Funktion der beiden Zuordner ist in Tabelle 7.1 angegeben. Ein zyklischer Zähler mit acht Zuständen gibt jeweils für eine Periodendauer des Taktes c, welche gleich einer Segmentintervalldauer ist, eine Segmentnummer **S** an, der die Zuordner einen Spannungsabfall bzw. -anstieg bei u_{xs} und u_{ys} zuordnen. Am Ausgang der Integratoren ergeben sich somit Spannungsverläufe, wie sie in Abb. 7.5 dargestellt sind.

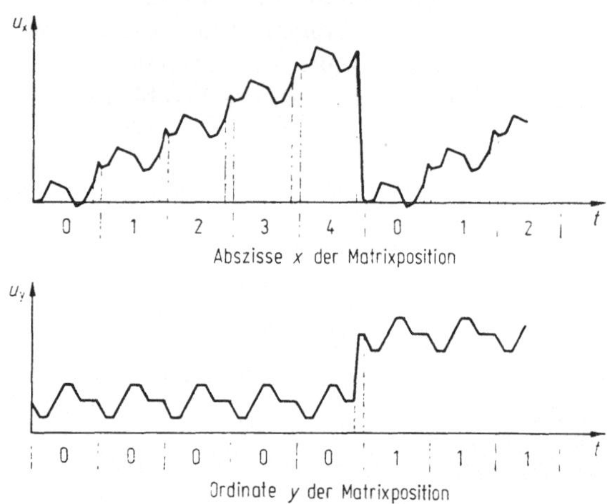

Abb. 7.7. xy-Ablenkspannungen für die Ausgabe einer Schriftzeichenmatrix mit der Dimension in Abb. 7.3 und dem Grundmuster in Abb. 7.4.

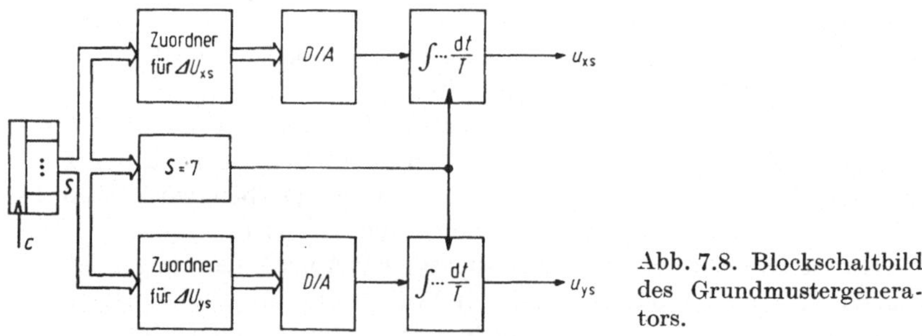

Abb. 7.8. Blockschaltbild des Grundmustergenerators.

Die Begründung für die spezielle Synchronisation der Integratoren in Abb. 7.8 ist aus Abb. 7.9 zu ersehen. Das am Ende jedes Grundmusterzyklus erfolgende Rücksetzen der Integratoren ist notwendig, weil sonst die Integratorausgangsspannungen wegdriften würden infolge der sonst unvermeidlichen Differenz der Integratorausgangsspannung zwischen Beginn und Ende eines Grundmusterzyklus. Für diese Differenz gibt es zwei Gründe, nämlich einerseits die unvermeidlichen Toleranzen bei den Digital/Analogwandlern und den Integratoren und andererseits die Übergangsfehler, welche dadurch entstehen, daß beim Übergang des Zählers S von einer Segmentnummer zur nächsten die Eingänge der Digital/Analogwandler und der Integratoren kurzzeitig nicht sauber definiert sind.

Tabelle 7.1. Funktionen der Zuordner in Abb. 7.8

S	ΔU_{xs}	ΔU_{ys}
0	+1	−4
1	+4	0
2	−1	+4
3	−1	+4
4	−4	0
5	+1	−4
6	+4	0
7	(−4)	(0)

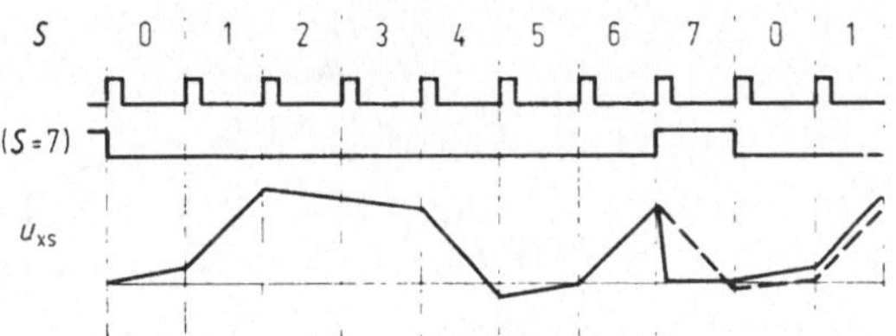

Abb. 7.9. Zur Integratorsynchronisation.

Die durch das Rücksetzen der Integratoren verursachte Kurvenverzerrung in Abb. 7.9 gegenüber der Abb. 7.5 hat keine störenden Konsequenzen, da der Strahl im Segmentintervall mit der Nummer 7 ohnehin nie sichtbar ist, da er dort immer dunkelgesteuert wird. Wegen des Rücksetzens der Integratoren im Segmentintervall 7 sind dort die Zuordnerausgänge in Abb. 7.8 irrelevant; deshalb wurden sie in Tabelle 7.1 eingeklammert.

Eine einfache Realisierung der D/A-Wandler und der Integratoren aus Abb. 7.8 ist in Abb. 7.10 schematisch dargestellt. Die Stromschalter können leicht mit Hilfe emittergekoppelter Transistoren aufgebaut werden (s. [8]).

An dieser Stelle ist es zweckmäßig, kurz auf ein anderes Verfahren zur Führung des Strahls entlang eines stückweise linearen Weges einzugehen, welches etwas einfacher ist als das bisher beschriebene, welches aber auch einen wesentlichen Nachteil hat. Dem Verfahren liegt folgende Überlegung zugrunde: Ein stückweise linearer Weg ist durch seine Eckpunkte eindeutig bestimmt, und es ist leicht, die Ablenkspannungen für diese Eckpunkte zu gewinnen, indem man einfach mit den digitalen Koordinaten dieser Eckpunkte einen Digital/Analogwandler nach Abb. 3.41 ansteuert. Abb. 7.11 zeigt das Grundmuster aus Abb. 7.4 in einem Koordinatensystem; die Koordinatenpaare für die sechs Eckpunkte des Musters sind angegeben. Abb. 7.11 zeigt außerdem noch die Treppenverläufe der Ablenkspannungen u_{xse} und u_{yse} für diese Eckpunkte, und zwar sind in jedem Segmentintervall jeweils die Ablenk-

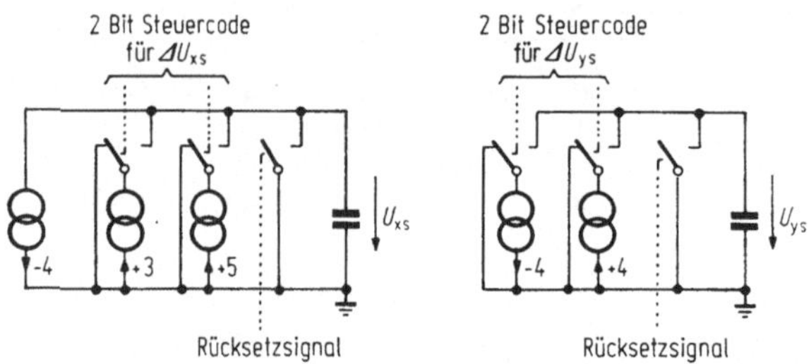

Abb. 7.10. Realisierungsbeispiel zum Blockschaltbild in Abb. 7.8.

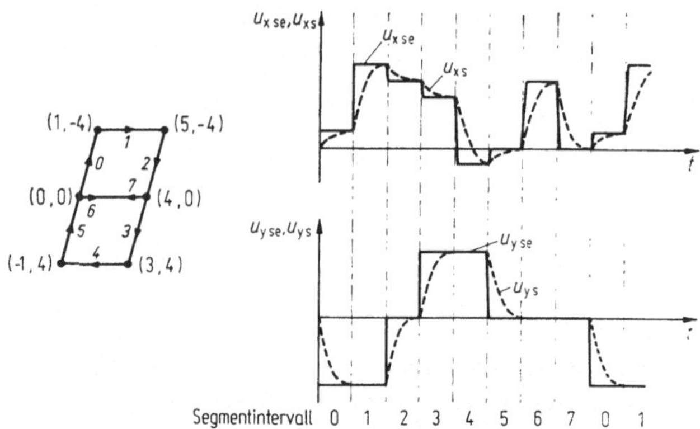

Abb. 7.11. Strahlführung durch Eckpunktansteuerung.

spannungen desjenigen Eckpunktes dargestellt, welcher in diesem Segmentintervall vom Strahl angelaufen wird. Wenn man den Strahl mit diesen Ablenkspannungen führt, erhält man ein Bild, bei dem die sechs Eckpunkte des Grundmusters sehr deutlich markiert sind, wogegen die Verbindungslinien zwischen den Eckpunkten fast gar nicht sichtbar und auch nicht unbedingt gerade sind. In Abb. 7.11 ist jedoch schon gestrichelt eingetragen, was man macht, damit die Verbindungslinien zwischen den Eckpunkten deutlicher gezeichnet werden: Die gestrichelten Kurven in Abb. 7.11, welche den stückweise linearen Spannungsverläufen in Abb. 7.5 wesentlich ähnlicher sind als die Treppenkurven, erhält man, indem man die Treppenkurven durch RC-Glieder abrundet. Das zugehörige Blockschaltbild ist in Abb. 7.12 dargestellt.

Man kann sich leicht klarmachen, daß, obwohl die Ablenkspannungen aus Exponentialfunktionsstücken zusammengesetzt sind, der Strahl genau dann auf einer Geraden von einem Eckpunkt zum nächsten läuft, wenn die Zeitkonstanten RC für beide Ablenkspannungen gleich sind. Damit der Strahl den angesteuerten Eckpunkt innerhalb des Segment-

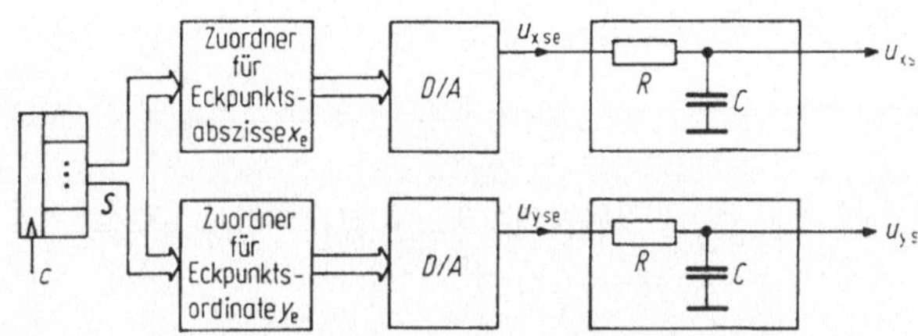

Abb. 7.12. Blockschaltbild zur Eckpunktansteuerung.

intervalls auch praktisch erreicht — wegen des asymptotischen Hinlaufens erreicht er ihn theoretisch nie ganz —, muß die Zeitkonstante RC kleiner als ein Viertel der Segmentintervalldauer sein.

Es wurde schon erwähnt, daß dieses Verfahren einen Nachteil gegenüber dem Verfahren nach Abb. 7.8 hat. Dieser Nachteil liegt in der ungleichförmigen Geschwindigkeit, mit welcher der Strahl im Eckpunktverfahren die Verbindungsstrecken durchläuft. Wenn die Ablenkspannungen nach Abb. 7.5 verlaufen, wird jeweils das gesamte Segment mit konstanter Geschwindigkeit geschrieben. Im Falle der gestrichelten Ablenkspannungen in Abb. 7.11 dagegen nimmt die Schreibgeschwindigkeit jeweils beim Durchlaufen eines Segments vom Anfangseckpunkt zum Endeckpunkt hin ab. Wenn man also in diesem Fall vermeiden will, daß die Helligkeit der sichtbaren Segmente jeweils vom Anfangseckpunkt zum Endeckpunkt hin zunimmt, darf man die Strahlhelligkeitssteuerung innerhalb der Segmentintervalle nicht konstant lassen, sondern muß eine entsprechende zeitabhängige Ansteuerung vorsehen. Damit ist der Überblick über das Eckpunktverfahren abgeschlossen; im folgenden werden keine exponentiellen Ablenkspannungsverläufe mehr, sondern nur noch stückweise lineare Verläufe betrachtet.

Nachdem nun erläutert wurde, wie die Ablenkspannungen für das Grundmuster erzeugt werden, stellt die Erzeugung der Ablenkspannungen zum Durchlaufen der Matrixpositionen nach Abb. 7.6 kein Problem mehr dar. Es handelt sich ja um Treppenverläufe genau wie in Abb. 7.11; man gewinnt die Spannungen u_{xp} und u_{yp} also einfach, indem man jeweils die entsprechenden Koordinatenwerte im Dualzahlencode an Digital/Analogwandler nach Abb. 3.41 legt.

Abb. 7.13 zeigt das Blockschaltbild des Gesamtsystems; es enthält den Grundmustergenerator aus Abb. 7.8, die beiden Matrixpositionszähler ***X*** und ***Y*** mit den zugehörigen D/A-Wandlern zur Gewinnung der Spannungen u_{xp} und u_{yp}, die Addierglieder zur Spannungsüberlagerung und schließlich eine Matrix, welche für jedes Segment eines Schriftzeichens angibt, ob das Segment sichtbar sein soll oder nicht. Da für

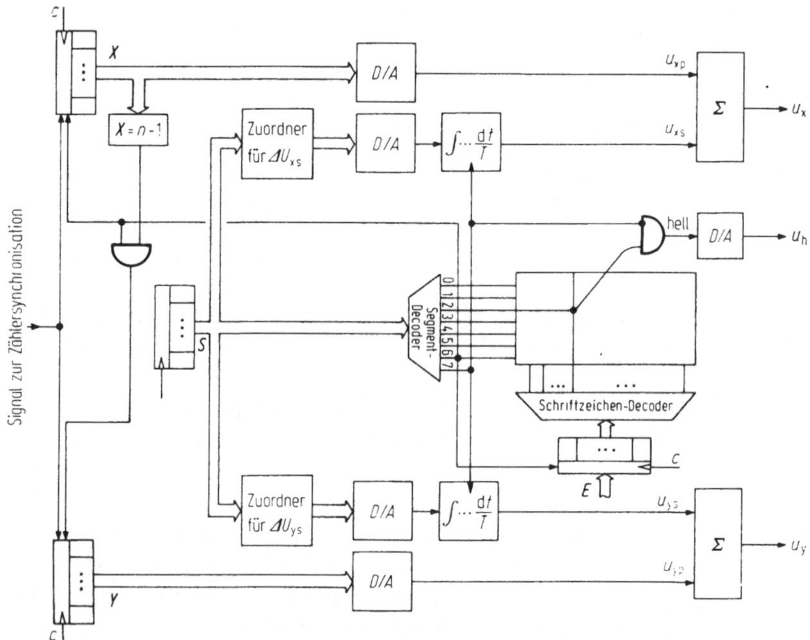

Abb. 7.13. Blockschaltbild zur Schriftzeichenmatrixausgabe.

das Segmentintervall 7 der Strahl unabhängig vom Schriftzeichen immer dunkel gesteuert sein soll, wird das Signal „Segment 7" auch auf den Block gegeben, welcher die Steuerspannung u_h zur Strahlhelligkeitssteuerung liefert.

Das Blockschaltbild läßt offen, woher das Schriftzeichencodewort ***E*** kommt, welches jeweils beim Übergang vom Segment 6 zum Segment 7 in das entsprechend gesteuerte Register übernommen werden soll. Auch zur Frage, woher das Signal zur Zählersynchronisation kommt, durch welches die beiden Zähler ***X*** und ***Y*** auf einen definierten Anfangswert gesetzt werden, wird durch das Blockschaltbild nicht beantwortet. Der

Zähler X zählt zyklisch von 0 bis $n-1$, der Zähler Y zählt zyklisch von 0 bis $m-1$ (s. Abb. 7.3). Der Zähler X wird jeweils beim Übergang vom Segment 6 zum Segment 7 weitergeschaltet; wenn der Zähler X dabei von $(n-1)$ nach 0 geschaltet wird, erfolgt gleichzeitig eine Weiterschaltung des Zählers Y. Dieses Zählerverhalten kann aus Abb. 7.6 abgeleitet werden.

Das Blockschaltbild in Abb. 7.13, welches die Ausgabe einer Schriftzeichenmatrix nach dem Grundmusterverfahren nach Abb. 7.4 realisiert, soll nun modifiziert werden zu einem System, bei dem die Strahlführung auf jeder Matrixposition von dem zu schreibenden Schriftzeichen abhängt. Derjenige Teil des Blockschaltbildes, welcher für die Strahlführung von einer Matrixposition zur nächsten zuständig ist, wo also die Spannungen u_{xp} und u_{yp} erzeugt werden, muß von der Modifikation unberührt bleiben.

Auch wenn nun die Strahlführung vom Schriftzeichen abhängt, soll hier der Einfachheit halber doch nur der Fall betrachtet werden, bei dem die Zahl der Segmentintervalle für alle Schriftzeichen gleich ist. Das bedeutet natürlich, daß sich die zu wählende Zahl der Segmentintervalle pro Schriftzeichen durch Analyse des kompliziertesten Schriftzeichens des Repertoires ergibt. Abb. 7.14 zeigt als Beispiel eines einfachen und eines komplizierten Schriftzeichens die Ziffer 1 und den Buchstaben B.

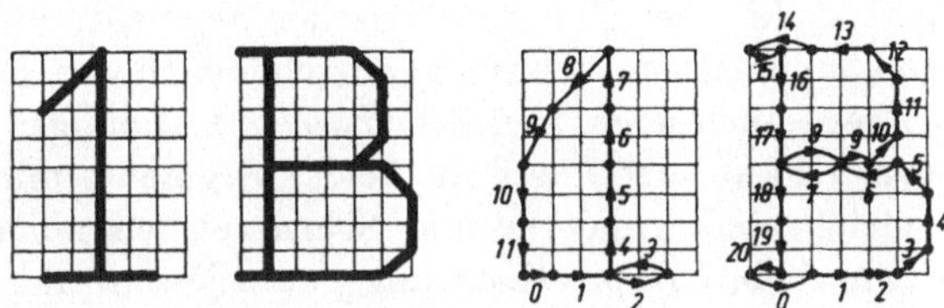

Abb. 7.14. Schriftzeichenbeispiele für gesteuerte Strahlführung.

Dabei wurde angenommen, daß in jedem Segmentintervall für ΔU_{xs} und ΔU_{ys} je eine von fünf Möglichkeiten ausgewählt werden kann, nämlich 0, +1, −1, +2 oder −2. Da damit unterschiedlich lange Segmente gebildet werden können, für jedes Segment aber die gleiche Schreibzeit zur Verfügung steht, würden bei konstanter Strahlhelligkeitssteuerung die kürzeren Segmente heller geschrieben als die längeren. Um ungefähr die gleiche Helligkeit aller Segmente zu erreichen, teilt man die fünf möglichen Segmentlängen zweckmäßigerweise in zwei Längenklassen ein, für die unterschiedliche Helligkeitssteuerung vorzusehen ist (s. Tabelle 7.2). Die nun noch innerhalb einer Längenklasse auftretenden Helligkeitsunterschiede sind klein genug, so daß sie toleriert werden können.

Zum Schreiben der Ziffer 1 in Abb. 7.14 werden 12 Segmente benötigt, während der Buchstabe B mit 21 Segmenten geschrieben werden muß. Wenn man nun beispielsweise für jedes Schriftzeichen 24 Segmentintervalle zur Verfügung stellt, dann muß man bei der Ziffer 1 zwölf und beim Buchstaben B drei redundante Segmente einführen, welche alle dunkelgesteuert werden müssen. Ob an diese redundanten Segmente sonst noch irgendwelche Forderungen zu stellen sind, wird später geklärt.

Tabelle 7.2. Einteilung der Segmentlängen in Längenklassen

Betrag des einen ΔU_s	Betrag des anderen ΔU_s	Segmentlänge	Längenklasse
0	1	1	0
1	1	1.414	0
0	2	2	1
1	2	2.236	1
2	2	2.828	1

Die Abwandlungen, welche am System in Abb. 7.13 durchgeführt werden müssen, damit man Schriftzeichen nach Abb. 7.14 schreiben kann, folgen nun nahezu zwingend. Die wesentliche Abwandlung muß dahingehen, daß nun die segmentbestimmenden Stufenwerte ΔU_{xs} und ΔU_{ys} nicht mehr über Zuordner aus der Segmentnummer $\boldsymbol{S}$ abgeleitet werden können, da sie nicht mehr ausschließlich von der Segmentnummer $\boldsymbol{S}$, sondern auch noch vom Schriftzeichen abhängen. Beispielsweise ist in Abb. 7.14 zu sehen, daß die beiden Segmente mit der Nummer 5 nicht gleich sind, sondern vom Schriftzeichen abhängen. Der Matrix, welcher in Abb. 7.13 pro Kreuzungspunkt jeweils nur das Helligkeitssteuerbit entnommen wurde, muß also nun bedeutend mehr Information entnommen werden. Neben dem Helligkeitssteuerbit, welches zu jedem Segment angibt, ob es sichtbar oder unsichtbar geschrieben werden soll, muß die Matrix nun auch noch die früher von den Zuordnern (s. Abb. 7.13) ausgegebenen Stufenwerte ΔU_{xs} und ΔU_{ys} liefern (s. Abb. 7.15). Das Bit für die Segmentlängenklasse (s. Tabelle 7.2) kann entweder auch der Zuordnermatrix entnommen werden, wie es im System in Abb. 7.15 geschieht, oder man kann es mit einem Verknüpfungsnetz aus den Stufenwerten ΔU_{xs} und ΔU_{ys} ableiten. Der Helligkeitssteuerblock wurde als nichtlinearer Digital/Analogwandler gekennzeichnet, weil für ihn im Gegensatz zu den anderen in Abb. 7.15 vorkommenden D/A-Wandlern keine lineare Beziehung nach Gleichung (3.4) gilt, sondern seine Funktion nur durch eine Tabelle oder ein Diagramm beschrieben werden kann, welche jedem Eingangscodewort eine Ausgangsspannung zuordnen.

Anhand der Abb. 7.14 wurde festgestellt, daß die Zahl der Segmentintervalle, welche pro Schriftzeichen zur Verfügung gestellt werden muß, bei einem praktischen Zeichenrepertoire über 20 liegt. Auf Grund der schon im Zusammenhang mit Abb. 7.9 erwähnten unvermeidlichen

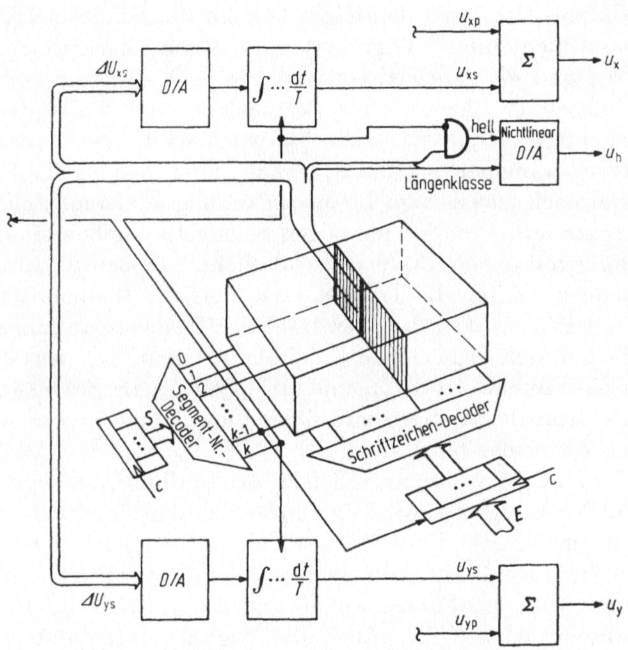

Abb. 7.15. Modifikation des Systems aus Abb. 7.13 zur Ausgabe von Schriftzeichen mit informationsabhängiger Strahlführung.

Toleranzen bei den D/A-Wandlern und den Integratoren sowie der durch die Übergänge am Eingang der D/A-Wandler bedingten Effekte ist es technisch unmöglich, mit dem System in Abb. 7.15 zufriedenstellende Ergebnisse zu erzielen. Das Verfahren zur Erzeugung einer stückweise linearen Ablenkspannung, welches für den Fall von sieben Segmenten eines Grundmusters noch brauchbar war, ist für den Fall von über 20 Segmenten in gesteuerten Mustern völlig unbrauchbar. Das bedeutet, daß das System in Abb. 7.15 nur als Zwischenergebnis bei der Herleitung eines brauchbaren Systems, nicht aber selbst als brauchbares System zu betrachten ist. Um zu einem brauchbaren System zu gelangen, muß man das zu lange freie Laufen der Integratoren unterbinden, welches die Ursache dafür ist, daß das Verfahren nach Abb. 7.15 keine brauchbaren Ergebnisse liefert. Das zu lange freie Laufen der Integratoren unterbinden heißt, die Integratorausgangsspannung häufiger auf einen definierten Anfangswert zu zwingen. In Abb. 7.15 geschieht das Rücksetzen der Integratoren einmal pro Schriftzeichen, und zwar im Segmentintervall mit der höchsten Nummer k. Da ein häufigeres Rücksetzen gefordert wird, liegt der Gedanke nahe, am Ende jedes Segmentintervalls einen Rücksetzvorgang vorzusehen, und zwar jeweils ausgelöst durch den Taktimpuls. In einem derartigen System werden natürlich von den Integratoren nicht mehr die gesamten stückweise linearen Spannungsverläufe u_{xs} und u_{ys} geliefert, sondern nur noch Sägezahnverläufe u_{xsz} und u_{ysz} mit einem Sägezahn pro Segmentintervall, wobei der Anstieg wie bisher durch ΔU_{xs} bzw. ΔU_{ys} bestimmt wird. Damit man die gewünschten Spannungen u_{xs} und u_{ys} erhält, muß man zu den Sägezahnspannungen noch jeweils eine Treppenspannung addieren, welche durch die Anfangskoordinaten des jeweiligen Segments gegeben sind. Im Zusammenhang mit Abb. 7.11 wurden ähnliche Treppenspannungen diskutiert, jedoch stellten die Treppenwerte dort die Endkoordinaten des jeweiligen Segments dar. Die gewünschten Treppenspannungen erhält man einfach durch sogenannte „digitale Integration", was bedeutet, daß man die Stufenwerte ΔU_{xs} und ΔU_{ys} jeweils als Zählerstufen auffaßt und entsprechend steuerbare Zähler jeweils um den angegebenen Stufenwert weiterschaltet.

Abb. 7.16 zeigt die entsprechende Abwandlung des Systems aus Abb. 7.15. Der Integrator wird durch die negative Flanke des Taktes c freigegeben und durch die positive Flanke zurückgesetzt. Solange der Integrator nicht frei läuft, muß der Strahl dunkelgesteuert werden; deshalb geht das Taktsignal c auch auf die Schaltung, welche die Helligkeitssteuerspannung u_h ausgibt. Auch der digitale Integrator, d. h. der Zähler, muß synchronisiert werden, d. h. zu einem bestimmten Zeitpunkt auf einen bestimmten Wert gesetzt werden. Das geschieht am Ende des Segmentintervalls mit der höchsten Nummer und wird ausgelöst durch die Taktvorderflanke. Wenn angenommen wird, daß Schriftzeichen wie in Abb. 7.14 ausgegeben werden sollen, dann gibt es für den Zähler neben der Rücksetzansteuerung noch die fünf Ansteuersituationen $+1$, $+2$, -1, -2 und keine Zustandsänderung.

Abb. 7.17 veranschaulicht die Funktion des Systems in Abb. 7.16 anhand einer willkürlich gewählten Folge von Stufenwerten ΔU_{xs}. Die kurz nach der positiven Flanke des Taktes c auftretenden Kurzimpulse bei der Ablenkspannung u_{xs} haben keine störende Wirkung, da der Strahl ja durch den Takt c dunkelgesteuert wird. Da eine Dunkelsteuerung des Strahls auch im letzten Segmentintervall erfolgt, weil in diesem Intervall der Strahl zum Bezugspunkt der neuen Matrixposition geführt wird, ist der Verlauf der Ablenkspannung und damit auch der Sägezahnspannung irrelevant. Zu diesem Intervall enthält die Matrix in Abb. 7.15 ohnehin keine Segmentsteuerinformation.

Nun kann auch eingesehen werden, daß an die redundanten dunkelgesteuerten Segmente, durch welche die einzelnen Schriftzeichen (s. Abb. 7.14) auf gleiche Segmentzahl ergänzt werden müssen, keinerlei Forderungen gestellt werden müssen, da durch die Integratorrücksetzung garantiert wird, daß die Ablenkspannungen u_{xs} und u_{ys} im ersten Segmentintervall jedes Schriftzeichens von den Rücksetzwerten aus starten.

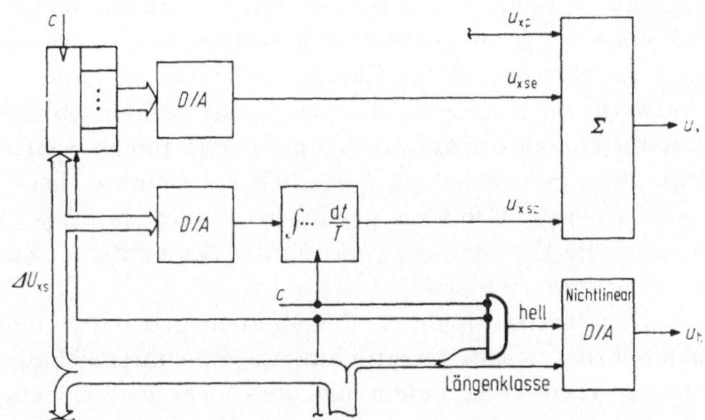

Abb. 7.16. Modifikation des Systems in Abb. 7.15 zur Abschwächung von Toleranzeinflüssen.

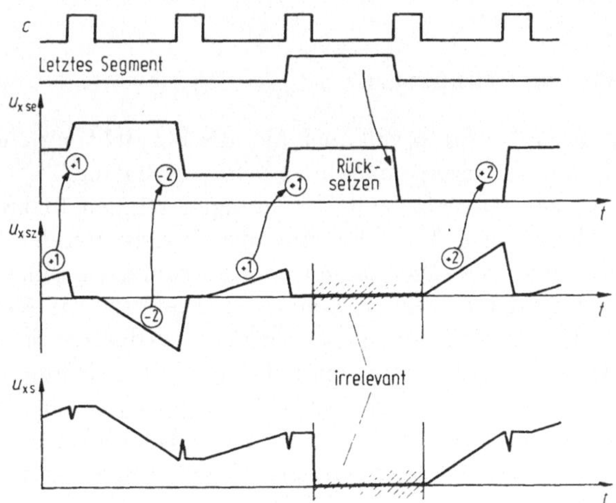

Abb. 7.17. Zur Funktion des Systems in Abb. 7.16.

In allen in diesem Abschnitt dargestellten Signaldiagrammen sollten nur grundsätzliche zeitliche Abhängigkeiten dargestellt werden, weshalb keine tatsächlichen Intervallzeiten angegeben wurden. Selbstverständlich muß man bei einem tatsächlichen Entwurf die beschränkte Bandbreite der Steuerketten berücksichtigen, wodurch bestimmte Verzögerungen der Steuerwirkungen bedingt sind. Beispielsweise darf nicht erwartet werden, daß eine Flanke der Helligkeitssteuerspannung u_h unverzögert eine Änderung der Strahlintensität bewirkt. Eine Berücksichtigung dieser Randbedingungen erfolgt erst beim detaillierten Entwurf im Abschnitt 7.3.

Die Möglichkeit, Schriftzeichen nicht nur stückweise linear, sondern auch unter Verwendung von gekrümmten Segmenten zusammenzusetzen, beispielsweise mit Segmenten von Lissajous-Figuren, erfordert einen weit größeren Aufwand im Analogteil der Geräte als bei den bisher betrachteten Systemen. Dieser Aufwand wäre bei einem reinen Schriftzeichenausgabegerät nicht gerechtfertigt. Lediglich bei Geräten, bei denen der Aufwand aus anderen Gründen getrieben werden muß (s. Abschnitt 7.1.4), kann man die Verwendung gekrümmter Segmente zur Zusammensetzung von Schriftzeichen erwägen.

Häufig wird von der Möglichkeit Gebrauch gemacht, einen einmal vorhandenen Schriftzeichengenerator zur Ausgabe unterschiedlich großer Schriftzeichen zu verwenden, indem man die vom Schriftzeichengenerator erzeugten Spannungen u_{xs} und u_{ys} noch über Verstärker mit steuerbaren Verstärkungsfaktoren schickt. Auf die Konsequenzen, die sich daraus für die Gesamtstruktur des Gerätes ergeben, soll jedoch hier nicht eingegangen werden.

7.1.4 Ausgabe von Zeichnungen

Wie im letzten Abschnitt soll auch hier die Betrachtung von Ausgabegeräten nach dem Fernsehprinzip ausgeschlossen bleiben.

Die Geräte zur Ausgabe von Zeichnungen können in zwei Klassen getrennt werden, nämlich solche, die nur Geradstrichbilder ausgeben können, und solche, die Zeichnungen mit gekrümmten Linien ausgeben können. Ein Geradstrichbild besteht ausschließlich aus Verbindungsgeraden zwischen Bildrasterpunkten, wie es beispielsweise Abb. 7.18a zeigt. Selbstverständlich kann man Bilder mit gekrümmten Linien (s. Abb. 7.18b) stets als Geradstrichbilder approximieren (Abb. 7.18c).

Nur dort, wo häufige Manipulationen von Bildern mit gekrümmten Linien vorkommen, also beispielsweise beim rechnergestützten Konstruieren mechanischer Bauteile, ist es sinnvoll, den großen Aufwand im Analogteil der Ausgabegeräte zu treiben, den die Ausgabe gekrümmter Linien erfordert. Hier sollen solche Geräte nicht weiter betrachtet werden.

Auch Geradstrichbilder können wieder in zwei Klassen eingeteilt werden, nämlich solche, die unbeschränkte Geradstrichbilder ausgeben können, und solche, die nur Segmentbilder ausgeben können. Bei einem unbeschränkten Geradstrichbild ist jede Strecke, d. h. die gerade Verbindung zweier beliebiger Rasterpunkte zugelassen, während bei den Segmentbildern die Menge der zugelassenen Strecken stark beschränkt ist. Abb. 7.19 zeigt beispielsweise eine mögliche Segmentmenge. Es handelt sich um die gleiche Segmentmenge, die zur Zusammensetzung

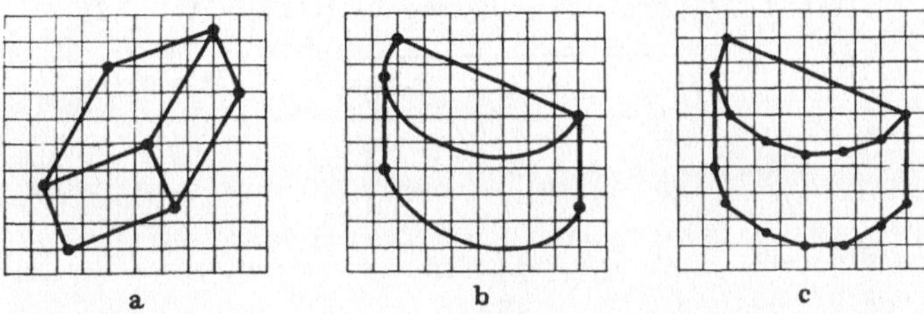

Abb. 7.18. Beispiele von Bildschirmzeichnungen.

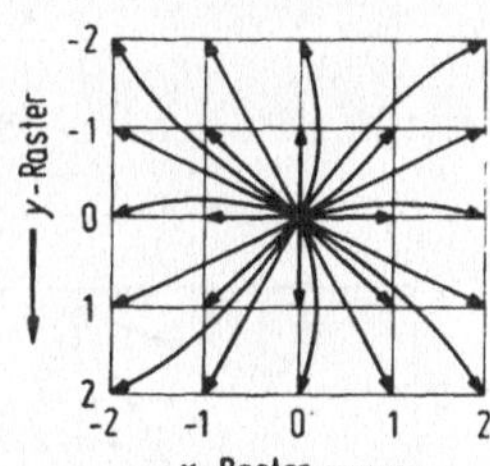

Abb. 7.19. Beispiel einer Segmentmenge.

der Schriftzeichen in Abb. 7.14 verwendet wurde. Jedes unbeschränkte Geradstrichbild kann man als Segmentbild approximieren, wie es beispielsweise Abb. 7.20 für die Bilder aus Abb. 7.18 zeigt. Wenn das Raster genügend dicht ist, sind Segmentbilder für die meisten Zwecke ausreichend gut. Da die Ausgabe von Segmentbildern den kleinsten Aufwand im Analogteil der Bildschirmgeräte erfordert, wird man nach Möglichkeit dieses Verfahren anwenden, wenn es von der Bildqualität her zulässig ist.

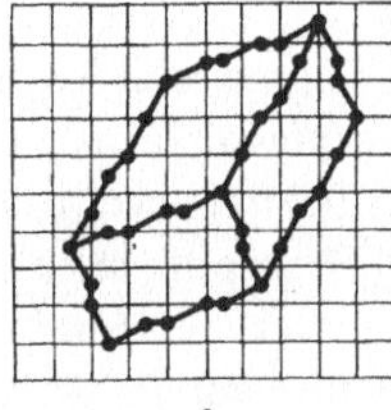

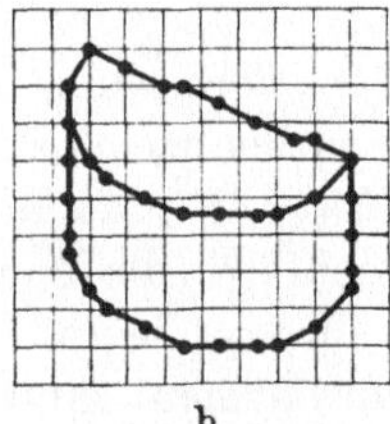

Abb. 7.20. Segmentbilder.

Es soll nun kurz auf die Codierung der Bildinformation von Geradstrichbildern eingegangen werden. Da bei unbeschränkten Geradstrichbildern jeder Rasterpunkt mit jedem verbunden werden kann, besteht die Bildinformation aus einer Liste von Eckpunktkoordinaten, wobei zu jedem Eckpunkt noch mit einem Bit angegeben werden muß, ob der Strahl sichtbar oder unsichtbar auf diesen Punkt zulaufen soll. Als Beispiel einer derartigen Bildcodierung ist Tabelle 7.3 angegeben, welche die Information des Bildes in Abb. 7.21 enthält. Für das gegebene 20×20-Raster muß jede Koordinate mit 5 bit codiert werden, womit sich für die Tabelle 7.3 ein Speicherbedarf von $11 \cdot (5+5+1) = 121$ bit ergibt.

Tabelle 7.3. Eckpunktcodierung des Bildes in Abb. 7.21

x	y	Helligkeit
2	13	0
7	4	1
15	1	1
10	10	1
2	13	1
4	18	1
12	15	1
10	10	1
15	1	0
17	6	1
12	15	1

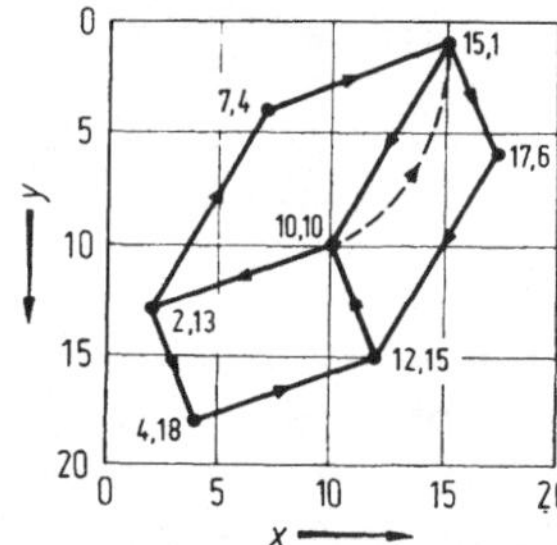

Abb. 7.21. Beispiel zur Codierung von unbeschränkten Geradstrichbildern.

Die Codierung eines Segmentbildes besteht aus einer Liste von segmentkennzeichnenden Codewörtern. Für den Fall der Segmentmenge in Abb. 7.19 braucht man beispielsweise 5 bit zur Kennzeichnung eines Segments, da die Menge 25 Segmente enthält — das Nullsegment, welches das Bleiben beim Rasterpunkt ermöglicht, ist dabei mitgezählt. Zu jedem Segment muß noch mit einem Bit angegeben werden, ob es vom

Strahl sichtbar oder unsichtbar durchlaufen werden soll. Zur Darstellung des Segmentbildes in Abb. 7.20a muß der Strahl 44 Segmente durchlaufen, die Bildinformation benötigt also an Speicherplatz $44 \cdot (5 + 1) = 264$ bit. Das ist wesentlich mehr, als zur Codierung des unbeschränkten Geradstrichbildes erforderlich war.

Es gilt allgemein, daß im Falle von Zeichnungen, die hauptsächlich aus langen geraden Linien aufgebaut sind, die Eckpunktcodierung bedeutend weniger Speicherplatz braucht als die Segmentbildcodierung. Dieser Vorteil der Eckpunktcodierung verschwindet bei Zeichnungen, die hauptsächlich kurze Geradenstücke enthalten, wie sie sich beispielsweise bei der Approximation von Zeichnungen mit gekrümmten Linien ergeben. Die Codierung des unbeschränkten Geradstrichbildes in Abb. 7.18c erfordert $17 \cdot 11 = 187$ bit, und die Codierung des Segmentbildes in Abb. 7.20b benötigt $36 \cdot 6 = 216$ bit. In diesem Fall besteht also zwischen den beiden Codierungen gar kein großer Unterschied mehr hinsichtlich des Speicherplatzbedarfs. Es gibt durchaus Fälle, wo die Segmentbildcodierung günstiger ist als die Eckpunktcodierung. Wenn man die Bilder in Abb. 7.18, 7.20 und 7.21 als Ausschnitte von größeren Schirmbildern ansieht, dann verschieben sich die Ergebnisse eines Codierungsvergleichs zugunsten der Segmentbildcodierung. Denn dann werden zur Codierung einer Koordinate nicht mehr nur 5 bit, sondern beispielsweise 9 bit benötigt, wodurch der Speicherplatzbedarf für die Tabelle 7.3 auf $11 \cdot (9 + 9 + 1) = 209$ bit anwächst. Die Codierung des Bildes 7.18c erfordert in diesem Fall $17 \cdot 19 = 323$ bit. Die Segmentbildcodierung dagegen hängt nicht davon ab, ob die betrachteten Bilder nur Ausschnitte oder ganze Schirmbilder sind.

Ein wesentlicher Vorteil der Segmentbildcodierung besteht in der äußerst einfachen Parallelverschiebbarkeit von Teilbildern, da ja eine einmal codierte endliche Segmentfolge unabhängig vom Anfangspunkt stets das gleiche Teilbild ergibt. Diese günstige Eigenschaft läßt sich auch für unbeschränkte Geradstrichbilder erzielen, indem man anstelle der Eckpunktcodierung die Vektorcodierung wählt, welche eine Segmentbildcodierung bei unbeschränkter Segmentmenge darstellt. Anstelle der Koordinaten des jeweils vom Strahl anzulaufenden Eckpunktes werden die Koordinatendifferenzen zwischen dem jeweiligen Anfangseckpunkt und dem Zieleckpunkt angegeben. Tabelle 7.4 enthält die Vektorcodierung des Bildes in Abb. 7.21.

Da für die Beträge von Δx und Δy der gesamte Bereich von x und y zugelassen ist, benötigt man zur Abspeicherung der Vektorcodierungstabelle pro Eckpunkt 2 bit mehr als bei der Eckpunktcodierung, nämlich für die beiden Vorzeichen von Δx und Δy.

Bisher wurde noch nichts darüber ausgesagt, wie bei einer Vektorcodierung bzw. Segmentbildcodierung der Strahl zum gewünschten

Anfangspunkt der Segmentfolge geführt wird. Dazu müssen in der Bildcodierung zwangsläufig echte Koordinatenwerte angegeben werden; die Liste, welche die gesamte Bildinformation enthält, und der die Information zur Strahlsteuerung abschnittweise nacheinander entnommen

Tabelle 7.4. Vektorcodierung des Bildes in Abb. 7.21

Δx	Δy	Helligkeit
5	−9	1
8	−3	1
−5	9	1
−8	3	1
2	5	1
8	−3	1
−2	−5	1
5	−9	0
2	5	1
−5	9	1

wird, besteht also aus unterschiedlich zu interpretierenden Abschnitten, nämlich Abschnitte mit Anfangspunktkoordinaten und Abschnitte mit Vektor- bzw. Segmentfolgen, wie es Tabelle 7.5 zeigt. Die Codierung muß natürlich gewährleisten, daß die einzelnen Abschnitte gegeneinander abgrenzbar sind, damit die Abschnittsinformation bei der Strahlsteuerung entsprechend ausgewertet wird. Im später dargestellten detaillierten Entwurfsbeispiel wird eine entsprechende Codierung vorkommen.

Tabelle 7.5. Liste zur Gesamtbildbeschreibung mit Vektor- bzw. Segmentbildcodierung

Anfangspunkt: $= (x_1, y_1)$
Segmentfolge für Teilbild 1
Anfangspunkt: $= (x_2, y_2)$
Segmentfolge für Teilbild 2
....

Auf die Darstellung einer Blockstruktur zur Ausgabe unbeschränkter Geradstrichbilder wird hier verzichtet, da das Entwurfsbeispiel eine Segmentbildausgabe enthält. Bevor eine Blockstruktur zur Ausgabe von Segmentbildern dargestellt wird, soll zuerst noch eine Modifikation der Segmentbildcodierung eingeführt werden.

Es wurde festgestellt, daß die Segmentbildcodierung besonders ungünstig ist im Falle von Zeichnungen mit langen geraden Strichen. Man kann davon ausgehen, daß bei der Zeichnungsausgabe lange horizontale und vertikale gerade Linien verhältnismäßig häufig vorkommen. Solche Linien stellen jeweils mehrfache Wiederholungen eines bestimmten Segments dar. Es liegt nahe, diese Linien nicht durch wiederholte Angabe des entsprechenden Segmentcodewortes zu codieren, sondern durch einmalige Angabe des Segmentcodewortes und eines Wiederholungsfaktors. Da große Wiederholungsfaktoren nicht so häufig zu erwarten sind wie die kleinen Faktoren 1 und 2, würde man den Umfang der Gesamtbildcodierung unnötig stark erweitern, wenn man jedes Segmentcodewort um die für den maximal möglichen Faktor nötigen Binärstellen erweitern würde. Da der maximal mögliche Faktor durch die Dimension des Bildrasters bestimmt wird, nimmt er genau so viel Binärstellen ein wie eine Bildkoordinate, und das ist i. a. mehr als zur Segmentkennzeichnung benötigt wird. Als Beispiel sei ein 512×512-Raster mit der Segmentmenge aus Abb. 7.19 betrachtet. Der maximal mögliche Faktor ist in diesem Fall 511, was mit 9 bit codiert wird; dies ist mehr als die 6 bit, die zur Segments- und Helligkeitskennzeichnung erforderlich sind. Es ist offensichtlich nicht sinnvoll, jedes Segmentcodewort durch einen 9-Bit-Faktorabschnitt auf 15 bit zu erweitern, wenn der Faktor in den meisten Fällen nur 1 oder 2 ist. Eine sinnvolle Lösung besteht in der Beschränkung der Menge der zulässigen Faktoren, welche dann in einem kurzen Codewortabschnitt codiert werden können. Günstige Verhältnisse ergeben sich, wenn man als Faktoren nur die Zweierpotenzen unterhalb der Rasterdimension zuläßt. Im Falle des betrachteten Beispiels sind dies die neun Zweierpotenzen 2^0 bis 2^8. Da jedoch schon die Menge in Abb. 7.19 für alle Richtungen Segmente enthält, welche zwei Rasterabschnitte überspannen, kann man auf den Faktor 2^8 verzichten. Da man die neun Faktoren 2^0 bis 2^8 mit 4 bit codieren müßte und dabei 7 Kombinationen übrig hätte, würde man sowieso auf den höchsten Faktor 2^8, der ohnehin am seltensten auftritt, verzichten, um damit eine Binärstelle bei der Faktorcodierung einzusparen. Tabelle 7.6 zeigt an zwei Beispielen, wie damit lange Linien bevorzugter Richtungen als Folge weniger Codewörter codiert werden können.

Bei der Entwicklung einer Blockstruktur zur Ausgabe von Segmentbildern orientiert man sich am besten an dem System in Abb. 7.16, welches der Ausgabe von aus Segmenten zusammengesetzten Schriftzeichen diente. Die Trennung der Ablenkungsspannungen u_x und u_y in je zwei Anteile, einen Anteil u_{xp} bzw. u_{yp} zur Festlegung der Matrixposition und einen Anteil u_{xs} bzw. u_{ys} zur Bildung des Schriftzeichens, entfällt natürlich hier. Dagegen bleibt die Trennung in Treppenspannungen u_{xe} und u_{ye} zur Eckpunktsbestimmung und Sägezahnspannungen

u_{xz} und u_{yz} zur Eckpunktsverbindung bestehen. Im Gegensatz zum System in Abb. 7.16, wo der zur digitalen Integration dienende Zähler periodisch zurückgesetzt wurde, muß nun die Möglichkeit geschaffen

Tabelle 7.6. Beispiele für die Segmentcodierung langer Linien mit beschränkter Faktormenge

	Δx	Δy	Helligkeit	Faktor
Vertikale Linie über 400 Rasterbaschnitte	0	−2	1	2^7
	0	−2	1	2^6
	0	−2	1	2^3
Horizontale Linie über 185 Rasterabschnitte	+1	0	1	2^7
	+1	0	1	2^5
	+1	0	1	2^4
	+1	0	1	2^3
	+1	0	1	2^0

werden, den Zähler auf Anfangskoordinatenwerte zu setzen, welche nach Tabelle 7.5 als Abschnitte der Bildcodierung geliefert werden. Ob Anfangswerte vorliegen, muß der angelieferten Information entnommen werden können.

Zur Realisierung eines Segmentfaktors nach Tabelle 7.6 wird ein Zähler benötigt, welcher auf den Faktorwert $\boldsymbol{F}$ gesetzt wird, wenn das entsprechende Codewort angeliefert wird, und der dann mit jedem ausgegebenen Segment um Eins abwärts zählt, bis Null erreicht ist. Die Information, welche das mehrfach auszugebende Segment beschreibt und die aus der Vektorinformation $\boldsymbol{V}$ und dem Helligkeitsbit H besteht, muß dabei in einem Register festgehalten werden, damit sie für die benötigte Ausgabezeitdauer zur Verfügung steht.

Abb. 7.22 zeigt das Blockschaltbild des Systems zur Ausgabe von Segmentbildern. Wie die Wörter $\boldsymbol{E}$, welche das Bild abschnittsweise festlegen, angeliefert werden, ist darin offengelassen. Dem Wort $\boldsymbol{E}$ wird durch ein Decodiernetz entnommen, ob ein Anfangspunktabschnitt (s. Tabelle 7.5) vorliegt bzw. beginnt oder nicht. Da die Anfangspunktinformation auf mehrere Wörter $\boldsymbol{E}$ verteilt sein kann, muß das Steuersystem, welches die Steuersignale y_1 bis y_5 bereitstellt, ein Automat sein; ein reines Schaltnetz genügt nicht.

Die Interpretation des Steuersignals y_1 geht direkt aus Abb. 7.22 hervor: über y_1 ist es dem Steuerautomaten möglich, den Strahl dunkel zu steuern. Daß dazu die Notwendigkeit besteht, ist leicht einzusehen, wenn man bedenkt, daß über den Eingang $\boldsymbol{E}$ nicht immer nur Segment-

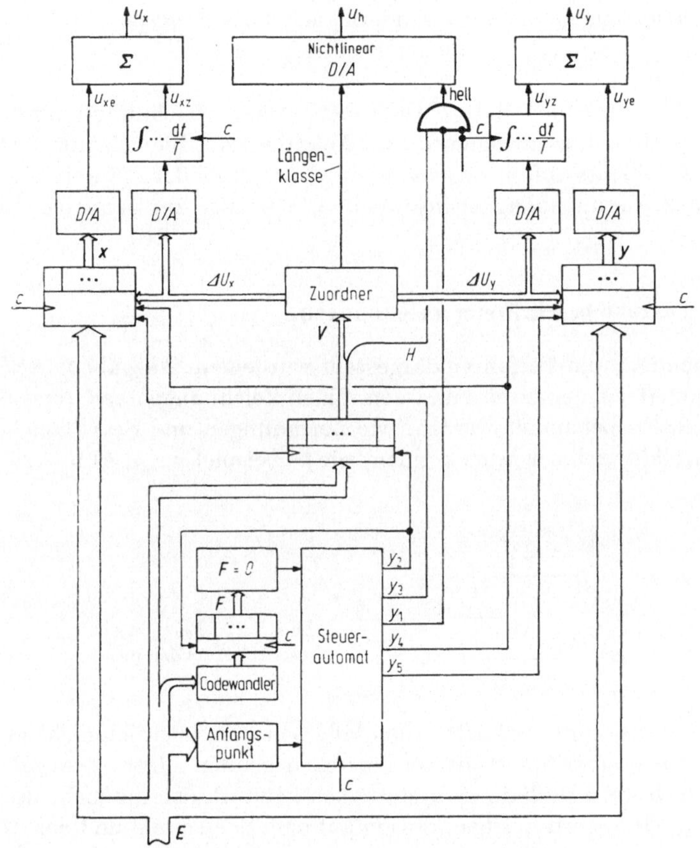

Abb. 7.22. System zur Segmentbildausgabe.

Tabelle 7.7. Funktionen der Steuersignale in Abb. 7.22

y_2	Segmentregister ($\boldsymbol{V}$, H)	Faktorzähler $\boldsymbol{F}$
0	Keine Änderung	Um Eins abwärts zählen
1	Parallele Datenübernahme	Parallele Datenübernahme

a)

y_4	y_3	Ablenkzähler $\boldsymbol{x}$
y_4	y_5	Ablenkzähler $\boldsymbol{y}$
0	0	Keine Änderung
0	1	Parallele Datenübernahme
1	–	Zählen um ΔU

b)

information angeliefert wird, sondern auch die Anfangspunktinformation. Die Interpretation der restlichen Steuersignale y_2 bis y_5 ist in Tabelle 7.7 angegeben.

Damit wird die Betrachtung der reinen Zeichnungsausgabe abgeschlossen. Bildschirmgeräte zur Ausgabe von Bildern mit mehr als zwei Helligkeitsstufen, sogenannten Grauwertbildern, interessieren in diesem Zusammenhang ebensowenig wie Geräte zur Ausgabe farbiger Bilder.

7.1.5 Ausgabe beschrifteter Zeichnungen

Nachdem nun Verfahren dargestellt wurden zur Ausgabe von Schriftzeichenmatrizen einerseits und von reinen Zeichnungen andererseits, soll als nächstes behandelt werden, wie Zeichnungen und Schriftzeichen im Schirmbild vereint werden können, wie es beispielsweise Abb. 7.23 zeigt.

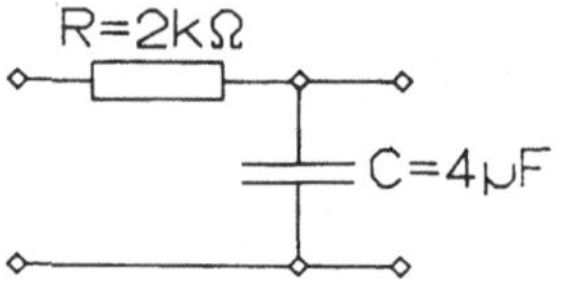

R=2kΩ

C=4μF

Abb. 7.23. Beispiel einer beschrifteten Zeichnung.

Die Position der Schriftzeichen läßt sich nun natürlich nicht mehr in Form einer starr im Schirmbildraster liegenden Matrix von Bezugspunkten fassen. Deshalb kann nun auch keine Beziehung mehr bestehen zwischen der Schriftzeichenposition auf dem Schirmbild und der Adresse des zugehörigen Codewortes im Speicher, wie sie mit Gleichung (7.1) angegeben wurde. Es gilt lediglich noch, daß eine Schriftzeichencodewortfolge im Speicher in Form eines von links nach rechts geschriebenen Textes zu interpretieren ist. Der Anfangsbezugspunkt muß für jeden Teiltext explizit festgelegt werden genau so, wie in Tabelle 7.5 die Anfangspunkte für die einzelnen Segmentteilbilder festgelegt werden mußten. Tabelle 7.8 zeigt, wie die Bildinformation zu Abb. 7.23 codiert werden kann. Da eine binär codierte Segmentfolge genau so aussehen kann wie eine binär codierte Schriftzeichenfolge, muß die unterschiedliche Interpretation durch entsprechende Steuercodewörter „Segmentfolgeinterpretation“ bzw. „Schriftzeicheninterpretation“ erzwungen werden.

Damit der Strahl bei einem mehrere Zeilen umfassenden Text jeweils vom Zeilenende zum neuen Zeilenanfang geführt werden kann, ohne daß explizit die Zeilenanfangskoordinaten genannt werden müssen, führt man zweckmäßigerweise ein besonderes Steuercodewort ein, welches als

Teil einer Schriftzeichenfolge bewirkt, daß der Strahl an den linken Bildrand geführt und um einen Zeilenabstand nach unten bewegt wird. Bei der Ausgabe von Schriftzeichenmatrizen in Abschnitt 7.1.3 war ein solches Codewort nicht benötigt worden, weil dort das Beginnen einer

Tabelle 7.8. Codierung des Bildes in Abb. 7.23

Anfangspunkt: $= (x_1, y_1)$
Segmentfolgeinterpretation
Segmentfolge zur Darstellung des RC-Gliedes
Schriftzeicheninterpretation
Anfangspunkt: $= (x_2, y_2)$
R
=
2
k
Ω
Anfangspunkt: $= (x_3, y_3)$
C
=
4
µ
F

neuen Zeile ein ungesteuerter periodischer Vorgang war, der durch die Art der Zählung in den beiden Zählern für X und Y (s. Abb. 7.13) garantiert wurde. Da es nun keine solchen Zähler mehr gibt, kann auch der Übergang des Strahls von einer Schriftzeichenposition zur nächsten innerhalb einer Zeile nicht mehr durch Weiterschalten des X-Zählers realisiert werden. Vielmehr muß nun von den die Schriftzeichen bildenden Segmentfolgen gefordert werden, daß sie jeweils genau am Anfangspunkt des nächsten Zeichens in der Zeile enden. Im Zusammenhang mit Abb. 7.17 war gesagt worden, daß die letzten dunkelgesteuerten Segmente jedes Schriftzeichens beliebig sein dürften; das gilt jetzt also nicht mehr. Abb. 7.24 zeigt, wie die beiden Segmentfolgen aus Abb. 7.14 geändert bzw. ergänzt werden müssen, wenn die Schriftzeichen nicht in einer starren Matrix ausgegeben werden sollen.

Dadurch, daß nun durch die entsprechende Gestaltung der Segmentfolge für den Übergang zum nächsten Schriftzeichen gesorgt werden muß, bietet sich die Möglichkeit der Zeichenüberlagerung an, welche bei der Matrixausgabe nicht bestand. Wenn die Zahl der Segmentintervalle, welche pro Schriftzeichencodewort zur Verfügung gestellt wird, für sehr komplizierte Schriftzeichen nicht ausreicht, dann kann man nun solche Schriftzeichen mit mehr als einem Codewort codieren.

Für jedes Codewort wird nur ein Teil des gesamten Schriftzeichens geschrieben. Damit die einzelnen Teile auf dem Schirmbild überlagert werden, darf nur die Segmentfolge des letzten Teilzeichens zur nächsten Schriftzeichenposition führen, während die Segmentfolgen der anderen

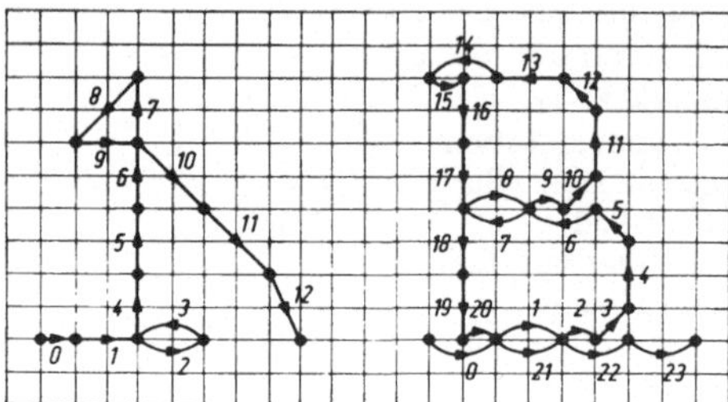

Abb. 7.24. Beispiele für Segmentfolgen mit Übergang zur nächsten Schriftzeichenposition.

Teilzeichen jeweils zu ihrem eigenen Anfangspunkt zurückführen müssen. Abb. 7.25 zeigt, wie auf diese Art das Dollarzeichen durch Überlagerung zweier Teilzeichen gewonnen werden kann. Zum Schreiben des Gesamtzeichens als durchgehende Segmentfolge hätte man 30 Segmentintervalle benötigt; soviel wird man pro Schriftzeichencodewort nicht zur Verfügung stellen, weil sich fast alle Schriftzeichen eines gewöhnlichen Repertoires mit weniger als 25 Segmenten schreiben lassen und man den Schriftzeichensteuerspeicher, d. h. die Matrix in Abb. 7.15, nicht unnötig groß machen will.

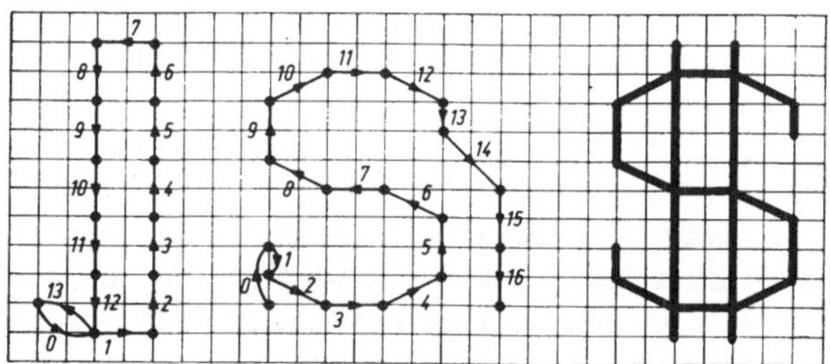

Abb. 7.25. Beispiel einer Schriftzeichenüberlagerung.

Das System zur Ausgabe beschrifteter Zeichnungen stellt eine Verbindung des Systems zur reinen Zeichnungsausgabe in Abb. 7.22 und des Systems zur Schriftzeichenausgabe in Abb. 7.15 mit der Modifikation in Abb. 7.16 dar. Da dieses System Gegenstand des Entwurfsbeispiels in Abschnitt 7.3 ist, wird das Blockschaltbild dort detailliert entwickelt.

Selbstverständlich gibt es noch ganz andere Systeme zur kombinierten Schirmbildausgabe von Schrift und allgemeiner graphischer Information. Als Beispiel seien Radarbilder zur Kontrolle des Flugverkehrs erwähnt, wo den die Flugzeuge darstellenden Leuchtflecken, welche langsam über den Schirm wandern, mitwandernde Kennzeichnungen in Form kurzer Schriftzeichenfolgen beigegeben werden müssen. In diesem Fall verwendet man zweckmäßigerweise eine Zweistrahlröhre, so daß das Zeichnen des Radarbildes unabhängig vom Schreiben der Textsymbole geschehen kann. Solche und viele andere Spezialgeräte bleiben natürlich hier außer Betracht.

7.2 Verfahren der Bildschirmeingabe

In der Einleitung des Kapitels 7 wurde schon gesagt, daß es sich bei der Bildschirmeingabe um Rückkopplungsmechanismen unter Einbeziehung der Bildschirmausgabe handelt. Je nach der Art der Rückkopplung kann man zwei Bildschirmeingabetypen unterscheiden; im einen Fall besteht eine rein technische Rückkopplungsschleife, im anderen Fall stellt der Schirmbetrachter einen Teil der Rückkopplungsschleife dar. Im ersten Fall handelt es sich um die sogenannte Lichtgriffeleingabe, im zweiten Fall um Eingabe unter Verwendung einer verschiebbaren Positionsmarke.

Lichtgriffeleingabe setzt voraus, daß der Strahl nacheinander unterschiedliche Stellen des Schirmes periodisch beschreibt. Eine lichtempfindliche Sonde, welche von außen an eine bestimmte Stelle des Schirmes gehalten wird, markiert durch ihre Ausgangsspannung genau die Zeitpunkte, zu denen die anvisierte Schirmstelle vom Strahl getroffen wird. Da in der Strahlführungssteuerung, d. h. in dem Digitalsystem, welches die Strahlablenkung steuert, zu jedem Zeitpunkt in Form eines Koordinatenpaares festgehalten ist, wo sich der Strahl auf dem Schirm gerade befindet, kann die Ausgangsspannung der Sonde dazu benutzt werden, die Koordinaten der anvisierten Schirmstelle als Eingabedaten zu markieren. Was mit diesem derart eingegebenen Koordinatenpaar geschieht, d. h. wie es zur Auslösung irgendwelcher weiterer Vorgänge ausgewertet wird, ist aufgabenspezifisch und hat mit der Lichtgriffeleingabe grundsätzlich nichts mehr zu tun. Als Beispiele für die Koordinatenauswertung seien zwei typische Fälle genannt.

Zur Eingabe von Handschrift mit dem Lichtgriffel läßt man den Strahl periodisch ein Punktraster schreiben mit einer solchen Helligkeit, daß einerseits der Betrachter das Rasterbild als schwach empfindet, der Lichtgriffel jedoch schon darauf ansprechen kann. Die Eingabe von

Handschrift macht man nun dadurch möglich, daß man bei jedem vom Lichtgriffel markierten Rasterpunkt die Helligkeit erhöht.

Beim Dialogverkehr mit einer Rechenanlage, beispielsweise beim rechnergestützten Entwerfen oder im Zusammenhang mit Lehrprogrammen, tritt oft der Fall auf, daß aus einer vom Programm angebotenen Menge von Möglichkeiten eine ausgewählt werden muß. Beispielsweise kann das Schirmbild eine Frage und mehrere Antworten enthalten, von denen nur eine richtig ist und die dann markiert werden soll. Dieses Markieren kann einfach dadurch geschehen, daß man mit dem Lichtgriffel auf die zur Antwort gehörige vereinbarte Markierungsstelle deutet.

Bei Bildschirmgeräten mit Speicherröhren ist die Lichtgriffeleingabe zwar nicht völlig unmöglich, aber stark eingeschränkt. Die Möglichkeit, auch bei Speicherröhren mit einem Lichtgriffel einzugeben, beruht auf der Abhängigkeit der Speicherung von der Strahlintensität. Ein Bildelement wird nur dann vom Schirm gespeichert, d. h. leuchtet quasi unendlich lang nach, wenn es einmal in einer Mindestzeit mit einer Mindeststrahlintensität gezeichnet wurde. Wenn das Bildelement in kürzerer Zeit oder mit geringerer Intensität gezeichnet wird, dann verhält es sich so, wie wenn es auf einen gewöhnlichen Schirm mit kurzer Nachleuchtdauer gezeichnet worden wäre. Da die gespeicherten Bildelemente bedeutend heller leuchten als die nichtgespeicherten, kann für die Lichtgriffeleingabe immer nur derjenige Teil des Bildschirmes verwendet werden, der noch keine gespeicherten Bildteile enthält. Sonst würden nämlich die für die Lichtgriffeleingabe wesentlichen kurz aufleuchtenden Bildelemente von den gespeicherten überstrahlt. Wenn man nur im jeweils leeren Teil des Schirmbildes mit dem Lichtgriffel operieren darf, bleiben von den Vorteilen der Lichtgriffeleingabe nicht mehr viele übrig. Deshalb wird hier auf die Lichtgriffeleingabe bei Speicherröhren nicht mehr weiter eingegangen.

Auch das zweite Eingabeverfahren, welches auf der Verschiebung einer Positionsmarke beruht, leistet grundsätzlich das gleiche wie die Lichtgriffeleingabe, nämlich die Markierung von Koordinatenpaaren als Eingabedaten. Man kann die Ähnlichkeit der beiden Verfahren besonders betonen, indem man das Schreiben der Positionsmarke als Markieren eines Schirmpunktes durch einen von hinten, d. h. von der Kathodenseite her an den Schirm herangeführten virtuellen Griffel interpretiert im Gegensatz zum Lichtgriffel, der von vorne, d. h. von der Betrachterseite her an den Schirm herangeführt wird. Während bei der Lichtgriffeleingabe der Griffel und das Ausgabebild als zwei völlig getrennte Dinge erkennbar sind, ist die Trennung zwischen dem virtuellen Griffel und dem Ausgabebild für den Betrachter nicht ganz so selbstverständlich. Denn der Betrachter sieht auf dem Bildschirm gleichzeitig sowohl das

Ausgabebild als auch die irgendwie graphisch gestaltete Markierung des vom virtuellen Griffel anvisierten Schirmpunktes. Damit die Markierung leichter als nicht zum Ausgabebild gehörig erkannt werden kann, wird sie zweckmäßigerweise blinkend, d. h. mit deutlich erkennbarer zeitlicher Helligkeitsmodulation dargestellt; ein blinkendes Etwas in einem sonst stehenden Schirmbild fällt sofort auf.

Die Bewegung des virtuellen Griffels über den Schirm muß ferngesteuert erfolgen. Dazu gibt es zwei grundsätzlich verschiedene Möglichkeiten. Der Betrachter kann die Verschiebungsinformation entweder schon digital eingeben durch Drücken entsprechender Tasten, oder er gibt die Information in analoger Form ein, wobei dann die Analog/Digitalwandlung Aufgabe des Gerätes ist. Die Analogeingabe ist am bequemsten, d. h. die vom Betrachter zu verlangende Vorverarbeitungsleistung ist gering; deshalb ist diese Form der Eingabe weitaus häufiger als die Digitaleingabe. Bei der Analogeingabe werden die Koordinatenwerte des vom virtuellen Griffel zu markierenden Punktes meist in Form zweier Potentiometerstellungen eingegeben. Es wurden mehrere unterschiedliche Analogeingabegeräte entwickelt, bei denen die beiden Koordinatenpotentiometer jeweils mechanisch derart verkoppelt wurden, daß die gleichzeitige Verstellung beider Potentiometer durch einfache Handbewegung des Betrachters möglich wurde. Dadurch wurde es leicht, die Positionsmarke schnell und gezielt zu verschieben.

Unabhängig von der Art des Griffels, ob Lichtgriffel oder Positionsmarke, gilt, daß nicht jeder Schirmpunkt, der vom Griffel anvisiert wird, vom angeschlossenen Digitalsystem als eingegebenes Koordinatenpaar interpretiert werden darf. Denn sonst könnte man ja nicht mit dem Griffel beliebig über den Schirm auf die gewünschte zu markierende Stelle zufahren. Deshalb wird noch eine Taste benötigt, durch deren Drücken man dem System mitteilen kann, daß man nun den Griffel an der gewünschten Stelle aufgesetzt hat und das zugehörige Koordinatenpaar tatsächlich eingegeben werden soll.

Es wurde schon erwähnt, daß es auch bei Speicherröhren möglich ist, sichtbare nichtgespeicherte Bildteile zu erzeugen. Deshalb kann das Eingabeverfahren mit einer möglicherweise blinkenden Positionsmarke auch bei Geräten mit Speicherröhren ohne Einschränkung angewandt werden. Die Marke darf durchaus auch in Schirmbereiche mit gespeicherten Bildteilen geraten, denn es genügt, daß der Betrachter immer weiß, wo sich die Marke befindet, wenn er die Aufsetztaste drückt.

Bei Bildschirmausgabegeräten besteht meist noch die Forderung nach der Ausgabe einer Speicherendemarke, welche leicht mit der eben behandelten Positionsmarke verwechselt wird, mit dieser aber im Grunde gar nichts zu tun hat. Zur Erklärung der Speicherendemarke ist es am einfachsten, von einem System zur Textein/ausgabe auszugehen. Ein System, bei dem über eine Tastatur ein Text in einen Speicher eingegeben wird und dieser Text gleichzeitig auf einem Bildschirm ausgegeben wird, wird häufig als Bildschirmeingabesystem bezeichnet, obwohl das Bildschirmgerät an der Eingabe überhaupt nicht beteiligt ist. Die Bildschirmausgabe dient hier lediglich zur Kontrolle, damit der Schreibende feststellen kann, wie weit er mit der Eingabe schon gelangt ist und ob er sich irgendwo vertippt hat. Damit eine solche Kontrolle auch vollständig möglich ist, genügt es nicht, daß nur der gespeicherte Text ausgegeben wird. Im Gegensatz zur Schreibmaschine, bei der man an der mechanischen Konstellation erkennt, wohin der nächste Anschlag treffen wird, kann dem Text auf dem Bildschirm nicht entnommen werden, ob der nächste Anschlag unmittelbar auf die Stelle nach dem letzten sichtbaren Schriftzeichen treffen wird oder nicht. Beispielsweise könnte nach dem letzten sichtbaren Schriftzeichen inzwischen noch mehrmals die Taste „Zwischenraum" oder die Taste „Neue Zeile" gedrückt worden sein, ohne daß dies das ausgegebene Textbild verändert hätte. Die bildbeschreibende Liste im Speicher dagegen enthält natürlich die vollständige Information über die Position des nächsten Anschlags. Deshalb ist es zweckmäßig, die am Ende der Speicherliste erreichte Strahlposition auf dem Bildschirm zu markieren. Damit diese Markierung als nicht zum eigentlichen Ausgabebild gehörig erkannt wird, gibt man sie meist blinkend aus.

Vom Beispiel des Textbildes kann nun zu allgemeineren Bildern übergegangen werden. Auch bei Zeichnungen muß eine Speicherendemarke ausgegeben werden, weil man aus dem Schirmbild sonst nicht die am Ende der Speicherliste erreichte Strahlposition entnehmen kann; denn dem Schirmbild kann man weder entnehmen, in welcher Reihenfolge die sichtbaren Linien gezeichnet wurden, noch, entlang welcher dunkelgesteuerten Linien der Strahl geführt wurde.

Wenn zwei blinkende Marken auf einem Schirmbild vorhanden sind, nämlich sowohl die Speicherendemarke als auch die Spitze des virtuellen Griffels, dann kann man die beiden durch unterschiedliche graphische Gestaltung oder unterschiedliche Blinkfrequenz kennzeichnen. Aber selbst, wenn beide gleich aussehen, ist der virtuelle Griffel schnell herauszufinden, denn nur dieser reagiert auf die zugehörige manuelle Steuerung.

7.3 Aufgabenstellung

Die nun folgende Aufgabenstellung zum Entwurf eines Bildschirmein/ausgabegerätes nimmt starken Bezug auf die in den Abschnitten 7.1 und 7.2 dargestellten Verfahren und Beispiele.

7.3.1 Ausgabeteil

Das Gerät soll eine Speicherröhre enthalten, so daß kein Bildwiederholspeicher benötigt wird. Das Bildraster soll 512×512 Punkte enthalten, d. h. eine Koordinate soll mit 9 bit codierbar sein. Das Gerät soll beschriftete Zeichnungen ausgeben können, wobei die Zeichnungen Segmentbilder sein sollen mit der Segmentmenge in Abb. 7.19. Die Schriftzeichen sollen aus Segmenten derselben Menge zusammengesetzt sein; zum Schreiben jedes Schriftzeichens sollen 24 Segmentintervalle zur Verfügung stehen. Schriftzeichen, für die 24 Segmentintervalle nicht ausreichen, können aus einzeln codierten Teilzeichen durch Überlagerung aufgebaut werden. Die Schriftzeichencodewortlänge beträgt 7 bit. Die Menge der Schriftzeichencodewörter soll das Leerzeichen (Zwischenraum der Weite eines Schriftzeichens) und das Codewort „Neue Zeile" enthalten. Die Schriftzeichengröße soll sich an einem Feld von 6×8 Rasterquadraten für Großbuchstaben orientieren. Der Zwischenraum zwischen zwei in einer Zeile benachbarten Schriftzeichenfeldern soll 2 Rasterabstände weit sein; der Zwischenraum zwischen den Schriftzeichenfeldern zweier aufeinanderfolgender Zeilen soll bei Verwendung des Codewortes „Neue Zeile" 8 Rasterabstände weit gemacht werden. Wenn der gesamte Bildschirm in dieser Weise mit Text gefüllt wird, dann erhält man 2048 Schriftzeichen in 32 Zeilen zu je 64 Zeichen. Abb. 7.26 zeigt einen Ausschnitt aus einer solchen Schriftzeichenmatrix.

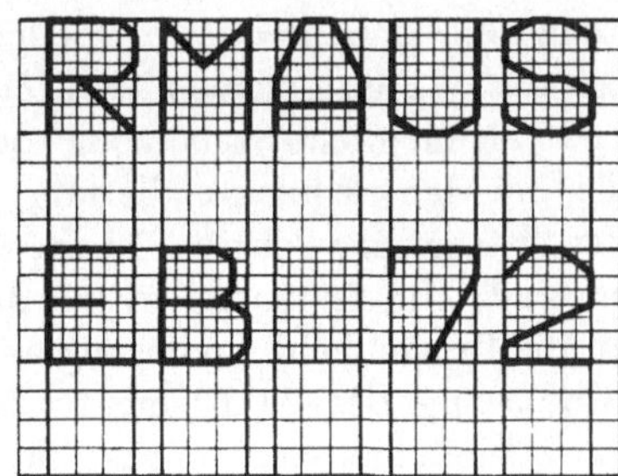

Abb. 7.26. Schriftzeichenabstände bei Textausgabe.

Zeichnungen sollen als Segmentfolgen codiert sein, wobei die Segmentcodewortlänge 9 bit beträgt, die sich zusammensetzen aus 5 bit zur Kennzeichnung eines der 25 Elemente der Segmentmenge, 3 bit zur Angabe eines Wiederholungsfaktors und 1 bit zur Helligkeitssteuerung. Als Wiederholungsfaktor soll jeweils die Zweierpotenz gelten, deren Exponent als dreistellige Dualzahl im Faktorabschnitt des Segmentcodewortes angegeben ist.

Da die Schriftzeichencodewörter auf demselben 9 Leitungen enthaltenden Leitungsbündel angeliefert werden wie die Segmentcodewörter, kann bei der Anlieferung von Schriftzeichencodewörtern noch über 2 bit frei verfügt werden. Diese beiden Binärstellen stehen zur Kennzeichnung von Steuercodewörtern in Schriftzeichenfolgen zur Verfügung, d. h. daß in einer als Schriftzeichenfolge zu interpretierenden Codewortfolge diejenigen Codewörter erkennbar gemacht werden können, welche einen neuen Abschnitt in der bildbeschreibenden Liste (s. Tabelle 7.8) einleiten sollen. Ein solches Codewort ist beispielsweise das Steuerwort „Betriebsart Zeichnung", welches bewirken soll, daß die nachfolgend angelieferten Codewörter als Segmentcodewörter interpretiert werden sollen. Einem angelieferten 9 bit langen Codewort, welches kein Steuercodewort ist, kann man nämlich nicht ansehen, ob es als Schriftzeichencodewort oder als Segmentcodewort zu interpretieren ist. Lediglich die Steuercodewörter müssen eindeutig definiert sein.

Daß hier bei der Aufgabenstellung schon von Codierung gesprochen wird, ist nicht verfrüht, denn da die bildbeschreibenden Codewörter dem zu entwerfenden System von außen angeboten werden, muß die Codierung schon vor Beginn des Entwurfs geklärt werden.

Da von der Menge der $2^9 = 512$ unterschiedlichen anlieferbaren Wörter nur $2^7 = 128$ zur Schriftzeichencodierung benötigt werden, ergibt sich vorerst eine Menge von 384 möglichen Steuercodewörtern. Diese Menge wird jedoch bei der Berücksichtigung der Segmentcodierung noch verkleinert. Da die Segmentmenge 25 Elemente enthält, welche hell oder dunkel gesteuert werden können, ergibt sich die Zahl der Elemente in der Segmentcodewortmenge zu $(24 \cdot 8 + 1) \cdot 2 = 386$. Von der Menge der 512 unterschiedlichen anlieferbaren Codewörter kommen also nur 126 als mögliche Steuercodewörter in Frage, und zwar nur dann, wenn alle bei der Segmentcodierung unbenutzten Codewörter in der Menge der 384 bei der Schriftzeichencodierung unbenutzten Codewörter enthalten sind. Um festzustellen, ob diese letzte Bedingung erfüllt ist, muß man die tatsächliche Codierung ansehen.

Die Codierung der 25 Elemente der Segmentmenge mit 5 bit geschieht zweckmäßigerweise derart, daß man die Richtung mit 4 bit codiert und die Längenklasse (s. Tabelle 7.2) mit 1 bit angibt. Während alle $2^4 = 16$ unterschiedlichen Richtungen vorkommen, kommen nur die acht Hauptrichtungen — horizontale, vertikale und 45° geneigte Linien — in beiden Längenklassen vor; die Nebenrichtungen gibt es jeweils nur in einer Längenklasse, nämlich der Klasse der längeren Segmente. Es liegt nun nahe, den 4-Bit-Code für die Richtungen so zu wählen, daß an einer bestimmten Binärstelle erkannt werden kann, ob es sich um eine Haupt- oder eine Nebenrichtung handelt. Das Codewort für das Nullsegment, welches keine Richtung hat und keiner Längenklasse angehört, kann selbstverständlich nicht in 4 bit Richtungscode und das Längenklassenbit aufgetrennt werden. Zur 5-Bit-Codierung des Nullsegments kann willkürlich eines der 8 zur Segmentcodierung noch nicht benutzten Codewörter verwendet werden; es handelt sich dabei um die 8 Codewörter, deren Richtungsteil jeweils eine Nebenrichtung angibt, während das Längenklassenbit die Zugehörigkeit zur Klasse der kürzeren Segmente ausdrückt. Weil es sinnvoll ist, das Nullsegment durch ein Nullwort, d. h. ein Wort aus lauter Nullen zu codieren, muß man die Binärstelle, welche die Hauptrichtungen von den Nebenrichtungen unterscheidet, bei den Hauptrichtungen zu Eins machen. Abb. 7.27 zeigt eine derartige Richtungscodierung; der Code wurde so gewählt, daß die linken beiden Binärstellen den Quadranten kennzeichnen und die rechten beiden Binärstellen Symmetriebeziehungen bezüglich der Koordinatenachsen zum Ausdruck bringen.

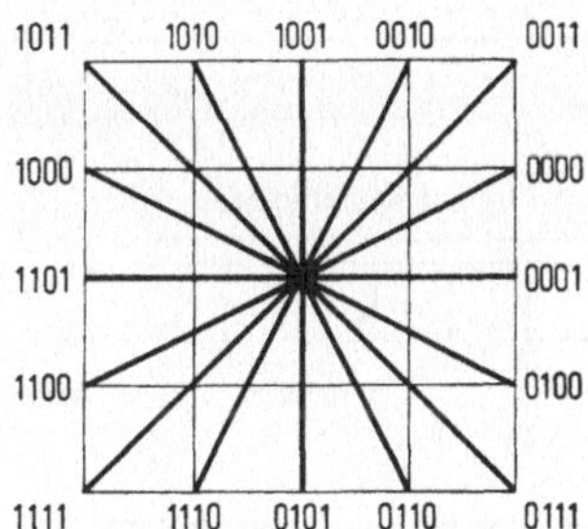

Abb. 7.27. Codierung der Segmentrichtung.

Nun läßt sich die Menge der 386 Segmentcodewörter einfach schematisch angeben (s. Tabelle 7.9a); daraus erkennt man, daß man die Menge der 128 Schriftzeichencodewörter nur wie in Tabelle 7.9b angegeben zu wählen braucht, um zu erreichen, daß 126 Codewörter als eindeutig definierbare Steuercodewörter zur Verfügung stehen. Als Steuercodewort kann jedes Wort gewählt werden, bei dem die Binärstellen e_8 und e_9 beide Null sind und mindestens eine der Stellen e_2 bis e_7 den Wert Eins hat.

Als nächstes muß nun geklärt werden, wie die Information angeliefert wird, durch die der Strahl auf einen neuen Anfangspunkt gesetzt wird (s. Tabelle 7.8). Da jede Information als Folge von 9-Bit-Codewörtern angeliefert wird und jede Koordinate mit 9 bit codiert ist, ergibt sich zwingend, daß zum Setzen eines neuen Anfangspunktes eine Folge von drei Codewörtern benötigt wird. Das erste Wort muß ein Steuerwort sein, welches besagt: Die nächsten beiden angelieferten Wörter sind als Koordinaten x und y zu interpretieren, auch wenn diese Wörter wie Schriftzeichen- bzw. Segmentcodewörter oder Steuercodewörter aussehen. Erst das auf diese beiden Koordinaten folgende Codewort soll wieder entsprechend der gerade gültigen Betriebsart „Schrift“ oder „Zeichnung“ als Schriftzeichen- bzw. Segmentcodewort interpretiert werden, falls es nicht ein Steuerwort ist.

Tabelle 7.9. Zur Codierung der Bildinformation

Helligkeitssteuerung (e_1); Faktorcode (e_2–e_4); Richtungscode (e_5–e_7); Längenklasse (e_8)

e_1	e_2	e_3	e_4	e_5	e_6	e_7	e_8	e_9		
–	–	–	–	–	–	–	1	–	256	Segmentcodewörter für Hauptrichtungssegmente
–	–	–	–	–	–	–	0	1	128	Segmentcodewörter für Nebenrichtungssegmente
–	0	0	0	0	0	0	0	0	2	Segmentcodewörter für das Nullsegment
a							Menge der		386	Segmentcodewörter

Schriftzeichencode (e_1–e_7)

–	–	–	–	–	–	–	0	1	128	Schriftzeichencodewörter
b							Menge der		128	Schriftzeichencodewörter

Bei Bildschirmausgabegeräten mit Speicherröhren muß selbstverständlich die Möglichkeit bestehen, ein altes Bild zu löschen, bevor ein neues geschrieben wird. Dazu dient das Steuercodewort „Ausgangsstellung“, welches nicht nur bewirkt, daß das alte Bild gelöscht wird, sondern auch, daß die Betriebsart „Schrift“ eingestellt wird und der Strahl auf die Position des ersten Schriftzeichens auf dem Schirmbild oben links mit $x = 0$ und $y = 12$ gesetzt wird. Zum Löschen des Schirmbildes muß bei der gegebenen Röhre eine bestimmte Steuervariable für mindestens 600 ms den Wert Eins erhalten.

Damit ist die Codierung der angelieferten Bildinformation für die Zwecke des durchzuführenden Entwurfs vollständig beschrieben. Es muß nun noch genauer auf Signale an der Empfangsschnittstelle und deren Zeitbeziehungen zueinander eingegangen werden. Die in Abb. 7.28a dargestellte Empfangsschnittstelle enthält außer dem Signalleitungsbündel für die Anlieferung der bildbeschreibenden Codewörter nur noch zwei weitere Leitungen für die Signale zur Dialogsteuerung zwischen dem Bildschirmgerät und dem System, welches die Bildbeschreibung liefert. In Abb. 7.28b ist der Ablauf eines Dialoges an der Empfangsschnittstelle dargestellt.

Das System, welches die Bilddaten liefert, garantiert, daß es eine Vorderflanke des Anrufsignals a_e erst bringt, nachdem es das Bilddatenwort $\boldsymbol{E}$ angelegt hat und daß es $\boldsymbol{E}$ so lange konstant anbietet, bis das Bildschirmgerät durch die Vorderflanke des Bestätigungssignals b_e mitteilt, daß die Bilddaten $\boldsymbol{E}$ empfangen wurden und nicht mehr auf dem Eingangsleitungsbündel gebraucht werden. Nach der Vorderflanke von

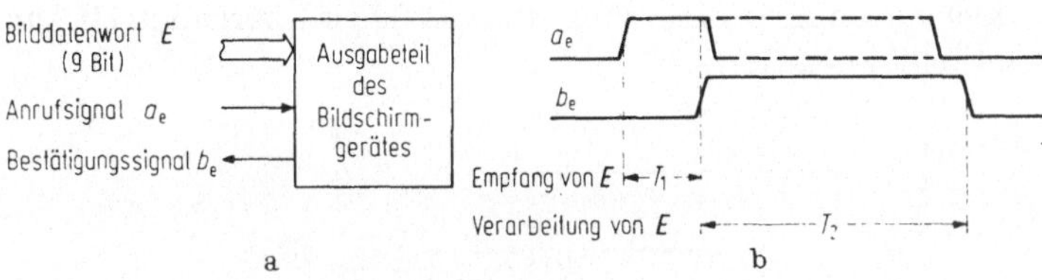

Abb. 7.28. Empfangsschnittstelle.

b_e darf das Signal a_e mit beliebiger Verzögerung zu Null gemacht werden. Das Bildschirmgerät läßt das Signal b_e auf Eins stehen, solange es nicht bereit ist, einen neuen Anruf zu erwarten, d. h. solange die Verarbeitung des empfangenen Wortes $\boldsymbol{E}$ dauert. Das die Bilddaten liefernde System verpflichtet sich, keine Vorderflanke von a_e zu senden, solange das Signal b_e auf Eins steht. Wenn nach beendeter Verarbeitung von $\boldsymbol{E}$ das Anrufsignal a_e immer noch auf Eins steht, dann soll das Bildschirmgerät die Rückflanke von b_e so lange verzögern, bis es die Rückflanke von a_e empfängt.

Das Bildschirmgerät soll so entworfen werden, daß die Intervalldauer T_1 15 μs nicht überschreitet. Die Intervalldauer T_2, welche normalerweise durch die Verarbeitungsdauer bestimmt wird, soll so klein wie möglich gehalten werden, indem die für den gegebenen Speicherschirm geltende maximale Schreibgeschwindigkeit von 1,3 cm/ms ausgenutzt wird. Aus der Schirmgröße 20×20 cm² und dem Raster 512×512 Punkte ergibt sich ein Rasterabstand zu ungefähr 0,4 mm, der in 30 μs geschrieben werden kann. Da die Segmentmenge Segmente enthält, die etwas länger als zwei Rasterabstände sind, und da die Segmentintervalldauer für alle Segmente gleich sein soll, damit sich eine einfache Systemstruktur ergibt, wird die Segmentintervalldauer auf 75 μs festgelegt. Ein schirmbildfüllender Text mit 2048 Schriftzeichen zu je 24 Segmentintervallen kann damit in ungefähr 3,7 Sekunden geschrieben werden.

Noch eine andere Geschwindigkeitsbegrenzung ist beim Entwurf zu beachten. Auf Grund der beschränkten Bandbreite des vorgegebenen Strahlablenksystems wird zur Veränderung der Strahlposition auch bei sprunghafter Änderung der Ablenkspannungen eine bestimmte Zeit benötigt, die ungefähr linear vom zurückzulegenden Weg abhängt und 4 μs/cm beträgt. Abb. 7.29 veranschaulicht dieses Tiefpaßverhalten. Die maximal mögliche Ablenkgeschwindigkeit beträgt somit 0,25 cm/μs oder 250 cm/ms; dies ist um Größenordnungen mehr als die Schreibgeschwindigkeit. Daher bringt die maximal mögliche Ablenkgeschwindigkeit nur beim Setzen neuer Anfangspunkte eine Beschränkung. Da der maximal mögliche Koordinatensprung 20 cm betragen kann, müssen also für das Setzen einer neuen Koordinate mindestens 80 μs Übergangszeit zur Verfügung gestellt werden.

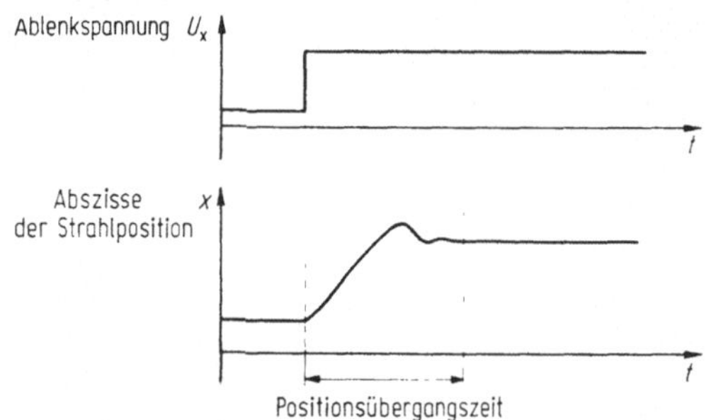

Abb. 7.29. Tiefpaßverhalten des Ablenksystems.

Auch das System zur Strahlhelligkeitssteuerung zeigt Tiefpaßverhalten: Eine sprunghafte Änderung der Helligkeitssteuerspannung bewirkt einen Übergang der Strahlhelligkeit, dessen Verlauf dem Positionsübergang in Abb. 7.29 ähnlich ist. Die Übergangszeit bei maximaler Helligkeitsdifferenz, also bei einem Übergang von ganz dunkel nach ganz hell oder umgekehrt, beträgt 1 μs; dies muß später berücksichtigt werden.

7.3.2 Eingabeteil

Der Eingabeteil besteht aus einem Direkteingabesystem und einem Sendesystem. Jegliche Veränderung der bildbeschreibenden Liste und damit auch jegliche Veränderung des gespeicherten Bildes vom Eingabeteil her kann nur über das Sendesystem erfolgen. Dabei werden Folgen 9 bit langer Codewörter zu einer Rechenanlage gesendet, welche die bildbeschreibende Liste gespeichert hält und diese jeweils durch Auswertung der vom Sendesystem gelieferten Codewörter auf den neuesten Stand bringt. Wenn dies eine Bild- oder Zustandsveränderung im Ausgabeteil erfordert, sendet die Rechenanlage die dazu nötige Codewortfolge über den Eingang $\boldsymbol{E}$ zum Ausgabeteil (s. Abb. 7.28). Es ist wichtig zu beachten, daß die Codewortfolge, die das Sendesystem zur Rechenanlage schickt, nicht notwendigerweise gleich der Codewortfolge sein muß, welche die Rechenanlage zum Ausgabeteil schickt. Das Sendesystem kann nicht nur alle diejenigen Codewörter abgeben, welche der Ausgabeteil empfangen kann (s. Abschnitt 7.3.1), sondern noch einige Steuercodewörter mehr, welche zwar von der Rechenanlage, nicht aber vom Ausgabeteil interpretiert werden können. Jedem dieser Steuercodewörter ist ein bestimmtes Unterprogramm in der Rechenanlage zugeordnet, welches immer dann zum Ablauf gebracht wird, wenn das zugehörige Steuercodewort vom Sendesystem geliefert wurde. Bevor Beispiele solcher Unterprogramme genannt werden, muß zuerst noch kurz auf das Direkteingabesystem eingegangen werden.

Über das Direkteingabesystem kann man weder auf die bildbeschreibende Liste noch auf das gespeicherte Bild Einfluß nehmen, folglich kann man damit nur nichtgespeicherte Bildelemente beeinflussen. Ein nichtgespeichertes Bildelement ist die Speicherendemarke, welche angibt, wo sich der Strahl nach dem Durchlauf durch die bildbeschreibende Liste befindet. Ohne diese Speicherendemarke ist eine sinnvolle Eingabe über das Sendesystem nahezu unmöglich. Da die Speicherendemarke mit der Liste in der Rechenanlage zusammenhängt, ist auch sie dem Einfluß des Direkteingabesystems entzogen.

Zweifellos ist das Direkteingabesystem zuständig für die Positionierung der Positionsmarke, welche die Lage der Spitze des virtuellen Griffels angibt. Dies soll über zwei mechanisch gekoppelte Koordinatenpotentiometer geschehen. Daß es sinnvoll ist, in Form der Direkteingabe noch andere Information einzugeben, wird klar, wenn man überlegt, wie die Segmentcodewörter festgelegt werden sollen, welche über das Sendesystem eingegeben werden sollen. Die Segmentcodewörter sind nämlich die einzigen, deren Eingabe über das Sendesystem etwas problematisch ist, denn sowohl sämtliche Steuercodewörter als auch sämtliche Schriftzeichencodewörter können einfach durch Drücken der zugehörigen Tasten eingegeben werden, und die Eingabe von Anfangspunktkoordinaten geschieht mit Hilfe des virtuellen Griffels. Zwar ist es auch nicht schwierig, bei der Segmenteingabe die gewünschte Richtung und den gewünschten Faktor mit je einem gerasteten Drehschalter sowie das Helligkeitssteuerbit und das Längenklassenbit mit je einem Kippschalter einzustellen (s. Tabelle 7.9), jedoch ist es auf Grund der Richtungsquantisierung und der exponentiellen Staffelung der Faktoren ziemlich schwierig, sich die dem eingestellten Codewort entsprechende Linie auf dem Schirm genau vorzustellen. Deshalb ist es zweckmäßig, in der Betriebsart „Zeichnung" die Wahlmöglichkeit zu bieten zwischen der Ausgabe der Positionsmarke und der Ausgabe der zum gerade eingestellten Segmentcodewort gehörenden Linie. Damit das eingestellte Segmentcodewort an die bildbeschreibende Liste angefügt wird, muß durch Drücken einer bestimmten Taste das Sendesystem veranlaßt werden, das Codewort zur Rechenanlage zu senden, welche es in die Liste aufnimmt und gleichzeitig zum Ausgabeteil schickt. Dadurch wird aus einer bisher ungespeicherten blinkenden Linie eine gespeicherte stehende Linie.

Nun soll kurz auf die Unterprogramme eingegangen werden, deren Ablauf das Sendesystem jeweils durch Aussenden eines bestimmten Steuercodewortes auslösen kann, wobei das Steuercodewort durch Tastendruck ausgewählt wird. Das aufgerufene Unterprogramm hat als Eingangsdaten die bildbeschreibende Liste zur Verfügung; dabei hängt es von der Art des Programms ab, ob die gesamte Liste oder nur einige Codewörter am Listenende als Eingangsdaten benutzt werden. Als Beispiel eines Programms, welches nur einige Codewörter am Listenende auswertet, sei die Verbindung zweier Punkte durch eine gerade Linie genannt. Das Programm kann zwei beliebige, durch ihre Koordinaten vorgegebene Punkte durch eine derartige Segmentfolge verbinden, daß die Verbindungslinie möglichst gerade erscheint (s. Bildbeispiel in Abb. 7.20a). Tabelle 7.10 zeigt das relevante Ende der bildbeschreibenden Liste vor und nach dem Programmablauf; als Eingabedaten benötigt das Programm nur die Koordinaten der beiden Punkte, welche unter Verwendung des virtuellen Griffels und der Sendetaste „Setze neuen Anfangspunkt“ an das Listenende gebracht wurden.

Tabelle 7.10. Zum Beispiel eines speziellen Segmentfolgeprogramms

	....		....
	Anfangspunkt$_1$: $= (x_1, y_1)$		Anfangspunkt$_1$: $= (x_1, y_1)$
	Anfangspunkt$_2$: $= (x_2, y_2)$		Betriebsart „*Zeichnung*“
Listenende →	———————		Segmentfolge zur möglichst geradlinigen Verbindung von Punkt$_1$ mit Punkt$_2$
		Listenende →	———————

Die Form der Eingabedaten in Tabelle 7.10 ist jedoch für das betrachtete Problem nicht zwingend. Man kann auch die möglichst geradlinige Verbindung zweier Punkte als Teil eines allgemeineren Segmentfolgeprogramms realisieren, bei dessen Aufruf neben den Koordinaten der Punkte auch noch angegeben werden muß, was für eine Segmentfolge gewünscht wird. Beispiele für Eingabedaten eines solchen Programmes zeigt Tabelle 7.11; die Angabe der gewünschten Segmentfolge geschieht hier in Form eines Zahlenparameters. Von diesem Parameter darf auch der Umfang der benötigten Daten abhängen; Tabelle 7.11 zeigt, daß nicht immer nur die Koordinaten zweier Punkte der Liste entnommen werden. Durch die Verwendung derartiger Parameter ist es möglich, eine Vielzahl von Programmfunktionen mit einem einzigen Steuercodewort, d. h. mit einer einzigen Taste des Sendesystems aufzurufen. Der Parameter wird selbstverständlich von dem aufgerufenen Programm wieder aus der Liste entfernt; da er aber auf dem Schirm gespeichert geschrieben wurde, muß das Bild gelöscht und entsprechend der neuen Liste wieder geschrieben werden.

Tabelle 7.11. Zum Beispiel eines allgemeineren Segmentfolgeprogramms

		....
....	....	Anfangspunkt$_1$: $= (x_1, y_1)$
Anfangspunkt$_1$: $= (x_1, y_1)$	Anfangspunkt$_1$: $= (x_1, y_1)$	Anfangspunkt$_2$: $= (x_2, y_2)$
Anfangspunkt$_2$: $= (x_2, y_2)$	Anfangspunkt$_2$: $= (x_2, y_2)$	Anfangspunkt$_3$: $= (x_3, y_3)$
Betriebsart „*Schrift*“	Betriebsart „*Schrift*“	Betriebsart „*Schrift*“
2	5	6
Geradlinige Strecke von Punkt$_1$ nach Punkt$_2$	Kreis um Punkt$_1$ durch durch Punkt$_2$	Kreisbogen von Punkt$_1$ über Punkt$_2$ nach Punkt$_3$

Als Beispiel eines Programms, welches die gesamte bildbeschreibende Liste auswertet, sei die Interpretation der Bildinformation als Programmtext betrachtet. In diesem Fall muß selbstverständlich das gesamte Bild aus Text bestehen, d. h. in der Betriebsart „Schrift“ aufgebaut worden sein. Am Listenende dürfen wieder Parameter für das aufgerufene Auswerteprogramm stehen. Dieses Auswerteprogramm, welches durch Tastendruck über das Sendesystem aufgerufen wird, kann beispielsweise den Bildtext so an das Betriebssystem der Rechenanlage weitergeben, als wäre er mit je einer Lochkarte pro Zeile über den Kartenleser eingegeben worden. Das Übersetzen, Laden und Ausführen des Programmes auf dem Bildschirm ist selbstverständlich nicht Aufgabe des aufgerufenen Auswerteprogrammes, sondern der entsprechenden Komponenten des Betriebssystems.

Da es nur über die Rechenanlage möglich ist, das Schirmbild zu löschen, erfordern sämtliche Korrekturen im Text oder bei Zeichnungen den Aufruf bestimmter Korrekturprogramme, zu deren Gestaltung vielseitige Möglichkeiten bestehen.

Obwohl hier nur wenige Programmbeispiele erwähnt wurden, sollte klar geworden sein, daß man schon mit wenigen Steuercodewörtern vom Sendesystem her, d. h. mit wenigen Programmwahltasten auf der Eingabetastatur, eine nahezu unbeschränkte Vielfalt von Eingabeprozeduren realisieren kann. Es braucht nun darauf nicht mehr weiter eingegangen zu werden, da die Art der aufrufbaren Programme für den durchzuführenden Entwurf völlig irrelevant ist.

Die Schnittstelle, über die das Sendesystem die Codewörter ausgibt, ist in Abb. 7.30a dargestellt. Neben dem Signalleitungsbündel $\boldsymbol{F}$, welches je eine Leitung für die neun Binärstellen der Codewörter enthält, treten nur noch zwei weitere Leitungen auf für die beiden Signale a_f und b_f, die zur Steuerung des Dialogs zwischen dem Sendesystem und dem die Daten $\boldsymbol{F}$ empfangenden System dienen. Abb. 7.30b zeigt den Ablauf eines Dialogs an der Sendeschnittstelle. Das Sendesystem muß im Intervall T_1 das Wort $\boldsymbol{F}$ konstant aussenden; das bedeutet, daß $\boldsymbol{F}$ schon kurz vor der Vorderflanke von a_f auf das Leitungsbündel gesetzt werden muß. Wenn das Bestätigungssignal b_f zu Eins gemacht wird, heißt dies, daß das Wort $\boldsymbol{F}$ empfangen, d. h. kopiert wurde und nicht mehr benötigt wird.

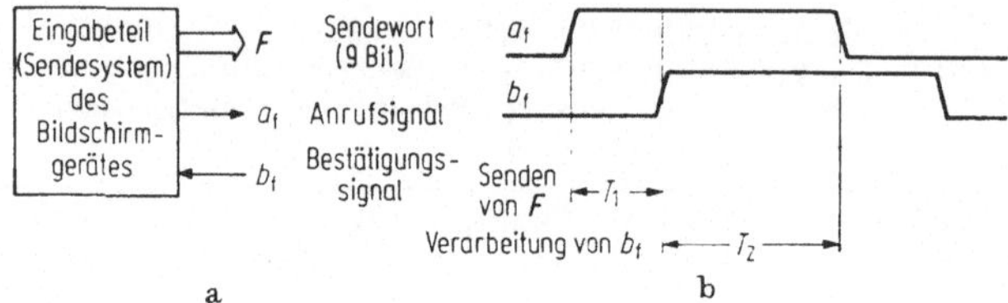

Abb. 7.30. Sendeschnittstelle.

Über die Dauer des Intervalls T_1 brauchen hier keine Aussagen gemacht zu werden, da das Bildschirmgerät darauf keinen Einfluß hat. Die Dauer des Intervalls T_2 soll 15 μs nicht überschreiten.

Die Sendeschnittstelle in Abb. 7.30 kann mit der Empfangsschnittstelle in Abb. 7.28 direkt verbunden werden, d. h. man kann das Bildschirmgerät auch ohne Verwendung einer Rechenanlage zu einem geschlossenen System machen. In diesem Fall darf das Sendesystem nur solche Wörter liefern, die vom Ausgabeteil interpretiert werden können, also keine Steuercodewörter, die nur zum Unterprogrammaufruf dienen. Eine Speicherung der bildbeschreibenden Liste findet in diesem Fall natürlich nicht statt; die Bildinformation ist lediglich auf dem Bildschirm gespeichert, wo sie für eine automatische Verarbeitung unzugänglich ist. Deshalb ist eine solche Zusammenschaltung nur zum Testen des Bildschirmgerätes sinnvoll.

7.4 Entwurf

7.4.1 Strukturierung des Gesamtsystems

Bei den Entwurfsbeispielen in den Kapiteln 5 und 6 entsprach die Strukturierung des Gesamtsystems genau der im Abschnitt 2.3 eingeführten Zerlegung in ein Operationswerk und ein Steuerwerk. Die vorliegende Aufgabenstellung in Abschnitt 7.3 läßt es dagegen nicht sinnvoll erscheinen, das Bildschirmgerät nur aus einem Operationswerk und einem Steuerwerk aufzubauen; denn schon die Aufgabenstellung zeigt, daß das Gerät aus einem Ausgabeteil und einem Sendesystem besteht, die über das Direkteingabesystem nur lose gekoppelt sind (s. Abb. 7.31).

Während es zweckmäßig ist, das Sendesystem in nur ein Operationswerk und ein Steuerwerk zu zerlegen, ist für den Ausgabeteil eine weitergehende Zerlegung angebracht, denn im Ausgabeteil müssen zwei voneinander unabhängige und zeitlich nicht korrelierte Operationen realisiert werden: Die Verarbeitung der über die Empfangsschnittstelle an-

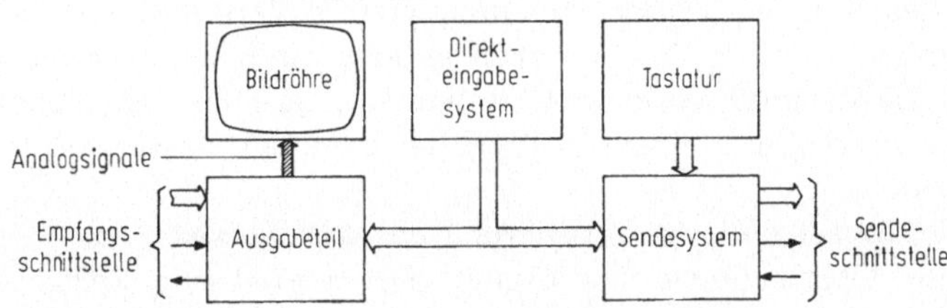

Abb. 7.31. Durch die Aufgabenstellung vorgegebene Blockstruktur.

kommenden Information und das periodisch wiederholte Schreiben der Speicherendemarke und der direkt eingegebenen Information: Obwohl auch das Sendesystem zwei getrennte Eingänge hat, nämlich für die Direkteingabe und die Tastatur, muß es doch keine zwei zeitlich nicht korrelierte Operationen realisieren, denn eine Auswertung der Direkteingabe erfolgt stets nur auf Grund eines Tastendruckes.

Bei der Strukturierung des Ausgabeteils kann man davon ausgehen, daß für alle zu realisierenden Operationen dasselbe Operationswerk gebraucht wird, denn es handelt sich stets um Strahlführungs- und Helligkeitssteuerung auf Grund angelieferter Daten. Zur Trennung der zeitlich nicht korrelierten Operationen müssen zwei Steuerwerke vorgesehen werden, eines für die Verarbeitung der über die Empfangsschnittstelle ankommenden Information und eines für das periodisch wiederholte Schreiben. Da beide Steuerwerke das gleiche Operationswerk steuern, können sie dies natürlich nicht gleichzeitig tun, sondern es muß gewährleistet werden, daß jeweils nur ein Steuerwerk das Recht zur Steuerung erhält. Dazu muß ein Aufgabenverteiler eingeführt werden, welcher die von außen eintreffenden Aufgabenmeldungen für die beiden Steuerwerke entgegennimmt und zeitlich nacheinander an die Steuerwerke weitergibt. Jedesmal, wenn ein Steuerwerk eine ihm erteilte Aufgabe erledigt hat, muß es dies dem Aufgabenverteiler mitteilen, damit dieser weiß, daß er nun wieder eine Aufgabe zuteilen kann. Die Aufgabenmeldungen für den betrachteten Aufgabenverteiler bestehen auf der einen Seite in den positiven Flanken des Anrufsignals a_e an der Empfangsschnittstelle und auf der anderen Seite in den Signalen eines periodischen Zeitgebers, welche die Zeiten für das Schreiben der blinkenden Bildteile festlegen.

Der Steuervektor $\boldsymbol{Y}$ für das Operationswerk braucht aus den beiden von den Steuerwerken gelieferten Vektoren nicht durch ein Quellenauswahlnetz ausgewählt zu werden, da ja nie beide Steuerwerke gleichzeitig an einer Aufgabe arbeiten. Wenn garantiert wird, daß jedes Steuerwerk, solange es auf die Zuteilung einer Aufgabe wartet, einen Vektor mit lauter Nullkomponenten ausgibt, dann können die Komponenten des Vektors $\boldsymbol{Y}$ einfach durch ODER-Verknüpfungen der entsprechenden von den Steuerwerken gelieferten Komponenten gebildet werden. Dabei muß vorausgesetzt werden, daß die Ansteuerung des Operationswerks mit einem Nullvektor keinerlei Zustandsänderungen verursacht.

Abb. 7.32 zeigt die Strukturierung des Ausgabeteils, wie sie aus den bisherigen Überlegungen hervorging. Der periodische Zeitgeber muß nicht nur eine Aufgabenmeldung an den Aufgabenverteiler geben, sondern er muß auch festlegen, ob die Speicherendemarke oder das zur Direkteingabe gehörige Teilbild ausgegeben werden soll. Dies geschieht mit dem ans Operationswerk gelieferte Signal, welches als Komponente von $\boldsymbol{X}$ dann dem entsprechenden Steuerwerk zugeführt wird.

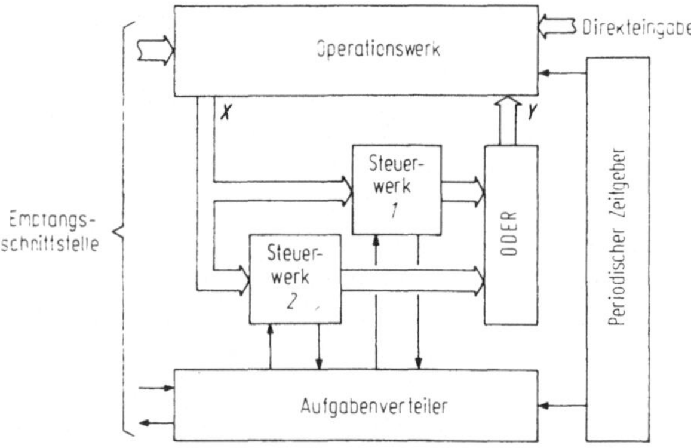

Abb. 7.32. Blockstruktur des Ausgabeteils.

Daß der Aufgabenverteiler an der Empfangsschnittstelle nicht nur mit dem aufgabenmeldenden Signal a_e beteiligt ist, sondern auch noch das Bestätigungssignal b_e liefert, ist nicht unbedingt notwendig; man könnte b_e auch dem Operationswerk entnehmen. Es erscheint lediglich zweckmäßiger, b_e dem Aufgabenverteiler zu entnehmen, weil dieser ohnehin über Beginn und Ende der Aufgabendurchführung Bescheid weiß.

Der Entwurf des Aufgabenverteilers unterscheidet sich in nichts von einem Steuerwerksentwurf, denn man kann ja in Abb. 7.32 eine Schnittstelle zwischen den Aufgabenverteiler und das restliche System legen und dann den Aufgabenverteiler als Steuerwerk und das restliche System als gesteuertes Operationswerk interpretieren. Durch diese Interpretation erhält man eine Steuerwerkshierarchie, worin der Aufgabenverteiler eine Stufe höher steht als die Steuerwerke 1 und 2. Damit sich der Entwurf des Aufgabenverteilers genau so gestaltet wie andere Steuerwerksentwürfe, wird vorausgesetzt, daß alle Teile des Systems in Abb. 7.32 gleichfrequent und gleichphasig getaktet werden. Es wird Zweiflankentaktung gewählt.

Während für die Dialogsteuerung an der Empfangsschnittstelle eine Flankenfolge nach Abb. 7.28 erforderlich ist, weil nämlich die beiden Dialogpartner nicht korreliert getaktet werden, ist eine solche Flankenfolge für den Dialog zwischen dem Aufgabenverteiler und dem Steuerwerk 1 oder 2 nicht notwendig. Wenn die beiden Dialogpartner gleichfrequent und gleichphasig getaktet werden, kann die Dauer sowohl des Anrufsignals als auch des Bestätigungssignals jeweils auf eine Taktperiodendauer festgelegt werden. Das Bestätigungssignal ist dann als „letzter Taktschritt der Anrufbearbeitung“ zu interpretieren. Wenn zur Bearbeitung eines Anrufs nur ein Taktschritt benötigt wird, fällt das Bestätigungssignal also in den Anruftaktschritt, wie es beim zweiten Dialog in Abb. 7.33 der Fall ist. Der Signaleinbruch beim Bestätigungssignal in Abb. 7.33 rührt von Durchlaufzeiten der positiven Anrufsignalflanke durch Verknüpfungsglieder im angerufenen Werk her.

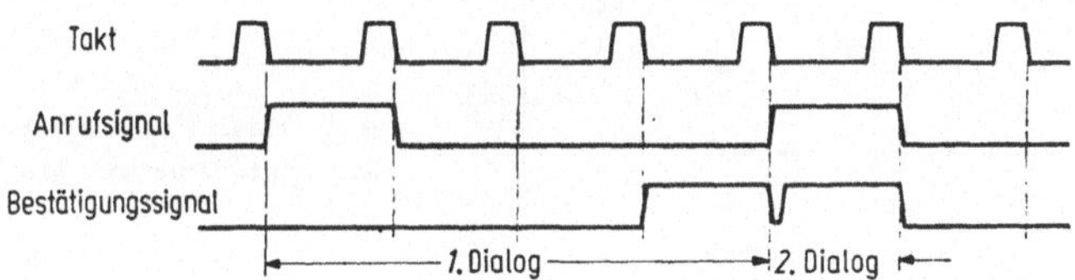

Abb. 7.33. Dialogsignale bei synchron getakteten Dialogpartnern.

In welcher Form der periodische Zeitgeber seine Aufgabenmeldungen abgibt, wird später beim Entwurf dieses Zeitgebers als Operationsblock in Abschnitt 7.4.2 entschieden.

Bei der Festlegung der Taktfrequenz für das System in Abb. 7.32 erkennt man die Notwendigkeit, die Struktur noch etwas zu ergänzen. Da es sich bei dem Operationswerk in Abb. 7.32 um ein System zur Ausgabe von Segmenten handelt, wird es zweckmäßigerweise so getaktet, daß die Taktperiodendauer gleich der Segmentintervalldauer ist, wie es bei allen im Abschnitt 7.1 behandelten Strukturen der Fall ist. Diese Segmentintervalldauer wurde im Abschnitt 7.3.1 auf 75 μs festgelegt. Da alle Blöcke in Abb. 7.32 gleichfrequent getaktet werden sollen, beträgt also auch die Taktperiodendauer im Aufgabenverteiler 75 μs. Dies ist jedoch viel zu lang, als daß damit die im Abschnitt 7.3.1 aufgestellte Forderung nach einer maximalen Verzögerung der Empfangsbestätigung (Intervall T_1 in Abb. 7.28) von 15 µs erfüllt werden könnte, denn allein schon die notwendige Synchronisation des Anrufsignals a_e bringt im ungünstigsten Fall eine Verzögerung von etwas über einer Taktperiodendauer. Außerdem ist es ja durchaus möglich, daß die über a_e erfolgte Aufgabenmeldung gar nicht gleich an das zugehörige Steuerwerk weitergegeben werden kann, weil das andere Steuerwerk gerade die Ausgabe eines blinkenden Bildelements abwickelt. In diesem Fall müßte der Aufgabenverteiler in Abb. 7.32 durch entsprechend langes Verzögern der Empfangsbestätigung erzwingen, daß das Bilddatenwort $\boldsymbol{E}$ an der Empfangsschnittstelle (s. Abb. 7.28) so lange angeboten wird, bis das Operationswerk für die Datenübernahme angesteuert werden kann. Da die Aufgabenstellung solche langen Verzögerungen nicht zuläßt, muß also die Struktur in Abb. 7.32 ergänzt werden, und zwar muß sie durch ein schneller getaktetes System von der Empfangsschnittstelle entkoppelt werden. Dieses Puffersystem muß einen Anruf in weniger als 15 µs beantworten können, d. h. es muß in dieser Zeit das Anrufsignal

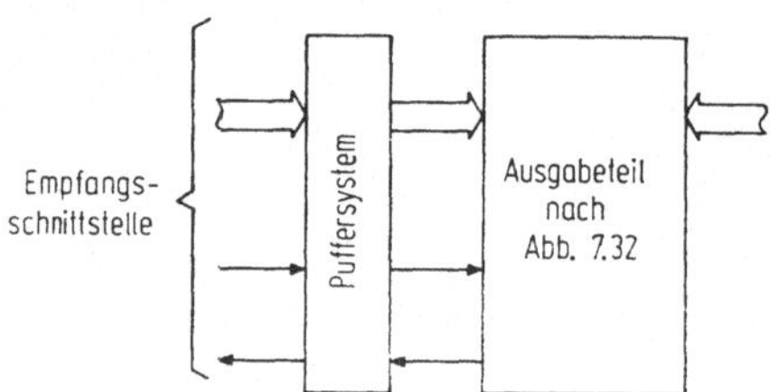

Abb. 7.34. Puffersystem an der Empfangsschnittstelle.

synchronisieren, das Bilddatenwort in ein Pufferregister übernehmen und das Bestätigungssignal zu Eins machen. Da diese Vorgänge im ungünstigsten Fall etwas über zwei Taktperioden dauern, darf die Taktperiode im Puffersystem maximal 6 µs lang sein. Die Schnittstelle zwischen Puffersystem und Ausgabeteil (s. Abb. 7.34) sieht genau so aus wie die Empfangsschnittstelle, nur sind der zulässigen Verzögerung des Bestätigungssignals an dieser Schnittstelle keine Grenzen mehr gesetzt. Das Puffersystem kann als eigenständiges komplexes Schaltwerk entworfen werden, wobei es in ein Operationswerk und ein Steuerwerk zerlegt wird (s. Abschnitt 7.4.6).

Auch bezüglich der Sendeschnittstelle schrieb die Aufgabenstellung eine bestimmte maximal zulässige Verzögerung vor (s. Abschnitt 7.3.2): Die Verarbeitung des Bestätigungssignals soll nicht länger als 15 µs dauern (Intervall T_2 in Abb. 7.30). Da beim Sendesystem im Gegensatz zum Ausgabeteil die Taktfrequenz noch beliebig gewählt werden kann, ist es möglich, diese Zeitforderung durch entsprechende Taktwahl zu erfüllen. Sinnvollerweise werden das Sendesystem und das Puffersystem mit dem gleichen Takt getaktet. Damit die Dialogsignale zwischen Puffersystem und Ausgabeteil nicht synchronisiert werden müssen, ist es zweckmäßig, den Ausgabeteil und das Puffer- sowie das Sendesystem mit korrelierten Taktsignalen zu takten: Als Taktperiode für das Sendesystem wird 1/16 der Taktperiode des Ausgabeteils verwendet, das sind 75/16 μs = 4,7 μs. Der Ausgabetakt wird also aus dem Sendetakt gewonnen, indem man unter Verwendung eines vierstelligen Dualzählers aus dem Sendetaktsignal jeden 16. Impuls ausblendet.

7.4.2 Operationswerk des Ausgabeteils

Das Operationswerk des Ausgabeteils muß eine Kombination der beiden Strukturen für Schriftzeichenausgabe (Abb. 7.15 mit der Modifikation in Abb. 7.16) und Zeichnungsausgabe (Abb. 7.22) sein. Zuerst soll derjenige Teil des Operationswerks entwickelt werden, der pro Segmentintervall 6 bit Segmentinformation verarbeiten kann, wobei 5 bit ein Element der Segmentmenge auswählen und 1 bit zur Helligkeitssteuerung dient. Für dieses Teilwerk ist es unerheblich, ob das auszugebende Segment Teil eines Schriftzeichens ist oder zu einer durch ein 9 bit Segmentcodewort festgelegten Linie gehört. Bei dem Teilwerk handelt es sich um die obere Hälfte des Systems in Abb. 7.22, welche noch um einige Blöcke zur Realisierung der Direkteingabe ergänzt werden wird.

Während es in Abb. 7.22 nur auf die grundsätzliche Struktur ankam, muß nun etwas mehr auf die Einzelheiten eingegangen werden. Im gesamten Bildschirmgerät sollen zweiflankengesteuerte Flipflops verwendet werden. Die Taktimpulsbreite wird willkürlich auf 1 μs festgelegt. Man kann davon ausgehen, daß sämtliche Binärsignale spätestens 100 ns nach der negativen Taktflanke ihre für den jeweiligen Taktschritt geltenden Werte erreicht haben. Ferner wird angenommen, daß man nach einer Änderung am Eingang der Digital/Analogwandler nicht länger als 2,5 μs warten muß, bis sich das neue Analogsignal wieder als konstant verfügbare Spannung eingestellt hat. Es ist nun offensichtlich, daß man die Integratoren nicht mit dem Taktsignal synchronisieren darf, denn sonst würden die Eingangsspannungen schon integriert werden, wenn diese noch gar nicht ihre gültigen Werte erreicht haben. Man muß vielmehr zur Synchronisation der Integratoren ein mit dem Taktsignal gleichfrequentes Signal verwenden, dessen Impulse länger sind als die Registertaktimpulse, wie es Abb. 7.35 zeigt. Da angenommen werden muß, daß die Integratorausgangsspannung mit einer Verzögerung von weit weniger als 1 μs auf die Vorderflanke des Integratortaktsignals reagiert, während nach den Aussagen in Abschnitt 7.3.1 bei der Helligkeitssteuerung mit einer Verzögerung von maximal 1 μs gerechnet werden muß, kann der Integratortakt nicht zur Helligkeitssteuerung verwendet werden, sondern es muß dazu ein um 1 μs verfrühtes Signal verwendet werden, welches ebenfalls in Abb. 7.35 eingetragen ist. Wie diese Signale erzeugt werden, wird beim Entwurf des Taktgenerators für das gesamte Bildschirmgerät in Abschnitt 7.4.8 geklärt.

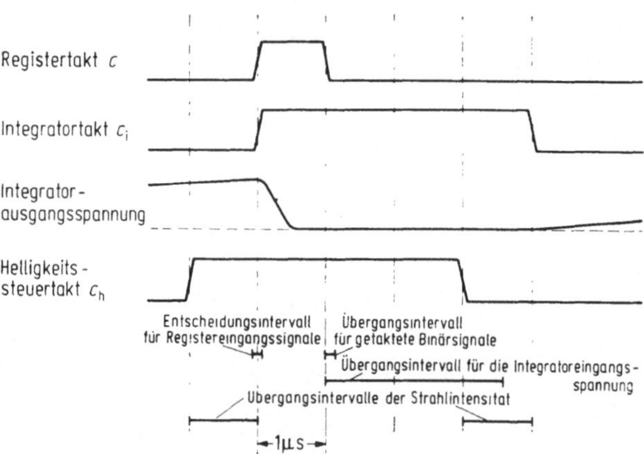

Abb. 7.35. Verschiedene Taktsignale zur Berücksichtigung von Verzögerungen im Analogteil.

Als nächstes wird kurz die Struktur der Digital/Analogwandler für ΔU_x bzw. ΔU_y und der nachgeschalteten Integratoren diskutiert. Nach dem mit Abb. 7.10 eingeführten Prinzip können Wandler und Integrator zusammengefaßt als ein Block realisiert werden, wobei jeder Binärstelle des Eingangscodes ein Schalter in diesem Block zugeordnet ist. Im gegebenen Fall gibt es fünf mögliche Werte für ΔU, nämlich 0, +1, −1, +2 und −2, die mit drei Binärstellen codiert werden können. Damit ergibt sich für den benötigten Wandler- und Integratorblock die Struktur in Abb. 7.36, woraus die Codierung in Tabelle 7.12 unmittelbar folgt.

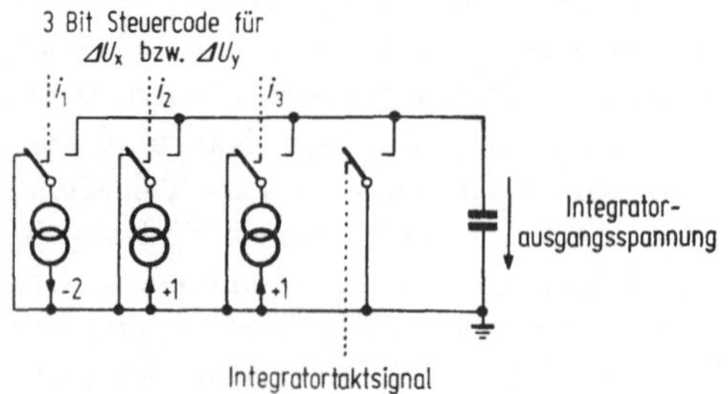

Abb. 7.36. Struktur des Wandler- und Integratorblocks zur Erzeugung von Sägezahnspannungen.

Tabelle 7.12. Codierung der Segmentkoordinatenstufen

i_1	i_2	i_3	ΔU
0	0	0	0
0	1	0	+1
1	1	0	−1
0	1	1	+2
1	0	0	−2

Die D/A-Wandler für $\boldsymbol{x}$ und $\boldsymbol{y}$ haben die Struktur in Abb. 3.41, was keiner weiteren Erklärung bedarf.

Die beiden Register für $\boldsymbol{x}$ und $\boldsymbol{y}$, welche in Tabelle 7.7 auch als Ablenkzähler bezeichnet werden, erhalten in Abb. 7.22 neben der Zählerschrittweite ΔU_x bzw. ΔU_y noch zwei Steuerbit vom Steuerautomaten, deren Funktion in Tabelle 7.7b angegeben ist. Für das zu entwerfende System muß dem Steuerwerk die Möglichkeit gegeben werden, neben den in Tabelle 7.7b vorgesehenen drei Steuersituationen noch eine weitere für den $\boldsymbol{y}$-Zähler auswählen zu können. Wenn bei der Schriftausgabe das Steuercodewort „Neue Zeile" über die Empfangsschnittstelle angeliefert wird, muß der $\boldsymbol{y}$-Zähler um 16 weitergezählt werden, was durch entsprechende Ansteuerung des Zählers vom Steuerwerk her veranlaßt wird. Das gleichzeitig erforderliche Nullsetzen des $\boldsymbol{x}$-Zählers kann durch parallele Datenübernahme bei entsprechender Quellenauswahl realisiert werden. Ebenfalls durch parallele Datenübernahme mit Quellenauswahl wird das Setzen der Ausgangsstellung mit $\boldsymbol{x} = 0$ und $\boldsymbol{y} = 12$ (s. Abschnitt 7.3.1) realisiert. Obwohl der

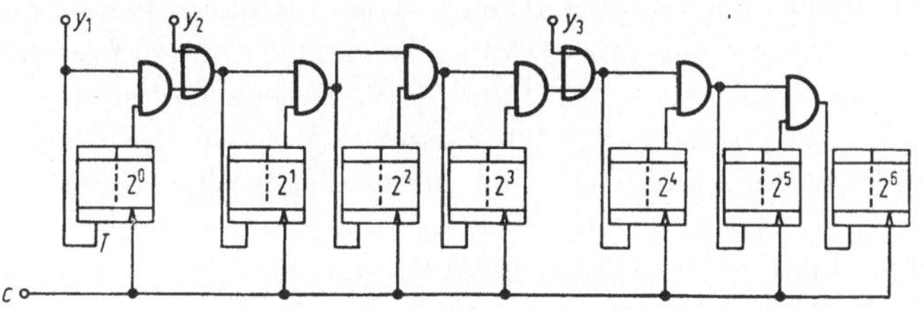

Abb. 7.37. Dualzähler mit unterschiedlichen Zweierpotenzschrittweiten.

detaillierte Zählerentwurf außerhalb des hier durchzuführenden Systementwurfs liegt, soll doch kurz darauf hingewiesen werden, daß sich Zähler mit gesteuerter Schrittweite dann besonders einfach aufbauen lassen, wenn die auszuwählenden Schrittweiten wie im vorliegenden Fall Zweierpotenzen sind. Abb. 7.37 zeigt einen Dualzähler, bei dem die Schrittweite im 1-aus-3-Code entsprechend Tabelle 7.13 ausgewählt werden kann. Selbstverständlich erfordert der Aufbau der Ablenkzähler einen größeren Aufwand als in Abb. 7.37, da auch noch negative Schrittweiten und parallele Datenübernahme realisiert werden müssen. Es wird dazu auf Abschnitt 3.1.5 verwiesen.

Tabelle 7.13. Steuerung des Zählers in Abb. 7.37

y_3	y_2	y_1	Zählerschrittweite
0	0	0	0
0	0	1	1
0	1	0	2
1	0	0	16
Sonstige Kombinationen			undefiniert

Obwohl für den x-Zähler die Steuersituation ,,Zählen um 16" nie vorkommt und man ihn deshalb mit etwas geringerem Schaltungsaufwand aufbauen könnte als den y-Zähler, ist der Aufwandsunterschied doch so gering, daß es sich nicht lohnt, auf die Vorteile des gleichen Aufbaus beider Zähler — vereinfachte Dokumentation und vereinfachte Fertigung — zu verzichten.

Anstatt jedem Ablenkzähler 5 bit zur Steuerung zuzuführen, nämlich 3 bit für die Zählerschrittweite und 2 bit vom Steuerwerk, ist es übersichtlicher und für den Zählerentwurf einfacher, wenn man die Zahl der Steuerleitungen durch Vorschalten eines Verknüpfungsnetzes auf drei reduziert. Dies ist möglich, da es für den Zähler ja nur sieben unterschiedliche Ansteuersituationen gibt, nämlich keine Zustandsänderung, parallele Datenübernahme oder Zählen mit den fünf möglichen Schrittweiten +1, −1, +2, −2 und +16. Tabelle 7.14 stellt die Funktionstabelle des vorzuschaltenden Netzes dar, wobei der Ausgangscode so gewählt wurde, daß sich eine aufwandsgünstige Netzrealisierung ergibt.

Solange kein Schreibvorgang läuft, müssen die Ablenkzähler die jeweilige Speicherendeposition angeben, damit beim nächsten über die Empfangsschnittstelle ausgelösten Schreibvorgang das speichernd zu schreibende Bildelement an die richtige Stelle gesetzt wird. Nun werden aber Schreibvorgänge nicht nur von der Empfangsschnittstelle her ausgelöst, sondern auch vom periodischen Zeitgeber (s. Abb. 7.32); es handelt sich um das Schreiben der blinkenden Bildelemente. Auch während dieser Schreibvorgänge treten zwangsläufig Zustandsänderungen in den Ablenkzählern auf. Es müssen deshalb Maßnahmen getroffen werden, damit die Ablenkzähler am Ende dieser Schreibvorgänge wieder die gültige Speicherendeposition enthalten. Wenn man die Segmentfolge zur Darstellung der blinkenden Speicherendemarke als geschlossenen Linienzug gestaltet, dann stehen die Ablenkzähler nach dem Schreiben dieser Marke wieder auf ihren ursprünglichen Werten. Eine so einfache, keinen Schaltungsaufwand benötigende Lösung gibt es

Tabelle 7.14. Funktion des Vorschaltnetzes für die Ablenkzähler

Steuersignale vom Steuerwerk		Schrittweitencode			Zählerfunktion	Zähleransteuerung		
y_ν	$y_{\nu+1}$	i_1	i_2	i_3		s_3	s_2	s_1
0	0	—	—	—	Keine Änderung	0	0	0
0	1	—	—	—	Parallele Datenübernahme	0	0	1
1	0	—	—	—	+16	1	0	1
1	1	0	0	0	Keine Änderung	0	0	0
1	1	0	1	0	+1	0	1	0
1	1	1	1	0	−1	1	1	0
1	1	0	1	1	+2	0	1	1
1	1	1	0	0	−2	1	0	0

jedoch beim Schreiben der anderen beiden blinkenden Bildelemente, der Positionsmarke für den virtuellen Griffel oder der direkt eingegebenen Segmentcodewortlinie, nicht mehr. Hier muß man den Stand der Ablenkzähler zu Beginn des Schreibvorganges in zwei Rettungsregister abspeichern und am Ende des Schreibvorganges wieder zurückbringen.

In Abb. 7.22 hängt die Helligkeitssteuerspannung u_h von zwei Binärsignalen ab; das eine Signal entscheidet, ob der Strahl sichtbar oder unsichtbar sein soll, und das andere Signal wählt für den Fall des sichtbaren Strahls eine von zwei Intensitätsstufen aus. Die Intensitätssteuerung in Abhängigkeit von der Längenklasse kann nun entfallen, da eine Speicherröhre verwendet wird, wo die Helligkeit einer gespeichert geschriebenen Linie nicht so stark von der Strahlintensität beim Schreiben abhängt, als daß die bei der gegebenen Segmentmenge auftretenden Geschwindigkeitsunterschiede beim Schreiben einen sichtbaren Effekt hätten. Dagegen muß nun die Helligkeitssteuerspannung von einem anderen Binärsignal abhängig gemacht werden, welches festlegt, ob speichernd oder nichtspeichernd geschrieben werden soll.

Damit sind nun alle Zusätze eingeführt, durch welche die obere Hälfte der Struktur in Abb. 7.22 ergänzt werden muß, damit daraus das Operationsteilwerk in Abb. 7.38 wird. Die in sich abgeschlossene Funktion dieses Teilwerks, welches für alle Vorgänge der Strahlsteuerung zuständig ist, machte es möglich, das Teilwerk einzuführen, ohne auf den

Rest des Operationswerks eingehen zu müssen. Die Schnittstelle zwischen diesem Teilwerk und dem Rest des Operationswerks besteht lediglich in dem Bündel aus sechs Signalleitungen, über das die pro Taktperiode zur Strahlsteuerung benötigte Information angeliefert wird, nämlich der 5 bit lange Segmentcode $\boldsymbol{V}$ und das Helligkeitssteuerbit H. Der Vektor $\boldsymbol{E}_{\mathrm{p}}$ kommt direkt von der gepufferten Empfangsschnittstelle; er wird jeweils beim Setzen eines neuen Anfangspunktes benötigt. Das Koordinatenpaar $(\boldsymbol{x}_{\mathrm{d}}, \boldsymbol{y}_{\mathrm{d}})$ kommt von der Direkteingabe und gibt die Position des virtuellen Griffels an.

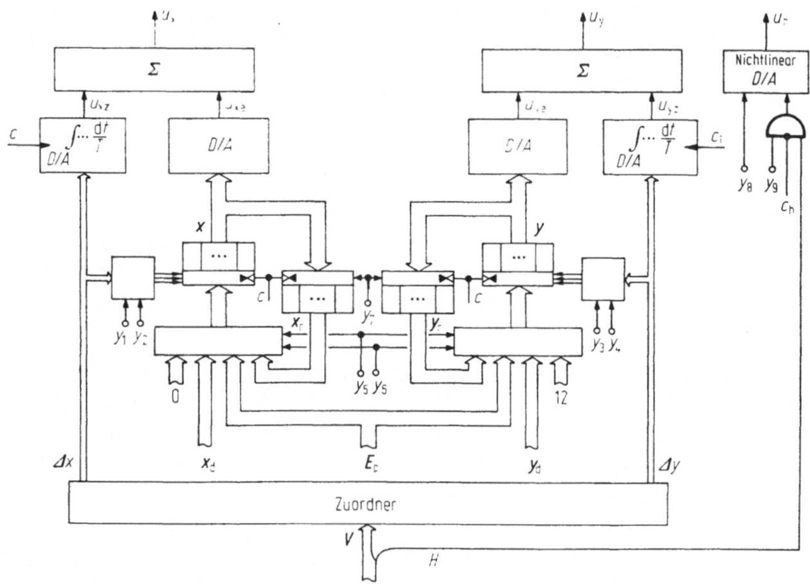

Abb. 7.38. Operationsteilwerk für die Strahlsteuerung.

Das Teilwerk wird gesteuert durch die neun Komponenten y_1 bis y_9 des Steuervektors $\boldsymbol{Y}$. Die Funktion von y_1, y_2, y_3 und y_4 wurde schon mit Tabelle 7.14 beschrieben; dabei stellen y_1 und y_3 jeweils das y_ν dar und y_2 und y_4 das $y_{\nu+1}$. Die Funktionen der restlichen Komponenten y_5 bis y_9 sind in Tabelle 7.15 dargestellt. Verzweigungsinformation, d. h. Komponenten des Verzweigungsvektors $\boldsymbol{X}$ werden von dem Teilwerk nicht geliefert.

Der noch fehlende Teil des Operationswerks ergibt sich aus einer Kombination der Speichermatrix in Abb. 7.15 mit der unteren Hälfte der Struktur in Abb. 7.22. Da entweder Segmentlinien oder Schriftzeichen ausgegeben werden, sind der Segmentnummernzähler $\boldsymbol{S}$ in Abb. 7.15 und der Faktorzähler $\boldsymbol{F}$ in Abb. 7.22 nie gleichzeitig in Betrieb, so daß man diese zu einem Zähler kombinieren kann. Der Segmentnummernzähler in Abb. 7.15 ist ein Aufwärtszähler, während der Faktorzähler in Abb. 7.22 abwärts zählt. Der kombinierte Zähler wird zweckmäßigerweise als Abwärtszähler gewählt, damit die vom jeweiligen Faktor unabhängige Zählerabfrage, nämlich die Nullabfrage, beibehalten werden kann. Die Segmentnummernzählung kann selbstverständlich

Tabelle 7.15. Steuerfunktionen zum Operationsteilwerk in Abb. 7.38

a)

y_5	y_6	Ausgewählte Quelle für $\boldsymbol{x}$	Ausgewählte Quelle für $\boldsymbol{y}$
0	0	0	12
0	1	$\boldsymbol{x}_d$	$\boldsymbol{y}_d$
1	0	$\boldsymbol{E}_p$	$\boldsymbol{E}_p$
1	1	$\boldsymbol{x}_r$	$\boldsymbol{y}_r$

b)

y_7	Registerfunktion
0	Keine Zustandsänderung
1	Parallele Datenübernahme

c)

y_8	y_9	Strahlintensität
—	0	Dunkel
0	1	Nicht speichernd, informationsgesteuert
1	1	Speichernd, informationsgesteuert

auch abwärts erfolgen; der Zähler muß lediglich jeweils zu Beginn der Ausgabe eines Schriftzeichens auf die höchste Segmentnummer gesetzt werden. Da für jedes Schriftzeichen 24 Segmentintervalle zur Verfügung stehen sollen und die Null auch eine gültige Segmentnummer sein soll, ist also 23 die höchste Segmentnummer.

Dem Matrixspeicher für die Segmentfolgen der Schriftzeichen müssen auch die Segmentfolgen für die Speicherendemarke und die Positionsmarke des virtuellen Griffels entnommen werden. Es wird willkürlich entschieden, für beide Marken die gleiche Segmentfolge zu verwenden und die Marken lediglich durch die Blinkfrequenz zu unterscheiden. Das Auslesen dieser Segmentfolge aus dem Speicher erfordert einen Steuereingang in den Schriftzeichendecoder, wie es Abb. 7.39 zeigt.

In Abb. 7.15 wurde noch angenommen, daß jedesmal nach der Ausgabe eines Schriftzeichens sofort das nächste auszugebende Schriftzeichen bereitsteht. Deshalb wurden dort die letzten beiden Ausgänge des Segmentnummerndecoders zur direkten Steuerung des Übergangs zum nächsten Schriftzeichen verwendet. Da nun jedoch nichts mehr über den Zeitpunkt des Eintreffens von Ausgabeinformation an der Empfangsschnittstelle vorausgesetzt werden darf, muß nun die entsprechende Steuerung über Komponenten des Steuervektors $\boldsymbol{Y}$ erfolgen. In Abb. 7.15 wurden die beiden höchstwertigen Ausgänge $(k-1)$ und k des Segmentnummerndecoders zur Steuerung benutzt. Der Ausgang k adressierte gar kein Segment im Matrixspeicher. Da nun ein Abwärtszähler verwendet

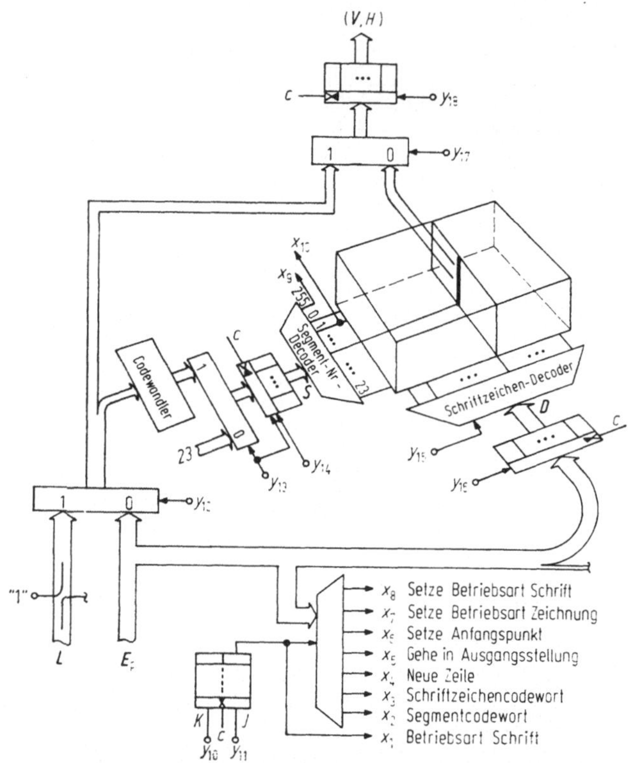

Abb. 7.39. Restliches Operationswerk des Ausgabeteils.

wird, hat das letzte ausgelesene Segment nicht mehr die Nummer $(k-1)$, sondern Null. Der nächste Zustand in der Zählerfolge nach Null ist 255, denn wegen des maximalen Faktors 128 hat der Zähler $\boldsymbol{S}$ acht Binärstellen, und $(0-1)_{\mathrm{mod}\,256} = 255$. Daß gerade die Ausgänge 1 und 255 als Verzweigungssignale gebraucht werden, ist jetzt noch nicht vollkommen einzusehen, sondern ergibt sich erst beim Aufstellen der Ablaufdiagramme.

Auszugebende Information wird nicht nur über das Signalleitungsbündel $\boldsymbol{E}_{\mathrm{p}}$ von der gepufferten Empfangsschnittstelle her angeliefert, sondern auch in Form von Segmentcodewörtern $\boldsymbol{L}$ von der Direkteingabe. Obwohl man bei der Direkteingabe auch das Helligkeitsbit in $\boldsymbol{L}$ durch entsprechende Kippschalterstellung wählen kann, wird dieses Helligkeitsbit im Ausgabeteil nicht ausgewertet, sondern wird durch eine Eins ersetzt, denn man will ja die dem Codewort $\boldsymbol{L}$ entsprechende Linie auf alle Fälle blinkend ausgeben, auch wenn sie später als unsichtbare Linie in die bildbeschreibende Liste aufgenommen werden soll.

In Abb. 7.22 brauchte nur ein einziges Steuercodewort auf dem Leitungsbündel $\boldsymbol{E}$ erkannt werden, nämlich „Setze Anfangspunkt"; nun jedoch muß $\boldsymbol{E}_\mathrm{p}$ auf alle im Abschnitt 7.3.1 eingeführten Steuercodewörter abgefragt werden. Da die Information „Neue Zeile" nicht als Steuercodewort codiert wurde, sondern als ein Schriftzeichencodewort, kann es nur erkannt werden, wenn mit $\boldsymbol{E}_\mathrm{p}$ noch die gerade gültige Betriebsart ausgewertet wird.

Die Einführung des Betriebsartenflipflops als Operationsblock ist nicht notwendig; man könnte auch die Betriebsart über die Steuerwerkszustände speichern, jedoch ist die gewählte Struktur übersichtlicher. Der erforderliche Schaltungsaufwand ist von der Entscheidung unabhängig, ob man die Betriebsart im Operationswerk oder im Steuerwerk speichert. Es ist wichtig zu beachten, daß die Signale x_7 und x_8 (s. Abb. 7.39) nicht direkt zum Setzen der Betriebsart verwendet werden dürfen, d. h. daß man keine direkte Verbindung zwischen x_7 und y_{10} einerseits und x_8 und y_{11} andererseits einführen darf. Wenn nämlich über $\boldsymbol{E}_\mathrm{p}$ die Koordinaten eines neuen Anfangspunkts angeliefert werden, dann kann durchaus eine Eins bei x_7 oder x_8 auftreten, welche aber nicht als Befehl zum Setzen der Betriebsart interpretiert werden darf.

Das Werk in Abb. 7.39 wird über die neun Komponenten y_{10} bis y_{18} des Steuervektors $\boldsymbol{Y}$ gesteuert. Die Funktion der Komponenten y_{10}, y_{11}, y_{12} und y_{17} geht direkt aus Abb. 7.39 hervor; die Funktion der restlichen Komponenten ist in Tabelle 7.16 dargestellt.

Tabelle 7.16. Steuerfunktionen zum Operationsteilwerk in Abb. 7.39

a)

y_{13}	y_{14}	Funktion des Zählers $\boldsymbol{S}$
0	0	Keine Zustandsänderung
0	1	Setzen auf 23
1	0	−1
1	1	Setzen auf Faktor

b)

y_{15}	Adressierte Segmentfolge
0	Schriftzeichen $\boldsymbol{D}$
1	Marke

c)

y_{16} y_{18}	Registerfunktion
0	Keine Zustandsänderung
1	Parallele Datenübernahme

Die Zusammenschaltung der beiden Teilwerke aus Abb. 7.38 und 7.39 an der Schnittstelle (V, H) ergibt noch nicht das vollständige Operationswerk aus Abb. 7.32. Dazu fehlen noch zwei Zusätze; einer betrifft die Verarbeitung des Steuercodewortes „Gehe in Ausgangsstellung", und der andere betrifft die blinkende Ausgabe. In der Aufgabenstellung im Abschnitt 7.3.1 wurde gesagt, daß das Einnehmen der Ausgangsstellung nicht nur das Setzen bestimmter Koordinatenwerte, sondern auch das Löschen des Schirmbildes erfordert, wozu das binäre Löschsignal U für mindestens 600 ms zu Eins gemacht werden muß. Dieses Löschsignal ist im bisherigen Operationswerk noch nicht enthalten. Die Zeitforderung für das Löschsignal läßt sich am einfachsten dadurch erfüllen, daß man U als Ausgangssignal eines Monoflops gewinnt. Damit während des Löschvorgangs keine Schreibvorgänge gestartet werden, muß die Stellung dieses Monoflops dem Steuerwerk als Verzweigungsinformation zugeführt werden. Dies muß natürlich in Form einer synchronisierten Binärvariablen geschehen, wozu man U auf den Eingang eines Flipflops schalten muß. Mit diesem Flipflop kann man

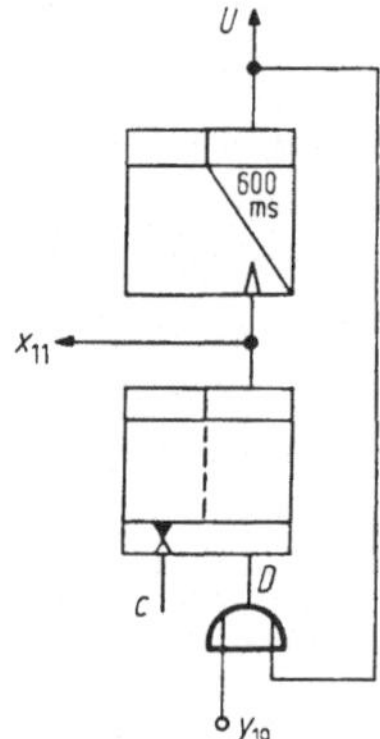

Abb. 7.40. Operationsblock für das Löschen des Schirmbilds.

gleichzeitig noch das Monoflop von dem vom Steuerwerk zu liefernden Steuersignal entkoppeln, so daß man von diesem Steuersignal keine Störimpulsfreiheit fordern muß. Abb. 7.40 zeigt den so gewonnenen Operationsblock. Wegen der Verwendung eines zweiflankengesteuerten Flipflops zur Synchronisation kann am Monoflopeingang selbst dann kein Störimpuls auftreten, wenn die Rückflanke von U in das Entscheidungsintervall für D fällt.

Aus Abb. 7.32 geht hervor, daß dem Operationswerk ein Binärsignal vom periodischen Zeitgeber zugeführt wird. Dieses enthält die Information, ob die Aufgabenmeldung, welche an den Aufgabenverteiler gegeben wird, die Ausgabe der Speicherendemarke oder der direkteingegebenen Information betrifft. Für den Fall, daß direkt eingegebene Information ausgegeben werden soll, muß noch durch ein von der Direkteingabe geliefertes Binärsignal entschieden werden, ob die Positionsmarke des virtuellen Griffels oder die zum Segmentcodewort $\boldsymbol{L}$ gehörende Linie ausgegeben werden soll. Diese beiden Binärsignale, welche die vom periodischen Zeitgeber abgegebene Aufgabenmeldung spezifizieren, werden vom Operationswerk direkt als Komponenten des Verzweigungsvektors $\boldsymbol{X}$ an das Steuerwerk weitergegeben; sie werden nicht zur direkten Steuerung irgendwelcher Operationsblöcke gebraucht. Eine Synchronisation dieser Signale ist nicht erforderlich, da sowohl der periodische Zeitgeber als auch das Direkteingabesystem vom gleichen Taktgenerator versorgt werden wie der gesamte Ausgabeteil. Tabelle 7.17 enthält die Definition dieser beiden Verzweigungssignale.

Tabelle 7.17. Definition der Verzweigungsvariablen x_{12} und x_{13}

	x_{12}	x_{13}
0	Ausgabe der Speicherendemarke	Ausgabe der Positionsmarke des virtuellen Griffels
1	Ausgabe der direkt eingegebenen Information	Ausgabe der durch $\boldsymbol{L}$ gegebenen Linie

Damit ist das Operationswerk, welches in Abb. 7.32 als ein geschlossener Block auftrat, vollständig entworfen. Es soll nun noch in diesem Abschnitt der periodische Zeitgeber entworfen werden, da dieser ja eigentlich auch einen Operationsblock des Ausgabeteils darstellt. Er mußte nur in Abb. 7.32 getrennt vom Operationswerk gezeigt werden, damit seine Funktion als Aufgabenmelder deutlich zum Ausdruck kam.

Es wird entschieden, den periodischen Zeitgeber als dauernd laufenden zyklischen Zähler mit entsprechenden Zustandsabfragen zu realisieren. Die Möglichkeit, den Zeitgeber aus zeitintervallbestimmenden Elementen (s. Abschnitt 3.2.1), also Oszillatoren und Monoflops, aufzubauen, wird nicht gewählt, weil dadurch das System zu inhomogen würde und man wegen der dann notwendigen Synchronisation der Signale doch keine wesentliche Aufwandsersparnis erreichen könnte. Wieviel Binärstellen der Zähler haben muß und wie die Zustandsabfragen gewählt werden sollen, wird einerseits durch die Taktperiodendauer von 75 μs und andererseits durch die gewünschten Blinkfrequenzen bestimmt.

Die Blinkfrequenz für die Speicherendemarke soll etwas über 2 Hz liegen und die für die direkt eingegebenen Bildelemente — Positionsmarke des virtuellen Griffels oder Segmentcodewortlinie — halb so groß sein. Deshalb wird als Zeitgeberbasis der Zyklus eines 13stelligen Dualzählers gewählt, denn bei der gegebenen Taktperiodendauer beträgt die Zykluszeit dieses Zählers $2^{13} \cdot 75\ \mu s = 0{,}6144$ s. Im ersten und dritten Viertel dieses Zyklus sollen die Speicherendemarke und im zweiten Viertel das ausgewählte direkt eingegebene Bildelement jeweils flimmerfrei ausgegeben werden. Dieses Ausgabeschema ist in Abb. 7.41 veranschaulicht.

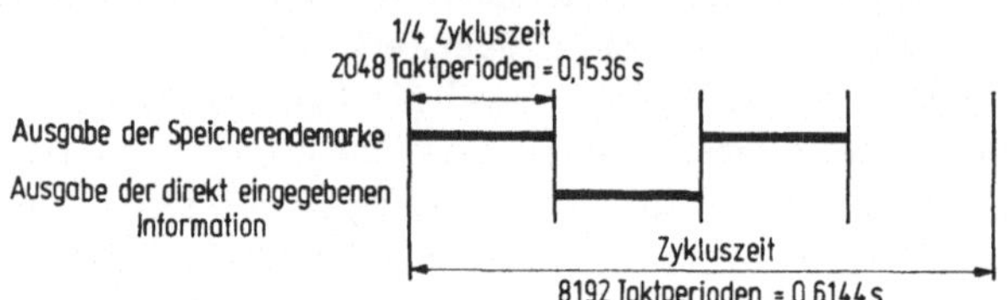

Abb. 7.41. Intervalle für die blinkende Ausgabe.

Flimmerfreie Ausgabe im jeweiligen Intervall bedeutet, daß das auszugebende Bildelement mit mindestens 20 Hz geschrieben werden muß, d. h. daß es pro Ausgabeintervall der Dauer 0,1536 s mindestens dreimal geschrieben werden muß. Es wird entschieden, pro Ausgabeintervall achtmal zu schreiben; dann stehen nämlich pro Schreibvorgang 256 Segmentintervalle zur Verfügung, so daß auch die längste Segmentcodewortlinie, welche mit dem Faktor 128 codiert ist, gezeichnet werden kann.

Der periodische Zeitgeber muß also während der ersten drei Viertel des Zählerzyklus Aufgabemeldungen im Abstand von 256 Taktperioden abgeben. Wenn man die Binärstellen des Dualzählers in Richtung zunehmender Wertigkeit mit g_1 bis g_{13} bezeichnet, dann kann man die einzelnen Viertel des Zählerzyklus wie folgt kennzeichnen:

$$\text{1. Viertel: } \bar{g}_{12} \cdot \bar{g}_{13},$$

$$\text{2. Viertel: } g_{12} \cdot \bar{g}_{13},$$

$$\text{3. Viertel: } \bar{g}_{12} \cdot g_{13},$$

$$\text{4. Viertel: } g_{12} \cdot g_{13}.$$

Das gewünschte periodische Aufgabenmeldesignal $a_{\mathfrak{b}}$ (der Index b steht für Blinkausgabe) läßt sich damit einfach formulieren:

$$a_{\mathfrak{b}} = (\bar{g}_{12} \vee \bar{g}_{13}) \cdot (\bar{g}_1 \cdot \bar{g}_2 \cdot \bar{g}_3 \cdot \bar{g}_4 \cdot \bar{g}_5 \cdot \bar{g}_6 \cdot \bar{g}_7 \cdot \bar{g}_8). \tag{7.2}$$

Der erste eingeklammerte Ausdruck kennzeichnet die ersten drei Viertel des Zählerzyklus, während der zweite eingeklammerte Ausdruck periodisch einmal alle 256 Taktperioden zu Eins wird.

Da das Auswahlsignal x_{12}, welches der Zeitgeber ins Operationswerk liefert, nur auf Grund einer ergangenen Aufgabemeldung ausgewertet wird, wird ausreichende Information geliefert, wenn man setzt:

$$x_{12} = g_{12}. \tag{7.3}$$

7.4.3 Ausgabeoperationsabläufe

Als im Abschnitt 4.1.1 der Operationsablauf eingeführt wurde, konnte dieser ohne jeglichen Bezug zum Steuerwerk betrachtet werden, weil sämtliche Ein- und Ausgänge des Steuerwerks entsprechend der Struktur in Abb. 2.6 mit dem Operationswerk zusammenhingen. In der Struktur in Abb. 7.32 ist dies jedoch nicht mehr der Fall; erstens gibt es dort zu einem Operationswerk zwei Steuerwerke, und zweitens haben diese Steuerwerke Ein- und Ausgänge, die nicht mit dem Operationswerk zusammenhängen. Ohne Bezug auf diese getrennten Steuerwerkssignale kann man für das im vorigen Abschnitt 7.4.2 entworfene Operationswerk keine Operationsabläufe aufstellen. Die Funktion und das Zeitverhalten dieser Signale wurden schon im Abschnitt 7.4.1 beschrieben; sie brauchen deshalb hier nur noch benannt zu werden. Da die zu den Steuerwerken hinlaufenden Signale eine Anruffunktion haben, seien sie A_1 und A_2 genannt; der Index gibt das zugehörige Steuerwerk an. Die von den Steuerwerken gelieferten Signale haben eine Bestätigungsfunktion und seien deshalb B_1 und B_2 genannt.

Es gibt noch ein Signal, welches beim Operationswerksentwurf nicht eingeführt wurde und welches auch in Abb. 7.32 nicht eingezeichnet ist, nämlich das Grundstellungssignal. Da dieses Signal genauso wie das Taktsignal mit den Verarbeitungsvorgängen eigentlich nichts zu tun hat, wird es in Blockstrukturen oft weggelassen; in den Ablaufdiagrammen dagegen muß es berücksichtigt werden.

Da es zwei Steuerwerke gibt, muß es auch zwei Operationsabläufe geben; einer beschreibt die Vorgänge, welche durch eine Aufgabenmeldung von der Empfangsschnittstelle her ausgelöst werden; er sei als Ablauf der Speicherausgabe bezeichnet. Der zweite Ablauf, welcher als Ablauf der Blinkausgabe bezeichnet sei, beschreibt die Vorgänge, welche durch eine Aufgabenmeldung vom periodischen Zeitgeber her ausgelöst werden. Die beiden Operationsabläufe sind in Abb. 7.42 und 7.43 dargestellt; sie ergeben sich nahezu selbstverständlich aus den Überlegungen, welche beim Entwurf des Operationswerks in Abschnitt 7.4.2 angestellt wurden. Für die graphische Gestaltung der Speicherendemarke wurde keine geschlossene Segmentfolge vorausgesetzt; dadurch wurde es möglich, für die Ausgabe der Speicherendemarke und der Positionsmarke im Ablaufdiagramm (Abb. 7.43) dieselbe Schleife zu verwenden.

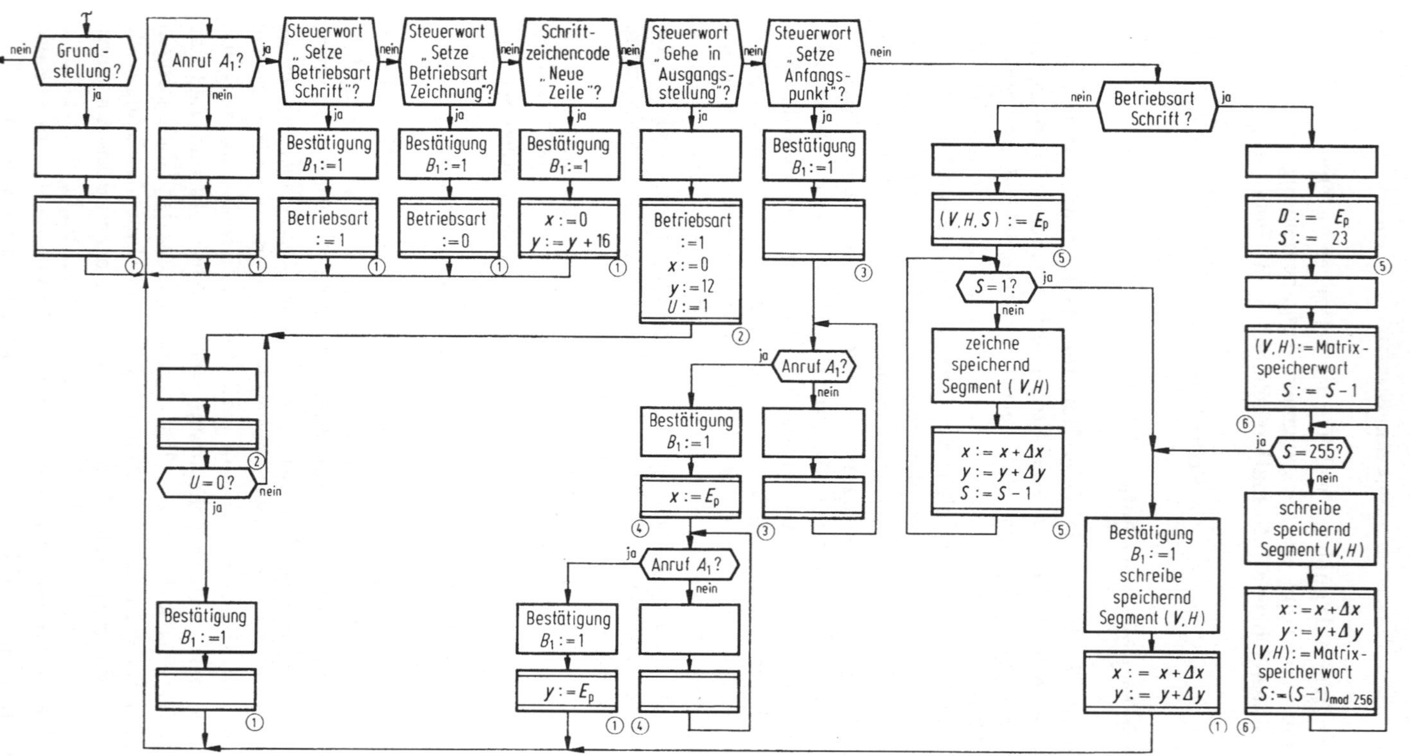

Abb. 7.42. Operationsablauf der Speicherausgabe.

In Kapitel 4 wurde der formale Steuerwerksentwurf eingeführt, der vom Operationsablauf ausgeht und über einen Steuerablauf führt, in den die Steuerzustände eingetragen werden und aus dem nach erfolgter Zustandscodierung die Funktionstabelle der Verknüpfungsnetze ω und δ im Steuerwerk abgeleitet wird. Beim Beispiel der Trommelspeicher-

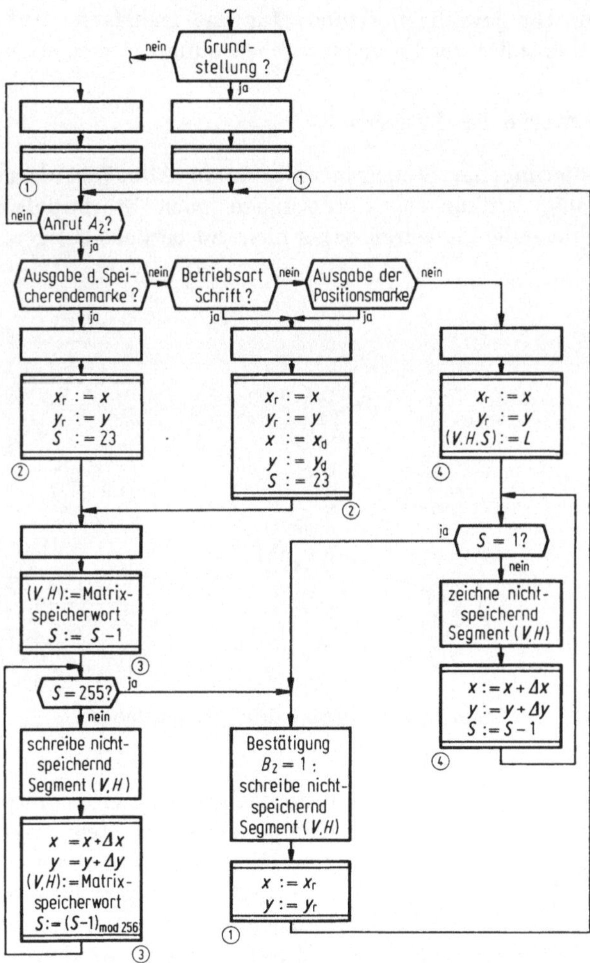

Abb. 7.43. Operationsablauf der Blinkausgabe.

steuerung wurde dieser formale Weg beschritten. Es ist jedoch selbstverständlich, daß man auf die Darstellung eines Steuerablaufdiagramms verzichten kann, denn die Steuerzustände können ja schon in den Operationsablauf eingetragen werden, und dann kann man gleich die Funktionstabelle aufstellen. Nur wenn man Programme zur Zustandsreduktion, zur Zustandscodierung und zur Schaltnetzminimierung miteinander gekoppelt einsetzen will, ist das Steuerablaufdiagramm zweckmäßig als günstigste Form der Eingangsdaten. Im vorliegenden Fall jedoch sollen die Eintragung der Zustände und ihre Codierung ohne Programm erfolgen, deshalb wurden die Zustände gleich in die Operationsabläufe eingetragen. Die jeweiligen Gründe für das mehrfache Auftreten fast aller Zustände sollte der Leser inzwischen ohne weiteres erkennen.

7.4.4 Steuerwerke des Ausgabeteils

Die Codierung der Steuerzustände ist in Abb. 7.44 dargestellt; sie erfolgte völlig willkürlich; Forderungen nach Störimpulsfreiheit bestimmter Steuersignale waren dabei nicht zu berücksichtigen.

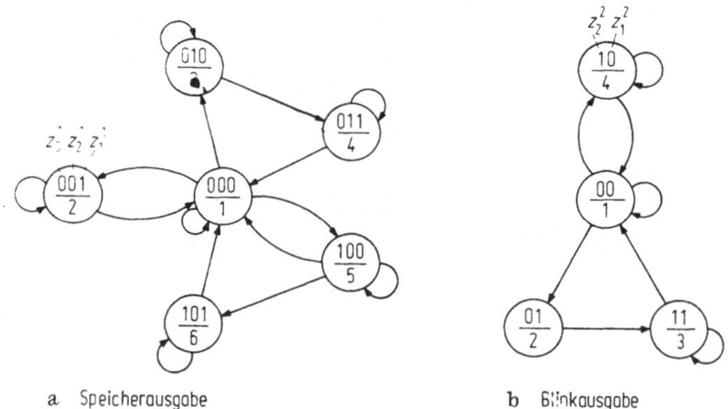

Abb. 7.44. Codierung der Steuerzustände.

Um die Aufstellung der Funktionstabellen zu erleichtern, wurde in Tabelle 7.18 die Bedeutung der Komponenten des Steuervektors $\boldsymbol{Y}$ noch einmal zusammengefaßt dargestellt. Nicht alle 21 Komponenten von $\boldsymbol{Y}$ können von beiden Steuerwerken beeinflußt werden; Tabelle 7.18 zeigt, daß nur 10 Komponenten durch ODER-Verknüpfung von Signalen aus den beiden Steuerwerken (s. Abb. 7.32) gewonnen werden, während die restlichen 11 Signale jeweils nur aus einem Steuerwerk stammen. Deshalb enthält keine der beiden Funktionstabellen 7.19 und 7.20 alle 21 Komponenten von $\boldsymbol{Y}$. Da die Übergangsgraphen in Abb. 7.44 keine Aufwandsersparnis bei Verwendung von JK-Flipflops erwarten lassen, wurde entschieden, D-Flipflops zur Speicherung der Steuerzustände zu verwenden.

Die Zahl der Eingangsvariablen in den Tabellen 7.19 und 7.20 läßt keine Schaltnetzminimierung ohne Zuhilfenahme einer Rechenanlage mehr zu. Die Minimierung wurde mit demselben Programm durchgeführt, welches auch schon im Fall der Trommelsteuerung in Abschnitt 6.4 verwendet wurde. Für die einzelnen Funktionen wurde entweder eine disjunktive oder eine konjunktive Minimalform gewählt, je nachdem, welche der beiden Formen aufwandsgünstiger war. Es ergab sich für das Steuerwerk 1:

Tabelle 7.18. Bedeutung der Komponenten des Steuervektors **Y**

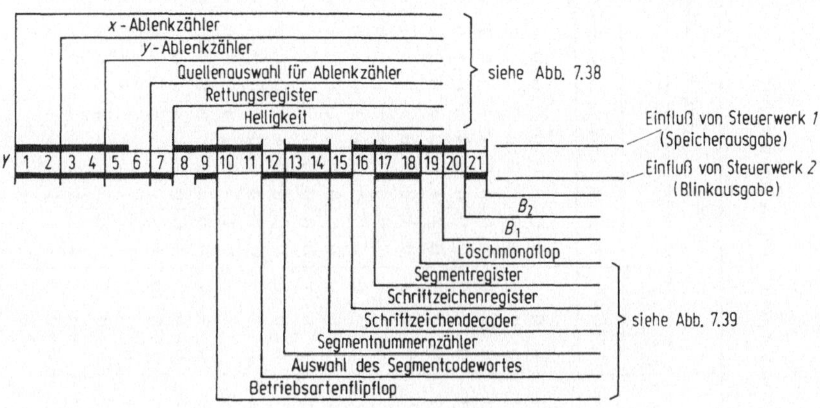

$$D_3{}^1 = \bar{G} \cdot \overline{Z_2{}^1} \cdot (Z_3{}^1 \vee A_1) \cdot (\overline{Z_1{}^1} \vee \bar{x}_9) \cdot (\overline{Z_3{}^1} \vee x_1 \vee \bar{x}_{10}) \cdot (Z_3{}^1 \vee x_2 \vee x_3) \tag{7.4}$$

$$D_2{}^1 = \bar{G} \cdot (Z_2{}^1 \vee A_1) \cdot (\overline{Z_1{}^1} \vee A_1) \cdot (Z_2{}^1 \vee x_6), \tag{7.5}$$

$$D_1{}^1 = \bar{G} \cdot (\overline{Z_1{}^1} \vee \overline{A_1}) \cdot (\overline{Z_3{}^1} \vee x_1) \cdot (Z_3{}^1 \vee Z_1{}^1 \vee A_1) \cdot (Z_2{}^1 \vee \overline{A_1} \vee x_5) \cdot$$
$$\cdot (\overline{Z_3{}^1} \vee \overline{Z_1{}^1} \vee x_9) \cdot (Z_3{}^1 \vee Z_2{}^1 \vee A_1 \vee x_{11}), \tag{7.6}$$

$$y_1 = \bar{G} \cdot Z_3{}^1 \cdot (Z_2{}^1 \vee \bar{x}_1), \tag{7.7}$$

$$y_2 = \bar{G} \cdot (Z_3{}^1 \vee A_1) \cdot (Z_3{}^1 \vee \overline{Z_1{}^1}) \cdot (\overline{Z_3{}^1} \vee Z_1{}^1 \vee \bar{x}_1) \cdot (Z_3{}^1 \vee Z_2{}^1 \vee x_4 \vee x_5), \tag{7.8}$$

$$y_3 = \bar{G} \cdot (Z_3{}^1 \cdot Z_1{}^1 \vee Z_3{}^1 \cdot x_1 \vee \overline{Z_2{}^1} \cdot A_1 \cdot x_4), \tag{7.9}$$

$$y_4 = \bar{G} \cdot (Z_1{}^1 \cdot A_1 \vee Z_3{}^1 \cdot Z_1{}^1 \vee Z_3{}^1 \cdot \bar{x}_1 \vee \overline{Z_2{}^1} \cdot A_1 \cdot x_5), \tag{7.10}$$

$$y_5 = \bar{G} \cdot Z_2{}^1 \cdot A_1, \tag{7.11}$$

$$y_8 = \bar{G} \cdot Z_3{}^1, \tag{7.12}$$

Tabelle 7.19. Schaltnetzfunktionen für das Steuerwerk 1 (Speicherausgabe)

Logischer Ausdruck zur Lokalisierung im Ablaufdiagramm	Eingangsvariable																Z^{n+1}	Ausgangsvariable																		
	Z^n			X^n														$D^n = Z^{n+1}$			Y^n															
	Z_3^1	Z_2^1	Z_1^1	G	A_1	x_1	x_2	x_3	x_4	x_5	x_6	x_7	x_8	x_9	x_{10}	x_{11}		D_3^1	D_2^1	D_1^1	y_1	y_2	y_3	y_4	y_5	y_8	y_9	y_{10}	y_{11}	y_{13}	y_{14}	y_{16}	y_{17}	y_{18}	y_{19}	B_1
G	–	–	–	1	–	–	–	–	–	–	–	–	–	–	–	–	1	0	0	0	0	0	0	0	0	0	0	0	0	0	0	0	0	0	0	0
(1) $\cdot \bar{G} \cdot \bar{A}_1$	0	0	0	0	0	–	–	–	–	–	–	–	–	–	–	–	1	0	0	0	0	0	0	0	0	0	0	0	0	0	0	*	0	0	0	0
(1) $\cdot \bar{G} \cdot A_1 \cdot x_8$	0	0	0	0	1	–	0	0	0	0	0	0	1	–	–	0	1	0	0	0	0	0	0	0	*	*	0	0	1	*	*	*	*	*	0	1
(1) $\cdot \bar{G} \cdot A_1 \cdot x_7$	0	0	0	0	1	–	0	0	0	0	0	1	0	–	–	0	1	0	0	0	0	0	0	0	*	*	0	1	0	*	*	*	*	*	0	1
(1) $\cdot \bar{G} \cdot A_1 \cdot x_4$	0	0	0	0	1	1	0	0	1	0	0	0	0	–	–	0	1	0	0	0	0	1	1	0	0	*	0	0	*	*	*	*	*	*	0	1
(1) $\cdot \bar{G} \cdot A_1 \cdot x_5$	0	0	0	0	1	–	0	0	0	1	0	0	0	–	–	0	2	0	0	1	0	1	0	1	0	*	0	0	1	*	*	*	*	*	1	0
(1) $\cdot \bar{G} \cdot A_1 \cdot x_6$	0	0	0	0	1	–	0	0	0	0	1	0	0	–	–	0	3	0	1	0	0	0	0	0	*	*	0	0	0	*	*	*	*	*	0	1
(1) $\cdot \bar{G} \cdot A_1 \cdot x_2$	0	0	0	0	1	0	1	0	0	0	0	0	0	–	–	0	5	1	0	0	0	0	0	0	*	*	0	*	0	1	1	*	1	1	0	0
(1) $\cdot \bar{G} \cdot A_1 \cdot x_3$	0	0	0	0	1	1	0	1	0	0	0	0	0	–	–	0	5	1	0	0	0	0	0	0	*	*	0	0	*	0	1	1	*	*	0	0
(2) $\cdot \bar{G} \cdot \bar{x}_{11}$	0	0	1	0	0	–	–	–	–	–	–	–	–	–	–	1	2	0	0	1	0	0	0	0	*	*	0	0	0	*	*	*	*	*	0	0
(2) $\cdot \bar{G} \cdot x_{11}$	0	0	1	0	0	–	–	–	–	–	–	–	–	–	–	0	1	0	0	0	0	0	0	0	*	*	0	0	0	*	*	*	*	*	0	1
(3) $\cdot \bar{G} \cdot \bar{A}_1$	0	1	0	0	0	–	–	–	–	–	–	–	–	–	–	0	3	0	1	0	0	0	0	0	0	0	0	0	0	0	0	*	0	0	0	0
(3) $\cdot \bar{G} \cdot A_1$	0	1	0	0	1	–	–	–	–	–	–	–	–	–	–	0	4	0	1	1	0	1	0	0	1	*	0	0	0	*	*	*	*	*	0	1
(4) $\cdot \bar{G} \cdot \bar{A}_1$	0	1	1	0	0	–	–	–	–	–	–	–	–	–	–	0	4	0	1	1	0	0	0	0	0	0	0	0	0	0	0	*	0	0	0	0
(4) $\cdot \bar{G} \cdot A_1$	0	1	1	0	1	–	–	–	–	–	–	–	–	–	–	0	1	0	0	0	0	0	0	1	1	*	0	0	0	*	*	*	*	*	0	1
(5) $\cdot \bar{G} \cdot \bar{x}_1 \cdot \bar{x}_{10}$	1	0	0	0	0	0	–	–	–	–	–	–	–	–	0	0	5	1	0	0	1	1	1	1	*	1	1	*	0	1	0	*	*	0	0	0
(5) $\cdot \bar{G} \cdot \bar{x}_1 \cdot x_{10}$	1	0	0	0	0	0	–	–	–	–	–	–	–	–	1	0	1	0	0	0	1	1	1	1	*	1	1	*	0	*	*	*	*	*	0	1
(5) $\cdot \bar{G} \cdot x_1$	1	0	0	0	0	1	–	–	–	–	–	–	–	–	–	0	6	1	0	1	0	0	0	0	*	*	0	0	*	1	0	0	0	1	0	0
(6) $\cdot \bar{G} \cdot \bar{x}_9$	1	0	1	0	0	1	–	–	–	–	–	–	–	0	–	0	6	1	0	1	1	1	1	1	*	1	1	0	*	1	0	0	0	1	0	0
(6) $\cdot \bar{G} \cdot x_9$	1	0	1	0	0	1	–	–	–	–	–	–	–	1	–	0	1	0	0	0	1	1	1	1	*	1	1	0	*	*	*	*	*	*	0	1

Tabelle 7.20. Schaltnetzfunktionen für das Steuerwerk 2 (Blinkausgabe)

Logischer Ausdruck zur Lokalisierung im Ablaufdiagramm	Eingangsvariable										Ausgangsvariable																	
	Z^n		X^n							Z^{n+1}	$D^n = Z^{n+1}$		Y^n														
	Z_2^2	Z_1^2	G	A_2	x_1	x_9	x_{10}	x_{12}	x_{13}		D_2^2	D_1^2	y_1	y_2	y_3	y_4	y_5	y_6	y_7	y_9	y_{12}	y_{13}	y_{14}	y_{15}	y_{17}	y_{18}	B_2
G	–	–	1	–	–	–	–	–	–	1	0	0	0	0	0	0	0	0	0	0	0	0	0	0	0	0	0
① $\cdot \bar{G} \cdot \bar{A}_2$	0	0	0	0	–	–	–	–	–	1	0	0	0	0	0	0	0	0	*	0	0	0	0	0	0	0	0
① $\cdot \bar{G} \cdot A_2 \cdot \bar{x}_{12}$	0	0	0	1	–	–	–	0	–	2	0	1	0	0	0	0	*	*	1	0	*	0	1	*	*	*	0
① $\cdot \bar{G} \cdot A_2 \cdot x_{12} \cdot x_1$	0	0	0	1	1	–	–	1	–	2	0	1	0	1	0	1	0	1	1	0	*	0	1	*	*	*	0
① $\cdot \bar{G} \cdot A_2 \cdot x_{12} \cdot \bar{x}_1 \cdot \bar{x}_{13}$	0	0	0	1	0	–	–	1	0	2	0	1	0	1	0	1	0	1	1	0	*	0	1	*	*	*	0
① $\cdot \bar{G} \cdot A_2 \cdot x_{12} \cdot \bar{x}_1 \cdot x_{13}$	0	0	0	1	0	–	–	1	1	4	1	0	0	0	0	0	*	*	1	0	1	1	1	*	1	1	0
② $\cdot \bar{G}$	0	1	0	0	–	–	–	–	–	3	1	1	0	0	0	0	*	*	0	0	*	1	0	1	0	1	0
③ $\cdot \bar{G} \cdot \bar{x}_9$	1	1	0	0	–	0	–	–	–	3	1	1	1	1	1	1	*	*	0	1	*	1	0	1	0	1	0
③ $\cdot \bar{G} \cdot x_9$	1	1	0	0	–	1	–	–	–	1	0	0	0	1	0	1	1	1	*	1	*	*	*	*	*	*	1
④ $\cdot \bar{G} \cdot \bar{x}_{10}$	1	0	0	0	–	–	0	–	–	4	1	0	1	1	1	1	*	*	0	1	*	1	0	*	*	0	0
④ $\cdot \bar{G} \cdot x_{10}$	1	0	0	0	–	–	1	–	–	1	0	0	0	1	0	1	1	1	*	1	*	*	*	*	*	*	1

$$y_9 = \bar{G} \cdot Z_3^1 \cdot (Z_1^1 \vee \bar{x}_1), \tag{7.13}$$

$$y_{10} = \bar{G} \cdot \overline{Z_2^1} \cdot A_1 \cdot x_7, \tag{7.14}$$

$$y_{11} = \bar{G} \cdot \overline{Z_2^1} \cdot A_1 \cdot (x_5 \vee x_8), \tag{7.15}$$

$$y_{13} = \bar{G} \cdot (Z_3^1 \vee A_1 \cdot \bar{x}_3), \tag{7.16}$$

$$y_{14} = y_{16} = y_{17} = \bar{G} \cdot A_1, \tag{7.17}$$

$$y_{18} = \bar{G} \cdot (A_1 \vee Z_3^1 \cdot x_1), \tag{7.18}$$

$$y_{19} = \bar{G} \cdot \overline{Z_2^1} \cdot A_1 \cdot x_5, \tag{7.19}$$

$$B_1 = \bar{G} \cdot (Z_2^1 \cdot A_1 \vee Z_3^1 \cdot \bar{x}_1 \cdot x_{10} \vee Z_3^1 \cdot Z_1^1 \cdot x_9 \vee \overline{Z_3^1} \cdot \overline{Z_2^1} \cdot Z_1^1 \cdot \bar{x}_{11} \vee$$
$$\vee A_1 \cdot \bar{x}_2 \cdot \bar{x}_3 \cdot \bar{x}_5). \tag{7.20}$$

Ähnlich wie bei der Trommelsteuerung in Abschnitt 6.4 besteht auch hier die Möglichkeit, bei der Realisierung dieser Funktionen bestimmte Ausdrücke mehrfach auszunutzen. Auf die Wahl einer Schaltkreisfamilie und die endgültige Netzstrukturierung braucht jedoch nun nicht mehr eingegangen zu werden, da hierfür das Beispiel der Trommelsteuerung genügt.

Für die Funktionen des Steuerwerks 2 erhält man:

$$D_2^2 = \bar{G} \cdot \left(\overline{Z_2^2} \cdot Z_1^2 \vee Z_1^2 \cdot \bar{x}_9 \vee Z_2^2 \cdot \overline{Z_1^2} \cdot \bar{x}_{10} \vee A_2 \cdot \bar{x}_1 \cdot x_{12} \cdot x_{13}\right), \tag{7.21}$$

$$D_1^2 = \bar{G} \cdot (Z_1^2 \vee A_2) \cdot \left(\overline{Z_2^2} \vee \bar{x}_9\right) \cdot (Z_1^2 \vee x_1 \vee \bar{x}_{12} \vee \bar{x}_{13}),, \tag{7.22}$$

$$y_1 = y_3 = \bar{G} \cdot Z_2^2 \cdot \left(Z_1^2 \cdot \bar{x}_9 \vee \overline{Z_1^2} \cdot \bar{x}_{10}\right), \tag{7.23}$$

$$y_2 = y_4 = \bar{G} \cdot (Z_2^2 \vee A_2 \cdot x_1 \cdot x_{12} \vee A_2 \cdot x_{12} \cdot \bar{x}_{13}), \tag{7.24}$$

$$y_5 = y_9 = \bar{G} \cdot Z_2^2, \tag{7.25}$$

$$y_6 = \bar{G} \cdot (Z_2^2 \vee A_2), \tag{7.26}$$

$$y_7 = y_{12} = y_{14} = y_{17} = \bar{G} \cdot A_2, \tag{7.27}$$

$$y_{13} = \bar{G} \cdot (Z_2^2 \vee Z_1^2 \vee A_2 \cdot \bar{x}_1 \cdot x_{12} \cdot x_{13}), \tag{7.28}$$

$$y_{15} = \bar{G} \cdot Z_1^2, \tag{7.29}$$

$$y_{18} = \bar{G} \cdot (Z_1^2 \vee A_2), \tag{7.30}$$

$$B_2 = \bar{G} \cdot Z_2^2 \cdot \left(Z_1^2 \cdot x_9 \vee \overline{Z_1^2} \cdot x_{10}\right). \tag{7.31}$$

Mit diesen Schaltnetzfunktionen sind nun die beiden Steuerwerke des Ausgabeteils vollständig bestimmt und können entsprechend der Struktur in Abb. 7.32 mit den anderen Blöcken zusammengeschaltet werden.

7.4.5 Entwurf des Aufgabenverteilers

Als bei der Strukturierung des Gesamtsystems in Abschnitt 7.4.1 der Aufgabenverteiler eingeführt wurde, wurde schon darauf hingewiesen, daß man den Aufgabenverteiler als Steuerwerk entwirft, als dessen zugehöriges Operationswerk der Rest des Systems in Abb. 7.32 zu betrachten ist. Da auch die Funktion des Aufgabenverteilers in Abschnitt 7.4.1 schon genau beschrieben wurde, kann nun sofort der zugehörige Operationsablauf angegeben werden (s. Abb. 7.45). Die

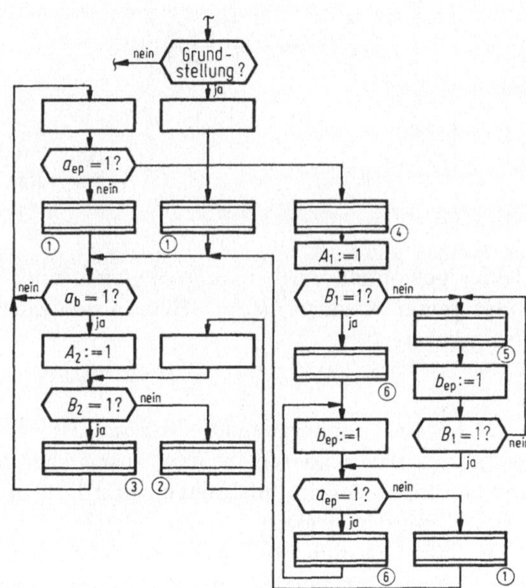

Abb. 7.45. **Ablaufdiagramm** zum Aufgabenverteiler.

Signale a_b, A_1, B_1, A_2 und B_2 wurden in den voranstehenden Abschnitten schon definiert. Mit a_{ep} und b_{ep} wurden das Anrufsignal und das Bestätigungssignal bezeichnet, über welche der Aufgabenverteiler mit dem Puffersystem (s. Abb. 7.34) verkehrt. In Abschnitt 7.4.1 wurde entschieden, das Puffersystem und den Ausgabeteil mit korrelierten Taktsignalen zu takten; jeder 16. Puffertaktimpuls ist gleichzeitig ein Ausgabetaktimpuls. Deshalb braucht das Signal a_{ep} im Ausgabeteil nicht synchronisiert zu werden, wenn es nur zur Verzweigung auf zwei Taktschrittendesymbole verwendet wird wie im Diagramm in Abb. 7.45. Hätte man a_{ep} zur Verzweigung auf zwei unterschiedliche statische Zuweisungen verwendet, wie es mit dem Signal a_b geschieht, dann wäre eine Synchronisation erforderlich gewesen.

Der Aufgabenverteiler erhält selbstverständlich auch das in Abb. 7.32 nicht eingezeichnete Grundstellungssignal zugeführt.

Die Eintragung der sechs Steuerzustände stellt keine Probleme. Bei der ansonsten willkürlichen Zustandscodierung im Übergangsgraphen in Abb. 7.46 wurde darauf geachtet, daß das Signal b_{ep} ohne Verknüpfungs-

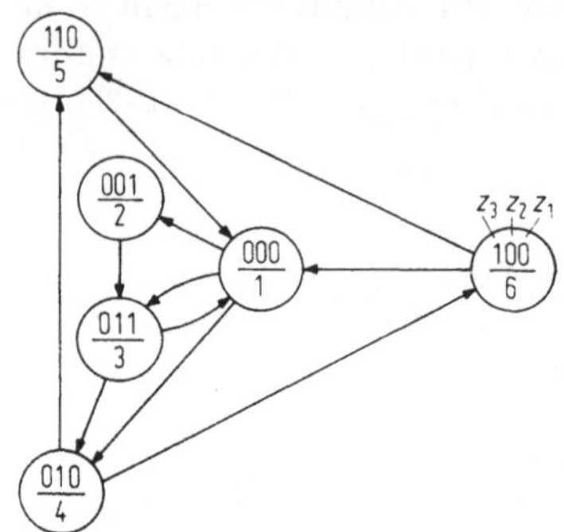

Abb. 7.46. Codierung der Zustände des Aufgabenverteilers.

glieder gewonnen wird, indem es gleich einer Binärstelle des Zustandscodes gemacht wurde: b_{ep} ist Eins in den Zuständen 5 und 6. Es wurde also gesetzt:

$$b_{ep} = Z_3. \tag{7.32}$$

Die damit einhergehende Störimpulsfreiheit ist nicht erforderlich; auch von den anderen beiden auszugehenden Signalen A_1 und A_2 braucht keine Störimpulsfreiheit gefordert zu werden, da sie in Werke geliefert werden, welche mit dem gleichen Takt arbeiten.

Es läßt sich nun ohne weiteres die Funktionstabelle 7.21 aufstellen; dabei wurde entschieden, zur Zustandsspeicherung D-Flipflops zu verwenden.

Die Zahl der Eingangsvariablen läßt gerade noch eine Schaltnetzminimierung mit graphischen Verfahren zu. Man findet:

$$D_1 = \left(Z_1 \cdot \bar{Z}_2 \vee a_b \cdot \bar{Z}_2 \cdot \bar{Z}_3\right) \cdot \bar{G}, \tag{7.33}$$

$$D_2 = \left(a_{ep} \cdot Z_1 \cdot Z_2 \vee \bar{B}_1 \cdot \bar{Z}_1 \cdot Z_2 \vee B_2 \cdot Z_1 \cdot \bar{Z}_2 \vee a_b \cdot B_2 \cdot \bar{Z}_2 \cdot \bar{Z}_3 \vee \right.$$
$$\left. \vee\, a_{ep} \cdot \bar{a}_b \cdot \bar{Z}_1 \cdot \bar{Z}_2 \cdot \bar{Z}_3\right) \cdot \bar{G}, \tag{7.34}$$

$$D_3 = \left(\bar{Z}_1 \cdot Z_2 \cdot \bar{Z}_3 \vee \bar{B}_1 \cdot \bar{Z}_1 \cdot Z_2 \vee a_{ep} \cdot Z_3\right) \cdot \bar{G}, \tag{7.35}$$

$$A_1 = \bar{Z}_1 \cdot Z_2 \cdot \bar{Z}_3 \cdot \bar{G}, \tag{7.36}$$

$$A_2 = a_b \cdot \bar{Z}_1 \cdot \bar{Z}_2 \cdot \bar{Z}_3 \cdot \bar{G}. \tag{7.37}$$

In zwei Fällen tritt zweimal der gleiche Term auf, was beim Schaltnetzaufbau berücksichtigt werden kann. Es soll hier jedoch auf die Schaltnetzrealisierung nicht weiter eingegangen werden. Der Entwurf

Tabelle 7.21. Funktionstabelle zum Aufgabenverteiler

Logischer Ausdruck zur Lokalisation im Ablaufdiagramm	Eingangsvariable									Ausgangsvariable				
	$\boldsymbol{Z}^n$			$\boldsymbol{X}^n$					$\boldsymbol{Z}^{n+1}$	$\boldsymbol{D}^n = \boldsymbol{Z}^{n+1}$			$\boldsymbol{Y}^n$	
	Z_3	Z_2	Z_1	G	a_{ep}	a_b	B_1	B_2		D_3	D_2	D_1	A_1	A_2
G	—	—	—	1	—	—	—	—	1	0	0	0	0	0
(1) $\cdot \overline{G} \cdot \bar{a}_b \cdot \bar{a}_{ep}$	0	0	0	0	0	0	—	—	1	0	0	0	0	0
(1) $\cdot \overline{G} \cdot \bar{a}_b \cdot a_{ep}$	0	0	0	0	1	0	—	—	4	0	1	0	0	0
(1) $\cdot \overline{G} \cdot a_b \cdot \overline{B}_2$	0	0	0	0	—	1	—	0	2	0	0	1	0	1
(1) $\cdot \overline{G} \cdot a_b \cdot B_2$	0	0	0	0	—	1	—	1	3	0	1	1	0	1
(2) $\cdot \overline{G} \cdot \overline{B}_2$	0	0	1	0	—	—	—	0	2	0	0	1	0	0
(2) $\cdot \overline{G} \cdot B_2$	0	0	1	0	—	—	—	1	3	0	1	1	0	0
(3) $\cdot \overline{G} \cdot \bar{a}_{ep}$	0	1	1	0	0	—	—	—	1	0	0	0	0	0
(3) $\cdot \overline{G} \cdot a_{ep}$	0	1	1	0	1	—	—	—	4	0	1	0	0	0
(4) $\cdot \overline{G} \cdot \overline{B}_1$	0	1	0	0	—	—	0	—	5	1	1	0	1	0
(4) $\cdot \overline{G} \cdot B_1$	0	1	0	0	—	—	1	—	6	1	0	0	1	0
(5) $\cdot \overline{G} \cdot \overline{B}_1$	1	1	0	0	—	—	0	—	5	1	1	0	0	0
(5) $\cdot \overline{G} \cdot B_1 \cdot \bar{a}_{ep}$	1	1	0	0	0	—	1	—	1	0	0	0	0	0
(5) $\cdot \overline{G} \cdot B_1 \cdot a_{ep}$	1	1	0	0	1	—	1	—	6	1	0	0	0	0
(6) $\cdot \overline{G} \cdot \bar{a}_{ep}$	1	0	0	0	0	—	—	—	1	0	0	0	0	0
(6) $\cdot \overline{G} \cdot a_{ep}$	1	0	0	0	1	—	—	—	6	1	0	0	0	0

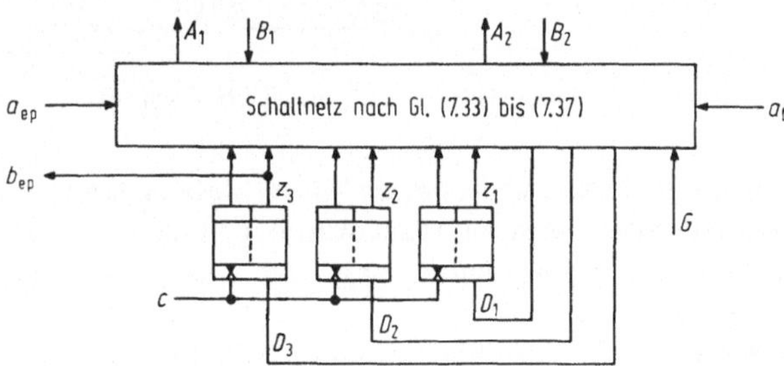

Abb. 7.47. Blockschaltbild des Aufgabenverteilers.

des Aufgabenverteilers ist mit der Angabe von Gl. (7.33) bis (7.37) und dem Blockschaltbild in Abb. 7.47 hinsichtlich der hier interessierenden Punkte vollständig dargestellt.

7.4.6 Entwurf des Puffersystems

Das Puffersystem wurde mit Abb. 7.34 eingeführt und seine Funktion im Abschnitt 7.4.1 beschrieben. Das Operationswerk des Puffersystems enthält ein Flipflop zur Synchronisation des Signals a_e, welches in synchronisierter Form a_{es} genannt sei, und ein Register zur Speicherung des Bilddatenwortes $\boldsymbol{E}$; im Abschnitt 7.4.2 wurde der Registerausgang schon als Vektor $\boldsymbol{E}_p$ benützt. Das Register wird aus dem Steuerwerk des Puffersystems mit einem Binärsignal p_1 angesteuert, wobei das Register seinen Zustand nicht ändern soll, solange p_1 auf Null steht; eine Eins bei p_1 soll eine parallele Datenübernahme bewirken. Daß das Operationswerk noch einen weiteren Operationsblock enthalten muß, erkennt man aus dem Operationsablauf in Abb. 7.48: Man muß a_{es} nach a_{ep} durchschalten können. Dies ist deswegen erforderlich, weil das Erkennen der Rückkehr des Signals a_e nach Null im Aufgabenverteiler realisiert wurde (s. entsprechende Abfrage im Zustand 5 und 6 in Abb. 7.45); sonst ergäbe sich ein komplizierterer Operationsablauf für das Puffersystem. Das vollständige Operationswerk ist als Teil des gesamten Puffersystems in Abb. 7.50 dargestellt.

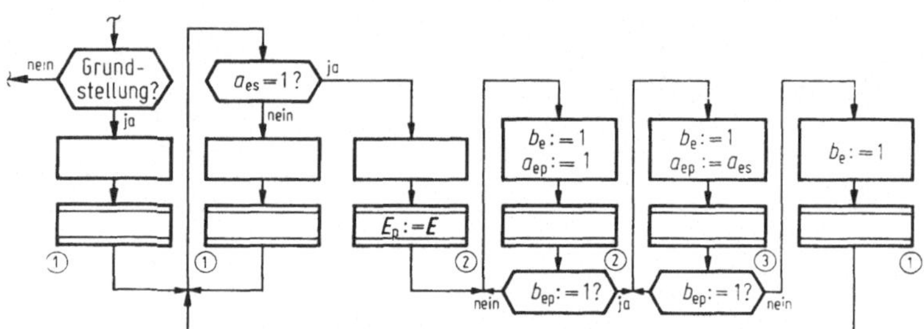

Abb. 7.48. Operationsablauf zum Puffersystem.

Das Ablaufdiagramm wurde so gestaltet, daß b_e nur vom Steuerzustand und nicht von Verzweigungsvariablen abhängt; nur dann läßt sich nämlich durch entsprechende Wahl der Zustandscodierung Störimpulsfreiheit für b_e erzielen.

Im Diagramm in Abb. 7.48 sind schon die Steuerzustände eingetragen. Daß der Zustand 2 zweimal verwendet werden kann, liegt daran, daß b_{ep} noch garantiert Null ist, wenn der Zustand 2 erreicht wird, so daß man die beiden Taktschrittenden mit dem Zustand 2 hätte zusammenführen können. Die ansonsten willkürliche Zustandscodierung in Abb. 7.49 wurde so gewählt, daß gilt:

$$b_e = Z_1 . \qquad (7.38)$$

Aus dem Ablaufdiagramm in Abb. 7.48 mit der Zustandscodierung in Abb. 7.49 und den aus Abb. 7.50 ersichtlichen Steuervariablen ergibt sich die Funktionstabelle 7.22. Die Schaltnetzminimierung kann in

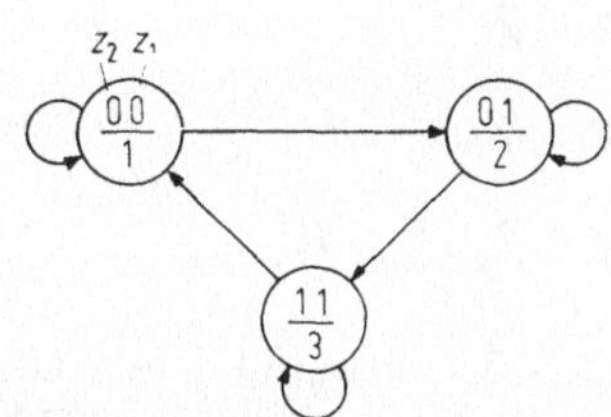

Abb. 7.49. Codierung der Steuerzustände des Puffersystems.

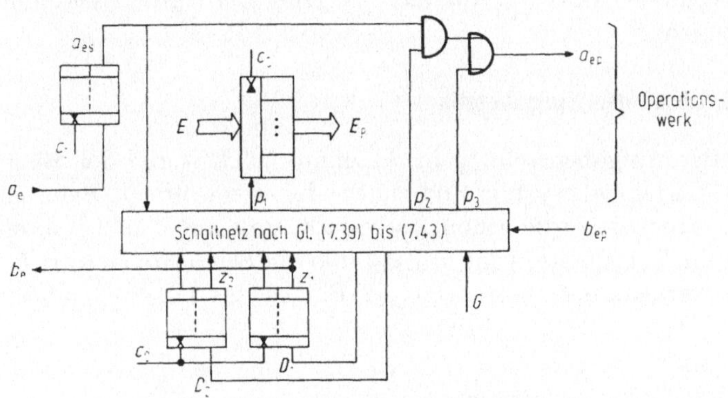

Abb. 7.50. Blockschaltbild des Puffersystems.

Tabelle 7.22. Funktionstabelle zum Puffersystem

Logischer Ausdruck zur Lokalisation im Ablaufdiagramm	Eingangsvariable					Z^{n+1}	Ausgangsvariable				
	Z^n						$D^n = Z^{n+1}$		Y^n		
	Z_2	Z_1	G	a_{es}	b_{ep}		D_2	D_1	p_1	p_2	p_3
G	–	–	1	–	–	1	0	0	*	0	0
① $\cdot \overline{G} \cdot \overline{a}_{es}$	0	0	0	0	–	1	0	0	*	0	0
① $\cdot \overline{G} \cdot a_{es}$	0	0	0	1	–	2	0	1	1	0	0
② $\cdot \overline{G} \cdot \overline{b}_{ep}$	0	1	0	–	0	2	0	1	0	*	1
② $\cdot \overline{G} \cdot b_{ep}$	0	1	0	–	1	3	1	1	0	1	0
③ $\cdot \overline{G} \cdot \overline{b}_{ep}$	1	1	0	–	0	1	0	0	0	*	0
③ $\cdot \overline{G} \cdot b_{ep}$	1	1	0	–	1	3	1	1	0	1	0

diesem Fall leicht graphisch durchgeführt werden. Man findet:

$$D_1 = \left(Z_1 \cdot b_{ep} \vee \bar{Z}_2 \cdot a_{es} \vee Z_1 \cdot \bar{Z}_2\right) \cdot \bar{G}, \tag{7.39}$$

$$D_2 = Z_1 \cdot b_{ep} \cdot \bar{G}, \tag{7.40}$$

$$p_1 = \bar{Z}_1 \cdot \bar{Z}_2, \tag{7.41}$$

$$p_2 = Z_1 \cdot \bar{G}, \tag{7.42}$$

$$p_3 = Z_1 \cdot \bar{Z}_2 \cdot \bar{b}_{ep} \cdot \bar{G}. \tag{7.43}$$

Abb. 7.50 zusammen mit Gl. (7.39) bis (7.43) beschreiben das vollständige Puffersystem. Der Takt c_0 ist der höchstfrequente Takt, der im Bildschirmgerät vorkommt; er hat die 16fache Frequenz des im Ausgabeteil verwendeten Taktes c. Auf den Taktgenerator wird im Abschnitt 7.4.8 eingegangen.

7.4.7 Entwurf des Eingabeteils

Bei der Aufgabenstellung in Abschnitt 7.3.2 wurde der Eingabeteil in ein Direkteingabesystem und ein Sendesystem zerlegt. Beim Entwurf des Ausgabeteils wurde schon festgestellt, daß mit dem Direkteingabesystem ein Koordinatenpaar ($\boldsymbol{x}_d$, $\boldsymbol{y}_d$) und ein Segmentcodewort $\boldsymbol{L}$ bereitgestellt werden. Abb. 7.51 zeigt die Blöcke des Direkteingabesystems.

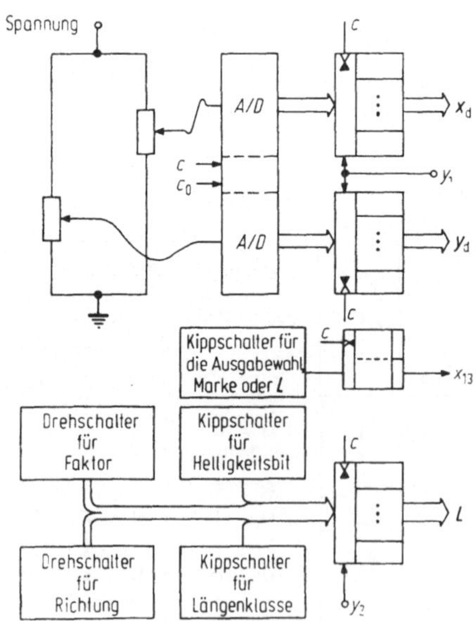

Abb. 7.51. Direkteingabesystem.

Über ein Paar gekoppelter Potentiometer mit anschließenden Analog/Digitalwandlern wird das Koordinatenpaar eingegeben. Auf den Aufbau der Analog/Digitalwandler soll hier nicht im Detail eingegangen werden.

Durch die Einzeichnung der Taktsignale c und c_0 als Eingänge der Wandler wurde lediglich zum Ausdruck gebracht, daß es sich bei der Wandlung um einen sequentiellen Prozeß handelt, der mit c_0 getaktet wird und periodisch mit c gestartet wird. Zur Wandlung des Analogsignals in ein 9 bit langes Codewort werden zehn Taktschritte von c_0 verwendet; da die Taktperiode von c 16 Taktschritte von c_0 umfaßt, kann also pro Taktschritt von c ein Wandlungsprozeß ablaufen. In Abb. 7.51 wurde angedeutet, daß ein Teil des Schaltwerks zur Steuerung des Wandlungsprozesses den beiden Koordinaten gemeinsam ist, da die Wandlung für beide Koordinaten parallel erfolgt. Das gewandelte Koordinatenpaar wird in ein Registerpaar mit dem Takt c übernommen. Dieses Registerpaar muß vom Sendesystem mit dem Steuersignal y_1 gezwungen werden können, seinen Zustand nicht zu ändern, damit die Registerausgänge nacheinander auf das Leitungsbündel $\boldsymbol{F}$ der Sendeschnittstelle (Abb. 7.30) durchgeschaltet werden können, falls die Taste „Setze Anfangspunkt" im Sendesystem gedrückt wurde.

Die einzelnen Abschnitte des Segmentcodewortes $\boldsymbol{L}$ werden mit Schaltern eingegeben, so daß hier keine Analog/Digitalwandlung erforderlich ist. Die Funktion der Steuervariablen y_2 entspricht genau der Funktion von y_1.

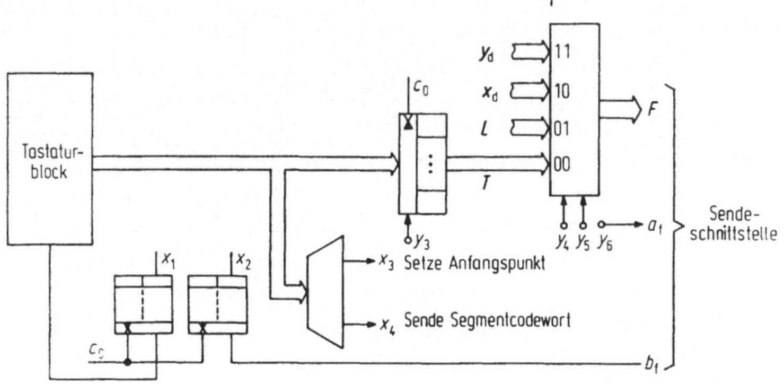

Abb. 7.52. Operationswerk des Sendesystems.

Das Operationswerk des Sendesystems ist in Abb. 7.52 dargestellt. Es besteht im wesentlichen aus dem Tastaturblock mit dem Register für das Tastaturwort $\boldsymbol{T}$ und einem Quellenauswahlnetz, mit dem das zu sendende Wort auf das Leitungsbündel $\boldsymbol{F}$ der Sendeschnittstelle durchgeschaltet wird. Neben dem Tastaturwort kommt aus dem Tastaturblock noch ein Binärsignal, welches in synchronisierter Form als x_1 meldet, daß eine Taste gedrückt wurde. Es wird vom Tastaturblock gewährleistet, daß dieses Meldesignal erst zu Eins gemacht wird, wenn das Tastaturwort schon konstant verfügbar ist.

Die Notwendigkeit der restlichen beiden Operationsblöcke, des Flipflops zur Synchronisation des Bestätigungssignals b_f und des Decoders zur Abfrage von $\boldsymbol{T}$ auf bestimmte Steuerwörter, ist ohne weiteres einzusehen.

Da das Operationswerk so einfach ist und die Operation des Systems auf die Abwicklung von Dialogen an der Sendeschnittstelle nach Abb. 7.30b beschränkt ist, kann das Operationsablaufdiagramm in Abb. 7.53 ohne Schwierigkeiten aufgestellt werden. Es wurde darauf

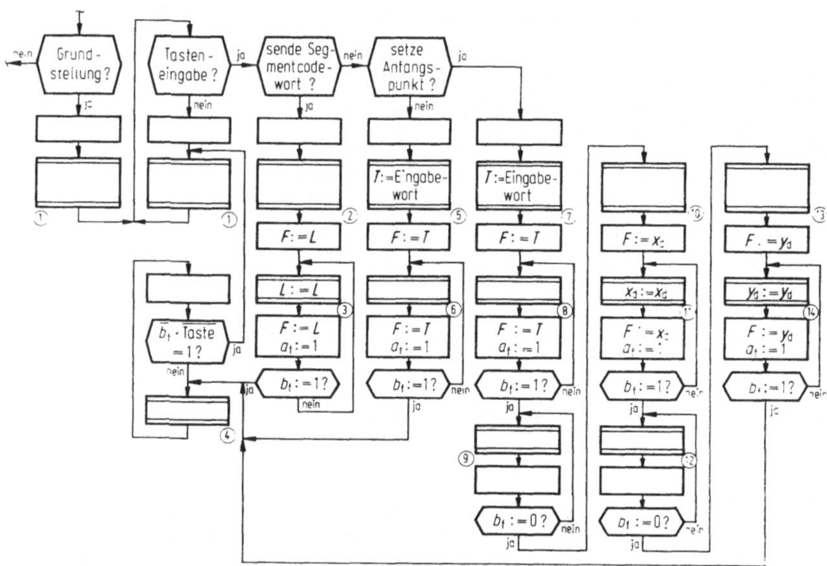

Abb. 7.53. Operationsablauf für das Sendesystem.

geachtet, daß sowohl das Signal a_f als auch die Steuersignale y_4 und y_5 für die Quellenauswahlschaltung nur vom Steuerzustand abhängen, so daß durch entsprechende Wahl des Zustandscodes Störimpulsfreiheit für diese Signale erreicht werden kann. Die Eintragung der Steuerzustände in das Operationsablaufdiagramm in Abb. 7.53 ist problemlos.

Störimpulsfreiheit für die Signale y_4, y_5 und y_6 wird dadurch erzwungen, daß man diese Signale gleichsetzt mit Binärstellen des Zustandscodes:

$$y_6 = Z_2, \tag{7.44}$$

$$y_5 = Z_3, \tag{7.45}$$

$$y_4 = Z_4. \tag{7.46}$$

Da $y_6 = a_f$ in 9 von den 14 Zuständen in Abb. 7.53 Null sein muß, werden also außer Z_2 noch mindestens vier weitere Binärstellen zur Zustandscodierung benötigt. In Abb. 7.54 sind die auf Grund von Gl. (7.44) bis (7.46) vorgegebenen Binärwerte fettgedruckt; die restlichen Binärwerte der Codierung wurden so gewählt, daß ein aufwandgünstiges

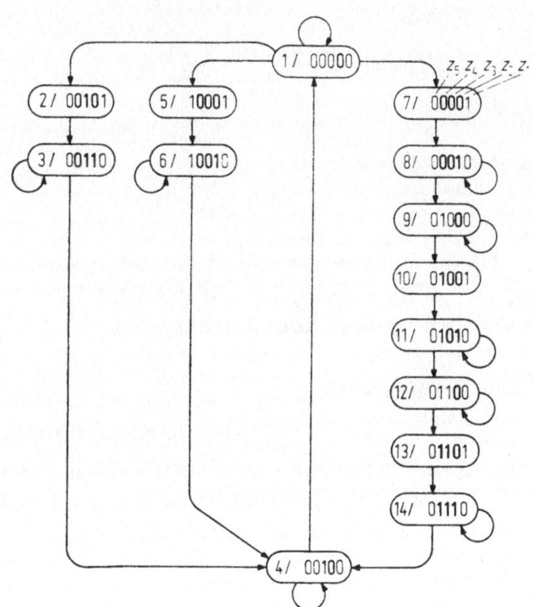

Abb. 7.54. Codierung der Steuerzustände.

Übergangsnetz bei der Verwendung von JK-Fipflops zu erwarten ist. Da es sich um einen wenig verzweigten Graphen mit einer langen unverzweigten Zustandsfolge handelt, liegt es nahe zu versuchen, die Zustandsfolgen als Dualzahlenfolgen zu codieren. Wegen der vorgegebenen Codestellen ist dies nur für Teilfolgen möglich. Da die Codewahl nicht algorithmisch erfolgte, sondern dabei heuristisch vorgegangen wurde, soll auf die Überlegungen, welche die Codewahl entschieden, hier nicht eingegangen werden.

Es ergibt sich nun die Funktionstabelle 7.23. Auch hier wird die Schaltnetzminimierung per Programm durchgeführt. Man erhält:

$$J_1 = \bar{G} \cdot \bar{Z}_2 \cdot \bar{x}_2 \cdot (Z_4 \vee \bar{Z}_3 \cdot \bar{x}_1), \tag{7.47}$$

$$K_1 = „1“, \tag{7.48}$$

$$J_2 = \bar{G} \cdot Z_1, \tag{7.49}$$

$$K_2 = K_5 = G \vee x_2, \tag{7.50}$$

$$J_3 = \bar{G} \cdot (Z_5 \cdot x_2 \vee Z_4 \cdot Z_2 \cdot x_2 \vee \bar{Z}_4 \cdot \bar{Z}_2 \cdot \bar{Z}_1 \cdot x_1 \cdot x_4), \tag{7.51}$$

$$K_3 = G \vee \bar{Z}_4 \cdot \bar{Z}_2 \cdot \bar{Z}_1 \cdot \bar{x}_1 \cdot \bar{x}_2, \tag{7.52}$$

$$J_4 = \bar{G} \cdot \bar{Z}_5 \cdot \bar{Z}_3 \cdot Z_2 \cdot x_2, \tag{7.53}$$

$$K_4 = G \vee Z_3 \cdot Z_2 \cdot x_2, \tag{7.54}$$

$$J_5 = \bar{G} \cdot \bar{Z}_4 \cdot \bar{Z}_3 \cdot \bar{Z}_2 \cdot \bar{Z}_1 \cdot x_1 \cdot \bar{x}_3 \cdot \bar{x}_4, \tag{7.55}$$

$$y_1 = \bar{Z}_4, \tag{7.56}$$

$$y_2 = Z_4 \vee \bar{Z}_3 \vee \bar{Z}_2 \cdot \bar{Z}_1, \tag{7.57}$$

$$y_3 = \bar{Z}_2 \cdot \bar{Z}_1. \tag{7.58}$$

Damit ist auch der Entwurf des Eingabeteils abgeschlossen. Wie von der Aufgabenstellung her zu erwarten war, stellt der Eingabeteil ein wesentlich weniger komplexes System dar als der Ausgabeteil.

7.4.8 Taktgenerator

Beim Entwurf der verschiedenen Blöcke des Bildschirmgerätes wurden die vier unterschiedlichen Taktsignale c_0, c, c_i und c_h eingeführt. Abb. 7.55 zeigt die Relation zwischen c_0 und c; die Beziehungen zwischen c, c_i und c_h wurden in Abb. 7.35 festgelegt. Der Taktgenerator muß

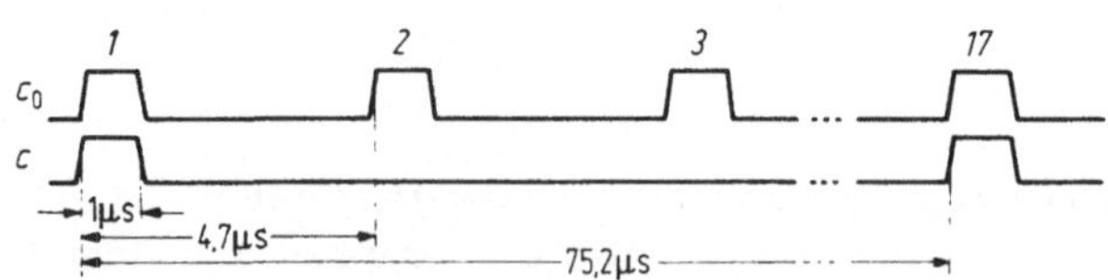

Abb. 7.55. Taktsignale.

zeitintervallbestimmende Elemente enthalten, mit denen insgesamt fünf Zeitintervalle festgelegt werden müssen. Für die Auswahl dieser fünf Zeitintervalle gibt es zwar verschiedene Möglichkeiten, aber die Zahl ist

Tabelle 7.23. Funktionstabelle zum Steuerwerk des Eingabeteils

Logischer Ausdruck zur Lokalisierung im Ablaufdiagramm	Eingangsvariable										Z^{n+1}	Ausgangsvariable												
	Z^n					X^n						U^n										Y^n		
	Z_5	Z_4	Z_3	Z_2	Z_1	G	x_1	x_2	x_3	x_4		K_5	J_5	K_4	J_4	K_3	J_3	K_2	J_2	K_1	J_1	y_1	y_2	y_3
G	–	–	–	–	–	1	–	–	–	–	1	1	0	1	0	1	0	1	0	1	0	*	*	*
① $\cdot \overline{G} \cdot \bar{x}_1$	0	0	0	0	0	0	0	–	–	–	1	*	0	*	0	*	0	*	0	*	0	1	1	*
① $\cdot \overline{G} \cdot x_1 \cdot x_4$	0	0	0	0	0	0	1	0	0	1	2	*	0	*	0	*	1	*	0	*	1	1	1	*
① $\cdot \overline{G} \cdot x_1 \cdot x_3$	0	0	0	0	0	0	1	0	1	0	7	*	0	*	0	*	0	*	0	*	1	1	1	1
① $\cdot \overline{G} \cdot x_1 \cdot \bar{x}_3 \cdot \bar{x}_4$	0	0	0	0	0	0	1	0	0	0	5	*	1	*	0	*	0	*	0	*	1	1	1	1
② $\cdot \overline{G}$	0	0	1	0	1	0	–	0	–	–	3	*	0	*	0	0	*	*	1	1	*	1	0	*
③ $\cdot \overline{G} \cdot \bar{x}_2$	0	0	1	1	0	0	–	0	–	–	3	*	0	*	0	0	*	0	*	*	0	1	0	*
③ $\cdot \overline{G} \cdot x_2$	0	0	1	1	0	0	–	1	–	–	4	*	0	*	0	0	*	1	*	*	0	1	*	*
④ $\cdot \overline{G} \cdot \bar{x}_1 \cdot \bar{x}_2$	0	0	1	0	0	0	0	0	–	–	1	*	0	*	0	1	*	*	0	*	0	1	1	*
④ $\cdot \overline{G} \cdot x_1$	0	0	1	0	0	0	1	–	–	–	4	*	0	*	0	0	*	*	0	*	0	1	1	*
④ $\cdot \overline{G} \cdot x_2$	0	0	1	0	0	0	–	1	–	–	4	*	0	*	0	0	*	*	0	*	0	1	1	*
⑤ $\cdot \overline{G}$	1	0	0	0	1	0	–	0	–	–	6	0	*	*	0	*	0	*	1	1	*	1	1	0
⑥ $\cdot \overline{G} \cdot \bar{x}_2$	1	0	0	1	0	0	–	0	–	–	6	0	*	*	0	*	0	0	*	*	0	1	1	0
⑥ $\cdot \overline{G} \cdot x_2$	1	0	0	1	0	0	–	1	–	–	4	1	*	*	0	*	1	1	*	*	0	1	1	*
⑦ $\cdot \overline{G}$	0	0	0	0	1	0	–	0	–	–	8	*	0	*	0	*	0	*	1	1	*	*	1	0
⑧ $\cdot \overline{G} \cdot \bar{x}_2$	0	0	0	1	0	0	–	0	–	–	8	*	0	*	0	*	0	0	*	*	0	*	1	0
⑧ $\cdot \overline{G} \cdot x_2$	0	0	0	1	0	0	–	1	–	–	9	*	0	*	1	*	0	1	*	*	0	*	1	*
⑨ $\cdot \overline{G} \cdot x_2$	0	1	0	0	0	0	–	1	–	–	9	*	0	0	*	*	0	*	0	*	0	*	1	*
⑨ $\cdot \overline{G} \cdot \bar{x}_2$	0	1	0	0	0	0	–	0	–	–	10	*	0	0	*	*	0	*	0	*	1	*	1	*
⑩ $\cdot \overline{G}$	0	1	0	0	1	0	–	0	–	–	11	*	0	0	*	*	0	*	1	1	*	0	1	*
⑪ $\cdot \overline{G} \cdot \bar{x}_2$	0	1	0	1	0	0	–	0	–	–	11	*	0	0	*	*	0	0	*	*	0	0	1	*
⑪ $\cdot \overline{G} \cdot x_2$	0	1	0	1	0	0	–	1	–	–	12	*	0	0	*	*	1	1	*	*	0	*	1	*
⑫ $\cdot \overline{G} \cdot x_2$	0	1	1	0	0	0	–	1	–	–	12	*	0	0	*	0	*	*	0	*	0	*	1	*
⑫ $\cdot \overline{G} \cdot \bar{x}_2$	0	1	1	0	0	0	–	0	–	–	13	*	0	0	*	0	*	*	0	*	1	*	1	*
⑬ $\cdot \overline{G}$	0	1	1	0	1	0	–	0	–	–	14	*	0	0	*	0	*	*	1	1	*	0	1	*
⑭ $\cdot \overline{G} \cdot \bar{x}_2$	0	1	1	1	0	0	–	0	–	–	14	*	0	0	*	0	*	0	*	*	0	0	1	*
⑭ $\cdot \overline{G} \cdot x_2$	0	1	1	1	0	0	–	1	–	–	4	*	0	1	*	0	*	1	*	*	0	0	1	*

auf fünf festgelegt. Es wird von folgender Menge von fünf Intervallen ausgegangen:

τ_1 = Impulsbreite von c_0 bzw. c (1 μs);

τ_2 = Periodendauer von c_0 (4,7 μs);

τ_3 = Impulsbreite von c_i (4 μs);

τ_4 = Impulsbreite von c_h (4 μs);

τ_5 = Verzögerung der Vorderflanke von c bzw. c_i gegenüber der Vorderflanke von c_h (1 μs).

Es ist selbstverständlich, daß ein Multivibrator benötigt wird, der mit der Periodendauer τ_2 schwingt. Damit man eine einfache Realisierung der Verzögerung τ_5 erhält, macht man zweckmäßigerweise das Oszillatorausgangssignal nicht gleich c_0, sondern gewinnt c_0 als Ausgang eines Monoflops, wie es Abb. 7.56 zeigt. Das Monoflop, welches c_h liefert, wird von der höchsten Stufe des 16:1-Untersetzerzählers angestoßen. Das Signal c kann dann durch einfache UND-Verknüpfung aus c_h und c_0 gewonnen werden. Die Gewinnung von c_i durch ein mit c angestoßenes Monoflop ist selbstverständlich.

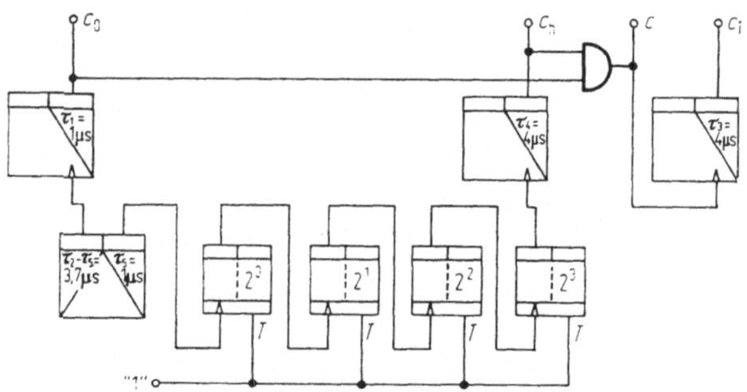

Abb. 7.56. Blockschaltbild des Taktgenerators.

8. Entwurf einer Vierspezies-Rechenmaschine

Als letztes Beispiel soll der Entwurf eines nicht programmierbaren Tischrechners dargestellt werden [17]. Die im folgenden gegebene Aufgabenstellung wurde so beschränkt, daß der Entwurf bis in alle hier interessierenden Details noch in den Rahmen des Buches paßt. In der Praxis würde man eine derartige Maschine aus wirtschaftlichen Gründen nicht bauen; vielmehr würde man die Spezifikationen dahingehend erweitern, daß die Maschine auch häufig vorkommende Funktionen wie Quadratwurzel, trigonometrische Funktionen sowie Exponential- und Logarithmusfunktionen berechnen können muß. Die Realisierung dieser Funktionen erfordert nämlich gegenüber der Vierspezies-Maschine, welche nur die vier Grundrechenarten kann, nur noch einen verhältnismäßig geringen Mehraufwand, wie später andeutungsweise gezeigt werden wird. Auch der Schritt von der hier betrachteten Maschine zu einem Kleinrechner, d. h. einer kleinen programmierbaren Rechenanlage, würde abgesehen von dem dann benötigten Arbeitsspeicher keinen allzu großen Mehraufwand erfordern. Es liegt also nicht so sehr am Schaltungsaufwand, daß hier nur eine Maschine mit beschränkter Spezifikation entworfen wird, sondern am Darstellungsaufwand. Wenn es nur auf die Grobstruktur ankommt, können sehr komplexe Rechenanlagen auf wenigen Seiten dargestellt werden, wie man es häufig findet. Hier jedoch, wo in die Feinstruktur digitaler Systeme eingeführt werden soll, sind solche Grobdarstellungen nicht am Platz.

8.1 Aufgabenstellung

8.1.1 Schnittstellenbeschreibung

Die in den bisherigen Entwurfsbeispielen betrachteten Schnittstellen lagen stets zwischen dem zu entwerfenden Werk und einem anderen digitalen System. Hier dagegen liegt die Schnittstelle zwischen der Maschine und dem Operateur. Die Informationseingabe erfolgt durch sequentielles Drücken jeweils einer Taste, die Informationsausgabe erfolgt über ein Druckwerk, über dessen Aufbau hier keine Annahmen gemacht werden sollen. Es gibt zwar auch Rechenmaschinen ohne Druckwerk, bei denen die Ausgabe über Anzeigeröhren oder eine Bildschirmröhre erfolgt, aber da bei der betrachteten Maschine die Erstellung eines Eingabeprotokolls wünschenswert ist, wird ein Druckwerk gefordert. Dieses Druckwerk soll also nicht nur eine Ergebniszahl drucken, jedesmal wenn eine Ergebnisausgabe durch Drücken der Ergebnistaste mit dem Symbol = ausgelöst wird, sondern auch das zu jedem Tastendruck gehörende Symbol.

Eine Ergebniszahl soll maximal zwölf gültige Ziffern enthalten; aus der Zahl der ausgegebenen gültigen Ziffern soll auf die Genauigkeit geschlossen werden können, mit der das Ergebnis gewonnen wurde. Dazu seien einige Beispiele betrachtet.

Die Aufgabe

$$7{,}13 * 2{,}5$$

hat das Ergebnis

$$17{,}825,$$

was auch genau in dieser Form ausgegeben werden soll. Wenn die Operanden mit größerer Genauigkeit eingegeben wurden, beispielsweise mit

$$7{,}130 * 2{,}500,$$

dann soll das auch beim Ergebnis zum Ausdruck kommen:

$$17{,}825000.$$

Wenn nun die Genauigkeit der eingegebenen Operanden so groß gemacht wird, daß die Ergebnisgenauigkeit 12 Stellen überschreiten würde, dann wird trotzdem nur mit 12 Stellen ausgegeben. Dies ist bei der Aufgabe

$$7{,}13000 * 2{,}500000$$

der Fall; die Ergebnisausgabe erfolgt in der Form

$$17{,}8250000000.$$

Mit dieser Beispielreihe sollte auch noch zum Ausdruck gebracht werden, daß jede Null nach einer gültigen Ziffer auch eine gültige Ziffer ist und genau so behandelt werden muß wie eine positive Ziffer an der betreffenden Stelle. Im Gegensatz dazu haben führende Nullen, die also links vor der ersten positiven Ziffer stehen, nichts mit der Genauigkeit zu tun. Dies sei wieder mit einer Beispielreihe belegt.

Die Aufgabe

$$0{,}000713 * 2{,}5$$

hat das Ergebnis

$$0{,}0017825,$$

was auch genau in dieser Form ausgegeben werden soll. Nun können die Operanden wieder mit größerer Genauigkeit eingegeben werden, beispielsweise mit

$$0{,}000713000 * 2{,}50;$$

das Ergebnis wird dann ausgegeben in der Form

$$0{,}001782500000.$$

Dieses Ergebnis umfaßt zwar schon 12 Stellen, aber da es drei führende Nullen enthält, kann auch noch eine größere Genauigkeit der Eingangsoperanden im Ergebnis zum Ausdruck gebracht werden.

Zur Aufgabe

$$0{,}000713000 * 2{,}500$$

wird ausgegeben

$$,001782500000.$$

Auch dieses Ergebnis enthält noch führende Nullen; da jedoch das Dezimalkomma schon an der äußersten linken Position steht, kann eine größere Genauigkeit auf Kosten der führenden Nullen nur erreicht werden, indem man die Ausgabe eines Zehnerpotenzfaktors einführt. Wenn die Operanden mit der Genauigkeit

$$0{,}000713000 * 2{,}50000$$

eingegeben werden, dann wird gerade die volle zwölfstellige Ergebnisgenauigkeit ausgenutzt:

$$,178250000000 * 10^{-2}.$$

Wenn nun die Genauigkeit der eingegebenen Operanden noch weiter erhöht wird, dann kann sich an der Form des Ergebnisses nichts mehr ändern.

Die Zweckmäßigkeit des Zehnerpotenzfaktors ergibt sich auch noch aus anderen Überlegungen. Das Ergebnis der Aufgabe

$$713000 * 2500000$$

ist 13stellig und könnte mit 12 Stellen Genauigkeit ohne Zehnerpotenzfaktor gar nicht ausgegeben werden. So aber wird es ausgegeben in der Form

$$178250000000 * 10^{1}.$$

Wenn wegen der Beschränkung der Ausgabegenauigkeit auf 12 Stellen gültige Ziffern abgeschnitten werden müssen wie beispielsweise bei der Aufgabe

$$9999999 * 111111 = 1111109888889,$$

dann soll nicht gerundet werden. Im Beispiel wird also ausgegeben

$$111110988888 * 10^1 .$$

Es kann nun leicht folgende Tatsache erkannt werden: Wenn ein Zehnerpotenzfaktor ausgegeben wird, dann steht das Dezimalkomma entweder ganz links oder ganz rechts. Wenn das Komma ganz links steht, muß die Ausgabe eines Zehnerpotenzfaktors nicht zwangsläufig bedeuten, daß die maximale Ergebnisgenauigkeit von 12 Stellen vorliegt. Daß es auch möglich ist, bei ganz rechts stehendem Komma einen Zehnerpotenzfaktor zu erhalten, ohne daß die maximale Ergebnisgenauigkeit von 12 Stellen vorliegt, wird erst aus späteren Uberlegungen ersichtlich. Der Exponentenbereich soll mindestens von -50 bis $+50$ reichen. Wenn ein Ergebnisexponent die obere Grenze überschreitet, soll dies durch Aufleuchten einer Anzeigelampe ausgegeben werden. In diesem Fall ebenso wie im Fall der Eingabe nicht interpretierbarer Symbolfolgen soll die Maschine auf keinen weiteren Tastendruck mehr reagieren, bevor nicht die Rückstellungstaste gedrückt wurde.

Die bisherigen Aufgabenbeispiele waren ausnahmslos Multiplikationen; da ist der Zusammenhang zwischen Operandengenauigkeit und Ergebnisgenauigkeit problemlos. Etwas problematischer ist es schon bei den beiden Strichrechnungsarten Addition und Subtraktion. Beispielsweise sind in der Aufgabe

$$2{,}5 + 0{,}614$$

die Hundertstel- und die Tausendstelstelle des ersten Operanden gar nicht explizit als Nullen vorgegeben, so daß eine eigentlich nicht vorhandene Genauigkeit vorgetäuscht wird, wenn als Ergebnis

$$3{,}114$$

ausgegeben wird. Dieses Ergebnis wäre nur dann voll zu rechtfertigen, wenn die Aufgabe

$$2{,}500 + 0{,}614$$

gelautet hätte. Man könnte fordern, daß an einer Strichrechnung nur diejenigen Dezimalstellen beteiligt werden dürfen, welche bei beiden Operanden explizit definiert sind. Dann ergäbe sich als Ergebnis der ersten Additionsaufgabe

$$3{,}1 .$$

Da es jedoch weit verbreitet ist, nicht explizit vorgegebene Stellen als Nullen anzunehmen, soll auch hier im Falle der Strichrechnung so verfahren werden. Es soll also das Ergebnis mit der größeren Genauigkeit ausgegeben werden.

Als letztes bleibt die Division zu betrachten. Es sind dabei zwei Fälle zu unterscheiden, nämlich der Fall, daß die Division „aufgeht", d. h. daß die auf 12 Stellen beschränkte Ergebnisgenauigkeit zur Ausgabe des vollständigen Quotienten ausreicht und kein Rest bleibt, und der Fall, daß die Division nicht aufgeht, d. h. daß trotz Ausnutzung aller 12 möglichen Ergebnisstellen noch ein Rest bleibt. Für jeden der beiden Fälle sei ein Beispiel angegeben.

Die Division

$$40{,}8/0{,}0017$$

geht auf und liefert das Ergebnis

$$24000.$$

Die Division

$$40{,}8/0{,}0019$$

dagegen geht nicht auf. Das zwölfstellige Ergebnis lautet

$$21473{,}6842105;$$

es bleibt jedoch noch ein nicht ausgegebener Divisionsrest. Während der zweite Fall keine Fragen hinsichtlich der Genauigkeit des ausgegebenen Ergebnisses aufwirft, müssen beim ersten Fall solche Fragen gestellt werden. Wieso wurde dort das Ergebnis mit fünfstelliger Genauigkeit ausgegeben? Da die Division schon nach der Gewinnung von zwei Ergebnisstellen aufging, hätte man dies doch auch durch eine zweistellige Ergebnisgenauigkeit zum Ausdruck bringen können:

$$24 * 10^3.$$

Die fünfstellige Genauigkeit wurde doch offensichtlich nur deshalb gewählt, weil dies die kleinste Genauigkeit ist, mit der das Ergebnis ohne Zehnerpotenzfaktor dargestellt werden kann. Die Ausgabe mit größerer Genauigkeit, beispielsweise mit maximaler Genauigkeit

$$24000{,}0000000$$

wäre ja eigentlich genauso gerechtfertigt gewesen. Vor allem, da es nur sehr selten vorkommt, daß eine Division aufgeht, könnte man die Forderung erwägen, jeder Quotient solle zwölfstellig ausgegeben werden. Außerdem bringt die getrennte Behandlung der beiden Fälle einen nicht zu vertretenden Schaltungsmehraufwand mit sich, weil nämlich dann das Steuerwerk in der Lage sein müßte, beim Divisionsvorgang zu erkennen, ob und wann die Division aufgegangen ist. Deshalb werden von jetzt an die beiden Fälle nicht mehr getrennt behandelt. Weil es jedoch wünschenswert ist, ähnlich wie bei der Multiplikation über die Genauigkeit der Operanden Einfluß nehmen zu können auf die Genauigkeit des Ergebnisses, wird entschieden, daß die Genauigkeit des Quotienten nicht auf zwölf Stellen festgelegt sein soll, sondern stets gleich der Stellenzahl des Dividenden, also des ersten Operanden sein soll. Dazu sei wieder eine Beispielsreihe angegeben.

$$40{,}8/0{,}0017 = 240 * 10^2,$$

$$40{,}800/0{,}0019 = 21473,$$

$$40{,}80000/17000 = 0{,}002400000,$$

$$0{,}04080000/190000 = ,000002147368 * 10^{-1}.$$

In allen bisherigen Beispielen kamen als Operanden nur Zahlen ohne Zehnerpotenzfaktor vor. Da jedoch jedes Ergebnis wieder als Operand einer der vier Grundrechenoperationen auftreten kann, müssen natürlich auch Zehnerpotenzfaktoren bei den Operanden zugelassen sein. Für diesen Fall müssen noch einige weitere Forderungen bezüglich der Ergebnisgenauigkeit formuliert werden.

Bei der Strichrechnung wird der kleinste Zehnerpotenzfaktor, der bei den Operanden auftritt, ins Ergebnis übernommen, falls keine gültigen Stellen bei der Operation abgeschnitten werden müssen. Beispiele:

$$173 * 10^3 + 2{,}5 = 173002{,}5,$$

$$173 * 10^3 + 25 * 10^1 = 17325 * 10^1,$$

$$,007000000000 * 10^{-2} - ,081000000000 * 10^{-1} = -,803000000000 * 10^{-2}.$$

Wenn jedoch gültige Stellen bei der Operation abgeschnitten werden müssen, dann sind zwei Fälle zu unterscheiden. Im einen Fall kann der Operand mit dem kleineren Zehnerpotenzfaktor zum Ergebnis überhaupt nichts beitragen. Beispiele:

$$173 * 10^3 + ,000006789000 * 10^{-4} = 173 * 10^3,$$

$$1730{,}00 + 21 * 10^{20} = 21 * 10^{20}.$$

Im anderen Fall trägt der Operand mit dem kleineren Zehnerpotenzfaktor mit mindestens einer gültigen Stelle zum Ergebnis bei. In diesem Fall muß das Ergebnis mit der maximalen Genauigkeit von zwölf Stellen ausgegeben werden und danach richtet sich der Zehnerpotenzfaktor. Beispiele:

$$173 * 10^3 + 0{,}00001234 = 173000{,}000012,$$

$$1730 * 10^{10} - 734 * 10^1 = 172999999927 * 10^2,$$

$$,071300000000 * 10^{-2} + ,000006789000 * 10^{-9} = ,71300000000 * 10^{-3}$$

Bei der Punktrechnung wird die Genauigkeit des Ergebnisses durch die Genauigkeit der Operanden ohne Zehnerpotenzfaktor bestimmt, und danach kann der Zehnerpotenzfaktor des Ergebnisses berechnet werden. Beispiele:

$$713 * 10^3 * 2{,}5 = 17825 * 10^{-1},$$

$$,000007130000 * 10^{-2} * 25 * 10^3 = 0{,}001782500 00,$$

$$40{,}8 * 10^5/1{,}7 = 240 * 10^4,$$

$$40{,}80/190 * 10^2 = 0{,}002147,$$

$$,040800000000 * 10^{-2} / ,000001700000 * 10^{-1} = 2400{,}0000000.$$

Damit ist die Ausgabenschnittstelle ausreichend beschrieben. Es muß nun die Eingabeschnittstelle, d. h. die Tastatur und die Interpretation der Eingabefolgen, definiert werden. Bei der Beschreibung der Ergebnisausgabe wurde schon auf eingegebene Operanden und Aufgaben Bezug genommen, d. h. daß das Vorhandensein der elf Tasten zur Eingabe von Dezimalzahlen, nämlich die zehn Zifferntasten und die Dezimalkommataste, und der vier Tasten für die Grundrechenarten, nämlich +, −, * und /, als selbstverständlich vorausgesetzt wurde. Auch die Ergebnistaste = wurde schon eingeführt.

Eine spezielle Taste für die Basis von Zehnerpotenzfaktoren, also mit dem Symbol $*_{10}$, wie sie zur Eingabe von Gleitkommazahlen bei Peripheriegeräten programmierbarer Rechenanlagen meist zu finden ist, soll nicht vorhanden sein. Daß der große Zahlenbereich trotzdem schon bei der Eingabe ausgenutzt werden kann, soll durch andere Spezifikationen gewährleistet werden. Die Stellenzahl bei der Eingabe soll nicht wie bei der Ausgabe auf zwölf beschränkt sein, sondern die einzige Grenze soll durch die Bedingung gegeben sein, daß es stets möglich sein muß, die eingegebene Zahl noch auszugeben; dabei ist ein Genauigkeitsverlust durch Abschneiden gültiger eingegebener Stellen zulässig. Dazu seien einige Beispiele eingegebener Zahlen mit der jeweils zugehörigen Ausgabezahl dargestellt. Es ist wichtig zu beachten, daß unter Ausgabezahl nicht die vom Druckwerk tastendruckweise protokollierte Zahleneingabe zu verstehen ist, sondern diejenige Zahl, deren Ausgabe durch Drücken der Ergebnistaste = am Ende des Eingabevorgangs ausgelöst wird.

Die Beispiele wurden bewußt so gewählt, daß sie nichts darüber aussagen, was geschehen soll, wenn die Exponentengrenzen nicht stark, sondern nur wenig überschritten werden. Die Exponentengrenzen −50 und +50 wurden je nicht absolut, sondern nur als Mindestgrenzen gefordert, d. h. es soll ein Spielraum für eine aufwandsgünstige Realisierung bleiben.

Protokollierte Eingabe:	Ergebnisausgabe:
0,0173	0,0173
17300000000000,4	173000000000 * 10^{2}
0,000000000123456789	,000123456789 * 10^{-6}
$0{,}\underbrace{0\ldots.}_{57\text{ Nullen}}012345$	,000000012345 * 10^{-50}
$0{,}\underbrace{0\ldots.}_{120\text{ Nullen}}012345$	0
$17300000001234\underbrace{0\ldots.0}_{48\text{ Nullen}}$	173000000012 * 10^{50}
$17300000001234\underbrace{0\ldots.0}_{120\text{ Nullen}}$	Exponentenüberlauf

Da die Gefahr besteht, daß man sich im Falle von Zahlen mit betragsgroßen Exponenten bei der Eingabe der langen Nullfolge verzählt, wäre es wünschenswert, noch eine Eingabemöglichkeit mit geringerem Fehlerrisiko zu haben. Diese Eingabemöglichkeit wird durch folgende Überlegung eingeführt: In Aufgaben mit den vier Grundrechenarten kommt es verhältnismäßig häufig vor, daß ein Eingangswert oder ein Zwischenergebnis quadriert oder mit einer höheren ganzen Zahl potenziert werden muß. Diese Operation könnte zwar vom Operateur bei der Eingabe in eine Folge von Multiplikationen aufgelöst werden, andererseits aber ist sicher kein großer Schaltungsmehraufwand zu erwarten, wenn man dieses Auflösen der Maschine überträgt. Dies soll geschehen, und dazu muß zu den vier bisherigen Operationstasten noch eine weitere eingeführt werden, nämlich die Potenztaste „*hoch*". Es sollen auch negative Exponenten zulässig sein. Während bei positiven Exponenten die Ergebnisgenauigkeit problemlos ist, weil sie sich aus den für die Multiplikation geltenden Regeln ergibt, muß die Ergebnisgenauigkeit von Potenzen mit negativen Exponenten erst noch festgelegt werden. Denn es handelt sich ja um eine Division, wobei zwar der Wert des Zählers, nämlich Eins, bekannt ist, nicht aber die Zählergenauigkeit, welche die Ergebnisgenauigkeit festlegt. Es wird willkürlich entschieden, daß die Ergebnisgenauigkeit einer Potenz mit negativem Exponenten gleich der Genauigkeit der Basis sein soll. Aufgabenbeispiele:

$$3{,}28 \; hoch \; 3 = 35{,}287552$$

$$0{,}50 \; hoch \; -7 = 12 * 10^1$$

$$0{,}5000 \; hoch \; -7 = 128{,}0$$

$$10 \; hoch \; 8 = 100000000$$

$$10 \; hoch \; -8 = 0{,}000000010$$

$$10 \; hoch \; -12 = ,000000000010 * 10^{-1}$$

Die letzten drei Beispiele zeigen, daß man nun natürlich jede Zahl bei der Eingabe mit einem Zehnerpotenzfaktor versehen kann. Dieser Faktor ist aber meist nicht mit dem bei einer anschließenden Ergebnisausgabe auftretenden Faktor identisch, denn der eingegebene Faktor hat ja einen Einfluß auf die Genauigkeit.

Aufgabenbeispiele:

$$173 * 10 \; hoch \; 3 = 173000$$

$$1{,}73 * 10 \; hoch \; 5 = 173000{,}00$$

$$17300 * 10 \; hoch \; 9 = 173000000000 * 10^2$$

$$1{,}73 * 10 \; hoch \; -6 = 0{,}000001730$$

$$123000009000 * 10 \; hoch \; 2 = 123000009000 * 10^2$$

Die Festlegung des Exponenten nach dem Symbol „*hoch*" soll nicht auf die direkte Eingabe beschränkt bleiben, d. h. es soll zulässig sein, den Exponenten in Form eines erst zu berechnenden arithmetischen Ausdrucks einzugeben. Dabei muß natürlich gewährleistet bleiben, daß nur ganzzahlige Exponenten vorkommen. Bei Vorgabe eines nicht ganzzahligen Exponenten soll die Maschine auf die weitere Eingabe nicht mehr reagieren, bis die Grundstellungstaste gedrückt wird.

Man sieht, daß die bei kommagerechter Verarbeitung von Dezimalzahlen nie zu vermeidende Abhängigkeit der Ergebnisgenauigkeit von der Operandengenauigkeit die Freiheit der Genauigkeitswahl etwas einschränkt. Während man jederzeit die Genauigkeit einer in der Maschine gespeicherten Zahl nachträglich erhöhen kann, indem man die Zahl einfach mit einer entsprechend genauen Eins multipliziert, gibt es keine Rechenoperation, durch welche die Genauigkeit einer gespeicherten Zahl verringert werden kann. Es gibt jedoch auch keine schwerwiegenden

Gründe, derentwegen die Möglichkeit geschaffen werden müßte, von der Eingabe her die Genauigkeit einer in der Maschine gespeicherten — beispielsweise als Zwischenergebnis gewonnenen — Zahl verringern zu können.

Damit die Berechnung längerer arithmetischer Ausdrücke hinsichtlich des Eingabeaufwandes möglichst einfach wird, soll die Eingabe von Klammerausdrücken möglich sein. Es sollen also die beiden Tasten „*Klammer auf*" mit dem Symbol (und „*Klammer zu*" mit dem Symbol) vorhanden sein. Für die Verwendung dieser Klammern sollen die normalen Klammerungsregeln ohne Ausnahme gelten. Man kann also in die Maschine arithmetische Ausdrücke in fast derselben Form eintasten, wie man sie in eine FORTRAN- oder ALGOL-Anweisung schreiben würde.

Aufgabenbeispiel:

Der arithmetische Ausdruck in üblicher Schreibweise

$$\frac{-6{,}5 * (13{,}8^3 - 837)}{\left(12{,}09 + 4 * (18{,}3 - 6{,}7)\right)^2} =$$

wird eingegeben in der Form

$$-6{,}5 * (13{,}8 \; \textit{hoch} \; 3 - 837)/\left(12{,}09 + 4 * (18{,}3 - 6{,}7)\right) \textit{hoch} \; 2 =$$

und liefert das Ergebnis

$$-3{,}40300947.$$

Der bis hierher eingeführte Tastensatz reicht schon aus, die Maschine zu einem recht brauchbaren Instrument zu machen. Jedoch soll die Maschine auch noch mit adressierbaren Speichern ausgestattet werden. Damit die Maschine die bis hierher eingeführten Aufgaben durchführen kann, müssen natürlich schon Speicher enthalten sein, sonst könnten ja keine Klammerausdrücke berechnet werden, aber diese Speicher sind von der Eingabe her nicht adressierbar. Nun sollen jedoch noch Speicher eingeführt werden, in die über die Eingabe Zahlen eingeschrieben werden können, welche dann zur Teilnahme an arithmetischen Ausdrücken beliebig oft wieder gelesen werden können. Es sollen neun Speicher enthalten sein, welche über Tasten mit den Symbolen S_1 bis S_9 adressierbar sein sollen. Jeder Speicher S_ν soll eine Zahl mit maximal zwölfstelliger Genauigkeit fassen, wie sie als Ergebniszahlen diskutiert wurden. Das Einschreiben einer Zahl in einen Speicher, entweder einer gerade eingetasteten Zahl oder eines Zwischen- oder Endergebnisses, soll durch sequentielles Drücken zweier Tasten bewirkt werden: Zuerst wird die Taste „*Wegspeichern nach*" mit dem Symbol $\rightarrow$ gedrückt und danach die gewünschte Speichertaste S_ν. Damit man sieht, welche Zahl weggespeichert wird, kann vor dem Einschreiben die Ergebnistaste = gedrückt werden; man kann sie aber auch erst hinterher drücken oder gar nicht.

Beispiele:

Grundstellung; $173 = \rightarrow S_1$

$-0{,}052 \rightarrow S_2 =$

Es können alle Speicher durch direkte Eingabe gefüllt werden, ohne daß vor jeder Eingabefolge die Grundstellungstaste gedrückt wird. Beim Übergang in die Grundstellung werden jedoch die Speicher nicht gelöscht.

Wenn die Ergebnisausgabe oder der Wegspeichervorgang nach Eingabe eines unvollständigen arithmetischen Ausdrucks ausgelöst werden, dann soll nur das zuletzt definierte Zwischenergebnis ausgegeben bzw. weggespeichert werden.

Beispiele:

Grundstellung; $4 * (16{,}2 - 2{,}0\ \mathit{hoch}\ 4) \rightarrow S_6 =$

In diesem Fall wird die Zahl

0,8000

weggespeichert und ausgegeben. Dagegen wird in dem Fall

Grundstellung; $4 * (16{,}2 - 2{,}0\ \mathit{hoch}\ 4 \rightarrow S_6 =$

das Zwischenergebnis

0,2000

weggespeichert und ausgegeben.

Nach jedem Ausgabe- oder Abspeichervorgang soll die Eingabe der Symbolfolge des arithmetischen Ausdrucks fortgesetzt werden können, als sei sie gar nicht unterbrochen worden. Im obigen Beispiel ist also die gesamte Eingabefolge:

Grundstellung; $4 * (16{,}2 - 2{,}0\ \mathit{hoch}\ 4 \underbrace{\rightarrow S_6 =}) =$

Einschub im arithmetischen Ausdruck

Das Auslesen gespeicherter Zahlen zur Verwendung in arithmetischen Ausdrücken soll einfach durch Drücken der Speichertaste S_ν an der entsprechenden Stelle bei der Eingabe des Ausdrucks erfolgen. Das bedeutet, daß die Speichersymbole S_ν als Variablennamen in den arithmetischen Ausdrücken auftreten können. Beispiel:

Das Einschreiben von Zahlen in die Speicher S_1 und S_2 sei schon erfolgt.

Grundstellung; $\big(S_1 + 3 * (17\ \textit{hoch}\ 2 - 21{,}6\ \textit{hoch}\ 2 \rightarrow S_3)\big)/(S_2 + S_3) =$

Neben den neun schreibbaren Speichern sollen noch drei Lesespeicher für die häufig vorkommenden Konstanten π, e und $\sqrt{2}$ vorhanden sein. Die Konstanten werden sinnvollerweise mit zwölfstelliger Genauigkeit gespeichert. Die drei Tasten werden mit den entsprechenden Symbolen gekennzeichnet; ihre Verwendung in arithmetischen Ausdrücken entspricht genau den Tasten S_ν.

Beispiel:

Grundstellung; $4 * \pi * 17{,}4\ \textit{hoch}\ 2 = \rightarrow S_4 * 17{,}4/3 =$

Damit sind alle Tastenfunktionen beschrieben. Die vollständige Tastatur ist in Abb. 8.1 dargestellt.

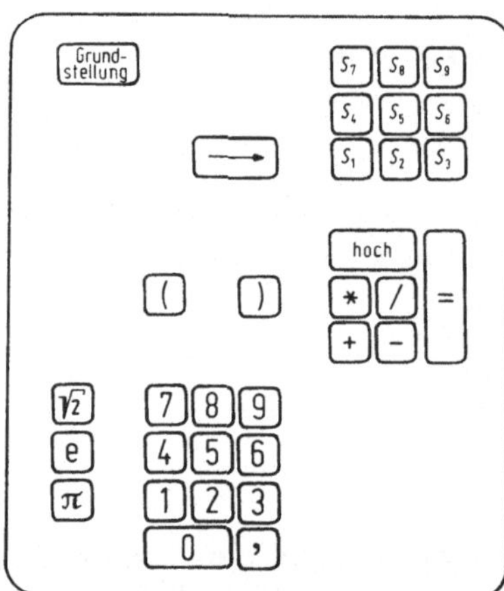

Abb. 8.1. Tastatur der Rechenmaschine.

8.1.2 Algorithmenbeschreibung

Im Zusammenhang mit der vorliegenden Entwurfsaufgabe sind mehrere unterschiedliche Algorithmen zu betrachten. Dabei sind die Algorithmen zur Realisierung der vier Grundrechenarten verhältnismäßig problemlos; sie sollen erst später nach der Entscheidung über die interne Zahlendarstellung diskutiert werden. Auch der Algorithmus, welcher das Beschreiben und Lesen der adressierbaren Speicher regelt, bringt sicher keine wesentlichen Probleme. Auch er wird erst dargestellt, nachdem das Hauptproblem gelöst ist, nämlich der Algorithmus, welcher das Abarbeiten arithmetischer Ausdrücke mit Klammern regelt. Wie die meisten Algorithmen kann auch dieser nicht durch irgendeine systematische Ableitung gewonnen werden. Vielmehr wurde er durch phantasievolle Suche gefunden, welche hier natürlich nicht nachvollzogen werden kann. Es soll lediglich versucht werden, diesen Algorithmus möglichst einfach und leicht verständlich einzuführen.

Während im Abschnitt 8.1.1 die Zeichen + und — nicht eindeutig als Zweioperandenfunktionen, nämlich Addition und Subtraktion, oder als Einoperandenfunktionen, nämlich als Vorzeichen, festgelegt wurden, sondern ihre Bedeutung jeweils erst aus ihrer Stellung innerhalb des arithmetischen Ausdrucks hervorging, soll im folgenden vorläufig die Vorzeichenbedeutung ausgeschlossen bleiben. Es wird also vorläufig angenommen, daß nur solche arithmetische Ausdrücke eingegeben werden, bei denen die Zeichen + und — eindeutig als Additions- bzw. Subtraktionszeichen erkennbar sind.

Eine Ausgangsbedingung für den zu findenden Algorithmus besteht darin, daß die arithmetischen Prioritätsregeln beachtet werden müssen, welche besagen: Potenzrechnung geht vor Punktrechnung, und Punktrechnung geht vor Strichrechnung. Man muß also manchmal große Teile des arithmetischen Ausdrucks speichern, bevor die erste Rechenoperation durchgeführt werden kann. Diese erste durchführbare Rechenoperation eines teilweise eingegebenen arithmetischen Ausdrucks hat als Operanden stets die beiden zuletzt eingegebenen Zahlen, was man an Beispielen leicht einsehen kann:

$$3{,}5/(24{,}2 - \underbrace{1{,}8 * 6{,}7}_{\text{1. Operation}} *$$

$$18 - 4 * (13 + 6/(12 - 2 * \underbrace{1{,}5 \; \textit{hoch} \; 3}_{\text{1. Operation}} +$$

$$17{,}3 - 5{,}5/(1{,}2 + 4 * \underbrace{(16{,}1 - 3{,}6)}_{\text{1. Operation}}$$

Daß bei einem teilweise eingegebenen Ausdruck eine Rechenoperation durchgeführt werden kann und welcher Art diese ist, erkennt man jeweils an den beiden zuletzt eingegebenen Funktionszeichen. Deshalb eignen sich Stapelspeicher am besten für die Speicherung arithmetischer Ausdrücke, und zwar werden die Zahlen und die Funktionszeichen getrennt in je einem Stapelspeicher untergebracht. Obwohl die Funktion eines Stapelspeichers schon im Abschnitt 4.5.5 beschrieben wurde, soll das Prinzip hier noch einmal kurz dargestellt werden. Der Begriff „*Stapelspeicher*" („stack") veranschaulicht das Adressierungsprinzip dieser Speicher: Man stelle sich einen Stapel von Steueranträgen vor, den ein Finanzbeamter zu bearbeiten hat. Der Beamte bearbeitet die Anträge nacheinander, wobei er den jeweils obenauf liegenden Antrag stets als nächsten nimmt. Sein Vorgesetzter bringt ihm laufend neue Anträge, die er jeweils oben auf den Stapel legt. Der zuletzt gebrachte Antrag wird also zuerst bearbeitet. Deshalb wird der Stapelspeicher im Englischen auch als LIFO-Speicher ("last in, first out") bezeichnet. Abb. 8.2 gibt eine mechanische Modellvorstellung für die hier zu verwendenden Stapelspeicher. Es werden Klötzchen in einem Kasten gestapelt; eine Feder drückt den Stapel stets an die Kastendecke, so daß die beiden obersten Klötzchen im Stapelfenster sichtbar sind. Die

Tabelle 8.1. Beispiel der Verarbeitung eines arithmetischen Ausdrucks

Eingabe	(	14+	2*	(	8−	3)			)	
Zahlenstapel		14	2	2	8	3	5	5	5	10
			14	14	2	8	2	2	2	14
					14	2	14	14	14	
						14				
Funktionsstapel	(	+	*	(	−	)	)	*	)	)
		(	+	*	(	−	(	+	*	+
			(	+	*	(	*	(	+	(
				(	+	*	+		(	
					(	+	(			
						(				
Interpretation der Information im Funktionsstapelfenster	Warten auf weitere Eingabe	Warten auf weitere Eingabe	Warten auf weitere Eingabe	Warten auf weitere Eingabe	Warten auf weitere Eingabe	Subtraktion durchführen und herausnehmen	Klammern herausnehmen	Warten auf weitere Eingabe	Multiplikation durchführen und herausnehmen	Addition durchführen und herausnehmen

Schraffur in Abb. 8.2 soll andeuten, daß der untere Stapelteil nicht sichtbar ist. Das Einbringen von Klötzchen in den Stapel ist nur an oberster Stelle möglich. Dagegen soll das Herausnehmen von Klötzchen aus dem

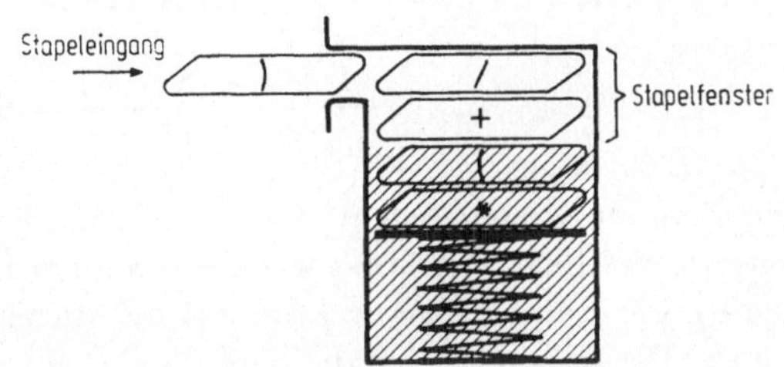

Abb. 8.2.
Mechanisches Modell des Stapelspeichers.

		/	(	40—	6 *hoch*	2)				=		
24	24	24		40	6	2	36	4	4	4	6	6
				24	40	6	40	24	24	24		
					24	40	24					
						24						
)		/	(	—	*hoch*	)	)	)	/	=	=	
(			/	(	—	*hoch*	—	(		/		
				/	(	—	(	/				
					/	(	/					
						/						
Klammern herausnehmen	Warten auf weitere Eingabe	Warten auf weitere Eingabe	Warten auf weitere Eingabe	Warten auf weitere Eingabe	Warten auf weitere Eingabe	Potenzberechnung durchführen und herausnehmen	Subtraktion durchführen und herausnehmen	Klammern herausnehmen	Warten auf weitere Eingabe	Division durchführen und herausnehmen	Ausgabe durchführen und herausnehmen	Warten auf weitere Eingabe

Stapel nach vorne durch das Stapelfenster erfolgen, so daß man wahlweise das oberste oder das zweitoberste Klötzchen herausnehmen kann. Daß diese Möglichkeit bestehen muß, ist anhand des folgenden Beispiels leicht einzusehen.

Es wird nun dargestellt, wie die Aufgabe

$$\frac{14 + 2 * (8 - 3)}{40 - 6^2} = 6$$

nacheinander eingegeben und in einem Zahlen- und einem Funktionsstapel gespeichert wird, und wie die jeweilige Information in den Stapelfenstern die Reihenfolge und die Art der durchzuführenden Operationen steuert. Die gesamte Eingabefolge für die Maschine lautet:

Grundstellung; $\big(14 + 2 * (8 - 3)\big)/(40 - 6$ *hoch* $2) =$

Durch das Drücken der Grundstellungstaste werden die beiden Stapel für die Zahlen und die Funktionen geleert bzw. gelöscht.

Tabelle 8.1 zeigt die schrittweise Verarbeitung des arithmetischen Ausdrucks. Bei der Darstellung der Eingabe fällt auf, daß die Eingabe einer Zahl stets zusammen mit dem nachfolgenden Funktionszeichen dargestellt wurde. Dies ist deswegen sinnvoll, weil eine Zahl ja i. a. aus mehreren Dezimalsymbolen besteht und das Ende der jeweiligen Zahleneingabe nur an der Eingabe des nachfolgenden Funktionszeichens erkannt werden kann.

Da es ziemlich viele unterschiedliche Funktionskombinationen im Funktionsstapelfenster gibt, ist es wichtig, daß man die Interpretation der Information im Funktionsstapelfenster nicht für jede mögliche Kombination einzeln aufzulisten braucht, sondern daß eine Gruppenzusammenfassung möglich ist. Diese Gruppenzusammenfassung beruht im wesentlichen auf den arithmetischen Prioritätsregeln. Für die bisher betrachtete beschränkte Maschine ohne extern adressierbare Speicher und ohne Vorzeichenbedeutung von + und − zeigt Tabelle 8.2 die mögliche Gruppenzusammenfassung und die Interpretation aller möglichen Gruppenkombinationen im Funktionsstapelfenster.

Nachdem nun das Prinzip des Algorithmus zur Abarbeitung arithmetischer Ausdrücke mit Klammern bekannt ist, liegt es nahe zu versuchen, auch die Vorzeichenfunktion von + und − sowie das Beschreiben und Lesen der extern adressierbaren Speicher in diesen Algorithmus einzubauen. Zuerst soll die Berücksichtigung der möglichen Vorzeichenfunktion von + und − eingeführt werden. Man geht dabei von der Überlegung aus, daß es wünschenswert ist, die Zeichen + und − in zwei verschiedenen Versionen in den Funktionsstapel aufzunehmen, je nachdem, ob es sich um Additions- bzw. Subtraktionsbefehle oder um

Tabelle 8.2. Interpretation aller möglichen Kombinationen im Funktionsstapelfenster

Funktionsstapelfenster	$\boldsymbol{F}_1$	=) + −	=) + − * /	=) + − * / *hoch*	)	=	(	*hoch*	* /	+ −	*leer*	)	=) + − * / *hoch* (
	$\boldsymbol{F}_2$	+ −	* /	*hoch*	(	*leer* (	*leer* + − * / *hoch* (	*leer* + − * / (	*leer* + − (	*leer* (	*leer*	*leer*	=)
Interpretation		Rechenoperation in $\boldsymbol{F}_2$ durchführen und $\boldsymbol{F}_2$ herausnehmen			Klammern herausnehmen	Ausgabe durchführen und $\boldsymbol{F}_1$ herausnehmen	Warten auf weitere Eingabe					Meldung: „Fehlerhafte Eingabe“	Kann nicht auftreten

Vorzeichen handelt. Aus der Kombination im Funktionsstapelfenster kann nämlich nicht abgeleitet werden, ob ein Zeichen + oder — als Vorzeichen oder als Operationszeichen interpretiert werden muß. In den beiden Beispielen

$$(-3 + 5) \quad \text{und} \quad (4 - 3 + 5)$$

unterscheiden sich die auftretenden Kombinationen im Funktionsstapelfenster überhaupt nicht. Zur Erkennung, ob ein eingegebenes Zeichen + oder — ein Vorzeichen ist oder nicht, muß also noch andere, im Funktionsstapelfenster nicht erkennbare Information aus der Eingabefolge abgeleitet werden. Ein Zeichen + oder — wird nur in drei Fällen als Vorzeichen zugelassen: Entweder wird es als erstes Zeichen des arithmetischen Ausdrucks eingegeben; oder es wird unmittelbar nach einem Zeichen „*Klammer auf*" eingegeben oder es wird unmittelbar nach dem Funktionszeichen „*hoch*" eingegeben. Damit werden beispielsweise die Eingabefolgen

$$4 * - 5 =$$

$$+ - - 7 + 8 =$$

$$3 \,/ - (4 + 5) =$$

ausgeschlossen.

Zur Erkennung von Vorzeichen braucht nur bei jedem Tastendruck die Binäraussage gespeichert zu werden, ob das eingegebene Zeichen „*Klammer auf*" oder „*hoch*" heißt oder nicht. Bei der Eingabe von + oder — wird in Abhängigkeit vom letzten Wert dieser Binäraussage entschieden, ob es als Operationszeichen oder als Vorzeichen in den Funktionsstapel eingebracht wird. Die Taste „*Grundstellung*" muß die Binäraussage auf den gleichen Wert setzen, wie wenn „*Klammer auf*" oder „*hoch*" gedrückt wird. Im folgenden sollen die Symbole + und — im Funktionsstapel Operationszeichen sein, während Vorzeichen durch die Symbole $\oplus$ und $\ominus$ dargestellt werden. Hinsichtlich der Prioritätsregeln ist zu beachten, daß die Vorzeichenbestimmung nicht zur Strichrechnung, sondern zur Punktrechnung gehört. Die Erweiterung der Tabelle 8.2 um die Vorzeichenfunktion erfolgt zusammen mit der Aufnahme der Speicherfunktionen in Tabelle 8.3.

Die Speicherfunktionen Lesen und Schreiben können getrennt eingeführt werden. Während beim Lesevorgang die schreibbaren Speicher S_ν und die Konstantenspeicher K_μ $\left(\text{für } \pi, \text{e und } \sqrt{2}\right)$ zusammen betrachtet werden können, müssen die Konstantenspeicher selbstverständlich vom Schreibvorgang ausgeschlossen werden. Eine Taste S_ν oder K_μ kann immer anstelle einer direkten Zahleneingabe gedrückt werden; dadurch soll der adressierte Speicher gelesen und die gelesene Zahl auf den

Zahlenstapel gebracht werden. Die oberste Stelle des Zahlenstapels sei mit $\boldsymbol{Z}_1$, die zweitoberste mit $\boldsymbol{Z}_2$ bezeichnet. (Da diese Symbole $\boldsymbol{Z}_1$ und $\boldsymbol{Z}_2$ nur hier in der Algorithmenbeschreibung für den Zahlenstapel verwendet werden, besteht keine Gefahr der Verwechslung mit den später einzuführenden Codewörtern des Zustandscodes im Steuerwerk.) Ein Schreibvorgang wird eingeleitet durch das Drücken der Taste $\rightarrow$; danach kann entweder die Ausgabetaste $=$ oder eine Speichertaste S_ν gedrückt werden; jede andere Eingabe ist unzulässig und bewirkt einen Übergang der Maschine in den Zustand „Warten auf Grundstellung".

Mit der Angabe der Tabelle 8.3 ist der Algorithmus, welcher die in der Schnittstellenbeschreibung geforderte Verarbeitung der Eingabefolgen gewährleistet, vollständig beschrieben. Es müssen nun noch die Algorithmen für die Grundrechenoperationen festgelegt werden. Dazu muß auf die Zahlendarstellung in der Maschine eingegangen werden. Die wesentlichen Punkte der Zahlendarstellung wurden schon bei der Schnittstellenbeschreibung im Abschnitt 8.1.1 im Zusammenhang mit der Ergebnisausgabe vorweggenommen: maximal zwölf gültige Dezimalziffern und ein Dezimalexponent im Mindestbereich von -50 bis $+50$. Um komplizierte Zahlenwandlungen zu vermeiden, werden die Zahl und der Exponent ziffernweise abgespeichert, d. h. für jede Dezimalziffer werden vier Binärstellen bereitgestellt. Für eine zwölfstellige Zahl mit einem zweistelligen Exponenten sowie dem Zahlen- und dem Exponentenvorzeichen werden also $14 \cdot 4 + 2 = 58$ Binärstellen benötigt. Jedoch zeigen die folgenden Überlegungen, daß es zweckmäßig ist, für jede Zahl noch einige weitere Binärstellen zur Angabe der Genauigkeit bereitzustellen.

Im Abschnitt 8.1.1 wurde ausführlich der Zusammenhang zwischen Operandengenauigkeit und Ergebnisgenauigkeit diskutiert. Die Algorithmen für die Rechenoperationen nehmen also Bezug auf die Operandengenauigkeit. Man könnte zwar die Genauigkeit jedes rechtsbündig zwölfstellig gespeicherten Operanden durch Abzählen der führenden Nullen zu Beginn jeder Rechenoperation feststellen, aber der dazu notwendige Steueraufwand ist größer als der Speicheraufwand für die Genauigkeit. Die Genauigkeit ist eine ganze Zahl zwischen 0 und 12; die Genauigkeit kann nur Null sein, wenn der Operand selbst Null ist. Zur Speicherung der Genauigkeit eines Operanden genügen also vier Binärstellen. Die Anzahl der zu speichernden Operanden umfaßt die neun Speicher S_ν, die drei Konstantenspeicher, die Plätze des Zahlenstapels und einige zusätzliche Speicherplätze zur Ablage von Zwischenergebnissen bei der sequentiellen Durchführung der Grundrechenoperationen. Die Stapelkapazität wird mit sechzehn Plätzen ausreichend bemessen; zusätzliche Speicherplätze werden nicht mehr als vier benötigt. Damit ergibt sich die Gesamtzahl der Operandenspeicherplätze zu 32; für die

Speicherung der Genauigkeit wird also ein Speicheraufwand von 128 Binärstellen benötigt. Das Abzählen der führenden Nullen vor jeder Rechenoperation würde zur Steuerung etliche Wörter im Mikroprogrammspeicher erfordern, was ein deutlich größerer Aufwand wäre.

Da nun neben den einzelnen Dezimalstellen auch die Genauigkeit mit vier Binärstellen gespeichert wird, liegt es nahe, den gesamten Operanden in Abschnitte zu je vier Binärstellen einzuteilen, d. h. auch das Operanden- und das Exponentenvorzeichen zusammen in einen vier Stellen umfassenden Abschnitt zu stecken, von dem dann eben zwei Bit redundant sind. Nun wird der gesamte Speicherbedarf durch Zweierpotenzen beschrieben, was für die Strukturierung des Operationswerks vorteilhaft ist: 32 Operanden mit je 16 Abschnitten zu je 4 Binärstellen.

Tabelle 8.4 zeigt einige Beispiele gespeicherter Zahlen mit der jeweils zugehörigen Ausgabe. Der gespeicherte Dezimalexponent wird nur dann

Tabelle 8.3. Erweiterung von Tabelle 8.2 um

Funktionsstapelfenster	$\boldsymbol{F}_1$	→ =) + −	→ =) + − * /	→ =) + − * / *hoch*	→ =) + − * /	)	=	S_ν, K_μ
	$\boldsymbol{F}_2$	+ −	* /	*hoch*	⊕ ⊖	(	*leer* → (	*leer* + − ⊕ ⊖ * / *hoch* (
Interpretation		Rechenoperation in $\boldsymbol{F}_2$ durchführen mit 1. Operand in $\boldsymbol{Z}_2$, 2. Operand in $\boldsymbol{Z}_1$; beide Operanden herausnehmen; Ergebnis nach $\boldsymbol{Z}_1$; $\boldsymbol{F}_2$ herausnehmen			Vorzeichen in $\boldsymbol{Z}_1$ mit Vorzeichen in $\boldsymbol{F}_2$ multiplizieren; $\boldsymbol{F}_2$ herausnehmen	Klammern aus $\boldsymbol{F}_1$ und $\boldsymbol{F}_2$ herausnehmen	Ausgabe von $\boldsymbol{Z}_1$; $\boldsymbol{F}_1$ herausnehmen	Zahl aus S_ν bzw. K_μ nach $\boldsymbol{Z}_1$ bringen

unverändert ausgegeben, wenn er größer als Null ist; wenn der gespeicherte Exponent im Bereich von jeweils einschließlich -12 bis 0 liegt, wird gar kein Exponent ausgegeben; wenn der gespeicherte Exponent kleiner ist als -12, dann wird ein um 12 erhöhter Exponent ausgegeben. Der gespeicherte Exponent bezieht sich also auf eine rechtsbündig gespeicherte ganze Zahl, und er braucht deshalb nicht immer ausgegeben zu werden, weil ja bei der Ausgabe ein Dezimalkomma mit ausgegeben wird, das dreizehn verschiedene relative Positionen einnehmen kann.

Die Algorithmen für die Grundrechenarten mit der Zahlendarstellung in Tabelle 8.4 sind zwangsläufig etwas komplizierter als bei der in Rechenanlagen üblichen Gleitkommaarithmetik. Dort wird ja mit konstanter Genauigkeit gearbeitet, wobei sich der Exponent auf sogenannte „normalisierte", d. h. linksbündig gespeicherte Zahlen bezieht. Aber da

Vorzeichenfunktionen und Speichervorgänge

S_ν	(	*hoch*	* /	⊕ ⊖	→ + −	*leer*	)	K_μ →) + − * / *hoch* (	⊕ ⊖	S_ν, K_μ → =) + − ⊕ ⊖ * / *hoch* (
→	*leer* + − ⊕ ⊖ * / *hoch* (	*leer* + − ⊕ ⊖ * / (	*leer* + − (	*leer* *hoch* (	*leer* (	*leer*	*leer*	→	→ + − ⊕ ⊖ * /	S_ν, K_μ =)
Zahl aus Z_1 nach nach S_ν bringen	Warten auf weitere Eingabe						Meldung: „Fehlerhafte Eingabe"		Kann nicht auftreten	

die hier eingeführte, für den Benutzer vorteilhafte Zahlendarstellung eine wesentliche Charakteristik der zu entwerfenden Rechenmaschine sein soll, müssen die komplizierteren Algorithmen realisiert werden. Zeitprobleme ergeben sich dabei nicht, denn es bestehen ja keine sehr strengen oberen Zeitgrenzen für die Durchführung der Grundrechenoperationen. Beispielsweise ist eine Durchführungszeit von 5 ms für eine Gleitkomma-

Tabelle 8.4. Beispiele für die Zahlendarstellung bei Speicherung und Ausgabe

Gespeicherte Zahl: Adressen der 4-Bit-Abschnitte																Ausgegebene Zahl
15	14	13	12	11	10	9	8	7	6	5	4	3	2	1	0	
+ +	0	0	0	0	0	0	0	0	0	0	0	0	0	0	0	0
+ +	0	0	3	0	0	0	0	0	0	0	0	0	1	7	4	174
+ –	0	4	5	0	0	0	0	0	0	0	2	5	6	7	8	2,5678
– +	0	2	4	0	0	0	0	0	0	0	0	4	3	2	1	$-4321 * 10^{2}$
– –	1	4	12	7	0	0	1	2	3	4	5	6	7	8	9	$-,700123456789 * 10^{-2}$
+ –	0	7	5	0	0	0	0	0	0	0	4	1	0	0	0	0,0041000

Rechtsbündige ganze Zahl (Abschnitte 9–0)
Genauigkeit (Abschnitt 12)
Dezimalexponent (Abschnitte 14–13)
Vorzeichen der Zahl (Abschnitt 15)

Gespeicherte Zahl | Ausgegebene Zahl

multiplikation bei einer normalen Rechenanlage völlig indiskutabel, während eine solche Zeit bei der zu entwerfenden Maschine durchaus annehmbar ist. Solange eine durch Tastendruck auslösbare Operation nicht länger als 50 ms dauert, sind die Bedürfnisse des Benutzers voll befriedigt, denn in kürzeren Abständen kann er die Tasten garantiert nicht drücken. Mit der genannten Multiplikationszeit kann ein Potenzieren mit dem Exponenten 10, was wenig mehr als die zehnfache Multiplikationszeit erfordert, noch in der vom Benutzer nicht wahrnehmbaren Ausführungszeit erfolgen. Es wäre ungerechtfertigt, die Maschine so auslegen zu wollen, daß auch das Potenzieren mit Exponenten in der Größenordnung 50 oder mehr keine vom Benutzer wahrnehmbare Zeit erfordert.

Es sollen nun die wesentlichen Punkte des Additionsalgorithmus betrachtet werden. Dazu seien einige Variable eingeführt:

A_1 Betrag des ersten Summanden,

A_2 Betrag des zweiten Summanden,

A_{res} Betrag des Ergebnisses,

$A_i(j)$ Dezimalstelle mit der Adresse j der Zahl A_i,

e_i Dezimalexponent (einschl. Vorzeichen) der Zahl A_i,

g_i Genauigkeit der Zahl A_i.

Die Vorzeichen der Summanden interessieren hier nicht, da der Fall der tatsächlichen Addition betrachtet werden soll, wo beide Summanden das gleiche Vorzeichen haben.

Damit die Überlegungen, welche zum Additionsalgorithmus führen, leichter verständlich werden, seien zuerst einige Additionsbeispiele angegeben (s. Tabelle 8.5). In der Tabelle sind rechts die einzelnen Summanden kommagerecht untereinandergeschrieben, wie man es für die manuelle Durchführung der Addition braucht. Durch senkrechte Striche wurde jeweils angegeben, ab welcher Stelle die Addition nach links fortschreitend durchgeführt werden muß. Die Lage dieser Striche ergibt sich wie folgt: Wenn der Abstand zwischen der Dezimalstelle höchster Wertigkeit und der Dezimalstelle niedrigster Wertigkeit innerhalb des Summandenpaares zwölf Stellen nicht überschreitet, wobei die extremen Stellen mitzählen, dann steht der Strich rechts neben der Stelle niedrigster Wertigkeit; im anderen Fall steht der Strich so, daß die Stelle

Tabelle 8.5. Additionsbeispiele

<table>
<tr><th>e_i</th><th>g_i</th><th></th><th></th></tr>
<tr><td>+1</td><td>3</td><td>173</td><td>1730|</td></tr>
<tr><td>−3</td><td>4</td><td>6789</td><td>6,789|</td></tr>
<tr><td>−3</td><td>7</td><td>1736789</td><td></td></tr>
<tr><td>−8</td><td>6</td><td>654321</td><td>0,006543|21</td></tr>
<tr><td>+2</td><td>4</td><td>4567</td><td>456700|</td></tr>
<tr><td>−6</td><td>12</td><td>456700006543</td><td></td></tr>
<tr><td>+0</td><td>3</td><td>943</td><td>943|</td></tr>
<tr><td>−2</td><td>4</td><td>6102</td><td>61,02|</td></tr>
<tr><td>−2</td><td>6</td><td>100402</td><td></td></tr>
<tr><td>+2</td><td>11</td><td>99999954321</td><td>999999543210|0</td></tr>
<tr><td>+0</td><td>7</td><td>4666667</td><td>466666|7</td></tr>
<tr><td>+2</td><td>12</td><td>1000000000987</td><td></td></tr>
<tr><td>−4</td><td>2</td><td>123</td><td>12300000000|</td></tr>
<tr><td>+8</td><td>3</td><td>75</td><td>0,0|075</td></tr>
<tr><td>+8</td><td>3</td><td>123</td><td></td></tr>
</table>

höchster Wertigkeit an zwölfter Stelle links steht. In diesem zweiten Fall müssen nicht zwangsläufig alle links vom Strich sich ergebenden Summenstellen im gespeicherten Ergebnis enthalten sein. Wenn sich, wie im vierten Beispiel, dreizehn Summenstellen links vom Strich ergeben, wobei die dreizehnte Stelle zwangsläufig nur den Wert Eins haben kann, dann kann selbstverständlich die erste links neben dem Strich sich ergebende Summenstelle nicht mehr ins zwölfstellige Ergebnisfeld gespeichert werden. Wenn, wie im fünften Beispiel, sämtliche gültigen Stellen eines Summanden rechts vom Strich liegen, so daß dieser Summand zum Ergebnis überhaupt nichts beitragen kann, dann soll als Ergebnis der verbleibende Summand mit dessen ursprünglicher Genauigkeit abgespeichert werden, d. h. die durch die Lage des Strichs bedingte Genauigkeitserhöhung auf zwölf Stellen soll nicht ins Ergebnis übernommen werden. Das hier dargestellte Verfahren berücksichtigt die im Abschnitt 8.1.1 festgelegten Forderungen hinsichtlich der Genauigkeit bei der Strichrechnung.

Es muß nun entwickelt werden, wie man die Lage des Striches numerisch erfassen und aus den Werten e und g der Summanden berechnen kann. Bei der Einführung der Adresse j für die Dezimalstellen der Summanden und des Ergebnisses wurde kein Bereich angegeben, so daß die naheliegende Annahme gemacht werden konnte, j könne jede ganze Zahl sein im Bereich von 0 bis 11 (s. Tabelle 8.4). Nun soll jedoch der Bereich für j erweitert werden, indem jede ganze Zahl zugelassen wird. Da jedoch bisher nur die Dezimalstellen $A_i(j)$ für $j = (0, 1, 2, \ldots, 11)$ als die im Speicher stehenden Werte definiert wurden, muß nun noch festgelegt werden, daß alle anderen Dezimalstellen $A_i(j)$, bei denen also j entweder negativ oder größer als Elf ist, den Wert Null haben sollen.

Tabelle 8.6. Numerische Kennzeichnung der Additionsbegrenzungsstriche in Tabelle 8.5

Beispiel	j_1	j_2
1	−4	0
2	2	−8
3	−2	0
4	−1	1
5	−9	3

Nun kann die Lage des Striches durch die Angabe eines Adressenpaares (j_1, j_2) numerisch erfaßt werden, indem man mit j_i angibt, welche Dezimalstelle des Summanden i als erste links neben dem Strich steht. Tabelle 8.6 gibt die Lage des Striches in den fünf Beispielen der Tabelle 8.5 an.

Da vorausgesetzt werden kann, daß die Fälle, in denen ein Summand oder beide Null sind, durch Abfrage der Genauigkeit vor der Bestimmung der Strichposition festgestellt werden und durch einfaches Kopieren eines Summanden in das Ergebnisfeld erledigt werden können, darf im folgenden angenommen werden, daß die Genauigkeiten g_1 und g_2 mindestens Eins und maximal Zwölf sind. Bei der Berechnung des Adressenpaares (j_1, j_2) brauchen daher keine Sonderfälle mehr berücksichtigt zu werden, es genügt die Anschauung der Tabelle 8.5.

Zur Berechnung der Werte j_i geht man am besten den Weg über normierte Gleitkommazahlen. Man bestimmt also zuerst die Dezimalexponenten e_i', die gespeichert werden müßten, wenn die beiden Summanden zu zwölfstelliger Genauigkeit transformiert würden. Eine solche Transformation würde bedeuten, daß jeder Summand um so viele Stellen nach links geschoben wird, wie er ursprünglich führende Nullen hatte; diese Zahl der führenden Nullen ist $12-g_i$. Da der Wert des Summanden dabei nicht verändert werden soll, muß der neue Exponent e_i' um die Zahl der Schiebeschritte kleiner sein als der ursprüngliche Ex ponent e_i. Man erhält also:

$$e_1' = e_1 - (12 - g_1), \tag{8.1}$$

$$e_2' = e_2 - (12 - g_2). \tag{8.2}$$

Man kann sich nun leicht überlegen, daß derjenige Summand, dessen Exponent e_i' der größere von den beiden ist, bei der Addition die Stelle höchster Wertigkeit liefert. An Tabelle 8.5 veranschaulicht bedeutet dies, daß der Summand, zu dem die am weitesten links vom Strich stehende Ziffer gehört, den größeren Exponenten e_i' hat. Wenn beide Exponenten e_i' gleich sind, ragen beide Summanden vom Strich aus gleich weit nach links. Tabelle 8.7 gibt die Exponenten e_i' zu den Beispielen in Tabelle 8.5 an.

Tabelle 8.7. Exponenten bei Normierung der Summanden in Tabelle 8.5

Beispiel	e_1'	e_2'
1	− 8	−11
2	−14	− 6
3	− 9	−10
4	1	− 5
5	− 1	−14

Derjenige Summand, der am weitesten vom Strich aus nach links ragt, sei mit dem Index „max" gekennzeichnet, der andere mit „min". Wenn beide Summanden gleich weit nach links ragen, wird willkürlich der erste Summand mit dem Index max versehen. Die Dezimalstellen der normierten Summanden seien mit $A'_{max}(j)$ und $A'_{min}(j)$ bezeichnet.

Da rechts von der Ziffer $A'_{max}(0)$ stehende Ziffern an der Addition nicht mehr teilnehmen können, sucht man nun die Adresse j_0' der Ziffer $A'_{min}(j_0')$, welche beim kommagerechten Anschreiben der Additionsaufgabe mit der Ziffer $A'_{max}(0)$ in die gleiche Spalte kommt. Diese Ziffer $A'_{min}(j_0')$ muß bei Betrachtung der normierten Summanden weiter links stehen als die Ziffer $A'_{max}(0)$, und zwar wird der Stellenunterschied durch die Differenz zwischen e'_{max} und e'_{min} bestimmt:

$$j_0' = e'_{max} - e'_{min} = |e_1 + g_1 - e_2 - g_2| . \tag{8.3}$$

Nachdem man nun zwei Dezimalstellen gefunden hat, die beim kommagerechten Anschreiben der Additionsaufgabe in die gleiche Spalte kommen, kann man von den normierten Summanden wieder zurückgehen zu den ursprünglich gegebenen. Man kann sich vorstellen, daß jeder Summand wieder um so viele Stellen nach rechts geschoben wird, wie er bei der Normierung nach links geschoben worden war. Für die beiden speziell betrachteten gleichgewichtigen Dezimalstellen bedeutet dies folgende Adressenverschiebung:

$$A'_{max}(0) = A_{max}(-12 + g_{max}), \tag{8.4}$$

$$A'_{min}(j_0') = A_{min}(j_0' - 12 + g_{min}). \tag{8.5}$$

Die neuen Adressen seien wie folgt benannt:

$$-12 + g_{max} = j_{0max}, \tag{8.6}$$

$$j_0' - 12 + g_{min} = j_{0min}. \tag{8.7}$$

Da j_0' nach Gl. (8.3) nicht negativ sein kann und außerdem die Genauigkeiten g_i größer als Null und maximal Zwölf sind, kann man für die neuen Adressen folgende Bereichsgrenzen angeben:

$$-11 \leq j_{0max} \leq 0, \tag{8.8}$$

$$-11 \leq j_{0min}. \tag{8.9}$$

Es müssen nun zwei Fälle unterschieden werden. Als erstes sei der Fall behandelt, daß beide Adressen j_{0max} und j_{0min} negativ sind. Das bedeutet, daß die Dezimalen $A_{max}(j_{0max})$ und $A_{min}(j_{0min})$ rechts — nicht unbedingt unmittelbar rechts — von dem gesuchten Strich stehen. Um zum Strich zu kommen, muß man in diesem Fall um soviele Stellen nach links gehen, bis man die erste Ziffer mit der Adresse 0 erreicht. Die Anzahl Δj der Stellen, um die man nach links gehen muß, ist also gleich dem kleineren Betrag der beiden Adressen $j_{0\max}$ und $j_{0\min}$:

$$\Delta j = \min(|j_{0\max}|, |j_{0\min}|). \tag{8.10}$$

Damit läßt sich die Position des Striches für diesen Fall angeben mit

$$j_{\max} = j_{0\max} + \Delta j, \tag{8.11}$$

$$j_{\min} = j_{0\min} + \Delta j. \tag{8.12}$$

Im anderen Fall, wo $j_{0\max}$ und $j_{0\min}$ nicht beide negativ sind, geben die beiden Adressen schon gleich die Strichposition an:

$$j_{\max} = j_{0\max}, \tag{8.13}$$

$$j_{\min} = j_{0\min}. \tag{8.14}$$

In diesem Fall besteht die Möglichkeit, daß keine gültige Ziffer des Summanden $A_{\min}$ links vom Strich steht und deshalb das Ergebnis gleich dem Summanden $A_{\max}$ gemacht werden soll. Diese Situation liegt vor, wenn gilt:

$$j_{\min} \geq g_{\min}. \tag{8.15}$$

Nachdem nun die Strichposition festliegt, kann die Addition stellenweise nach links fortschreitend durchgeführt werden bis einschließlich der Dezimalstelle $A_{\max}(g_{\max} - 1)$. Die Genauigkeit des Ergebnisses gewinnt man am einfachsten durch Mitzählen der Stellen bei der sequentiellen Addition. Ein möglicherweise auftretender Übertrag muß dabei berücksichtigt werden.

Den Exponenten des Ergebnisses gewinnt man aus folgender Überlegung: Das Gewicht der am weitesten links stehenden Stelle des Ergebnisses ist gleich dem Gewicht der höchsten Stelle des Summanden $A_{\max}$, falls kein Additionsüberlauf auftritt, sonst aber um Eins höher. Wenn die Genauigkeit des Ergebnisses also gleich der Genauigkeit des Summanden $A_{\max}$ wäre, dann wäre der Exponent des Ergebnisses entweder gleich oder um Eins höher als der Exponent $e_{\max}$. Nun kann aber die Genauigkeit des Ergebnisses größer sein als die des Summanden $A_{\max}$; in diesem Fall steht die Stelle höchsten Gewichts beim Ergebnis um $(g_{res} - g_{\max})$ Stellen weiter links als beim Summanden $A_{\max}$; deshalb muß in diesem Fall der Ergebnisexponent um den entsprechenden Betrag kleiner sein. Es gilt also:
ohne Additionsüberlauf:

$$e_{res} = e_{\max} - (g_{res} - g_{\max}); \tag{8.16}$$

mit Additionsüberlauf:

$$e_{res} = (e_{max} + 1) - (g_{res} - g_{max}). \tag{8.17}$$

Die Ergebnisse dieser Betrachtung des Additionsalgorithmus sind im Ablaufdiagramm in Abb. 8.3 noch einmal zusammengefaßt. Neben den schon eingeführten Variablen wurden dort die Hilfsvariablen k_{01}, k_{02}, l, n und $\ddot{U}$ benutzt. Mit $\ddot{U}$ ist der dezimale Additionsübertrag bezeichnet. Die Unterteilung des Diagramms in die beiden Abschnitte I und II ist ein Vorgriff auf den später zu behandelnden Subtraktionsablauf.

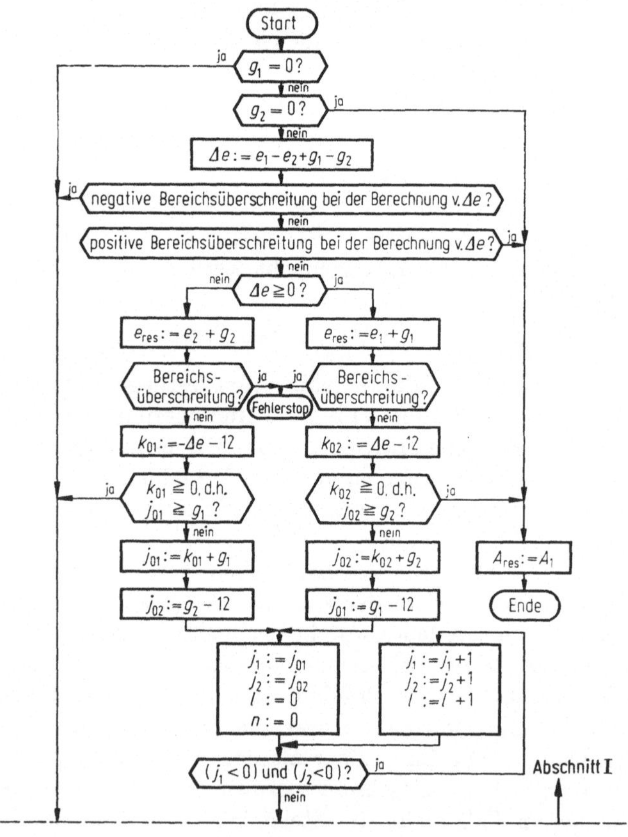

Abb. 8.3. Ablaufdiagramm zur Addition.

Das Ablaufdiagramm enthält einen Fehlerstop, der einer besonderen Erklärung bedarf. Bei der Einführung des Mindestbereichs von -50 bis $+50$ für die Exponenten in Abschnitt 8.1.1 war bewußt nichts darüber ausgesagt worden, wie sich die Maschine verhalten soll, wenn bei einer Operation ein Ergebnisexponent auftritt, der leicht außerhalb der Mindestgrenzen liegt. Dadurch kann die Entscheidung darüber bei der Aufstellung der einzelnen Operationsabläufe frei gefällt werden im Hinglick auf den günstigsten Aufwand. Bei der Addition kann nur die obere Grenze überschritten werden; deshalb kann im Additionsablauf nur dort eine Bereichsüberschreitung festgestellt werden, wo zur Berechnung des Ergebnisexponenten ein Schritt in Richtung auf diese Grenze ausgeführt wird. Solch ein Schritt kommt während eines Additionsprozesses nach

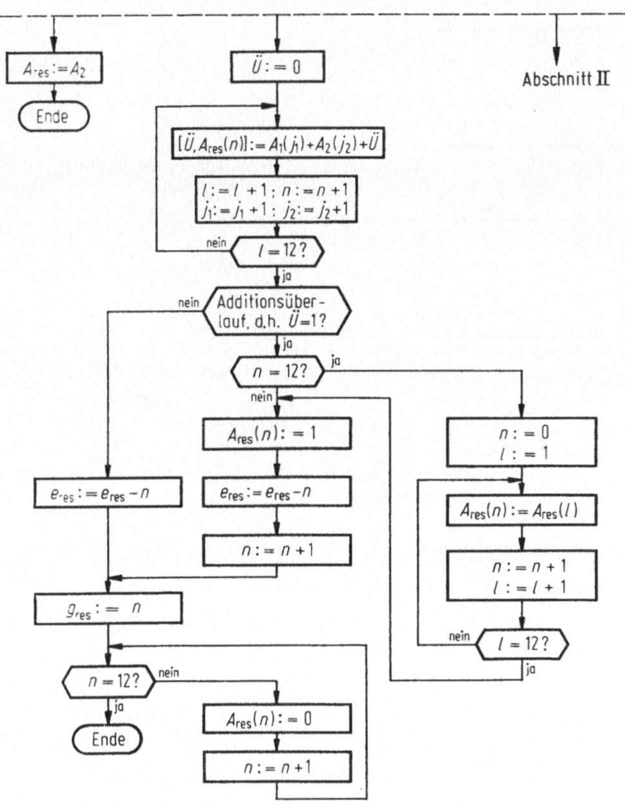

Abb. 8.3 nur einmal vor, nämlich unmittelbar vor der diskutierten Fehlerstopabfrage. Da für $e_i = 50$ und $g_i = 12$ noch kein Fehlerstop eintreten soll, darf die Abfrageschwelle nicht kleiner als 62 sein. Da die

Exponenten zweistellig dezimal gespeichert werden, ist es technisch am zweckmäßigsten, die Abfrageschwelle auf 99 zu legen.

Auch bei der Subtraktion muß man wie bei der Addition zur manuellen Durchführung der Operation die beiden Operanden kommagerecht untereinander schreiben. Deshalb gelten alle Überlegungen bezüglich der Positionierung des Begrenzungsstriches auch unverändert für die Subtraktion. Es seien wieder zuerst einige Beispiele betrachtet (Tabelle 8.8). Da nur der Fall der tatsächlichen Subtraktion betrachtet

Tabelle 8.8. Subtraktionsbeispiele

	e_i	g_i			
	+ 1	3	1 7 3	1730	
	− 3	4	6 7 8 9	6,789	
o	− 3	7	1 7 2 3 2 1 1		
	− 8	6	6 5 4 3 2 1	0,006543	21
	+ 2	4	4 5 6 7	456700	
i	− 6	12	4 5 6 6 9 9 9 9 3 4 5 7		
	− 2	5	8 9 0 1 2	890,12	
	− 3	6	8 8 9 7 7 5	889,775	
o	− 3	3	3 4 5		
	− 4	2	7 5	0,0	075
	+ 8	3	1 2 3	12300000000	
i	+ 8	3	1 2 3		

werden soll, müssen die Vorzeichen beider Operanden jeweils gleich sein. In Tabelle 8.8 sind gar keine Operandenvorzeichen angegeben, weil ja nur interessiert, ob das Ergebnisvorzeichen gleich dem originalen (o) oder dem invertierten (i) Operandenvorzeichen ist.

Bevor auf die stellenweise Subtraktion eingegangen wird, sollen zuerst die Unterschiede zur Addition bezüglich der Bestimmung des Ergebnisexponenten e_{res} und der Ergebnisgenauigkeit g_{res} betrachtet werden. Gl. (8.16) und Gl. (8.17) zeigen, wie e_{res} vom Additionsüberlauf abhängt. Einen solchen Überlauf gibt es bei der Subtraktion nicht, dafür aber eine entgegengesetzte Erscheinung, die man als „Subtraktionsrücklauf" bezeichnen könnte. Ein solcher Rücklauf tritt im dritten Beispiel in Tabelle 8.8 auf; es ist darunter das Entstehen führender Nullen bei der stellenweisen Subtraktion zu verstehen, wodurch die Genauigkeit des Ergebnisses kleiner werden kann als die kleinste Genauigkeit bei den Operanden. Während der Additionsüberlauf immer nur eine Stelle betrifft, kann der Subtraktionsrücklauf maximal alle Stellen erfassen, die sich aus der stellenweisen Subtraktion ergeben. Die entstandenen führenden Nullen können erst abgezählt werden, nachdem die stellenweise Subtraktion beendet ist, d. h. erst dann kann die Ergebnisgenauigkeit g_{res} bestimmt werden. Der Ergebnisexponent e_{res} wird nicht unter Verwendung von g_{res} berechnet, sondern unter Verwendung des Wertes g_{sub}, welcher die Zahl der an der stellenweisen Subtraktion teilnehmenden Stellen angibt; g_{sub} ist also gleich der Ergebnisgenauigkeit in dem Fall, daß kein Rücklauf eintrat. Nur wenn sich g_{res} zu Null ergibt, was bedeutet, daß das Ergebnis Null ist, wird e_{res} unabhängig von g_{sub} auch Null gesetzt. Für die Berechnung von e_{res} gilt also

$$\text{bei } g_{res} > 0: \qquad e_{res} = e_{max} - (g_{sub} - g_{max}), \tag{8.18}$$

$$\text{bei } g_{res} = 0: \qquad e_{res} = 0. \tag{8.19}$$

An dieser Stelle sei kurz auf eine mögliche besondere Genauigkeitsspezifikation für die Subtraktion hingewiesen, welche aber von der zu entwerfenden Maschine nicht gefordert wird. Wenn durch den Strich gültige Stellen eines Operanden abgeschnitten werden und sich dann ein Subtraktionsrücklauf ergibt, kann man eine um Eins größere Ergebnisgenauigkeit erzielen, indem man den Strich um eine Stelle nach rechts rückt und die Subtraktion wiederholt. Dies ist in Tabelle 8.9 mit einem Beispiel veranschaulicht. Um diese Genauigkeitserhöhung zu realisieren, wäre ein beträchtlicher Steuerungsmehraufwand erforderlich, der sich für den Gewinn einer einzigen Stelle keineswegs rentiert.

Tabelle 8.9. Beispiel zur Genauigkeitserhöhung bei der Subtraktion

	e_i	g_i		
	+ 1	7	1 0 0 0 0 0 1	10000010
	− 6	9	9 9 9 9 8 7 6 5 4	999,9876|54
0	− 4	11	9 9 9 9 0 1 0 0 1 2 4	
				10000010
				999,98765|4
0	− 5	12	9 9 9 9 0 1 0 0 1 2 3 5	

Es ist wichtig zu bemerken, daß bei einer Subtraktion die untere Exponentengrenze genausowenig unterschritten werden kann wie bei der Addition. Wenn das Ergebnis und damit der Ergebnisexponent nicht Null werden, dann kann e_{res} nicht kleiner werden als der kleinste Operandenexponent. Was die obere Exponentengrenze anbetrifft, so kann sie bei der Subtraktion natürlich theoretisch nie überschritten werden. Wenn man jedoch die Strichposition auf die gleiche Weise bestimmt wie bei der Addition, nämlich nach dem Ablauf in Abb. 8.3, dann kann selbstverständlich auch bei der Subtraktion ein Fehlerstop eintreten. Das bedeutet dann eben, daß einer der Operandenexponenten schon beträchtlich über 50 liegt, was bisher von der Maschine toleriert wurde und nun halt nicht mehr.

Für die stellenweise Subtraktion soll das Schaltnetz zur stellenweisen Addition verwendet werden, was dazu um ein Komplementiernetz erweitert werden muß. Das Komplementiernetz liefert zu jeder Dezimalziffer d_k am Eingang eine Dezimalziffer am Ausgang, welche den Wert $(9 - d_k)$ hat. Der erste Teil der Subtraktion besteht in einer Addition der originalen Dezimalstellenfolge D_1 des ersten Operanden zur komplementierten Dezimalstellenfolge des zweiten Operanden mit einer Eins als Eingangsübertrag. Man bildet also das Zwischenergebnis D_3:

$$D_3 = D_1 + \underbrace{(999999999999 - D_2)}_{\text{Komplement von } D_2} \quad \underbrace{+\,1}_{\text{Eingangsübertrag}}. \tag{8.20}$$

Das weitere Vorgehen hängt davon ab, ob bei der Berechnung von D_3 ein Additionsüberlauf auftritt oder nicht. Wenn ein Überlauf auftritt, dann sind die rechten zwölf Stellen von D_3 gleich den Ergebnisstellen, und das Ergebnisvorzeichen ist gleich den Operandenvorzeichen. Es gilt also

$$\text{bei} \quad D_3 \geq 10^{12}: \qquad D_{\text{res}} = D_3 \underbrace{-\,10^{12}}_{\text{Weggelassener Überlauf}} = D_1 - D_2. \tag{8.21}$$

Wenn dagegen bei der Berechnung von D_3 kein Additionsüberlauf auftritt, dann erhält man die Ergebnisstellen, indem man eine Eins zum Komplement von D_3 addiert. Das Ergebnisvorzeichen ergibt sich in diesem Fall durch Inversion des Operandenvorzeichens. Es gilt also

$$\text{bei} \quad D_3 < 10^{12}: \qquad D_{\text{res}} = \underbrace{(999999999999 - D_3)}_{\text{Komplement von } D_3} + 1 = D_2 - D_1. \tag{8.22}$$

Da der erste Teil des Subtraktionsablaufs, die Bestimmung der Strichposition, mit dem Abschnitt I des Additionsablaufs in Abb. 8.3 identisch ist, braucht nun nur noch der zweite Teil des Subtraktionsablaufs dargestellt zu werden, in welchem über die Berechnung des Zwischenwertes D_3 die Ergebnisstellen D_{res} und das Ergebnisvorzeichen VZ_{res} bestimmt werden. Abb. 8.4 zeigt diesen Diagrammabschnitt.

Obwohl die Punktrechnungsoperationen mathematisch komplexere Operationen sind als die Strichrechnungsoperationen, werden die Operationsabläufe für Multiplikation und Division für die zu entwerfende Maschine nicht komplexer als die Abläufe der Strichrechnungsoperationen. Dies liegt daran, daß die Punktrechnungsoperationen abgesehen

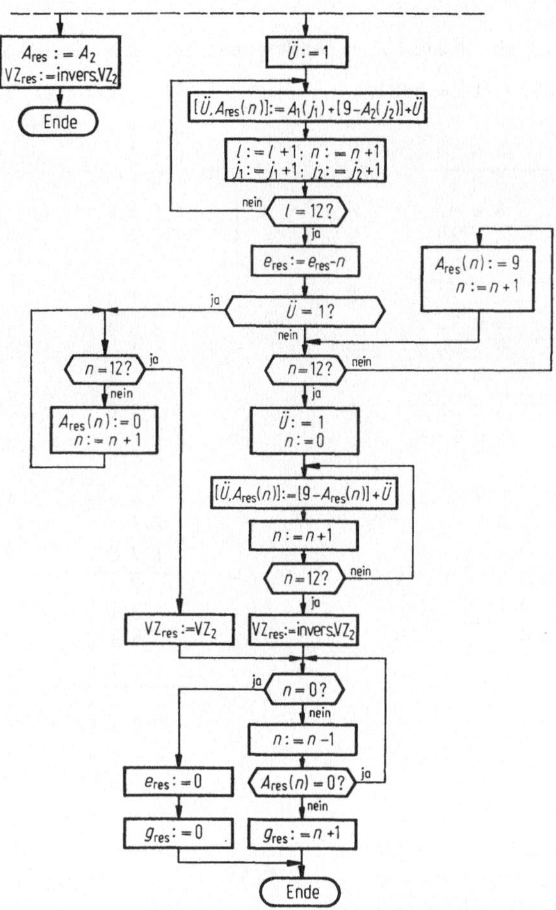

Abb. 8.4. Abschnitt II des Subtraktionsablaufs.

von einer sehr einfachen Exponenten- und Genauigkeitsmanipulation als Festkommaoperationen ablaufen, während sich die kommagerechte Strichrechnung wegen der nötigen Bestimmung der Position des Begrenzungsstriches stark von den entsprechenden Festkommaabläufen unterscheidet. Es sollen die einfachsten Punktrechnungsalgorithmen realisiert werden, indem die Multiplikation als Mehrfachaddition mit Stellenverschiebung und die Division als Mehrfachsubtraktion mit Stellenverschiebung ablaufen sollen. Tabelle 8.10 zeigt je ein Beispiel für eine Multiplikation und eine Division. Die Festkommamultiplikation ist völlig problemlos; die Stellenzahl des Ergebnisses ist entweder gleich der Summe der Operandenstellenzahlen oder Eins weniger. Wenn man

Tabelle 8.10. Beispiel einer **Festkommamultiplikation** und -division

$307 * 216 = 66312$

0	6
3 0 7	
3 0 7	5
3 0 7	
6 1 4	4
3 0 7	
9 2 1	3
3 0 7	
1 2 2 8	2
3 0 7	
1 5 3 5	1
3 0 7	
1 8 4 2	1 0
3 0 7	
4 9 1	2 0
3 0 7	
3 5 6	1
3 0 7	
6 6 3	0

$307/216 = (142 \text{ Rest } 28) * 10^{-2}$

	3 0 7	0
	2 1 6	
┌	9 1	1
│	2 1 6	
│	− 1 2 5	
└→	9 1 0	0
	2 1 6	
	6 9 4	1
	2 1 6	
	4 7 8	2
	2 1 6	
	2 6 2	3
	2 1 6	
┌	4 6	4
│	2 1 6	
│	− 1 7 0	
└→	4 6 0	0
	2 1 6	
	2 4 4	1
	2 1 6	
┌	2 8	2
│	2 1 6	
│	− 1 8 8	
└→	2 8	

die beiden Faktoren als ganze Zahlen interpretiert, ist selbstverständlich auch das Ergebnis eine ganze Zahl. Bei der Division dagegen ist die Stellenwertigkeit des Ergebnisses, d. h. des Quotienten und des Restes, nicht ganz so einfach einzusehen. Es ist am zweckmäßigsten, die beiden Operanden als ganze Zahlen anzusehen. Als Ausgangsstellung für die Mehrfachsubtraktion mit Stellenverschiebung müssen die beiden Operanden linksbündig untereinandergeschrieben werden. Im Beispiel in Tabelle 8.10 stehen sie damit gleichzeitig auch rechtsbündig untereinander, da die beiden Operanden dort gleich lang sind. In diesem Fall muß die erste durch Mehrfachsubtraktion bestimmte Ergebnisstelle das

Gewicht 10^0 haben, d. h. es muß die Einerstelle sein. Wenn jedoch die beiden Operanden unterschiedlich lang sind, dann wird das Gewicht der ersten Ergebnisstelle durch die Längendifferenz der Operanden bestimmt. Im Falle der zu entwerfenden Maschine ist die Operandenlänge mit der Genauigkeitsangabe g_i identisch. Das Gewicht der ersten Ergebnisstelle ist also $10^{g_1-g_2}$. Es ist dabei wichtig zu beachten, daß sich die erste Ergebnisstelle durchaus als führende Null ergeben darf, wenn nämlich gleich die erste Subtraktion ein negatives Ergebnis liefert; es ist dagegen unmöglich, daß sich auch die zweite Ergebnisstelle als führende Null ergibt. Tabelle 8.11 zeigt in einigen Divisionsbeispielen die ersten beiden Ergebnisstellen mit dem zugehörigen Gewicht der ersten Stelle.

Tabelle 8.11. Beispiele zum Ergebnisstellengewicht bei der Division

$\text{Operand}_1/\text{Operand}_2$	g_1	g_2	Ergebnisstellen		Gewicht der ersten Ergebnisstelle
			1.	2.	
3118 / 306	4	3	1	0	10^1
27 / 3095	2	4	0	8	10^{-2}
318 / 6	3	1	0	5	10^2
9883 / 1447	4	4	6	8	10^0

In den nachfolgend dargestellten Ablaufdiagrammen für die Multiplikation und die Division wird die Addition bzw. Subtraktion zweier mehrstelliger ganzer Zahlen als ein Schritt dargestellt; es würde die Abläufe nur unnötig verkomplizieren, wenn man darin auch die stellenweise Durchführung der Festkommastrichrechnung zum Ausdruck bringen würde. Die als ganze Zahlen interpretierten Dezimalstellenfolgen der Operanden und des Ergebnisses sind mit D_i bezeichnet, denn mit A_i werden ja die Werte bezeichnet, bei denen der jeweilige Exponent e_i mit berücksichtigt ist. Da das Multiplikationsergebnis maximal 24 Stellen lang sein kann, wurde im Ablaufdiagramm in Abb. 8.5 die 24stellige ganze Zahl D_{24} als Variable eingeführt; $D_{24}(j)$ ist dabei die Dezimalziffer mit dem Gewicht 10^j. Obwohl sich alle 24 Stellen von D_{24} als gültige Stellen ergeben können, kann die Genauigkeit von A_{res} nur maximal zwölf Stellen betragen. Wenn das Ergebnis in D_{24} nur zwölf Stellen oder weniger hat, so daß es ohne Genauigkeitsverlust nach A_{res} übernommen werden kann, dann ist der Ergebnisexponent gleich der Summe der Faktorenexponenten; wenn dagegen bei der Ergebnisübernahme von D_{24} nach A_{res} gültige Stellen abgeschnitten werden müssen, dann muß der Ergebnisexponent e_{res} für jede abgeschnittene Stelle um Eins erhöht werden. Die Multiplikation von D_1 mit dem Faktor 10 stellt eine Verschiebung der Ziffernfolge um eine Stelle nach links dar, über deren

Realisierung hier noch nichts ausgesagt zu werden braucht. Auch im Divisionsablauf in Abb. 8.6 kommen solche Linksschiebevorgänge vor. Durch die Multiplikation mit dem jeweiligen Faktor 10^{12-g_i} werden die beiden Ziffernfolgen D_1 und D_2 linksbündig gemacht.

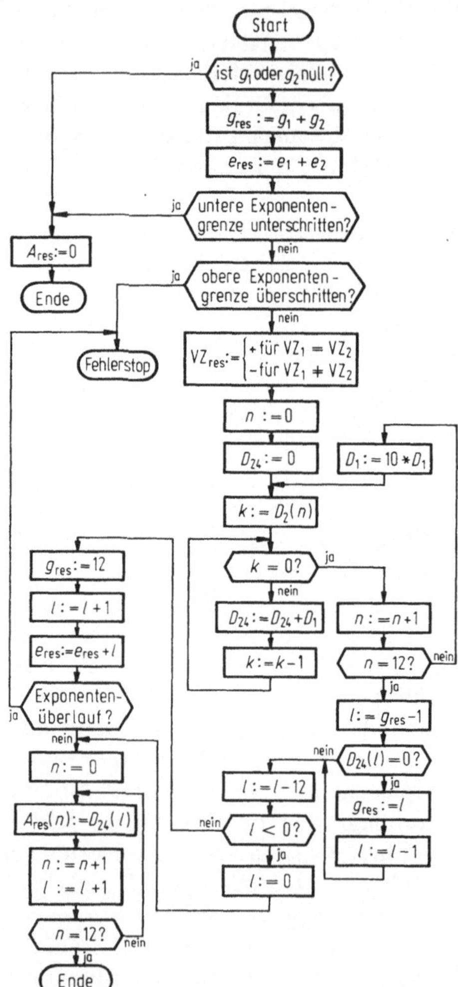

Abb. 8.5. Ablaufdiagramm zur Multiplikation.

Für die Berechnung des Ergebnisexponenten bei der Division kann aus Abb. 8.6 folgende Vorschrift entnommen werden:

wenn die erste Ergebnisstelle nicht Null ist:

$$e_{res} = e_1 - e_2 - g_2 + 1; \qquad (8.23)$$

wenn die erste Ergebnisstelle Null ist:

$$e_{res} = e_1 - e_2 - g_2. \tag{8.24}$$

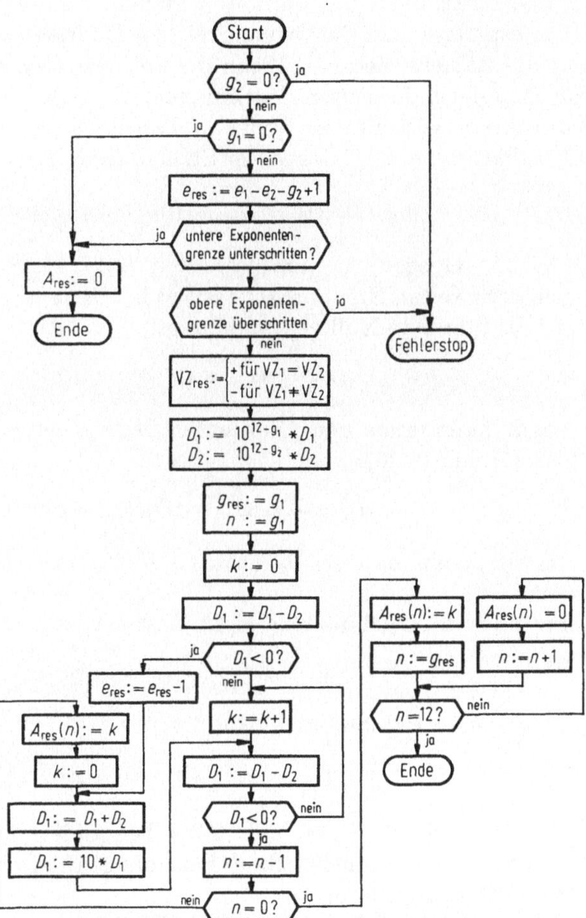

Abb. 8.6.
Ablaufdiagramm
zur Division.

Dies muß noch etwas näher erklärt werden. Mit Tabelle 8.11 wurde veranschaulicht, daß das Gewicht der ersten Ergebnisstelle $10^{g_1-g_2}$ ist, falls man nicht die Operanden A_1 und A_2, sondern die ganzzahligen Operanden D_1 und D_2 betrachtet. Es besteht der Zusammenhang:

$$A_1 = D_1 * 10^{e_1}, \tag{8.25}$$

$$A_2 = D_2 * 10^{e_2}. \tag{8.26}$$

Wenn man die Ergebnisziffernfolge als ganze Zahl D_{res} betrachtet, dann gilt natürlich auch

$$A_{res} = D_{res} * 10^{e_{res}}. \tag{8.27}$$

Die Ziffernfolge D_{res} umfaßt g_1 Stellen, denn es wurde im Abschnitt 8.1.1 festgelegt, daß die Genauigkeit des Quotienten gleich der Genauigkeit des Zählers sein soll. Wenn die am weitesten links stehende Ziffer von D_{res} gleich der ersten Ergebnisstelle ist, d. h. gleich der ersten durch Subtraktion bestimmten Stelle (s. Tabelle 8.11), welche das Gewicht $10^{g_1-g_2}$ hat, dann muß wegen der Stellenzahl g_1 gelten:

$$D_1/D_2 = D_{res} * 10^{g_1-g_2} * 10^{-(g_1-1)}. \tag{8.28}$$

Wenn dagegen die am weitesten links stehende Stelle von D_{res} gleich der zweiten Ergebnisstelle ist, weil sich nämlich die erste Ergebnisstelle als führende Null ergab, dann gilt:

$$D_1/D_2 = D_{res} * 10^{g_1-g_2-1} * 10^{-(g_1-1)}. \tag{8.29}$$

Nun kann man den Quotienten A_1/A_2 betrachten. Es gilt nach Gl. (8.25) und (8.26):

$$A_{res} = A_1/A_2 = (D_1/D_2) * 10^{e_1-e_2}. \tag{8.30}$$

Darin kann man D_1/D_2 nach Gl. (8.28) bzw. (8.29) ersetzen. Man erhält:
wenn die erste Ergebnisstelle nicht Null ist:

$$A_{res} = D_{res} * 10^{1-g_2} * 10^{e_1-e_2}. \tag{8.31}$$

wenn die erste Ergebnisstelle Null ist:

$$A_{res} = D_{res} * 10^{-g_2} * 10^{e_1-e_2}. \tag{8.32}$$

Damit sind Gl. (8.23) und (8.24) begründet. Die Beispiele in Tabelle 8.12 veranschaulichen diese Beziehungen zwischen den Exponenten und den Genauigkeiten.

Wenn die Multiplikation und die Division in der Maschine realisiert sind, bringt die Realisierung der Potenzbildung mit ganzzahligen Exponenten keinen wesentlichen Mehraufwand. Damit der Mehraufwand möglichst klein gehalten wird, sollen nur solche Exponenten zugelassen werden, die in der Maschinendarstellung eine Null als Zehnerexponent haben; wenn eine Potenzierungsaufgabe mit einem andersartigen Exponenten eingegeben wird, soll die Maschine in den Fehlerstopzustand gehen. Zur Verdeutlichung seien einige ausführbare und einige nichtausführbare Potenzierungsaufgaben angegeben.

Tabelle 8.12. Divisionsbeispiele

e_i	g_i		
+ 1	4	3 1 1 8	$\frac{31180}{30,6} = \frac{31,18}{30,6} * 10^3 = 1,018 * 10^3$
− 1	3	3 0 6	
0	4	1 0 1 8	
− 0	2	2 7	$\frac{27}{30,95} = 0,87$
2	4	3 0 9 5	
2	2	8 7	
− 4	3	3 1 8	$\frac{0,0318}{60} = \frac{31.8}{60} * 10^{-3} = 0,530 * 10^{-3}$
+ 1	1	6	
− 6	3	5 3 0	
+ 6	4	9 8 8 3	$\frac{9883 * 10^6}{14470} = \frac{9883}{1447} * 10^5 = 6,829 * 10^5$
+ 1	4	1 4 4 7	
+ 2	4	6 8 2 9	

Ausführbare Potenzierungsaufgaben:

(17,5 + 3 * 0,026) *hoch* 3 =

1,07798 *hoch* (312 − 26 * 11) =

(− 0,9985) *hoch* (28/2 − 3) =

Nicht ausführbare Potenzierungsaufgaben:

(17,5 + 3 * 0,026) *hoch* 3,0 =

1,07798 *hoch* (312 − 260 * 1,1) =

(− 0,9985) *hoch* (28/4 + 4) =

Die beiden Beispiele, in denen bei der Berechnung des Exponenten eine Division vorkommt, sehen so ähnlich aus, daß nicht unbedingt sofort einzusehen ist, warum die eine Aufgabe ausführbar ist und die andere nicht. Der Unterschied kommt daher, daß der Quotient im einen Fall 14, im anderen Fall 7 beträgt, aber in beiden Fällen mit zweistelliger Genauigkeit berechnet wird, weil in beiden Fällen der Zähler zweistellig ist. Die beiden Quotienten ergeben sich also in der Form $14 * 10^0$ und $70 * 10^{-1}$, und damit ergeben sich die zugehörigen Exponenten zu $11 * 10^0$ und $110 * 10^{-1}$. Die letztere Zahl ist als Exponent unzulässig.

Ein Ablaufdiagramm für die Potenzierung braucht nicht angegeben zu werden, da der Ablauf völlig problemlos ist. Bei positiven Exponenten wird eine Mehrfachmultiplikation durchgeführt, wobei die Zahl der Multiplikationen um Eins kleiner ist als der Exponent. Wenn der Exponent dagegen nicht größer als Null ist, wird eine Mehrfachdivision durchgeführt, wobei die Zahl der Divisionen um Eins höher ist als der Betrag des Exponenten. Dazu sei ein Beispiel betrachtet:

13,5 *hoch* —3 = wird ausgeführt als 13,5/13,5/13,5/13,5/13,5 =.

Die erste Division liefert eine Eins mit der Genauigkeit der zu potenzierenden Basis; auch das Endergebnis hat die gleiche Genauigkeit. Zwar könnte man auf die erste Division verzichten und die Eins durch einen einfacheren Algorithmus gewinnen, aber die Realisierung dieses Algorithmus würde einen zusätzlichen Schaltungsaufwand erfordern, während der Aufwand zur Realisierung der Division ja ohnehin schon vorhanden ist. Daß die Ausführungsdauer der Potenzierung etwas länger wird, wenn man die Eins durch Division anstatt durch ein anderes Verfahren gewinnt, spielt bei den großzügigen Zeitforderungen, welche an die Maschine gestellt werden, überhaupt keine Rolle.

8.2 Entwurf

Die Komplexität der im Abschnitt 8.1.2. beschriebenen Algorithmen ist so groß, daß ein übermäßiger Entwurfsaufwand nur vermieden werden kann, indem man das Steuerwerk als Mikroprogrammwerk ausführt. Diese Tatsache wird im folgenden beim Entwurf der verschiedenen Operationsblöcke berücksichtigt.

Die Flipflops in der Maschine sollen zweiflankengesteuert sein. Die Taktfrequenz soll in der Größenordnung von 1 MHz liegen; eine wesentlich langsamere Frequenz würde die Operationsgeschwindigkeit nur unnötig verschlechtern, ohne irgendeine Aufwandersparnis zu bringen; eine höhere Taktfrequenz dagegen würde eine starke Kostenerhöhung bedeuten, die man selbstverständlich vermeiden wird, solange die geforderte Operationsgeschwindigkeit auch mit dem langsameren Takt erreicht wird. Daß dies der Fall ist, muß später beim Entwurf des Rechenoperationswerks überschlägig gezeigt werden.

Sowohl für den Mikroprogrammspeicher als auch für die Stapelspeicher und andere möglicherweise einzuführende Speicher sollen statisch lesbare Halbleiterspeicher verwendet werden. Die Verwendung von Lesespeichern (read only memory) soll stets dem Entwurf umfangreicher Verknüpfungsnetze vorgezogen werden.

8.2.1 Eingangsblock

Aus Abb. 8.1 ist zu entnehmen, daß die Tastatur aus 33 Tasten besteht. Auf die Technologie der Tastatur soll hier nicht eingegangen werden; es soll lediglich eine einfache Modellvorstellung vermittelt werden, welche die Eigenschaften der Tastaturschnittstelle veranschaulicht. Abb. 8.7 zeigt eine Möglichkeit für den Aufbau der Tastatur mit mechanischen Kontakten. Jeder Taste ist ein sechsstelliges Codewort

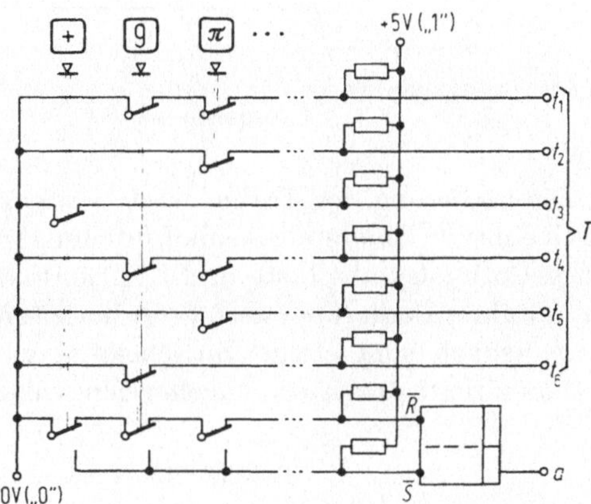

Abb. 8.7. Tastaturmodell.

zugeordnet, das auf dem Leitungsbündel $\boldsymbol{T}$ erscheint, wenn die Taste gedrückt wird. Beim Drücken einer Taste, zu welcher ein Codewort mit mehreren Einsen gehört, muß damit gerechnet werden, daß die Signalflanken bei $\boldsymbol{T}$ zu unterschiedlichen Zeiten kommen, da die Ruhekontakte nicht alle genau zum gleichen Zeitpunkt geöffnet werden müssen. Außerdem muß mit Kontaktprellungen (s. Abb. 3.14) gerechnet werden. Das Signal a dient als Meldung, daß eine Taste gedrückt wurde; a ist durch das Flipflop prellfrei gemacht (s. Abb. 3.15). Indem man durch entsprechenden mechanischen Aufbau gewährleistet, daß der Umschaltekontakt mit der Leitung $\bar{S}$ erst in Berührung kommen kann, wenn alle Ruhekontakte schon eindeutig geöffnet sind, erreicht man, daß die positive Flanke von a erst kommen kann, wenn das zur Taste gehörige Codewort $\boldsymbol{T}$ schon konstant vorliegt. Wenn man die Taste wieder losläßt, tritt die negative Flanke von a auf, und zwar zu dem Zeitpunkt, wenn der Umschaltekontakt die Leitung $\bar{R}$ wieder berührt. Da zu diesem Zeitpunkt schon einige Ruhekontakte bei $\boldsymbol{T}$ wieder geschlossen sein können, kann also $\boldsymbol{T}$ schon vor der negativen Flanke von a ungültig geworden sein. Das Beobachtbarkeitsintervall für $\boldsymbol{T}$ ist also nicht gleich der Impulsbreite von a. Da man jedoch mit der Trägheit des Operateurs beim

Drücken der Taste rechnen darf, kann eine Mindestdauer von 1 ms für die Beobachtbarkeit von T garantiert werden (s. Abb. 8.8). Es ist zu beachten, daß die in Abb. 8.8 dargestellte Spezifikation der Tastaturschnittstelle als fest vorgegeben gelten soll, wogegen die Realisierung der Tastatur nach Abb. 8.7 nicht als tatsächliche Realisierung aufgefaßt werden muß. Man kann die Schnittstellenspezifikation auch mit technologisch günstigeren kontaktärmeren Tastaturen erfüllen, auf die jedoch hier nicht eingegangen werden soll.

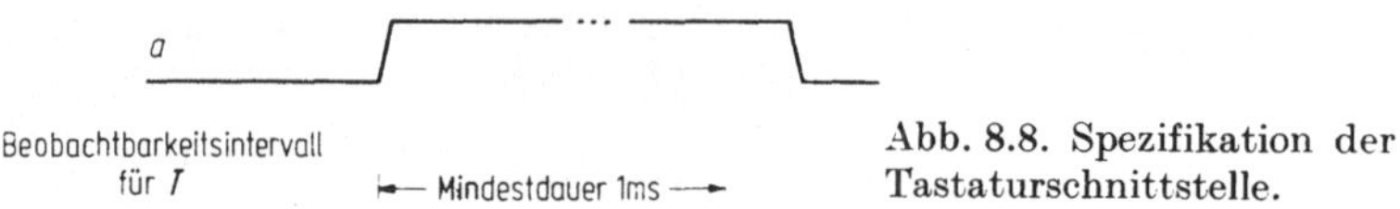

Abb. 8.8. Spezifikation der Tastaturschnittstelle.

Die Codierung der Tasten wird zweckmäßigerweise so gewählt, daß durch einzelne Binärstellen eine Einteilung in die drei Klassen Funktionstaste, Dezimalsymboltaste und Speichertaste erfolgt. Tabelle 8.13 zeigt die gewählte Codierung. Zwingend herleiten kann man diese Codierung nicht, jedoch sind einige Entscheidungen naheliegend. Daß man die Dezimalziffern durch die zugehörigen vierstelligen Dualzahlen codiert,

Tabelle 8.13. Tastencodierung

	Funktionstasten	Speichertasten	Dezimalsymboltasten
t_4 t_3 t_2 t_1	$(t_6, t_5) = 0\ 0$	$(t_6, t_5) = 0\ 1$	$(t_6, t_5) = 1\ 0$
0 0 0 0	Grundstellung	S_1	0
0 0 0 1	)	S_2	1
0 0 1 0	=	S_3	2
0 0 1 1	→	S_4	3
0 1 0 0	+	S_5	4
0 1 0 1	unbenutzt	S_6	5
0 1 1 0	−	S_7	6
0 1 1 1	unbenutzt	S_8	7
1 0 0 0	*	S_9	8
1 0 0 1	/	$\sqrt{2}$	9
1 0 1 0	hoch	e	unbenutzt
1 0 1 1	(	π	unbenutzt
1 1 0 0	unbenutzt	unbenutzt	unbenutzt
1 1 0 1	unbenutzt	unbenutzt	unbenutzt
1 1 1 0	unbenutzt	unbenutzt	unbenutzt
1 1 1 1	unbenutzt	unbenutzt	,

ist selbstverständlich; naheliegend ist, daß man das Dezimalkomma mit einer Kombination codiert, die im Operationswerk durch eine möglicherweise auch noch für andere Zwecke benutzbare Abfrageschaltung erkannt werden kann. Daß man alle Speichertasten in einer zusammenhängenden Dualzahlenfolge codiert, ist auch leicht als zweckmäßig einzusehen. Bei der Codierung der Funktionstasten wurde versucht, die in Tabelle 8.3 auftretenden Gruppen als einfache logische Ausdrücke zu erfassen. Die Nachbarn der Tastencodewörter + und − wurden freigehalten zur Vereinfachung der Vorzeichenkennzeichnung, welche nun einfach durch Einssetzen von t_1 erfolgen kann.

Es soll nun ein Operationsblock entworfen werden, der eine grobe Klassifikation der Eingabeinformation $\boldsymbol{T}$ durchführt und daraufhin die Information an die dafür zuständigen Blöcke weiterleitet. Der Eingangsblock ist auch für die Synchronisation des Signals a zuständig.

Da über das Druckwerk ein Eingabeprotokoll ausgegeben werden soll, muß jedes eingegebene Wort $\boldsymbol{T}$ dem Druckwerk zugeleitet werden. In der Schnittstellenspezifikation in Abb. 8.8 wurde festgelegt, daß man nur für die Dauer von 1 ms das Codewort $\boldsymbol{T}$ als beobachtbar ansehen darf; das Druckwerk muß aber ein länger beobachtbares Codewort geliefert bekommen. Deshalb muß das Wort $\boldsymbol{T}$ im Eingangsblock in ein Register übernommen werden.

Wenn der Eingangsblock Information an den Funktionsstapel weiterzugeben hat, dann soll er die Vorzeichenkennzeichnung durchführen, wozu er gespeichert haben muß, ob eine der Tasten „*Grundstellung*", „("oder „*hoch*" als letzte gedrückt wurde. Wenn die Grundstellungstaste gedrückt wird, muß der Eingangsblock dies an das Steuerwerk weitermelden.

Bei den bisherigen Entwurfsbeispielen hatte das Grundstellungssignal stets die einfache Aufgabe, das System in einem Taktschritt in einen definierten Wartezustand zu bringen, der erst auf Grund eines prozeßauslösenden Signals wieder verlassen werden konnte. Das Grundstellungssignal wurde immer als ein auf einer Leitung extern angeliefertes Signal betrachtet. Nun jedoch muß die Aufforderung zur Grundstellung aus $\boldsymbol{T}$ und a abgeleitet werden. Durch das Drücken der Grundstellungstaste soll zwar auch die Maschine in einen definierten Wartezustand gebracht werden, aber dies kann nicht mehr in einem einzigen Taktschritt geschehen, da beim Übergang in den Wartezustand der Funktions- und der Zahlenstapel geleert werden sollen, was sicher als sequentieller Prozeß realisiert werden muß. Durch das vom Eingangsblock auf einer Leitung ans Steuerwerk gelieferte Grundstellungssignal wird das Mikroprogrammwerk in einem einzigen Taktschritt in einen definierten Zustand gezwungen, der natürlich erst wieder verlassen werden kann, nachdem das Grundstellungssignal wieder zu Null wurde. Dann aber wird dieser

Zustand bestimmt verlassen, und es läuft der sequentielle Prozeß ab, der die gesamte Maschine in den gewünschten Wartezustand bringt. Das vom Eingangsblock zu erzeugende Grundstellungssignal darf also eine Minimaldauer von einer Taktperiode haben. Daß man dieses Grundstellungssignal nicht durch ein Schaltnetz erzeugen kann, sondern daß man dazu ein Schaltwerk vorsehen muß, folgt schon aus Abb. 8.8, wo gezeigt wurde, daß sich das Beobachtbarkeitsintervall für T nicht über die ganze Breite des Impulses a erstreckt. Da auch die Meldung, daß irgendeine Taste gedrückt wurde, mit einem nur eine Taktperiode langen Signal an das Steuerwerk geliefert werden kann, ist es zweckmäßig, die Erzeugung des Grundstellungssignals g und die Erzeugung der allgemeinen Tastendruckmeldung x_1 mit einem einzigen Automaten durchzuführen. Sehr wichtig ist dabei, daß sich bei diesem Automaten ein definierter Zustand „Warten auf a" einstellen muß, obwohl für diesen Automaten kein spezielles Grundstellungssignal vorhanden ist. Dieser Wartezustand muß automatisch erreicht werden, wenn a eine kurze Zeit lang auf Null steht.

Abb. 8.9 zeigt den Übergangsgraphen für diesen Automaten, und in Gl. (8.33) und (8.34) sind die Ausgabefunktionen angegeben. Bei der Festlegung der Zustandscodierung im Hinblick auf minimale Automaten-

$$x_1 = Z_1, \tag{8.33}$$

$$g = Z_1 \cdot \bar{t}_1 \cdot \bar{t}_2 \cdot \bar{t}_3 \cdot \bar{t}_4 \cdot \bar{t}_5 \cdot \bar{t}_6. \tag{8.34}$$

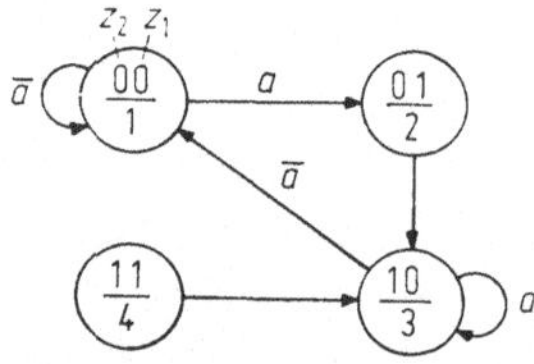

Abb. 8.9. Übergangsgraph des Tastendruckautomaten.

netze ω und δ findet man durch Probieren, daß es zweckmäßig ist, von dem beim Einschalten der Spannungsversorgung möglicherweise auftretenden Zustand 4 nicht direkt zum Wartezustand 1 überzugehen, sondern den Umweg über Zustand 3 zu machen. Für eine Realisierung des Automaten mit D-Flipflops erhält man folgende Funktionen für das Übergangsnetz:

$$D_1 = \bar{Z}_1 \cdot \bar{Z}_2 \cdot a, \tag{8.35}$$

$$D_2 = Z_1 \vee Z_2 \cdot a. \tag{8.36}$$

Man kann diesen Tastendruckautomaten auffassen als ein Monoflop, das durch die positive Flanke von a veranlaßt wird, einen Impuls x_1 von der Länge einer Taktperiode abzugeben. Gleichzeitig besorgt dieser Automat die Synchronisation von a, denn bei den durch die Flanken von a ausgelösten Zustandsübergängen ändert sich jeweils nur eine Binärstelle (s. Abb. 8.9), so daß das korrekte Schalten des Automaten auch gewährleistet ist, wenn das Signal a nicht vorsynchronisiert ist.

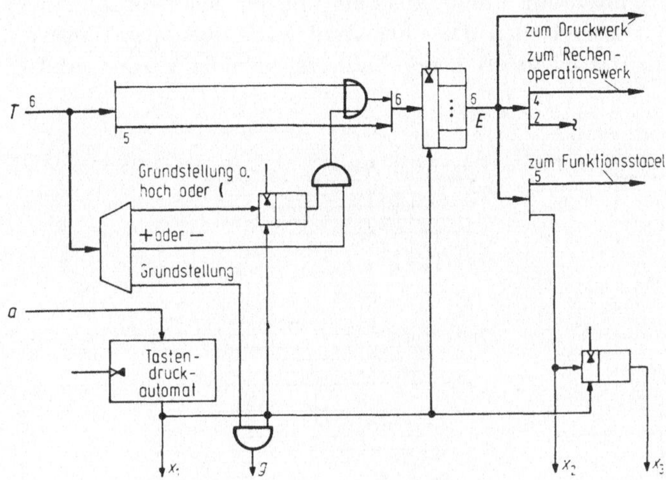

Abb. 8.10. Struktur des Eingangsblocks.

Abb. 8.10 zeigt den gesamten Eingabeblock. Im Gegensatz zu sämtlichen bisherigen Darstellungen wurde die Symbolik für Leitungsbündel geändert. Obwohl die bisherige Symbolik mit den unterschiedlich breiten offenen Pfeilen sehr anschaulich ist, würde man damit im vorliegenden Entwurfsbeispiel, wo teilweise sehr komplexe Strukturbilder vorkommen, die Bilder ziemlich unübersichtlich machen. In der neuen Symbolik sind einzelne Signalleitungen durch geringe Strichstärke und Leitungsbündel mit mindestens zwei Leitungen durch große Strichstärke gekennzeichnet. Die Strichstärke ist für alle Leitungsbündel gleich; die Zahl der Leitungen im Bündel wird danebengeschrieben. Aufteilungen eines Bündels in kleinere Bündel oder Zusammenfassung von Bündeln zu einem größeren Bündel erfolgen an Stellen, die jeweils durch einen Strich senkrecht zur Signalrichtung markiert sind. Innerhalb der Bündel liegen die Leitungen geordnet nebeneinander; diese Ordnung wird auch bei Aufteilungen oder Zusammenfassungen beachtet. Auch bei Abzweigungen bleibt diese Ordnung erhalten, d. h. eine Leitung, die im ankommenden Bündel in Signalflußrichtung gesehen links liegt, muß nach der Abzweigung in allen abgehenden Bündeln links liegen. Abb. 8.11

zeigt, wie die in Abb. 8.10 vorkommenden Bündelsymbole zu interpretieren sind.

Nach Abb. 8.10 wird ein eingegebenes Dezimalsymbol nicht direkt an den Zahlenstapel, sondern an das Rechenoperationswerk weitergeleitet. Dies ist deswegen notwendig, weil ein Dezimalsymbol ja nicht unbedingt eine fertige Zahl im Sinne des Zahlenstapels ist, sondern meist nur Bestandteil einer Zahl, aus dem mit den bisher schon eingegebenen anderen Bestandteilen derselben Zahl im Rechenoperationswerk die in den Zahlenstapel zu bringende Zahl erst gebildet werden muß.

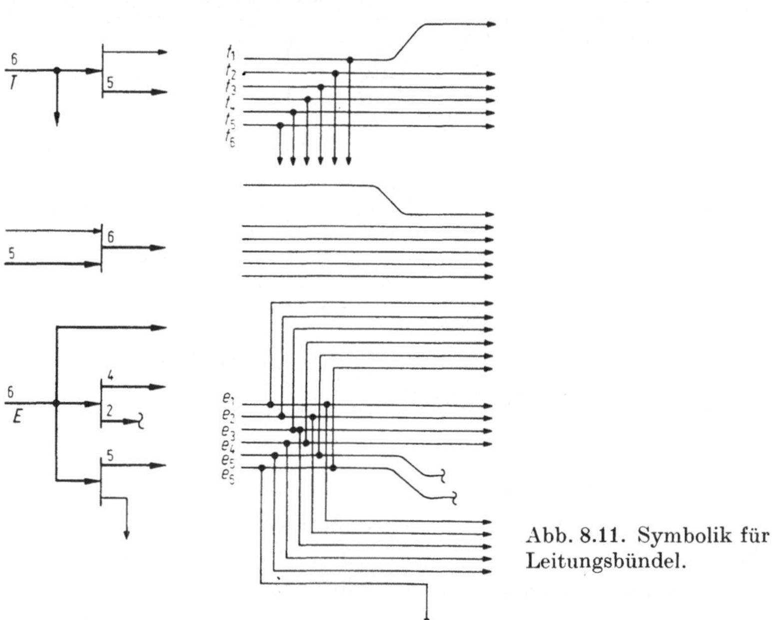

Abb. 8.11. Symbolik für Leitungsbündel.

Der Aufbau einer Zahl beginnt, wenn ein Dezimalsymbol unmittelbar nach einem Funktionssymbol eingegeben wird; die Bildung einer Zahl wird abgeschlossen, wenn ein Funktionssymbol unmittelbar nach einem Dezimalsymbol eingegeben wird. Zur Vereinfachung der Steuerung des Zahlenaufbaus wird dem Steuerwerk nicht nur der Typ des zuletzt eingegebenen Symbols mit x_2 mitgeteilt, sondern auch der Typ des unmittelbar davor eingegebenen Symbols durch das Signal x_3.

8.2.2 Funktionsstapel

Für die Gestaltung des Funktionsstapels sind die Aussagen der Tabelle 8.3 wesentlich bestimmend. Dieser Tabelle ist zu entnehmen, daß in der Stapelposition $\boldsymbol{F}_1$, also an oberster Stelle des Stapels, wesentlich mehr unterschiedliche Symbole vorkommen können, als an der Stelle $\boldsymbol{F}_2$ oder an darunterliegenden Stellen. Die Symbole S_ν, K_μ, = und) können nämlich nur in $\boldsymbol{F}_1$ vorkommen; das sind insgesamt 14 unterschiedliche Symbole, da ν von 1 bis 9 läuft und μ von 1 bis 3. In $\boldsymbol{F}_2$ und in allen darunterliegenden Positionen können nach Tabelle 8.3 nur 10 verschiedene Symbole vorkommen einschließlich der Situation „*leer*"; für $\boldsymbol{F}_1$ gibt es dagegen 24 unterschiedliche Möglichkeiten. An der Stelle $\boldsymbol{F}_1$ müssen also 5 bit gespeichert werden können, während für alle anderen Stapelpositionen eine Kapazität von jeweils 4 bit ausreicht. Daß in $\boldsymbol{F}_1$ Codewörter mit fünf Binärstellen zu speichern sind, ergab sich schon bei der Betrachtung des Eingangsblocks (s. Abb. 8.10).

Tabelle 8.14. Codierung im Funktionsstapel

f_4 f_3 f_2 f_1	Funktionssymbole $f_5 = 0$	Speichersymbole $f_5 = 1$
0 0 0 0	leer	S_1
0 0 0 1	)	S_2
0 0 1 0	=	S_3
0 0 1 1	$\rightarrow$	S_4
0 1 0 0	+	S_5
0 1 0 1	$\oplus$	S_6
0 1 1 0	$-$	S_7
0 1 1 1	$\ominus$	S_8
1 0 0 0	*	S_9
1 0 0 1	/	$\sqrt{2}$
1 0 1 0	hoch	e
1 0 1 1	(	π
1 1 – –	unbenutzt	

Die Codierung der Symbole im Funktionsstapel ist in Tabelle 8.14 angegeben; sie ergibt sich selbstverständlich direkt aus der Tastencodierung in Tabelle 8.13. Da nach Tabelle 8.14 der Unterschied zwischen einem Funktionssymbol und einem Speichersymbol in einer einzigen Binärstelle besteht, und da in $\boldsymbol{F}_2$ und darunter nie ein Speichersymbol vorkommen kann, darf also in $\boldsymbol{F}_2$ und darunter das Unterscheidungsbit f_5 weggelassen werden.

Der Funktionsstapel soll eine Kapazität von ungefähr 15 Symbolen haben. Es wäre wenig sinnvoll, für jede Stapelstelle ein Register vorzusehen; vielmehr wird man versuchen, den Stapel als Speicherblock zu realisieren, dessen Adreßregister vorwärts und rückwärts zählen kann und immer auf eine im Stapelfenster befindliche Stelle zeigt. Da man jedoch aus einem solchen Speicherblock nie zwei Symbole gleichzeitig lesen kann, ist die Realisierung des Funktionsstapels unter ausschließlicher Verwendung eines Speicherblocks unmöglich, denn der in Abschnitt 8.1.2 beschriebene Algorithmus erfordert, daß man beide zuoberst im Stapel befindliche Symbole gleichzeitig abfragen können muß. Deshalb wird der Funktionsstapel aus einem fünfstelligen Register für $\boldsymbol{F}_1$ und einem Speicherblock mit 16 Wörtern zu je 4 bit für $\boldsymbol{F}_2$ und die darunterliegenden Stapelpositionen aufgebaut. Damit ein Stapelüberlauf auf einfache Weise erkannt werden kann, wird der richtungsgesteuerte Adreßzähler fünfstellig gemacht. Die fünfte Stelle wird zu Eins, wenn der Zähler vom Stand 15 aus um eins erhöht wird, wodurch angezeigt wird,

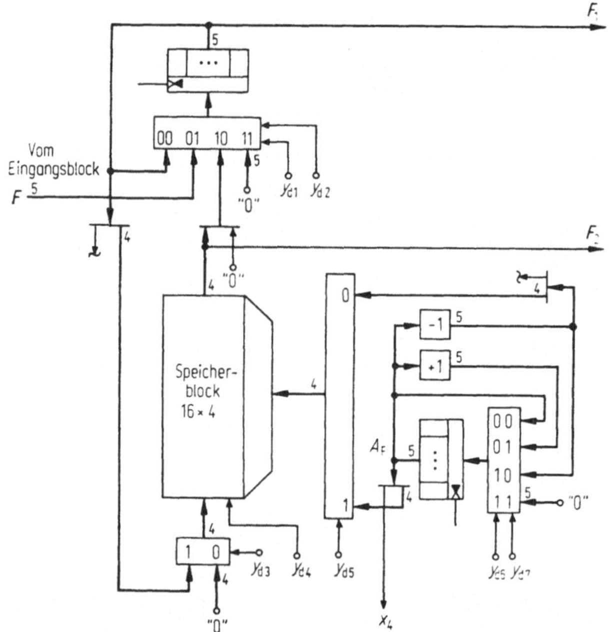

Abb. 8.12. Zentralteil des Funktionsstapels.

daß der Stapel voll ist. Der Fall, daß vom Stand 0 aus um Eins abwärts gezählt wird, kommt nicht vor, da nach Tabelle 8.3 kein Symbol mehr aus dem Stapelfenster genommen wird, wenn beide Fenster leer sind.

Abb. 8.12 zeigt den sich aus diesen Überlegungen ergebenden Kern des Funktionsstapels. Aus weiterführenden Überlegungen wird sich noch die Zweckmäßigkeit eines Eingangs- und eines Ausgangscodewandlers ergeben. Deshalb wurden die Steuersignale nicht mit y_i, sondern mit y_{dj} bezeichnet; der Index d steht für „decodiert“. Dadurch, daß alle Registerfunktionen durch vorgeschaltete Quellenauswahlnetze realisiert wurden, in welche der jeweilige Steuercode direkt eingetragen wurde, erübrigt sich die Angabe jeglicher Steuerfunktionstabellen. Lediglich die Bedeutung der Variablen y_{d4} geht aus dem Blockschaltbild nicht eindeutig hervor; y_{d4} legt fest, ob im jeweiligen Taktschritt geschrieben ($y_{d4} = 1$) oder gelesen ($y_{d4} = 0$) werden soll.

Dadurch, daß wahlweise der originale Adreßregisterinhalt A_F oder der um Eins verminderte Wert zur Adressierung verwendet werden kann, spart man einen Taktschritt, entweder beim Einbringen eines Symbols in den Stapel oder beim Herausnehmen eines Symbols aus dem Stapel. Diese Einsparung wurde durch einen Schaltnetzmehraufwand erzielt. Wenn man nur den Registerausgang A_F zur Adressierung verwenden würde, dann würde nicht nur die eine Quellenauswahlschaltung wegfallen, sondern man könnte dann auch das Zustandsübergangsnetz des Adreßregisters einfacher gestalten. Man würde dann nicht die beiden Zähleroperationen $+1$ und -1 durch zwei getrennte Netze realisieren, sondern die Realisierung in Abb. 8.13 wählen, in der ein Dualzahlenaddiernetz als Baustein verwendet wird.

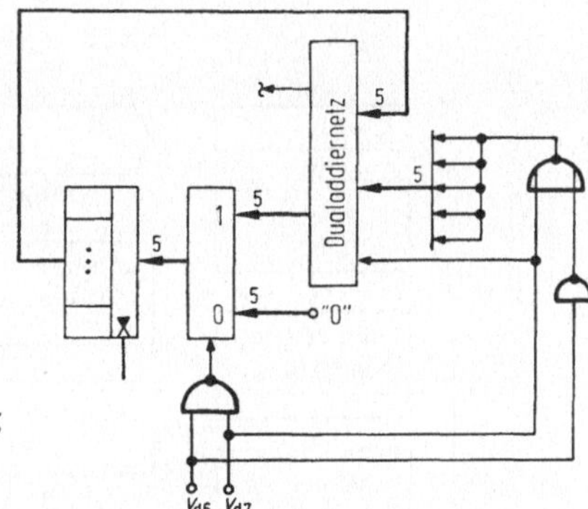

Abb. 8.13. Mögliche Realisierung eines Zählerblocks.

Es soll jedoch die Struktur in Abb. 8.12 bevorzugt werden, da sich damit eine Einsparung an Steuerungsaufwand, d. h. an Mikroprogrammspeicherkapazität ergibt. Daß die Adressenwahlmöglichkeit durch y_{d5} nicht durch eine zusätzliche Steuervariable erkauft wurde, wird im folgenden gezeigt.

Mit den sieben Steuervariablen y_{d1} bis y_{d7} könnte man 128 Steuersituationen codieren; eine so große Zahl wird keinesfalls benötigt. Es gibt ja nur einige wenige Prozesse in Zusammenhang mit dem Funktionsstapel:

1. Löschen des gesamten Stapels;

2. Einbringen eines Symbols nach $\boldsymbol{F}_1$, wobei gleichzeitig der bisherige Stapelinhalt um eine Stelle nach unten gedrückt wird;

3. Herausnehmen des Symbols aus $\boldsymbol{F}_1$, wobei gleichzeitig der restliche Stapelinhalt um eine Stelle nach oben gedrückt wird;

4. Herausnehmen des Symbols aus $\boldsymbol{F}_2$, wobei das Symbol in $\boldsymbol{F}_1$ unverändert bleibt und der restliche Stapelinhalt um eine Stelle nach oben gedrückt wird.

Alle vier Prozesse lassen sich unter Verwendung von nur fünf verschiedenen Ansteuerkombinationen mit der Struktur in Abb. 8.12 realisieren, wobei trotzdem in jedem Taktschritt die maximal mögliche Zahl gleichzeitig ausführbarer Transformationen untergebracht wurde. Dies geht aus Abb. 8.14 hervor, wo die Ablaufdiagrammabschnitte für die vier

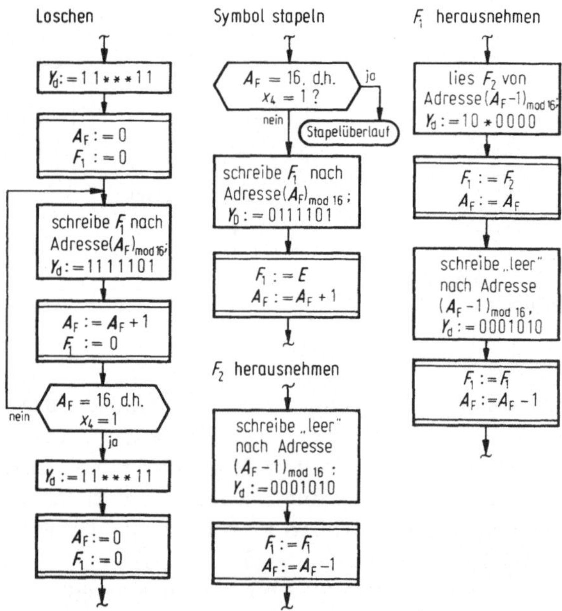

Abb. 8.14. Prozesse mit dem Funktionsstapel.

genannten Prozesse dargestellt sind. Da hier noch nicht auf die Struktur des Steuerkreises vorgegriffen werden soll, wurden die Abfragen so gelegt, wie man sie bei Verwendung eines allgemeinen Steuerautomaten aus Flipflops und Verknüpfungsgliedern legen würde. Bei der tatsächlichen Mikroprogrammierung wird sich die Notwendigkeit ergeben, die Abfragen etwas anders zu gestalten. Auf die Zahl der notwendigen unterschiedlichen Ansteuerkombinationen hat dies jedoch keinen Einfluß.

In Tabelle 8.15 sind die fünf verschiedenen Ansteuerkombinationen aus Abb. 8.14 noch einmal zusammengestellt. Darüber hinaus enthält diese Tabelle noch eine weitere Ansteuerkombination; diese muß in jedem Taktschritt außerhalb der vier Prozesse vorliegen, damit gewährleistet ist, daß sich erstens der Zustand des Stapels nicht verändert und zweitens das richtige Symbol an der Fensterstelle $\boldsymbol{F}_2$ zu sehen ist. Die sechs Ansteuerkombinationen kann man mit drei Binärstellen codieren. In Tabelle 8.15 ist eine Codierung eingetragen; diese wurde so gewählt, daß sich die sieben Signale y_{dj} als möglichst einfache logische Ausdrücke der drei Variablen y_1, y_2 und y_3 ergeben. Es gelten die Beziehungen:

Tabelle 8.15. Ansteuerkombinationen für den Funktionsstapel

y_{d1}	y_{d2}	y_{d3}	y_{d4}	y_{d5}	y_{d6}	y_{d7}	y_1	y_2	y_3
1	1	*	*	*	1	1	1	1	0
1	1	1	1	1	0	1	1	1	1
0	1	1	1	1	0	1	0	1	1
0	0	0	1	0	1	0	0	0	1
1	0	*	0	0	0	0	1	0	0
0	0	*	0	0	0	0	0	0	0

$$y_{d1} = y_1, \tag{8.37}$$

$$y_{d2} = y_{d3} = y_{d5} = y_{d7} = y_2, \tag{8.38}$$

$$y_{d4} = y_3, \tag{8.39}$$

$$y_{d6} = y_2 \not\equiv y_3, \tag{8.40}$$

Der Codewandler, welcher die vom Mikroprogrammwerk gelieferten Signale y_1, y_2 und y_3 umcodiert in die sieben Signale y_{dj} besteht also aus einem einzigen Antivalenzglied. An dieser Stelle muß zugegeben werden, daß man dieses einfache Ergebnis nur erhalten konnte, weil schon die Codezuordnung bei den Quellenauswahlnetzen in Abb, 8.12 entsprechend günstig gewählt wurde.

Dadurch, daß nun für den Funktionsstapel im Mikroprogrammwort nur ein 3 bit langer Abschnitt an Stelle eines 7 bit langen Abschnitts vorhanden sein muß, wurde eine große Einsparung erzielt. Obwohl jetzt noch nicht feststeht, wieviele Wörter der Mikroprogrammspeicher enthalten wird, kann unter Berücksichtigung der komplexen Abläufe aus Abschnitt 8.1.2 doch schon abgeschätzt werden, daß man wohl einige hundert Steuerwörter benötigen wird. Bei einer Einsparung von 4 bit pro Wort ergibt sich also eine Einsparung an Mikroprogrammspeicherkapazität, die garantiert über 1000 bit liegt.

Die im Stapelfenster sichtbare Symbolkombination wird in der Struktur in Abb. 8.12 über die Leitungsbündel $\boldsymbol{F}_1$ und $\boldsymbol{F}_2$ mit insgesamt 9 bit nach außen geführt. Diese Information muß zwei verschiedenen Empfängern zugänglich sein; erstens muß die Information ins Steuerwerk geleitet werden, und zweitens muß für den Fall, daß $\boldsymbol{F}_1$ ein Speichertastensymbol S_ν oder K_μ ist, das Codewort $\boldsymbol{F}_1$ als Adresse einem Speicherblock zugeführt werden. Das Steuerwerk ist an dieser Adresse nicht interessiert, sondern nur an der Frage, ob $\boldsymbol{F}_1$ ein S_ν oder ein K_μ enthält oder nicht, denn in die Ablaufverzweigung nach Tabelle 8.3 geht der tatsächliche Adressenwert gar nicht ein. Das Steuerwerk braucht nur diejenige Information zugeführt zu bekommen, die zur Ablaufverzweigung nach Tabelle 8.3 ausreicht. Aus dieser Tabelle ergeben sich 13 unterschiedliche Verzweigungsrichtungen in Abhängigkeit von der Information im Stapelfenster; diese 13 Verzweigungen erfolgen zu folgenden Abschnitten des Steuerablaufs (von links nach rechts in Tabelle 8.3): 7 Verzweigungen gehen zu den in $\boldsymbol{F}_2$ spezifizierten Rechenvorgängen $+$, $-$, $*$, $/$, *hoch*, $\oplus$ und $\ominus$. Eine Verzweigungsrichtung gehört zum Herausnehmen der Klammern, eine andere zur Ausgabe.

Aus der Verwendung der Speichertasten S_ν und K_μ ergeben sich zwei weitere Richtungen, die zum Lesen einer Zahl aus S_ν bzw. K_μ oder zum Schreiben einer Zahl nach S_ν führen.

Eine Richtung wird benötigt für das Warten auf weitere Eingabe, und die letzte Richtung führt zum Fehlerstop.

Zur Codierung dieser 13 Richtungen benötigt man vier Binärstellen; es genügt also, wenn dem Steuerwerk an Stelle des 9 bit langen Codewortes mit den Abschnitten $\boldsymbol{F}_1$ und $\boldsymbol{F}_2$ ein 4 bit langes Codewort zugeführt wird, welches die aus der Stapelfensterinformation abgeleitete Verzweigungsrichtung angibt. Da das Steuerwerk als Mikroprogrammwerk realisiert wird, ist es wünschenswert, die Zahl der Komponenten im Verzweigungsvektor $\boldsymbol{X}$ klein zu halten, damit der Aufwand für die Komponentenauswahl (s. Abschnitte 4.5.3 und 4.5.4) klein bleibt.

Es liegt nahe, zur Gewinnung des Richtungscodes aus der Stapelfensterinformation einen Lesespeicher zu verwenden. Jedoch ist es nicht sinnvoll, das Wort $(\boldsymbol{F}_1, \boldsymbol{F}_2)$ direkt als Adresse zu verwenden, d. h. es wäre Verschwendung, einen Speicher mit 512 Wörtern zu je 4 bit vorzusehen. Es wurde schon darauf hingewiesen, daß das Steuerwerk nicht an einem Adressenwert S_ν oder K_μ interessiert ist. Deshalb ist es zweckmäßig, die für das Steuerwerk relevante Information in $\boldsymbol{F}_1$ auf 4 bit zu komprimieren; dieses vierstellige Codewort $\boldsymbol{F}_1'$ kann dann mit $\boldsymbol{F}_2$ zusammengefügt werden zur 8 bit langen Adresse für den Lesespeicher. Tabelle 8.14 legt nahe, wie man das Codewort $\boldsymbol{F}_1'$ ohne großen Schaltungsaufwand aus

$\boldsymbol{F}_1$ gewinnen kann, indem man zwei der bisher unbenutzten Codewörter nun zur Mitteilung der Tatsache benutzt, daß sich irgendein Symbol S_ν oder K_μ in $\boldsymbol{F}_1$ befindet. Abb. 8.15 zeigt das gesamte System zur Ausgangscodewandlung, wie es sich aus diesen Überlegungen ergibt. Falls f_5 Null ist, was nach Tabelle 8.14 bedeutet, daß eines der zwölf Funktionssymbole in $\boldsymbol{F}_1$ steht, werden die vier Binärstellen f_1 bis f_4 von $\boldsymbol{F}_1$ direkt

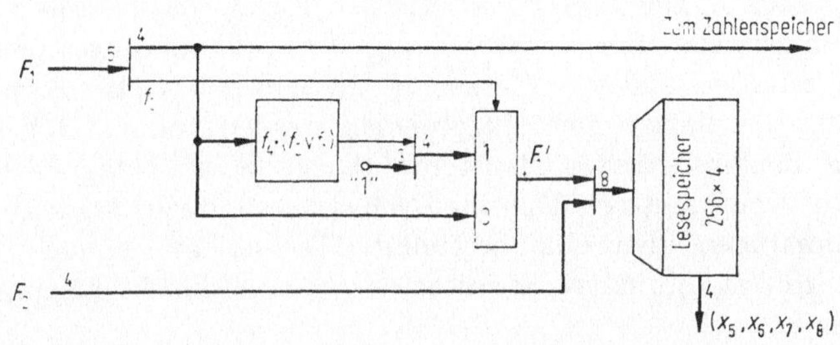

Abb. 8.15. Codewandler für die Stapelfensterinformation.

nach $\boldsymbol{F}_1'$ über das Quellenauswahlnetz durchgeschaltet. Falls f_5 Eins ist, steht ein S_ν oder ein K_μ in $\boldsymbol{F}_1$; wenn das Schaltnetz zur Bildung der Funktion $f_4 \cdot (f_2 \vee f_1)$ eine Eins liefert, dann handelt es sich um ein K_μ. Es wurde also die Tabelle 8.16 realisiert. Im Lesespeicher ist zu jeder

Tabelle 8.16. Ergänzung zu Tabelle 8.14

$\boldsymbol{F}_1'$	Interpretation
1 1 1 0	Ein S_ν steht in $\boldsymbol{F}_1$
1 1 1 1	Ein K_μ steht in $\boldsymbol{F}_1$

Kombination im Stapelfenster die Nummer der nach Tabelle 8.3 zugehörigen Verzweigungsrichtung angegeben; die Richtungen werden dabei zweckmäßigerweise von 0 bis 12 durchnumeriert, damit sie direkt zur Mikroprogrammadreßbildung durch Addition (s. Abschnitt 4.5.4) benutzt werden können.

Wenn man den Funktionsstapel als einen geschlossenen Operationsblock betrachtet, schließt man zweckmäßigerweise den Ansteuercodewandler nach Gl. (8.37) bis (8.40) und den Ausgangscodewandler nach Abb. 8.15 mit ein, weil man dann eine für die Strukturierung des Gesamtsystems günstige Schnittstelle erhält.

8.2.3 Zahlenspeicher

In der Algorithmenbeschreibung wurde schon festgelegt, daß die Maschine 32 Speicherplätze für je eine Zahl im Format nach Tabelle 8.4 haben soll. Diese 32 Speicherplätze setzen sich zusammen aus 16 für den Zahlenstapel, 9 für die Zahlen S_ν, 3 für die Konstanten K_μ und 4 für die Ablage von Zwischenergebnissen während des Ablaufs einer Grundrechenoperation. Die drei Speicherplätze für die Konstanten werden zweckmäßigerweise zur Vereinfachung des Adressierungsschemas zusammen mit den anderen Plätzen in denselben Speicherblock gelegt, obwohl sie als einzige nicht beschrieben werden können. Da die Verwendung hochintegrierter Bausteine (Large Scale Integration) beim Aufbau der betrachteten Maschine selbstverständlich ist, und da hier keine Annahmen über eine bestimmte Technologie gemacht werden sollen, wird auf die innere Struktur des Speicherblocks hier nicht eingegangen.

Bei der Algorithmenbeschreibung wurde schon angenommen, daß die Zahlen nicht parallel, d. h. als 64 bit lange Wörter, gelesen bzw. geschrieben werden können, sondern daß der Datentransport stellenweise, d. h. 4-bit-parallel, erfolgen soll. Der Speicher enthält also 32 · 16 = 512 Wörter zu je 4 bit. Jede Wortadresse setzt sich zusammen aus der fünfstelligen Zahlenadresse und der vierstelligen Stellenadresse. Für die Zahlenadresse gibt es drei verschiedene Quellen: Zahlen im Stapel werden mit einem Stapeladreßzähler adressiert, der genau wie der entsprechende Zähler im Funktionsstapelblock (s. Abb. 8.12) vorwärts und rückwärts zählen kann und der auch entweder mit dem derzeitigen Zählerstand A_Z oder mit dem um Eins verminderten Wert ($A_Z - 1$) die Zahlenadresse festlegen kann; die Adressen der über die Tastatur ansteuerbaren Speicherplätze S_ν und K_μ kommen aus dem Funktionsstapel (s. Abb. 8.15); die vier Speicherplätze für Zwischenergebnisse werden direkt vom Steuerwerk adressiert. Tabelle 8.17 zeigt die Adreßzuordnung.

Tabelle 8.17. Aufteilung des Zahlenspeichers

Zahlenadresse A_Z	Adressierter Zahlentyp
0 – – – –	Zahl im Stapel
1 0 0 – – 1 0 1 – – 1 1 0 – –	S_ν oder K_μ
1 1 1 – –	Zwischenergebnis

Für die Stellenadresse gibt es zwei verschiedene Quellen: die einzelnen Dezimalstellen werden mit Stellenzählern adressiert, die sich im Rechenoperationswerk befinden, während die vier Stellen mit den höchsten Adressen (s. Tabelle 8.4), nämlich die Genauigkeit, die beiden Exponentenstellen und die Vorzeichenstelle, auch vom Steuerwerk direkt adressiert werden können.

Abb. 8.16 zeigt den Zahlenspeicherblock, wie er aus diesen Überlegungen hervorgeht. Außer für die Steuervariable y_7 ist die Funktion aller Steuersignale unmittelbar aus den Codeeinträgen in den Quellen-

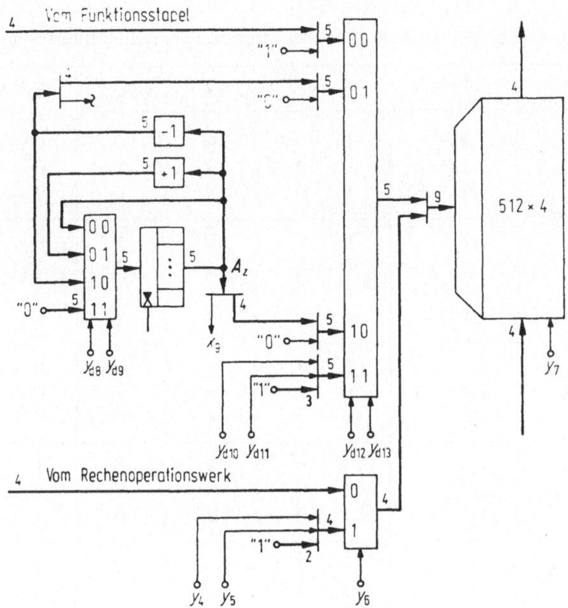

Abb. 8.16. **Blockschaltbild des Zahlenspeichers.**

auswahlnetzen ersichtlich; eine Eins bei y_7 bewirkt ein Schreiben in den Speicherblock, eine Null ein Lesen des adressierten Wortes. Während die Steuersignale y_4 bis y_7 direkt vom Steuerwerk geliefert werden müssen, weil man 10 der 16 möglichen Ansteuerkombinationen zur Ablaufsteuerung zur Verfügung haben muß, ist es sinnvoll, die Signale y_{d8} bis y_{d13} aus einer kleineren Zahl von Steuersignalen aus dem Mikroprogrammwerk abzuleiten. Die Überlegungen verlaufen dabei ähnlich wie im Falle des Funktionsstapels in Abschnitt 8.2.2. Mit den sechs Variablen können 64 Ansteuerkombinationen gebildet werden, von denen sich jedoch nur 28 unterschiedlich auswirken. Wenn y_{d12} und y_{d13} nämlich nicht beide Eins sind, ist der Wert von y_{d10} und y_{d11} irrelevant. Wollte man diese

28 Ansteuerkombinationen alle zur Verfügung haben, müßte man 5 Binärstellen im Mikroprogrammcodewort dafür vorsehen. Jedoch kann man leicht auf einige dieser Ansteuerfunktionen verzichten und dadurch noch ein weiteres Steuerbit einsparen. Wenn man darauf verzichtet, am Ende der Taktschritte, in denen ein Zwischenergebnis adressiert wird, in denen also y_{d12} und y_{d13} beide Eins sind, den Zustand des Adreßzählers verändern zu können, dann hat man auf 12 der 28 möglichen Ansteuerkombinationen verzichtet. Die verbleibenden 16 Kombinationen sind in Tabelle 8.18 dargestellt; sie können mit 4 bit codiert werden. Die Codierung mit den Stellen y_8 bis y_{11} in Tabelle 8.18

Tabelle 8.18. Ansteuerkombinationen für den Zahlenspeicher

Zahlenadresse	$\boldsymbol{A}_Z^{n+1}$	y_{d8}	y_{d9}	y_{d10}	y_{d11}	y_{d12}	y_{d13}	y_8	y_9	y_{10}	y_{11}
S_ν oder K_μ	$\boldsymbol{A}_Z^n$	0	0	*	*	0	0	0	0	0	0
$(\boldsymbol{A}_Z - 1)_{\text{mod}16}$	$\boldsymbol{A}_Z^n$	0	0	*	*	0	1	0	0	0	1
$(\boldsymbol{A}_Z)_{\text{mod}16}$	$\boldsymbol{A}_Z^n$	0	0	*	*	1	0	0	0	1	0
28	$\boldsymbol{A}_Z^n$	0	0	0	0	1	1	0	0	1	1
29	$\boldsymbol{A}_Z^n$	0	0	0	1	1	1	0	1	1	1
30	$\boldsymbol{A}_Z^n$	0	0	1	0	1	1	1	0	1	1
31	$\boldsymbol{A}_Z^n$	0	0	1	1	1	1	1	1	1	1
S_ν oder K_μ	$\boldsymbol{A}_Z^n + 1$	0	1	*	*	0	0	0	1	0	0
$(\boldsymbol{A}_Z - 1)_{\text{mod}16}$	$\boldsymbol{A}_Z^n + 1$	0	1	*	*	0	1	0	1	0	1
$(\boldsymbol{A}_Z)_{\text{mod}16}$	$\boldsymbol{A}_Z^n + 1$	0	1	*	*	1	0	0	1	1	0
S_ν oder K_μ	$\boldsymbol{A}_Z^n - 1$	1	0	*	*	0	0	1	0	0	0
$(\boldsymbol{A}_Z - 1)_{\text{mod}16}$	$\boldsymbol{A}_Z^n - 1$	1	0	*	*	0	1	1	0	0	1
$(\boldsymbol{A}_Z)_{\text{mod}16}$	$\boldsymbol{A}_Z^n - 1$	1	0	*	*	1	0	1	0	1	0
S_ν oder K_μ	0	1	1	*	*	0	0	1	1	0	0
$(\boldsymbol{A}_Z - 1)_{\text{mod}16}$	0	1	1	*	*	0	1	1	1	0	1
$(\boldsymbol{A}_Z)_{\text{mod}16}$	0	1	1	*	*	1	0	1	1	1	0

wurde so gewählt, daß sich ein möglichst einfacher Ansteuercodewandler ergibt. Es gelten die folgenden Codewandlerfunktionen:

$$y_{d8} = y_8 \cdot (\bar{y}_{10} \vee \bar{y}_{11}), \tag{8.41}$$

$$y_{d9} = y_9 \cdot (\bar{y}_{10} \vee \bar{y}_{11}), \tag{8.42}$$

$$y_{d10} = y_8, \tag{8.43}$$

$$y_{d11} = y_9, \tag{8.44}$$

$$y_{d12} = y_{10}, \tag{8.45}$$

$$y_{d13} = y_{11}. \tag{8.46}$$

Ähnlich wie beim Funktionsstapel wurde also auch hier mit Hilfe eines äußerst geringen Schaltungsaufwandes eine beträchtliche Einsparung an Mikroprogrammspeicherkapazität erzielt.

8.2.4 Rechenoperationswerk

Das Rechenoperationswerk ist die Zusammenschaltung sämtlicher Operationsblöcke, die zur Realisierung der arithmetischen Operationen benötigt werden. Bei der allgemeinen Einführung des Operationswerks wurde gesagt, daß aus einer gegebenen Algorithmenbeschreibung die benötigten Operationsblöcke und ihre Zusammenschaltung ohne große Schwierigkeiten abgeleitet werden können. Dabei wurde vorausgesetzt, daß die Vorgabe einer vollständigen und detaillierten Algorithmenbeschreibung möglich ist, ohne daß explizit über die Struktur des Operationswerks vorentschieden wird. Da diese Voraussetzung in den bisherigen Entwurfsbeispielen einigermaßen erfüllt war, konnten dort die jeweiligen Operationswerksentwürfe noch als Folge verhältnismäßig konsequenter Entscheidungen dargestellt werden. Im gegebenen Fall jedoch ist diese Voraussetzung technisch nicht mehr sinnvoll. Zwar könnte man auch hier die Algorithmen für die arithmetischen Operationen ohne Vorgriff auf eine Operationswerkstruktur detailliert festlegen und dann daraus ein Operationswerk entwickeln, jedoch würde sich in diesem Fall mit großer Wahrscheinlichkeit ein unnötig großer Schaltungsaufwand ergeben. Die zu realisierenden Algorithmen sind sehr komplex; ein vollständiges Ablaufdiagramm für die gesamte Maschine umfaßt zwangsläufig einige hundert Taktschritte; daß man bei der Ableitung eines Operationswerks aus einem solchen Diagramm wesentliche Möglichkeiten der Mehrfachausnutzung von Operationsblöcken übersieht, ist unvermeidlich. Außerdem werden durch die verbindliche Vorgabe des Ablaufdiagramms die Möglichkeiten der Mehrfachausnutzung von Operationsblöcken von vornherein eingeschränkt, denn ob man bei der Realisierung der Addition, Subtraktion, Multiplikation und Division im wesentlichen die selben Operationsblöcke benutzen kann oder nicht, hängt oft nur von geringfügigen Modifikationen der Algorithmen ab.

Da hier also die Mehrfachausnutzung der Operationsblöcke eine zentrale Rolle spielt, geht man beim Operationswerkentwurf wie folgt vor: In den im Abschnitt 8.1.2 gegebenen groben Ablaufdiagrammen, die noch keine Taktschrittfolgen darstellen und deshalb auch keinen Vorgriff auf die Operationswerkstruktur enthalten, sucht man nach Hinweisen auf mehrfach ausnutzbare Operationsblöcke. Daß diese Suche von der Erfahrung im Rechnerentwurf und der detaillierten Kenntnis möglichst vieler unterschiedlicher Rechnerzentraleinheiten, welche im Laufe der letzten zwanzig Jahre entwickelt und auf den Markt gebracht wurden, stark beeinflußt wird, ist selbstverständlich. Deshalb ist es auch völlig unmöglich, diese Suche als Folge konsequenter Überlegungen darzustellen. Die gefundenen Operationsblöcke sind Operatornetze und Operandenregister; diese schaltet man über Quellenauswahlnetze zu einem Operationswerk zusammen. Auch bei dieser Zusammenschaltung spielt die Erfahrung eine große Rolle. Man versucht, einen Kompromiß zu finden zwischen zwei gegensätzlichen Forderungen: Einerseits soll in jedem Taktschritt ein Datenfluß zwischen möglichst vielen Registern über möglichst viele Operatornetze stattfinden können, d. h. es wird größtmögliche Parallelität gefordert, andererseits soll der Schaltungsaufwand für Quellenauswahlnetze klein gehalten werden. Das Gewicht der ersten Forderung wird bei der Aufgabenstellung mit der Angabe der Geschwindigkeitsforderung festgelegt; das Gewicht der zweiten Forderung wächst mit der Wortlänge auf den Signalleitungsbündeln. Nun versucht man, die zu realisierenden Algorithmen als Taktschrittabläufe für das entworfene Operationswerk aufzustellen. Dabei kann sich die Zweckmäßigkeit von Operationswerksänderungen herausstellen, die man dann berücksichtigt; die endgültige Struktur des Operationswerks ergibt sich also erst beim Aufstellen der Operationsabläufe. Dabei ergibt sich auch der Verzweigungsvektor $\boldsymbol{X}$, dessen Bereitstellung möglicherweise die Einführung von Verzweigungscodewandlern erforderlich macht.

Das beschriebene allgemeine Vorgehen beim Entwurf des Operationswerks gilt für alle Systeme, bei denen eine größere Zahl ziemlich unabhängiger Algorithmen unter Mehrfachausnutzung von Operationsblöcken realisiert werden sollen; als typische Systeme dieser Art sind alle Rechnerzentraleinheiten zu betrachten.

Es werden nun nacheinander die Operationsblöcke eingeführt, deren Verwendung bei einer Analyse der Algorithmen im Abschnitt 8.1.2 als zweckmäßig erkennbar ist. Den Kern der arithmetischen Verarbeitung bildet das Addiernetz zur Addition zweier Dezimalziffern bei möglichem Eingangsübertrag. Da dieses Netz an zentraler Stelle des Datenflusses stehen wird, sollte es auch möglich sein, beliebige vierstellige Codewörter unverändert durch dieses Netz leiten zu können, was bei einem reinen Dezimaladdiernetz nicht geht, da dort jedes Eingangswort, dessen Dualzahlenwert größer als neun ist, in einen Zehnerübertrag und einen vierstelligen Rest umcodiert würde. Abb. 8.17 zeigt die einfache Struktur eines Addiernetzes, welches in Abhängigkeit vom Steuersignal y_k als Dualaddiernetz (bei $y_k = 0$) oder als Dezimaladdiernetz (bei $y_k = 1$) arbeitet. Die vierstelligen Dualaddiernetze wurden dabei als verfügbare Bausteine angenommen. Das zweite Dualaddiernetz dient zur Korrekturaddition des Wertes 6 im Falle, daß ein Dezimalübertrag auftritt. Bei

Dezimaladdition tritt ein Übertrag auf, wenn entweder schon das erste Dualaddiernetz einen Übertrag ausgibt, was bedeutet, daß das Ergebnis größer als 15 ist, oder wenn das Ergebnis zwar nicht größer als 15, aber größer als 9 ist. Dieser zweite Fall wird an den drei höchsten Summen-

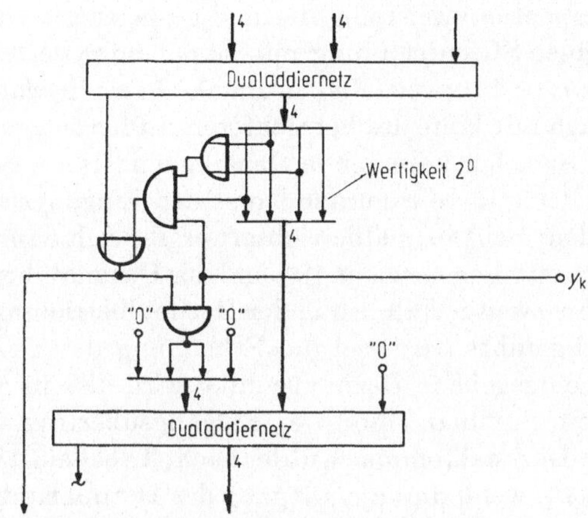

Abb. 8.17. Steuerbares Addiernetz.

stellen des ersten Dualaddiernetzes erkannt. Die Notwendigkeit der Korrekturaddition des Wertes 6 ist durch Betrachtung der möglichen Fälle leicht einzusehen:

$$\text{Ergebnis} \leq 9: \quad \text{Ergebnis} = 0 + (\text{Ergebnis} + 0) \tag{8.47}$$

$$9 < \text{Ergebnis} \leq 15: \quad \text{Ergebnis} = \underbrace{10}_{\text{Dezimalübertrag}} + \underbrace{(\text{Ergebnis} + 6 - 16)}_{\substack{\text{Korrekturaddition} \\ \text{bei weggelassenem} \\ \text{Dualübertrag des} \\ \text{zweiten Addier-} \\ \text{netzes}}} \tag{8.48}$$

$$15 < \text{Ergebnis} \leq 19: \quad \text{Ergebnis} = \underbrace{10}_{\text{Dezimalübertrag}} + \underbrace{[\underbrace{(\text{Ergebnis} - 16)}_{\substack{\text{Summenaus-} \\ \text{gang des ersten} \\ \text{Addiernetzes}}} + 6]}_{\text{Korrekturaddition}} \tag{8.49}$$

Wenn nur Dezimalziffern am Eingang angeliefert werden, dann kann das Ergebnis nicht größer als $(9 + 9 + 1) = 19$ werden. Wenn andere Codewörter am Eingang angeliefert werden und das Addiernetz dennoch als Dezimaladdiernetz betrieben wird, dann handelt es sich nicht mehr um einen regulären Additionsvorgang. Daß es dennoch sinnvoll sein kann, eine solche Situation herbeizuführen, ist in zwei Fällen sofort einzusehen: Die Genauigkeit einer Zahl wird nach Tabelle 8.4 mit 4 bit gespeichert; der mögliche Wertebereich geht von 0 bis 12. In den Algorithmen in Abschnitt 8.1.2 wurde die Genauigkeit oft mit Exponentenwerten durch Strichrechnung verknüpft. Nach Tabelle 8.4 sind die Exponenten zweistellig dezimal gespeichert. Damit die Genauigkeit also an einer Strichrechnung mit Exponentenwerten teilnehmen kann, muß sie zuvor in zweistellig dezimale Form gewandelt werden. Dies kann einfach mit Hilfe des betrachteten Addiernetzes geschehen, indem die aus dem Speicher kommende Genauigkeit als ein Summand verwendet wird und der andere Summand und der Eingangsübertrag zu Null gemacht werden. Bei Dezimalbetriebsart ergibt sich dann am Summenausgang die Stelle mit dem Gewicht 10^0, und der Dezimalübertrag hat das Gewicht 10^1.

Als zweiter Fall, wo in der Dezimalbetriebsart keine reguläre Addition durchgeführt wird, sei die Erkennung des Dezimalkommas betrachtet. Das eingegebene Dezimalsymbol wird als ein Summand verwendet, der andere Summand und der Eingangsübertrag werden zu Null gemacht. Das Dezimalkomma wurde nach Tabelle 8.13 mit dem Dualwert 15 codiert; wenn dies am Eingang des Dezimaladdiernetzes liegt, ergibt sich am Ausgang ein Dezimalübertrag, der vom Steuerwerk als Verzweigungsinformation für die Dezimalkommaerkennung verwendet werden kann.

Neben dem Addiernetz ist das Netz zur Neunerkomplementbildung sofort als notwendiger Operationsblock zu erkennen. Gleichung (8.50) zeigt, auf welche Weise man die Komplementbildung am einfachsten realisieren kann:

$$9 - \text{Ziffer} = \underbrace{\underbrace{(15 - \text{Ziffer})}_{\text{Binäres Komplement}} + 10 \quad - 16}_{\text{Korrekturaddition bei weggelassenem Dualübertrag}} \tag{8.50}$$

Abb. 8.18 zeigt das entsprechende Schaltnetz, worin wieder ein vierstelliges Dualaddiernetz als Baustein auftritt.

In den Algorithmen in Abschnitt 8.1.2 kommen recht häufig Strichrechnungsoperationen mit zweistelligen Exponenten vor, so daß man

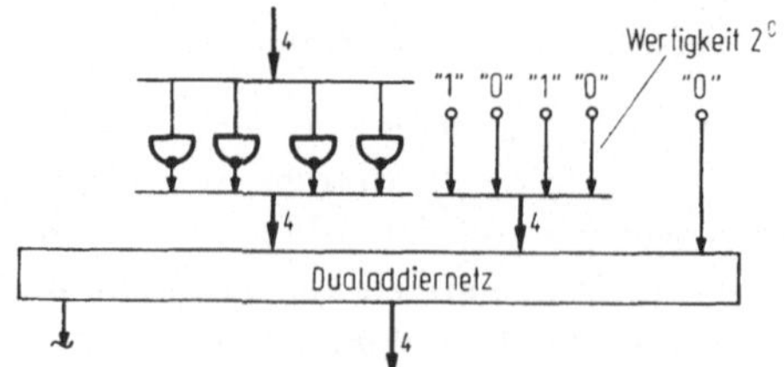

Abb. 8.18. Komplementiernetz.

fragen muß, ob es nicht möglicherweise sinnvoll ist, in diesen Fällen zweistellig parallel zu operieren, d. h. dafür zwei Addiernetze und zwei Komplementiernetze vorzusehen. Zur Entscheidung dieser Frage muß man den eingesetzten Mehraufwand im Operationswerk mit der erzielten Einsparung von Mikroprogrammspeicherwörtern vergleichen. Jede Erweiterung der Parallelität im Operationswerk vermindert ja die Zahl der zur Operationsausführung benötigten Taktschritte und damit die Zahl der benötigten Steuerwörter. Die betrachteten Operationen kommen so häufig vor, daß bei zweistellig paralleler Operation bestimmt über 20 Steuerwörter eingespart werden. Die Länge der Mikroprogrammwörter wird sicher nicht unter 50 Stellen betragen, denn in den bisherigen Abschnitten vor dem Entwurf des Rechenoperationswerks wurden bereits 11 y-Komponenten eingeführt, beim Rechenoperationswerk werden mindestens 25 weitere hinzukommen, das Druckwerk benötigt einige wenige, mit fünf Binärstellen für die Verzweigungsauswahlinformation muß mindestens gerechnet werden, und für die Steuerzustände werden sicher auch nicht unter acht Binärstellen zur Codierung benötigt. Deshalb bedeutet die Einsparung von über 20 Steuerwörtern eine Einsparung an Mikroprogrammspeicherkapazität von über 1000 bit. Diese Einsparung ist ungefähr vergleichbar mit dem Mehraufwand im Operationswerk. Da jedoch das zweite Addiernetz nicht nur für die Exponentenrechnung verwendet werden kann, sondern auch noch für Zählvorgänge, wie sie in den zu realisierenden Algorithmen häufig vorkommen, ist die Einführung des zweiten Addiernetzes durchaus gerechtfertigt.

Die Zählvorgänge sind sogar so häufig, daß es aufwandgünstig ist, durch zusätzliche ungesteuerte, d. h. rein duale Addiernetze die Parallelität für diese Zählvorgänge noch stärker zu erweitern. Wenn man dabei eine Realisierung wie in Abb. 8.13 wählt, überwiegt die Einsparung an Mikroprogrammspeicherkapazität deutlich den Mehraufwand im Operationswerk.

Im Zusammenhang mit dem Dezimaladdiernetz wurde schon von der Notwendigkeit gesprochen, eine mit vier Binärstellen gegebene Genauigkeit in eine zweistellige Dezimalzahl umzucodieren. Daß es auch zweckmäßig ist, ein Schaltnetz zur Codewandlung in umgekehrter Richtung zu haben, erkennt man aus den Abläufen der Addition und Subtraktion in Abb. 8.3 und 8.4, wo die Position des Begrenzungsstriches numerisch bestimmt wird und die sich ergebenden Werte dann durch Zählvorgänge weiter verändert werden. Da an der Positionsberechnung Exponentenwerte beteiligt sind, wird diese zweistellig dezimal durchgeführt; die Zählvorgänge dagegen, bei denen garantiert ist, daß die Zählerwerte nur zwischen 0 und 12 variieren können, werden vierstellig dual mit den oben erwähnten Addiernetzen nach Abb. 8.13 realisiert. Die Strichpositionswerte j_{01} und j_{02}, welche in dem Ablauf in Abb. 8.3 als Zähleranfangswerte dienen, haben Beträge im Bereich zwischen 0 und 11. Deshalb wird ein Codewandler benötigt, der zweistellige Dezimalzahlen im Wert von 0 bis 11 in vierstellige Dualzahlen umwandelt. Abb. 8.19 zeigt einen solchen Codewandler; die Tatsache, daß die Zahlen 12 bis 16 nicht korrekt gewandelt zu werden brauchen, weil die zu realisierenden Abläufe eine solche Wandlung nicht erfordern, ermöglicht die aufwandsgünstige Realisierung.

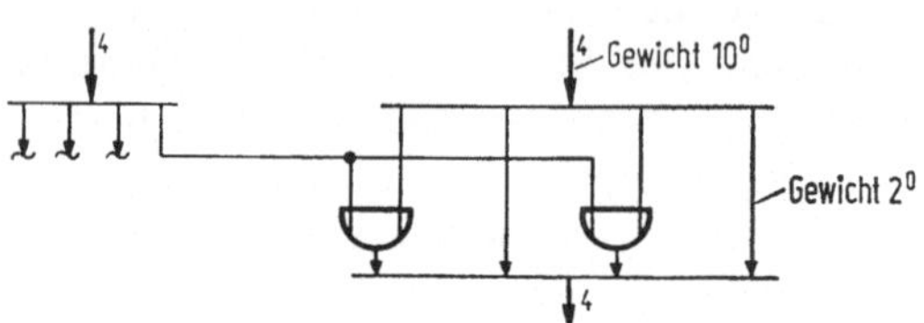

Abb. 8.19. Codewandler von dezimal nach dual für Zahlen von 0 bis 11.

Als letztes Operatornetz muß noch das Netz für die Vorzeichenoperationen eingeführt werden. Nach Tabelle 8.4 sind das Zahlenvorzeichen und das Exponentenvorzeichen zusammen in einem vierstelligen Codewort gespeichert, d. h. sie sind im Speicher nur gemeinsam adressierbar. Als Operanden für die Vorzeichenoperationen werden deshalb zweckmäßigerweise vierstellige Vorzeichenwörter gewählt, und der Ansteuervektor für das Vorzeichennetz wird aus zwei Abschnitten aufgebaut: ein Abschnitt legt die Art der durchzuführenden Vorzeichenoperation fest, der andere Abschnitt, welcher nur aus einer Komponente besteht, bestimmt, ob die Vorzeichenoperation mit dem Zahlenvorzeichen oder mit dem Exponentenvorzeichen durchgeführt werden soll. Für die vier Grundrechenarten werden vier verschiedene Vorzeichenoperationen benötigt: Setzen auf plus, setzen auf minus, Inversion und Produktbildung. Bei der Produktbildung werden zwei Vorzeichen miteinander verknüpft, das Ergebnisvorzeichen ist positiv, wenn die beiden Operandenvorzeichen gleich sind, sonst ist das Ergebnisvorzeichen negativ. Abb. 8.20 zeigt das Vorzeichennetz; es wurde willkürlich entschieden, das positive Vorzeichen als binäre Null zu codieren. Das Steuersignal y_j wählt das Vorzeichen aus, für welches die Operation gelten soll, mit $y_j = 0$ wird das Zahlenvorzeichen ausgewählt. Die Steuersignale y_{j+1} und y_{j+2} bestimmen die Art der Operation.

Damit sind alle erforderlichen Operatornetze eingeführt. Ein Schiebenetz, wie es in Rechenoperationswerken oft vorkommt, weil damit die Schiebeoperationen bei Multiplikation und Division durchgeführt werden, wird hier nicht benötigt, denn das Schieben um eine Dezimalstelle wird durch entsprechende Stellenadressierung beim Lesen und Schreiben der Zwischenergebnisse im Zahlenspeicher erreicht.

Nun muß noch über die Art und die Zahl der Operandenblöcke, d. h. der Register, entschieden werden. Für die serielle dezimalstellenweise Durchführung der Strichrechnungsoperationen, die auch den Punktrechnungsalgorithmen zugrunde liegen, genügt ein einziges 4 bit langes Register, da der Zahlenspeicher als statisch lesbarer Speicher ausgeführt wurde und deshalb der zweite Operand stets direkt dem Speicher

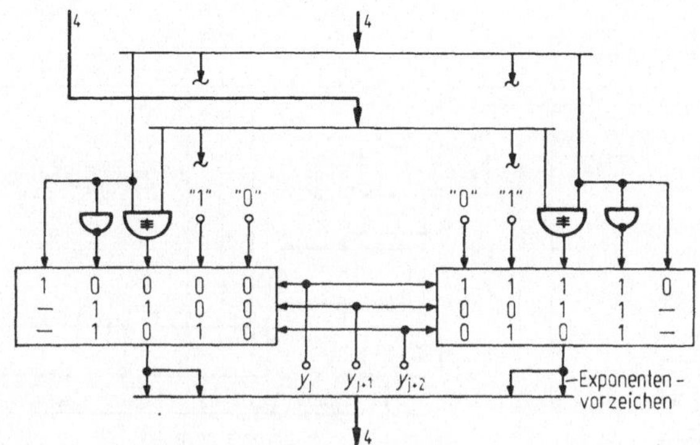

Abb. 8.20. Vorzeichennetz.

entnommen werden kann. Für Zwischenergebnisse wurden ja schon besondere Speicherplätze vorgesehen (s. Tabelle 8.17). Die serielle Addition erfordert ein Flipflop für den Übertrag. Für die zweistellig parallele Strichrechnung mit Exponentenwerten werden mindestens drei 4 bit lange Register benötigt; jedoch ist es zweckmäßiger, vier Register dafür bereitzustellen, weil sich dadurch die Steuerung stark vereinfacht. Aus demselben Grund ist es auch günstig, während der Exponentenrechnung auch die beiden Operandenvorzeichen als Registerinhalte zur Verfügung zu haben. Somit ergibt sich die Gesamtmenge der Operandenblöcke mit sechs vierstelligen Registern und einem Einzelflipflop.

Es wurde schon darauf hingewiesen, daß es im Fall von Rechenoperationswerken völlig unmöglich ist, die Zusammenschaltung der Operationsblöcke zum Werk als Folge konsequenter Überlegungen darzustellen. Deshalb wird hier einfach die gewählte Zusammenschaltung ohne Ableitung angegeben (s. Abb. 8.21) und nur kurz kommentiert.

In der Struktur in Abb. 8.21 ist nicht gezeigt, welche Verzweigungsinformation entnommen wird, d. h. welche Komponenten des Vektors X dieses Operationswerk liefert. Bei Rechenoperationswerken verfährt man zweckmäßigerweise so, daß man erst beim Aufstellen des detaillierten Mikroprogramms die zu entnehmende Verzweigungsinformation festlegt. Dabei gilt, daß man jegliche Information entnehmen darf, die hilft, das Mikroprogramm zu vereinfachen.

Für die Eingänge der beiden Addiernetze können über die Quellenauswahlnetze Konstanten ausgewählt werden. Durch die Konstanten Null und Eins wurde ermöglicht, Eingangswörter unverändert durch das Netz laufen zu lassen oder um Eins zu zählen; die Eins beim Eingangsübertrag wird außerdem noch bei der Subtraktion durch Komplementaddition gebraucht. Daß auch die Dezimalziffer 2 als Konstante ver-

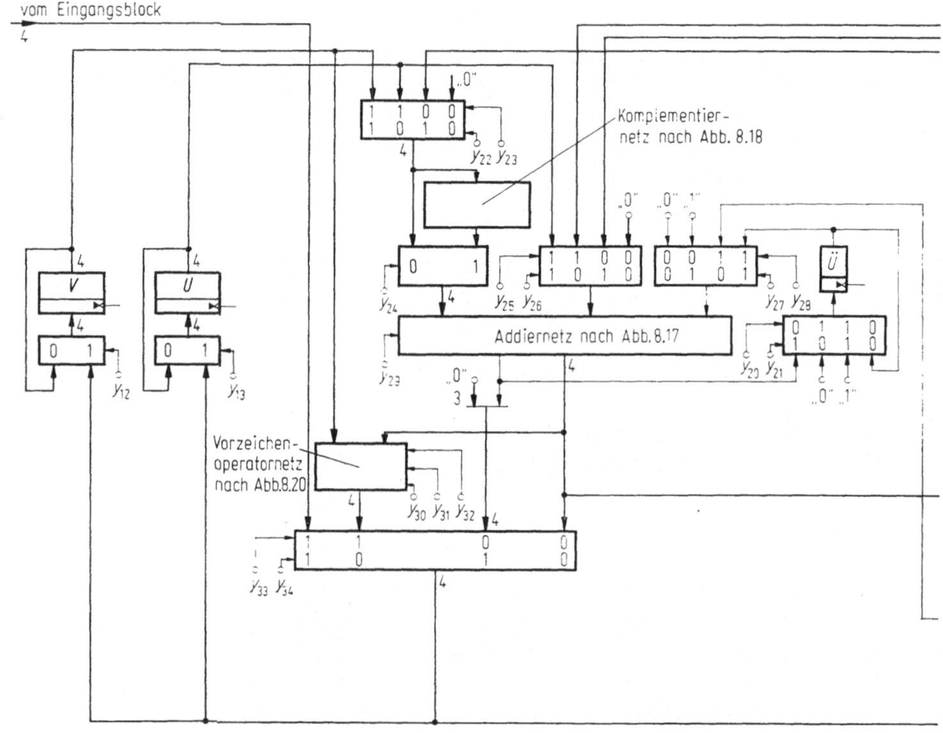

Abb. 8.21. Rechenoperationswerk.

wendet wurde, hängt mit der Notwendigkeit zusammen, bei der numerischen Bestimmung der Begrenzungsstrichposition (s. Abb. 8.3) den Wert 12 als Operanden zu verwenden. Man beachte, daß die Binärstelle mit dem Gewicht 2^0 bei den Signalleitungsbündeln in Abb. 8.21 in Signalflußrichtung stets links liegt. Die Struktur in Abb. 8.21 erlaubt es, in einem Taktschritt eine Eins in die Register $\boldsymbol{H}$ oder $\boldsymbol{G}$ und eine Zwei in die Register $\boldsymbol{N}$ oder $\boldsymbol{L}$ zu bringen. Die Paare $(\boldsymbol{H}, \boldsymbol{N})$ und $(\boldsymbol{G}, \boldsymbol{L})$ enthalten je einen Operanden bei den zweistellig parallelen Dezimaladditionen der Exponentenrechnung, wobei $\boldsymbol{N}$ bzw. $\boldsymbol{L}$ die Ziffer mit dem

Gewicht 10^0 enthält. Im Fall einer solchen zweistellig parallelen Dezimaladdition muß der Ausgangsübertrag des rechten Addiernetzes als Eingangsübertrag des linken Addiernetzes verwenden werden.

Alle vier Register ***H***, ***N***, ***G*** oder ***L*** können wahlweise zur Stellenadressierung verwendet werden, d. h. es führt von jedem dieser Register ein Weg über eine oder zwei Quellenauswahlschaltungen zum Stellen-

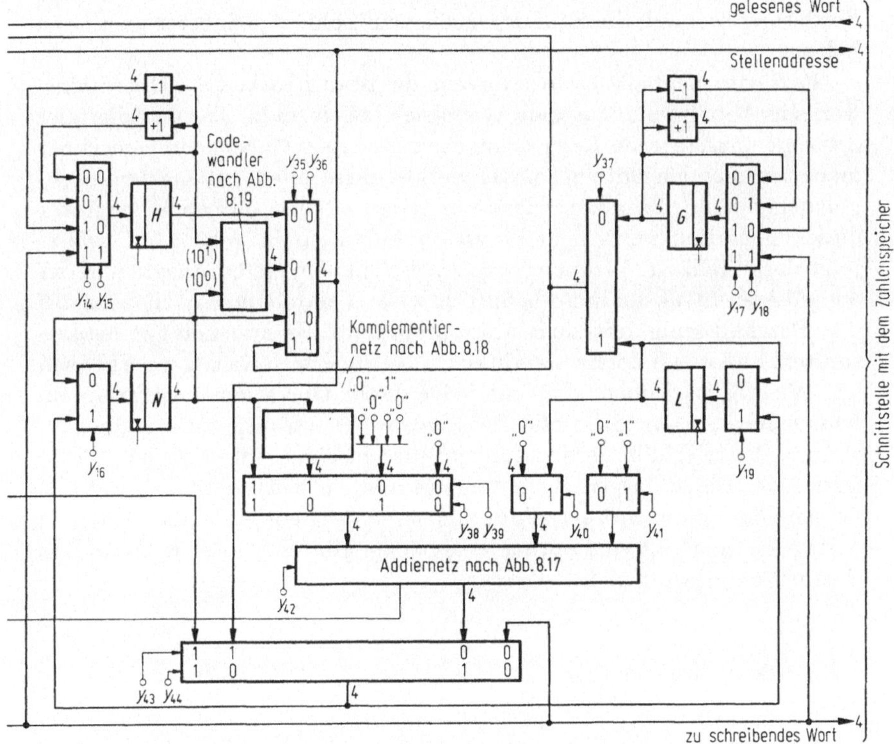

adreßeingang des Zahlenspeichers in Abb. 8.16. Damit eine weitgehende Parallelität für Zählvorgänge erreicht wird, wurden die beiden Register ***H*** und ***G*** mit eigenen Zählernetzen ausgestattet; bei der Realisierung richtet man sich zweckmäßigerweise nach Abb. 8.13.

Man beachte, daß die Zahl der Eingänge der Quellenauswahlschaltungen stets 2 oder 4 beträgt, so daß alle Ansteuerkombinationen ausgenutzt sind. Das heißt aber selbstverständlich nicht, daß alle 2^{33} mit den Komponenten y_{12} bis y_{44} bildbaren Ansteuerkombinationen unterschiedliche Zustandsänderungen bewirken oder gar im Mikroprogramm vorkommen. Jedoch werden immerhin so viele unterschiedliche Kombinationen benötigt, daß es nicht wie im Falle des Funktionsstapels oder des Zahlenstapels möglich ist, die Zahl der vom Mikroprogrammwerk zu liefernden Steuerkomponenten durch Einführung eines Codewandlers mit geringem Schaltungsaufwand zu reduzieren.

Da die Signalleitungsbündel jeweils nur vier Leitungen enthalten, ist der Schaltungsaufwand für Quellenauswahlschaltungen verhältnismäßig klein, so daß beim Entwurf des Operationswerks keine sehr strenge Forderung bestand, die Zahl der Quellenauswahlnetze äußerst niedrig zu halten.

Es dürfte nicht allzu schwierig sein, die Brauchbarkeit des Operationswerks in Abb. 8.21 einzusehen. Wenn sich bei einem im Entwurf digitaler Systeme unerfahrenen Leser dennoch ein gewisses Unbehagen bemerkbar macht, weil er den Entwurf dieses Werkes nicht selbst systematisch nachvollziehen kann, dann kann dazu nur gesagt werden, daß auch der Autor dieses Operationswerk nicht im ersten Anlauf so entworfen hat, wie es jetzt dargestellt ist. Vielmehr liegen zwischen dem ersten Ansatz und der endgültigen Struktur in Abb. 8.21 so viele Veränderungen, die sich bei der Beschäftigung mit dem Mikroprogramm als zweckmäßig herausstellten, daß kaum noch eine Ähnlichkeit zum ersten Ansatz zu erkennen ist. Wichtig ist jedoch, daß mit jeder dieser Operationswerkvarianten, vom ersten Ansatz über alle Zwischenstufen, die gegebene Aufgabenstellung hätte erfüllt werden können; die Maschine wäre lediglich teurer geworden. Die in diesem Buch dargestellten Entwurfsmethoden gewährleisten das einwandfreie Funktionieren des entworfenen Systems; Methoden zum Entwurf optimaler Systeme gibt es bei der betrachteten Systemkomplexität nicht.

8.2.5 Gesamtstruktur

Nun sind alle wesentlichen Blöcke der Maschine außer dem Mikroprogrammwerk entworfen. Es kann nun aus den entworfenen Blöcken das Operationwerk der gesamten Maschine zusammengeschaltet werden, falls man zuvor noch eine Schnittstelle zum Druckwerk definiert. Dabei braucht auf den tatsächlichen Aufbau des Druckwerks nicht eingegangen zu werden. Um jedoch eine Anschauung zu haben, stelle man sich einfach vor, es werde auf ein quasi endloses Papierband gedruckt wie beim Telegraphenschreiber. Das zu druckende Zeichen wird als sechsstelliges Binärcodewort angeliefert. Durch eine Eins eines binären Auftragssignals a wird der Druckvorgang gestartet; wenn der Druckvorgang angelaufen ist, wird dies durch eine Eins des Betriebssignals b vom Druckwerk gemeldet. Das Ende des Druckvorganges wird durch die negative Flanke von b mitgeteilt; das Signal a soll schon während des Druckvorganges, d. h. während b noch Eins ist, auf Null zurückgesetzt werden. Während des gesamten Druckvorganges muß das Codewort des zu druckenden Zeichens konstant anliegen. Abb. 8.22 veranschaulicht diese Schnittstellendefinition.

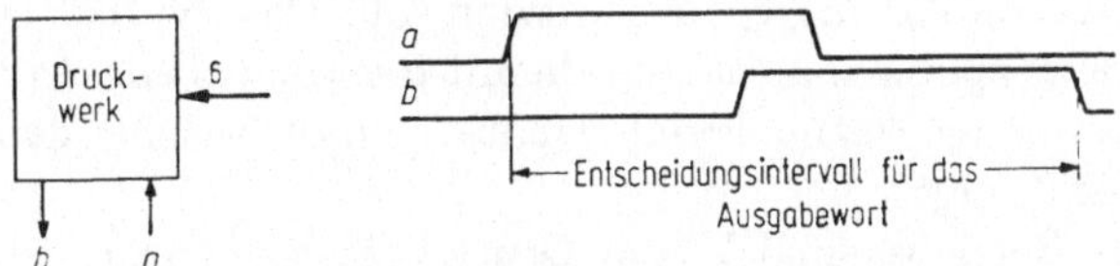

Abb. 8.22. Schnittstelle zum Druckwerk.

Für das auszugebende Zeichen gibt es drei verschiedene Quellen. Jedes eingegebene Zeichen wird unmittelbar im Anschluß an die Eingabe ausgedruckt; in diesem Fall liefert der Eingangsblock Information an das Druckwerk (s. Abb. 8.10). Wenn die Ausgabetaste = gedrückt wird, soll eine Zahl aus dem Zahlenspeicher ausgegeben werden; in diesem Fall werden die auszugebenden Stellen einzeln im Speicher adressiert und von dort aus dem Druckwerk angeboten. Dabei muß eine Erweiterung um zwei Binärstellen vom vierstelligen Speichercode auf den sechsstelligen Ausgabecode erfolgen; außerdem muß die Vorzeicheninformation, die als vierstelliges Codewort aus dem Speicher kommt (s. Tabelle 8.4), in zwei sechsstellige Codewörter aufgeteilt werden. Bei der Ergebnisausgabe kann die Ausgabe nichtgespeicherter Zeichen erforderlich werden, nämlich die Ausgabe des Dezimalkommas oder eines Zehnerpotenzfaktors; die zugehörigen Codewörter müssen als konstante Quellen bereitgestellt werden, die vom Steuerwerk ausgewählt werden können. Abb. 8.23 zeigt

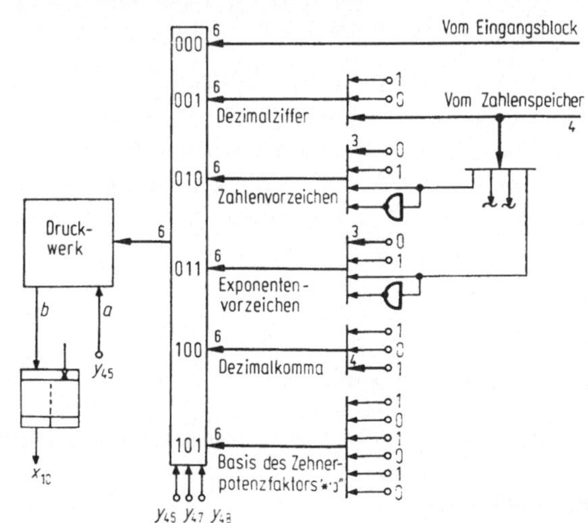

Abb. 8.23. Ausgabeblock.

den gesamten Ausgabeblock der aus dem Druckwerk und dem vorgeschalteten Quellenauswahlnetz mit der Codeerweiterung besteht. Die Codierung des Dezimalkommas und des Minuszeichens wurde der Tabelle 8.13 entnommen; das positive Vorzeichen wurde dagegen nicht mit dem Codewort für das Pluszeichen aus Tabelle 8.13 codiert, da ein positives Vorzeichen als Leerstelle ausgegeben werden soll. Das Symbol „$*_{10}$" für die Basis des Zehnerpotenzfaktors wurde mit dem in Tabelle 8.13 unbenutzten Codewort in der Dezimalsymbolspalte codiert, welches dem Codewort für die Ziffer 9 folgt.

Weil das Betriebssignal b vom Druckwerk asynchron geliefert wird, muß es im Ausgabeblock synchronisiert werden.

Nun sind alle Blöcke der Maschine hinsichtlich ihrer Schnittstellen definiert und können zum Gesamtsystem zusammengeschaltet werden. Abb. 8.24 zeigt die Gesamtstruktur. Während die Zahl der Komponenten

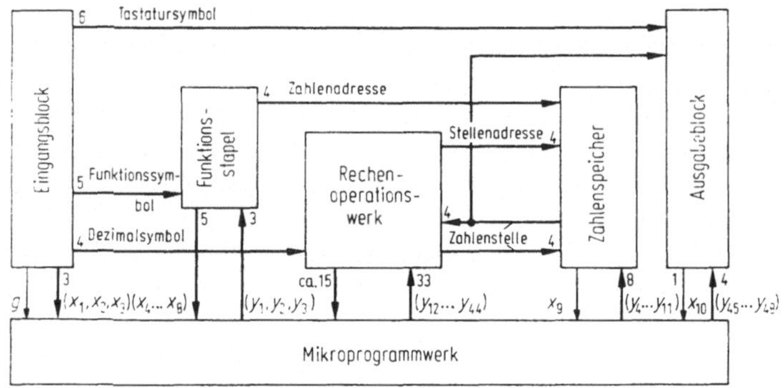

Abb. 8.24. Gesamtstruktur der Maschine.

des Vektors $\boldsymbol{Y}$ mit 48 schon festliegt, ist die Komponentzahl des Vektors $\boldsymbol{X}$ noch unbestimmt, weil die notwendige Abfrageinformation aus dem Rechenoperationswerk erst bei der Erstellung des Mikroprogramms festgelegt wird. Ein Überblick über die zu realisierenden Algorithmen in Abschnitt 8.1.2 ermöglicht jedoch die grobe Abschätzung, daß aus dem Rechenoperationswerk ungefähr 15 binäre Verzweigungssignale gebraucht werden.

8.2.6 Mikroprogrammwerk

Bei der Wahl der Mikroprogrammwerksstruktur ist die relative Häufigkeit von Verzweigungen im Steuerablauf von großem Einfluß. Wenn nur sehr selten verzweigt wird, ist ein Mikroprogrammwerk mit Operationstaktausblendung nach Abschnitt 4.5.9 aufwandsgünstig; im anderen Fall wählt man zweckmäßigerweise eine Struktur, bei der in jedem Mikroprogrammwort ein Folgezustand enthalten ist. Eine überschlägige Analyse der Abläufe in Abschnitt 8.1.2 zeigt, daß für die zu entwerfende Maschine die Operationstaktausblendung keine Vorteile bringt. Die Abläufe in Abschnitt 8.1.2 rechtfertigen die Annahme, daß der Steuerablauf im Durchschnitt nach jeweils höchstens fünf Taktschritten in mindestens zwei Richtungen verzweigt wird. Für diesen Fall wird nun die Mikroprogrammspeicherkapazität bestimmt, und zwar zuerst für die Struktur ohne Operationstaktausblendung und anschließend — zum Vergleich — mit Operationstaktausblendung:

N sei die Zahl der Wörter des gesamten Mikroprogramms in der Struktur ohne Operationstaktausblendung. Die Wortlänge ergibt sich als Summe der Binärstellen für den Steuervektor $\boldsymbol{Y}$, den Grundwert $\boldsymbol{G}$ und die Verzweigungsauswahlinformation $\boldsymbol{B}$; die Länge von $\boldsymbol{Y}$ wurde schon mit 48 Stellen bestimmt, die anderen beiden Vektorlängen können mit 10 und 6 angenommen werden. Damit erhält man eine Mikroprogrammspeicherkapazität von $64 \cdot N$ bit.

In der Struktur mit Operationstaktausblendung ist das Mikroprogrammwort kürzer, und zwar entfallen der Grundwert und die Auswahlinformation; dafür kommen jedoch zwei Stellen für die Interpretationsinformation hinzu (s. Abb. 4.48). Die Wortlänge beträgt also nun 50 Stellen. Die Zahl der Wörter im Mikroprogramm muß nun jedoch höher sein; pro Verzweigung kommt ein Wort hinzu. Die Mikroprogrammspeicherkapazität ergibt sich somit zu $(1 + {}^1/_5) \cdot N \cdot 50 \text{ bit} = 60 \cdot N \text{ bit}$. Dies ist weniger als bei der Struktur ohne Operationstaktausblendung. Es wird dennoch entschieden, keine Operationstaktausblendung vorzusehen, denn erstens bleibt dann die Struktur des Mikroprogrammwerks etwas übersichtlicher, und zweitens muß bedacht werden, daß der Vergleich ja von der Annahme einer minimalen Verzweigungshäufigkeit ausging.

Bei der Darstellung der Gesamtstruktur in Abb. 8.24 blieb noch ein Block unerwähnt, bei dem es keine eindeutigen Kriterien gibt, wonach man ihn dem Operationswerk oder dem Steuerwerk zuteilen könnte. Es wurde willkürlich entschieden, ihn als Teil des Steuerwerks einzuführen. Aus den Algorithmen in Abschnitt 8.1.2 geht hervor, daß es vier unterschiedliche Situationen gibt, bei deren Eintreten die Maschine in einen Zustand „Fehlerstop" gehen soll: unzulässige Eingabefolge, Überlauf des Funktions- oder des Zahlenstapels, Exponentenüberlauf. Wenn die Maschine in den Fehlerstopzustand geht, dann sollte dem Operateur der Fehlertyp durch Aufleuchten bestimmter Lämpchen mitgeteilt werden. Fehlerstopzustand bedeutet, daß das Mikroprogrammwerk stets das gleiche Steuerwort ausgibt, solange nicht die Grundstellungstaste gedrückt wird. Das Mikroprogrammwort wird also stets unter der gleichen Adresse gelesen, wobei für jeden Fehlertyp eine andere Adresse vorgesehen werden kann. Die zugehörigen Steuerwörter können also zur Ansteuerung der Lampenverstärker verwendet werden. Die einfachste Lösung ergibt sich, indem man für die Ansteuerung der Lampenverstärker vier Steuersignale y_{49} bis y_{52} vorsieht, wie es Abb. 8.25 zeigt.

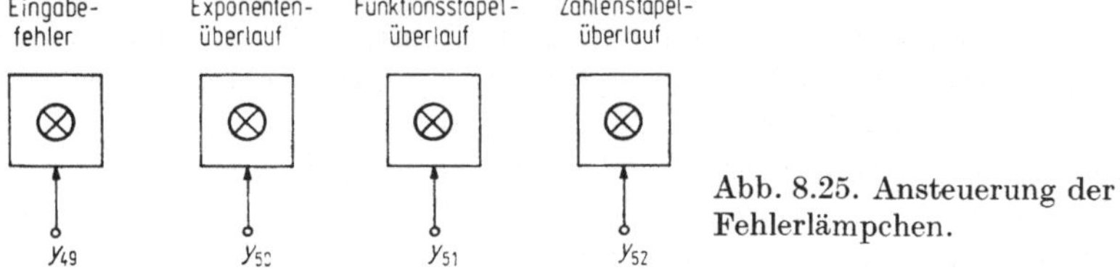

Abb. 8.25. Ansteuerung der Fehlerlämpchen.

Da nur fünf Ansteuerkombinationen sinnvoll sind, nämlich nur diejenigen, bei denen entweder keine oder eine Lampe leuchtet, hätte man die Steuerinformation mit 3 bit codiert anliefern können. Auf das dazu erforderliche Decodiernetz kann jedoch verzichtet werden, da die Steuersignale y_{49} bis y_{52} aus den Komponenten y_1 bis y_{48} gewonnen werden können, so daß deshalb das Mikroprogrammwort nicht verlängert werden muß. Bevor jedoch auf die Gewinnung dieser Signale eingegangen wird, soll zuerst noch ein weiterer Block eingeführt werden, der auch noch Steuersignale benötigt.

Es handelt sich um einen Stapelspeicher für Verzweigungsinformation. Im Abschnitt 4.5.5 wurde dargestellt, wie man im Mikroprogrammwerk die Rückkehr aus einem Unterprogramm mit Hilfe eines Stapelspeichers für Rückkehrinformation ermöglicht. Um diesen Stapelspeicher handelt es sich hier, jedoch ist seine Verwendung nicht auf die Realisierung der Unterprogrammrückkehr beschränkt. Im vorliegenden Fall kommen nur wenig Unterprogramme vor; bei der Potenzbildung, die durch die Taste „*hoch*" eingeleitet wird, werden die Programmteile für Multiplikation und Division als Unterprogramme verwendet, und in allen vier Grundrechenarten wird die häufig vorkommende vorzeichengerechte, zweistellig dezimal parallele Strichrechnung mit Exponentenwerten zweckmäßigerweise als Unterprogramm realisiert. Daß jedoch der Stapelspeicher auch noch auf andere Art hilft, Mikroprogrammspeicherplatz zu sparen, kann am folgenden Beispiel leicht eingesehen werden.

Bei der Zahleneingabe werden nacheinander mehrere Dezimalsymbole eingegeben; wie ein Symbol auszuwerten ist, hängt von der bereits eingegebenen Folge ab. Als mögliche Auswertesituationen seien genannt: Es kamen bisher nur führende Nullen; es kam schon ein Komma, aber noch keine gültige Ziffer; es kamen schon gültige Ziffern, aber noch kein

Komma. Die gerade gültige Auswertesituation kann als „Merkerinformation“ im Stapelspeicher beliebig codiert gespeichert werden; dann kann die Auswertung eines Dezimalsymbols stets mit dem gleichen Mikroprogrammabschnitt beginnen, von dem aus dann je nach Merkerstellung in unterschiedliche Richtungen verzweigt wird. Vor allem braucht dann der Programmabschnitt zum Ausdrucken des gerade eingegebenen Zeichens nur einmal vorhanden zu sein. Wenn keine Merkerspeicherung möglich wäre, dann müßten die unterschiedlichen Auswertesituationen durch verschiedene Programmschleifen realisiert werden, in denen der Steuerablauf auf die Eingabe des nächsten Zeichens wartet, und zu jeder Auswertesituation müßte ein getrennter Programmabschnitt zum Ausdrucken vorhanden sein.

Da der Begriff der Merkerinformation etwas allgemeiner ist als die Rückkehrinformation, kann man die Unterprogrammrückkehr auch als Merkerabfrage interpretieren.

Da nur maximal zwei Unterprogramme gestaffelt aktiviert werden, nämlich im Fall der Potenzbildung, wo das Unterprogramm zur Multiplikation oder Division das Unterprogramm zur Exponentenstrichrechnung benutzt, genügt für den Merkerstapel die Tiefe Zwei. Deshalb wird der Stapel aus zwei Registern aufgebaut, denn die Verwendung eines Speicherblocks mit auf- und abwärtszählendem Adreßregister rentiert sich erst bei größerer Tiefe. In dem zu erstellenden Mikroprogramm kommen so wenige unterschiedliche Rückkehrpunkte vor, daß man diese jeweils in die Nachbarschaft des Unterprogrammendpunkts legen kann. Dann braucht für die Rückkehrinformation nicht die volle Wortlänge der Mikroprogrammadresse bereitgestellt zu werden. Es wird entschieden, für ein Rückkehr- bzw. Merkerwort acht Binärstellen bereitzustellen. Abb. 8.26 zeigt den Merkerstapel. Die vier mit den Komponenten y_{53} und y_{54} codierten Ansteuersituationen sind: keine Zustandsänderung, Stapeln des Wortes y_{55} bis y_{62}, Ersetzen des obersten Stapelwortes durch y_{55} bis y_{62}, Herausnehmen des obersten Stapelwortes. Daß im letzten Fall das „herausgenommene“ Wort nach unten rückt, ist irrelevant, da die Situation, daß der Stapel „leer“ ist, am Stapelzustand nicht erkennbar sein muß, denn in dieser Situation wird der Stapelzustand vom Mikroprogramm nie abgefragt.

Durch die Einführung der beiden Blöcke in Abb. 8.25 und 8.26 ist die Zahl der Komponenten des Steuervektors Y auf 62 angewachsen. Wie schon angedeutet, sollen jedoch nicht alle 62 Signale y_k als Binärstellen im Mikroprogrammwort enthalten sein. Vielmehr wird auf die Möglichkeit der Mehrfachausnutzung von Steuerkomponenten, welche im Abschnitt 4.5.8 beschrieben wurde, zurückgegriffen. Dort war festgestellt worden, daß Operationsblöcke, deren parallele aktive Ansteuerung ausgeschlossen ist, aus einer gemeinsamen Quelle für die aktive

Ansteuerung versorgt werden können. Die Maschine besteht aus sechs zu steuernden Blöcken (s. Abb. 8.24 bis 8.26): dem Funktionsstapel, dem Rechenoperationswerk, dem Zahlenspeicher, dem Ausgabeblock, dem Fehlerlampenblock und dem Merkerstapel. Davon hat das Rechenoperationswerk mit Abstand die meisten Steuerkomponenten. Es wäre

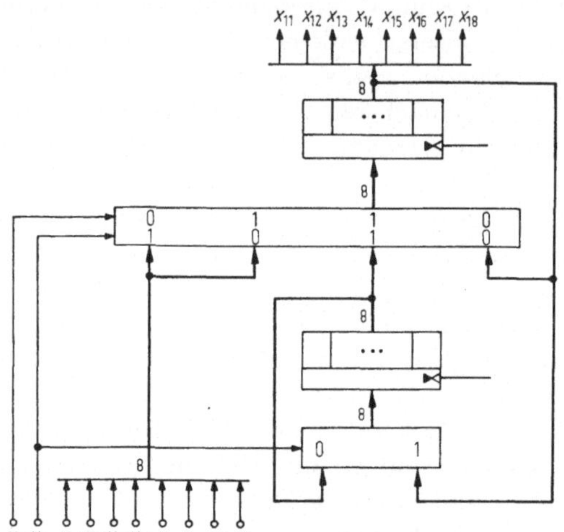

Abb. 8.26. Merkerstapel.

also wünschenswert, wenn dieser Block mit möglichst keinem der anderen Blöcke gleichzeitig aktiv angesteuert werden muß. Dies gilt sicher für den Funktionsstapel und den Fehlerlampenblock, kann jedoch für die drei anderen Blöcke nicht von vornherein angenommen werden.

Da das Rechenoperationswerk mit dem Zahlenspeicher direkt verkehren muß, kann auf die Möglichkeit der parallelen aktiven Ansteuerung beider Blöcke nicht verzichtet werden. Dagegen ist es sinnvoll, auf die Parallelität von Druckvorgängen und Rechenoperationen zu verzichten. Es wäre zwar möglich, diese Parallelität zu realisieren; dies würde aber einen Schaltungsmehraufwand erfordern, der nicht zu rechtfertigen wäre, da der damit erzielte Geschwindigkeitsgewinn von der Aufgabenstellung her uninteressant ist. Auch wenn man auf die Parallelität von Druckvorgängen und Rechenoperationen verzichtet, muß eine gewisse Aktivität des Rechenoperationswerks während des Druckvorgangs gewährleistet sein: Während des Ausdruckens einer Speicherstelle muß das Rechenoperationswerk die Stellenadresse ausgeben, welche in einem der vier Register ***H***, ***N***, ***G*** oder ***L*** enthalten ist; an dieser wesentlichen Ausgabe sind die Steuersignale y_{35}, y_{36} und y_{37} beteiligt. Somit bleiben die Signale y_{12} bis y_{34} und y_{38} bis y_{44} für die Mitverwendung zur Steuerung des Ausgabeblockes übrig.

Da eine aktive Ansteuerung des Merkerstapels verhältnismäßig selten vorkommt, wird die Zahl der Mikroprogrammwörter sicher nur unwesentlich erhöht, wenn man auf die Möglichkeit der gleichzeitigen aktiven Ansteuerung des Rechenoperationswerks verzichtet.

Wenn man die Signale y_{35}, y_{36} und y_{37} nicht nur von der Mehrfachbenutzung mit dem Ausgabeblock, sondern mit allen Blöcken ausschließt, dann bleiben noch 30 Signale zur Mehrfachbenutzung übrig. Es werden aber nur zehn davon benötigt; diese Zahl wird durch den Block mit der maximalen Zahl mehrfach ausgenutzter Komponenten, nämlich dem Merkerstapel, bestimmt. Da nun 20 mehrfach ausnutzbare Signale nicht ausgenutzt sind, liegt es nahe, diese für die Quellenauswahlsteuerung der mehrfach verwendeten Steuervektoren zu verwenden. Da bei weitem nicht alle mit diesen 20 Komponenten codierbaren 2^{20} Ansteuerkombinationen für das Rechenoperationswerk gebraucht werden, bietet sich eine einfache Möglichkeit, den Speicherplatz für die bei der Mehrfach-

Tabelle 8.19. Codierung der Blockauswahl für die aktive Ansteuerung

y_{29}	y_{30}	y_{31}	y_{32}	y_{33}	y_{34}	Aktiv anzusteuernder Block
1	0	0	0	1	1	Funktionsstapel
0	1	0	0	1	1	Ausgabeblock
0	0	1	0	1	1	Fehlerlampenblock
0	0	0	1	1	1	Merkerstapel

ausnutzung von Steuersignalen notwendigen Zuordnersignale (s. Abschnitt 4.5.8) einzusparen. Man sucht nach solchen Kombinationen, die bei aktiver Ansteuerung des Rechenoperationswerks nie auftreten und deren Auftreten bei passiver Ansteuerung des Rechenoperationswerks als Befehl zur aktiven Ansteuerung eines bestimmten anderen Blockes ausgewertet werden kann. Im gegebenen Fall sind solche Kombinationen schnell gefunden: Wenn bei aktiver Ansteuerung des Rechenoperationswerks in Abb. 8.21 die beiden Komponenten y_{33} und y_{34} auf Eins stehen, dann ist die Ansteuerung des linken Addiernetzes und des Vorzeichennetzes irrelevant. Man kann deshalb festlegen, daß bei aktiver Ansteuerung die Komponenten y_{29} bis y_{32} Null sein müssen, wenn y_{33} und y_{34} beide Eins sind. Dann kann man den Fall der aktiven Ansteuerung jeweils eines der anderen Blöcke nach Tabelle 8.19 codieren.

Wenn man auf die Mehrfachausnutzung der Komponenten y_{12} bis y_{21} verzichtet, mit denen eine Zustandsänderung im Rechenoperationswerk verhindert wird, wenn man sie alle auf Null setzt, dann benötigt man für die Ansteuerung des Rechenoperationswerkes überhaupt kein Quellenauswahlnetz. Auch zur Ansteuerung des Ausgabeblocks ist kein Quellenauswahlnetz erforderlich, da hier die aktive Ansteuerung nur durch eine einzige Variable, nämlich y_{45}, entschieden wird, welche man deshalb gleich dem Abfragesignal für die aktive Ausgabeblocksteuerung machen kann. Auch bei den anderen Blöcken braucht eine Quellenauswahl nur für diejenigen Steuersignale vorhanden zu sein, welche die aktive Ansteuerung entscheiden. Dies sind bei dem Funktionsstapel und dem Fehlerlampenblock jeweils alle Steuerkomponenten, beim Merkerstapel jedoch nur die zwei Komponenten y_{53} und y_{54} (s. Abb. 8.26). Da bei den Quellenauswahlnetzen der zweite Eingang jeweils ein Nullvektor ist, stellt ihre Realisierung einfach eine Reihe von UND-Gliedern dar, wie es Abb. 8.27 zeigt. In Tabelle 8.20 sind die in Abb. 8.27 festgelegten Zuordnungen der aktiven Steuersignale zu den einzelnen Operationsblöcken noch einmal übersichtlich zusammengestellt.

Als nächstes wird das Schaltnetz für die Auswertung der Verzweigungsinformation zur Adreßbildung entworfen. Bisher wurden die Komponenten x_1 bis x_{18} eingeführt; die dem Rechenoperationswerk zu entnehmenden Signale werden zweckmäßigerweise erst im Laufe der Erstellung des Mikroprogramms definiert, ihre Zahl wird ungefähr 15 betragen. In jedem Taktschritt müssen diejenigen Komponenten von $\boldsymbol{X}$ ausgewählt werden, welche die anschließende Verzweigung des Steuerablaufs bestimmen (s. Abschnitt 4.5.3 und 4.5.4). Falls mehr als eine

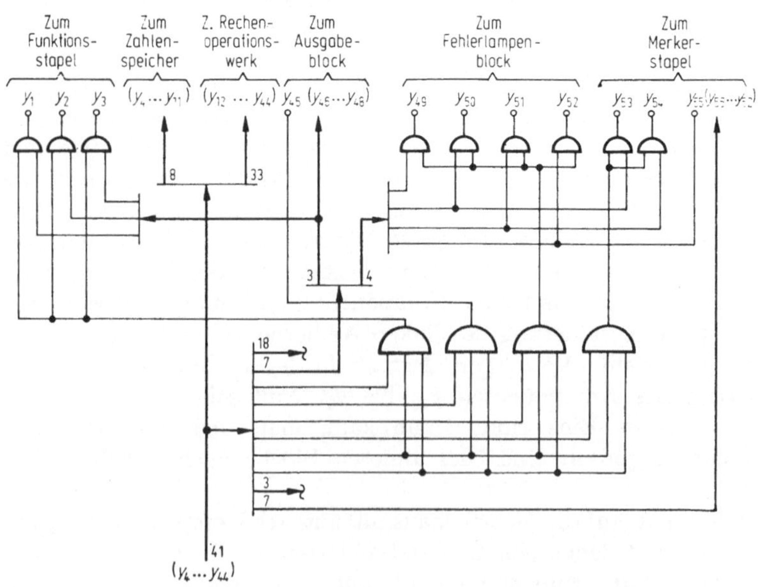

Abb. 8.27. Netz zur Spreizung des Steuervektors.

Tabelle 8.20. Zuordnung der Steuersignale im Mikroprogrammwort zu den einzelnen Blöcken (jeweils bei aktiver Ansteuerung)

Steuersignale im Mikroprogrammwort	1 bis 8	9 bis 18	19	20	21	22	23	24	25	26	27	28	29	30	31	32	33	34	35 bis 41	
Funktionsstapel			y_1	y_2	y_3					1	0	0	0	1	1					
Zahlenspeicher	y_4 bis y_{11}																			
Rechenoperationswerk		y_{12} bis y_{21}	y_{22}	y_{23}	y_{24}	y_{25}	y_{26}	y_{27}	y_{28}	y_{29}	y_{30}	y_{31}	y_{32}	y_{33}	y_{34}	y_{35}	y_{36}	y_{37}	y_{38} bis y_{44}	
Ausgabeblock			y_{46}	y_{47}	y_{48}					0	1	0	0	1	1					$y_{45} = 1$
Fehlerlampenblock						y_{49}	y_{50}	y_{51}	y_{52}	0	0	1	0	1	1					
Merkerstapel							y_{53}	y_{54}	y_{55}	0	0	0	1	1	1				y_{56} bis y_{62}	

Komponente ausgewählt wird und mit diesen Komponenten die Verzweigungsrichtungen nicht schon umkehrbar eindeutig codiert sind, dann muß noch eine Codewandlung erfolgen. Das dazu erforderliche Verknüpfungsnetz wurde in Abschnitt 4.5.4 als Richtungscodierungsnetz eingeführt.

Die genauen Forderungen an die Komponentenauswahl und die Richtungscodierung werden von der Gesamtheit aller Verzweigungen im Mikroprogramm bestimmt und sind somit erst nach Erstellung dieses Programms bekannt. Dennoch ist es sinnvoll, die allgemeine Struktur des Verzweigungsnetzes schon vor Erstellung des Mikroprogramms zu entwerfen, damit man bei der Programmierung schon bestimmte Verzweigungsbeschränkungen berücksichtigen kann, die sich möglicherweise als zweckmäßig erweisen im Hinblick auf eine übersichtliche und aufwandsgünstige Realisierung des Verzweigungsnetzes. Deshalb muß nun die Gesamtheit der Verzweigungen im Mikroprogramm grob abgeschätzt werden. Folgende Annahmen sind auf Grund einer Analyse der Algorithmen in Abschnitt 8.1.2 gerechtfertigt: Die Zahl der unterschiedlichen Variablen, welche zur Verzweigung in zwei Richtungen einzeln abgefragt werden, ist höchstens 31. Die Zahl der Variablenpaare, welche auf unterschiedliche Weise zur Verzweigung in zwei bis vier Richtungen abgefragt werden, ist höchstens 16. Die Zahl der Variablentripel, welche auf unterschiedliche Weise zur Verzweigung in zwei bis acht Richtungen abgefragt werden, ist höchstens 8. Außer dem Variablenquartettt (x_5, x_6, x_7, x_8), welches die Verzweigungsrichtung auf Grund der Information im Funktionsstapelfenster angibt, und dem Oktett (x_{11}, x_{12}, ..., x_{18}) vom Merkerstapel kommen keine Verzweigungsteilvektoren mit mehr als drei parallel abzufragenden Komponenten vor.

Dies sind insgesamt 57 unterschiedliche Arten der Auswertung der Verzweigungsinformation $\boldsymbol{X}$; dazu kommt noch als weitere Art das Nichtverzweigen. Die 58 Arten werden in der Auswahlinformation $\boldsymbol{B}$ mit 6 bit nach Tabelle 8.21 codiert. Diese Codierung wurde so gewählt, daß der Aufwand für die Realisierung des Komponentenauswahlnetzes klein bleibt.

Eine Richtungscodewandlung ist nur bei der Auswahl von zwei oder drei Komponenten erforderlich; denn in den beiden Fällen des Quartetts oder des Oktetts ist die Verzweigungsrichtung mit den ausgewählten Komponenten schon umkehrbar eindeutig codiert, und im Fall der Einzelvariablen gibt es gar keine andere Möglichkeit. Die Richtungscodewandlung wird mit Hilfe eines Lesespeichers realisiert, wie es in Abschnitt 4.5.4 dargestellt wurde. Damit ergibt sich für das gesamte Verzweigungsnetz die Struktur in Abb. 8.28. Die Teilvektoren aus $\boldsymbol{X}$ werden den Leitungsbündeln am Netzeingang erst bei der Erstellung des Mikroprogramms nacheinander zugewiesen.

Die Auswahl der Steuerkreisstruktur, d. h. die Entscheidung darüber, ob das Operationswerk oder das Steuerwerk als Speicherautomat zur Elimination der Pseudorückkopplung aufgebaut werden soll, ist problemlos. Unter den 18 bisher eingeführten Verzweigungskomponenten x_1 bis x_{18}

Tabelle 8.21. Zur Codierung der Auswahlinformation

b_1	b_2	b_3	b_4	b_5	b_6	Zahl der abzufragenden Variablen
0	0	0	0	0	0	0
0	0	1	–	–	–	
0	0	–	1	–	–	
0	0	–	–	1	–	1
0	0	–	–	–	1	
0	1	–	–	–	–	
1	0	–	–	–	–	2
1	1	0	–	–	–	3
1	1	1	0	0	0	4
1	1	1	1	0	0	8

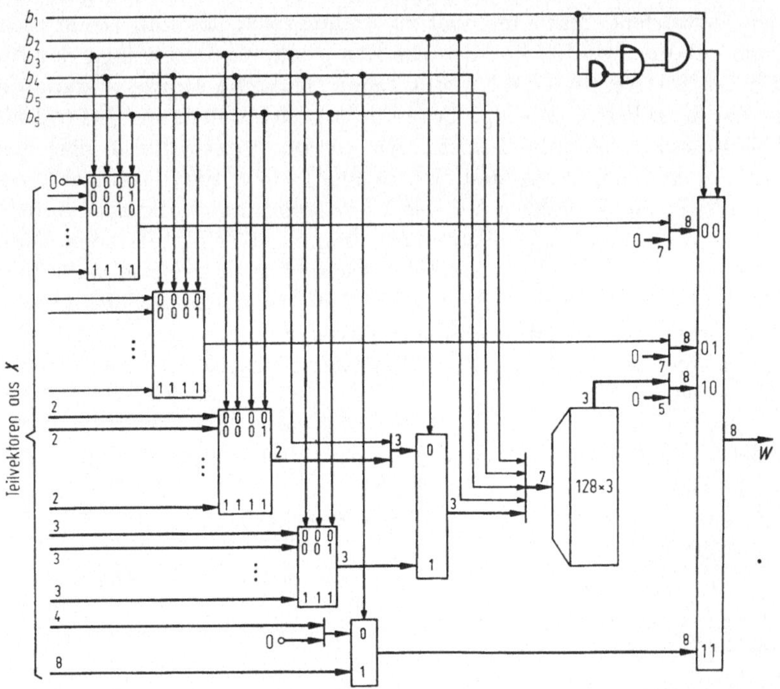

Abb. 8.28. Verzweigungsnetz.

sind schon welche, die vom Steuervektor $\boldsymbol{Y}$ über Verknüpfungsnetze abhängen: Die mit den Komponenten x_5 bis x_8 codierte Information im Funktionsstapelfenster hängt von der Ansteuerung des Funktionsstapels ab. Bei der Erstellung des Mikroprogramms wird es sich noch mehrfach als zweckmäßig erweisen, aus dem Rechenoperationswerk Verzweigungssignale zu entnehmen, die über Verknüpfungsnetze von $\boldsymbol{Y}$ abhängen. Deshalb muß das Steuerwerk als Speicherautomat aufgebaut werden, d. h. das Register für den Steuerzustand sitzt nicht vor dem adreßbildenden Addiernetz, sondern dahinter.

Als letzte Frage bei der Strukturierung des Mikroprogrammwerks muß nun noch geklärt werden, ob sich eine Speicherkaskadierung nach Abb. 4.39 rentiert oder nicht.

Die zu dieser Entscheidung durchzuführende Berechnung der Einsparung an Speicherkapazität kann natürlich auch nur mit geschätzten Zahlenwerten erfolgen, da die genauen Zahlenwerte erst dem vollständigen Mikroprogramm zu entnehmen sind. Grundsätzlich braucht man die Entscheidung über die Speicherkaskadierung nicht zu fällen, bevor das Mikroprogramm vollständig erstellt ist, da diese Entscheidung keinerlei Einfluß auf die Mikroprogrammierung hat. Nun wäre aber eine vollständige und übersichtliche Darstellung des Mikroprogramms für die hier entworfene Maschine viel zu umfangreich, als daß sie in diesem Buch geboten werden könnte. Die komprimierte Darstellung der Algorithmen im Abschnitt 8.1.2 gibt schon deutliche Hinweise dafür, daß bei der detaillierten Mikroprogrammierung sicher mehrere Quadratmeter Ablaufdiagramme entstehen müssen, die dann noch durch viele Seiten Text zu kommentieren sind. Da es hier jedoch nur darauf ankommt, das allgemeine Verfahren bei der Mikroprogrammierung zu vermitteln, so daß der Leser das vollständige Programm selbst erstellen könnte, wenn er wollte, genügt die Darstellung eines kurzen Programmabschnitts. Wenn also im folgenden Zahlenwerte über den Umfang des gesamten Mikroprogramms genannt werden, so handelt es sich um gerundete Werte aus einem tatsächlich erstellten Programm, welches aber hier nicht dargestellt ist.

Die Länge des gesamten Mikroprogramms beträgt 576 $(= 9 \cdot 64)$ Wörter, so daß zur Zustandscodierung 10 bit erforderlich sind. Damit ergibt sich für den Fall ohne Speicherkaskadierung die Wortlänge zu $(41 + 6 + 10)$ bit $= 57$ bit und die Speicherkapazität zu $576 \cdot 57$ bit $= 32\,832$ bit.

Der Fall der Speicherkaskadierung wird in zwei Varianten betrachtet, nämlich je nachdem, ob die Auswahlinformation zusammen mit $\boldsymbol{Y}$ gespeichert wird oder nicht.

Wenn man $\boldsymbol{Y}$ und $\boldsymbol{B}$ zusammen betrachtet, dann findet man im Mikroprogramm 384 $(= 6 \cdot 64)$ Wörter, die sich in diesem Abschnitt unterscheiden. Wenn man alle 384 unterschiedlichen Abschnitte (***Y***, ***B***) hintereinander speichert, dann kann man sie mit 9 bit adressieren. Der erste Speicher der Kaskade enthält neben dem Zustandscode noch die Adresse des Abschnitts (***Y***, ***B***); die Wortlänge im ersten Speicher beträgt somit 19 Stellen. Man erhält als Kapazität für den ersten Speicher 576 · 19 bit = 10944 bit und für den zweiten Speicher 384 · 47 bit = 18048 bit. Die Summe beider Kapazitäten beträgt 28992 bit und ist also kleiner als die benötigte Kapazität im Fall ohne Kaskadierung.

Wenn man die Mikroprogrammwörter nur hinsichtlich des Abschnitts ***Y*** prüft, findet man 320 (= 5 · 64) Wörter, die sich in diesem Abschnitt unterscheiden. Wenn man also nur ***Y*** im zweiten Speicher speichert, erhält man als Kapazität für den ersten Speicher 576 · 25 bit = 14400 bit und für den zweiten Speicher 320 · 41 bit = 13120 bit. Die Summe beider Kapazitäten beträgt 27520 bit und ist also noch etwas kleiner als im Fall der zuerst betrachteten Kaskadierung.

Es ist selbstverständlich, daß eine Speicherkaskadierung die untere Grenze für die Taktperiodendauer heraufsetzt. Je nach den bestehenden Geschwindigkeitsforderungen darf also möglicherweise die Speicherkaskadierung nicht realisiert werden, auch wenn sich dadurch eine Aufwandsersparnis erzielen ließe. Im vorliegenden Fall sind die Geschwindigkeitsforderungen nicht sehr streng. In der Aufgabenstellung war die Rede von 5 ms für die Ausführung einer Multiplikation. Da zum Ablauf des Multiplikationsalgorithmus in Abb. 8.5 mit dem in Abb. 8.21 entworfenen Rechenoperationswerk höchstens $(12 \cdot 12 \cdot 9 \cdot 3 + 12 \cdot 10 + 50) = 4058$ Taktschritte benötigt werden, braucht also die Taktperiode nicht kürzer als 1,25 μs zu sein. Selbst wenn man keine Speicherkaskadierung im Mikroprogrammwerk vorsieht, müssen in der Taktperiode die Lesezeiten dreier Speicher untergebracht werden: Der Steuervektor ***Y*** wird aus dem Mikroprogrammspeicher gelesen; damit wird die Adressenauswahl für den Funktionsstapel oder den Zahlenspeicher gesteuert; die daraus gelesene Information, beispielsweise ein Symbol im Funktionsstapelfenster, wird zur Adreßbestimmung eines Speichers für die Verzweigungscodewandlung benutzt. Eine Leseverzögerung darf also 300 ns nicht überschreiten, wenn man drei Lesevorgänge zusätzlich zu den Schaltnetzdurchlaufzeiten in 1,25 μs mit Sicherheit unterbringen will. Wenn man die Speicherkaskadierung im Mikroprogrammwerk realisieren will, wodurch dann vier Lesevorgänge in der Taktperiode untergebracht werden müssen, muß man also entweder schnellere Speicher verwenden oder die Taktperiodendauer etwas verlängern. Die Multiplikationsdauer wurde mit 5 ms nur grob vorgegeben, so daß eine Verlängerung der Taktperiodendauer auf 1,6 μs durchaus noch zulässig ist.

Zur endgültigen Entscheidung über die Kaskadierung und die Wahl der Taktperiodendauer müßte man eine genaue Kostenberechnung durchführen, die stark von der Art der verwendeten Speicherbausteine abhängt. Hier jedoch sollen keine Annahmen in dieser Richtung gemacht werden; die diskutierten Entscheidungen sind für das Verständnis des Gesamtsystems sowieso unwesentlich. In Abb. 8.29 ist das gesamte Mikro-

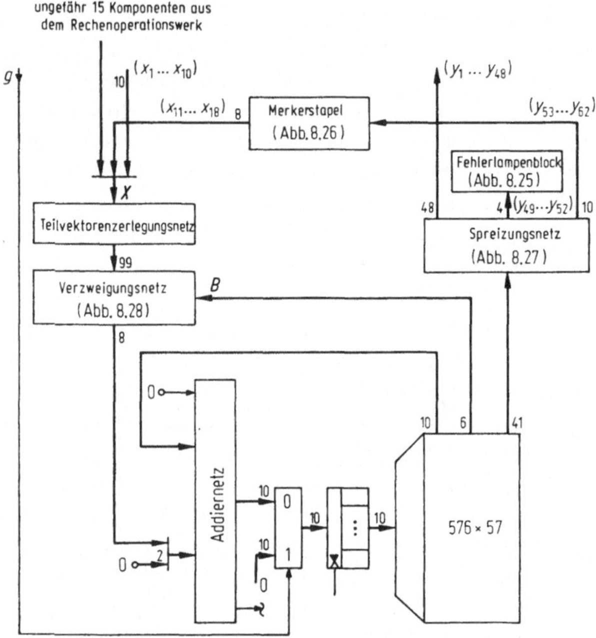

Abb. 8.29. Gesamtstruktur des Mikroprogrammwerks.

programmwerk für den Fall ohne Speicherkaskadierung dargestellt. Durch das Grundstellungssignal g kann unabhängig vom gerade vorliegenden Maschinenzustand die Mikroprogrammadresse auf den Wert 0 gezwungen werden. Das Netz zur Zerlegung des Vektors $\boldsymbol{X}$ in Teilvektoren enthält keinerlei Verknüpfungsglieder, sondern umfaßt lediglich die Verbindung der einzelnen Signalleitungen x_k mit teilweise mehreren der 99 Eingangsleitungen des Verzweigungsnetzes.

Damit ist der gesamte Schaltungsaufbau der Maschine entworfen, und es bleibt nur noch die Mikroprogrammierung durchzuführen. Dazu müssen für die einzelnen Algorithmen aus Abschnitt 8.1.2 detaillierte Ablaufdiagramme erstellt werden. Daraus kann dann die Mikroprogrammliste für den Fall ohne Speicherkaskadierung abgeleitet werden, welche man anschließend für den Fall der Speicherkaskadierung umcodieren kann; dieser letzte Schritt kann mit Hilfe einer programmierten Rechenanlage durchgeführt werden.

Wie schon angekündigt, wird hier nur ein kurzer Programmabschnitt dargestellt, an dem aber schon alle für die Erstellung des Mikroprogramms wesentlichen Punkte studiert werden können. Das Ablaufdiagramm in Abb. 8.30 enthält keine Taktschrittendesymbole, weil bei Mikroprogrammabläufen jeder Taktschritt als ein Anweisungskasten dargestellt werden kann (s. Abschnitt 4.5.7). Zu jedem Taktschritt ist die Adresse angegeben, unter der das zugehörige Mikroprogrammwort gespeichert ist. Der dargestellte Programmabschnitt umfaßt die Grundstellungssequenz, die Ausgabe des eingegebenen Symbols, den gesamten Aufbau einer zu stapelnden Zahl aus den nacheinander eingegebenen Dezimalsymbolen und endet mit der großen Abfrage der Information im Funktionsstapelfenster, welche im Falle der Eingabe eines Funktions- oder Speichersymbols den weiteren Ablauf bestimmt.

Die Bestimmung der einzelnen Komponentenwerte des Vektors $\boldsymbol{Y}$ in den zu den Taktschritten gehörenden Mikroprogrammwörtern ist unproblematisch, da sie aus dem jeweils gewünschten Datenfluß im Operationswerk unmittelbar hervorgehen. Tabelle 8.22 zeigt einige Wörter des Mikroprogramms. Es wurden jeweils nur die gerade aktiven Steuersignale eingetragen, d. h. diejenigen Signale, die für den gewünschten Datenfluß relevant sind. Alle anderen Steuersignale sind jeweils auf Null zu setzen. Es wurde also zwischen „aktiven Nullen" und „passiven Nullen" unterschieden.

Die Behandlung der Verzweigungsinformation, d. h. die Zuordnung von Komponenten des Vektors $\boldsymbol{X}$ zu den 99 Eingängen des Verzweigungsnetzes in Abb. 8.28 und die Bestimmung des Auswahlcodes $\boldsymbol{B}$ in den einzelnen Mikroprogrammwörtern ist nicht unbedingt leicht einzusehen. Deshalb wird die Verzweigungstechnik anhand einiger herausgegriffener Mikroprogrammwörter noch etwas erläutert.

Da das Gundstellungssignal keine Komponente von $\boldsymbol{X}$ darstellt, erfolgt die erste interessierende Verzweigung nach dem Mikroprogrammwort in Adresse 1. Es wird die Komponente x_4 abgefragt; diese wird deshalb auf die erste Einzelabfrageleitung des Verzweigungsnetzes in Abb. 8.28 geschaltet, welche durch das Codewort $\boldsymbol{B} = 000001$ ausgewählt wird. Wenn nach einem Mikroprogrammwort überhaupt keine Verzweigungsinformation abgefragt wird, dann muß dieses Wort den Auswahlcode $\boldsymbol{B} = 000000$ enthalten, wie beispielsweise das Wort in Adresse 0 (s. Tabelle 8.22). Da das Adreßbildungsnetz ein Addiernetz ist, müssen die Mikroprogrammwörter, zu denen durch Abfrage einer Einzelvariable verzweigt wird, benachbart sein, wobei das zum Wert Eins des Abfragesignals gehörige Wort die höhere Adresse hat. So steht im Zustandsabschnitt des Wortes in Adresse 1 der Grundwert 1, da die beiden möglichen Folgeadressen $(1 + 0) = 1$ oder $(1 + 1) = 2$ sind. Auch wenn mehrere Verzweigungsvariable gleichzeitig abgefragt werden,

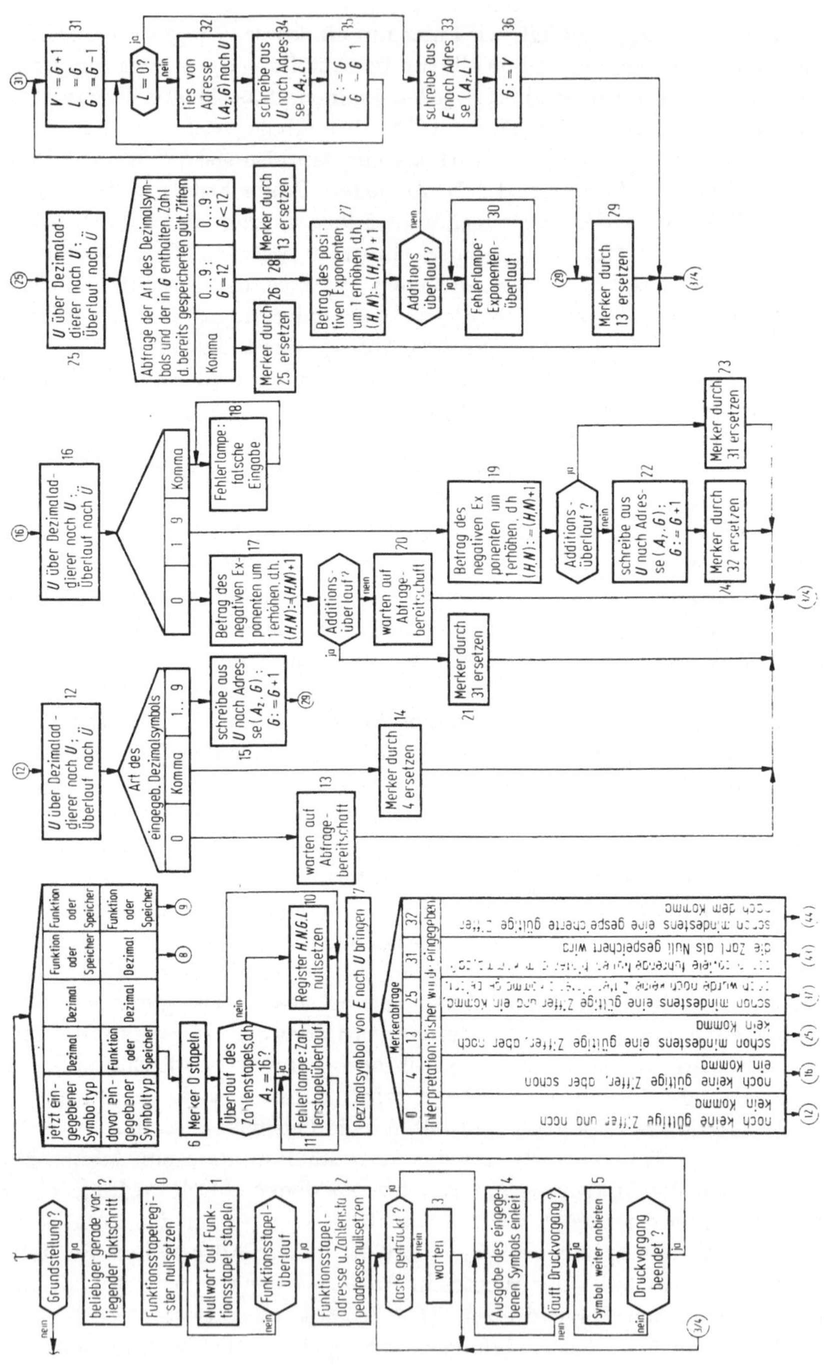
Grundstellung?
ja
nein
beliebiger gerade vorliegender Taktschritt
?
Funktionsstapelregister nullsetzen
0
Nullwort auf Funktionsstapel stapeln
1
Funktionsstapelüberlauf
ja
nein
Funktionsstapeladresse u. Zahlenstapeladresse nullsetzen
2
Taste gedrückt?
ja
nein
warten
3
Ausgabe des eingegebenen Symbols einleit
4
läuft Druckvorgang?
ja
nein
Symbol weiter anbieten
5
Druckvorgang beendet?
ja
nein
3/4
jetzt eingegebener Symbotyp
Dezimal
Dezimal
Funktion oder Speicher
Funktion oder Speicher
davor eingegebener Symboltyp
Funktion oder Speicher
Dezimal
Dezimal
Funktion oder Speicher
8
9
6
Merker 0 stapeln
Überlauf des Zahlenstapels, d.h. $A_z = 16$?
ja
nein
11
Fehlerlampe: Zahlenstapelüberlauf
Register H,N,G,L nullsetzen
10
Dezimalsymbol von E nach U bringen
7
Merkerabfrage
0
4
13
25
31
32
Interpretation: bisher wurde eingegeben
noch keine gültige Ziffer und noch kein Komma
noch keine gültige Ziffer, aber schon ein Komma
schon mindestens eine gültige Ziffer, aber noch kein Komma
schon mindestens eine gültige Ziffer und ein Komma
die Zahl als Null gespeichert wird
schon mindestens eine gespeicherte gültige Ziffer nach dem Komma
12
16
25
37
41
44
12
U über Dezimaladdierer nach U: Überlauf nach Ü
12
Art des eingegeb. Dezimalsymbols
0
Komma
1.. 9
schreibe aus U nach Adresse (A_z, G): $G := G+1$
15
29
warten auf Abfragebereitschaft
13
Merker durch 4 ersetzen
14
16
U über Dezimaladdierer nach U: Überlauf nach Ü
16
0
1 9
Komma
Betrag des negativen Exponenten um 1 erhöhen, d.h. $(H,N) := (H,N)+1$
17
Fehlerlampe: falsche Eingabe
18
Additionsüberlauf?
ja
nein
warten auf Abfragebereitschaft
20
Merker durch 31 ersetzen
21
Betrag des negativen Exponenten um 1 erhöhen, d.h. $(H,N) := (H,N)+1$
19
Additionsüberlauf?
ja
nein
schreibe aus U nach Adresse (A_z, G): $G := G+1$
22
Merker durch 32 ersetzen
24
Merker durch 31 ersetzen
23
3/4
25
U über Dezimaladdierer nach U: Überlauf nach Ü
25
Abfrage der Art des Dezimalsymbols und der in G enthalten. Zahl d. bereits gespeicherten gült. Ziffern
Komma
0...9: $G = 12$
0...9: $G < 12$
Merker durch 25 ersetzen
26
28
Merker durch 13 ersetzen
Betrag des positiven Exponenten um 1 erhöhen, d.h. $(H,N) := (H,N)+1$
27
Additionsüberlauf?
ja
nein
Fehlerlampe: Exponentenüberlauf
30
29
Merker durch 13 ersetzen
29
3/4
31
$V := G+1$
$L := G$
$G := G-1$
31
$L = 0$?
ja
nein
lies von Adresse (A_z, G) nach U
32
schreibe aus U nach Adresse (A_z, L)
34
$L := G$
$G := G-1$
35
schreibe aus E nach Adresse (A_z, L)
33
$G := V$
36

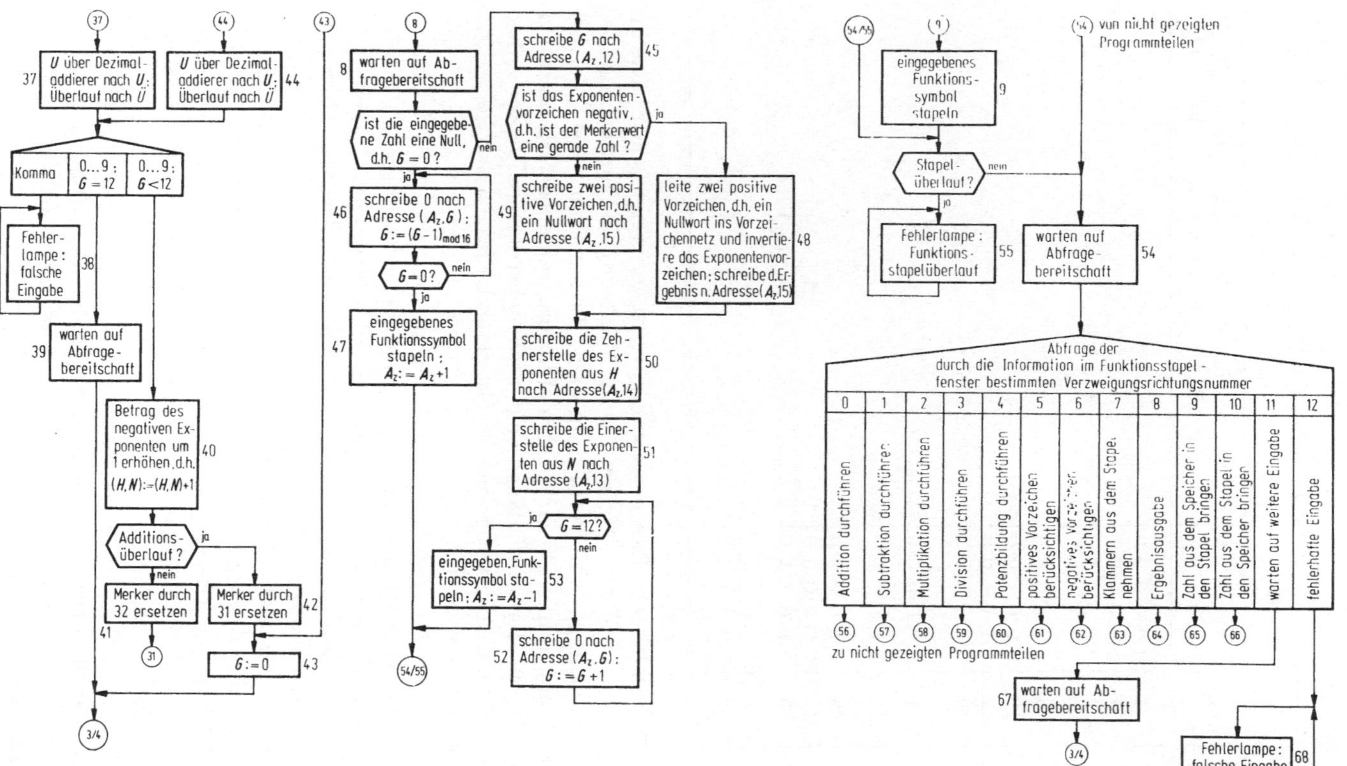

Abb. 8.30. Ablaufdiagramm zum ersten Teil des Mikroprogramms.

Tabelle 8.22. Auszug aus

Adresse	*G*	*B*						Steuer-																
	10 bit	1	2	3	4	5	6	1	2	3	4	5	6	7	8	9	10	11	12	13	14	15	16	17
0	1	0	0	0	0	0	0																	
1	1	0	0	0	0	0	1																	
2	3	0	0	0	0	1	0					1	1	0	0									
⋮																								
5	5	1	1	0	0	0	0																	
6	10	0	0	0	1	0	0																	
7	12	1	1	1	1	0	0										1							
8	45	0	0	0	1	0	1																	
⋮																								
11	11	0	0	0	0	0	0																	
12	13	1	0	0	0	0	0										1							0
⋮																								
15	29	0	0	0	0	0	0			0	1	0	0	1	0						0	1		
16	17	1	0	0	0	0	0										1							0
17	20	0	0	0	1	1	0											1	1	1				
⋮																								
54	56	1	1	1	0	0	0																	
⋮																								

wird zu benachbarten Mikroprogrammwörtern verzweigt; sonst hätte im Speicherblock des Verzweigunsgnetzes (s. Abb. 8.28) die Wortlänge größer als drei Stellen gewählt werden müssen. Lediglich bei den Merkerabfragen kann zu nicht benachbarten Mikroprogrammwörtern verzweigt werden, da die Merkerwortlänge acht Stellen beträgt und das jeweilige Merkerwort vom Mikroprogramm direkt gesetzt wird, so daß keine Umcodierung erforderlich ist.

Die Zuweisung der Verzweigungskomponenten bzw. -teilvektoren zu den Eingangsleitungen des Verzweigungsnetzes geschieht am einfachsten in der Reihenfolge ihres Auftretens im Mikroprogramm. Tabelle 8.23 zeigt die Zuweisungen, die sich so aus den ersten dreizehn Mikroprogrammwörtern ergeben.

Das erste Signaltripel wird in Adresse 5 ausgewählt; damit liegt die Zuweisung dieses dreistelligen Teilvektors zum ersten Dreierbündel in Abb. 8.28 fest. Das erste Signalpaar wird in Adresse 12 ausgewählt; die beiden Komponenten x_{20} und x_{21} werden also dem ersten Zweierbündel in Abb. 8.28 zugewiesen.

In Tabelle 8.23 kommen Verzweigungssignale vor, die noch nicht beim Operationswerksentwurf, sondern erst bei der Erstellung des Mikroprogramms definiert wurden. Mit x_{19} wird abgefragt, ob der Inhalt des Registers $\boldsymbol{G}$ im nächsten Taktschritt Null sein wird. Da der Register-

dem Mikroprogramm

signale

18	19	20	21	22	23	24	25	26	27	28	29	30	31	32	33	34	35	36	37	38	39	40	41
	1	1	0					1	0	0	0	1	1										
	1	1	1					1	0	0	0	1	1										
	1	1	0					1	0	0	0	1	1										
	0	0	0					0	0	0	0	1	1										
					0	1	0	0	0	0	1	1	1				0	0	0	0	0	0	0
												1	1										
				1	0	0	0	0	0	1	0	1	1										
1	0	1	0	0	0	0	0	1				0	0										
	0	1	0	0	0	0	0	0				0	0	1	1	0							
1	0	1	0	0	0	0	0	1				0	0										
	1	0	0	0	0	0	1	1				0	0	0	0		1	1	0	1	1	0	1

inhalt in dem zu Adresse 8 gehörigen Taktschritt nicht verändert wird, könnte man hier anstelle des Registereingangsvektors auch den Registerausgangsvektor auf Null abfragen, aber da dieselbe Abfrage auch nach dem zu Adresse 46 gehörigen Taktschritt erfolgt, wo der Registerinhalt unmittelbar vor der Abfrage verändert wird, fragt man zweckmäßigerweise in beiden Fällen den Registereingangsvektor ab. Mit x_{20} wurde

Tabelle 8.23. Zuweisung von Verzweigungsvariablen zum Auswahlcode

Adresse	Abgefragte Variable	Auswahlcode
0	keine	0 0 0 0 0 0
1	x_4	0 0 0 0 0 1
2	x_1	0 0 0 0 1 0
3	x_1	0 0 0 0 1 0
4	x_{10}	0 0 0 0 1 1
5	x_{10}, x_2, x_3	1 1 0 0 0 0
6	x_9	0 0 0 1 0 0
7	$x_{11}, x_{12}, \ldots, x_{18}$	1 1 1 1 0 0
8	x_{19}	0 0 0 1 0 1
9	x_4	0 0 0 0 0 1
10	keine	0 0 0 0 0 0
11	keine	0 0 0 0 0 0
12	x_{20}, x_{21}	1 0 0 0 0 0

das Eingangssignal des Ü-Flipflops bezeichnet, und x_{21} ergibt sich durch Nullabfrage des vierstelligen Codewortes, welches aus dem linken unteren Quellenauswahlnetz in Abb. 8.21 kommt. Das Ablaufdiagramm in Abb. 8.30 verwendet noch mehrere bisher nicht definierte Verzweigungssignale aus dem Rechenoperationswerk, wozu jedoch hier keine weitere Erklärung mehr nötig ist.

Tabelle 8.24. Zur Festlegung der Information im Verzweigungscodewandler-Speicher

Bedingung	Folgeadresse
x_{10}	5 + 0
$\bar{x}_{10} \cdot x_2 \cdot \bar{x}_3$	5 + 1
$\bar{x}_{10} \cdot x_2 \cdot x_3$	5 + 2
$\bar{x}_{10} \cdot \bar{x}_2 \cdot x_3$	5 + 3
$\bar{x}_{10} \cdot \bar{x}_2 \cdot \bar{x}_3$	5 + 4

a)

Adresse							Speicherwort		
b_2	b_4	b_5	b_6	x_{10}	x_2	x_3	2^2	2^1	2^0
1	0	0	0	0	0	0	1	0	0
1	0	0	0	0	0	1	0	1	1
1	0	0	0	0	1	0	0	0	1
1	0	0	0	0	1	1	0	1	0
1	0	0	0	1	0	0	0	0	0
1	0	0	0	1	0	1	0	0	0
1	0	0	0	1	1	0	0	0	0
1	0	0	0	1	1	1	0	0	0

b)

Es ist wichtig zu beachten, daß man bei der Abfrage von Merkerinformation nicht nur den achtstelligen Eingang ins Verzweigungsnetz verwenden kann. Nach dem zu Adresse 45 gehörenden Taktschritt wird abgefragt, ob der Merkerwert gerade oder ungerade ist, d. h. daß man in diesem Fall nur an dem Signal x_{18} interessiert ist, welches man deshalb auf einen freien Eingang für Einzelabfragen legt.

Durch die Adreßzuweisung im Ablaufdiagramm nach den Paar- und Tripelabfragen wird auch die in den Speicherblock des Verzweigungsnetzes (Abb. 8.28) einzuschreibende Information festgelegt. Dies sei am Beispiel des ersten abgefragten Tripels in Adresse 5 (s. Tabelle 8.23) gezeigt. Tabelle 8.24a gibt die Zuordnung der Folgeadressen zu der Verzweigungsinformation an; daraus folgt dann unter Berücksichtigung der in Abb. 8.28 dargestellten Adreßbildung der Speicherauszug in Tabelle 8.24b.

8.2.7 Funktionserweiterung

Nachdem nun die im Abschnitt 8.1 spezifizierte Maschine vollständig entworfen wurde, soll noch kurz angedeutet werden, wie durch einfache Strukturerweiterung das Funktionsrepertoire der Maschine erweitert werden kann. Es ist bekannt, daß die interessierenden Funktionen, also Quadratwurzel, trigonometrische Funktionen, Logarithmus und Exponentialfunktion in beliebiger Näherung durch Algorithmen berechnet werden können, welche nur die vier Grundrechenarten benutzen. Es gibt nun zwei wesentlich unterschiedliche Verfahren, wie man die bereits vorhandenen mikroprogrammierten Grundrechnungsabläufe zur Funktionsberechnung verketten kann.

Die eine Möglichkeit besteht darin, genau wie bei der schon realisierten Potenzbildung die Grundrechnungsabläufe als Unterprogramme zu verwenden, welche von dem ebenfalls im Mikroprogrammspeicher stehenden Funktionshauptprogramm aufgerufen werden. Dabei wäre ein etwas tieferer Merkerstapel zweckmäßig. Dieses Verfahren würde eine beträchtliche Erhöhung der Mikroprogrammspeicherkapazität erfordern.

Die andere, elegantere Möglichkeit besteht darin, einen Makrospeicher einzuführen, in welchem die zur Funktionsberechnung benötigte Funktions- und Speichersymbolfolge steht. Die diesem Speicher entnommenen Symbole werden genauso auf den Funktionsstapel gesetzt, als wären sie über die Tastatur eingegeben worden. Dadurch, daß der Symbolsatz so wirkungsvolle Elemente wie die Klammern und die Speichersymbole umfaßt, ist die Makroprogrammierung recht einfach. Es ist allerdings notwendig, den Symbolsatz für den Makrospeicher gegenüber dem Tastatursatz geringfügig zu erweitern, damit auch bedingte Programmsprünge realisiert werden können. Da für die Symbole nur eine kurze Wortlänge benötigt wird, kann auf diese Weise die Funktionserweiterung mit recht geringem zusätzlichem Speicheraufwand realisiert werden.

Es ist offensichtlich, daß man zu einer kleinen programmierbaren Maschine gelangt, indem man den Makrospeicher nicht als reinen Lesespeicher, sondern als schreibbaren Speicher ausführt.

Literatur

1. Beister, J., Plattner, D.: COMPASS-Programm zur Schaltnetzminimierung mit der CD 3300. Dokument am Institut für Nachrichtenverarbeitung der Universität Karlsruhe, 1968.
2. Billing, H., Hopmann, W.: Mikroprogramm-Steuerwerk. Elektronische Rundschau 9 (1955).
3. Booth, T. L.: Sequential Machines and Automata Theory. New York: Wiley 1967.
4. Cohn, M., Even, S.: A Gray-Code-Counter. IEEE TC-18, Juli 1969.
5. Hartmanis, J., Stearns, R. E.: On the State Assignment Problem for Sequential Machines. IRE Trans. EC-10 (1961), H. 4.
6. Husson, S. S.: Microprogramming: Principles and Practices. Prentice Hall, Englewood Cliffs 1970.
7. Miller, R. E.: Switching Theory. Vol. II: Sequential Circuits. New York: Wiley 1965.
8. Schmitt, E.: Elektronische Schalter und Kippstufen mit Transistoren. München: Oldenbourg 1970.
9. Schmitt, E., Wendt, S.: Critical Feedback Analysis of Clocked Digital Systems. Nachrichtentechn. Zeitschrift 25 (1972) 4.
10. Schulte, D.: Kombinatorische und sequentielle Netzwerke. München: Oldenbourg 1967.
11. Sherr, S.: Fundamentals of Display System Design. Wiley-Interscience, New York 1970.
12. Steinbuch, K.: Taschenbuch der Nachrichtenverarbeitung. Berlin/Heidelberg/New York: Springer 1967.
13. Stadtfeld, N.: Information Display Concepts. Tektronix Inc., Beaverton 1968.
14. Starke, P. H.: Abstrakte Automaten. Berlin: VEB Deutscher Verlag der Wissenschaften 1969.
15. Texas Instruments Inc.: The Integrated Circuits Catalog. 1971.
16. Unger, S. H.: Asynchronous Sequential Switching Circuits. Wiley-Interscience, New York 1969.
17. Wendt, S.: Steuerung einer elektronischen Tischrechenmaschine mit formelgerechter Eingabe. Deutsches Bundespatent Nr. 1271435 (1969).
18. Wendt, S.: Eine Methode zum Entwurf komplexer Schaltwerke unter Verwendung spezieller Ablaufdiagramme. Elektron. Rechenanlagen 12 (1970), 6.
19. Wendt, S.: Zur Systematik von Mikroprogrammwerksstrukturen. Elektron. Rechenanlagen 13 (1971) 1.
20. Wilkes, M. V.: The Best Way to Design an Automatic Calculating Machine. Manchester U. Computer Inaugural Conf. 1951.

Sachverzeichnis

721/22/73